ISBN 978-1-332-37401-4
PIBN 10367245

1 MONTH OF
FREE
READING

at

www.ForgottenBooks.com

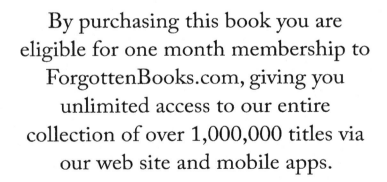

By purchasing this book you are
eligible for one month membership to
ForgottenBooks.com, giving you
unlimited access to our entire
collection of over 1,000,000 titles via
our web site and mobile apps.

To claim your free month visit:

www.forgottenbooks.com/free367245

English
Français
Deutsche
Italiano
Español
Português

www.forgottenbooks.com

Mythology Photography **Fiction**
Fishing Christianity **Art** Cooking
Essays Buddhism Freemasonry
Medicine **Biology** Music **Ancient**
Egypt Evolution Carpentry Physics
Dance Geology **Mathematics** Fitness
Shakespeare **Folklore** Yoga Marketing
Confidence Immortality Biographies
Poetry **Psychology** Witchcraft
Electronics Chemistry History **Law**
Accounting **Philosophy** Anthropology
Alchemy Drama Quantum Mechanics
Atheism Sexual Health **Ancient History**
Entrepreneurship Languages Sport
Paleontology Needlework Islam
Metaphysics Investment Archaeology
Parenting Statistics Criminology
Motivational

COLLECTION

DE

DOCUMENTS INÉDITS

SUR L'HISTOIRE DE FRANCE,

PUBLIÉS

PAR ORDRE DU ROI

ET PAR LES SOINS

DU MINISTRE DE L'INSTRUCTION PUBLIQUE.

———◆————

PREMIÈRE SÉRIE.

HISTOIRE POLITIQUE.

CORRESPONDANCE

DE HENRI

'ESCOUBLEAU DE SOURDI

ARCHEVÊQUE DE BORDEAUX,

CHEF DES CONSEILS DU ROI EN L'ARMÉE NAVALE, COMMANDEUR DU SAINT-ESPRIT, PRIMAT D'AQUITAINE, ETC.

AUGMENTÉE

DES ORDRES, INSTRUCTIONS ET LETTRES DE LOUIS XIII

ET DU CARDINAL DE RICHELIEU

A M. DE SOURDIS CONCERNANT LES OPÉRATIONS DES FLOTTES FRANÇAISES
DE 1636 A 1642,

ET ACCOMPAGNÉE

D'UN TEXTE HISTORIQUE, DE NOTES ET D'UNE INTRODUCTION

SUR L'ÉTAT DE LA MARINE EN FRANCE SOUS LE MINISTÈRE DU CARDINAL DE RICHELIEU,

PAR M. EUGÈNE SUE.

TOME SECOND.

A PARIS,

CORRESPONDANCE

ET DÉPÊCHES

DE

D'ESCOUBLEAU DE SOURDIS,

ARCHEVÊQUE DE BORDEAUX,

CHEF DES CONSEILS DU ROI EN L'ARMÉE NAVALE.

———

LIVRE TROISIÈME.

CORRESPONDANCE

ET DÉPÊCHES

D'ESCOUBLEAU DE SOURDI

ARCHEVÊQUE DE BORDEAUX,

ET COMMANDANT LES ARMÉES DU ROI EN L'ARMÉE NAVALE.

LIVRE TROISIÈME.

CORRESPONDANCE

ET DÉPÊCHES

DE

D'ESCOUBLEAU DE SOURDIS,

ARCHEVÊQUE DE BORDEAUX.

———

LIVRE TROISIÈME.

———

CHAPITRE VI.

d'Épernon et de Lavalette. — Le roi ordonne à M. de Bordeaux de se rendre à Paris. — La flotte désarmée rentre dans les ports.

(*Janvier — Décembre* 1638.)

Le roi résolut cette année deux attaques principales contre le roi d'Espagne[1] : « l'une dedans l'Espagne même, l'autre dans la principale de ses provinces, qui est la Flandre, où il devait être secondé par le prince d'Orange, chargé d'un siége considérable de son côté. »

« Sa Majesté avait à cette fin disposé ses affaires de toutes parts. Et pour arrêter les forces de l'empire, et ôter à ses ennemis le moyen de venir fondre dans ses États, le roi voulut assister le duc de Weimar, dont l'armée n'était pas une des moins importantes et de laquelle son royaume et ses affaires pussent recevoir le moins d'avantage, d'autant que c'était celle-là qui devait éloigner ses ennemis de la Bourgogne et arrêter le débord des Allemands dans la Champagne et autres frontières de France. »

« Le roi eut aussi en Guienne une grande et florissante armée. Les Espagnols avaient pris, l'année précédente, Saint-Jean-de-Luz et autres places, et bâti quelques forts qu'ils n'avaient pu garder. Il était raisonnable qu'on en prît revanche, et que l'on fît entreprise sur quelques unes de leurs places dont la prise fût apparemment assurée, selon que la prudence humaine le pût porter, et que nous ne fussions pas obligés d'abandonner après les avoir prises, comme ils avaient fait les nôtres dont ils s'étaient emparés. Le cardinal jugeant Fontarabie propre à cette fin, fait résoudre au roi de la faire attaquer par une armée royale; et d'autant que, pour faciliter ce dessein, trois choses étaient nécessaires : le secret, faire contribuer à cette entreprise toutes

[1] Mémoires de Richelieu.

les forces de la province de Guienne, et donner à l'armée un chef de tant d'autorité, que le duc d'Épernon ne pût se plaindre qu'il eût le commandement des armées dans son gouvernement, le roi choisit la personne de M. le prince de Condé, de la fidélité et affection duquel il était assuré; et pour empêcher les ducs d'Épernon et de la Valette de porter préjudice à ses armes par envie ou malice, laquelle il avait éprouvée en eux l'année précédente, il essaya premièrement de les gagner par bienfaits et témoignages d'estime et d'amitié.... »

« Sur ce que M. le prince avoua à M. le cardinal qu'il fondait une bonne partie du succès du siége de Fontarabie sur l'assistance que M. l'archevêque de Bordeaux lui pourrait donner par mer, sa majesté voulut bien que M. de Bordeaux contribuât ce qu'il pourrait à ce dessein, s'il se trouvait prêt assez à temps, car cela n'empêchait pas qu'il eût une tâche distincte de celle de M. le prince. »

Cette armée navale que le roi fit équiper cette année était considérable, M. l'archevêque de Bordeaux en avait été nommé lieutenant-général, par lettres du roi du 4 mars 1638, datées de Compiègne.

Ces lettres conféraient à M. de Bordeaux : « le titre de lieutenant-général en son armée navale, pour la commander, avec pouvoir d'attaquer les ennemis sur mer, faire descente sur leurs pays, faire mettre artillerie à terre, en faire fondre, battre les places, donner assaut, fortifier les places prises, et ordonner aux officiers, tant de guerre que de marine, tout ce qu'il jugerait être du bien de son service; faire faire montres, ordonner des paiements, bref, faire et ordonner, en ladite armée navale, tout ce que pourrait y faire faire le sieur cardinal duc de Richelieu, chef et surintendant général de la navigation. »

«Le roi pourvut aussi à ce que, de la part de Rome, il ne fût pas fait quelque chose contre mondit l'archevêque de Bordeaux, et commanda à son ambassadeur de supplier sa sainteté d'agréer que M. de Bordeaux eût la conduite de ses forces maritimes, et que pour peu de temps il pût être, avec ses bonnes grâces, absent de son évêché. Sa majesté fit aussi demander, pour M. de Bordeaux, une dispense *a sævis* de laquelle il pourrait avoir affaire en la charge en laquelle il était employé; mais sa sainteté y trouva difficultés, et pria le roi de ne lui plus faire d'instances.»

Deux succès éclatants sur mer, au *Passage* et à *Gattari*, une défaite honteuse devant Fontarabie, tels furent les événements les plus importants de cette campagne.

En conséquence de sa nomination et de ses pouvoirs, M. de Bordeaux reçut de M. le cardinal de Richelieu l'instruction suivante.

INSTRUCTION

POUR LE SIEUR ARCHEVÊQUE DE BORDEAUX, QUI COMMANDERA L'ARMÉE NAVALE DE PONANT.

Fait à Compiègne, le 12 de mai 1638.

Les dix-huit vaisseaux, trois brûlots et cinq flûtes qui ont eu ordre de repasser le Détroit, les vaisseaux de Hollande et ceux qui doivent sortir des ports de ponant assemblés en la rade de Saint-Martin de Ré, les autres brûlots et flûtes qui doivent être achetés ou frétés suivant les états de dépenses joints aux susdits vaisseaux, l'artillerie ordonnée pour la terre avec son train et tout ce qui en dépend étant embarquée, les victuailles pour l'infanterie qui doit être chargée sur lesdits vaisseaux étant faites, ledit sieur archevêque de Bordeaux fera embarquer le régiment de la Melleraye et les trente compagnies destinées pour servir en ladite armée, tant sur les vaisseaux de guerre que sur les flûtes qui auront été par lui frétées, pour les porter ainsi qu'il avisera pour le mieux, et, après avoir fait la recrue générale de l'armée et pourvu à tout ce qui sera nécessaire pour la mettre en état, la fera mettre à la voile le plus tôt qu'il pourra pour sortir d'entre les terres et aller reconnaître Belle-Ile, d'où se fera la partance d'icelle du premier beau temps, pour faire sa route à la côte d'Espagne. Aussitôt que l'armée sera assemblée, il enverra un homme, confident, à M. le prince, pour savoir s'il veut entrer en Espagne du côté de *Fontarabie*[1], et s'il veut qu'au même temps ledit sieur archevêque attaque le *Passage*[2] de Saint-Sébastien ou *Figuer*[3]. Avant que partir de Belle-Ile, il établira le conseil de guerre, qui sera composé du vice-amiral, contre-amiral, sergent-major, premier capitaine et principaux officiers de l'armée, par l'avis desquels il se conduira en l'exécution des desseins et entreprises que le roi veut être tentées, et en toutes les autres occasions qui se pourront offrir pour le bien du service de sa majesté.

[1] Fontarabie, dans l'angle du S.-E. du golfe de Gascogne, sur la petite rivière de la Bidassoa qui sépare la France de l'Espagne. La ville de Fontarabie est espagnole; elle est située par 43° 21′ 36″ N. et 4° 7′ 25″ à l'O. de Paris; les marées y sont de 3 h. 30ᵐ; le port est assez bon et défendu par une forteresse à peu près à 6 lieues de la barre de Bayonne.

[2] Passage, port sur la côte du N. de l'Espagne, par 43° 21′ 30″ N., et par 4° 14′ 15″ à l'O. de Paris (*don Vincente Toffino*). Le Passage est un des meilleurs ports de l'Espagne quand on est dedans, mais c'est un de ceux dont l'abord est le plus difficile; cette côte est du nombre de celles qu'on appelle *côtes de fer*, c'est-à-dire qui n'offrent point de sonde au large. L'entrée du Passage n'est à proprement parler qu'une crevasse entre deux montagnes escarpées, et comme rien ne peut la faire reconnaître à quelque distance au large, la seule manœuvre qu'on ait à faire, est de venir prendre connaissance de Montorgueil, montagne au pied de laquelle est bâti Saint-Sébastien; la nuit, on peut s'entretenir à la vue du feu de l'île Sainte-Claire, située à l'entrée de Saint-Sébastien, en observant que les marées sur toute cette côte n'ont point de direction déterminée et qu'elles suivent le vent. Les pilotes du pays sont extrêmement alertes, et leurs bateaux sont de l'espèce nommée biscayenne. Ces embarcations sont excellentes et viennent à bord des vaisseaux dans les plus mauvais temps. Si contre toute vraisemblance on n'avait pas de pilote, on pourrait se présenter à l'entrée du Passage, en prenant bien garde à ne point accoster la pointe de l'O.; mais pour y entrer de cette manière, et sans secours de terre, il faut venir vent sous vergues. La terre est bonne dans le passage, le fond est excellent et net, et le brassiage propre aux plus gros vaisseaux. On peut se dispenser d'y mouiller, la plupart des vaisseaux s'amarrent à terre; le seul inconvénient de ce port quand on est une fois dedans, c'est de recevoir de tous côtés des rafales extrêmement pesantes, et d'y éprouver quelquefois un ressac assez violent pour démarrer les vaisseaux et les mettre en danger malgré toutes les précautions que l'on puisse prendre.

[3] Figuier, cap; il s'est nommé successivement Figuier, Figuière, Figuera; et enfin aujourd'hui, les cartes modernes, dressées sur les observations de don Vincente Toffino,

L'armée, disposée en ordre de bataille, fera sa route dudit lieu de Belle-Ile à la côte de Galice vers le cap de Finistère, ou pour aller droit au Passage de Saint-Sébastien, si M. le prince veut attaquer Fontarabie, ou pour chercher l'armée navale d'Espagne; et ayant appris de ses nouvelles, s'il est estimé audit conseil de guerre être avantageux à notre service de l'aller attaquer, soit qu'elle soit à la mer, soit qu'elle soit encore dans les ports; exécuter ce qui en sera résolu avec toute la diligence qui sera possible, se conduisant aussi avec telle prudence pour ce regard, que l'avantage lui en demeure s'il y a moyen; sa majesté ne désirant pas que son armée soit hasardée sans nécessité de combattre s'il n'y a quelque apparence d'avoir un bon succès.

Si, par bonne fortune, il se rend maître de *Saint-Sébastien* [1], ou du *Passage*, ou de l'un desdits lieux, il saura de mondit sieur le prince s'il se voudra charger de la garde et fortification d'icelui, auquel cas il le lui consignera entre les mains avec tous les canons, vivres, munitions et autres choses qui auront été prises en la place.

---

le nomment cap de la *Higuera*; c'est la pointe de l'O. de l'entrée de Fontarabie, au fond du golfe de Gascogne, et sur la côte d'Espagne, dont il fait la frontière. Il est situé par 43° 22′ 28″ N.-E., par 4° 7′ 15″ à l'O. de Paris. Cette pointe était surmontée d'un château au S. duquel il y a une petite chapelle près de la pointe; on trouve une roche à très-petite distance, il n'y a pas de passage entre elle et la terre; la partie de l'E. est pareillement d'un mauvais fond; il s'y trouve deux hautes roches et plusieurs autres par leur travers à bonne distance de terre; pour les éviter il faut ranger la pointe de l'O., et dans le mouillage on relève le cap Figuier, au N.-N.-O. On y est à l'abri des vents de N.-O., il y a une lieue, un quart à l'O., un quart S.-O., du cap Figuier au port du Passage; dans les environs du cap il existe une montagne dont le S.-O. est très-escarpé, mais le N. est en talus. Lorsqu'un vaisseau la relève à sept ou huit lieues de distance au

large de Saint-Sébastien, elle paraît longue, et la partie de l'O. semble excavée, mais en se rapprochant de terre elle reprend sa figure haute et escarpée.

[1] Saint-Sébastien, sur la côte d'Espagne, dans le golfe de Biscaye, à l'O. du Passage, par 49° 19′ 30″ N., et par 4° 18′ 15″ à l'O. de Paris. La petite ville de Saint-Sébastien n'a qu'un mauvais port de marée derrière des jetées qui ne mettent pas les vaisseaux à l'abri du ressac assez violent pour casser les câbles. La rade est assez bonne; on y trouve 7 brasses d'eau fond de sable, mais il n'y a plus d'abri dès que les vents passent au N.-O., et quand ils soufflent du S.-O. ils arrivent sur la rade par une coulée qui donne des rafales violentes. Saint-Sébastien est le port affecté aux expéditions de la compagnie de Carrak; mais les vaisseaux chargés sur cette côte par le mauvais temps n'y entrent que lorsqu'ils manquent l'entrée du Passage.

En ce cas, si M. le prince s'est rendu maître de Fontarabie et qu'il n'ait pas besoin de toutes les troupes qu'il aura en terre, il tâchera d'obtenir de lui deux ou trois mille hommes de pied avec un maré- chal-de-camp de son armée pour charger sur les vaisseaux du roi et s'en retourner à la côte de Biscaye et en celle de Galice, tenter quelques desseins sur les ports de *Larredo* [1] ou *Bilbao* [2], et même sur la *Corogne* [3], s'il voit qu'il y ait lieu d'y pouvoir réussir.

Si aussi mondit sieur le prince refuse de se charger de la garde et fortification de ce qui aura été pris, ledit sieur archevêque demeurera sur le lieu pour le fortifier, y établira un gouverneur pour le roi, et une garnison telle qu'il le jugera propre, et mettra la place en tel état qu'il n'y ait rien à craindre, informant sa majesté et M. le cardinal de ce qu'il aura fait et du nombre de gens, vivres, munitions et artillerie qu'il faudra mettre en ladite place pour la conserver au service de sa majesté, afin qu'il y soit pourvu en diligence, ou que, remplaçant les hommes, vivres, artillerie et munitions qui pourraient, à cet effet, avoir été divertis de ladite armée navale, elle soit

---

[1] Larèdo, ville sur la côte de Biscaye en Espagne; il y a une baie ouverte à l'E. et dans laquelle on mouille depuis trois jusqu'à neuf brasses; elle est dans l'O.-N.-O. de la rivière de Bilbao. L'entrée de la baie est entre Larèdo au S., et Santona au N.; La- rèdo est par 43° 25′ 8″ N., et par 5° 35′ 35″ à l'O. de Paris (don Vincente Toffino).

[2] Bilbao, principale ville de Biscaye sur la côte septentrionale d'Espagne; la rivière Ibaïcabel y forme un port de marée excellent et très-fréquenté. Lat. 43° 14′ 15″ N., long. 5° 2′ 15″ à l'O. de Paris; il y a à l'entrée du port une barre qui force les vaisseaux à n'y entrer qu'à haute marée; les marées y sont de trois heures un quart. Au large de la pointe de l'E. s'avance un écueil avec quelques roches sous l'eau, du large il paraît blanc, haut, escarpé. Il y a mouillage au dedans de cet écueil par sept ou huit brasses, entre la pointe et la jetée qui restent à l'E. Les vais- seaux dans cette rade sont entièrement à l'abri des vents du N.-O. Elle est éloignée

d'une lieue un quart au S. un quart S.-O. de la barre située à l'embouchure de cette rivière. Cette barre est sur le côté de l'O., où l'on voit quelques maisons. Lorsque les deux plus à l'O. sont l'une sur l'autre, ou lorsque les deux plus à l'E. un peu en dedans du rivage, sont ouvertes d'une voile à ba- teau, on est dans les marques de la barre.

[3] La Corogne, un des meilleurs ports de l'Espagne entre le cap Ortégal et le cap Finis- tère; elle est dans une grande baie qui se di- vise en deux branches; celle de l'E.-N.-E. ren- ferme le Ferrol, département de la marine espagnole dans ces mers. La Corogne est dans le S.-O. du Ferrol, dans un enfoncement qui se trouve à tribord en entrant. Il se fait un grand commerce en cet endroit; l'entrée en est très-difficile à cause des rochers et des îlots qui s'y rencontrent; si l'on vient du N.-E. on peut attérir au cap Prior, d'où on peut relever la tour d'Hercule à peu près au S.-O. et demi S. quelques degrés S. (*Petit flambeau de la mer.*)

II.

mise en état d'aller faire d'autres progrès le long des côtes ennemies.

Et, bien que M. le prince refuse le secours de deux à trois mille hommes dont il est parlé ci-dessus, ledit sieur archevêque ne laissera pas (après avoir assuré les lieux qu'il aura pris) d'aller le long desdites côtes tâcher de faire de nouvelles entreprises, lesquelles néanmoins il mesurera selon les forces qui lui resteront, sans rien hasarder que bien à propos.

Allant et venant le long desdites côtes, s'il apprend qu'il y ait quelques vaisseaux ennemis dans les ports, il tâchera de les prendre ou brûler, selon la facilité qu'il y trouvera.

Et s'il fait rencontre de quelques vaisseaux de Tunis, ou d'Alger ou des autres corsaires de Barbarie, leur fera donner chasse, prendre, combattre ou brûler, jusqu'à ce qu'il ait nouvelles que le traité de paix projeté avec lesdites Barbaries soit conclu, auquel cas tous actes d'hostilité cesseront contre eux.

Si les Portugais se saisissent de quelque port de mer, ou, ayant quelque dessein à exécuter, envoient demander secours, il leur sera envoyé cinq ou six vaisseaux, avec des forces à proportion du besoin qu'ils en auront; et en cas qu'ils réussissent à quelque chose, le roi ou M. le cardinal en sera promptement averti, afin de pourvoir au secours qu'il sera nécessaire de donner auxdits Portugais.

Sa majesté approuve néanmoins que ledit sieur archevêque s'avance en la côte de Portugal, s'il juge qu'il y ait apparence que lesdits Portugais exécutent quelque dessein d'importance; et en cas qu'ils veuillent lui consigner entre les mains Sétubal [1], la tour de Bélem [2]

---

[1] *Sétuval*, ville sur la côte de Portugal, dans l'enfoncement que forme la côte à l'est du cap Spichel, entre ce cap et celui de Sines. Sétuval est une espèce de cul-de-sac ou de grande baie qui reçoit plusieurs rivières, et dont l'entrée est difficile à cause des bancs de sable qui obstruent le goulet. *Sétuval* est une corruption du mot *Saint-Voal*. — Du cap Spichel, à l'entrée de Sétuval, dit l'auteur du *Petit flambeau de la mer*, « la route est à l'E. ½ N.-E. et E.-N.-E., six grandes lieues; l'entrée de Saint-Voal est large de quatre à cinq lieues, mais toute remplie de bancs, ne laissant rien qu'un canal par où les navires entrent et sortent en se servant des marques de reconnaissance. »

[2] La tour de Bélem, dans la rivière du Tage, en Portugal; c'est un excellent point de reconnaissance pour les vaisseaux mouil-

ou quelque autre port de mer propre à faire descente, il tirera profit
de l'occasion, et mettra des gens à terre pour s'en assurer, et assister lesdits Portugais aux occasions qui se pourront offrir. Sa majesté
ne désirant pas toutefois que, sans avoir l'un desdits ports ou autres,
ainsi qu'il est dit ci-dessus, ledit sieur archevêque fasse aucune descente en ladite côte de Portugal, qu'il s'engage plus avant avec
lesdits Portugais qu'à leur promettre l'assistance et secours de sa
majesté quand ils voudront entreprendre quelque chose.

S'il est averti que les ennemis aient dessein de venir à la côte de
France, ou qu'ils y soient déjà venus, il reviendra en ladite côte avec
toute l'armée pour les combattre et empêcher d'y faire descente, sup-
posé qu'auparavant ledit avis il ne soit point attaché à l'exécution de quelque entreprise, laquelle, en ce cas, sa majesté entend qu'il continue sans
l'abandonner en aucune façon du monde si elle est d'importance et qu'il
juge qu'elle puisse réussir, s'il ne reçoit ordre exprès de le faire. Mais
sa majesté veut aussi qu'en ce cas il en presse l'exécution le plus qu'il
pourra ; et icelle achevée et le lieu mis en état de sûreté autant que
la brièveté du temps lui pourra permettre, il revienne ainsi qu'il est
dit ci-dessus chercher lesdits ennemis pour les combattre.

Si ledit sieur archevêque de Bordeaux fait descente en quelque lieu
où M. le prince soit, ou bien dans le voisinage, il recevra les
ordres de M. le prince et lui obéira, et, pour ce qui est de tous
autres commandants des armes du roi, ils auront à assister ledit
sieur archevêque selon qu'il les en requerra pour le service de sa
majesté.

S'il rencontre en mer des vaisseaux anglais, il n'y a pas de doute
qu'ils ne doivent le salut [1] ; mais s'il faisait rencontre d'une armée
navale d'Angleterre (à quoi il n'y a nulle apparence), les deux armées pourront passer sans se saluer ; et si l'armée anglaise voulait
contraindre celle du roi au salut, sa majesté commande audit sieur

---

lès en dedans des sables de Cachop, qui se
projettent au large des pointes des deux
côtés. A l'ouest de cette tour les vaisseaux
sont obligés de mouiller devant le village

Saint-Joseph, par 12 ou 13 brasses, sous la
rive du nord. Cette tour est presque à une
lieue ouest de la ville de Lisbonne.

[1] Voir plus bas le règlement des saluts.

archevêque de tout hasarder plutôt que de faire ce préjudice à l'honneur de la France. Le mieux sera d'éviter une telle rencontre.

N'ayant été fait fonds que pour deux mois de montre aux gens de guerre qui seront sur les vaisseaux, dont le premier leur sera donné lorsqu'ils seront prêts à entrer dans lesdits vaisseaux, pour leurs plus pressantes nécessités, il faudra avoir soin de faire provision de vivres pour eux, et employer plutôt toute leur seconde montre en vivres, à la charge de leur payer leurs décomptes à leur retour.

LOUIS.

BOUTHILLIER.

Le départ de M. de Bordeaux étant retardé, M. le prince de Condé lui écrivit les deux lettres suivantes pour se plaindre de l'incurie de l'administration chargée du matériel de l'armée.

LETTRE DE M. LE PRINCE

A M. L'ARCHEVÊQUE DE BORDEAUX.

De Bordeaux, le 12 mai 1638.

MONSIEUR,

J'espérais toujours l'honneur de vous voir ici, comme vous me l'aviez fait espérer; j'ai un grand regret d'y être sans y jouir du bonheur de votre présence. J'ai mille obligations à tous ces messieurs que je vois souvent à la promenade, mais nul ne fait conduire les munitions ni canons, ni par mer ni par terre. Je vous supplie y pourvoir et me faire savoir de vos nouvelles. J'attends MM. les marquis de la Force et de Gèvres, comme aussi le sieur du Plessis-Besançon, avec impatience. Il n'y a pas un sou à la recette générale de toutes les assignations à moi données; bref, tout va mal. Pour le blé, il est à Bayonne, et aussi ce qui était parti de Brouage y est arrivé à bon port. L'armée sera belle, et, si le reste était prêt, j'espérerais dès à présent me mettre en campagne. MM. les gouverneurs de Guienne sont tous deux ici : le père ne parle point encore d'aller à Plaçat. Je crois que si vous venez, il s'en

ira. Néanmoins il promet, s'il y est, de vous rendre la visite; le fils
aussi. Je vous supplie de me croire,

> Monsieur,
> Votre très-affectionné à vous rendre service,
>
> HENRY DE BOURBON.

LETTRE DE M. LE PRINCE

A M. L'ARCHEVÊQUE DE BORDEAUX.

MONSIEUR,

Vos dernières m'ont fort affligé. Puisque vous me faites perdre espérance de vous voir et l'armée navale, nous ferons ce que nous pourrons en attendant; mais si l'accident de votre armée est tellement con-
joint à la substance de la nôtre que l'une ne puisse rien sans l'autre, il
n'y a que Dieu qui puisse disjoindre encore par miracle les substances
qui n'ont qu'une même subsistance : vous y arriverez par votre prudence; et si nous vous avions vu et qu'il ne tînt qu'à vous assurer un
port, ce serait chose facile, et en un quart d'heure de conférence je
vous le ferais voir clairement. Je vous supplie donc y penser sérieuse-
ment et faire tous vos efforts pour venir un jour ici, et qu'il vous plaise
de me croire,

> Monsieur,
> Votre très-affectionné à vous faire service,
>
> HENRY DE BOURBON.

De Bordeaux, ce 2{ mai 1638.

On voit par la relation suivante des opérations de l'armée
navale commandée par M. de Bordeaux, que plusieurs vaisseaux
français mouillés près Saint-Sébastien, sous le feu de l'ennemi,
avaient paru au conseil de guerre présidé par M. le duc de Lavalette dans une position si désespérée qu'on avait résolu de les
brûler. Apprenant cette décision, M. de Bordeaux s'y opposa

formellement, et dépêcha immédiatement, pour conserver ces
navires, plusieurs officiers entre lesquels on remarque Duquesne, alors fort jeune, qui contribua plus que pas un à relever les vaisseaux de la côte et à les sauver.

RELATION

DE CE QUI S'EST PASSÉ EN L'ARMÉE NAVALE DU ROI DEPUIS L'ARRIVÉE DE
M. L'ARCHEVÊQUE DE BORDEAUX. 6 JUIN 1638. [1]

Depuis l'arrivée de l'archevêque de Bordeaux à La Rochelle,
qui fut le 6 juin 1638 jusqu'au 12 juillet, que l'escadre du Levant,
commandée par M. le commandeur Desgouttes, est arrivée, tout le
temps s'est passé tant à aller visiter M. le prince, qui était pour lors

[1] Cette deuxième relation offrant un assez
grand nombre de détails statistiques, et pouvant servir de point de comparaison avec
celle de M. de Bordeaux, a paru utile à an-
nexer au texte, le P. Fournier ayant été aussi
un des acteurs de cette campagne :
« Le roi ayant résolu d'attaquer puissamment, et par mer et par terre, la ville de
Fontarabie, donna la charge de l'armée de
terre à monseigneur le prince de Condé, et
de mer à M. de Bordeaux. L'armée de terre
fut en peu de temps mise sur pied, et fit
une heureuse entrée dans le pays ennemi
par la prise qu'elle fit du Passage, havre que
l'on estime des meilleurs d'Espagne, et par
le siège qu'on posa en même temps devant
Fontarabie. L'armée navale, quelque diligence qu'y apporta son général, ne put si
tôt tenir la mer, d'autant que les vaisseaux
tirés des côtes de Bretagne et de Normandie
se rendirent à la rade de l'île de Ré sur le
commencement de juin; le 12 du même
mois arriva l'escadre du levant, composée
de vingt-sept vaisseaux, dont dix-huit
étaient galions beaux à merveille, et les
autres étaient vaisseaux légers ou brûlots,
tous si bien équipés qu'ils n'avaient besoin
que d'eau douce pour remettre à la voile ;
le commandeur Desgouttes en était l'amiral,
et le chevalier de Montigny vice-amiral,
tous deux vaillants et de très-grande expérience. Depuis Toulon et Marseille ils n'a-
vaient rencontré aucun vaisseau espagnol
sur leur route, quoiqu'ils eussent toujours
rangé les côtes d'Espagne. Voire ayant avis
que don Alonzo de Menèze était à Barcelonne avec des forces navales qui étaient de
considération, ils mouillèrent à la vue de
cette ville, sans que ce général en voulût
tâter, et le pavillon de France fit le tour
d'Espagne sans que d'aucun havre, cap ou
côte, pas un ennemi ne parût.
Le 14 de juillet, partirent de la rade de
Ré sept gros vaisseaux, commandés par le
sieur de Treillebois, pour aller au Passage
et mener six cents matelots à M. le prince,
pour équiper et mettre en mer les galions
qu'il avait pris au Passage, et empêcher tant
qu'ils pourraient qu'aucun secours n'entrât
par mer dans Fontarabie, ce qu'ils firent
fort heureusement, car, après avoir déchargé
leurs matelots au Passage, une flotte de six
pinasses et douze navires espagnols voulant
entrer dans le canal de Fontarabie, n'y ga-

à Condom, qu'à préparer les choses nécessaires pour quand ces escadres seraient arrivées, afin qu'elles n'eussent aucun retardement, et à chercher les fonds nécessaires, tant pour la subsistance de l'armée que pour l'entretien des régiments qui devaient embarquer,

gnèrent que des coups, et après un combat de deux heures, ayant vu deux de leurs vaisseaux couler à fond, ils se retirèrent à Saint-Sébastien.

Le 13 de juillet commença à souffler le vent, attendu de si long-temps, nécessaire pour amener les vaisseaux que le roi faisait venir de Hollande, et bien que nous ne doutassions nullement que M. le chevalier de Coupeauville ne partit incontinent et ne nous les amenât incontinent ; cela toutefois n'empêcha pas de nous mettre en mer, tant parce que M. le prince envoyait courrier sur courrier, pour nous faire avancer, comme aussi parce que nous avions vent propre et que nous étions bien informés de l'état de l'ennemi, et que les vaisseaux que nous avions étaient très-forts de bois et de canon, et remplis de bons hommes de mer et de main.

Étant en rade, après les avoir attendus quelque temps, comme aussi *la Couronne* qu'on travaillait beaucoup à tirer de la rivière de Seudre à cause de sa grandeur, le 26 de juillet on commença à faire embarquer les régiments de la Meilleraye et de la Couronne, et le 28, comme l'on était prêt de lever les ancres, parurent sur notre horizon nos vaisseaux de guerre de Hollande, dont nous en avions acheté six et arrêté les autres de la compagnie des Indes. Cela réjouit grandement notre armée, tant pour le nombre qu'ils étaient, que pour leur bonté et la quantité de poudres, et autres munitions qu'ils nous apportaient. Voyant toutefois qu'ils avaient besoin de quelques rafraîchissements, nous les laissâmes à La Rochelle avec ordre de nous suivre au plus tôt, et, après les salves accoutumées, le jeudi 29 de juillet, l'amiral voulant faire voile, en

donna le signal, déployant son artimon et tirant un coup de canon, et au même instant trente-quatre autres gros vaisseaux déployérent semblablement leurs artimons, appareillèrent promptement à l'envi les uns des autres, franchirent le pertuis d'Antioche, qui est le détroit d'entre l'île de Ré et d'Oléron, et tous portés d'un vent de nordest, cinglèrent jusqu'au vendredi matin à l'ouest-sur-ouest, sans avancer plus de cinq lieues au sud-sud-ouest, après quoi le vent calma tout-à-fait.

Le dimanche, premier jour d'août, nous eûmes le vent de N.-O., mais fort petit, puis il fraîchit sur le haut du jour, et ayant avancé une lieue au sud, nous aperçûmes le cap Figuier, frontière d'Espagne, auquel nous allions tout droit si le calme ne fût survenu, qui continua toute la nuit et le lundi matin, que nous nous trouvâmes vis-à-vis de Saint-Sébastien ; finalement, le temps s'étant haussé, un petit vent s'éleva qui nous fit aller mouiller l'ancre à la rade de Fontarabie, au droit du château de Figuier.

Le mardi 3 août à la pointe du jour parurent les ennemis, lesquels ayant chargé sur soixante pinasses et vaisseaux légers cinq cents hommes, des vivres et des munitions, pour ravitailler et rafraîchir Fontarabie, disparurent incontinent, et se retirèrent à Saint-Sébastien, et les côtes voisines se voyant découvertes, et que l'un de nos vaisseaux, assisté de deux pataches, avait déjà gagné le vent, et que toutes les chaloupes de notre flotte, armées en guerre, les poursuivaient à force de rames ; la chaloupe du *Corail*, vaisseau de six ou sept cents tonneaux où j'étais, en attrapa deux pour sa part, chargés pour la plupart de balles de mousquet, encloses dans de petites caisses de

qui consistaient en celui de la Meilleraye, celui de la Couronne, et dix compagnies de celui des vaisseaux, lesquels étant logés en différentes provinces, à la réserve de celui de la Meilleraye, qui était en garnison partie dans les îles de Ré et d'Oléron et partie dans Niort.

sapin d'un pied et demi de long, et de cinq à six pouces de large.

Le jour suivant, monseigneur de Bordeaux fit partir une escadre pour tenir la mer, aller à la petite guerre, et voir si l'ennemi ne paraîtrait point. En ce même jour plusieurs vaisseaux allèrent au Passage débarquer deux mille hommes pour garder le port et le bourg, et en relever le régiment de Serignan. On alla aussi par mer reconnaître Saint-Sébastien; M. de Bordeaux alla visiter M. le prince et fit en plein conseil des offres pour l'avancement du siège, lesquelles eussent réussi à l'honneur de la France, si elles n'eussent été refusées par la jalousie, à ce que l'on dit, de quelques-uns.

Le sixième jour, on fit sortir du Passage quatre galions, de près de huit cents tonneaux chacun, qu'on réserva seuls de tous les vaisseaux que M. le prince avait pris sur l'ennemi, et furent conduits en l'armée au grand regret de nos ennemis, qui les pouvaient apercevoir des créneaux de leur ville.

Le onzième jour, arriva notre arrière-garde, composée de onze galions. Le 13 parut la Couronne, que la seule vitesse fit presque méconnaître, car la prodigieuse masse de ce vaisseau ayant mis en l'esprit de la plupart qu'il serait pesant à merveille et difficile à gouverner, ils ne se pouvaient persuader qu'il fût si bon voilier, et qu'il pût devancer un chétif brûlot, avec lequel il vint, comme ils voyaient que souvent la Couronne le laissait derrière soi.

Par cette arrivée, notre flotte se trouva composée de soixante-quatre voiles, dont les quarante-quatre étaient galions, depuis 500 tonneaux jusqu'à 2,000, deux pataches excellentes, et le reste était brûlots, flûtes

et frégates, que l'expérience a fait connaître être de très-bon service dans les occasions.

Le 14, veille de l'Assomption, pendant que toute la France, obéissant aux ordres et commandements de sa majesté, se consacrait par vœu public à la sacrée Vierge, lui dressant par toute la ville des autels et la prenant pour la protectrice de ses états et la médiatrice auprès de son fils d'une paix que nous ne pouvons plus espérer que du ciel, plusieurs, dans l'armée navale, jeûnèrent ce jour, à l'imitation de leur général M. de Bordeaux, que j'eus l'honneur d'accompagner, allant visiter la Couronne. M. Delaunay-Razilly, qui y commandait en qualité de vice-amiral de l'armée, lui ayant préparé une magnifique collation, il n'y toucha que des yeux.

Le jour de l'Assomption, notre armée, étant presque toute ramassée devant Fontarabie, la sacrée Vierge fut saluée des prières publiques et des titres de Stella-Maris, et Regina Francorum; M. de Bordeaux célébra la sainte messe dans son amiral, la mer étant extraordinairement calme. J'eus aussi le bonheur de la dire au même lieu, après avoir entendu de confession ses principaux officiers et domestiques.

Le lundi de grand matin, monseigneur dépêcha une escadre vers La Rochelle, pour y conduire trois des quatre galions pris sur l'ennemi, afin de les y équiper et de les mettre en état de rendre service.

En même temps il fit partir deux brûlots, quelques flûtes et huit gros vaisseaux pour tenir la mer, commandés par M. de Montigny, contre-amiral de l'armée depuis la venue de la Couronne, à laquelle il avait quitté la qualité de vice-amiral. Il eut ordre d'épier l'ennemi, empêcher que rien ne sortît de Saint-Sébastien, et d'approcher le plus

L'avis qu'avaient apporté les capitaines Régnier et Brocq, d'un voyage qu'ils avaient fait pour conduire de l'artillerie à Bayonne, qu'il y avait dans le Passage onze galions prêts à sortir, obligea l'archevêque de Bordeaux de presser l'assemblée de ces troupes, en-

près qu'il pourrait de Guétaria, en sonder la rade, et reconnaître si l'armée du roi y pourrait mouiller en cas de nécessité.

Le mardi, sur les sept à huit heures du matin, l'Europe, l'un des plus agréables vaisseaux de l'armée et des mieux équipés, sur lequel était monté le sieur chevalier de Montigny, ayant découvert à l'ouest de lui quatorze galions d'Espagne et quatre frégates, portés d'un bon vent, marchant de front en bel ordre, en donna aussitôt avis par un coup de canon à toute son escadre, tous les navires de laquelle se tenaient un peu éloignés les uns des autres, pour mieux découvrir sur mer, et en même temps dépêcha une patache pour en donner avis à M. de Bordeaux.

M. de Montigny était pour lors vers Saint-Sébastien, et l'ennemi paraissait à une ou deux lieues de Guétaria. On ne peut s'imaginer pourquoi don Lopez, amiral de cette escadre espagnole, ne se résolut de nous combattre, ayant tous les avantages qui peuvent faciliter une victoire, et que tout homme de cœur et d'expérience, comme lui, eût pu souhaiter ; car ils avaient le vent très-favorable et étaient plus forts que nous en grandeur et nombre de vaisseaux, et avaient les côtes à leur dévotion, et une retraite assurée en tout événement. A quoi toutefois sans avoir égard, il se rangea sur les dix heures à la rade de Guétaria, avec l'étonnement de tous les nôtres, qui les allèrent reconnaître, et voir leur contenance presque à la portée du canon. Toute la nuit et le mercredi suivant, le temps se changeant d'heure en heure, nous fûmes rechassés vers Saint-Sébastien, quoique nous fissions le possible en louvoyant, de nous écarter de l'ennemi.

Le même arriva à M. de Bordeaux, le-

quel, après avoir tenu conseil, où tous les capitaines avaient assisté, et pourvu à la sûreté du canal de Fontarabie, duquel on bailla la garde au sieur Delaunay-Razilly, vice-amiral, partit de Figuier, ne prenant avec soi que dix vaisseaux de guerre et cinq brûlots. La mer ne lui étant aucunement favorable, nous ne l'aperçûmes que sur les dix et onze heures, et vîmes qu'après diverses bordées, tant s'en faut qu'il pût avancer que la mer le portait non sans danger vers les côtes de Biaris et Bayonne, les pilotes mêmes désespérant presque de pouvoir sauver l'amiral; on croit que l'expérience et l'industrie du sieur Desgouttes le sauva, après que M. de Bordeaux, accompagné des sieurs de Bucquoy-de-Saint-Georges, Thibaud et Rochebrune se furent embarqués sur le vaisseau la Vierge, à cause qu'étant plus petit il le soutenait mieux.

Enfin le jeudi au soir étant arrivé, tous de compagnie sur les cinq heures s'approchèrent de Guétaria, et l'amiral ayant donné le signal, tous mouillèrent les uns plus proches de l'ennemi qu'il ne fallait, comme on vit après. Les chaloupes firent bonne garde toute la nuit, escortées de la Royale, et de la Cardinale, pataches qui furent toujours sur voile.

Le vendredi, jour de saint Bernard, comme l'Europe, la Madeleine de Brest, et l'Espérance avec deux brûlots, pensèrent donner sur l'ennemi, le vent tomba tout à coup, et ne pûmes empêcher tout ce jour que plusieurs chaloupes n'allassent et ne vinssent de Saint-Sébastien à Guétaria.

Le samedi au soir, le capitaine Giron, l'un des plus expérimentés hommes de mer que nous ayons, qui a fait tout le tour du monde, et commandé plus de vingt ans y a des vais-

voyant donner avis à M. le prince du rapport qui lui avait été fait par lesdits capitaines, l'assurant qu'en cas qu'il se pût rendre maître desdits vaisseaux, on ne manquerait pas de lui envoyer des matelots en nombre suffisant pour les naviguer : de sorte que ledit archevêque

seaux de 1,000 tonneaux, monté sur un chétif brigantin accompagné de huit chaloupes, bailla la chasse aux chaloupes et pinasses ennemies, après une mousqueterie qui dura plus d'une heure.

Ce même soir, sur les dix à onze heures, une barque, voulant passer de Guétaria à Saint-Sébastien, après avoir alarmé tout le camp, fut contrainte de se retirer, par les canonnades que lui tirèrent *l'Intendant* et *le Triton*.

Durant tout ce temps l'ennemi se fortifia tellement qu'il croyait être hors de tout péril, car outre la situation du lieu qui lui était très-avantageuse, étant au midi couvert de la côte, à l'occident de la ville de Guétaria, et au nord-ouest d'une montagne qui avance en mer, ne laissant qu'une ouverture vers laquelle ils s'étaient rangés en file, nous montrant le flanc et la bouche de leurs canons ; l'amiral était de 1,600 tonneaux, le vice-amiral un peu moindre, et on voyait le long de la ville six galions de 800 tonneaux chacun, et cinq autres gros vaisseaux, tous forts de bois, et bien fournis d'artillerie.

Don Lopez, qui commandait l'armée, s'étant rangé entre la montagne et la ville, sur la montagne il y avait deux batteries qui commandaient toute la rade, et deux autres à fleur d'eau qui flanquaient et enfermaient toute leur armée. Il y avait encore d'autres batteries en des lieux qui nous pouvaient fort incommoder.

Le dimanche matin, sur les neuf heures, les batteries de la montagne ayant commencé, on tira en très-peu de temps un très-grand nombre de coups de canon, sans endommager beaucoup nos vaisseaux, quoique *l'Europe* et *le Coq* en fussent fort proches ; notre amiral toutefois en ayant été atteint de

deux coups, dont l'un tua deux matelots sur le pont et l'autre se planta dans le mât et y laissa son boulet de huit livres de calibre, cela nous fit connaître que nous nous étions trop avancés ; et notre amiral ayant donné le signal fit retirer toute l'armée de plus de cinq cents pas, de quoi l'ennemi se moquant et croyant que nous levions l'ancre pour nous en aller tout-à-fait, on entendit tous les vaisseaux et les côtes voisines qui étaient bordées d'hommes ; retentir de bravades, sifflements, moqueries, brocards et paroles insolentes, quoique contre l'avis des plus intelligents aux affaires de la marine, qui disaient à don Lopez que ces gouaches françaises se retiraient pour mieux sauter, et qu'ils étaient les plus trompés du monde s'ils ne jouaient de quelque trait dont ils ne se doutaient pas.

La face de notre armée était à la vérité pour lors fort triste et fort morne, tant pour ne pouvoir réprimer l'insolence de ces bravades, que pour nous voir destitués de tout vent ; M. de Bordeaux, entre temps, songeait au moyen de les pouvoir forcer et perdre dans le lieu même et le poste qu'ils croyaient si avantageux. Voilà que le ciel, favorisant ses desseins, change de face tout-à-fait ; un frais agréable vient de la mer, quelques ondes blanchissent au loin, la houle croît et fait rouler avec majesté nos vaisseaux, le vent promet une victoire certaine ; on conclut unanimement l'attaque, chacun se rend en son bord, la joie remplit le cœur de tous nos Français, et une allégresse extraordinaire se montre sur leur face ; personne ne songe à dîner quoiqu'il fût onze heures. Les prières étant faites et les ordres donnés, on vit incontinent *l'Europe*, *la Licorne*, *le Cygne*, *le Coq*, *la Vierge* et *la Fortune*, où

de Bordeaux envoya en diligence à Brest pour y hâter cinq vaisseaux qui lui devaient venir de ce lieu, et qu'ils arrivèrent si à propos, que le troisième jour de juillet, la nouvelle de la prise dudit Passage et des vaisseaux qui étaient dedans étant apportée par

étaient les sieurs de Montigny et de Caugé, qui conduisaient l'entreprise, assistés du commandeur de Chastelus et des sieurs du Mé; Cazenac et la Chesnaye, tous lesquels s'avancèrent si près, que, du mousquet, ils pouvaient choisir leur ennemi; suivirent cinq brulôts commandés par les capitaines Mata, Molé, Collo, Bruyé, Jamin et Vidaut, soutenus des chevaliers de Senantes, Linières, Garnier et Paul, et du sieur de Bois-Joly, qui avaient derrière eux le chevalier de Conflans, le baron du Marcé et Duquesne, pour donner assistance à ceux qui en auraient besoin, le lieu étant si étroit qu'ils ne pouvaient combattre de front avec plus grand nombre de vaisseaux. L'Europe ayant lâché sa bordée, fut suivi des autres, auxquels répondit, non seulement, par plusieurs décharges toute l'artillerie des Espagnols, mais de plus les batteries de terre. Ce tonnerre ayant continué un bon demi-quart d'heure, parmi les éclairs et horreurs de tant de bouches à feu, à travers une épaisse fumée qui empêchait de se voir les uns les autres, passent deux brûlots qu'un vent d'arrière porte dans la flotte ennemie, sans qu'il fût besoin de beaucoup de grappins pour s'y attacher, et ceux qui les conduisaient s'étant prestement retirés dans leur chaloupe, les artifices étant allumés, un horrible feu sortit à grosses ondées par tous les sabords, saisit les gallons d'Espagne, s'attache à la poix, gagne les cordages, et en un moment les environne de feux et de flammes. Un cri lamentable et plein d'horreur s'élève d'une part, secondé d'une consternation universelle de tous ceux qui bordaient les rivages voisins. Un troisième brûlot survenant, allume d'autres feux, les quatre et cinquième arrivant de temps en

temps, changent toute cette flotte en l'horreur d'une forêt qui brûle, et ôte aux ennemis toute espérance de se pouvoir sauver. Deux anciens terces de Castille, composés de trois mille soldats, y périrent ou par le feu ou par l'eau, les uns à demi brûlés, enlevés par la violence des soutes embrasées; les autres se jetant en mer, espérant gagner le bord, et poursuivis par le sieur du Croiset, lieutenant de l'amiral. Les bouffées de feu et de flammes sautaient parfois de fort loin d'un bord à l'autre, et s'élevant d'autres fois jusqu'au plus haut des mâts, les pavillons et mâts de hune tombant dru et menu imitaient le fracas d'une forêt agitée de quelques tourbillons. Ces pauvres gens courent de proue en poupe, crient, hurlent sous la pluie de charbons qui leur tombe d'en haut, avec des pièces de voiles qui tombent en lambeaux demi-brûlés, la grêle de plomb et des carreaux de fer que leur lance notre mousqueterie et les canons de nos bords. Les uns se précipitent en mer, et demi-grillés, s'étouffent dans les eaux; or, leurs canons s'allumant, tirent et foudroient partie de ceux qui les voulaient secourir; tantôt le feu prend aux soutes, aux poudres, enlevant les ponts et tillacs, et, avec un fracas inexprimable, portait jusqu'au ciel les fumées de toutes couleurs. L'amiral était encore sain et entier proche de la montagne, lorsque le monde qui était sur terre, voyant encore un brûlot, commandé par le sieur Desjardins de Brouage, envoyé de monseigneur de Bordeaux porter de ses nouvelles à don Lopez, qui avait encore assez de courage pour faire jouer son artillerie parmi tant d'incendies, et se défendait du sieur de Cazenac, qui était mouillé près de lui et le battait continuellement; ses compatriotes, plaignant son dés-

un courrier de M. le prince, ledit archevêque fit des diligences incroyables pour trouver des matelots autres que ceux desdits équipages ; et, de fait, en trois fois vingt-quatre heures il en fut assemblé cinq ou six cents, outre ceux de l'équipage de sept vaisseaux qui

astre, tantôt élevaient les mains au ciel, tantôt les abaissaient sur leurs genoux et faisaient toutes les postures que l'horreur d'un tel spectacle pouvait causer. Le brûlot se trouva fort en peine, battu de l'artillerie des vaisseaux et de celle de terre, qui lui coupa son gouvernail, et désespérant de pouvoir aborder et jeter le grappin, dévala dans sa chaloupe, l'alluma, et le vent le conduisant, embrasa un vaisseau qui était devant l'amiral, et quelque temps après on vit sortir une fougade de cet amiral, sans qu'on sache si elle fut causée par le brûlot ou par les coups de canon du sieur de Cazenac, ou par l'air embrasé tant du brûlot que de la barque voisine ; tant il y a que ce grand vaisseau s'embrasa avec un autre dunkerquois qui était à côté, qui brûlèrent vingt-cinq ou trente vaisseaux, barques ou autres bateaux à hunes, et beaucoup plus grand nombre de pinasses ou chaloupes avec force maisons de la ville; et l'embrasement des soutes vomit tant de feux, que la montagne voisine en brûla plus de six heures durant et la changea en un volcan. Le feu de tous s'opiniâtrant, irrité des eaux onctueuses de la mer, va les consumant jusqu'à la quille, couvre la mer de tisons, planches et morceaux de voiles à demi brûlés que la mer jette le long des côtes ; j'en ai vu depuis recueillir des charbons à plus de dix lieues de là, si parfaitement brûlés, que je m'en servais pour crayonner. Le commandeur de Chastelus y gagna un pavillon dunkerquois. Les plus généreux des Espagnols, et spécialement un, qui tenait l'épée nue dans l'amiral, s'étant enveloppés dans leurs pavillons au lieu de suaire.

L'amiral et le vice-amiral étaient d'environ 1700 tonneaux; en l'un, il y avait cinq cents hommes, en l'autre sept cents. L'ami-

ral et vice-amiral de Galice, qui conduisaient cette escadre, avaient été joints par don Lopez, homme de grande réputation en Espagne, qui se trouva dans le vaisseau amiral, y pensa périr avec les autres; il s'en échappa toutefois après avoir rendu tout le combat et donné tous les ordres qu'on pouvait espérer d'un homme de cœur et entendu capitaine. Ils attendaient encore douze vaisseaux et six frégates de Dunkerque, avec plusieurs autres vaisseaux de Lisbonne, qui se devaient joindre à ceux qui étaient à Saint-Sébastien. L'effort de cet incendie fut depuis les onze heures jusqu'à deux heures, de sorte qu'en trois heures M. de Bordeaux mit en charbon quatorze vaisseaux, dont chacun, pour sa grandeur, méritait d'être amiral, outre quatre frégates, et ne resta qu'un galion échoué et rasé de coups de canon, qui y demeura inutile. Nous n'y avons perdu que vingt-cinq hommes, une poule et un pigeon; nos vaisseaux qui y furent les plus maltraités furent *la Fortune* et *la Magdeleine*, où commandait le chevalier de Senantes, qui fut plus de deux heures sous le canon ennemi, sans vent et sans chaloupe. Tous les chefs de cette armée navale contribuèrent à cette victoire : l'archevêque de Bordeaux ayant très-prudemment pourvu à tout ce qui causa la victoire, et particulièrement à se fournir de bons brûlots, où il fit des dépenses très-grandes et n'y épargna rien. Il y en avait de 2 à 300 tonneaux, que tout homme qui n'eût vu les grappins qu'ils avaient au bout de leurs vergues eût pris pour de bons vaisseaux de guerre. Sa vigilance fut incroyable, son courage ne se rebuta d'aucune des difficultés que nous avons dit ci-dessus lui être arrivées ; il fut toujours des premiers à exécuter ses ordres,

furent commandés de ces ports, nommés Treillebois, Saint-Étienne, Razes, Guiton, Régnier, la Treille et Brocq; et en même instant dépêcha par terre un commissaire de la marine, un maître d'équipage et un maître charpentier, lesquels s'en allèrent en poste avec argent pour fournir à la dépense nécessaire pour le travail desdits vaisseaux.

Les capitaines ordonnés pour porter des matelots ne purent faire même diligence, ne pouvant sortir d'entre les terres, à cause du vent sud-ouest qui dura jusqu'au 14 juillet, qu'ils mirent hors le pertuis, et arrivèrent le 17, à deux heures après midi, au cap du Figuier, où, après avoir reçu les commandements de M. le prince, ils commencèrent d'établir leurs gardes, et à donner les matelots qu'ils avaient amenés au commissaire et maître d'équipage pour les employer aux travaux.

Durant ce temps, le commandeur Desgouttes, par des diligences tout extraordinaires, fit remettre son escadre en état de partir, en telle sorte que le 20 juillet elle eût fait voile, si l'infanterie qui devait embarquer dessus eût été en état de ce faire; mais le

---

et y sut si parfaitement ménager le temps, l'occasion et le courage des braves hommes qu'il engagea en cette occasion, qu'effectivement il emporta une victoire entière, sans aucun désordre, témérité ni perte de vaisseaux ou d'hommes, de quoi incontinent il rendit grâce à Dieu par le *Te Deum* qu'il en fit chanter. Le commandeur Desgouttes sauva l'amiral, disposa très-bien l'ordre des attaques avec les mouillages et prit parfaitement bien l'avantage du vent. L'ordre et le courage que le chevalier de Montigny apporta en sa découverte ôtèrent à ses ennemis la volonté de le combattre en mer; quoique plus forts que lui en nombre de gens et de vaisseaux, les enferma dans leur propre havre, empêcha leur jonction avec ceux de Saint-Sébastien, et eut la prudence de donner l'avis et le temps à son général de venir lui donner le moyen de terminer l'affaire par une victoire entière, qu'il partagea avec le très-courageux et vaillant chevalier de Cangé, qui conduisait avec lui toute l'entreprise. Cazenac se logea au lieu où il faisait le plus chaud, n'abandonna jamais l'amiral ennemi, et fut plus de deux heures aux mousquetades avec lui. Le commandeur de Chastelus y gagna un pavillon dunkerquois; les sieurs du Mé, la Chesnaye, de Bois-Joly et le chevalier de Senantes, Linières, Garnier et Paul, assistés des sieurs de Conflans, Marcé et Duquesne, gardèrent si bien leur ordre, et firent si beau feu, et se conservèrent avec tant d'adresse au milieu du feu et de l'eau, qu'ils n'eurent besoin du chevalier d'Arrérac, qui commandait *la Reyne*, ni les sieurs de Caen, sergent de bataille, Coupeauville, et trois Flamands destinés pour les soutenir, qui n'eussent fait moins que les autres, s'ils eussent été commandés.

manque de subsistances, que M. de Villemonté avait été obligé d'aller chercher lui-même en Bas-Poitou avec le régiment de la Meilleraye, retarda l'embarquement jusqu'au 25, que les calmes et le vent contraire empêchèrent de mettre à la voile jusqu'au 29, ayant plusieurs fois levé l'ancre inutilement sans pouvoir sortir.

Durant lequel temps, ayant eu nouvelles des capitaines des vaisseaux qui étaient devant le golfe de Fontarabie, qu'en l'absence de M. le prince il avait été tenu un conseil où présidait M. le duc de la Valette, dans lequel on avait proposé de quitter le port du Passage, et brûler tous les galions qui y étaient, et que, sans l'extrême opposition qu'ils y avaient faite, cela aurait été résolu et exécuté; mais que tout ce qu'ils avaient pu gagner était de soumettre l'affaire à M. le prince, lequel, pour éluder une proposition si contraire au bien du service du roi, et pour ne pas faire honte à ceux qui l'avaient mise en avant, ordonna à un capitaine de navire, nommé Saint-Étienne, d'entrer dans le port avec son vaisseau; et en cas qu'il vît ne le pouvoir garder, brûler tous lesdits vaisseaux, et même le sien, pour se retirer.

Cette nouvelle venue à l'archevêque de Bordeaux, il commanda au chevalier de Cangé, aux capitaines la Chesnaye, Duquesne et Paul, d'embarquer huit compagnies d'infanterie, et de faire tous leurs efforts pour gagner le Passage, afin de jeter leur infanterie sur les vaisseaux pris, et eux d'en garder l'embouchure avec le reste des vaisseaux, en telle sorte que quand ceux de la terre même auraient quitté, ils pussent conserver les vaisseaux, lesquels, par touées, chaloupes et autres moyens extraordinaires, firent si bien qu'ils se mirent hors des terres, contre la créance que tout le monde avait qu'ils le pussent faire.

Le même jour que le chevalier de Cangé quitta l'armée, qui fut le 26 au matin, le chevalier de Coupeauville arriva avec dix vaisseaux de Hollande ou du Havre; mais, comme il leur fallait prendre quelques vivres, et qu'ils étaient chargés de quelques agrès de *la Couronne*, qu'il fallait lui donner, il fut ordonné auxdits vaisseaux de demeurer à la rade jusqu'au 1er août, durant lequel temps chacun se préparerait, et *la Couronne*, qui n'avait encore pu sortir le courant d'Oléron, se mettrait en état de venir avec eux.

Cependant le reste des victuailles de l'armée avec l'artillerie se chargerait pour s'en venir sous leur escorte avec quelques-uns des brûlots qui n'étaient pas encore prêts.

Le 29, sur les six à sept heures du soir, s'étant levé un petit vent de terre, l'amiral, qui était mouillé il y avait trois jours, avec vingt-six voiles entre Oléron et Ré, attendant le temps, partit, lequel, tantôt arrêté par calme, tantôt par des bourrasques de vent qui le mettaient hors de la route, tantôt par des vaisseaux de son escadre qui demeuraient derrière, tint la mer le 30 et le dernier du mois sans pouvoir gagner autre chose que la vue des terres d'Espagne qu'il eut vers le soir, tous les vaisseaux étant extrêmement séparés d'un coup de vent qu'il avait fait ce jour-là.

Le 1er d'août, après avoir ouï la grand'messe dans le bord de l'amiral et dans la plupart des vaisseaux de l'armée où la grandeur des navires donnait moyen de la dire, un petit vent nord-ouest commença à rassembler tous les vaisseaux, et on continua la route droit au Passage, afin de se tenir sur le vent de la rade du Figuier, mais comme la nuit approcha on fut obligé de remettre le cap à la mer pour la laisser passer, n'y ayant point d'apparence de prendre terre la nuit en un lieu si dangereux que cet acul de pays, ici où les grands vaisseaux ne peuvent jamais aller que dans une extrême bonasse ou avec un grand péril.

Le 2, l'archevêque de Bordeaux alla dans une chaloupe visiter le Passage, où le sieur de Cangé, avec quatre autres navires de guerre, était mouillé pour la conservation d'icelui, durant que le corps de l'armée vint mouiller à la rade du Figuier, où s'étant rendu dès le soir, après avoir rendu ses devoirs à M. le prince, on commença à visiter les postes de la mer et à établir les gardes nécessaires pour empêcher le secours qui pourrait entrer dans la place; ce qui fut fait si heureusement que le lendemain à la pointe du jour, 3 du mois, les gardes avancées découvrirent quantité de barques, pinasses et chaloupes qui venaient pour entrer; de quoi ayant donné avis à l'amiral, les gardes ordonnées et quelques vaisseaux commandés à mettre sous voile en cas d'alarme repoussèrent ce secours dans Saint-Sébastien, en faisant échouer plusieurs à la côte, et avec leurs canons et mousquets en maltraitant plusieurs dans leurs bords.

Les prisonniers pris rapportèrent que don Alonzo en personne avait entrepris de faire entrer ce secours, qui était composé de huit grandes barques à huniers, de quelque 5 ou 600 tonneaux, et de 37 pinasses, tant bateaux que chaloupes, dans lesquelles il y avait 5 ou 600 hommes de guerre, force pain, autres rafraîchissements, et surtout du plomb en balles.

Ledit don Alonzo étant monté sur une des plus grandes barques, armée de force pierriers et de petits canons, en avait autour de lui six ou sept pinasses ou chaloupes, et ainsi par différentes escadres était composé ce secours, lequel, nonobstant qu'il vît appareiller les vaisseaux, et les chaloupes aller à eux, ne laissèrent pas de s'en venir si près de l'amiral qu'il fut obligé de leur tirer un coup de canon, qui les fit revirer à l'autre bord incontinent. Les mêmes prisonniers rapportent aussi que l'amirante de Castille ayant fait embarquer ce secours avec grand'peine et grand soin, il ne put jamais obliger soixante ou quatre-vingts chevaliers, qui étaient venus de la cour d'Espagne avec lui, à s'embarquer, disant qu'ils étaient venus pour monter sur des galions et non sur des pataches.

Le même jour M. le prince fit tenir conseil pour savoir ce qu'il ferait du Passage, où les galions d'Espagne étaient et où tous les ennemis faisaient tous les jours diverses attaques, proposant à l'archevêque de Bordeaux, s'il ne se voulait charger de le garder, il serait obligé de brûler les vaisseaux et le Passage, et retirer ses troupes de là ; à quoi ledit archevêque ayant répondu que s'il lui plaisait d'augmenter la garde qu'il y avait au Passage de quelques troupes du camp, il s'offrait de prendre telle attaque qu'on lui voudrait donner, et qu'il s'assurait qu'il passerait le fossé dans trois jours sur terre, et qu'il y avait trois semaines qu'on était après de faire sous terre; que, pour le Passage, il y laisserait six vaisseaux qui y favorisaient bien la garde d'icelui. Mais quelle raison qu'il pût dire, M. le prince voulut absolument qu'il se chargeât de la garde dudit Passage comme d'une chose presque abandonnée, ce qui obligea ledit archevêque, après avoir mis ordre à toutes ces gardes de la mer, de s'en aller mener ses troupes audit lieu; lesquelles, au lieu de les loger dans le bourg comme étaient les autres troupes, les fit camper aux deux têtes du bourg, faisant fortifier son campement de grandes redoutes et de signes de communications entre elles, lesquelles commençaient depuis le haut de l'éminence jusqu'à la mer.

Il avait été aussi résolu que trois régiments de l'armée de M. le prince camperaient sur une éminence qui est entre un lieu nommé Arse et la Rentrée, et qui faisait tête à Touzoès et Ernany, où l'on disait que les ennemis faisaient leur assemblée, comme l'amirante faisait à Saint-Sébastien.

Mais cette dernière résolution ne fut point suivie, M. le prince ayant rappelé un des régiments qu'il avait en ce quartier-là, et laissé les deux autres logés dans Arse et la Rentrée, comme ils avaient toujours été.

Le 5, tous ceux de l'armée de M. le prince se plaignant qu'ils ne pouvaient faire aucuns travaux sur terre à cause de la multitude des canons qu'il y avait dans la place et du peu de service qu'on retirait de l'artillerie de l'armée, l'archevêque de Bordeaux offrit de faire descendre deux batteries, l'une de cinq canons et l'autre de trois, fournissant d'officiers et de munitions pour les exécuter; ce qui fit tel effet que dans le lendemain qu'elles furent mises à terre, les soldats s'allaient promener dans les fossés comme aux autres lieux.

Le 6, le secours qui avait manqué d'entrer par mer se présenta par terre; mais on ne put si bien faire qu'à la faveur de la nuit il n'entrât soixante ou quatre-vingts hommes qui portaient tous des petits sacs de plomb en balles sur le dos.

Le 7, l'entrée de ce petit secours ayant élevé le courage à Michel Peyrès, qui était celui que l'Espagnol avait envoyé comme le plus expérimenté de son pays, et qui avait appris dans l'île Sainte-Marguerite à défendre les places, il fit une sortie à la tête de deux cent cinquante hommes, commandés par les plus expérimentés capitaines qu'il eût, qui avaient avec eux le neveu de l'Alfière, gouverneur de la place, et l'enseigne qui avait entré le jour d'auparavant avec ce secours. Ils furent reçus dans les tranchées par le régiment d'Enghien; les deux capitaines espagnols furent pris prisonniers blessés, ledit neveu du gouverneur l'Alfière, vingt-cinq soldats et trente ou quarante tués sur la place.

Le 8, les ennemis essaient de jeter dans la place quelques particuliers pour dire l'état auquel ils étaient, et pour convier les assiégés à tenir jusqu'au 15; mais comme la vigilance de M. le prince avait établi une garde très-exacte depuis ce secours qui avait entré par terre, un de ceux qui portaient les lettres fut attrapé, par le rapport duquel et par ses dépêches on apprit que les ennemis espéraient une grande armée navale, composée de l'escadre de Dunkerque, de celle de don Antoine d'Oquèdo, des galions de la Corogne et du reste de l'escadre de Biscaye;

Que l'amirante faisait une assemblée à Saint-Sébastien, au Touzoès et Ernany, où tous les cavaliers de la cour venaient et où déjà le régiment des Hollandais et plusieurs autres étaient joints avec plusieurs compagnies d'ordonnance;

Que, du côté de la Navarre, le vice-roi approchait, qui avait sous lui pour commander les troupes le grand-prieur de Navarre, et que déjà dix-neuf compagnies du régiment du comte-duc, et quarante hommes de chaque compagnie qui étaient arrivés du Roussillon; que le régiment des Napolitains, refait aussi bien que celui du comte-duc, depuis la bataille de Leucate, y était;

Que toutes les villes-garnisons de la Navarre et d'Aragon marchaient, et qu'ils espéraient faire un corps de dix mille hommes sans la cavalerie; et que tout cela, sans faute dans le 15 d'août, donnerait secours, étant résolus de venir attaquer le camp, ne songeant plus de venir au Passage, depuis que les troupes de l'armée navale y étaient descendues.

Le 10, l'escadre de Hollande, commandée par le sieur de Coupeauville, arrive.

Le 11, l'archevêque de Bordeaux retourne au Passage pour voir si l'avis que l'on avait donné, que les troupes de l'amiral étaient venues camper sur les montagnes près du Passage, était véritable.

Le 12, six cents mousquetaires et deux cents piquiers des régiments de la Meilleraye et de la Couronne sont commandés pour aller faire une reconnaissance, vont par tous les lieux, où ils ne trouvent que de méchants retranchements gardés par des milices, qui sont enlevés ou défaits. On passe jusque sur le pont de Saint-Sébastien; là on ne trouve aucune résistance, et rien ne paraît qu'un extrême effroi aux ennemis, avec un tocsin continuel dans Saint-Sébastien.

Le même jour, l'archevêque de Bordeaux revient au camp, la Couronne arrive à l'armée, et M. le prince, qui avait été le jour d'auparavant reconnaître l'éminence entre la Rentrée et l'Arse, ordonne un conseil au lendemain.

Le 14, le conseil étant assemblé, l'archevêque de Bordeaux rapporte l'état auquel est le Passage, et comme quoi les troupes ayant été à la guerre n'avaient trouvé aucun corps, et qu'il n'y avait rien à craindre en ce lieu. Dans ce conseil, on résout de faire le campement prémédité sur l'éminence avec cavalerie et infanterie, auquel devait commander le sieur de Fresche, lequel étant entre Ernany et le camp, empêchait que les ennemis pussent rien entreprendre avec un grand corps. Les troupes devaient être soutenues par les troupes de la marine qui étaient au Passage, lesquelles, par le retranchement de leur camp, s'étaient mises en état de ne rien appréhender.

Le soir du 14, M. de la Valette fit grand bruit de ce qu'on avait ordonné au sieur de Fresche de commander au sieur de Mun, maître-de-camp (qui était un de ceux qui devaient composer le corps de l'Arse), à cause qu'il était de ses parents. Au même temps, plusieurs avis de différents endroits sont apportés à M. le prince, que, depuis le 15 jusqu'au 17, le camp devait être attaqué par les deux armées de l'amirante et du vice-roi de Navarre.

Le 15, M. le prince tient conseil, envoie quérir l'archevêque de Bordeaux, et à sa descente des chaloupes, il trouve MM. d'Épernon et de la Houdinière, qui lui disent que M. le prince étant résolu (sur les avis qu'il avait eus) de quitter le Passage, il serait bien aise de n'y être pas contraire. Le conseil se tient, la proposition du secours certain d'un corps d'armée se fait, les voix vont toutes à quitter le Passage; l'archevêque de Bordeaux dit que si on est assuré qu'il vienne une armée si forte que celle de Fontarabie, ni qu'on puisse résister sans lever le siège, qu'il vaut mieux rappeler les troupes du Passage, lesquelles aussi bien ne pourraient le garder si on lève le siége de Fontarabie; mais l'on pouvait, laissant les troupes de la marine au Passage, continuer le siège : ce qui serait bien plus avantageux et plus honorable pour le roi.

Que cette contre-marche témoignera faiblesse et donnera grand cœur aux ennemis; néanmoins que si on croit ne pouvoir prendre Fontarabie ni résister aux ennemis sans ce secours, qu'il valait mieux quitter le Passage, puisqu'on peut présumer que celui qui sera maître de la campagne le sera du Passage, étant commandé de montagnes.

Le même jour, M. le prince donne ses ordres, commande à l'archevêque de Bordeaux de donner ses soins à ses troupes à quitter le Passage, et de brûler le reste des vaisseaux qui étaient dedans; et à Cangé, qui y commandait, de ramener les vaisseaux du roi qui y étaient.

Les vaisseaux qui y ont été brûlés sont un galion de six ou sept cents tonneaux propre à porter des marchandises, et qui n'avait de batterie sur son haut pont ayant été fait pour apporter des marchandises des Indes, et appartenant au duc de Maquaide, lequel n'était pas mâté, et dont tous les hauts étaient pourris; deux vaisseaux pris sur les Hollandais, de vingt années, qui étaient tous dégréés.

Le 16, les troupes sortent selon les ordres qui leur sont donnés, les retranchements s'abattent; et les vivres, hôpital et les munitions de guerre étant embarqués, le sieur de Cangé avec les autres vaisseaux lève l'ancre et se rend à l'armée le 17 au matin.

Lequel jour 17, le chevalier de Montigny, qui avait été envoyé à la mer depuis deux jours, avec dix vaisseaux de guerre et deux brûlots, pour faire la garde entre Saint-Sébastien et cette rade et pour voir s'il ne découvrirait pas les ennemis, envoya la frégate du baron de Marsay donner avis à l'archevêque de Bordeaux que quatorze grands galions paraissaient sur les hauteurs de Gutarry[1]. Ce qui obligea d'assembler le conseil

[1] *Guitaria* ou *Guétaria*, port sur la côte de Guipuscoa en Espagne. Ce petit port est dans le golfe de Gascogne à l'O. de Saint-Sébastien ; on le nomme aussi Saint-Antoine. On retire de Guétaria des fers d'Espagne ; le mouillage est à l'E. de la pointe.

et y appeler non seulement ceux qui ont accoutumé d'y assister, mais aussi tous les autres capitaines, pour donner leur avis en ce rencontre, auquel il fut résolu ce qui ensuit :

Premièrement, que l'amiral sortirait avec dix vaisseaux de guerre et cinq brûlots pour s'en aller joindre ceux du sieur Montigny, qui sont au nombre de douze, compris deux brûlots.

Qu'on laisserait dans le port le vice-amiral avec vingt vaisseaux et une chaloupe armée de chacun des vaisseaux qui sortaient, afin que l'entrée en fût gardée avec même force que si tous les vaisseaux y étaient, laissant ordre au sieur Delaunay-Razilly avec une instruction fort ample pour la garde dudit port, dont serait donné copie à monseigneur le prince, pour qu'il fût informé du soin qu'on prenait de sa conservation, quoique ledit archevêque lui en eût rendu compte en personne.

Et à l'instant les ordres étant établis pour la garde du canal, l'ancre fut levée sur les onze heures de nuit, comme le vent de la terre commençait à venir. Et tout ce que l'on put faire durant le reste de la nuit, ce fut de gagner les hauteurs du Passage et de Saint-Sébastien, là où les calmes surprirent les vaisseaux avec une houle du côté d'ouest, si furieuse que si le commandeur Desgouttes, par son soin ordinaire, n'eût prévu le danger, on allait tomber insensiblement à la côte, où il se fût perdu ; l'archevêque de Bordeaux croyant que les petits vaisseaux se soutiendraient mieux, s'embarqua dans le vaisseau du sieur Dumé, lequel, quelque soin qu'on y pût apporter, avec tous les autres de la flotte, furent jetés à la côte de Bayonne par la houle, en telle sorte que n'ayant plus d'espérance qu'à mouiller une ancre à la mer en une côte sauvage, on mouilla. Durant cet effroi, arriva une lettre du sieur de Montigny, qui mandait comme il gardait les galions avec ce qu'il avait de vaisseaux, mais que, comme il n'était pas assez fort, il demandait du renfort.

La meilleure manière de venir chercher ce port est de prendre connaissance de Montorgueil, montagne au S.-O. de laquelle est bâti Saint-Sébastien, à moins cependant qu'on ne vienne de l'O. Les pilotes ne se font pas attendre, d'ailleurs la côte est saine et on peut la ranger sans crainte. La pointe Atalaya, au S. de laquelle on trouve la rade de Guétaria, est à deux lieues un quart dans l'O., 2° S. de la pointe de Saint-Sébastien. Guétaria est par 43° 18′ 30″ N., et 4° 29′ 40″ à l'O. de Paris (*Don Vincente Toffino*).

Sur les huit ou neuf heures du lendemain 19, un petit vent de terre s'éleva si favorablement que non seulement les vaisseaux furent élevés de la côte, mais aussi l'amiral sortit de la rade, et tous ensemble arrivèrent à la rade de Gutarry, où ils trouvèrent ledit sieur de Montigny, qui gardait encore les quatorze galions comme il avait promis. Le calme empêcha que dès le soir la résolution prise ne fût exécutée, qui était que dix navires de guerre s'en iraient feindre d'aborder lesdits galions et qu'à leur hanche ils mèneraient chacun un brûlot; mais, étant tous amarrés à terre, il y avait à craindre que des vaisseaux de guerre les abordant, tout allât à terre : aussi ce projet ne fut-il pas exécuté.

Le roi, voulant remplacer la garnison des îles de Ré et d'Oléron, ordonna une levée de dix compagnies dans les paroisses. Ces troupes devaient être entretenues aux frais des îles.

LETTRE DU ROI

AUX HABITANTS DES ÎLES DE RÉ ET D'OLÉRON, POUR LA LEVÉE DE DIX COMPAGNIES D'INFANTERIE POUR LA GARDE DESDITES ÎLES.

DE PAR LE ROI,

Chers et bien-aimés, ayant résolu de faire mettre sur pied dix compagnies d'infanterie pour employer à la garde de nos îles de Ré et d'Oléron, et désirant que l'assemblée d'icelles se fasse dans les paroisses desdites îles pendant dix jours, nous vous faisons cette ordonnance, par laquelle nous vous mandons et très-expressément ordonnons que vous ayez à recevoir et loger lesdites compagnies, et à fournir à l'entretènement effectif d'icelles, durant ce temps, les vivres nécessaires gratuitement. A quoi nous assurant que vous satisferez, nous ne vous faisons celle-ci plus expresse. N'y faites donc faute, car tel est notre plaisir.

LOUIS.

SUBLET.

Donné à Saint-Germain-en-Laye, le 22 juin 1638.

M. le prince de Condé engage M. de Bordeaux à appuyer ses opérations, le secours de la marine étant indispensable pour s'emparer des vaisseaux retirés dans le port du Passage.

LETTRE DE M. LE PRINCE

A M. L'ARCHEVÊQUE DE BORDEAUX.

De Saint-Jean-de-Luz, le 30 juin 1638.

MONSIEUR,

Pour réponse à celle que vous m'avez fait l'honneur de m'écrire, je vous dirai que j'ai vu votre lettre à M. d'Epernon, et le mémoire enclos dans icelle ; je l'ai prié vous y faire réponse comme bien instruit de mes intentions, puisque je conduis tout le dessein dont m'écrivez par son avis, auquel nous étions jà résolus, comme aurez vu par celle que je vous écrivis avant-hier. En un mot, si vous venez bientôt, les vaisseaux du Passage et canons sont à nous; sans vous, l'entreprise en serait difficile, car le canon est jà sur les vaisseaux, quoique non encore achevés pour marcher. Hâtez-vous donc, je vous supplie, pour venir à bout d'une chose si utile, et par frégate ou autrement avertissez-nous de votre venue au plus près. Cependant nous ferons, sous la conduite dudit sieur d'Épernon, ce que nous pourrons en cette affaire, et vous témoignerai en tous lieux que je veux être pour jamais,

Monsieur,

Votre très-affectionné à vous faire service,

HENRY DE BOURBON.

Le dessein du Bourguet est allé en fumée, comme nous l'avions bien jugé.

Les différends et les rivalités qui avaient en 1637 divisé MM. d'Harcourt, de Vitry et de Bordeaux, et si cruellement nui au service du roi, semblent devoir renaître entre ce prélat et M. le duc de la Valette, fils de M. le duc d'Épernon, un

des plus anciens et des plus implacables ennemis de M. de Sourdis. Cette lettre du roi à M. le prince de Condé est relative à ces
divisions.

LETTRE DU ROI

A M. LE PRINCE DE CONDÉ.

Mon cousin, j'ai été bien étonné de voir le différend qui est survenu
à Condom, au conseil que vous avez voulu tenir, pour la séance de ceux
qui y doivent assister. Je ne vois pas que le sieur archevêque de Bordeaux ait pu prétendre aucune séance en ce conseil-là, puisque l'armée
de mer qu'il commande n'est point conjointe à la vôtre; mais si les
autres desseins qu'il peut avoir lui permettent de s'attacher aux vôtres,
si vous avez lieu de tenir conseil tandis que vous l'employerez, comme
il est difficile qu'il ne s'en présente; en ce cas, étant général en chef
de mes armées navales, ceux qui ne sont que lieutenants ne lui peuvent
disputer la séance.

Je ne puis croire que mon beau frère, le duc de la Valette, ait
refusé de donner la main audit sieur archevêque de Bordeaux quand il
le va voir, vu qu'outre qu'il sait bien ce qui se pratique partout à l'égard
des évêques et archevêques, il n'ignore pas que je n'assure le réglement
que je fis en l'année 1636, lorsque l'assemblée du clergé était ici, pour
les gouverneurs de provinces qui ne sont point princes du sang. J'ai
eu aussi beaucoup de peine à me persuader qu'il veuille vivre avec les
sieurs comte de Grammont et marquis de La Force, personnes de qualité et de mérite, autrement que tous les ducs vivent avec ceux qui
sont de leur condition; j'ai donné charge à mon cousin le cardinal de
Richelieu de lui en écrire particulièrement, afin qu'il se porte de lui-
même à ce à quoi la pratique et la raison l'obligent. Et n'étant la présente à autre fin, je prie Dieu vous avoir, mon cousin, en sa sainte et
digne garde.

LOUIS.

Sublet.

Écrit à Saint-Germain-en-Laye, le 22 juin 1638.

L'attaque qui avait été résolue contre le Passage entre M. de Bordeaux et M. le prince de Condé ayant eu un bon succès, et M. d'Espenan s'étant emparé de ce port et de plusieurs galions, M. le prince prie M. de Bordeaux de lui envoyer les matelots, les officiers et les agrès nécessaires pour amariner ces bâtiments et les envoyer en France, M. le prince faisant observer à M. de Sourdis que, faute de ce secours, il serait obligé de brûler ces prises.

LETTRE DE M. LE PRINCE

A M. L'ARCHEVÊQUE DE BORDEAUX.

MONSIEUR,

Je vous dépêche ce porteur pour vous donner avis qu'hier nous entrâmes en Espagne fort heureusement. Les ennemis avaient retranché le passage de Béhobie d'assez beaux travaux, et le gardaient avec quinze cents hommes : nous en avons défait une partie, puis l'autre, et mis le reste en déroute ; l'action en a été d'autant meilleure qu'il ne s'y est comme point tiré de mousquetades de notre part, et que nos gens ont passé la rivière au gué à la vue des ennemis et à la merci de leur mousqueterie pour aller à eux l'épée au poing, ce qui leur donna une frayeur extraordinaire.

Aujourd'hui, matin, j'ai envoyé M. d'Espenan avec trois mille hommes de pied et deux cents chevaux pour l'exécution de notre dessein sur le Passage : tout y a réussi si heureusement que M. d'Espenan a pris les deux tours qui servent de forts à la place, et les a trouvées pleines de munitions de guerre ; il a pris six galions parfaitement beaux, six vaisseaux, et de quatre-vingts à cent pièces de canon. Il garde le tout, ce que je ferai continuer le plus longuement qu'il nous sera possible en attendant votre venue ; mais je vous prie de tout mon cœur de venir en diligence, ou m'envoyer une bonne partie de vos vaisseaux avec des matelots pour équiper des galions, et même de voiles et

autres choses nécessaires à cet effet, que vous saurez mieux juger que
je ne peux vous le mander, sinon je serai contraint, avec un regret
extrême, de la brûler, ayant une très-forte passion de voir cette belle
escadre, venant de si bonne main, parmi les vaisseaux de M. le cardinal.
Nous avons brûlé deux galions qui n'étaient qu'à demi faits. J'attendrai avec impatience de vos nouvelles, et demeurerai cependant,

Monsieur, votre très-affectionné à vous faire service,

HENRY DE BOURBON.

Du camp d'Irun, le 2 juillet 1638.

P. S. Je vous supplie de faire part de ces bonnes nouvelles à M. le grand-prieur,
à qui je suis serviteur.

LETTRE DE M. LE PRINCE

A M. L'ARCHEVÊQUE DE BORDEAUX.

MONSIEUR,

J'ai reçu vos lettres, et attendons vos matelots, qui ne sont encore
arrivés. Pour des gens de guerre, je vous supplie en envoyer en diligence
au Passage, deux ou trois mille hommes, pour garder le lieu durant
notre siége de Fontarabie, où nous manquons de gens; mais aussi
serait-il nécessaire d'envoyer quelques vaisseaux armés, durant que vos
matelots travailleront à équiper les vaisseaux pour les emmener, avec
l'aide des gens de guerre sur la terre, conserver le port et les
vaisseaux; ce qui mérite diligence extraordinaire, car si les ennemis
venaient les premiers avec armée navale, faudrait brûler les vaisseaux,
qui serait une perte inestimable. M. d'Espenan est au Passage; le
Figuier est à nous à discrétion, et nos gens sont dedans; Fontarabie
est assiégé : bonne espérance ; mais notre canon nous fait enrager et va
très-mal. Surtout envoyez les gens de guerre, car nous en avons trop
peu au siège, et me croyez,

Monsieur, votre très-affectionné à vous servir,

HENRY DE BOURBON.

Du camp devant Fontarabie, ce 8 juillet 1638.

M. de Bordeaux ayant envoyé à M. le prince les vaisseaux demandés par son altesse, M. le prince donna tout pouvoir à M. de Saint-Étienne d'exécuter les ordres de M. de Bordeaux au sujet des galions mouillés dans le Passage.

LETTRE DE M. LE PRINCE

A M. L'ARCHEVÊQUE DE BORDEAUX.

Du camp devant Fontarabie, le 17 juillet 1638.

MONSIEUR,

L'arrivée de vos vaisseaux m'a donné une joie extrême ; j'espère que dans huit jours l'on pourra sortir les galions du port du Passage et les mener à Brest, au moins vos gens me l'assurent ; ainsi j'ai employé le capitaine Reuier et la Treillebois pour notre siége et pour empêcher la continuation de l'entrée du secours des ennemis dans Fontarabie. J'espère que bientôt nous en viendrons à bout ; mais si vous venez bientôt dans le port du Passage et qu'ameniez votre infanterie, je crois que vous aurez de grandes victoires. M. d'Espenan le croit infaillible, à quoi la diligence aura une extrême part et mettra toute l'Espagne en confusion. J'ai une supplication à vous faire, qui est de nous apporter pour mettre dans notre camp, à tout hasard, si le siège durait, quelque cent mille biscuits ; nous n'en pouvons avoir à Bayonne qu'avec une grande longueur. C'est tout ce que j'ai à vous mander en vous attendant, et vous assurerai d'être toute ma vie,

Monsieur,

Votre très-affectionné à vous faire service,

HENRY DE BOURBON.

LETTRE DE M. LE PRINCE

A M. L'ARCHEVÊQUE DE BORDEAUX.

Il est ordonné au sieur de Saint-Etienne d'aller avec son vaisseau dans le port du Passage, et y exécutera tous les ordres donnés par

M. de Bordeaux, général de l'armée navale du roi, qui sont ès mains du
sieur de Treillebois, lequel lui en donnera une copie collationnée signée
de sa main ; et demeurera dans ledit Passage ledit sieur de Saint-
Étienne pour y faire agréer et accommoder les vaisseaux selon les
ordres de mondit sieur de Bordeaux ; pour quoi faire il aura entière
correspondance avec le sieur de Fresche, commandant pour le roi audit Passage et troupes qui y sont. Et en ce cas que les ennemis fussent
en état de forcer ledit Passage, seront brûlés les galions, même le
vaisseau dudit sieur de Saint-Etienne, pour empêcher qu'ils ne les
aient ; et au contraire, les galions se pouvant accommoder, prendra ledit sieur de Saint-Etienne tous les canons, mâts, cordages, voiles et
ancres, et les mettra dans les vaisseaux pour les en sortir avec les
galions. Mandons au sieur de Fresche et autres gens de guerre qui
sont au Passage, de vivre en bonne correspondance avec ledit sieur de
Saint-Etienne, et tous les jours se communiquer leur mot. Et pour
le sieur de Treillebois et autres navires, après avoir escorté ledit sieur
de Saint-Etienne, reviendront à la rade du Figuier pour, avec les chaloupes et pinasses, empêcher l'entrée des ennemis et leur sortie de
Fontarabie.

HENRY DE BOURBON.

Par Monseigneur,

PERRAULT.

Fait au camp, de l'avis du conseil et des capitaines de marine, ce 20 juillet 1638.

M. de Noyers engage M. le grand-prieur de Vendôme à
abandonner à M. de Bordeaux l'artillerie prise dans le port du
Passage.

LETTRE DE M. DE NOYERS

A M. LE PRIEUR, POUR FAIRE DÉLIVRER A M. L'ARCHEVÊQUE DE BORDEAUX
LES CANONS PRIS AU PASSAGE.

MONSEIGNEUR,

Comme la principale force des vaisseaux consiste en la quantité de
canons dont ils sont armés, j'ai eu charge du roi de vous mander que

si monsieur de Bordeaux a besoin de ceux que vous avez pris au Passage pour fortifier l'armée navale de sa majesté, vous ne fassiez nullement difficulté de les lui faire délivrer en faisant tirer nécessité de ceux qu'il en chargera. Ce secours est d'autant plus plausible que c'est pour aider à vos entreprises et tenir la mer libre tandis que vous combattrez en terre.

Je prie Dieu que les succès soient heureux d'un côté et d'autre, et que vous me fassiez la faveur de me croire,

>Monseigneur,
>>Votre très-humble et très-obéissant serviteur,

>>>>>>>De Noyers.

>D'Abbeville, ce 29 juillet 1638.

Ces lettres, de M. le prince de Condé et de M. le cardinal de Richelieu à M. de Bordeaux, sont relatives aux différents mouvements du siége de Fontarabie.

LETTRE DE M. LE PRINCE

A M. L'ARCHEVÊQUE DE BORDEAUX.

Monsieur ,

Je vous envoie ce porteur pour vous donner avis que la pluie nous ayant persécutés à l'extrémité durant toute la nuit, il nous a été impossible de charger entièrement la mine ; elle ne l'est qu'à demi et l'on travaille avec une assiduité continuelle à écouler les eaux qui nous empêchent : voilà où nous a réduits la désobéissance à mes ordres.

Un Irlandais se vint rendre hier au soir à nous du camp des ennemis. Toutes les troupes que nous vîmes décamper hier sont montées sur la montagne pour pousser M. de la Force, et rien n'est demeuré en bas que les troupes du vice-roi de Navarre. Ils ont fait monter six pièces de canon sur ladite montagne. L'armée des ennemis est fort incommodée, à ce qu'il assure, et les régiments réglés y sont en petit nombre, n'y en ayant que trois : ce temps fâcheux ne les accommode pas non plus que nous.

M. de la Force me demande des outils avec grande instance, ceux du Socoa ne sont encore venus ; je vous supplie de tout mon cœur de m'en envoyer jusques à deux cents tout présentement, et je vous promets de vous les remplacer. Je suis,

> Monsieur,
> Votre très-affectionné à vous servir,
>
> HENRY DE BOURBON.

Comme j'écrivais cette lettre, M. de Saint-Simon m'a envoyé avertir que les ennemis s'étaient avancés de son côté, et s'étaient campés sur le haut d'une montagne vers Irun.

LETTRE DE M. LE CARDINAL DE RICHELIEU

A M. L'ARCHEVÊQUE DE BORDEAUX, TOUCHANT LE SIÉGE DE FONTARABIE.

MONSIEUR,

Je suis ravi que vous soyez arrivé au Passage avec l'armée navale pour fortifier M. le prince dans ses bons desseins. Le but qu'il doit avoir, après la prise de Fontarabie, est de prendre Saint-Sébastien, sans lequel le Passage ne serait pas à couvert ni les conquêtes du roi assurées. Je vous prie d'y faire l'impossible. Si ce dessein réussit promptement, comme je l'espère de l'affection et de la diligence de tous ces messieurs qui servent sa majesté dans son armée, je juge que les autres que vous avez en tête pour ruiner les vaisseaux des Espagnols en d'autres ports, et peut-être y prendre quelques postes assurés, pourront réussir d'autant plus aisément que les Irlandais qui sont à Saint-Sébastien sont ceux qui étaient dans la Corogne ; ce qui fait que, ne communiquant point votre pensée à personne, vous pourrez surprendre les lieux où vous irez du tout affaiblis de gens de guerre.

Je ne vous mande point de prendre un soin particulier des galions et des vaisseaux dans le Passage, parce que je sais bien que vous n'avez garde de l'oublier et que vous en grossirez votre armée. Seulement je vous conjure de faire en sorte qu'on emploie utilement le temps et les forces du roi qui sont du côté où vous êtes, vous assurant que je ferai valoir vos actions et vos services ainsi que vous le pouvez désirer d'une personne qui vous aime et qui est véritablement,

Monsieur,

Votre très-affectionné comme frère à vous rendre service,

Le Cardinal DE RICHELIEU.

D'Abbeville, ce 3 août 1638.

Je vous prie me faire savoir souvent de vos nouvelles quand vous le pourrez.

LETTRE DE M. DE CHAVIGNY

A M. L'ARCHEVÊQUE DE BORDEAUX.

MONSIEUR,

J'ai reçu vos lettres des 12 et 15 de l'autre mois. Je vous dirai pour réponse que le roi et monseigneur le cardinal ont reçu beaucoup de satisfaction d'apprendre la résolution que vous avez prise de vous embarquer sans différer plus long-temps à cause de ce qui vous manquait. Le défaut de paiement de votre subsistance et de ce que quelques troupes ne vous avaient pas encore joint peut être tôt ou tard facilement réparé, mais non pas le préjudice de votre retardement, qui vous aurait fait perdre des occasions qui ne se pourraient après recouvrer. Je sais bien que vous êtes trop bon ménager et trop désireux de servir utilement sa majesté et son éminence pour être diverti de les prendre quand elles se présentent par quelque considération que ce soit. Nous avons su depuis votre heureuse arrivée au siége de Fontarabie; nous espérons qu'elle avancera le bon succès autant qu'on le peut attendre, et que les fruits de vos soins paraîtront incontinent. Sa majesté est ici en fort bonne santé, son éminence de même; sa majesté y demeure avec son éminence afin de pouvoir mieux juger à quoi elle emploiera

ses armes plus utilement selon les occurrences. Nos armées ont poursuivi et poussé les ennemis jusques à Thérouenne, et ensuite assiègent
Renty, qu'elles espèrent emporter dans les premiers jours de la semaine qui vient. M. le maréchal de Brézé, qui a toujours son corps
d'armée séparé, a pris quelques châteaux en cette frontière, attendant
s'il aura ouverture à entreprendre quelque chose plus importante.
Voilà l'état présent des affaires de ce côté; de celui d'Allemagne, nous
en avons de très-bonnes nouvelles que vous verrez dans le mémoire
que je vous envoie. Cependant conservez-moi, s'il vous plaît, l'honneur de vos bonnes grâces; je ne désire rien plus que de vous témoigner combien je les estime, et que je suis véritablement,

> Monsieur, votre très-humble et très-affectionné serviteur,
>
> CHAVIGNY.

A Abbeville, ce 5 août 1638.

Je ne sais si ce gros homme dont vous me parlez vous a accompagné;
si cela est, je ne vous crois pas malheureux, car il est fort honnête
homme et vous estime extrêmement : permettez-moi de l'assurer que
je suis son serviteur.

La relation suivante donne les plus grands détails sur l'attaque et la destruction de la flotte espagnole dans le port de
Guétaria. Ce fait d'armes, un des plus importants de l'année 1638, eut une grande influence sur le reste de la campagne.

RELATION

DE CE QUI S'EST PASSÉ AU COMBAT ET DÉFAITE DES QUATORZE GALIONS D'ESPAGNE, TROIS FRÉGATES ET PLUSIEURS AUTRES VAISSEAUX DANS LE PORT DE GATTARI [1] PAR L'ARMÉE NAVALE DU ROI.

Le 16 d'août 1638, l'archevêque de Bordeaux ayant envoyé à la mer
le sieur de Montigny avec huit vaisseaux, deux pataches et deux brûlots,

[1] Lire *Guétaria*.

pour faire la garde entre Saint-Sébastien et la rade du Figuier, pour empêcher qu'il ne sortit ou entrât quelque chose dans ledit Saint-Sébastien pour le secours de Fontarabie, avec ordre particulier audit sieur de Montigny de s'en aller jusques sur les hauteurs de Gattari voir s'il ne paraîtrait rien à la mer, et même d'approcher le plus près qu'il pourrait dudit lieu, en sonder la rade, reconnaître sa bonté, et voir si l'armée du roi pourrait mouiller en cas de nécessité.

Il rencontra, dès le lendemain 17, sur lesdites hauteurs de Gattari quatorze galions d'Espagne qu'il obligea de gagner la rade, et en même temps dépêcha une patache de l'armée audit archevêque, pour lui en donner avis, et comme il s'en allait les garder dans le port.

Au même instant le conseil extraordinaire de l'armée est assemblé, y ayant appelé, outre ceux qui sont ordonnés pour y assister, tous les autres capitaines; lesquels ayant entendu cet avis et même été présents à la confirmation d'icelui par une lettre qu'on reçut dudit sieur de Montigny, il fut tout d'une voix résolu, après avoir chargé quelques personnes capables de la garde du canal de Fontarabie et donné les ordres nécessaires pour cet effet, que ledit archevêque de Bordeaux mettrait à la voile promptement avec dix vaisseaux de guerre et six brûlots pour s'en aller joindre ledit sieur Montigny, si bien qu'ayant laissé les ordres au sieur Delaunay-Razilly de ce qu'il avait à faire pour la garde du port, avec vingt vaisseaux et une chaloupe armée de tous les vaisseaux qui sortaient du port, outre les pinasses ordonnées à cette garde, on fit voile sur les onze heures du soir; mais les calmes furent si grands que tout ce qu'on put faire en cette nuit ce fut de gagner les hauteurs du Passage et de Saint-Sébastien. Encore le lendemain 18, la houle et les calmes continuèrent de telle sorte qu'il ne s'en fallut de guère que tous les vaisseaux n'allassent à la côte; aussi l'amiral fut-il en tel hasard que tous les pilotes désespéraient de son salut, si le commandeur Desgouttes, par son soin ordinaire, n'eût fait en sorte de regagner la rade du Figuier; et l'archevêque de Bordeaux, qui croyait que les petits vaisseaux se soutiendraient au vent, s'embarqua sur le vaisseau du sieur Dumé (où les sieurs du Buquoy, de Saint-Georges, Vidault et Rochebrune l'accompagnèrent), lequel, quelque soin qu'on y pût apporter, approcha

si près de la côte de Bayonne avec tous les autres de cette escadre en
tel péril que s'il ne se fût levé le lendemain 19, sur les neuf heures du
matin, un petit vent de terre, ils s'en allaient infailliblement perdus.
Avec le vent on gagna la rade de Gattari, où l'amiral se rendit du même
vent, et en même temps l'on trouva ledit sieur de Montigny qui gardait
encore ses galions. Mais le calme recommença, qui dura les 20 et 21,
de telle sorte qu'il ne fut pas au pouvoir des vaisseaux de rien entreprendre. Durant ce temps l'on voit filer de tous côtés infanterie et cavalerie, et faire les batteries à terre en divers lieux.

Le 22 dudit mois au matin, lesdites batteries qu'on avait vu faire les
jours précédents, parurent et incommodèrent les vaisseaux de sorte
qu'on fut contraint de lever l'ancre et de se retirer hors la portée du
canon, ayant donné un coup dans le grand mât de l'amiral et tué deux
hommes sur le pont.

Sur les dix heures en suivant, le vent est-nord-est, qui est celui qui
charge en côte, ayant commencé à se lever, donna moyen aux capitaines
ordonnés pour cette exécution de faire paraître leur cœur et leur fidélité au service du roi.

Et l'amiral ayant fait le signal, les sieurs de Montigny et de Cangé,
qui commandaient cette exécution, assistés des commandeurs de Chas-
tellus, des sieurs Dumé, Cazenac et Lachesnaye ayant chacun un brûlot
à leur hanche commandés par les capitaines Mata, Molé, Collo, Brun,
Jamin et Vidault, qui étaient soutenus des chevaliers de Senantes, Linières, Garnier et Paul, et le sieur de Bois-Jolly, qui avaient derrière eux
les chevaliers de Conflans, baron de Marsé et Duquesne, pour donner
assistance à ceux qui en auraient besoin, la rade étant si étroite qu'ils
ne pouvaient pas combattre davantage de vaisseaux de front. Ce combat
commencé sur le midi, les cinq batteries de terre, les quatorze galions
et les trois frégates faisant un feu continuel, n'empêchèrent pas les vaisseaux du roi d'aller mouiller l'ancre à la longueur du câble, en approchant si près que, quand les capitaines des brûlots n'auraient point mis
le feu aux divers galions sans difficulté, les vaisseaux de sa majesté les auraient coulés bas à coups de canon, et les eussent abordés plus tôt s'ils
n'eussent eu une défense de peine de la vie de le faire. Le vice-amiral est

un des premiers abordés, et ensuite les autres, à la réserve de l'amiral,
d'un vaisseau dunkerquois, d'une flûte armée en guerre qui s'étaient
rangés sur des hausières à un coin du môle sous leurs cinq batteries, où
ils pensaient être en sûreté contre la soldatesque, qui était au nombre de
trois mille Espagnols naturels; mais elle est rejetée de là, par le feu ou par
l'appréhension, à la mer; les uns demi-brûlés, les autres presque noyés,
sont reçus par les chaloupes des vaisseaux commandés par le sieur
Croiset, lieutenant de l'amiral, qui leur coupait le chemin d'aller à
terre, si bien qu'on peut dire avec vérité que ces Espagnols sont défaits à plate couture, ainsi que l'ont rapporté les prisonniers.

Durant tout ce combat l'amiral ennemi, qui s'était tiré à terre, comme
il est dit ci-dessus, pensait, pour s'être mis sous ses batteries dans son
môle, être exempt de danger; mais le sieur de Casenac, qui s'était mouillé
auprès de lui, le battit continuellement aussi bien que les autres vaisseaux
qui étaient mouillés proche. Un capitaine de brûlot, nommé Desjardins
de Brouage, étant commandé par l'archevêque de Bordeaux de s'en aller
aborder ces vaisseaux, il se met à la voile pour cet effet; mais battu de
l'artillerie de ces vaisseaux et de celle de terre, son gouvernail lui est
coupé comme il est prêt d'aborder, de sorte qu'il se trouve obligé de
mettre feu à son brûlot, lequel n'aborde point l'amiral, mais un autre
vaisseau qui était à l'avant, et peu de temps après on voit sortir
une foucade de cet amiral, laquelle on ne sait si elle a été causée
par le brûlot ou par la grande quantité de coups de canon qui
se tiraient continuellement sur lui et sur les autres de nos vaisseaux;
mais on voit à l'instant ce vaisseau qui était beaux-à-beaux [1] de l'amiral
s'ouvrir et ses hauts s'allumer, qui, incontinent après mit le feu à cet
amiral et à ce dunkerquois qui était à côté, si bien que de toute cette
flotte, qui était de dix-sept voiles, savoir : douze galions, deux vaisseaux
de Dunkerque et trois frégates, il n'en reste qu'un troué et rasé de coups
de canon, de telle sorte qu'il ne se peut jamais relever, puisque s'il eût
été en état de ce faire on ne l'y eût pas laissé. Le feu de cet amiral et la
quantité de poudre qu'il y avait firent un tel effet que vingt-cinq ou

[1] Bord à bord, tout proche.

trente vaisseaux, barques ou autres bâtiments à hunes, et une infinie quantité de chaloupes ont été brûlés dans le môle, et force maisons dans la ville embrasées de ce feu.

La principale gloire de cette action est due à la bonne conduite du commandeur Desgouttes, lequel a su si bien ménager l'ordre du combat, les mouillages et l'avantage du vent, qu'ils ont causé le gain du combat. Son vaisseau, avec celui de *la Reine*, commandé par le chevalier d'Arrérac; ceux des sieurs de Caen, sergent de bataille, chevalier de Coupeauville, et trois flamands frétés, étaient ordonnés pour le soutien de ce combat, lesquels n'ont pas eu besoin d'agir, les premiers ayant attaqué, battu, défait et brûlé généralement tout ce qui s'est présenté à eux et qui était dans le port.

Nous apprenons par les prisonniers que cette escadre, composée de dix-sept vaisseaux, sur chacun desquels il y en avait sept cents, et cinq cents sur le vice-amiral, attendait celle de Dunkerque, composée de douze vaisseaux et six frégates, et celle de Lisbonne, composée d'un autre grand nombre de vaisseaux qui se devaient joindre à neuf qui sont dans Saint-Sébastien, où ils portaient trois mille hommes pour le secours de Fontarabie; ils attendaient aussi quatre vaisseaux qui devaient faire voile de la Corogne pour les venir joindre incontinent après. Mais ayant rencontré, sur les hauteurs de Gattari, les vaisseaux du roi qui les avaient voulu obliger à un combat, ils s'étaient résolus d'entrer dans la rade sous leurs forteresses, où ils avaient été gardés avec un merveilleux soin jusqu'à ce que l'amiral et son escadre y fussent arrivés.

Ledit sieur de Montigny n'a pas eu moins de cœur en l'exécution qu'il avait eu de soin et de prudence en leur conservation, où il a été secondé par le chevalier de Cangé avec un cœur et une valeur incomparables; le commandeur de Chastellux, qui a gagné un pavillon des Dunkerquois, y a été généralement loué de tout le monde; le sieur de Cazenac était mouillé si près de l'amiral d'Espagne, qu'ils ont été deux heures aux mousquetades; les sieurs Dumé et Lachesnaye ont fait tout ce qu'on peut attendre de gens de cœur et qui savent le métier; ainsi que les sieurs de Bois-Jolly et chevalier de Senantes,

Linières, Garnier et Paul (quoiqu'ils ne fussent ordonnés que pour soutenir); ils ont eu si grand besoin d'être assistés des sieurs de Conflans, Marsé et Duquesne, qu'à peine ledit sieur de Senantes se fût-il relevé, tant il était maltraité du canon et de la mousqueterie. Le combat a duré depuis le midi jusqu'à six heures du soir, et le feu des vaisseaux, de la ville et des bois de la montagne qui se sont enflammés, le sont encore si ardemment qu'on ne sait quand il finira.

Si bien qu'il se trouve que les ennemis ont perdu neuf galions, avec plusieurs autres vaisseaux, dans le Passage, quatorze vaisseaux et trois frégates en ce dernier combat, qui doublent la perte que le maréchal de Strozzi a faite, dont les Espagnols se glorifiaient tant. Le sieur de Caen a fait sa charge de sergent de bataille en ce rencontre avec tant de soin et de cœur qu'il ne saurait être assez loué.

Il est à remarquer que, comme cette escadre était la plus avancée, elle avait aussi été composée des meilleurs vaisseaux d'Espagne, où ils ne se sont pas seulement contentés d'y mettre les plus excellents hommes qu'ils eussent, mais aussi ont ajouté à l'amiral et vice-amiral de Galice un personnage dont la réputation était si grande en Espagne que, pour assurer le secours infaillible de Fontarabie, ils disaient que don Lopez était embarqué; mais on ne croit pas qu'ils en puissent dire après des nouvelles, car le feu ayant pris des vaisseaux où était l'amiral, on n'estime pas qu'il ait été assez bon nageur pour se sauver à terre.

Ce vaisseau amiral était de huit cents à mille tonneaux, le vice-amiral de même, et tous les autres galions de six à sept cents tonneaux.

Ce combat est d'autant plus favorable au roi qu'il n'y a eu que sept ou huit de ses vaisseaux un peu maltraités de coups de canon, n'ayant perdu aucun officier, mais seulement trente ou quarante, tant matelots que soldats tués ou blessés.

Depuis cette relation, nous apprenons, soit par les prisonniers que nous prîmes, soit par ceux qui se viennent rendre tous les jours, que la perte des ennemis était beaucoup plus grande que nous ne croyions, puisque, outre leurs galions, les uns estiment qu'il y a jusqu'à six, sept et huit mille hommes de tués, brûlés ou noyés, et d'autres, qu'il ne peut pas y en avoir moins de cinq mille. Il est bien vrai que cette défaite a apporté une telle consternation aux ennemis, et particu-lièrement à leurs généraux, qu'ils ont dépêché un courrier à Madrid pour savoir ce qu'ils avaient à faire.

M. le cardinal de Richelieu, après avoir engagé M. de Bor-deaux à concourir activement au siége de Fontarabie, lui donne la plus grande latitude d'action, dans le cas où, Fontarabie em-portée, l'armée navale ne serait plus nécessaire devant cette place, et pourrait tenter quelque autre attaque sur les côtes d'Espagne.

De Pecquigny, le 18 août 1638.

MONSIEUR,

J'ai été ravi d'apprendre votre arrivée à Fontarabie, devant la-quelle, faute du renfort que vous avez mené, je craignais toujours quelque mauvais accident. Je crois maintenant Fontarabie prise, selon l'assurance que vous m'en donnez par vos lettres.

Après cette prise, il faut voir à l'assurer, et ne rien oublier de ce qui pourra nuire aux ennemis.

Si l'on pouvait prendre Saint-Sébastien, ce serait une bonne affaire, parce qu'elle assurerait non seulement Fontarabie, mais le Passage et tout le pays; mais je ne sais que dire sur ce sujet, parce que de loin on ne voit pas les choses comme elles sont, et qu'il n'y a que ceux qui sont sur les lieux qui connaissent la possibilité ou impossibilité.

S'il n'y a que le défaut des poudres (ce que je ne crois pas, n'en ayant pas été consommé, à ce que j'apprends, plus de cent milliers), nous y pourrons suppléer par la mer, en en faisant venir du Brouage, que nous remplacerons par après.

Ce serait, d'autre part, une moquerie de s'excuser d'attaquer cette place, s'il n'y a que le manque de blé, s'en pouvant trouver assez aisément dans la Provence, particulièrement en cette saison où la ré-colte est faite.

Quant au manque de soldats, je crois qu'on y peut remédier par les levées des milices de toute la frontière, et les recrues que ceux qui ont des régiments du pays peuvent faire aisément.

En un mot, on ne fait rien de grand sans beaucoup d'efforts et de grandes incommodités ; et les plus fins en matière d'affaires sont ceux qui ne se dégoûtent pas par les difficultés, mais tâchent de les surmonter par tous moyens.

Je vous conjure, autant qu'il m'est possible, de n'oublier rien de ce qui dépendra de vous pour faire plus que ce qui se pourra ; de là dépend le bon succès des affaires du roi. Si Saint-Sébastien se peut prendre, c'est, comme j'ai dit, le vrai moyen d'amener Fontarabie, le Passage, et tout le pays en deçà des montagnes.

S'il ne se peut pas, il faut voir si on peut conserver le Passage, sinon il faut voir si on peut ruiner absolument le port pour le roi d'Espagne, comme vous le dites, enfonçant des vaisseaux maçonnés dans l'embouchure d'icelui. Car si on ne prenait pas Saint-Sébastien et qu'on ne conservât pas le Passage, ou qu'on ne pût le ruiner, la conservation de Fontarabie serait bien plus difficile que si nous pouvons faire l'une des trois choses ci-dessus.

C'est donc à M. le prince de prendre un conseil fort et généreux, et à ceux qui sont auprès de lui de l'y convier, ce que je vous prie de faire par toutes voies, sur l'assurance que je vous donne que vous ne saurez rendre un meilleur service au roi, ni m'obliger davantage.

Mons. le prince ne s'excusera pas, s'il lui plaît, de faire quelque chose d'extraordinaire, car je lui promets qu'au cas qu'il ait besoin de quoi que ce soit pour faire un grand effet je l'enverrai à lettre vue, et cependant son crédit et celui de tous ceux qui sont dans la Provence pourra suppléer en attendant.

Si la prise de Saint-Sébastien est du tout impossible, je crois qu'en ce cas Fontarabie étant pris vous pourrez aller avec grande facilité tenter quelques unes des autres entreprises que vous aurez en tête, devant que de partir d'ici, vers la Corogne, Saint-Ander ou autres lieux que vous estimerez à propos, soit pour vous rendre maître des lieux

si vous le pouvez, soit pour prendre ou brûler les vaisseaux des ennemis.

Tout ce que je vous mande de deçà ne tiendra que lieu d'avis, desquels vous ferez ce que vous estimerez le plus à propos, vous répétant
encore une fois que de loin il est impossible de donner des ordres.

C'est donc à vous, après que vous aurez vu ce qui se peut faire en la
côte où vous êtes pour Saint-Sébastien et le Passage, à tenter fortune
ailleurs. La connaissance que j'ai de votre ardeur, de votre zèle et de
votre affection fait que je pense superflu de vous échauffer à une chose
où votre humeur, votre réputation, le désir de contenter vos amis et
le service du roi vous portent puissamment.

Ne perdez point de temps, je vous en supplie, et vous assurez que je
suis et serai toujours,

Monsieur,

Votre très-affectionné comme frère à vous rendre service.

Le Cardinal DE RICHELIEU.

M. de Noyers engage M. de Bordeaux à activer le siége de
Fontarabie.

LETTRE DE M. DE NOYERS

A M. L'ARCHEVÊQUE DE BORDEAUX.

MONSIEUR,

Vous êtes toujours l'ancre de salut, et partout vous portez le bonheur aux armes du roi : les îles, Leucate et Fontarabie, en seront des
preuves bien évidentes. Nous attendons maintenant le succès du dernier, mais quasi hors de doute qu'il ne soit tel que nous le souhaitons,
puisque, avec l'agrément de monseigneur le prince, vous vous en mêlez.
Il est bien vrai que c'était beaucoup pour une armée d'avoir la terre et
la mer à combattre, et que les difficultés qui s'y sont rencontrées peuvent bien légitimement être allégués pour le retardement de ce siège.
J'espère qu'elles seront toutes cessées à présent, que non seulement

vous vous êtes chargé de la mer, mais aussi d'une partie des événements de la terre.

J'écris à M. l'évêque d'Aire, et le prie de ne laisser manquer l'armée de pain, l'assurant de faire acquitter à huit jours de vue les lettres de change qu'il tirera sur le sieur de Mantin, mon cousin, pour cette dépense. Ainsi j'espère qu'il ne tiendra pas à du pain, qu'après la prise de Fontarabie, l'armée ne continue ses progrès dans le pays ennemi, soit à Saint-Sébastien, soit ailleurs, selon qu'il sera jugé plus à propos par monseigneur le prince et vous autres, messieurs, qui aurez part dans la résolution des affaires.

Faites-moi la faveur de me croire toujours,

Monsieur,

Votre très-humble et très-affectionné serviteur,

DE NOYERS.

A Pecquigny, le 19 août 1638.

M. de Bordeaux rend compte à M. de la Houdinière, capitaine des gardes du cardinal, de la prise des galions espagnols.

LETTRE

ÉCRITE PAR M. L'ARCHEVÊQUE DE BORDEAUX A M. DE LA HOUDINIÈRE.

De la rade de Guétaria, le 22 août 1638.

MONSIEUR,

Si j'avais laissé assembler les ennemis à la mer, je serais maintenant en pareille peine que vous, assiégé dans une rade, où mes vaisseaux ni mon canon ne peuvent rendre aucun service, ayant établi une bonne garde dans le port et vous ayant donné toute mon infanterie et artillerie. Je ne serais pas digne de tenir la place de son éminence, si j'avais su les ennemis si près de moi sans les combattre. Ils l'ont été par la grâce de Dieu et la valeur des capitaines qui commandent les vaisseaux du roi de telle sorte que de quatorze galions et trois frégates rassemblés de Dunkerque et la Corogne et de ceux qui étaient sortis du Passage chargés de trois mille hommes de pied qu'ils menaient à

Saint–Sébastien, il ne reste plus ni hommes ni vaisseaux en état de pouvoir nuire au service du roi, tout ayant été brûlé, à la réserve d'un qui est échoué tout percé de coups de canon et qui ne servira jamais. Pour les hommes, ce qui a pu échapper de l'eau et du feu est sans armes, sans habits et sans cœur, de sorte que vous pouvez vous assurer que vous voilà délivrés d'un secours de terre, et l'armée du roi, de ce valeureux don Lopez, lequel ne devait pas s'attaquer aux armes de sa majesté pour couronner les grandes victoires qu'on disait qu'il avait obtenues autrefois. Dès que nos vaisseaux seront rassemblés et que j'aurai donné les ordres nécessaires pour recevoir les autres escadres d'Espagne qui viennent à leur rendez-vous, j'irai trouver monseigneur le prince, non que je croie lui être utile, mais parce que vous me témoignez qu'il le désire. Je prie Dieu que cependant vous ayez meilleure issue de votre secours que de votre mine. Demain j'espère vous voir, mais j'ai peur de ne pouvoir aller à terre à cause d'une poutre qui m'est tombée sur le pied qui m'empêche de marcher. Si j'avais eu avec moi l'infanterie des vaisseaux, ce que je vous ai dit il y a long-temps, que vous ne seriez pas mieux logés dans Fontarabie quand vous l'auriez pris, serait fait dans peu de temps. Croyez-moi, etc., etc.

Dans ces lettres, écrites de sa main, M. le cardinal de Richelieu donne à M. de Bordeaux les instructions les plus étendues sur les opérations de l'armée navale, le félicite sur la victoire qu'il a remportée sur les Espagnols, et lui annonce que le roi enverra des chaînes d'or à tous les capitaines de brûlots qui ont concouru à cette action importante.

LETTRE DE M. LE CARDINAL DE RICHELIEU

A M. L'ARCHEVÊQUE DE BORDEAUX, TOUCHANT FONTARABIE.

Si M. le prince manque de poudre et de boulets, je prie M. de Bordeaux d'envoyer à Brouage pour en faire venir tout ce qui lui sera nécessaire, la place demeurant suffisamment garnie.

Il saura par ce billet que j'envoie M. de Nantes avec de l'argent pour avoir soin des fortifications qui se feront à Fontarabie et munir la place de nouveau. Il ne se mêlera d'autre chose, et ne troublera l'emploi de personne.

Il m'a assuré qu'il honore très-chrétiennement M. de Bordeaux ; je m'assure qu'il le trouvera maintenant tout un autre homme qu'il n'a fait par le passé.

Je vous ai écrit si amplement par Saladin qu'il ne me reste qu'à vous prier de m'y faire réponse ponctuelle, article par article.

Il ne faut point douter que les Espagnols se sentiront si piqués de la prise de Fontarabie qu'ils tâcheront d'en tirer raison. Déjà nous savons par M. d'Émery qu'ils ont envoyé quérir en Italie cinq mille hommes à ce dessein.

Si, pour les contenter, M. de Bordeaux pouvait donner un second coup ou à la Corogne ou autre lieu, ce serait une bonne affaire et pour lui et pour nous, et le vrai moyen de rendre tous leurs efforts vains et inutiles.

Je vous conjure de faire l'impossible à cette fin et de croire que je voudrais avoir donné beaucoup de mon sang pour un tel effet.

Vous ferez fort bien de renvoyer les vaisseaux espagnols dont vous ne voudrez pas vous servir cette année, à Brest, et le plus tôt sera le meilleur. Je vous prie n'en laisser point au Linaro, le port ne valant rien et le fort n'étant pas en l'état qu'il devrait être.

Quand le temps sera venu de quitter la mer et de mettre les vaisseaux dans les ports, souvenez-vous que nous avons besoin de trois ou quatre petits vaisseaux comme dragons, pataches, ou les deux petits que le sieur Desgouttes fit faire en Hollande, dont l'un s'appelle *la Cardinale*, pour mettre à Calais, Dieppe, et le Havre ; et partant vous aurez soin de renvoyer ceux qui seront plus propres à cet usage faire leur désarmement au Havre et à Calais. Vous ne nous enverrez pas de vaisseaux inutiles, mais de bons voiliers : la patache des Dunkerquois sera fort bonne à ce pour quoi nous voulons nous en servir : il en faut deux à Calais et deux au Havre et à Dieppe, c'est-à-dire un vaisseau à chacun de ces deux lieux.

LETTRE DE M. LE CARDINAL DE RICHELIEU

A M. L'ARCHEVÊQUE DE BORDEAUX.

MONSIEUR,

Je ne saurais vous témoigner la joie que j'ai de la victoire que vous avez remportée sur les ennemis. C'est un effet de votre cœur, de votre activité et de votre bonne conduite. J'espère que ce bon succès sera suivi de plusieurs autres, et par terre et par mer, et je vous conjure de faire tout ce que vous pourrez à ce qu'il ne soit pas seul.

Il est certain que contre les Espagnols il faut hardiesse à entreprendre. Vous l'avez vu déjà trois fois, et je ne doute pas qu'en continuant cette pratique avec prudence elle ne continue à vous réussir.

Je vous conjure de contribuer tout ce que vous pourrez à la prise de Fontarabie. Il est certain que si les sept ou huit mille hommes au plus que les Espagnols ont ramassés pour inquiéter ce siège sont en lieu où l'on puisse les combattre, je ne juge pas qu'il y ait grand péril à les attaquer, et de là dépend la loi et les prophètes. De savoir s'il le faut faire avant ou après avoir pris Fontarabie, c'est à ceux qui sont sur les lieux à le juger, mais je sais bien que si c'est chose possible il le faut faire, et que c'est le vrai moyen de faire par après tout ce qu'on voudra. J'en écris à M. le prince. Vous l'y animerez autant qu'il vous sera possible raisonnablement. Les Espagnols se trouveront si étonnés de votre choc qu'ils s'ébranleront aisément en d'autres occasions.

Je crois que cette dépêche trouvera Fontarabie pris, en ce cas vous pourrez aller où vous estimerez plus à propos avec toute votre armée, laissant seulement quelques pataches et pinasses pour Fontarabie, s'il en est besoin, comme je le crois. Mais si le malheur voulait que cette place ne fût point encore prise, et que vous jugiez que votre armée courût fortune en la côte où vous êtes, il n'est pas seulement à propos, mais nécessaire que vous quittiez la rade où vous êtes avec vos grands vaisseaux pour aller chercher votre sûreté et incommoder les ennemis ailleurs, laissant à M. le prince une escadre de vaisseaux capables de le servir en son siége, et le garantir des secours de mer sans s'y perdre. En un mot, je vous conjure de faire sincèrement tout ce que vous pourrez pour la prise de Fontarabie sans vous mettre en hasard évident de perdre tous les vaisseaux du roi par les mauvais temps qui peuvent venir et la mauvaise rade où vous représentez que vous êtes.

Allant à la mer, c'est à vous d'entreprendre tout ce que vous estimerez plus à propos. On vous laisse pleine liberté sans vous prescrire aucune chose, sachant bien que vous en userez à l'avantage du service du roi. Cependant parce que vous proposez la fortification de Linaro et demandez de l'argent pour ce faire, je vous envoie soixante mille livres comptant, afin que si vous persistez à juger ce dessein utile, vous ayez de quoi l'entreprendre. Si la fortification de ce poste peut faciliter la prise de Saint-Sébastien, ce serait un grand avantage; car par ce moyen on serait maître de toute cette côte. Un combat sur terre peut rendre en cela très-aisé tout ce qui semble difficile maintenant. Si Fontarabie est pris, il n'y a point de difficulté que vous devez reprendre votre infanterie, et même, si vous en avez besoin de davantage pour quelque bon dessein, M. le prince vous en donnera; mais tant que le siége durera, vous ne voudrez pas, je m'assure, l'en tirer.

Tant il y a qu'avec l'aide de Dieu il faut prendre Fontarabie, et cela fait, pousser les choses et les progrès des armes du roi le plus avant qu'il se pourra soit par mer, soit par terre.

J'écris à MM. Desgouttes, Montigny, Cangé, de Caen, et vous prie de témoigner aux sieurs de Chastelus, de Cazenac, du Mé, Lachesnaye, Bois-Joly, Senantes, Linières, Garnier, Paul, de Conflans, Marsé et Duquesne l'entière satisfaction que j'ai de la façon avec laquelle ils se sont comportés en cette occasion, et les assurerez de mon affection.

J'enverrai à tous les capitaines des brûlots qui ont servi en cette occasion à chacun une chaîne d'or et des lettres de capitaines entretenus; mais de Loynes n'étant pas ici, cette dépêche ne pouvant être retardée, ce que dessus est remis à un autre voyage.

Je donnerai ordre aussi au trésorier de délivrer deux mille écus pour la récompense des matelots desdits brûlots.

Tant il y a qu'on n'oubliera aucune chose pour faire connaître par effet la reconnaissance qu'on veut avoir de ceux qui servent bien.

Je vous prie de témoigner à M. de Buquoy le contentement que j'ai de ce qu'il vous a donné en ce voyage témoignage de ce qu'il vaut, l'estime que je fais de sa personne, de laquelle je veux assurément avoir soin.

J'ai vu ce que vous me mandez touchant M. le comte de Cramail. Je suis extrêmement fâché de ne pouvoir satisfaire à votre désir en ce sujet; mais vous savez bien, je m'assure, que la raison ne permet pas de reconnaître un service rendu par l'impunité d'un desservice et d'une personne dont on considère plus la mauvaise intention pour l'avenir que pour le passé.

Quand vous considérerez la bonne résolution avec laquelle il vint dans l'emploi que je lui avais procuré, et la peine qu'il prit de la mettre en exécution, vous ne conseilleriez pas à sa majesté de le mettre hors du lieu où il est en un temps pareil à celui-ci. Cette affaire est à traiter en temps de paix, que je désire passionnément pour le bien général et pour les particuliers qui peuvent y avoir intérêt. Je vous prie de croire qu'en tous lieux et en toutes occasions vous me trouverez toujours tel que j'ai été en votre endroit, c'est-à-dire,

> Monsieur,
>
> Votre affectionné comme frère à vous rendre service,
>
> Le Cardinal DE RICHELIEU.

De Ham, le 1er septembre 1638.

Ces lettres du roi étaient jointes à la dépêche de M. lecardinal de Richelieu.

LETTRE DU ROI

A M. L'ARCHEVÊQUE DE BORDEAUX.

Mons. l'archevêque de Bordeaux, je ne puis assez vous témoigner par cette lettre la satisfaction que j'ai reçue de la victoire que vous avez gagnée contre mes ennemis, et combien j'estime le courage et la prudence que vous avez eus dans la conduite de cette entreprise; assurez-vous que je vous en donnerai des marques aux occasions qui se présenteront, et que vous verrez que je reconnaîtrai bien volontiers les services que vous me rendez.

Je trouve bon que vous alliez à la mer après le 8 de ce mois passé, puisque vous mandez que mes vaisseaux ne sauraient demeurer plus long-temps sans péril en la côte d'Espagne, où ils sont à présent, et que vous fassiez les entreprises que vous jugerez être plus avantageuses pour le bien de mes affaires. J'espère qu'en ce temps-là Fontarabie sera pris; mais, s'il ne l'était pas, vous laisserez ce qui sera nécessaire de vaisseaux pour garder l'entrée du canal, à quoi m'assurant que vous satisferez, je prie Dieu qu'il vous ait, mons. l'archevêque de Bordeaux, en sa sainte garde.

LOUIS.
BOUTHILLIER.

Écrit à Saint-Germain-en-Laye, le 3 septembre 1638.

LETTRE DU ROI

A M. L'ARCHEVÊQUE DE BORDEAUX.

Monsieur l'archevêque de Bordeaux, depuis mon avénement à cette couronne jusqu'à présent Dieu m'a tellement assisté de ses grâces et béni le soin que j'ai pris pour le bien de mes états, que j'ai plus de sujet qu'aucun prince qui règne sur la terre de louer à jamais sa divine bonté. Elle a non seulement donné la paix à la France par la

ruine entière de la faction qui la troublait ordinairement et la réunion
de tous mes sujets sous mon obéissance, pendant que les pays voisins
sont dans les misères de la guerre, à laquelle je n'ai part que pour
procurer à toute la chrétienté le même repos dont ce royaume jouit
au dedans, et de l'affermir d'autant plus par ce moyen ; mais, afin que
rien ne manque à la félicité de mon royaume, lorsque je serai parvenu
à ce point, comme j'espère, dans peu, il lui a plu me donner un fils
dont la reine ma femme est accouchée très-heureusement. La joie que
j'en ai est d'autant plus grande qu'il y a long-temps que ce fruit de
notre mariage est attendu, et que mes peuples l'ont souhaité et demandé
par de continuelles prières dont ils ont accompagné les nôtres. Enfin
elles ont été ouïes et exaucées, et maintenant elles sont converties en
louanges et actions de grâces qu'ils rendent à Dieu comme nous pour un
si grand et signalé bienfait, y ajoutant toutes les démonstrations de réjouissances que l'affection des sujets vers leur roi peut produire en une
telle occasion. J'ai voulu vous donner par cette lettre avis de cette
nouvelle, de laquelle vous ferez part à mes bons serviteurs qui sont
par delà. Je ne doute point que vous ne la receviez avec tout le contentement possible selon l'affection que vous avez au bien de cet État, et
qu'après avoir rendu les mêmes grâces à sa divine majesté que l'on a
fait ici d'une telle bénédiction, vous n'en fassiez éclater dans mon armée
navale des témoignages extraordinaires d'allégresse, priant sur ce Dieu
qu'il vous ait, monsieur l'archevêque de Bordeaux, en sa sainte garde.

LOUIS.

BOUTHILLIER.

Écrit à Saint-Germain-en-Laye, le 5 septembre 1638.

On a vu par les différentes lettres du roi, de M. le cardinal de
Richelieu, de M. de Bordeaux et de M. le prince de Condé que
la prise de Fontarabie paraissait assurée. Malheureusement la
rivalité, la jalousie de pouvoir, ruinèrent ces espérances, et
l'armée française fut obligée de lever le siége. Les amis de M. le
cardinal de Richelieu et de M. de Bordeaux se réunirent, il faut

l'avouer, à la majorité des témoins de cette étrange défaite, pour attribuer au mauvais vouloir de M. le duc de la Valette.

Voici comme s'exprime M. le cardinal de Richelieu dans ses Mémoires à ce sujet : « En cette défaite, nous perdîmes force drapeaux; peu d'hommes furent tués; il y eut cinq ou six cents prisonniers. M. le prince ne savait comment il devait donner avis au roi de cette déroute, en laquelle il y avait eu beaucoup de malheur, mais point de faute de courage, d'affection et de vigilance de sa part, mais beaucoup de la part de ceux qui l'assistaient; car nos prisonniers à leur retour témoignaient qu'ils avaient vu les ennemis à pied et à cheval entrer par *la brèche* dans la ville. »

Cédant à son inimitié contre M. le duc de la Valette, M. de Bordeaux, dans les dépêches et les relations suivantes, donne des détails très-circonstanciés sur cette malheureuse déroute, évidemment causée par la mésintelligence qui régnait entre les généraux.

M. L'ARCHEVÊQUE DE BORDEAUX

A SON ÉMINENCE, SUR LA LEVÉE DU SIÉGE DE FONTARABIE.

Du 9 septembre 1638.

MONSEIGNEUR,

Vous aurez su les détails de ce qui est arrivé à Fontarabie, où la faiblesse, la lâcheté et peut-être bien la trahison ont été en leur lustre. Si votre éminence a jeté les yeux sur la lettre que vous a portée Saladin, elle aura vu les indices que j'ai remarqués dans tel événement. L'armée étant divisée en quatre quartiers, outre ce qui était aux tranchées, un seul a combattu mollement; la moitié de la Meilleraie et la Couronne y ont perdu la plupart de leurs officiers avec le bonhomme

Lafitte et Courteaux. M. le prince, dont le désir et l'affection ne sauraient être assez exprimés, après avoir envoyé demander secours à
MM. de la Valette et Saint-Simon, qui lui refusèrent, exposant sa
propre personne, rallia la cavalerie fuyante à la vue des ennemis et la
ramena au combat, où ladite cavalerie ne tenant guère revint passer
sur le ventre à un seul bataillon qui nous restait. Nous fîmes ce que
nous pûmes de la Houdinière et moi pour rallier, mais inutilement.
« ' Mais personne ne voulut retourner. Cette défaite poussée jusque dans
« le quartier, les tranchées furent quittées par le régiment de Tonneins.
« Quatre cents hommes sortirent en bataille par la brèche, que gardait
« la Couronne.

　　« Le second quartier, commandé par M. de Grammont, défila et quitta
« une redoute que l'on avait fait faire depuis trois jours, sans être atta-
« qué et se retira au troisième quartier à la vue des ennemis. »

　　Les deux autres quartiers, commandés par M. de la Valette et par
M. de Saint-Simon, ne furent point attaqués, et ne voulurent envoyer
du secours à M. le prince, qui leur en demanda, et défilèrent le soir
avec les fuyards des deux autres quartiers.

　　Je me retirai à mon bord, mon cheval ayant été tué sous moi, et la
compagnie des mousquetaires de l'amiral fit la retraite de toute cette
déroute avec ce qui restait de la Meilleraie, et trouvèrent quatre cents
hommes en leur chemin qu'ils défirent, « ce qui fait croire que les en-
« nemis étaient bien avertis, » en se retirant, qui étaient destinés pour
entrer dans la ville durant l'escarmouche du quartier d'en haut, dont
ils ne croyaient pas si bonne issue.

　　Il y a force particularités et force soupçons dont je ne sais pas le
détail, et que votre éminence saura par d'autres mieux informés. « Pour
« moi, j'y ai perdu mes deux régiments, tout défaits, et partie de mes
« officiers et ma vaisselle, que j'avais mise le jour de devant à terre pour
« travailler à cette attaque. »

　　Tout s'étant retiré, je ramassai sur le bord de la mer tout ce qui
restait de nos gens, que je mis dans nos vaisseaux, et demeurai jusqu'au

----

Les passages guillemettés sont raturés dans l'autographe de Sourdis.

lendemain, où celui qui était dans le Figuier l'ayant abandonné sans enclouer ni jeter le canon à bas, ni le brûler, dont je lui avais donné ordre exprès de ne le pas abandonner sans cela, promettant de l'assister et lui offrant des munitions, sans être sommé ni attendre un coup de mousquet, je fus obligé de lever l'ancre pour m'en reculer, de peur que le canon n'endommageât les vaisseaux; et le soir, faisant voile, j'allai trouver M. le prince à Saint-Jean-de-Luz, me résolvant, n'ayant plus besoin de moi, de tâcher à rallier les débris des régiments, et avec ce que je pourrais tirer des vaisseaux, pour fourrager quelques vilotes de la côte si le temps me le permet, afin de rappeler les troupes triomphantes des Espagnols à moi, et les divertir du dessein qu'ils pourraient avoir d'entrer en France, n'étant pas en état, à cause de la perte de mes gens et autres consommations, de rien entreprendre de solide.

Si l'armée de terre, dont il n'y a point quatre cents hommes morts, étant un peu fortifiée, pouvait se retrancher à Linaro et y commencer un fort, j'estimerais le service aussi grand que la prise de Fontarabie; et ils ne peuvent courir aucun risque, ayant derrière eux le Socoa, le fort de la Perrière et Bordaguin. En ce faisant on couvrirait la France, et je vous ferai une petite proposition qui incommoderait Fontarabie du côté de la mer et nous rendrait maîtres de la rade.

Dans cette lettre confidentielle à M. le marquis de Sourdis son frère, M. de Bordeaux donne de nouvelles particularités sur le siége et la défaite de Fontarabie.

M. L'ARCHEVÊQUE DE BORDEAUX

A M. LE MARQUIS DE SOURDIS.

Le 9 septembre 1638.

RÉCIT DE LA LEVÉE DU SIÉGE DE FONTARABIE.

L'armée du roi, divisée en quatre quartiers, outre ce qui était aux tranchées, commandés l'un par M. de la Force, l'autre par M. de

Grammont, l'autre par M. de la Valette et l'autre par M. de Saint-Simon, .MM. de Gèvres et Espenan blessés en leur lit, le 7 de septembre le quartier de M. de la Force est attaqué, M. le prince y courut et l'archevêque de Bordeaux après lui, là où il vit le retranchement de M. de la Force fait au pied d'une montagne garnie d'infanterie et de canons, et, derrière, quatre escadrons de cavalerie et un bataillon d'infanterie.

Le haut de la montagne, hors la portée du canon, était couvert d'ennemis à pied et à cheval, qui faisaient un grand front, mais qui ne pouvaient pas excéder le nombre de trois mille hommes et deux cents chevaux, et ne pouvaient venir qu'en défilant le long du coteau. Il y avait quelque mille hommes qui vinrent commencer l'escarmouche, et ceux d'en haut envoyèrent quelques uns aussi à cette même fin. Lesquels ensemble attaquèrent la main gauche du retranchement, sans ordre ni bataillon; le retranchement fait feu, et notre cavalerie, sortant sur ces gens éparpillés, qu'on croyait qu'ils devaient défaire à l'instant, les ennemis les poussent, et, pêle-mêle, entrent dans le retranchement, qui est abandonné des nôtres. M. le prince rallie sa cavalerie, mais inutilement, car elle plia à l'instant, et se renversant sur un bataillon de la Couronne, qui restait, le mit en déroute. L'archevêque de Bordeaux et la Houdinière firent ce qu'ils purent auprès de toute cette cavalerie et infanterie, mais inutilement, de sorte que les Français et Espagnols descendirent pêle-mêle la montagne, jusqu'au quartier du roi, où l'on croyait trouver en bataille ceux qui y étaient; mais, au contraire, l'effroi ayant déjà saisi, tout le monde se jette à la mer ou se sauve au quartier de M. de la Valette. Six compagnies du régiment de la Couronne et huit de la Meilleraie, avec les cent mousquetaires de l'amiral, gardent leurs tranchées jusqu'à ce que les ennemis ayant tout saisi, et même les autres tranchées étant abandonnées, ils furent commandés par M. de Gèvres de se retirer au quartier de Grammont. En cet instant, quatre cents hommes sortent en bataille de la ville par la brèche, si bien qu'étant attaqués de tout côté et obéissant au commandement qui leur était fait, en voulant gagner ce quartier qui leur était commandé, ils le trouvèrent saisi des ennemis, lesquels en passant ils taillèrent en pièces, et n'y trouvant plus personne, allèrent jusqu'au quartier de la Valette, où ils trouvèrent toutes les troupes déjà défilées sans avoir été attaquées. Celui d'Irun fait de même, et ainsi tout sort des terres d'Espagne dès le soir.

Durant ce jeu, l'archevêque de Bordeaux pousse jusqu'au quartier du roi; son cheval, blessé, le porta jusqu'à une chaloupe, où il entra pour aller à son bord, son cheval tombant mort sous lui en y entrant.

Il rencontre M. le prince dans une chaloupe, lequel dès le point du jour s'en retourna, cherchant où étaient les ennemis, par le Socoa.

Quelques officiers de la Couronne et la Meilleraie-Enghein furent commandés par l'archevêque de Bordeaux de rallier ceux qu'ils pourraient pour se faire passage du côté du Figuier, où l'on les fit embarquer. Les ennemis ayant déjà saisi la falaise et même le sable, cette retraite ne se put faire que l'épée à la main.

Les défauts de ce jour peuvent venir, après la lâcheté des gens de guerre, de trois principes : le premier, que ce seul jour-là, la moitié de la Meilleraie et de la Couronne n'étaient pas en haut, et un bataillon de Tonneins, qui avait accoutumé d'y être, était descendu pour prendre la tête de la tranchée où était la brèche, qui fait soupçonner un peu d'avis.

Le second, qu'il n'y avait aucun soutien du retranchement, qu'un bataillon, par défaut de gens.

Le troisième, que le retranchement était si près du pied de la montagne, qu'il était dominé du coteau.

Les défauts généraux de l'armée sont de n'avoir point retranché le camp en son assiette.

Le second, de s'être amusé à certaine mine dont la galerie était un trou par-dessous le fossé qui emplissait d'eau à tout instant.

Le troisième, de n'avoir pas été aux ennemis quand ils s'assemblaient à deux lieues de nous.

Le quatrième, de n'avoir pas attaqué la brèche du jour qu'elle fut faite, qui était si raisonnable que quatre cents hommes en sortirent en bataille le jour de la retraite.

Le cinquième, la crainte que l'on avait que les ennemis fussent avertis de tout ce qui se faisait, comme il y a grande apparence.

Le sixième, le peu d'union entre tant de hauts officiers, qui ne faisaient qu'avoir jalousie les uns des autres, et qui ne faisaient rien du
tout que désirer la perte de ses compagnons ; et la joie que M. de la
Valette en avait en cette dernière action de M. de la Force, même en
présence de la Houdinière, en sont une preuve, pourvu que ce ne soit
pas de pis.

A cette lettre, adressée à M. le marquis de Sourdis, était
jointe la note suivante, de la main de M. de Bordeaux.

MENU DE CE QUI S'EST PASSÉ A L'AFFAIRE DE FONTARABIE.

Du jour que je suis arrivé à Fontarabie, j'ai demandé une attaque,
qui m'a été refusée[1]. (*M. de la Houdinière témoin et toute l'armée.*)

Du même jour, j'ai fort crié de quoi on ne retranchait point le camp.
(*Les mêmes témoins.*)

L'on m'a envoyé au Passage, je m'y suis logé et retranché en sorte
qu'il était difficile de m'en tirer. On m'a commandé d'en sortir, et
MM. d'Espenan et la Houdinière me sont venus prier sur l'honneur de
ne point contrarier cette résolution, de peur de choquer M. le prince :
j'ai obéi. (*MM. d'Espenan et la Houdinière.*)

Quand les troupes ont été arrivées au Passage, j'ai demandé à me
loger à un quartier, pour m'y fortifier, qui était sur la mer, pour de
là aller en garde où l'on voudrait : l'on me l'a refusé. (*M. de la
Houdinière témoin.*)

J'ai offert de faire des traverses dans le fossé pour aller à la muraille,
au lieu des petits trous qui se faisaient sous terre, qui ont fait perdre
six semaines de temps : l'on me l'a refusé. (*Le même la Houdinière.*)

Quand on a mis les troupes sur la montagne, j'ai mené mes ingénieurs, et été d'avis qu'on fît un bon retranchement et de bons forts
éloignés de la montagne, afin qu'il y eût espace pour la cavalerie. On
a voulu faire autrement. (*Le même la Houdinière, les ingénieurs du
roi, qui sont les sieurs Charvin et Rose.*)

---

[1] Les passages soulignés sont à la marge dans l'original.

Quand j'ai vu qu'on ne voulait rien faire de ce que je disais, j'ai demeuré à mon bord; M. le prince m'y a envoyé quérir cent fois, et M. de la Houdinière m'a reproché qu'il ne me voyait pas assez de chaleur.

Quand les ennemis sont approchés, j'ai proposé de les aller combattre. J'ai offert d'y aller avec M. de la Force, l'ai proposé en conseil et pressé M. de la Houdinière de le faire : on n'en a rien voulu faire.

Quand j'ai vu qu'on ne voulait pas aller aux ennemis, j'ai été d'avis de faire un camp retranché sur Lodoa, lequel avec le Passage ferait toute la tête des ennemis : l'on n'a pas voulu le faire. (*Le même témoin.*)

Voyant qu'on ne voulait rien faire, ne voulant presque plus venir à terre, M. de la Houdinière m'en pressant, je lui écris où je mandais une partie des défauts, afin qu'il pût montrer ma lettre, et qu'elle servît de témoin irréprochable de mon avis. Qu'il montre la lettre écrite de Gatary, dont j'ai copie.

Quand la première mine eut joué, le sieur de la Houdinière et de Grammont vinrent dire à M. le prince qu'elle n'avait fait aucun effet; mais quand j'allai sur les lieux, car je n'avais pas voulu aller qu'une fois, parce que c'était l'attaque de M. de la Valette, je vis le contraire, et, voyant la contre-mine ouverte, j'envoyai à M. le prince, afin qu'il commandât qu'on fît un logement dans ladite contre-mine, ce que fit le marquis de Gesvres; et vingt-quatre heures après, le fourneau qu'on fit emporta le reste de la muraille et la terre; en sorte qu'on y montait à cheval.

M. de la Valette, qui avait auprès de lui M. de la Houdinière, n'ayant pas fait donner, quoiqu'un sergent de Tonneins qui avait monté presqu'au haut, et qui n'y avait trouvé personne, dit qu'il y faisait bon; qu'un gentilhomme nommé Réal, domestique de M. de la Valette, y eût été, qui dit qu'il y faisait bon; que la Roche, capitaine des gardes de M. d'Espenan, dit qu'il y faisait bon, lequel fut gourmandé pour cela; quoique tous les soldats criassent qu'il fallait donner, on n'en fit rien pour cela. (*Le sieur de Roque de Berny avec cinquante maîtres demandait à donner.*)

M. de la Valette étant chez M. le prince, j'ai prié le sieur Grammont d'aller voir la brèche, laquelle ayant trouvée plus que raisonnable, il vint crier dans le même conseil d'où il était parti, qu'il fallait donner : ce qu'on ne fit pas néanmoins. (*De la Houdinière témoin.*)

Voyant le lendemain qu'on ne voulait point donner, et que les ennemis se réparaient tant qu'ils pouvaient, j'offris à M. le prince, après avoir été voir la brèche avec M. de Gesvres, les lieutenants-colonels, sergents-majors et ingénieurs de la marine, si personne ne voulait donner, de faire donner la marine.

M. le prince assemble conseil, où M. de la Valette se trouve, et fait cette proposition, laquelle M. de la Valette rejette, disant qu'il voulait donner, et sort pour se préparer à cela. (*Le même témoin.*)

Le lendemain, M. de la Valette vint trouver M. le prince, lui dit qu'il remet la brèche, et qu'il ne peut donner. L'archevêque de Bordeaux est envoyé quérir à son bord; M. le prince lui remet la brèche ; tous les officiers, armes, et choses nécessaires, sont tirés des bords. On se prépare pour donner. M. de la Valette redemande à donner, disant qu'il périrait plutôt que de ne la pas emporter, et qu'il était résolu de payer de sa personne.

Cette nouvelle résolution prise, l'archevêque de Bordeaux y consent, renvoie ses gens et ses armes, et remet l'attaque à ses bords, après avoir envoyé le Plessis de Besançon offrir à M. de la Valette tout ce qu'il avait de gens et de commodités pour l'attaque. Le lendemain, M. de la Valette fait donner quelques troupes, vingt à vingt, sans que ses gardes, les chevau-légers, qui devaient donner armés, ses volontaires, ni aucun officier major donnassent. Un capitaine de la Meilleraie, étant logé sur la brèche avec huit ou dix soldats, envoyant demander des outils et du secours, on lui mande qu'il revienne.

Le même jour M. de la Valette remet la brèche à M. le prince, qui envoie quérir l'archevêque de Bordeaux, pour lui faire prendre; il l'a refusée, disant que M. de la Valette n'ayant pu, qu'il ne pouvait espérer de le faire; on le presse; MM. de Nantes et d'Aire, de la Houdinière et

Plessis de Besançon, pressent ledit archevêque, le menaçant de manquement au service du roi en cas de refus; enfin, l'archevêque envoie le sieur de Saint-Étienne à M. de la Valette, savoir s'il le désirait, et qu'il ne voulait rien faire qui le pût choquer; M. de la Valette lui mande qu'il le prie de prendre l'attaque, et qu'il n'en voulait plus. L'archevêque de Bordeaux obéit, à la charge que ce sera M. de la Force qui agira, et qu'il lui fournira de tout; M. de la Force le refuse. La nuit fermante la tranchée est prise par huit compagnies de la Meilleraie et six de la Couronne; la nuit le sieur de Bacois commence à travailler avec deux ingénieurs à faire un petit logement sur la brèche. Le soir on met ordre à faire porter des fascines et des barriques pour faire le logement de l'attaque. (*Témoins, MM. de Nantes, de la Houdinière et autres.*)

Le lendemain avant le jour, l'archevêque avec les sieurs Plessis-Besançon, de la Valette et Bacois vont à la tranchée, la font nettoyer, parce qu'on ne passait plus par dedans, tant elle était gavée; font continuer le logement de la brèche; font travailler à faire trois ouvertures pour entrer dans le fossé et faire faire deux logements de soixante mousquetaires chacun, pour voir sur la brèche, où les ennemis venaient tirer à découvert, dont Espenan en entreprend un, et Saint-Étienne l'autre; font travailler à raccommoder la tête de la tranchée, d'où on ne pouvait tirer, et font raccommoder la batterie, et ajouter deux pièces par poste de la marine; remettent des mortiers, des bombes en état de tirer; font préparer des mantelets et des échelles nécessaires pour donner, et deux autres lieux pour faire diversion. On travaillait à tout en même temps pour donner le lendemain matin. (*Les mêmes témoins que dessus.*)

A dix heures, M. le prince envoie quérir tout le monde, résout en conseil la garde d'en-haut avec M. de la Force, laquelle était dressée par M. du Plessis; ordonne par écrit à ce qui reste de la Meilleraie et la Couronne de descendre. M. de Grammont et l'archevêque de Bordeaux retournent à la tranchée avec de la Houdinière et M. de Nantes, pour avancer le travail, et, s'en retournant chacun dîner, prennent heure à deux heures de s'y rendre pour achever de mettre les ordres nécessaires pour le lendemain.

M. de Grammont s'en retournant donne avis que les ennemis marchent, M. de la Force en donne avis; M. le prince monte sur la montagne pour y mettre ordre; l'archevêque de Bordeaux s'en va avec M. de Nantes et les cent mousquetaires de l'amiral au quartier de M. de Grammont qui couvrait les tranchées; il trouve la redoute avancée et le quartier de la Valette abandonnés. (*Les mêmes témoins.*)

Il renvoie ses mousquetaires à la tête de la tranchée, et s'en retourne sur le haut de la montagne trouver M. le prince afin qu'il pourvût à ce désordre.

On y envoie, mais les ennemis y étaient déjà; en ce temps, un exempt des gardes de M. le prince revient dire qu'on ne lui a pas voulu donner de la cavalerie, comme il demandait, pour le soutenir.

Durant ce temps les ennemis donnent sans ordre et sans bataillon formé. Levigan quitte la redoute de la main gauche, la cavalerie sort et fait un petit caracole vers les ennemis et s'en revient; un petit bataillon de trois compagnies de la Meilleraie, qui soutenait Levigan, est chargé par les ennemis : deux capitaines y sont tués, l'autre se retire; tout le reste du corps étant divisé en différents pelotons qui ne purent joindre le corps. Angrin quitte l'autre redoute et la ligne; la cavalerie fuit, et de trois compagnies de la Couronne qui soutenaient celles de la Meilleraie, un capitaine est tué, l'autre pris prisonnier et le troisième se retire; toute la déroute tombe sur un bataillon de la Couronne qui soutenait et le fait plier. Un autre bataillon, fort éloigné de là, qu'on avait mis près de la mer, se trouve fort inutile pour être trop éloigné et des ennemis et du corps. M. le prince veut rallier, mais inutilement, car tout fuit; M. de Grammont repasse le marais et va trouver M. de la Valette. On abandonne le camp; ceux qui sont dans les tranchées sont commandés de sortir, et les seuls mousquetaires de l'amiral et les compagnies de la Meilleraie qui étaient en bas, voulant faire ferme, ils sont obligés de se retirer suivant le commandement que l'on leur en fait, et de faire la retraite des fuyards.

L'archevêque de Bordeaux descend dans le camp avec les débris des régiments de la Couronne et de la Meilleraie, trouve le camp abandonné, veut rallier ; mais il ne le peut, la falaise étant déjà saisie des ennemis, qui tiraient extrêmement ; son cheval est tué sous lui, et il s'embarque.

Durant ce temps, le quartier de Grammont étant abandonné et son artillerie, il se retire au quartier de la Valette. Tous les deux quittent leurs quartiers en déroute, et se retirent au quartier d'Irun ; tous ensemble lâchent, et repassent la rivière sans que pas un des trois quartiers ait vu un ennemi.

Le lendemain, à la pointe du jour, celui qui était à la vigie qui commande la rade, quitte, quoique l'archevêque de Bordeaux lui eût mandé de ne pas le faire que l'armée n'eût fait voile, jeter ses canons à la mer et brûler le château, lui promettant secours, munitions et assistance, et de fait lui en ayant envoyé, il les refusa.

Les ennemis s'en saisissent et obligent par leur artillerie et leurs mousquetades de lever l'ancre.

Le même jour, on commande d'aller retirer deux canons qui étaient dans une batterie du côté d'Andaye, de deçà la rivière ; mais au lieu de le faire, les troupes qu'ils étaient allés quérir, et que commandait M. de la Valette, fuirent sans jamais avoir vu personne.

L'archevêque de Bordeaux fait voile, va le long de la côte d'Espagne, ne rencontre rien ; il ne peut attérer avec les grands vents, s'en revient à la côte de France.

LETTRE DE M. L'ARCHEVÊQUE DE BORDEAUX

A M. LE CARDINAL DE RICHELIEU, LUI ENVOYANT LA RELATION DE L'ATTAQUE DE GUÉTARIA [1].

De l'amiral, à la rade de Guétaria, ce 23 août 1638.

Je ne mériterais pas le titre de votre serviteur ni la qualité qu'il vous a plu que je possédasse si j'avais à ma vue laissé former une armée qui m'eût acculé dans la plus méchante rade où jamais vaisseaux aient

[1] Voir ci-dessus, pp. 52-55, les réponses à cette lettre.

mouillé, si je n'y avais remédié comme je fais. J'ai bien peur d'avoir encouru la disgrâce de M. le prince, qui ne voulait point, quelque ordre que j'eusse mis à la garde du canal, que j'en partisse, quoique partie de nos vaisseaux fussent engagés entre deux escadres des ennemis; je crus néanmoins que pour plaire à votre éminence il fallait faire le contraire : ce qui a réussi, comme vous dira la relation.

J'ai gardé le canal, quoique plus difficile que celui de Ré, sans qu'il soit rien entré; j'ai fourni de deux batteries et munitions nécessaires pour les exécuter; j'ai gardé le Passage tant qu'on me l'a voulu permettre, et puis ai mis quatre mille hommes effectifs entre les mains de M. le prince; et si avec cela je crains qu'on ne soit pas satisfait de moi.

Mes maximes sont toutes contraires aux leurs, et l'on veut que j'assiste aux conseils, pour assister de mes suffrages des délibérations qui sont contraires à mes sentiments. J'ai toujours cru qu'on ne prenait pas les villes avec des bilboquets et des trous de taupes, et néanmoins, il y a quatre semaines que l'on est après. J'ai été d'avis qu'on allât aux ennemis, avant qu'ils fussent assemblés, avec quatre mille hommes de pied de l'armée et cinq cents chevaux, et quatre mille que je donnerais. On les a laissés assembler, et maintenant ils sont sur leurs bras. Du jour que je suis arrivé j'ai offert de prendre une attaque avec mes gens, mon artillerie, et faire la dépense des travaux. On ne l'a pas voulu, et au bout de cela on voulait m'empêcher d'aller aux ennemis, et me veut-on obliger à tenir tous les vaisseaux à cette rade, où infailliblement ils se perdront si votre éminence ne m'ordonne de les tirer avant le 8 du mois de septembre. Je l'ai écrit deux fois à votre éminence, je la supplie très-humblement de m'ordonner ce que j'ai à faire. Je crois que huit ou dix petits vaisseaux avec force chaloupes feraient le même effet; M. le prince se peut charger de ce soin, en lui laissant les vaisseaux sous un bon chef d'escadre; mais l'armée, elle périra infailliblement si elle y demeure.

Après le combat des galions, l'effroi était tel que si j'eusse eu mon infanterie j'eusse pris deux lieues de pays et un poste qui vaut mieux que Fontarabie et Saint-Sébastien ensemble pour la mer.

Cette île de Sant-Antonio sur laquelle les Basques avaient formé dessein, il y a quelque temps, est le meilleur poste que j'aie vu depuis que je suis en Espagne. C'est une île relevée qui commande à une excellente rade dont le fond et l'abri de tous mauvais vents sont excellents, elle commande au port et à la ville et n'est commandée de rien. Son défaut est de n'avoir point d'eau; mais les citernes et cependant des futailles peuvent subvenir à la nécessité, et du Socoa.à Bayonne en quatre heures on y est toujours.

Ils ont fait quelques petits travaux et mis des batteries dessus; mais j'estime qu'on en peut venir facilement à bout.

Si cette proposition agrée à votre éminence, il faut fonds pour fortifier et munir la place, et j'y logerai douze compagnies des régiments que j'ai, qui fatigueront autant le pays que quoi qu'on puisse faire, et rendront Saint-Sébastien et le Passage, quand vous ne les reprendriez pas, inutiles.

Pour les autres desseins, la saison est maintenant si avancée qu'il ne s'en peut former aucun de considération; voir tous les ports jusqu'au cap Finistère, ravager les vaisseaux qui s'y trouveront et tenter quelque surprise, se peut, durant qu'on ferait cet établissement mais il faut pour cela, ordre de reprendre mon infanterie, d'emmener les vaisseaux, à la réserve de huit ou dix des petits, et des fonds pour commencer le travail, qui ne se doit faire que de maçonnerie, y ayant peu de terre sur cette butte.

Si les escadres de Lisbonne et Dunkerque viennent, je puis répondre à son éminence qu'elle y sera servie sans délai et sans peur, n'y ayant jamais eu capitaines qui servent avec tant d'ardeur, de cœur et d'obéissance que font tous ceux qui sont ici.

Si votre bonté voulait écrire un mot au commandeur Desgouttes qui témoignât satisfaction de ses services et agrément des soins du sieur de Caen, et un aux sieurs de Montigny et de Cangé ensemble, qui parlât de ceux qui avaient été au combat, vous redoubleriez leurs soins et leur ardeur, quoiqu'ils l'aient tout entière pour votre service.

Il reste, s'il plaît à votre bonté, d'ordonner qu'on envoie sept chaines d'or avec votre médaille pour les sept capitaines des brûlots

avec sept lettres de capitaines des bateaux entretenus aux gages de cent
écus chaque, et quatre cent cinquante livres pour celui qui avait déjà
brûlé celui de Sainte-Marguerite, qui est encore l'un de ceux-ci, avec
deux mille écus pour la récompense des matelots qui ont servi à cette
exécution. C'est un moyen de leur faire faire à l'avenir des coups que
toutes les nations du monde ne pourront parer.

Il me reste à vous dire que s'il vous plaît faire la plus belle armée
du monde l'année qui vient, il faut que vous ordonniez que, sans
remise et par préférence à toute sorte de dépense, l'on envoie les
fonds à Brest dont j'ai envoyé les mémoires à M. de Loynes, autrement l'année qui vient l'on sortira aussi tard que celle-ci. Il faut aussi
ajouter un moulin à poudre à Brest, et deux cents milliers de poudre
pareille à celle que le sieur Sabatier vous a donnée en Hollande. Si,
avec cela, vous ne battez l'Espagne, l'Angleterre et la Hollande,
pourvu qu'il vous plaise y mettre un autre qui s'entende mieux que
moi, je consens qu'on me tranche la tête.

Je suis obligé de dire à votre éminence qu'un des meilleurs hommes,
des plus hardis et plus intelligents au métier que j'aie jamais vus, que
c'est M. de Bacois.

Le père Gabriel de Nevers, capucin, ayant été fait prisonnier,
envoya à M. le cardinal la relation suivante.

RELATION DU PÈRE GABRIEL DE NEVERS, CAPUCIN,

DE LA DÉROUTE DE L'ARMÉE DE FRANCE DEVANT FONTARABIE.

Le 7 septembre, monseigneur de Bordeaux faisant ses préparatifs
pour l'assaut qu'il devait donner le lendemain, je fus supplié, par
plusieurs que j'avais confessés durant le voyage, de me trouver à terre;
mais les ennemis, informés de tout, prévinrent ce jour par l'attaque
qu'ils donnèrent aux nôtres en petit nombre et assez mal retranchés
sur la montagne, à quoi accourut monseigneur de Bordeaux, accompagné de monseigneur d'Aire à cheval, et de ses volontaires à pied,

et moi en leur compagnie; mais, par les chemins, chacun alla chercher son poste, et moi je continuai mon chemin avec un bon père
jésuite, croyant qu'on pourrait avoir affaire de nous sur la montagne
où se trouve monseigneur de Bordeaux, qui fut supplié de se retirer
à cause des mousquetades qui tombèrent importunément vers lui, et
moi je fus conduit vers vingt pauvres blessés. Après les avoir confessés et exhortés, je me transportai derrière le retranchement, où plusieurs se servirent de ma venue pour se bien mettre avec Dieu; enfin,
une heure et demie après mon arrivée, moi tenant M. de Lafitte pour
le confesser, l'aile gauche des nôtres vint à quitter, laquelle un petit
escadron de cavalerie fit mine de soutenir, et s'approcha environ vingt ou
trente pas, auquel je me présentai pour l'animer; mais voyant la résolution des enfants perdus des ennemis, il tourna bride, et tout se pêle-mêla
avec l'infanterie sans qu'il fût possible de rallier dix hommes; si bien
que nous fûmes menés battus jusqu'à la mer, où une grande partie se
jeta et y est demeurée; et moi, ne pouvant fuir si bien que les autres, je
demeurai des derniers avec monseigneur de Bordeaux, quoique bien
monté, qui ayant trop tardé à se retirer, eut son cheval blessé, et moi je
me jetai dans une barque qui ne flottait pas encore, où il y avait plus
de cent, tant capitaines qu'autres, sur qui tiraient incessamment les
Espagnols. Enfin, au bout d'une heure, je fus sollicité de sortir et de
demander quartier pour ces réfugiés et pour moi, qu'on m'accorda
pour tous. Je fus conduit à l'heure au vice-roi de Navarre, qui, après
mille compliments, me dit que je me retirerais où et quand je voudrais.

Mais, le lendemain 8 septembre, étant mené du grand matin à
l'amirante, qui est généralissime, après ses caresses espagnoles et
quelques questions de nos généraux, qui est, où ils étaient, singulièrement de monseigneur de Bordeaux, duquel ils m'ont plus questionné que d'aucun, et de qui ils font une estime nompareille, ledit
amirante me dit, par le truchement, qu'il m'envoyait à Pampelune
ou à Madrid (si j'aimais mieux), pour me reposer de mes fatigues. A
quoi n'osant pour lors répliquer, je fis rompre ces voyages par le
moyen du vice-roi de Navarre et du comte de Boranegra, tous deux

généraux, qui témoignaient une grande affection à notre ordre, si bien que je demeurai, ayant la ville et les champs pour prison, et ledit amirante me fit l'honneur de m'ordonner sa table pour prendre mes repas. Or, durant mon séjour en Fontarabie, j'ai vu et appris ces choses.

Premièrement, pour la brèche que j'ai vue et montée le premier, elle était si raisonnable que douze hommes de cheval pouvaient entrer de front, et de si facile accès que toute l'armée espagnole de pied et de cheval n'a entré dans la ville que par là. Voire un Espagnol charitable porta sur ses bras un Français tout estropié, à ma prière, par la brèche même; et on ne pouvait entrer par ailleurs, les deux portes étant muraillées et terrassées. Et le comte d'Essoute, maître de camp, le marquis ou le baron d'Esplette, Navarrais, qui m'entretenaient souvent parce qu'ils parlaient bien français, et quelques autres encore, m'ont dit quelquefois que cette brèche étant si grande et si facile ferait soupçonner d'intelligence; à quoi leur disant qu'ils en savaient bien quelque chose, ils me répondirent par un silence qui m'en fit croire quelque chose, car ils s'entre-regardaient en souriant; et un capitaine irlandais m'entretenant un jour au château, où j'étais allé voir de nos prisonniers, me dit que cette brèche avait été mal assaillie et trop bien défendue. Elle n'était retranchée que de quelques pièces de bois entées les unes dans les autres, haute de sept pieds, et défendue de deux pièces de canon qui battaient entre la brèche et le retranchement.

Il ne restait plus que trois ou quatre cents hommes dans la ville, compris les ecclésiastiques qui allaient aux murailles, et pour munitions de goule, ils n'en avaient que pour un mois, et pour celles de guerre, ils en avaient, hormis des balles de mousquet; pour à quoi suppléer ils mettaient des morceaux de fer grands et longs comme le pouce, après avoir employé des balles de plomb et de verre.

Ledit 8 septembre, étant à l'église, où vint le seigneur amirante avec toute sa cour, après la messe, il alla faire caresses à un homme qui était couché au coin du grand autel, d'autant que tous couchaient en ladite église, qui, pour être bien voûtée, les mettait à l'abri des canons et des bombes. Voyant, dis-je, ces grandes caresses, je demandai qui était celui-là; on me dit que c'était celui qui sortait toutes les nuits de la ville, et apportait les avis à l'amirante, que ceux de la ville recevaient d'ailleurs.

De l'église, on fut dans un lieu d'où on voyait l'armée navale, et où j'ai trouvé beaucoup de capitaines et chevaliers d'Alcantara et de Saint-Jacques, qui me firent beaucoup de questions sur cette armée, et les mêmes que m'a faites depuis l'amirante et les autres généraux, savoir : combien il y avait de vaisseaux? de quel port? pourquoi l'amiral n'était pas ce grand qui paraissait sur tous [1]? qui était le seigneur qui le commandait? combien il y avait de pièces de canon dans chacun? Leur ayant dit à peu près, je vis bien qu'ils en étaient étonnés. Mais surtout, à plusieurs fois, ils m'interrogèrent sur l'action de Gattari, qu'ils disent être la plus entière qui se soit jamais faite sur mer; c'est ainsi qu'ils en parlent. Que si pourtant, disent-ils, Antonio d'Oquèdo, qui commande l'armée royale, eût fait la diligence comme il avait ordre de joindre les galions, difficilement eût-il échappé aucun de nos vaisseaux.

J'ai appris de plus, chez l'amirante, que les Espagnols ayant été avertis que monseigneur de Bordeaux devait le lendemain donner l'assaut, et eux se défiant de son bonheur et de son courage, ils avaient avancé l'attaque, encore qu'ils attendissent tous les jours des troupes; et de fait, au bout de trois jours, arrivèrent trois mille Napolitains conduits par le comte de Roo.

Le marquis de Spolette m'a dit qu'il savait bien qu'ils nous chasseraient, sachant que nous n'avions ni lignes de communication ni grands retranchements.

Mais ce qui m'a le plus étonné et fait rougir pour l'honneur de la France, c'est quand l'amirante m'a demandé qui était cet évêque qui était venu pour fortifier la ville quand elle serait prise? A quoi je gauchis le mieux que je pus, n'en ayant jamais rien su, sinon, lorsqu'il me fit cette demande, je fis réflexion à monseigneur de Nantes, duquel je ne parlai point; et quelque courtisan me dit alors tout bas que S. A. (car on traite l'amirante avec génuflexion) serait cet évêque.

---

[1] J'ai dit à l'amirante que ce grand vaisseau n'était artillé que de pièces qui portaient les armes d'Espagne, que monseigneur de Bordeaux avait prises à Leucate.

Lorsqu'on apporta les enseignes de la chambre de l'amirante, qui étaient au nombre de quarante-sept et deux cornettes, il me demanda si je les reconnaîtrais bien, et s'il n'y en aurait point quelqu'une qui aurait les armes de monseigneur le cardinal : je dis que je les reconnaîtrais bien, mais que je ne croyais pas qu'ils eussent cet avantage, non plus que d'avoir aucun de nos généraux.

L'amirante étant allé le 11 de septembre à Irun, où il m'ordonna le lendemain de le venir trouver, pour me donner le contentement de ma sortie, à quoi je ne manquai pas; et fis rencontre par le chemin d'environ quatre cents des nôtres prisonniers, et environ autant que j'avais laissés dans la ville exposés tous au chaud et au froid, à la faim; de quoi je fis plainte à l'amirante comme j'avais fait au gouverneur, et lui demandai ce que son altesse en désirait faire ; il me répondit avoir envoyé à monseigneur le prince tous ses domestiques, au marquis de Gouve aussi, et à M. de la Valette tous ceux qu'il avait demandés; et que, pour le reste, il attendait ordre de la cour. Voilà une partie de ce que j'ai vu et ouï durant mon séjour dans Fontarabie, dont l'amirante m'a renvoyé trop honorablement pour ma conduite, mais singulièrement le vice-roi de Navarre, avec présent de trois prisonniers, domestiques de M. d'Aplincourt, qui se trouvèrent là ; lesquels ayant été dépouillés par les soldats, ce bon seigneur les fit habiller et leur donna vingt livres pour se conduire. Je vérifie ce que dessus véritable et ainsi le signe :

F. GABRIEL DE NEVERS, capucin indigne.

DÉCLARATION DU SIEUR CHAUVIN

DE CE QU'IL A VU ET APPRIS DANS FONTARABIE, ÉTANT PRISONNIER APRÈS LA DÉROUTE.

Étant dans Fontarabie, prisonnier de guerre, dans la chambre du gouverneur, le troisième jour de ma prise, des capitaines espagnols et irlandais regardant par la fenêtre, virent des soldats portant des casaques et balandrans où il y avait des croix du Saint-Esprit dessus. Quelques autres prisonniers les considérant disaient : Celle-là est à M. le prince, cette autre à M. de Grammont, et ainsi des autres. Quelqu'un demanda s'il n'y en avait point à M. de la Valette, un capitaine espagnol dit : Non, ni lui ni quelque chose qui lui pût appartenir ne devait être pris.

Continuant dans leurs discours de la déroute, et comme quelqu'un disait qu'à point nommé la place avait été secourue, le même dit : Il fallait faire ou faillir ce jour, car nous avions avis que l'on devait donner à l'extrémité où était la place, laquelle n'eût point résisté. Je lui dis alors : L'on vous pouvait tromper dans ces avis. Il me répondit qu'ils venaient de la part d'un des principaux officiers de l'armée. Ensuite se parlèrent tout-à-fait espagnol, dont un capitaine irlandais se mit en colère, nommé Barry ; et le voyant en cet état, je parlai à celui auquel les capitaines qui m'avaient pris m'avaient donné, qui était dehors à la brèche vers la garnison, lequel me dit : Vous avez été trahis, c'est ce qui nous fâche.

Regardant la campagne comme terminée, M. le cardinal de Richelieu donne ordre à M. de Bordeaux de désarmer la flotte.

LETTRE DE M. LE CARDINAL DE RICHELIEU

A M. L'ARCHEVÊQUE DE BORDEAUX, TOUCHANT LE DÉSARMEMENT DES VAISSEAUX, ET LE DÉPLAISIR DU MALHEUR DE FONTARABIE.

MONSIEUR,

Bien que je vous aie déjà écrit que quand vous ferez votre désarmement, vous enverrez six vaisseaux de 150, 200 et 300 tonneaux pour mettre, savoir : deux au Havre, deux à Dieppe et deux à Calais, je ne laisse pas néanmoins de reprendre encore la plume sur ce sujet, pour vous prier, par même moyen, de ne me renvoyer pas le rebut des vaisseaux que vous avez, mais de les choisir tels, qu'ils soient bons pour leur port, et bien artillés. Je serai bien aise aussi si, outre lesdits six vaisseaux, vous pouvez encore m'envoyer deux bonnes pataches, afin que les services dont on aura besoin dans la Manche se puissent faire sans avoir besoin de vos vaisseaux, qu'on vous permettra d'occuper l'année qui vient à ce que vous estimerez plus à propos. Je ne vous dis point la douleur que j'ai du malheur de Fontarabie : il faut tâcher de le réparer. Cependant je demeure, monsieur,

Votre affectionné comme frère à vous rendre service,

Le Cardinal DE RICHELIEU.

De Magny, ce 21 septembre 1638.

Avec les vaisseaux que vous renverrez, entre autres capitaines, il est à propos que vous fassiez revenir le chevalier de Montigny et le sieur Dumé et ceux qui connaissent mieux la Manche.

Cette lettre du roi et les copies qui la suivent sont relatives aux ducs d'Épernon et de la Valette, dont Louis XIII avait fort à se plaindre. Dans la première, il ordonne à M. de la Valette de se rendre auprès de lui pour justifier de sa conduite à Fontarabie; dans la seconde, il engage M. le duc d'Épernon à ne pas quitter sa maison de Plassac, dont il était sorti malgré les ordres du cardinal.

LETTRE DU ROI

A MONSEIGNEUR LE PRINCE.

De Chantilly.

Mon cousin, vous verrez par la copie ci-jointe des lettres que j'écris à mes cousins les ducs d'Épernon et de la Valette, l'ordre que je leur envoie, à l'un de s'en retourner à Plassac et à l'autre de me venir trouver. Cependant, comme vous vous rencontrez maintenant en ma province de Guienne, j'ai jugé à propos que vous y demeuriez pour la gouverner selon la commission que je vous envoie pour cet effet. Je me repose sur vous de mettre les troupes de mon armée en garnison aux lieux que vous estimerez plus propres, tant pour assurer ma frontière que pour les refaire, en sorte qu'au printemps elles soient en état de me servir plus heureusement qu'elles n'ont fait pendant cette campagne : je désire savoir ceux qui en ont été la cause, faisant mal leur devoir au siège de Fontarabie; sur quoi vous m'informerez de tout ce que vous savez en votre conscience, et avec une claire justification de ce que vous m'écrirez sur ce sujet, priant Dieu vous avoir, mon cousin, en sa sainte garde.

LOUIS.

COPIE DE LETTRE DU ROI

A M. LE DUC DE LA VALETTE.

Mon cousin, les mauvais bruits qui courent à votre préjudice sur ce qui s'est passé pendant le siège de Fontarabie et les protestations que vous faites de votre innocence me donnent lieu de vous commander par la présente de me venir trouver pour justifier votre conduite et me rendre compte de vos actions. Je prie Dieu qu'elles aient été telles que je les ai dû attendre d'une personne de votre condition et qu'il vous ait en sa sainte garde.

LOUIS.

COPIE DE LETTRE DU ROI

A M. LE DUC D'ÉPERNON.

Mon cousin, votre retour de Plassac à Cadillac sans mon su m'a déjà donné lieu de vous écrire que vous revinssiez au premier lieu où j'avais désiré que vous demeurassiez, ainsi que vous l'aurez vu par mes dépêches du 5 de ce mois. J'ajoute maintenant que ce qui s'est passé au siège de Fontarabie me donne encore plus de sujet de vouloir la même chose, afin que n'étant pas en Guienne, l'éclaircissement que je pourrai prendre de la conduite de mon cousin le duc de la Valette, votre fils, soit d'autant moins suspect que ceux qui en auront connaissance auront plus de liberté de dire ce qu'ils en sauront en leur conscience. Revenez-vous-en donc incontinent, la présente reçue, à Plassac, pour y demeurer jusqu'à ce que vous receviez autre ordre de ma part. Cependant je prie Dieu qu'il vous ait, mon cousin, en sa sainte garde.

LOUIS.

Dans cette lettre, M. Perrault, secrétaire de M. le grand-prieur de Vendôme, tient M. de Sourdis au courant de ce que l'on dit sur les affaires de France et d'Espagne.

LETTRE DE M. PERRAULT

A M. L'ARCHEVÊQUE DE BORDEAUX.

MONSEIGNEUR,

Je suis bien obligé à votre bonté de l'honneur qu'il vous a plu me faire de vous souvenir de moi, et de me le témoigner par vos lettres.

Je ne saurais vous représenter avec quel contentement son altesse a reçu de vos nouvelles, ni combien elle a été aise d'apprendre votre heureuse arrivée aux côtes du royaume : ce qu'elle vous témoigne par la réponse qu'elle vous fait.

Pour satisfaire, monseigneur, à ce qu'il vous plaît de me commander touchant les nouvelles de la cour, vous me permettrez de vous dire que la Roussière n'est pas encore de retour, mais que par avance il a dépêché un courrier à son altesse, par lequel il lui donne avis que monseigneur le cardinal, après avoir reçu la nouvelle de nos malheurs avec une constance digne de son grand courage, son éminence l'a reçu et lui en a parlé dans les termes que l'on pouvait souhaiter et désirer de sa bonté et justice incomparables, considérant l'intention et non pas les événements. Son altesse ne s'en peut assez louer, et publie hautement qu'elle le traite en ce rencontre non seulement comme son ami et serviteur, mais en frère, et s'est fort obligé à sa faveur par-delà ce qui se peut dire.

Son éminence a retenu la Roussière pour le dépêcher à loisir, et dans ce temps-là, M. de la Houdinière est arrivé auprès de son éminence.

Maintenant, son altesse attend avec impatience les ordres que l'on lui doit donner sur toutes choses.

En cet endroit, monseigneur, je suis obligé de vous dire que son altesse sait de bonne part que M. le marquis de Sourdis lui a rendu mille bons offices, et qu'elle en a des ressentiments très-particuliers.

Pour les nouvelles d'ici, monseigneur, qui voudrait vous les mander par le menu, il faudrait un volume, et vous ennuyer de cent choses indignes de votre connaissance. Il me suffira de vous dire qu'il ne vient peu ou point de prisonniers qui ne rapportent des choses étranges qu'ils disent avoir apprises des ennemis mêmes. L'on parle aussi du grand combat de M. du Pont de Courlay. [1]

---

[1] Ce combat, un des plus honorables de la marine française, eut lieu le 1er septembre 1638.

Le roi considérant comme M. le comte d'Harcourt l'avait très-utilement servi les années dernières, en la charge de lieutenant-général en son armée navale, ayant fait descente et porté l'effroi et la terreur dans l'île de Sardaigne, et ensuite signalé sa prudence, valeur et courage en la prise des îles de Saint-Honorat et Sainte-Marguerite, contraignant, par la puissance de ses armes, les Espagnols d'en sortir, l'établit derechef son lieutenant-général en l'armée navale que le cardinal de Richelieu avait fait assembler en la mer du Levant, et voulut qu'il commandât tant aux galères qu'autres vaisseaux, attaquât l'ennemi là par où il le trouverait, fit foudre artillerie si besoin était, et pût faire tout ce qu'il pourrait s'il y était en personne. Ayant donc reçu ce pouvoir du roi par lettres patentes du 4 mai 1638, il se transporta au plus tôt en Provence et se mit en mer, sans qu'il se passât rien de remarquable jusqu'au 10 d'août, qu'ayant découvert vingt-cinq galères espagnoles arrêtées par le travers de Saint-Tropez, ville de Provence, qu'elles avaient, comme l'on croit, volonté de piller, il fit tourner droit à elles avec vingt-quatre gros navires qu'il avait près de soi, et leur donna la chasse près de cent

milles; après quoi ces galères, ayant relâché à la côte de Gênes, ce brave comte ne les pouvant attirer au combat, reprit la route des îles d'Hières, et là le marquis de Pont-Courlay, général des galères, l'étant venu joindre le 21 août avec quinze galères, le comte, jugeant que ces galères si lestes et si bien équipées pourraient encore rencontrer l'ennemi, et allant où ses gros vaisseaux ne pouvaient aborder, les obligeraient au combat; cela résolu au conseil, elles prirent aussitôt le chemin de Gênes et autres côtes d'Italie, et n'apprenant rien d'elles, se jetant plus avant en mer, où ne rencontrant non plus ce qu'elles cherchaient, revinrent au port de Ville-Franche, où notre général ayant eu avis certain que quinze galères d'Espagne qui portaient trois mille hommes à Final, avaient passé près de Saint-Tropez, et étaient depuis arrivées en Vay, qui est proche de Savone, il fut arrêté qu'on les suivrait et qu'on irait terre-à-terre pour les joindre au plus tôt. Les galères donc partent le dernier jour d'août à la pointe du jour, mais le vent qui était contraire leur déroba la vue du Vay jusqu'aux six heures du soir, auquel temps les galères d'Espagne sortirent pareillement du port, et se logèrent entre Savone et le Vay. Les troupes se trouvèrent en joly toute la nuit, c'est-à-dire sous les armes, et prêtes de combattre jusque sur la

C'est, monseigneur, sur le même sujet que parla, dans Saint-Jean-de-Luz, un cordelier, au même de la Corogne qui retourne de Fontarabie, où il était prisonnier le 10 de ce mois, et dit à son retour que les

pointe du jour, qui était le 1er de septembre, que les galères de France firent voile, tirant vers Gênes, pour tâcher de gagner le vent ; celles d'Espagne, avec même dessein, allaient terre-à-terre à passe-vogue [1], et l'on navigua de cette sorte trois heures à côté les uns des autres, jusqu'à trois milles de la ville de Gênes, les habitants de laquelle occupèrent incontinent ce qu'il y avait de plus éminent, attirés par le bruit et les apparences d'une bataille prochaine.

Les deux escadres se trouvèrent en même temps sous le cap d'Aronzino à trois milles l'une de l'autre, puis tirant vers Gênes, elles furent à la portée du mousquet. Le nombre des galères étant égal et toutes disposées de même façon, y ayant sept galères de chaque côté, et les deux capitanes se tenant au milieu de leurs escadres, il ne fut pas malaisé de s'entre-choisir. Notre général toutefois, appréhendant que l'ennemi, qui naviguait à grand'force, ne se retirât dans le port de Gênes sans combattre, aima mieux partager le vent, et commanda de faire tourner la proue sur eux, et eux sur lui. C'était sur le midi ; ils avaient le levant et le ponant vers nous, comme nous avions la tramontane et le grec [2] vers eux. Ils s'entrechoisirent donc si à propos, et s'approchèrent en sorte que ni les uns ni les autres ne firent jouer leur canon qu'après s'être joints et comme attachés par leurs éperons, après avoir fait charger quelques canons de balles de mousquet, ce qui fit l'abord très-sanglant de part et d'autre.

La capitane de France, dite auparavant *la Guisarde*, où était M. du Pont de Courlay, général des galères, qui n'agissait pas moins de la main que de l'esprit, ayant abordé celle de Sicile, ne fit jouer son canon qu'à la portée de pistolet, mais avec tant d'adresse que du premier coup on démonta ceux de la capi-

tane ennemie, et on en tua les canonniers ; et depuis que ces deux galères eurent leurs éperons enferrés l'un dans l'autre, le combat dura plus d'une heure et ne finit que par la mort du capitaine don Rodriguez de Velasqués, lieutenant du marquis del Vise, général des galères de Sicile, lequel se présenta six fois l'épée en une main et la targe à l'autre avec quatre cents hommes qui étaient sur cette galère, capitane d'Espagne, les meilleurs de toute l'escadre, avec résolution d'entrer dans notre capitane ; mais il fut toujours repoussé avec grande perte des siens, et enfin de sa vie, que sa mauvaise fortune lui laissa seulement quelques heures après le combat, qu'il mourut étant notre prisonnier. Nous y perdîmes aussi deux hommes de considération, savoir : le sieur Félix de Luxembourg, qui commandait la proue, et qui nonobstant ses blessures se tint ferme sur le coursier, jusqu'à ce que ses forces diminuant, il se fit soutenir par deux Turcs et continua de commander assez avant dans le combat ; l'autre fut le sieur de Querville, capitaine au régiment des Galères, qui y fut fort bien, et ne témoigna pas ici moins de résolution qu'il avait montrée les années précédentes aux îles. Sur cette même galère, le chevalier Thomas de Vilage, le sieur d'Aiguebonne, le baron de Saint-Iver, la Boursardière, Saint-Martin, et le jeune Bellée, écuyer du général, signalèrent leur courage par leurs belles actions accompagnées de quelques blessures.

Notre *Vinceguerre*, sous la charge du commandeur de même nom, aborda *la Bassane*, et lui ayant laissé faire sa première décharge, l'emporta après, facilement.

La patrone de France attaqua *la Henriquez*, patrone de Sicile ; mais sa prise lui fut funeste : le sieur de Montholieu, qui la commandait depuis quarante ans en réputa-

[1] A toutes rames. — [2] La *tramontane*, vent du N. ; le *grec*, vent de N.-E., en langage de galères.

Espagnols lui avaient dit qu'on les avait avertis de donner ce jour-là
et de l'endroit où ils devaient donner; et que cet avis leur était venu
de la part de M. de la Valette. Sur cela, ledit sieur de la Valette le

tion de vaillant homme, y ayant été tué
d'une mousquetade à la tête, et proche de
lui le sieur de la Reynarde, des Félix de
Marseille, y reçut une mousquetade qui le
blessa aussi au bras.

La Cardinale, bien qu'avec plusieurs difficultés, eut l'honneur de la prise de la patrone réale d'Espagne, commandée par don
Juan d'Orégliano, lieutenant du général défunt, qui commandait l'escadre après lui, mais
elle perdit le sieur des Roches, son capitaine,
le sieur de Ferraporte, neveu du bailli de
Forbin, son lieutenant, et presque tous ses officiers, après la mort desquels le chevalier
de Margallet, qui était volontaire sur cette
galère, servit grandement à la conserver, et
la remplaça d'hommes par trois fois.

La Richelieu, plus heureuse, ne perdit que
son lieutenant, le sieur de Tautefort, en la
prise de Sainte-Francisque.

L'Aiguebonne, avec l'aide de la Générale,
emporta la Sainte-Marie d'Espagne et perdit
le sieur baron de Lagarde, autrefois général
des galères, et la galère Générale perdit le
sieur d'Arsac, son lieutenant.

La Valbelle était sur le point de remettre
la Saint-Antoine, lorsque le sieur d'Eguilly,
qui combattait à son côté avec la Sainte-
Claire, fut blessé d'une mousquetade au visage qui l'ayant obligé de se retirer, la Valbelle en eut deux sur elle et sur la fin trois,
qui la prirent avec un furieux combat, dans
lequel le sieur de Valbelle, son capitaine général, âgé de soixante-cinq ans, gentilhomme
de considération dans Marseille, fut tué sur
le coursier, se défendant à coups d'épée, et
avec lui, les sieurs de Monier, d'Arènes,
Beaumèles et quelques autres volontaires de
Marseille blessés.

La Séguirane, après la blessure mortelle
du sieur de Bouc, fils aîné du sieur Ségui-
ran, premier président de la chambre des
comptes à Aix, s'étant retirée et l'Éperonne

ayant quitté la Saint-Pierre, qu'elle attaquait,
pour aller secourir la Cardinale, causèrent
la perte de la Maréchale et de la Servienne,
qui, ne pouvant résister à deux, furent enfin
contraintes de céder au plus fort, avec cette
gloire néanmoins pour ceux qui les commandaient, d'avoir été blessés à mort avant
que de se laisser prendre.

La Montréale évita d'être prise par la
Sainte-Anne et la Baillibaude par la Caune,
néanmoins ce ne fut pas sans perte de beaucoup de gens, de part et d'autre : le sieur
de Forville, cadet du sieur de Piles, et le sieur
du Tronquet, gentilhomme du Comtat, furent tués sur la Montréale, et les cadets de
Béolon et de Monstiers sur la Baillibaude.

Les autres en firent de même à coups de
canon et de mousquet, tirés à brûle-pour-
point, tant la mêlée fut furieuse et les galères proches.

Mais enfin la victoire se déclara pour nous,
et les ennemis voyant leur capitane prise et
l'étendard de France arboré à la place de
celui d'Espagne, fuirent en désordre vers
Gènes, nous ayant, en récompense de trois
des nôtres, la Valbelle, la Maréchale et la
Servienne, laissé six des leurs, à savoir la
capitane de Sicile, qui conduisait l'escadre,
la patrone réale d'Espagne, la patrone de
Sicile, la Bassane, la Sainte-Francisque,
la Sainte-Marie, et huit cents prisonniers,
entre lesquels étaient don Juan-Baptiste Sta-
mudio, veedor des galères de Sicile; don
Alonzo Montalue, capitaine de la Sainte-
Francisque; Suarez, capitaine de la patrone
de Sicile, huit capitaines d'infanterie, deux
lieutenants et six alfiers.

La nuit suivante il se leva un si mauvais
temps que peu s'en fallut qu'il ne causât a
perte de nos galères; et cette même nuit,
l'Éperonne, qui remorquait la patrone réale
d'Espagne, l'ayant laissé aller sous la conduite d'un sous-lieutenant, un sergent et

fit arrêter prisonnier par ses gardes, son altesse n'étant pas au camp; mais à l'heure même **M.** de Machault le fit relâcher et en, donna avis à son altesse.

Hier elle reçut une dépêche de M. de Noyers expédiée avant la nouvelle du malheur, laquelle contenait, entre autres choses, le déchiffrement des lettres du gouverneur de Fontarabie, que vous vîtes, monseigneur, à l'armée. Cela redoubla beaucoup ses douleurs; car elles marquaient des extrémités incroyables où étaient réduits ceux de la ville, des protestations et menaces contre l'amiral, et enfin un désespoir entier de salut. Entre autres choses, ils marquent qu'ils ont été contraints, faute de plomb et d'étain, de prendre les grilles de l'église et les rompre en petits quartiers pour tirer.

Ce que j'ai eu l'honneur de vous mander, monseigneur, touchant la brèche est très-véritable, et encore s'en trouve-t-il beaucoup davantage; car les ennemis confessent qu'elle fut abandonnée et tout le bastion, après que la mine eut joué, plus de deux heures, par les Espagnols qui y étaient en garde, et ne put-on jamais y faire venir que quelques Irlandais, qui s'y faisaient conduire à coups de bâtons et d'épées, faisaient leur décharge et puis fuyaient. Ceux de la ville ne se peuvent imaginer comme quoi ils ont été sauvés, et durant cinq jours entiers que l'ouverture a été faite, ils n'attendaient qu'un assaut pour capituler, n'ayant pas en tout deux cent cinquante hommes pour se défendre.

C'est trop vous entretenir, monseigneur, sur une si triste matière, tout ce que l'on peut désirer, et que les gens de bien demandent tout haut par deçà, est que le fond en soit connu, et qu'il y soit pourvu selon ce qu'elle importe et que le sujet le mérite. J'en prie Dieu de tout mon cœur, et qu'il vous conserve, monseigneur, en toute prospé-

---

quelques soldats, ceux d'Araize, village sur la côte de Gênes, où le temps l'obligea de prendre port, la donnèrent aux Espagnols.

Dans ce combat, les forçats mêmes y devinrent bons et affectionnés soldats, aucuns desquels ayant demandé des armes, aidèrent à la victoire. En considération de quoi, au mois de novembre on donna la liberté à six de chaque galère.

Le général des galères revint à Marseille le 13 d'octobre, où les galères d'Espagne furent amenées en état de captives, avec leurs bannières, guidons et étendards traînants, qui depuis furent portés solennellement à Notre-Dame-la-Majour. Nos galères, durant cette entrée, étaient extraordinairement parées.

rité, comme je vous supplie de me conserver en l'honneur de vos bonnes grâces, puisque je serai à jamais fort véritablement,

Monseigneur, votre très-humble, et très-obéissant serviteur,

De Bayonne, ce 27 septembre 1638.   PERRAULT.

MONSEIGNEUR,

J'oubliais de vous mander que l'on fait toutes les diligences possibles pour retirer les prisonniers; il y en a déjà quantité de retirés de La Meilleraie et de la Couronne, qui s'en iront vous trouver au premier jour : son altesse ne perd point de temps, et je vous puis assurer, monseigneur, qu'elle en prend autant de soin que des siens, et continuera, comme elle en a bien sujet.

M. le prince de Condé transmet une lettre du roi à M. l'archevêque de Bordeaux, au sujet du désarmement de la flotte.

LETTRE DE M. LE PRINCE

A M. L'ARCHEVÊQUE DE BORDEAUX.

MONSIEUR,

Depuis ma première lettre écrite, les volontés du roi sont arrivées; en vain vous les écrirais-je puisque vous les verrez par la copie des lettres de sa majesté que je vous envoie. Je crois que vous ferez bientôt un voyage en cour, au moins le crois-je bien nécessaire; si je vous avais vu avant une heure, ce me serait un grand contentement; mais néanmoins je remets le tout à votre prudence. J'espère être à Bordeaux dans le 18 ou 20 de ce mois. Nous verrons quelle obéissance rendront au roi MM. d'Épernon et de la Valette, et vous le ferai savoir. Je suis bien résolu de faire obéir le roi, et n'aurai jamais plus grande passion que d'être cru de vous,

Monsieur,

Votre très-affectionné à vous servir,

HENRY DE BOURBON.

Bayonne, ce 3 octobre 1638.

LETTRE DU ROI.

A M. L'ARCHEVÊQUE DE BORDEAUX.

Mons. l'archevêque de Bordeaux, voyant la saison de faire retourner dans mes ports les vaisseaux dont mon armée navale est composée, je vous écris cette lettre pour vous dire que mon intention est que vous suiviez les ordres que vous recevrez de mon cousin le prince de Condé, pour tout ce que j'entends être fait pour le désarmement desdits vaisseaux jusqu'au printemps prochain ; et quant aux régiments de la Meilleraie, de la Couronne et des Vaisseaux qui sont sous votre charge en madite armée, vous envoyiez les deux premiers en garnison en Poitou et le dernier en mon pays d'Aunis, ès lieux que vous concerterez pour cet effet avec le sieur de Villemontée, auquel j'envoie ordre de leur faire fournir ponctuellement la subsistance, suivant mon règlement du 24 juillet dernier, et j'écris aux sieurs grand-prieur de Champagne et comte de Parabère pour faire recevoir ces régiments ès lieux où vous les enverrez. A quoi je n'ajouterai rien par cette lettre, que pour vous confirmer que j'ai une entière satisfaction de vos services, et prie Dieu qu'il vous ait, mons. l'archevêque de Bordeaux, en sa sainte garde.

LOUIS.

SUBLET.

Écrit à Saint-Germain-en-Laye, le 4 octobre 1638.

LETTRE DE M. LE CARDINAL DE RICHELIEU

A M. L'ARCHEVÊQUE DE BORDEAUX, TOUCHANT LE DÉSARMEMENT DES VAISSEAUX ET LE DÉPLAISIR DU MAUVAIS SUCCÈS DE FONTARABIE.

MONSIEUR,

On vous a déjà mandé qu'on se remet à vous de faire votre désarmement quand vous le jugerez à propos, et qu'on estimait meilleur, comme vous l'avez proposé, d'envoyer tous les vaisseaux à Brest, hors huit que vous enverrez au Havre, entre lesquels il y aura deux bonnes frégates.

Après que le désarmement sera fait, ce sera à vous à pourvoir aux choses nécessaires pour mettre de bonne heure en mer l'année qui vient, et vous n'aurez garde de manquer de fonds à cet effet, puisque, outre celui que M. le marquis d'Alluye a envoyé pour les ouvrages de Brest, ainsi que vous l'avez désiré, vous avez encore les 60,000 livres que le sieur Foucoult vous porta pour Gattari, qui vous tiendront lieu d'une avance que nous eussions demandée pour l'année prochaine.

Vous mettrez les régiments de la Meilleraie et de la Couronne aux lieux que vous avez proposés, en vertu des ordres que l'on vous envoie, et donnerez ordre que l'année qui vient ils soient de bonne heure prêts et complets. On n'estime pas à propos de faire aucun retranchement de ces troupes. Vous verrez, s'il vous plaît, si vous ne pourriez pas faire faire six bonnes frégates à Brest, propres pour la guerre, ou en d'autre port de Bretagne.

Nous en avons besoin pour la Manche ; et on les fera mieux, à mon avis, en ces quartiers-là qu'en ceux-ci, à cause que le bois et les ouvriers y sont meilleurs. Seulement faut-il observer une chose, qui est de choisir du bois sec et les faire faire en une saison où après laquelle les bois ne diminuent pas, ce qui arrive quand ils sont faits l'hiver.

Vous verrez aussi si l'on peut faire des poudres en Bretagne, et s'il s'y trouve des salpêtres. Je tâcherai d'en faire provision de deçà, mais il est fort difficile.

Vous me ferez plaisir ensuite, en venant ici, de passer au Brouage, voir et dresser des mémoires de tout ce qui y reste à faire, afin qu'étant ici nous y donnions ordre ensemble pour l'année qui vient. Vous m'obligerez de faire examiner la ferme de Saulgeon et voir tout ce qu'il y a à faire, comme aussi visiter la maison de Coze pour résoudre, lorsque vous serez de retour, de laquelle des deux nous nous servirons.

J'ai reçu diverses de vos lettres qui imputent le malheur de la perte de Fontarabie à M. de la Valette, mais le tout est d'avoir les preuves des faits que l'on lui met à sus, lesquels il nie formellement. Vous remarquerez aussi qu'il y a beaucoup de prisonniers qui rapportent des choses importantes en ce fait : il est important de les faire ouïr. Sa majesté a envoyé M. de la Potterie pour informer, avec M. de Machault, contre tous ceux qui ont manqué en cette occasion; reste à leur administrer des témoins qui soient sans reproche.

Je trouve fort bon la proposition que vous faites de bailler des petits vaisseaux de l'armée aux capitaines qui en demanderont pour faire la guerre aux Espagnols, le long des côtes d'Espagne, tout l'hiver, à condition qu'ils rendront lesdits vaisseaux au même état qu'on les leur aura baillés, ainsi que vous me l'avez écrit.

Enfin, je me remets de toutes choses à ce que vous estimerez plus à propos, et vous assurerai toujours que je suis, autant qu'on le peut être, Monsieur, votre très-affectionné comme frère à vous rendre service,

Le Cardinal DE RICHELIEU.

De Paris, ce 6 octobre 1638.

Nous étant venu avis qu'il est sorti nombre de vaisseaux dunkerkois qui sont allés à la Manche pour attendre les vaisseaux français qui viennent de la pêche des vendanges et ceux des compagnies établies pour les nouvelles colonies, le conseil de la marine estime qu'il est bien à propos que vous envoyiez un certain nombre des plus petits vaisseaux de l'armée que vous jugerez à propos vers Portland [1], l'île de Wight [2] et le Casquet [3] pour y demeurer le reste du mois pour garder la Manche et mettre, par ce moyen, les marchands français en sûreté : vous y pouvoierez promptement s'il vous plaît.

LETTRE DE M. LE CARDINAL DE RICHELIEU

A M. L'ARCHEVÊQUE DE BORDEAUX, TOUCHANT LA PRÉPARATION DES VAISSEAUX POUR L'ANNÉE SUIVANTE.

De Ruel, le 29 octobre 1638.

MONSIEUR,

J'ai été très-aise d'apprendre de vos nouvelles par le sieur du Mé, de savoir l'ordre que vous avez établi pour assurer la mer le reste de cette année, et que vous ayez renvoyé tous les grands vaisseaux à Brest.

[1] Sur la côte d'Angleterre, c'est le cap le plus au S. du Dorsetshire. — [2] Sur la côte S. de l'Angleterre; le port de Portsmouth est situé au N.-E. de cette île. — [3] A deux lieues de l'île de Guernesey.

Je vous prie de donner tous les ordres nécessaires à ce que, ainsi que vous me l'écrivez, nous puissions mettre en mer au mois de mars, et par après passant par Brouage, selon que vous me le mandez, vous en venir ici, afin que nous résolvions tout ce qu'il faudra faire l'année qui vient et pourvoyions aux moyens de l'exécuter.

Il faut faire quelque beau et bon dessein qui répare les malheurs qui sont arrivés aux affaires du roi cette année, ou par la lâcheté, ou par l'ignorance et la malice de quelques uns de ceux qui y ont été employés.

Comme vous jugez que c'est chose nécessaire que vous retourniez en janvier à Brest, le plus tôt que vous pourrez vous rendre ici sera le meilleur, afin que vous puissiez être de retour sans faillir au temps susdit.

J'ai envoyé le capitaine du Mé en Normandie; c'est où les vaisseaux que vous y renvoyez seront le plus sûrement, et les y faire mettre.

Je serai très-aise que vous ameniez des capitaines de brûlots de deçà, afin que nous voyions si on s'en peut servir à quelque bon dessein; mais le sieur du Mé m'a représenté que si on fait des brûlots de deçà, ceux de Dunkerque en pourront être avertis, et que si on veut entreprendre quelque chose de considérable il faut faire faire lesdits brûlots à Saint-Malo; ce à quoi vous mettrez ordre, s'il vous plaît. L'espérance que j'ai de vous voir bientôt m'empêche de vous en dire davantage, sinon que je suis et serai toujours,

> Monsieur,
> Votre très-affectionné comme frère à vous rendre service,
>
> Le Cardinal DE RICHELIEU.

M. de Bordeaux étant arrivé à Paris le 20 novembre, alla saluer le roi, accompagné de ses capitaines de marine, qui furent tous bien reçus de Louis XIII et de M. le cardinal. Un mois après, M. de Bordeaux fut un des prélats qui assistèrent au service solennel du père Joseph, capucin et commissaire général des missions apostoliques; ce confident intime de M. le cardinal de Richelieu étant mort d'apoplexie à Ruel, le 18 décembre 1638.

LIVRE QUATRIÈME.

1639.

CHAPITRE VII.

Lettre de M. le cardinal de Richelieu à M. de Bordeaux, touchant l'armée navale de l'année 1639, et les desseins que l'on peut faire. — Instructions pour M. l'archevêque de Bordeaux, commandant l'armée navale du roi en ponant, lesquelles il n'ouvrira que lorsqu'il sera en mer. — Lettre du roi servant de pouvoir à M. de Bordeaux. — M. de Noyers à M. de Bordeaux, sur l'armée navale d'Espagne. — M. le cardinal de Richelieu à M. de Bordeaux, sur la flotte. — Mémoire et dépêches de M. le cardinal de Richelieu, pour répondre aux lettres de M. de Bordeaux. — M. le cardinal engage M. de Bordeaux à s'emparer de la flotte espagnole qui revenait des Indes. — Avis de M. le cardinal sur le plan de campagne de M. de Bordeaux. — Journal de la navigation de M. de Bordeaux, depuis le 4 juin jusqu'au 18 août. — Attaque de la Corogne. — Prise de Larédo. — M. le cardinal félicite M. de Bordeaux sur les résultats de la campagne. — M. de Bordeaux demande à revenir à Brest pour désarmer la flotte; il demande aussi de fondre quelques uns des canons pris à Larédo, afin d'en faire une cloche pour son église de Bordeaux. — M. le cardinal lui accorde cette grâce. — Désarmement de la flotte.

(*Janvier — Décembre* 1639.)

La guerre continua contre l'Espagne; le roi eut six armées sur pied : l'une commandée par M. de la Meilleraie pour attaquer les Pays-Bas; la seconde, vers le Luxembourg, par M. de Feuquières; la troisième, sous le maréchal de Châtillon, sur les frontières de Champagne; la quatrième en Italie, commandée par M. le duc de Longueville; la cinquième en Piémont, aux ordres du cardinal de Lavalette, et la sixième en Languedoc, aux ordres de M. le prince de Condé.

C'était avec ce dernier général que M. de Bordeaux devait agir de concert dans le cas où les différentes opérations qui lui furent prescrites par les instructions qu'on va lire, auraient manqué.

Avant de rédiger les instructions de M. de Bordeaux, le cardinal de Richelieu lui avait demandé son avis sur les opérations navales qu'il serait possible de tenter en 1639.

LETTRE DE M. LE CARDINAL DE RICHELIEU

A M. L'ARCHEVÊQUE DE BORDEAUX, TOUCHANT L'ARMÉE NAVALE DE L'ANNÉE 1639, ET LES DESSEINS QUE L'ON PEUT FAIRE.

17 janvier 1639.

MONSIEUR,

Je ne doute point ni de votre affection ni de votre capacité en ce que vous voudrez entreprendre, et si des deux partis que vous savez, je n'en choisis pas déterminément l'un pour vous, ce n'est pas que je ne vous croie entièrement soumis à ce que voudront vos amis; mais parce qu'un tel choix doit dépendre de la connaissance de certains faits particuliers que je ne sais pas comme vous, qui avez été en divers lieux de mer et de terre où il est question de servir. C'est donc à vous particulièrement à voir ce que vous estimerez pouvoir faire réussir à l'avantage du roi, et à moi à proposer par après à sa majesté ce à quoi vous penserez être utile à son service. Au reste, ne vous imaginez pas qu'un homme qui n'entreprend rien que par raison, et qui en l'exécution d'un dessein fait ce que la prudence et l'honneur conseillent, soit responsable des événements, quand même ils n'arrivent pas bons. Qui fait fidèlement ce qu'il peut, fait ce qu'il doit; et qui fait ce qu'il doit, n'est pas garant des mauvais succès. Voilà ce que je puis vous dire sur ce sujet, en suite de quoi vous me direz franchement à votre retour ce que vous penserez le plus à propos.

Je ferai venir le sieur de Lamet, et j'espère que nous n'oublierons aucune chose qui puisse servir à l'avancement des desseins du roi. Cependant vous me ferez plaisir de dépêcher tous les capitaines de marine·, afin que nous soyons plus tôt prêt que nos ennemis, et vous assurerez que je suis,

> Monsieur,
>
> Votre très-affectionné comme frère à vous rendre service,
>
> Le Cardinal DE RICHELIEU.

A Ruel, le 17 janvier 1639.

Ensuite du rapport de M. de Bordeaux, le roi donna l'instruction suivante à ce prélat. Il y était expressément recommandé de chercher la flotte espagnole pour la détruire, et de plus, de tenter quelque descente à Bayonna, Cadix, la Corogne Sant-Ander et Fontarabie.

INSTRUCTION

POUR M. L'ARCHEVÊQUE DE BORDEAUX·, COMMANDANT L'ARMÉE NAVALE DU ROI EN PONANT, LAQUELLE IL N'OUVRIRA QUE LORSQU'IL SERA EN MER.

De Saint-Germain-en-Laye, le 15 février 1639.

Les vaisseaux qui doivent composer l'armée navale du roi sur l'Océan partiront des divers ports où ils sont à présent dès qu'ils seront en état, et se rendront en diligence à la rade de Saint-Martin de Ré, que sa majesté a ordonnée pour servir à assembler ladite armée, afin de prendre le reste des vivres, armes et munitions qui leur pourraient manquer, et faire effort d'y être assez à temps pour que l'armée en corps puisse mettre à la voile et sortir des pertuis dans le mois d'avril au plus tard.

Ladite armée étant assemblée, le sieur archevêque de Bordeaux, auquel sa majesté en a donné le commandement, fera embarquer sur les vaisseaux d'icelle vingt compagnies d'infanterie qu'il tirera du régiment de la Couronne, et plus s'il est besoin, pour faire jusqu'à deux mille hommes effectifs, et après avoir renvoyé le reste des troupes destinées pour s'embarquer sur ladite armée, sous la conduite d'un maréchal-de-camp, en un lieu proche de la mer tel qu'il jugera plus propre à ses desseins, il mènera l'armée tout droit à la Corogne en Galice, pour y chercher celle d'Espagne, afin de la combattre, s'il se peut; et ne l'y trouvant pas, doublera le cap de Finistère pour l'aller chercher dans la baie de Vigo, à Lisbonne ou à Cadix, même au-delà de celui de Saint-Vincent, observant cela d'envoyer toujours au-devant de l'armée quelque patache bonne de voiles pour découvrir à la mer; et apprendre des nouvelles des ennemis.

En quelque lieu qu'il les trouve, soit en corps d'armée, soit par escadres, dans les rades ou dans les ports, il les combattra ou brûlera selon que l'occasion s'en présentera, sans en perdre aucune qui puisse lui donner avantage sur les ennemis, et sans s'arrêter à autre chose jusqu'à ce qu'il les ait entièrement défaits s'il se peut.

Après avoir rangé toute la côte d'Espagne depuis la Corogne jusqu'à Cadix, si l'armée d'Espagne a été combattue, et que Dieu ait eu agréable d'en donner au roi un bon succès, ou qu'il ne s'en soit rencontré aucune à la mer ni dans les ports, ledit sieur archevêque ramènera celle de sa majesté vers la France, en sorte toutefois que, rangeant les côtes d'Espagne, il puisse faire des descentes aux lieux qu'il jugera à propos pour piller et brûler, afin de nuire et endommager les ennemis en tout ce qui lui sera possible, mettant pour cet effet en terre tel nombre de gens qu'il aura besoin, soit desdites vingt compagnies de la Couronne, soit des équipages particuliers des vaisseaux.

En faisant ce retour, il fera reconnaître Bayonna, et tâchera de l'emporter par le pétard; et en cas que la place se puisse conserver contre les ennemis, il y mettra telle garnison qu'il jugera à propos, dégarnissant même, en cas de besoin, une partie des vaisseaux pour servir à ce dessein, lesquels il pourra renvoyer en diligence au lieu où il aura donné le rendez-vous au reste de ses troupes pour embarquer autant de gens qu'il aurait été obligé d'en débarquer audit lieu; mais ce dessein ne sera par lui entrepris qu'à condition de pouvoir conserver la place, et non autrement.

Au défaut de Bayonna, il viendra à la Corogne tenter le même dessein avec les mêmes précautions.

Et, en cas qu'il ne se pût rien faire en l'un ou l'autre lieu, il suivra la côte jusqu'à Sant-Ander, où faisant mouiller l'armée dans la grande baie, il enverra une escadre de vaisseaux, brûlots et chaloupes dans le retour du port pour reconnaître s'il y aurait quelques vaisseaux des ennemis, afin que, soutenu du reste de l'armée du roi, on les pût combattre; sinon tenter, avec le canon, pétards et échelles, en mettant à terre le plus d'infanterie qui se pourrait tirer desdits vaisseaux, la prise de la ville, auquel cas il ne faudrait rien oublier; et si le dessein succédant on trouvait lieu de la fortifier ou partie d'icelle, ou quelque éminence proche d'où l'on pût dominer la ville et le port pour y tenir les vaisseaux du roi en sûreté, il faudrait absolument s'attacher à l'exécution de ce dessein toutes choses cessantes, mais aussi prendre bien garde que les ennemis ne se puissent pas fortifier de l'autre côté pour rendre le port inutile, cette place ne pouvant valoir qu'en tant qu'il commandera le port, et cela ne se pouvant faire, il suffira de la piller et brûler entièrement.

Après cette exécution, ledit sieur archevêque enverra une patache à Saint-Jean-de-Luz ou à Bayonne pour recevoir les commandements du roi et les exécuter.

S'il n'y en reçoit aucuns, et qu'il apprenne que l'armée de sa majesté qui doit entrer dans le Roussillon y fût si bien attachée qu'elle eût attiré en cet endroit toutes les forces qui sont dans la Biscaye et la Navarre, en sorte qu'on trouvât Fontarabie dégarnie et affaiblie de gens, ou du moins hors d'espérance d'être secourue devant qu'on en eût fait la circonvallation; en ce cas, ledit sieur archevêque faisant un corps des troupes de recrues qu'il aurait laissées, et de celles de cavalerie et infanterie que sa majesté tiendra pour cet effet sur la frontière, même en dégarnissant une partie des vaisseaux, dont il ne tiendra à la côte de Fontarabie que ce qui sera nécessaire pour être maître du canal, envoyant le reste d'iceux à la mer pour empêcher que les ennemis n'en puissent assembler des leurs un nombre suffisant pour traverser ses desseins, et se diligentera de bloquer cette place, et fera travailler à en faire la circonvallation auparavant que les ennemis puissent rappeler leurs forces du Roussillon et d'ailleurs pour venir à lui. C'est en ce dessein particulièrement auquel il faudrait s'employer de toutes ses forces, et n'omettre chose quelconque pour ôter aux ennemis, sinon l'envie, du moins la puissance d'en empêcher le succès.

Au cas que les ennemis eussent fait de si grands dehors à Fontarabie que les forces du roi en ce lieu ne fussent pas suffisantes pour les attaquer avec espérance d'un bon succès, et que l'on vit plus de jour à réussir à l'attaque de Saint-Sébastien, sa majesté permet de la faire, et d'employer sesdites forces, qu'elle estime devoir être de dix mille hommes au moins, à ce dessein ou tel autre que ledit sieur archevêque jugera être à propos, soit pour conquérir sur les ennemis, soit pour faire une si grande diversion que cela les contraigne à rappeler partie des forces qu'ils auront envoyées dans le Roussillon, et donner lieu par ce moyen aux armes de sa majesté d'y réussir avec plus d'avantage.

Si par bonheur il est arrivé que ledit sieur archevêque ait défait l'armée navale d'Espagne, ou qu'il juge par ce qu'il aura vu ou appris à la mer, que les ennemis n'aient pas le moyen d'en assembler une pour le secours de leurs côtes, sa majesté lui permet de retenir seulement pour la sûreté d'icelles et pour le port des vivres et commodités de l'armée de terre, tel nombre des moyens et petits vaisseaux qu'il estimera nécessaires, et d'envoyer les grands en France pour y servir à la garde des côtes jusqu'à la consommation des vivres qui leur seront baillés en partant, sadite majesté estimant pourtant que si l'armée navale d'Espagne n'a point été défaite, il vaut mieux tenir ses vaisseaux à la mer éloignés des lieux où ils pourraient courir quelque fortune par les mauvais temps, que de les renvoyer en France tandis que ledit sieur archevêque sera attaché à quelque dessein dans l'Espagne.

LOUIS.

Bouthillier.

Cette lettre du roi servit de pouvoir à M. de Bordeaux.

LETTRE DU ROI

ᴠPAR LAQUELLE SA MAJESTÉ MANDE AVOIR DONNÉ LE COMMANDEMENT
DE L'ARMÉE A M. L'ARCHEVÊQUE DE BORDEAUX.

DE PAR LE ROI,

Chers et bien-aimés, ayant résolu sur les occasions présentes de joindre les forces que nous avons par mer à notre armée de Guyenne, commandée par notre très-cher et très-aimé cousin le prince de Condé, afin de nous opposer puissamment aux desseins et entreprises que font les ennemis de notre État sur les frontières de ladite province et autres lieux, et sachant ne pouvoir confier le commandement desdites forces lorsqu'elles serviront conjointement, à une personne qui s'en puisse mieux acquitter ni les exploiter plus avantageusement que fera notre aussi très-cher et bien-aimé, le sieur archevêque de Bordeaux, commandant de nos ordres, et notre lieutenant-général en notre armée navale de ponant, pour les témoignages qu'il nous a rendus en diverses occasions très-importantes, de sa grande prudence, générosité, affection et fidélité à notre service ; nous lui avons, sur ces faits, expédié le pouvoir qui lui était nécessaire, de quoi nous vous en avons bien voulu donner avis par'celle-ci, et vous ordonnons de le reconnaître en ladite qualité de notre lieutenant-général représentant notre personne en notre armée de Guyenne, frontière d'icelle, en l'absence de notre cousin, dessous son autorité et sa puissance, lui déférer et obéir entièrement aux choses qu'il vous fera entendre être du bien de notre service, sûreté, et conservation de ladite province sous notre obéissance, en nous promettant que vous ferez en cela tout votre devoir, nous ne vous en faisons pas plus exprès commandement,

LOUIS.

PHÉLIPPEAUX.

Donné à Saint-Germain-en-Laye, ce 18ᵉ jour de février 1639.

Dans cette dépêche, M. le cardinal de Richelieu donne avis à M. de Bordeaux de quelques desseins des Espagnols.

TOUCHANT L'ARMÉE NAVALE FAITE EN 1639.

MONSIEUR,

Je vous fais cette lettre pour vous avertir de ce que vous saurez maintenant d'ailleurs, qui est, qu'enfin treize vaisseaux sont partis de Dunkerque, qui portent quinze cents Wallons à la Corogne, dont ils doivent rapporter des Espagnols. Vous saurez aussi qu'en Espagne on a fait marché avec des marchands anglais pour porter trois mille soldats en Flandre.

Vous saurez de plus que les Espagnols font état de faire venir trente vaisseaux qu'ils ont dans la rivière de Lisbonne.

Je vous donne ces divers avis, afin que si vous avez moyen d'en profiter vous n'en perdiez pas l'occasion, espérant plus que je ne vous puis dire de la bonne fortune du roi sur la mer.

M. le marquis d'Alluye votre frère part demain pour vous aller aider aux préparatifs de la Guyenne. M. le prince part aussi après-demain. Tout ce qu'on a pu désirer de deçà pour bien faire a été accordé; reste à ceux qui en auront l'exécution à n'oublier rien de leur part de ce qu'on en doit et peut attendre.

J'ai encore dépêché un nouveau courrier au Havre pour faire partir les vaisseaux qui y sont. Au nom de Dieu, mettez-vous à la mer le plus tôt que vous pourrez, et croyez qu'il n'y a personne qui vous aime, ni qui soit plus certainement que moi,

Monsieur,

Votre très-affectionné comme frère à vous rendre service,

Le Cardinal DE RICHELIEU.

De Ruel, ce 26 mars 1639.

M. le cardinal de Richelieu semble, dans les dépêches suivantes, commencer de traiter M. de Bordeaux avec moins de bienveillance qu'à son accoutumée. Il lui reproche de faire naître des difficultés, et lui donne des instructions très-précises sur sa conduite ultérieure.

LETTRE DU CARDINAL DE RICHELIEU

A M. L'ARCHEVÊQUE DE BORDEAUX, TOUCHANT L'ARMÉE NAVALE DE L'ANNÉE 1639.

MONSIEUR,

J'ai reçu deux lettres de vous en même temps, pleines de difficultés, qu'il est bien aisé de résoudre.

Les vaisseaux du Havre n'ont j'amais attendu un seul jour après leur argent, ainsi qu'on vous en avait donné avis, à ce que vous me mandez. Les derniers vaisseaux sont tous partis avec les canons et les poudres qui étaient à Rouen, et les brûlots de Dieppe. Il est vrai que l'escadre espagnole qui est à Calais met à la mer et doit venir ou dans la rivière de Lisbonne, ou à la Corogne, mais ce ne vous doit pas être une chose nouvelle, puisque je ne vous ai vu autre appréhension ici, sinon de manquer à les trouver dans leurs ports ou avant leur jonction pour les brûler et les combattre.

Je n'ai eu autre réponse de M. le prince d'Orange, sinon qu'il ferait son possible pour faire que MM. les États joignissent quinze vaisseaux à l'armée du roi, mais ce n'est pas chose assurée. Je l'en ai depuis encore pressé par courrier exprès. Je lui ai même mandé que l'on trouverait l'armée de sa majesté à Belle-Ile ou en Ré, au 20 avril. Avec tout cela, je n'ose me promettre que MM. les États envoient aucun vaisseau, et partant, je ne vous conseille pas de vous y attendre, mais seulement de vous fonder sur les seules forces du roi.

La flotte de Dunkerque, après avoir été battue comme vous savez, et perdu ses vaisseaux ¹, est enfin passée comme on vous a dit ; mais c'est pour aller porter des Wallons en Espagne, et requérir des Espagnols ; et je vous puis assurer qu'elle a ordre de faire encore un voyage en Es-

¹ L'armée navale d'Espagne, que nous avons vu n'avoir voulu combattre l'archevêque de Bordeaux, parut dans la Manche, composée de soixante-sept navires de guerre, équipés de vingt-sept mille hommes, douze mille desquels devaient être déchargés en Flandre, et quinze mille se tenir dans les vaisseaux pour protéger, comme on l'a cru, quelques révoltes qui se tramaient vers Avranches, sur les côtes de la Basse-Normandie. Les Hollandais, qui avaient aussi juste occasion de se plaindre d'eux, commandèrent à leur amiral Hermertz Tromp de se placer entre les caps de Hofden, pour charger sur leur passage quelque escadre de cette flotte. Cet amiral en rencontra une au mois de juillet, chargée d'argent et de trois à quatre mille Espagnols, envoyés de Biscaye, pour entrer dans Dunkerque, qu'il déchargea en France, comme nous avons dit, après avoir su d'eux l'état de la flotte d'Espagne qui suivait. Cette armée, ayant appris ce qui était arrivé à son avant-garde, différa son entreprise.

Tromp, pour leur donner moins d'ombrage, vint se placer devant Dunkerque avec peu de vaisseaux ; et de fait, voyant que la flotte espagnole s'était fortifiée de vingt navires ostrelins, et que leur amiral, commandé par don Antonio d'Oquédo, était monté de soixante-six canons ; le vice-amiral, par don Lopez Docias, monté de soixante-quatre ; l'amiral de Naples, commandé par don Pedro de Quaderon, monté de soixante-six, et les autres de vingt-quatre à quarante pour la plupart, n'estimèrent qu'il n'y eût aucune force en mer capable d'arrêter son progrès ; ce qui n'empêcha toutefois que l'amiral Tromp, quittant les caps de Hofden, ne vînt à leur vue, près de Breversil, où il sépara sa petite flotte en deux escadres, l'une de douze vaisseaux et l'autre de six, épiant l'occasion, qu'il rencontra, n'ayant près de soi que douze vaisseaux, avec lesquels il les attaqua si gaillardement, que ceux qu'il abordait ne trouvèrent autre salut qu'en la retraite.

Le 17 se passa encore en cet essai ; mais le 18, ayant été renforcé de seize navires accourus au bruit des canons, il les attaqua si furieusement depuis une heure après minuit jusqu'à dix heures du matin, qu'après s'être emparé de deux galions, ils eussent réduit les autres à l'extrémité, sans que la poudre et le boulet leur manquèrent.

Pendant qu'ils s'en fournissaient à Calais, à la vue de laquelle ville se passa ce combat en partie, la flotte espagnole se retira tout harassée sur les dunes d'Angleterre, espérant jouir de la protection du roi d'Angleterre. Les Hollandais ne purent sitôt les renfermer que quatorze frégates ne se retirassent à Dunkerque, à cause de l'empêchement que les Anglais firent aux Hollandais.

L'amiral Tromp envoya plusieurs fois sommer les Espagnols de sortir en mer et venir au combat, mais en vain, chacun toujours se préparant le mieux qu'il pouvait, les Espagnols achetant des poudres des Anglais, qui leur en fournirent cinq cents barils, et les États envoyant de jour en jour tant de vaisseaux, que les Espagnols en découvrant toujours de nouveaux, incontinent que le brouillard était passé, disaient qu'il semblait qu'il plût des navires en Hollande.

Enfin Tromp, ayant reçu ordre des États de combattre cette flotte en quelque lieu qu'il la rencontrât, et sans plus déférer à ceux qui la protégeaient, envoya prier le chevalier de Peninction, amiral d'Angleterre, de ne se mêler plus avant de leur différend, et qu'il l'obligerait fort de se retirer, de peur qu'il n'arrivât quelque malheur aux vaisseaux anglais, pour le feu qu'il voulait mettre à ceux d'Espagne, lesquels avaient rompu les premiers par une mousquetade qui avait tué

pagne, et de revenir devant que de se joindre aux vaisseaux de la Corogne et de Cadix.

    M. de Hettancourt n'a pu enfin se résoudre de servir de maréchal-

un soldat hollandais, et par un coup de canon tiré sur une frégate, dans laquelle il
faisait la revue de son armée.

    Le 21 au matin, l'amiral d'Angleterre tira
trois cents volées de canon sur les Hollandais, puis voyant qu'il ne pouvait empêcher
cette attaque, se retira; pour lors Tromp
s'avançant, donna un coup de canon, signal
à ses gens de se mettre à la voile, et au bout
de demi-heure, la voyant toute prête, en
tira trois autres, pour signal du combat;
les Espagnols, fortifiés de neuf cents matelots qui leur étaient venus de Dunkerque, se
retirent des dunes, font voile contre les
Hollandais et montrent d'abord beaucoup de
résolution; aussi avaient-ils en ce combat
quantité de capitaines de grand cœur et de
beaucoup d'expérience. Les premières décharges furent faites de grande furie de part
et d'autre, sur les neuf heures du matin
pendant un grand calme; une heure après,
le vent se renforça du côté du nord, ce qui
obligea tous les vaisseaux à s'avancer vers
Douvres; quatorze vaisseaux hollandais ayant
gagné le devant, pour empêcher les Espagnols de s'évader, se virent suivis de l'amiral d'Espagne et de tous les autres, lesquels
n'eurent pas plus tôt passé le château de
Walmer, que les deux partis mirent le pavillon haut, ce qu'ils n'avaient pas fait jusqu'alors, pour le respect qu'ils portaient au
roi de la Grande-Bretagne, sur les côtes duquel ils étaient; alors les canonnades se lâ-
chèrent de part et d'autre si brusquement
que de long-temps on n'avait rien vu de
pareil; mais enfin le gros de l'armée espagnole fut mis en grand désordre; peu après
vingt de leurs navires s'échouèrent aux
dunes sans qu'on sache pour quel accident,
et plus de deux mille hommes se jetèrent en
mer pour se sauver à terre.

    Les autres navires espagnols qui étaient aux

dunes, appréhendant d'être aussi échoués,
se mirent tous en mer, et furent traités
comme les autres de force canonnades. On
ne pouvait comprendre, durant le combat,
quel parti les Anglais favorisaient; car les
Hollandais se virent servis du commencement de trois cents canonnades, et les Espagnols furent depuis chargés, tant des châteaux de la côte que de leur flotte; et derechef les Hollandais, pour les empêcher de
suivre les Espagnols; ce que voyant les Hollandais, ils envoyèrent quelques brûlots qui
allumèrent deux des vaisseaux échoués. Le
gros de la flotte hollandaise poursuivant cependant celui de la flotte d'Espagne, tirait
sans cesse. En cette poursuite fut rendu
inutile le vice-amiral d'Espagne, monté de
huit cents soldats, qui se sauvèrent vers la
terre, près de laquelle furent pris trois autres
navires par les Hollandais. L'amiral Tromp,
entre les autres, faisait remarquer son vaisseau par un grand feu qu'il faisait sur tout
ce qu'il rencontrait et particulièrement sur
l'amiral de Portugal, auquel il s'attacha et
le perça en plusieurs endroits; puis reconnaissant sa fermeté, et le grand feu que faisaient mille mousquetaires qui y étaient, le
fit accrocher par les sieurs Quax, Vernaf et
Herse, capitaines de brûlots, lesquels l'obligèrent à demander quartier, mais trop tard.
C'était chose digne de compassion, de voir
plus de huit cents personnes et quantité de
noblesse, à demi rôties, crier effroyable-
ment et se précipiter dans l'eau, cherchant
la mort dans un élément pour éviter l'autre,
car des mille, à peine deux cents se sauvèrent.

    Le capitaine Muss, hollandais, qui était
attaché à la galerie du Portugais, fut brûlé
avec lui, après qu'il eut mis en assurance
tous ses hommes. On tient que ce vaisseau
avait coûté au roi d'Espagne deux millions,

de–camp à cause de ses plaies. M. de Frézelière ne va point aussi de votre côté, mais en sa place on vous donne M. de Biscarat, qui vaut tout ce qu'on peut valoir.

Quant aux fonds pour l'infanterie que vous avez, assurément vous les recevrez, et vous avez trop de vigilance pour n'avoir pas fait préparer les vivres qui leur sont nécessaires par avant, et trop d'affection pour, en cas que les fonds destinés à leur solde ne soient pas portés à temps, ne vous servir pas de tout ce que votre crédit pourra fournir avec les vingt mille écus que vous avez entre les mains, pour en faire embarquer avec vous ce qu'il vous en faudra. J'estime en effet que vous

Don Lopez Docias y fut brûlé; don Antonio d'Oquédo, n'ayant pu les secourir, se retira durant la nuit; l'amiral de Biscaye fut le neuvième qui fut ruiné par les Hollandais. Hors les dunes, la nuit et le brouillard permit de fuir qui voulut.

Le 22 la flotte espagnole se trouva toute dissipée. Un seul navire se trouvant devant l'amiral Tromp baissa les voiles, après deux ou trois volées de canon; et bien qu'il fût monté de douze canons de fer et douze de fonte, et défendu de cent soldats, sous trois capitaines, ils étaient si épouvantés qu'ils se laissèrent prendre à une chaloupe où il n'y avait que dix hommes. Ce fut ce navire qui fut dépêché en Hollande pour en porter la nouvelle.

Le 23 les Hollandais en prirent encore un qui se retirait vers Dunkerque, et un autre qui prenait le même chemin s'échoua et se fracassa à Goigne. En même temps, le commandeur Hans canonna long-temps, vers la côte de France, l'amiral d'Espagne se retirant avec un seul galion vers Dunkerque, où on a su que sept autres navires espagnols se sont sauvés.

Ce même jour 23, le capitaine Galen prit encore un navire espagnol, monté de trente-quatre pièces de canon; mais il était si fracassé qu'il périt sur le Stenbanc, au chemin de Hollande, où on le menait; deux autres furent encore pris le même jour vers Zingels.

Trois se sont échoués entre Calais et Boulogne. Un autre le fut aussi près du même lieu de Zingels; un autre fut emmené en Hollande par les capitaines Forant et Broux. Le soir la flotte hollandaise retourna aux dunes, et y trouva quatre navires échoués vers le nord, avec l'amiral de Naples et le galion de Gênes, qui avaient été vendus avec trois autres aux Anglais, avec condition qu'on ne s'en servirait qu'avec marchandises : bref, de toute cette flotte, à peine huit se sont sauvés.

Cette victoire est d'autant plus remarquable qu'elle n'a coûté aux Hollandais que de la poudre et des boulets. Aussi tous les magasins en furent vidés, et de plus encore, on en emprunta grand nombre au seigneur Lopez, qu'il avait achetés à Amsterdam pour le roi de France.

Après une si belle action, l'amiral Tromp alla en recueillir les fruits en son pays, le 29, auquel jour il arriva à Rotterdam, où il fut reçu et complimenté par le magistrat, et partit ensuite pour La Haye, afin d'en faire le rapport aux États-Généraux, et recevoir d'eux les louanges et récompenses que mérite un si grand service.

Les États en reconnaissance de ses services, lui ont fait présent d'une chaîne d'or de deux mille écus, et aux autres officiers à proportion, outre le butin qu'ils ont partagé avec les soldats.

ferez fort bien d'aller avec quelques corps d'infanterie, afin de pouvoir renforcer d'hommes vos vaisseaux en cas de besoin, et être en état de rendre un grand combat si l'occasion s'en présente.

Devant que vous partiez, les escortes que vous avez à faire pour l'artillerie seront faites assurément. La principale difficulté que je vois en votre affaire, est de savoir si, sur l'incertitude de l'attaque de M. le prince, vous laisserez une escadre de vaisseaux séparée du corps de votre armée. Par le calcul de M. le prince, il ne doit arriver que le 1er mai à Bordeaux. Je ne vois pas qu'il puisse faire son attaque, que vers la fin dudit mois, quoi qu'il dise. Ainsi apparemment vous pourrez quasi avoir fait une revue entière des ports et de la côte d'Espagne, et pourtant ma pensée est que vous devez y mener toute votre armée, à l'exception d'une couple de petits vaisseaux que vous pourrez laisser pour être chefs de l'escadre des pinasses que je vous ai vu faire amasser et armer pour le dessein que vous savez de Final.

Depuis ce que dessus écrit, M. de Noyers, secrétaire de ces quatre lignes, m'a assuré qu'il pouvait effectivement faire le fonds des troupes qui montent sur vos vaisseaux, vous envoyant porter une lettre à M. de Villemontée, pour faire passer ces fonds comptant. Je suis,

    Monsieur,

    Votre très-affectionné comme frère à vous rendre service,

             Le Cardinal DE RICHELIEU.

De Ruel, le 31 mars 1639.

Depuis cette lettre écrite, le roi s'est résolu d'envoyer le sieur d'Amontot en Hollande, pour faire tous les efforts possibles pour faire que MM. les États envoient quinze vaisseaux joindre l'armée navale du roi. On mande à M. le prince d'Orange qu'elle sera prête en Ré, ou à Belle-Ile, au 20 d'avril; et si lesdits vaisseaux n'y peuvent arriver à temps et lieu pour la trouver, vous laisserez au commandant de Belle-Ile un mémoire particulier de la route que vous ferez, et du lieu que vous estimerez qu'ils vous pourront joindre. Je ne vous assure pas que vous soyez renforcé de ce secours, mais je crois pourtant que MM. des

États auront de la peine à se résoudre à ne l'envoyer pas, vu les grands avantages qui leur en peuvent arriver.

En tout cas, quand vous aurez les brûlots, joints à la quantité de vaisseaux de guerre de l'armée du roi, je crois que vous serez en état d'exécuter les projets que nous avons faits ensemble devant votre partement. Quand votre armée sera prête, je ne vous conseille pas d'attendre le renfort incertain.

MÉMOIRE DU CARDINAL DE RICHELIEU,

POUR RÉPONDRE AUX DÉPÊCHES DE M. L'ARCHEVÊQUE DE BORDEAUX, TOUCHANT LES ARMÉES DE MER DE LA DERNIÈRE ANNÉE.

Les mémoires dudit sieur de Bordeaux portent qu'on ne peut attaquer Fontarabie que toute l'armée navale n'y soit, et qu'on ne peut commencer l'attaque de terre que vers la fin de mai. Cela étant, c'est chose hors de doute qu'il doit partir dès le 1er mai avec toute l'armée navale pour aller exécuter en mer ce qui est porté par sa première instruction.

Si on a proposé de laisser une escadre des moindres vaisseaux en cas qu'on résolût l'attaque de Fontarabie, deux raisons en ont été cause :

La première, que M. de Bordeaux étant ici, en avait fait l'ouverture lui-même ;

La seconde, que M. de Bordeaux allant à la mer avec le corps de l'armée pour chercher le gros des vaisseaux d'Espagne, on ne jugeait pas qu'il fût à craindre qu'ils pussent venir à ceux qu'on laisse devant Fontarabie, puisque ceux de l'armée du roi les garantissaient.

Mais, puisque M. de Bordeaux estime avoir besoin de tout le corps de l'armée ensemble, c'est à lui à partir le plus tôt avec elle pour aller exécuter ce qui est porté au précédent article, cherchant les vaisseaux d'Espagne en tous les ports où il croira les pouvoir trouver, pour les brûler et les faire périr.

Le fruit qu'on attend de l'armée navale étant plus important et plus

certain que celui des entreprises de terre, le voyage de M. de Bordeaux
est à préférer à tout autre.

Quant à la terre, on écrira à M. le prince ce qu'on estime qu'il
puisse faire pendant le voyage de M. de Bordeaux, remettant le tout à
son jugement. Cependant il sera bon que tous les préparatifs qu'on a
projetés pour le siège de Fontarabie soient tout prêts, les pinasses
nécessaires à cette fin arrêtées, en sorte que si M. le prince le veut
entreprendre en l'absence de M. de Bordeaux, il n'ait pas lieu de
s'excuser sur le défaut de telle chose, et que, s'il s'occupe ailleurs,
M. de Bordeaux trouve à son retour tous ces préparatifs en si bon
état qu'il puisse faire ce qu'il jugera à propos.

Clapisson, contrôleur général de l'artillerie, qui est ici, a reçu des
lettres de Nantes qui portent que toutes les munitions de l'artillerie,
canons et affûts, étaient embarqués à Nantes; cela étant, les desseins
de Guienne ne manqueront pas, grâce à Dieu, par ce défaut.

Quant à ce qui est des canonniers, le nombre desquels M. de Bordeaux dit être trop petit dans l'état, on n'y en met jamais ce qu'il en
faut, parce que quatre bons en peuvent faire cinquante, toute sorte de
soldats étant instruits pouvant faire ce métier, et partant ceux qui
commanderont à terre y en peuvent mettre autant qu'ils en auront
besoin.

Ils feront de même des charpentiers et de tous autres ouvriers, dont
on paiera volontiers la dépense sur le fonds des travaux, ainsi qu'on a
accoutumé de le pratiquer.

Pour ce qui est des troupes qui ont été destinées pour la marine, qui
consistent aux régiments de la Couronne, de Poitou, de Saintonge, et
aux dix compagnies des Vaisseaux, on attend que M. de Bordeaux en
dispose ainsi que bon lui semblera, et à cet effet M. de Noyers lui en
envoie exprès un ordre nouveau.

Pour ce qui est des fonds desdites troupes que M. de Bordeaux doit
embarquer, on a envoyé, par deux différentes voies, celui des vingt
compagnies qu'il avait mandé vouloir seulement mettre sur les vaisseaux, l'une par l'adresse de M. de Villemontée et l'autre par celle du
trésorier de l'extraordinaire des guerres.

Quant au reste desdites troupes, parce qu'elles devaient demeurer en terre, on a confondu leurs fonds avec celui du reste de l'armée de terre.

Maintenant que M. de Bordeaux mande qu'il veut mettre quarante compagnies sur lesdits vaisseaux, on donnera ordre au trésorier de l'extraordinaire des guerres de lui bailler, outre les vingt-cinq mille francs qu'il doit toucher pour les premières vingt compagnies, autre pareille somme pour les vingt secondes; et cependant, afin que cela ne retarde pas M. de Bordeaux, il les prendra, s'il lui plaît, sur tout le fonds de la marine qu'il a en main, ou sur les soixante mille livres qu'il a à moi, donnant ordre à qui il voudra de les recevoir du trésorier de l'extraordinaire pendant son voyage.

C'est donc maintenant à M. de Bordeaux de partir sans différer davantage, la diligence pouvant tant faire en une telle occasion, que s'il eût pu se mettre à la mer au 15 avril, ainsi que je l'avais toujours souhaité, il eût sans doute pris les ennemis au dépourvu.

Les troupes qu'il laissera en terre doivent demeurer jointes à celles de M. le marquis de Bourdia, sous la disposition de M. le prince.

On donnera ordre au trésorier d'en distraire et distinguer les fonds.

Le Cardinal DE RICHELIEU.

LETTRE DE M. LE CARDINAL DE RICHELIEU

A M. L'ARCHEVÊQUE DE BORDEAUX, TOUCHANT L'ARMÉE NAVALE FAITE EN 1639.

MONSIEUR,

J'ai reçu votre lettre du 1er avril. Pour réponse, je vous dirai que j'ai déjà répondu, et qu'on a presque satisfait à tout ce qui y est contenu.

L'argent pour l'infanterie que vous devez embarquer vous a été envoyé.

L'escadre du Havre est partie il y a fort long-temps. Je n'ai rien oublié de ce qui a été possible pour avoir des vaisseaux de MM. de Hollande, et vous en aurez bientôt réponse; mais, comme je vous ai mandé, il ne faut pas prendre votre pied sur leur secours ; ainsi vous devez faire comme si vous n'aviez rien à attendre d'eux.

L'instance avec laquelle vous désirez un maréchal-de-camp, et particulièrement M. le comte de Tonnerre, fait que le roi vous l'accorde, afin que rien ne vous manque de ce que vous demandez pour bien faire.

Le Picard a envoyé, il y a long-temps, l'argent pour les fortifications de Brouage et bâtiments de la maison du roi et de Sauzon.

Vous ne saurez me faire un plus grand plaisir que de faire travailler la machine de Brouage et nettoyer le port, qui est une des choses que je désire le plus, comme aussi de rencontrer les occasions de vous faire connaître, par effet, que je suis et serai toujours véritablement,

> Monsieur,
> Votre très-affectionné comme frère à vous rendre service,

> Le Cardinal DE RICHELIEU.

De Ruel, ce 8 avril 1639.

TOUCHANT L'ARMÉE NAVALE FAITE EN 1639.

MONSIEUR,

J'ai été extrêmement aise d'apprendre, par votre dernière lettre, le bon état auquel vous avez trouvé les troupes en Guienne, et l'espérance que vous avez du bon succès des affaires du roi de ce côté-là, pour l'avantage desquelles je suis assuré que vous apporterez tout ce qui dépendra de vos soins et de votre diligence. Aussitôt que nous avons appris que vous manquiez d'armes, on a fait partir quatre mille mousquets et douze cents paires d'armes de chevau-légers. Ce sera à vous à les faire départir avec tant d'ordre et d'égalité, que tous les corps qui en auront besoin en puissent avoir leur part raisonnablement.

Pour ce qui est de l'affaire d'Indrette, je ferai parler au gendre de M. de Lestangère, qui est à Paris, afin de la terminer ; cependant vous ne laisserez pas de faire tout ainsi que si elle l'était déjà.

Assurez-vous de la continuation de mon affection, et que je suis,
autant que le peut être,

Monsieur,

Votre très-affectionné comme frère à vous rendre service.

Le Cardinal DE RICHELIEU.

Ruel, ce 15 avril 1639.

LETTRE DE M. LE CARDINAL DE RICHELIEU

A M. L'ARCHEVÊQUE DE BORDEAUX, TOUCHANT L'ARMÉE NAVALE
FAITE EN 1639.

De Ruel, le 20 avril 1639.

MONSIEUR,

Si vos gens à qui je fais donner mes lettres avaient le soin de vous
les faire tenir diligemment, vous ne seriez pas en la peine où vous me
témoignez être par la vôtre, du 10 de ce mois, de n'avoir point de
nouvelles du fonds qui est nécessaire pour la subsistance des troupes
que vous devez embarquer, ni d'un maréchal-de-camp pour les commander, vous ayant mandé comme on a pourvu effectivement à l'un
et à l'autre, vous ayant envoyé de l'argent pour cela et par l'adresse de
M. de Villemontée et par la voie du trésorier de l'administration de la
guerre, et fait partir M. le comte de Tonnerre, votre neveu, pour faire
la charge de maréchal-de-camp sous vous, ainsi que vous l'avez désiré.
Par-là, vous connaîtrez qu'on n'oublie aucune chose pour vous mettre
en état de bien faire. Je ne doute point que les effets ne correspondent
aux assurances que vous m'en avez donné, connaissant, comme je fais,
votre zèle et votre affection. Assurez-vous de la continuation de la
mienne pour toujours, et que je suis véritablement,

Monsieur,

Votre très-affectionné comme frère à vous rendre service.

Le Cardinal DE RICHELIEU.

P. S. On vous a envoyé quatre mille mousquets et douze cents paires d'armes de
chevau-légers, ainsi que je vous l'ai déjà écrit.

LETTRE DU CARDINAL DE RICHELIEU

A M. L'ARCHEVÊQUE DE BORDEAUX, TOUCHANT L'ARMÉE NAVALE DE 1639, POUR QU'IL SE MÎT EN MER AU PLUS TÔT.

MONSIEUR,

Je fais une ample réponse à votre lettre et au mémoire que vous m'avez envoyé par celui qui est y joint. C'est ce qui fait que la présente ne sera que pour vous prier de vous mettre en mer le plus prompte-ment que vous pourrez, pour exécuter votre première instruction et voir ce que vous pourrez faire de votre chef; c'est de cela que j'attends particulièrement un bon succès, ne croyant pas qu'avec quarante vais-seaux de guerre et vingt brûlots vous puissiez rien trouver à qui vous ne fassiez peur et mal tout ensemble; j'en prie Dieu de tout mon cœur, et me promets qu'il bénira votre voyage.

Pour ne mêler point les affaires de Brouage avec celles de votre voyage, cette lettre vous fera savoir que je trouve bon que vous don-niez la préférence des ouvrages de Brouage au maître, tant parce que les prenant à beaucoup meilleur prix que les autres qu'il a faits, ce sera un argument *ad hominem* qu'il a beaucoup gagné, que parce aussi qu'il est fort bon ouvrier.

Je ne suis point d'avis de toucher pour cette année à la maison du roi, que nous ferons l'année qui vient à Brouage.

Quant à Sauzon, j'approuve le dessein que vous m'en envoyez, et me résous à y dépenser les cinquante-cinq mille livres portées en celui; mais je ne puis en faire la dépense qu'en deux années: partant vous en ferez faire, s'il vous plaît, la moitié celle-ci, sur laquelle vous prendrez les vingt mille livres que j'ai fait donner ici au Picard tant pour ce que je prétendais faire à Sauzon qu'à Brouage.

Vous me ferez plaisir, en partant, de donner charge à celui qui a fait les plans que Bavre m'a apportés, de m'envoyer trois plans de trois étages qui doivent être à Sauzon, avec les noms de chaque chose, afin que je puisse voir les salles, chambres, garde-robes, cabinets et autres commodités de chaque appartement, ce qu'attendant je demeure,

Monsieur,

Votre très-affectionné comme frère à vous rendre service.

Le Cardinal DE RICHELIEU.

De Ruel, le 27 avril 1639.

LETTRE DE M. LE CARDINAL DE RICHELIEU

A M. L'ARCHEVÊQUE DE BORDEAUX, TOUCHANT L'ARMÉE NAVALE DE 1639.

MONSIEUR,

Bien que je vous aye écrit depuis deux jours assez amplement, par le gentilhomme que vous m'avez envoyé, je ne laisse de vous envoyer ce courrier exprès pour donner une dernière bénédiction à votre armée, assuré de son partement, à laquelle cette lettre arrivera, à mon avis.

J'ai été bien aise de vous dire comme vous ne trouverez pas les vaisseaux de Dunkerque joints à ceux d'Espagne, comme vous pensiez, sachant assurément qu'ils doivent revenir dans peu de temps à Dunkerque.

J'ai cru aussi vous devoir faire savoir que l'Espagne est en grand étonnement de votre armement, que toute la côte est en une terrible crainte, ce qui me donne lieu de bien augurer de votre voyage.

Nos avis d'Espagne portent que l'amas des vaisseaux se fait à la Corogne; vous en apprendrez plus de nouvelles étant à la mer, mais j'ai été bien aise de vous faire savoir ce que nous apprenons par la voie des marchands, qui est souvent la plus assurée.

Je vous avoue que j'ai grande espérance de votre voyage, tant sur celle que je vous ai vue étant ici que sur l'état présent des affaires. J'espère beaucoup plus de votre mer que de la terre.

Si vous faites quelque bon effet, et que vous preniez pied en quelque lieu, assurez-vous que l'argent que vous désirez sera aussitôt à la Rochelle que vous l'aurez mandé.

M. le grand-prieur fait grande difficulté de vous donner Chauvin. Je vous envoie expressément un billet à ce qu'il vous le donne absolument si vous le désirez; je juge qu'il vous peut être grandement utile.

Je prie Dieu de tout mon cœur que vos brûlots vous servent aussi heureusement que l'année passée, et je ne saurais m'empêcher de croire que nous recevrons de bonnes nouvelles de votre part.

Faites donc voile au plus tôt avec la confiance que vous devez avoir en Dieu et en la bonne fortune du roi et en la vôtre, et assurez toute l'armée, en leur disant adieu de ma part, que je serai ravi de faire valoir leurs bonnes actions auprès du roi, ainsi qu'ils le peuvent désirer et selon que vous m'en donnerez connaissance. Vous priant de m'avertir particulièrement de tout ce qui se passera en votre voyage, que je vous prie de ne pas différer davantage, puisque vous pouvez bien juger combien il importe de n'attendre pas que les ennemis soient entièrement prêts de vous recevoir.

Il ne me reste qu'à vous assurer de l'affection particulière que j'ai pour vous, de qui je suis,

Monsieur,

Très-affectionné comme frère à vous rendre service.

Le Cardinal DE RICHELIEU.

De Ruel, ce 1er mai 1639.

La pièce suivante était jointe à la dernière dépêche de M. le cardinal de Richelieu.

PASSEPORT POUR L'ARTILLERIE

ET AUTRES CHOSES NÉCESSAIRES POUR LES VAISSEAUX.

De Saint-Germain-en-Laye, le 18 mai 1639.

Tous nos lieutenants-généraux en nos armées et provinces, capitaines et gouverneurs de nos villes et places, baillis, sénéchaux, prévôts, juges ou leurs lieutenants, maires et échevins de nosdites villes, gardes des ports et jetées et de nos ponts, ports, péages et passages et tous autres, nos officiers et sujets, qu'il appartiendra, salut.

Ayant été averti par notre très-cher et bien-aimé le sieur archevêque de Bordeaux, notre lieutenant-général en notre armée navale de ponant, qu'il est nécessaire en notredite armée de quantité de matériaux, artillerie et munitions de guerre, lesquels ne se peuvent conduire en icelle que par la rivière de Charente et celle de Seudre, nous voulons, vous mandons, et très-expressément enjoignons par ces présentes, que vous ayez à laisser sûrement et librement passer tous les susdits matériaux, artillerie et munitions de guerre, qui seront conduits sur lesdites rivières de Charente et de Seudre, pour la fourniture des vaisseaux de madite armée navale de ponant, sans permettre ni souffrir qu'il soit fait, mis ou donné aucun trouble ou empêchement à ceux qui en auront la conduite, ains toute faveur et assistance, défendant très-expressément aux fermiers de nos douanes et leurs commis et tous autres fermiers généralement quelconques de prendre ou exiger aucune chose pour raison du passage et transport desdits matériaux, artillerie et munitions de guerre, à peine de punition corporelle, et de trois mille livres d'amende contre chacun contrevenant; car tel est notre plaisir.

LOUIS.

Par le roi, Bouthillier.

Donné à Saint-Germain-en-Laye, le 18 mai 1639.

Dans les deux dépêches suivantes, M. le cardinal de Richelieu et M. de Noyers engagent M. de Bordeaux à tenter de s'emparer de la flotte espagnole qui devait revenir des Indes.

LETTRE DE M. DE NOYERS

A M. L'ARCHEVÊQUE DE BORDEAUX, PORTANT QU'IL SE POURRAIT RENDRE MAÎTRE DE LA FLOTTE DES INDES.

Monsieur,

Bien que les mers rompent tout commerce si est-ce que je tâche de le renouer aux occasions qui m'en donnent le moyen. Un gentilhomme de condition venant d'Espagne par Angleterre, a assuré son éminence que vous pouviez sans grande peine vous rendre maître de la flotte des Indes, qu'elle était sans soldats et sans matelots, c'est-à-dire sans défense, et que vous n'auriez jamais une occasion si avantageuse de profiter sur l'ennemi, puisque cette flotte leur apporte la hacienda de deux années et demie.

Son éminence vous en écrivant ses sentiments, je n'ai rien à vous en écrire davantage, et me contente de vous dire que le siège de Hesdin va bien jusques ici, que demain les mines doivent jouer; mais aussi croit-on que mardi le cardinal-infant doit être le second. Dieu nous veuille favoriser de sa protection et tout ira au souhait de votre, etc.,

DE NOYERS.

D'Abbeville, le 20 juin 1639.

AVIS DE LA FLOTTE DES INDES POUR L'ESPAGNE,

ET AUTRES NOUVELLES.

MONSIEUR,

Bien que je croie que vous savez mieux à la mer ce qui se passe à la mer même que non pas nous, je ne laisse pas de vous dépêcher par deux différentes voies pour vous avertir qu'on nous a donné avis de divers côtés que la flotte des Indes arrive cet été en Espagne; quelques Hollandais ayant même rapporté, comme je vous ai déjà mandé par autre voie, qu'elle avait paru vers les Açores. Cela étant, je crois que le dessein que vous avez pris d'attaquer les ennemis à la Corogne, s'ils y sont avec leurs vaisseaux, et celui-là, sont les deux meilleurs qui vous puissent occuper cet été; et à mon avis vous pouvez être assez heureux pour réussir à tous les deux. Je ne crois pas que cette lettre vous trouve que vous n'ayez fait quelque chose à la Corogne, où, par les avis que nous avons, vous aurez indubitablement trouvé les vaisseaux des ennemis dans le port et ceux de Dunkerque chargés des Espagnols qui sont attendus en Flandre. Si, ensuite de quelque bon effet, vous êtes si heureux que de rencontrer la flotte que nous avons avis être

fort mal accompagnée , votre voyage sera mieux employé qu'à quelqu'autre dessein que vous puissiez faire.

M. le prince est dans le Roussillon avec les forces du roi que vous
savez. Son entrée a été fort heureuse , ayant en trois jours emporté
Aupoulx , qui est la meilleure place du Roussillon après Perpignan;
le port Saint-Ange , qui fermait le passage entre la mer et l'étang
Clerad , et Ribasaltin, qui tient le passage de la rivière d'Agly , et est
maintenant attaché au siège de Salar.

Nous sommes au siège de Hesdin attachés à deux bastions, et j'espère
que la place tombera au pouvoir du roi dans le quatrième juillet au
plus tard.

M. de Feuquières a été battu par Piccolomini devant Thionville ,
par le défaut de la cavalerie , qui a très-mal fait ; mais la perte des
hommes est presque égale. Ensuite du bonheur que Piccolomini a eu
en cette occasion , étant allé assiéger Monzon , M. le maréchal de
Châtillon lui a fait lever le siège honteusement, devant lequel a perdu
plus de mille à douze cents hommes. C'est tout ce que je puis vous
dire, sinon que je suis et serai toujours ,

    Monsieur,

    Votre très-affectionné comme frère à vous rendre service.

        Le Cardinal DE RICHELIEU.

D'Abbeville, le 24 juin 1639.

M. de Bordeaux ayant voulu avoir l'avis de M. le cardinal de
Richelieu sur le plan de campagne qu'il se proposait de suivre,
reçut la dépêche suivante, dans laquelle M. le cardinal l'enga-
geait surtout à tenter quelque entreprise contre la Corogne.

RÉPONSE AUX FAITS PROPOSÉS PAR LE SIEUR DE MÉNILLET,

DE LA PART DE M. L'ARCHEVÊQUE DE BORDEAUX.

Les propositions faites au roi par le sieur de Ménillet, de la part de M. l'archevêque de Bordeaux, aboutissent à quatre chefs :

Au siége de Fontarabie,

M. le prince étant avec presque toutes les forces du roi dans le Roussillon, le siége de Fontarabie est impossible pour cette année.

A la prise de Guétaria,

La prise de Guétaria n'est pas un digne emploi pour les forces navales du roi, vu que la suite n'en saurait être fort avantageuse.

A l'entreprise de Sant-Ander,

On ne voit pas que la prise de Sant-Ander puisse avoir autre fin que le pillage de la ville, tous ceux qui en ont parlé ayant toujours rapporté qu'ils en estimaient la garde impossible, à cause des montagnes qui la commandent.

Et à l'attaque de la Corogne.

Quant au dessein de la Corogne, si pour rompre l'estacade et tâcher de brûler les vaisseaux ennemis, il faut hasarder l'armée du roi sans grande espérance de succès, il n'y faut point penser, vu que si la France avait perdu les vaisseaux qu'elle a présentement, elle n'en saurait retrouver autant dans dix ans.

Mais on peut tenter toutes sortes de moyens particuliers de rompre l'estacade.

On peut hasarder un brûlot à pleines voiles, l'attacher à l'estacade, s'il ne la rompt pas, y mettre le feu.

On peut essayer à la couper la nuit à coups de haches avec des gens bien résolus en des chaloupes et pinasses.

Je crois qu'il serait bon de faire cinq ou six brûlots de chaloupes, afin que n'étant pas plus hauts que les petits vaisseaux qui portent l'estacade, ils puissent aisément les brûler. Il me souvient qu'à la Rochelle jamais Targon ne put faire une estacade

On peut voir s'il n'y a point assez de prise aux bateaux qui la portent, pour y attacher quelques pétards.

Enfin, hasarder toutes sortes d'inventions possibles pour cet effet, sans hasarder l'armée.

Si ce dessein est impossible, on estime, que l'armée du roi peut demeurer à l'ancre devant la Corogne, et empêcher tout le reste de cet été que les vaisseaux et les gens de guerre qui sont dans ce port n'en sortent ; ce qui n'apportera pas peu d'incommodités aux ennemis, qui s'affameront dans ce lieu peu fertile, et qui conséquemment y éviteront difficilement de grandes maladies, et peut-être que dans cette attente, il se présentera quelque occasion de faire quelque chose de bon qu'on ne saurait prévoir présentement.

Si M. de Bordeaux voit quelque meilleur dessein qu'il puisse entreprendre raisonnablement, sa majesté lui en laisse la liberté.

Quant à la proposition de brûler et de ravager les côtes d'Espagne, faite par le sieur de Ménillet, comme on n'y voit pas grand profit ni considération, aussi aucun péril, M. de Bordeaux pourra entreprendre en ce genre ce qu'il estimera à propos, pourvu qu'un tel dessein ne lui fasse pas abandonner celui de la Corogne ainsi qu'il est exposé ci-dessus.

Lorsqu'il sera temps de remettre les vaisseaux dans les ports, ce qu'il faut faire le plus tard qu'on pourra sans faire courir fortune auxdits, il faut remettre tous les grands à Brest et à Blavet s'il en est besoin, et en renvoyer au Havre une escadre de dix du port de ceux qui y peuvent entrer aisément.

Je prie M. de Bordeaux de faire faire une si bonne chaîne ou estacade à Brest et de bois qui sût résister à l'effort d'un vaisseau.

On peut encore hasarder un vaisseau maçonné, pour rompre l'estacade.

M. de Bordeaux saura que l'amiral de Hollande a déjà pris douze cents Espagnols naturels qui venaient à Dunkerque, chargés sur des vaisseaux anglais, lesquels il ne respectera en aucune façon en telles occasions.

à Blavet, s'il y en met, que les ennemis ne puissent venir brûler lesdits vaisseaux.

Fait à Abbeville, le 7 juillet 1639.

Le Cardinal DE RICHELIEU.

J'ajoute à cette dépêche que si, quand vous retournerez à la Corogne, les vaisseaux qui étaient dans le port et que vous devez avoir dessein de brûler étaient sortis dudit port, il serait fort inutile de vous y arrêter, mais en ce cas vous devez faire tel dessein que vous estimerez plus à propos, soit à la mer, soit dans les côtes.

Le Cardinal DE RICHELIEU.

AVIS DE L'ENTREPRISE SUR UNE PLACE D'ESPAGNE.

L'on peut surprendre C. . . . [1] en Galice, bon port, avec quinze ou vingt vaisseaux, faisant débarquer quatre mille hommes.

Les portes de la ville n'ont ni pont-levis ni ne sont terrassées, ayant seulement trois ou quatre pouces d'épaisseur. De sorte qu'avec des pétards de dix ou douze livres seulement, l'on peut se faire entrée la nuit dans la place par ces différents endroits.

Il n'y a pas dans la ville et dans le faubourg plus de cinq cents hommes de guerre, hormis qu'à présent il y a des recrues qui attendent pour passer en Flandre.

Pour le château, qui est dans la mer, il faudrait avec des barques s'en approcher aussi la nuit, et mettre le pétard à la grande porte. Il n'y a dedans, pour l'ordinaire, que vingt hommes, et l'on ne peut pas y en mettre plus de cent. L'on peut faire la descente par trois différents endroits.

Pour la sûreté de l'exécution de cette entreprise, il serait à propos, avant que de s'y embarquer, d'envoyer quelque petit vaisseau anglais, pour voir si la place est encore au même état qu'elle était il y a cinq mois.

---

[1] En blanc dans l'original.

M. le cardinal engage M. de Bordeaux à poursuivre son dessein contre la Corogne.

LETTRE DE M. LE CARDINAL DE RICHELIEU

A M. L'ARCHEVÊQUE DE BORDEAUX, TOUCHANT LE DESSEIN DE LA COROGNE, LEQUEL IL APPROUVE ET LA PRISE DE HESDIN.

MONSIEUR,

Je suis très-aise que la grande tempête que vous avez soufferte ne vous ait point fait perdre de vaisseaux. Les marchands ne gagnent pas toujours : c'est beaucoup en certaines occasions de ne rien perdre.

Je vous renvoie une ponctuelle réponse à ce qui m'a été proposé de votre part, par le sieur du Ménillet. J'espère qu'il se présentera quelque occasion dans laquelle vous pourrez faire quelque chose de bon ; et pour moi, je vous avoue que je ne désespère pas que, sans hasarder l'armée, vous puissiez rompre l'estacade de la Corogne, et avoir lieu ensuite de brûler les vaisseaux des ennemis.

Je vous ai fait ci-devant deux dépêches sur le sujet de la flotte des Indes, mais comme les avis qui sont arrivés sont incertains, j'estime le dessein de la Corogne plus assuré.

Je ne vous mande point de nouvelles de deçà.... Nous avons pris Hesdin, à la barbe du cardinal-infant et de Piccolomini. Cette place s'est trouvée plus forte qu'on ne pensait.

M. le prince a pris Aupoul, le fort Saint-Ange, et assiège maintenant Salces. Notre flotte du levant rivalise avec le ponant [1].

---

[1] M. le cardinal de Richelieu faisait allusion au combat de MM. le comte d'Harcourt et de Pont-Courlay, rapporté par le P. Fournier ainsi qu'il suit :

L'armée navale du roi ès mers du Levant, composée de bon nombre de vaisseaux et de galères, sous la conduite de monseigneur le comte d'Harcourt, secondé du marquis de Brézé, commandant les galères, se mit en mer au mois de juin, mouilla quelques jours à la rade de Gourjan, proche des îles Sainte-Marguerite et Saint-Honorat, comme en un parage fort avantageux pour veiller à la conservation des côtes de Provence et de Savoie.

Sur quelques avis de l'approche de vingt-sept galères ennemies, qui avaient dessein sur Villefranche et Nice, elles partirent de

J'espère que vous ferez quelque chose de bon, et demeure pour toujours,

  Monsieur,

   Votre très-affectionné comme frère à vous rendre service.

       Le Cardinal DE RICHELIEU.

D'Abbeville, ce 8 juillet 1639.

ladite rade le 25 de juin, et malgré le vent qui était contraire, on surmonta le temps, et on se rendit à force de bras dans le port de Villefranche, les gros vaisseaux étant remorqués par les galères, chaloupes et caïques. Si l'ennemi y fût arrivé plus tôt, les officiers de madame la duchesse de Savoie eussent eu de la peine à retenir le peuple et les garnisons dans leur devoir, et les forteresses de Saint-Souspir et de Montauban eussent été en danger. A la venue de l'armée navale du roi, les habitants de Nice se mirent sous les armes, et y demeurèrent deux jours et deux nuits, ne sachant quel parti suivre, de madame de Savoie ou du cardinal de Savoie.

A quelques jours de là, sur un autre avis que les galères de Naples, de Sicile et de Florence devaient débarquer deux mille soldats à Menton, proche de Mourgues et de Villefranche, le comte d'Harcourt envoya cinq de ses plus forts navires mouiller à la rade dudit lieu de Menton, avec deux brûlots, pour empêcher la descente aux ennemis.

Le 14 de juillet, un brigantin vint au bord de notre amiral, et lui dit qu'il avait vu, vers le cap Corse, un peu au-delà de Ligourne, douze grandes barques de guerre ennemies, et quinze, tant polacres que barques, qui faisaient force de voiles pour gagner Gênes, où les galères les attendaient.

Un autre avis lui était donné que les galères prenaient la route de Barcelone; M. le comte partit aussitôt, en intention d'aller sur le cap d'Onille, les y attendre; mais le vent étant contraire, il ne put arriver à Saint-Remo, qui est au-delà du cap, où il

se voulait loger; qu'il ne fût jour, tellement que les galères ennemies découvrirent les nôtres de fort loin, ce qui ne les empêcha pas toutefois de continuer leur chemin. Les nôtres crurent qu'elles voulaient combattre, venant droit à elles avec bonne contenance, de quoi le comte d'Harcourt témoignant être ravi, donna ses ordres; et ensuite le marquis de Brézé, assisté des avis du chevalier de Forbin, quittant le cap des vaisseaux, se range, avec ses quatorze galères, au poste qui lui avait été ordonné. Mais cette grande joie et allégresse française se ralentit aussitôt, lorsque les ennemis, ayant reconnu notre armée, tirèrent à la mer, et s'en allèrent sans lui rien dire. Elle les suivit bien quelque temps; mais voyant que c'était en vain, elle relâcha à Saint-Remo, où deux galères de Gênes s'étant rencontrées, le comte d'Harcourt commanda à trois de nôtres d'en prendre une, qui fut saisie sans peine, parce qu'elle s'était tirée un peu au large; l'autre échoua à terre et se fracassa entièrement pour sauver la marchandise. Le comte d'Harcourt fit ce commandement pour obliger les Génois à tenir mieux leur parole et garder plus fidèlement la neutralité; et de là revint à la rade de Gourjan, où il apprit une suspension d'armes entre les états de Savoie et du Milanais; et attendant de nouveaux ordres de sa majesté, il envoya quatre vaisseaux à la mer, lui demeurant avec ses principales forces sur nos côtes, pour les garantir des descentes des ennemis, qui allaient et venaient d'Italie en Espagne chargés d'infanterie. Ces quatre vaisseaux, après avoir couru toute la côte de Naples et une partie de celle de Sardaigne, revinrent se ranger

LETTRE DE M. DE NOYERS

A M. L'ARCHEVÊQUE DE BORDEAUX, TOUCHANT LES NOUVELLES DE LA COUR.

MONSIEUR,

Je vous souhaite les vents favorables et une heureuse fin de campagne.

M. de Bullion m'a promis de donner tout le contentement imaginable au trésorier de la marine, et de lui faire les assignations.

Il fera sans doute le même pour le paiement des deux montres des officiers et prêts du régiment de la Couronne. Ainsi, vous n'aurez plus rien à nous demander.

Tout va bien par deçà, grâces à Dieu; son éminence ne fut jamais plus aimée du roi. M. de Cinq-Mars Effiat prend bonne part dans les bonnes grâces du roi : son éminence en congratule sa majesté. Ainsi, tout va à souhait. Nous partons lundi 29 de ce mois pour continuer le voyage de Lyon; je prie Dieu qu'il soit heureux et que vous me croyiez toujours,

Monsieur, votre, etc.,

DE NOYERS.

De Langres, le 27 août 1639.

Ensuite de ses deux expéditions contre la Corogne et Larédo, M. de Bordeaux envoyant à M. le cardinal le journal suivant de sa navigation, rend ainsi compte de ces deux combats et des autres événements de la campagne.

sous le pavillon, au commencement du mois de septembre, avec quelques prises considérables faites sur les ennemis. Ensuite de quoi le comte d'Harcourt en renvoya quatre autres qui; deux jours après être partis de l'armée, donnèrent la chasse, et prirent un vaisseau qui portait en Espagne un évêque de Sicile et quantité d'autres passagers. Il était du port de cinq cents tonneaux, monté de trente-quatre pièces de canon, et capable de rendre un grand combat.

RELATION

Il semblait que la tourmente qui avait commencé vers la fin d'avril, et qui avait empéché l'armée de sortir jusqu'au 15 de mai, qui l'avait battue de telle sorte le 24 de juin, qu'elle semblait être plutôt en état de regagner ces ports que de retourner à la mer, qui l'avait

---

[1] L'armée du ponant, commandée par monseigneur l'archevêque de Bordeaux, fut composée cette année de quarante vaisseaux de guerre, de vingt-un brûlots et douze flûtes chargées d'artifice et d'infanterie pour les descentes. Le comte de Tonnerre en fut maréchal-de-camp. Elle partit de la rade de Saint-Martin de Ré le 18 de mai, et séjourna à Belle-Ile jusqu'au 1er de juin, à cause d'un sur-ouest contraire à sa route. Elle arriva le 8 de juin à la Corogne, havre célèbre en Galice, où elle trouva trente-cinq vaisseaux de guerre des ennemis, qui se retirèrent à l'instant dans la baie, sous trois grands forts qui la défendent, proche de soixante pièces de canon qui étaient à terre, et six cents mousquetaires qu'ils espéraient passer en Flandre, chaque vaisseau ayant de plus une haussière pour se tirer à terre, et s'échouer s'ils y étaient contraints, et de plus, pour empêcher les nôtres de venir aux mains, ils fermèrent l'entrée par une estacade de barques, bateaux et pièces de bois, fortement liés par ensemble, laquelle était flanquée du canon des forts, et gardée par six frégates de Dunkerque, plusieurs pinasses et doubles chaloupes, armées et soutenues de quelques uns de leurs plus grands vaisseaux. Après quelque léger combat, voyant qu'il n'était pas possible de les forcer chez eux, ni piquer d'honneur l'amiral, auquel M. de Bordeaux avait envoyé une lettre par un vaisseau anglais, pensant l'obliger au combat, s'il sortait en mer, on fit quelques descentes

sur les lieux voisins, et ayant appris que don Antonio d'Oquédo, avec vingt-cinq autres vaisseaux de guerre, n'était pas moins retranché dans la rivière de Suaso, qui tombe dans la baie de Calis, il fut résolu de rebrousser le long de la côte d'Espagne, pour, l'incommodant, obliger les ennemis à la défense de leurs terres; mais tout ceci ne servant de rien, et les voyant résolus de tenir ferme dans leurs havres, l'armée revint à Belle-Ile. Après avoir été battue d'une très-fâcheuse tempête; en ce lieu ayant réparé le désordre que la tempête avait causé, et pourvu les vaisseaux de tout ce qu'ils avaient besoin, on partit derechef de la rade de Belle-Ile les 6 et 7 d'août, en résolution d'aller pour la seconde fois à la Corogne, sonder la volonté et le courage des ennemis. Mais, sur l'avis qu'on eut en mer qu'il y avait neuf galions d'Espagne à la rade de Saint-Oigne, près de Larédo en Biscaye, tout prêts à mettre à la voile, toute l'armée s'y rendit le 13 du même mois; après avoir reconnu les lieux et su que sept étant déjà sortis, il n'en restait plus que deux, savoir : l'amiral de Galice, de plus de mille tonneaux, et l'autre de huit cents, qui s'étaient retirés dans un amas de sable, sous le fort de Saint-Oigne, garni de diverses batteries, et de deux mille hommes bien retranchés, et commandés par don Juan Reion de Silva. La résolution fut prise de les attaquer; l'infanterie fut mise à terre avec force chaloupes, et les bataillons formés sur le sable avec une in-

retenue à Belle-Ile depuis le 28 de juin jusques au 4 d'août, sans que pas un vaisseau pût mettre le nez dehors, ni même souffrir les mâts de hune hauts, dût empêcher l'armée de retourner à la mer. La plupart des vaisseaux ayant été dégréés et si maltraités que nul n'avait conservé sa chaloupe, ayant été brisées presque toutes sur leurs porte-haubans, la plupart nus, ayant perdu les jeux de voiles qu'ils avaient envergués, et la plupart démâtés de tout ou partie de leurs

croyable diligence, tant par le général que par le maréchal-de-camp, et à l'instant quatre bataillons d'ennemis, qui avaient fait mine de vouloir disputer la descente, apercevant qu'on allait gaillardement droit à eux, ployèrent et se sauvèrent à la fuite, en laquelle ils furent si chaudement poursuivis par nos enfants perdus, commandés par les sieurs de Saint-Etienne et Montoutre, que la ville même de Larédo, quoique fermée de murs et défendue par trois redoutes faites sur des éminences pleines d'artillerie qui en rendaient les avenues très-difficiles, fut emportée de vive force par trois endroits en moins d'une demi-heure, bien que don Juan de Silva eût écrit à son maître, peu auparavant, qu'il ne craignait point en ce lieu les forces du roi, et qu'il en eût reçu les remerciments du roi d'Espagne, par une lettre qu'on a trouvée dans ses papiers.

La fortification de ce lieu étant démolies, et le canon embarqué, l'infanterie eut commandement de descendre du côté de Saint-Oigne, comme aussi quelques vaisseaux, frégates et chaloupes, pour attaquer les deux galions, qui furent plus difficiles à sauver qu'à emporter, car les matelots se jetant en mer après y avoir mis le feu, le petit fut brûlé entièrement, mais le grand, qui portait pavillon d'Espagne, fut sauvé par la diligence du sieur de Cazenac, capitaine d'un des vaisseaux du roi, qui monta des premiers le bord, et enleva ledit pavillon, et par le soin du commandeur Desgouttes, qui s'y étant rendu, le fit mettre à la voile.

En même temps, le fort fut si vivement attaqué, que la ville fut prise d'emblée, et les retranchements forcés, l'épée à la main. Ensuite de ces exécutions ne se présenta plus d'ennemis, la ville de Larédo et le bourg de Saint-Oigne furent pillés, après que le général eut fait faire un ban public à la tête des troupes, portant défense à peine de la vie de piller les églises, brûler, violer ou faire aucun excès aux vieillards, femmes et enfants, ce qui fut exactement observé.

Le roi y gagna un galion, aussi grand que notre amiral, et cent cinquante pièces de canon, dont il y en a la moitié de fonte.

Le pillage y fut très-riche.

Le sieur de Rochebrune y reçut un coup dans le corps avec danger.

Le sieur de Breuil, un dans la cuisse sans péril.

Le sieur Duquesne, capitaine d'un vaisseau de roi, y fut blessé d'une mousquetade au menton.

Le sieur de Saint-Michel, capitaine d'un brûlot, eut la cuisse emportée d'un coup de canon.

Au mois de janvier en suivant, les quatre drapeaux gagnés sur les Espagnols par monseigneur l'archevêque, furent portés dans Bordeaux par quatre soldats du guet, devant les quatre jurats, comme premiers gentilshommes de la province, qui les prirent en la maison du président Lalanne, auquel le roi les avait envoyés, et furent conduits à Saint-André, qui est l'église archiépiscopale, avec toutes les compagnies de la ville en armes.

mâts, et tous presque ayant perdu la plus grande partie des victuailles, dont ils s'étaient chargés pour six mois, tant pour leurs équipages que pour l'infanterie embarquée. Mais l'affection des capitaines a été telle, et le soin des officiers si grand, que les uns à l'envi des autres ont fait des choses incroyables, soit pour retrouver de nouvelles victuailles sur le crédit de leurs amis, soit à remettre les vaisseaux en état de retourner en mer, qu'incontinent tout fut prêt ; mais la malignité du temps a été telle que jusques au 4 août on n'osa mettre hors, durant quel temps les régiments de la Couronne et des Vaisseaux furent descendus dans les îles désertes de Lionac et de Ludic, pour empêcher que la maladie ne se mît dans les bords par la trop grande quantité du monde qui y était embarqué. L'armée étant à la mer, faisant route vers la côte d'Espagne, a été encore surprise de tant de grains à la vue des terres d'Espagne, que l'on craignait bien plus de les aborder qu'on n'avait de désir de s'en approcher. Enfin le 12 du courant, une patache commandée par le capitaine Bruoc, et une frégate commandée par le capitaine Brun qui avaient été envoyées pour prendre langue et pour porter le sieur Joly, aide-de-camp, pour reconnaître les descentes pour l'infanterie sur la côte, rapportent qu'ils avaient rencontré deux galions d'Espagne, dont l'un avait le pavillon au grand mât, qui était à la rade de Saint-Oigne, dont ils avaient pris une chaloupe avec seize hommes, qui l'était venu reconnaître, par lesquels on apprit que des neuf galions qui avaient été bâtis à Bilbao et lieux circonvoisins pour remplacer ceux de Gatari et reformer l'escadre de Galice, il n'en était sorti que sept, dont cinq étaient séparés et deux avaient relâché à Saint-Oigne, et deux n'avaient pu sortir de Portugalette ; que les deux qui étaient à Saint-Oigne, dont l'un était le plus grand et l'amiral, étaient commandés par le général de cette flotte, qu'ils n'avaient encore que trente-deux canons chacun, et deux cent cinquante hommes d'équipage. Dès lors, le commandement fut donné de mettre le cap sur Saint-Oigne, où l'armée arrivant, se rencontra dans une grande baie d'un côté de laquelle est la ville de Larédo, une des quatre capitales de la Biscaye, et de l'autre Saint-Oigne, qui commande la rivière de la Lolindre, dans laquelle ces deux galions restaient retirés au dedans

d'une barre et sous un fort de six pièces de canon et deux batteries
de terre de quatre pièces, sous lesquels ils pensaient être en sûreté.
Toute la nuit se passa à sonder la rade, reconnaître la barre, et
visiter les descentes; mais le matin on commença d'être salué de vingt-
quatre pièces de canon qui étaient en batterie à la rade, et de celles
qui étaient du côté de Saint-Oigne, avec peu d'effet néanmoins, qui
fit résoudre à commencer par le plus pressé et ce qui pouvait plus
nuire, qui était la rade. Le commandement est donné de débarquer
l'infanterie des bords pour la mettre en des bâtiments propres à
toucher la terre. Toute la nuit le comte de Tonnerre, maréchal-de-
camp, et le sieur de Buquoy, sergent de bataille, firent les diligences
nécessaires pour leurs ordres de terre; et le sieur Decamp, sergent de
bataille de la mer, pour le débarquement. Tout y fut conduit si
diligemment qu'à huit heures du matin toute l'infanterie de la mer,
réduite à cinq bataillons commandés par le chevalier de Cangé, chef
d'escadre, et quinze compagnies de marine qui avaient chacune cent
mousquetaires détachés en divers pelotons à cause des diverses éminences qui commandaient le terrain, était débarquée; quatre bataillons
des ennemis se font voir, mais ils ne donnèrent pas lieu d'aller aux
mains avec eux, ayant plié dès qu'on toucha la terre. On marcha en
cet ordre droit à la rade, mais on fut bientôt contraint de le changer
par la situation de la ville, qui est bâtie au pied d'une montagne et sur
un grand môle, dans lequel il peut entrer deux cents petits vaisseaux.
Le régiment de la Couronne a ordre de gagner les éminences et
attaquer par derrière la ville. Trois batteries hautes, de treize pièces
de canon, tiraient incessamment sur les vaisseaux et sur l'infanterie,
tant en son débarquement qu'en sa marche, ces batteries ayant été
mises en trois redoutes sur les éminences hors la ville, afin qu'elles
eussent plus de portée par leur élévation.

L'infanterie de la marine a ordre de donner, à leur tête les cent
mousquetaires de l'amiral commandés par Baptiste, Rochebrune et
Mondon, à la porte du nord, qui était celle qui était la plus fortifiée. Ce commandement fut tout donné en même temps; le sieur
de la Roulerie, lieutenant de l'artillerie de l'amiral, étant avec ce

corps, avec le pétard et échelles et autres nécessités pour une telle
attaque.

Toutes les pinasses, bateaux, chaloupes et autres bâtiments
qui avaient servi au débarquement avec le sieur de Cangé, qui
voyaient cette tragédie, voulurent être aussi de la partie sans qu'ils
en eussent ordre, donnant dans le môle sans commandement; ce
qui étonna si fort les ennemis, que tout gagna la montagne, hormis les reclus, prêtres, religieux, et ceux que l'incommodité avait
retenus.

Le pillage fut plus tôt fait et les maisons, qui sont peut-être au
nombre de cinq ou six cents fort belles, plus tôt fourragées qu'on y eût
pu remédier; mais le soin des officiers fut tel, et l'obéissance des soldats
si grande, que nulle église ni aucune femme, regardées que pour rendre
grâces à Dieu et saluer les autres.

La quantité de vin et les désordres qui arrivent ordinairement en
telles rencontres faisant appréhender le feu et ce qui a accoutumé de
suivre, fit résoudre à faire sortir tous les gens de guerre, avec ordre
porté à chaque corps de reprendre le champ de bataille qu'ils avaient
pris pour donner; ce qui fut exécuté si promptement, que deux heures
après, il n'y avait pas un soldat dans la ville, que ce qui était absolument nécessaire pour la garde des postes et les gardes du général. La
nuit se passe. La marine se rembarque le lendemain, dans les bâtiments propres aux descentes. La Couronne demeura dans la ville pour
faire embarquer l'artillerie et démolir les fortifications, sans qu'il y ait
une seule maison ruinée ni brûlée.

Les prisonniers et ceux qui étaient dans la ville rapportent qu'il y
avait deux mille hommes, tant d'habitants que de dehors, qui, sous la
charge d'un don de Silva, gouverneur, avaient résolu de se bien défendre, et que, du côté de Saint-Oigne, tout le pays y était arrivé, et
grand renfort du côté de Saint-André, entre autres de cavalerie; et
que les vaisseaux avaient ordre de faire l'impossible pour se conserver,
et de se brûler en cas qu'ils ne le pussent; ce qui fit résoudre à ne
différer pas plus long-temps de descendre de ce côté, qui était le seul
moyen d'avoir les galions entiers, les pilotes ne voulant pas nous assurer

de ramener, à cause de la barre, les vaisseaux de la grandeur qu'il eût été nécessaire d'y envoyer pour les combattre.

Le troisième jour, 16 du mois, quatre brûlots furent commandés, soutenus de quatre frégates et vingt-quatre chaloupes commandées par quatre capitaines de la marine, et l'enseigne de l'amiral, nommés Duquesne, Croyset, Thibault, le Mény et le chevalier Desgouttes. Le régiment de la Couronne et les Vaisseaux ont ordre de marcher avec le comte de Tonnerre sur le bord de l'eau, proche des galions; l'infanterie de la marine se prépare à donner, embarquant ses enfants perdus dans des chaloupes, attendant le commandement, chacun ne sachant ce qu'il avait à faire.

Le flot venant, les brûlots et ceux qui les soutenaient partent avec ordre d'aller droit aux galions pour leur faire peur en cas qu'on ne fût maître de la terre par l'attaque qui fut ordonnée à la marine d'y faire, et de les aborder en cas qu'on ne fût repoussé. Le commencement fit douter de l'issue, le calme prenant dès qu'on fut à la mer; les batteries de terre, celles des vaisseaux, l'infanterie qui bordait toute la terre dans un grand retranchement, faisant tant de feu qu'on ne savait qu'en juger. Enfin, Dieu, qui préside à la justice des armées du roi, fit que les ennemis s'étonnèrent, après leur feu, qui dura environ une heure, qu'ils reconnurent inutile au courage de nos gens, de sorte qu'ils prirent la fuite, et ceux qui étaient dans les galions y mirent le feu; mais l'amiral, qui était à la terre, fut si pressé, qu'il n'osa ou ne put, ayant même failli à être pris par la chaloupe de l'amiral, commandée par le chevalier Desgouttes, enseigne, et neveu du commandeur.

Le sieur de Casenac, capitaine de la marine, qui se fâchait de n'être point commandé en cette attaque, étant dans la chaloupe pour voir ce qui arriverait, se résolut de donner sans commandement à cet amiral; ce qui réussit si heureusement qu'y arrivant seul le pistolet à la main il y rencontra celui qui le commandait avec quatorze hommes qu'il obligea de se jeter dans leurs chaloupes pour se sauver, sans leur donner le loisir de mettre le feu, que si faiblement, qu'il le tua facilement et jeta à la mer toutes les poudres et artifices destinés à cet effet.

Il n'eut pas moins de hâte d'envoyer prendre le pavillon qui était arboré au grand mât comme à l'amiral de Galice.

Le sieur Duquesne, qui avait ordre d'aborder le galion avec le sieur Thibault et douze chaloupes en cas qu'il y vît apparence, en fut empêché par une mousquetade qui rasa sous le menton, lui rompit la mâchoire, dont on ne croit pas qu'il meure. Le sieur Thibault y fit aussi tout ce que pouvait un homme de cœur.

Le second galion, qui était plus avant dans la rivière, ne pouvant être sitôt abordé par les sieurs du Croiset et du Mény, qui avaient le même ordre, à cause qu'ils étaient plus enfoncés dans la rivière, se brûla de lui-même sans que les capitaines pussent jamais y mettre ordre, quoiqu'ils l'allassent aborder aussitôt que le feu y fut mis, lesquels firent des diligences extraordinaires pour cet effet.

Durant que cette attaque se faisait d'un côté, la marine met pied à terre, l'ennemi prend la fuite; les bataillons se forment, les enfants perdus suivent les ennemis, en prennent et se rendent maîtres de cette île, où l'on ne peut aborder que par une chaussée où il ne peut passer que deux hommes de front du côté de la grande terre.

Le commandeur Desgouttes, quoiqu'il fût réservé avec partie des capitaines de la marine pour tenir l'armée navale en état de recevoir les ennemis s'ils arrivaient, ne put néanmoins s'empêcher de mettre pied à terre presque aussitôt que les enfants perdus, d'où l'archevêque de Bordeaux le renvoya pour avoir soin de l'armée et de faire avancer les troupes qui n'étaient pas encore toutes débarquées; mais son soin, qui est sans bornes, ne le put empêcher d'aller au bord de cet amiral pris, pour y mettre l'ordre; mais le voyant sur le coup de la pleine mer et appréhendant que le jusant, qui commençait, ne l'empêchât de sortir, le fit mettre à la voile si heureusement, que servant de pilote et de tout, il sortit ce vaisseau jusques sous l'amiral, n'ayant avec lui que le sieur du Croiset, qui l'avait abordé avec Casenac, le capitaine Broc, Lacoste lieutenant, de Senantes et Pichot, lieutenant de Duquesne, et les équipages de leurs chaloupes.

De dire tous ceux qui ont bien fait, il serait malaisé, chacun ayant contribué tout ce qui était de son soin avec grande affection, cœur, ordre, obéissance; mais entre autres le bonhomme la Hoguète, qui commandait la noblesse volontaire, a fait voir que quand l'ordre est dans la tête de celui qui commande, souvent il fait grand effet sur ceux qui sont commandés.

Et le régiment de la Couronne, mis en quatre bataillons composés de cinq cents hommes chacun, dont le premier était commandé par le sieur de Brain, lieutenant-colonel du régiment, le second par Daguerre, le troisième par le baron de Goujon, et le quatrième par Cosages, dont il fut détaché du premier six-vingts hommes commandés par le sieur Montiéri capitaine, et autres officiers, à la conduite du sieur de Montcanp, aide-de-camp.

La retraite de Larédo fut faite par ledit régiment, à la conduite dudit Brain, lieutenant-colonel, avec le sieur de Cosages.

Et pour ce que les ennemis paraissaient près de leur marche, il fut détaché deux cents hommes, commandés par les sieurs Dujarry et Marianne, capitaines, qui se portèrent avec telle diligence que les ennemis, au nombre de douze cents, ne surent gagner un poste qui leur était favorable, où il se fit un combat et de si près que ledit sieur Dujarry y fut blessé de coups de pierres, où nous ne perdîmes que le sergent de la Colonelle et quelques uns de blessés, et du côté des ennemis il se fit perte notable. Dans ces occasions le sieur de Cambon fit bien voir qu'il avait été nourri dans les mousquetaires du roi, s'étant maintenus en corps et jetés à l'eau à toutes les descentes jusqu'à la ceinture, sans rompre leur ordre ni sortir de leur poste, qui était à la gauche des mousquetaires de l'amiral.

Il serait malaisé de dire tous les noms, mais j'y ai remarqué les sieurs Orluys, Gaucour, Arsac, les deux Bourdets, Chemerault, Dulac, chevalier Taudiac, Roque-Taillade, Lanesvane, Rodonnet enseigne de Brest, le marquis de La Luserne, le comte de Clermont-Gayac, Chaboissière, Lacour, le baron de Festival, le chevalier de la Boislinière, le chevalier de la Melonière, Larivière, de Gesvres, Lahay, Plaisance, La Sausaye et plusieurs autres. Je ne nomme pas les abbés de Gaucour et Cheselles, que la profession dispense de toute rencontre; mais ils ont cru que puisque le général était ecclésiastique, ceux qui ont ennui de l'être, y pouvaient aller. Le sieur de Pontesière, capitaine de Hollande, travailla au bataillon de Basac comme eût fait un sergent payé à cet effet , ayant pris ce poste à cause de son parent qui le commandait. Ses bonnes qualités sont superflues à dire, les ayant fait connaître en infinies occasions, en France et Hollande, où il est depuis dix ans.

Le sieur de Belin, gentilhomme irlandais qui a quitté le service d'Espagne depuis un an à cause des injustices et mauvais traitements qu'il y a reçus, et qui s'est donné au roi depuis, a servi avec même affection.

Rien ne se peut ajouter à l'ordre des descentes, à la promptitude à former les bataillons, ni à la hardiesse d'aller à eux, dont le comte de Tonnerre, maréchal-de-camp, Buquoy, sergent de bataille, Joly Moncaulst et Jacques de Bléré, aides-de-camp, travaillèrent avec un soin incroyable, aussi bien que le sieur Menadet, qui servait de sergent-major à l'infanterie de la marine.

La perte que les ennemis y ont faite en cette rencontre est de deux galions, dont l'un est de mille à douze cents hommes qui sert maintenant le roi en son armée, qui porte le pavillon d'amiral arboré au grand mât; le second, de sept à huit cents tonneaux; de plus de cent pièces de canon; de plus de deux cents barques, bateaux et pinasses, et d'une des principales villes de Biscaye qu'ils pensaient avoir mise en état de ne rien craindre, comme on le voit par la dépêche du roi d'Espagne à ce don de Silva.

La perte qu'a faite le roi est de deux capitaines de brûlots tués; un capitaine de la marine, nommé Duquesne, blessé au visage; de deux gentilshommes de l'archevêque de Bordeaux, nommés Rochebrune et le Breins, grièvement blessés, et de quelques soldats et mariniers; et un capitaine du régiment de la Couronne, nommé Montiéri, blessé à la jambe d'un coup de mousquet.

M. le cardinal de Richelieu félicitant M. de Bordeaux sur les
bons succès de la campagne, lui donne les ordres du roi au sujet
de Larédo et des opérations ultérieures de l'armée navale.

LETTRE DE M. LE CARDINAL DE RICHELIEU,

A M. L'ARCHEVÊQUE DE BORDEAUX.

MONSIEUR,

Je ne saurais assez vous témoigner la joie que j'ai eue de l'avan‑
tage que vous avez remporté sur les ennemis aux côtes d'Espagne.
Je reçois cette victoire comme un augure d'autres bons événements
qui vous arriveront, étant assuré que vous n'oublierez rien de ce que
vous pourrez pour n'en demeurer pas là.

J'ai vu, par votre relation, le sujet que le roi a d'être content de
tous ceux qui ont servi en cette occasion, que j'ai fait valoir autant
qu'il m'a été possible. Je vous prie de leur témoigner le contente‑
ment que j'ai de l'honneur qu'ils ont acquis, et le désir que j'aurai
toujours de les servir en revanche de ce qu'ils ont fait.

Pour répondre aux divers points de votre lettre, je vous dirai pre‑
mièrement que je n'estime pas que vous deviez penser à fortifier l'émi‑
nence de la Bède, où il serait impossible de faire rien de bon, puisqu'il
n'y a point d'eau.

Quant à ce qui a été pris de galions, tous les canons, munitions de
guerre et agrès, en un mot ce que vous jugerez nécessaire au roi étant
réservé, vous pourrez faire partager le reste entre tous ceux qui doivent
y avoir part, ce que j'estime très-raisonnable.

Vous me mandez qu'il faut pourvoir à Belle-Ile : on a déjà écrit à
M. de Retz qu'il y prenne soigneusement garde. Je lui écrirai de
nouveau, et je vous prie, en revenant de la mer, de lui faire une dé‑
pêche sur ce sujet, lui offrir deux ou trois cents hommes de garnisons,
et, s'il les accepte, les lui envoyer de ceux que vous ramènerez. Le roi
trouve bon que les pavillons que vous lui avez envoyés soient portés à

Bordeaux et mis dans votre église, pour marquer à vos ouailles que tandis que vous n'avez pu les paître actuellement en terre, vous acquérez des lauriers sur la mer.

J'ai vu ce que vous demandez pour les prête-pain des régiments qui sont sur vos vaisseaux, et pour deux montres de leurs officiers, et pour cent quatre-vingt-deux jours, le tout revenant à mille sept cent trente-neuf livres, sur quoi le trésorier a reçu cinq cent trente-neuf livres. Premièrement, on lui fait encore donner fonds de mille sept cent soixante-neuf livres, moyennant quoi l'on s'assure que vous aurez de quoi satisfaire aux prêts des soldats effectifs qui se trouvent auxdits régiments et aux deux montres de vos officiers.

Quant aux quatre cent seize mille livres que le trésorier prétend qu'il avait de mauvaises assignations, M. de Bullion a mandé à M. de Noyers, sur cet article, qu'il donnerait contentement au Picard aussitôt qu'il le verrait. Ainsi, je crois que vous aurez sujet d'être satisfait, et en effet, il faut accoutumer les soldats à l'être de la raison, et ceux qui les commandent de ne demander pas pour eux plus que ce qui se peut.

Il ne serait pas raisonnable de payer le pain aux soldats sur la mer au prix que le roi le paie sur la terre, à cause des voitures, sans lesquelles il ne coûte que dix-huit deniers en terre, au lieu qu'on vous le paie à raison de deux sous. Aussi peu y a-t-il d'apparence de bailler une montre aux soldats, outre leurs prêts et leur pain, qu'ils auront eu sans perdre un jour tout du long de la campagne.

Le roi faisant état de bien payer cet hiver tous les soldats qui seront effectifs dans les lieux où ils auront leurs quartiers¹, cette considération et celle que vous me mandez, que les Espagnols peuvent faire des desseins sur Belle-Ile, pouvant avoir autant de lieu sur nos côtes que sur cette île, font que sa majesté désire que vous mettiez quatre ou cinq compagnies dans Belle-Ile, si M. de Retz les veut recevoir; cinq ou six

---

¹ En marge est écrit :
Le roi fait loger cette année toute son armée, pendant l'hiver, dans ses villes frontières en les bien payant; l'expérience nous faisant connaître que c'est là le meilleur ordre qu'on puisse garder.

à Brest, autant à Blavet, et le reste en Ré et Oléron et autres lieux proches de la Rochelle, où, aussitôt que nous aurons reçu de vos nouvelles, nous enverrons un trésorier avec de l'argent pour payer par avance les prêts aux soldats, capitaines et officiers, dont lesdits capitaines ont un écu par jour, et les autres au prorata.

Quand vous ferez vos désarmements, vous enverrez les grands vaisseaux du roi à Brest, huit au Havre, et trois ou quatre petits à Brouage.

J'ai fait partir le sieur Petit pour aller à Brest, expressément faire mettre le port en tel état que la chambre soit sûre pour les vaisseaux du roi, et que la fermant avec de bonnes chaînes, les ennemis n'y puissent faire mal, ni par effort ni par feu.

M. de Noyers vous écrivant amplement sur le reste des affaires, je ne vous ferai cette lettre plus longue que pour vous assurer continuation de mon affection, que vous trouverez toujours telle envers vous que vous la pourrez désirer de celui qui est véritablement,

Monsieur,

Votre très-affectionné comme frère à vous rendre service.

Le Cardinal DE RICHELIEU.

De Langres, le 29 août 1639.

LETTRE DE M. DE NOYERS

A M. L'ARCHEVÊQUE DE BORDEAUX, SUR LE BONHEUR DE SES ENTREPRISES, FONDS ET QUARTIERS D'HIVER.

MONSIEUR,

Quoi que portent ceux qui viennent de votre part, ils sont toujours les bienvenus ; mais il faut avouer qu'il y a plus de sensualité à être porteur de bonnes nouvelles que de mauvaises ou d'indifférentes.

Vous êtes heureux qu'il ne se passe aucune campagne sans faire quelque exploit qui fasse parler de vous. Je prie Dieu qu'il continue à bénir vos entreprises, et à vous donner autant de bons succès que vous en souhaite le plus affectionné de vos serviteurs.

J'espère que vous aurez contentement, tant sur ce qui reste à recouvrer des assignations de la marine, que sur le paiement des prêts du régiment de la Couronne, M. de Bullion l'ayant bien précisément promis à son éminence, et par écrit.

Pour ce qui est des quartiers d'hiver de vos régiments, je ne vous répéterai point ici ce que son éminence vous en écrivit hier, m'assurant que vous acquiescerez volontiers à ce qui est de sa volonté sur ce sujet, et que vous ne les trouverez pas moins bien logés, par un tel maréchal-des-logis, que si c'eût été M. d'Escures qui en eût voulu prendre la peine.

Il sera à propos que vous me fassiez savoir au vrai le temps auquel vous leur ferez prendre terre, afin que je fasse en sorte que M. de Bullion envoie leur subsistance sur les lieux quelques jours avant qu'ils y arrivent.

Il ne me reste qu'à prier Dieu qu'il vous donne moyen de couronner la fin de la campagne de quelque action qui corresponde à celles que vous avez heureusement exécutées l'année dernière et la présente, et aux souhaits,

Monsieur,

De votre très-humble et très-affectionné serviteur,

De Noyers.

A Chalanocy près Dijon, ce 3o août 1369.

Dans la lettre suivante, M. le cardinal félicite M. de Bordeaux sur son intention de revenir à Brest pour surveiller les radoubs de la flotte. Il accorde aussi à ce prélat la permission de fondre quelques-uns des canons pris à Larédo, afin d'en faire des cloches pour son église de Bordeaux, où ce prélat avait déjà envoyé les quatre drapeaux pris sur les Espagnols à Larédo.[1] Dans un

---

[1] Cette semaine, quatre des drapeaux naguères gagnés sur les Espagnols par notre archevêque, ont été portés en triomphe par quatre soldats du guet devant nos quatre jurats comme premiers gentilshommes de la province, qui les prirent en la maison du président Lalane, auquel le roi les avait envoyés, et les ont conduits à Saint-André avec toutes les compagnies de la ville en armes.— *Gazette de France*, 1639, 22 *septembre*.

post-scriptum de sa lettre, M. le cardinal apprend à M. de Bordeaux la mort du cardinal de la Valette, frère du duc de la Valette réfugié en Angleterre, qui, ensuite de la défaite devant Fontarabie, fut condamné par contumace à avoir la tête tranchée comme coupable de crime de lèse-majesté.

LETTRE DE M. LE CARDINAL DE RICHELIEU

A M. L'ARCHEVÊQUE DE BORDEAUX.

MONSIEUR,

J'ai été très-aise d'apprendre, par votre lettre du 15 septembre, que vous avez envoyé les compagnies des régiments de la Couronne et des Vaisseaux aux lieux où ils doivent hiverner, et de voir la résolution que vous avez prise, non seulement d'aller mener vous-même les grands vaisseaux dans Brest et donner ordre à leurs radoubs, mais aussi de pourvoir à leur sûreté dans le port par le moyen de la chaîne que vous avez fait apporter de celui de Larédo. J'ai tant de confiance en vos soins et votre diligence, que je ne doute pas que toutes ces choses n'aillent comme il faut, puisque vous vous en mêlez. L'argent qui sera nécessaire à cette fin, et pour toutes les autres dépenses de votre désarmement et des radoubs des autres vaisseaux, ne vous manquera pas, le sieur Picard m'ayant mandé vous avoir envoyé tout ce que vous avez demandé pour cela : ce qui lui a été bien aisé de faire, puisque messieurs des finances ont converti la plus grande partie de ses assignations en argent comptant et changé les autres.

J'estime aussi que le voyage que vous voulez faire à Nantes pour y rétablir nos artilleries, et à Brouage et Saugeon pour visiter nos travaux et en voir l'état, sera fort utile; mais je serais bien aise que vous ne vous y arrêtassiez pas long-temps, non plus qu'à Bordeaux, et qu'après avoir mis ordre à vos affaires les plus pressées, vous me vinssiez trouver à Lyon, suivant l'offre que vous m'en faites, le plus diligemment que vous pourrez, sans néanmoins vous incommoder, croyant avoir besoin de vous dans les occurrences présentes. Il ne sera pas nécessaire que vous ameniez avec vous les capitaines entretenus à la marine, aimant mieux qu'ils demeurent aux lieux où sont les vaisseaux qu'ils commandent, pour les faire mettre en état, et pour donner ordre de bonne heure à leurs biscuits et autres victuailles, afin que nous puissions, l'année qui vient, mettre de bonne heure à la mer.

Je suis bien aise qu'il se soit trouvé plus de canons des ennemis que vous ne pensiez pas, et je le serai toujours beaucoup d'être trompé de la sorte. Le roi vous accorde bien volontiers celui qui est rompu, et que vous demandez pour grossir une des cloches de votre église de Bordeaux.

Lorsque vous serez à Lyon, nous nous entendrons parfaitement de toutes nos affaires, et prendrons ensemble résolution de ce qu'il faudra faire l'année prochaine. Ce qu'attendant, je vous assurerai de la continuation de mon affection envers vous, qui est et sera toujours telle que vous la pouvez désirer de celui qui est véritablement,

    Monsieur,

    Votre très-affectionné comme frère à vous rendre service.

                Le Cardinal DE RICHELIEU.

De Grivot, le 4 octobre 1639.

La mort de M. le cardinal de la Valette m'afflige de telle sorte, que je ne m'en saurais consoler, ayant perdu en sa personne un des meilleurs et des plus généreux amis que j'aye au monde. Sa majesté s'est souvenu de vous dans la distribution de ses bénéfices, vous ayant réservé une de ses abbayes.

- M. de Noyers donne à M. de Bordeaux les instructions du cardinal sur le désarmement de la flotte.

LETTRE DE M. DE NOYERS

A M. L'ARCHEVÊQUE DE BORDEAUX, TOUCHANT LE DÉSARMEMENT
DES VAISSEAUX ET LA GARNISON.

MONSIEUR,

Voici la deuxième fois que l'on vous mande qu'on remet à votre jugement de faire le désarmement de l'armée navale quand vous l'estimerez à propos, et que l'on croit, comme vous l'avez mandé, que ce sera plus à propos d'envoyer vos vaisseaux dans le port de Brest qu'en aucun autre des ports de delà, à l'exception de huit que vous enverrez au Havre, entre lesquels vous comprendrez deux bonnes frégates pour tenir à la guerre.

Quand vous aurez désarmé à Brest, ce sera à vous à pourvoir aux choses nécessaires pour mettre de bonne heure à la mer l'année qui vient, et vous ne manquerez pas d'argent à cet effet, puisqu'outre les deux cent vingt-deux mille livres que M. le marquis de Sourdis a envoyées pour les ouvrages de Brest, vous avez encore les cinquante-deux mille livres que le sieur Foucaut vous porta pour Guétaria qui vous tiendront lieu d'une avance que l'on eût demandée pour l'année qui vient.

Le roi trouve bon que vous mettiez en garnison les régiments de la Meilleraie, de la Couronne et les dix compagnies des Vaisseaux, aux lieux que vous avez proposés à M. le marquis de Sourdis, en donnant auparavant avis au commissaire de la subsistance de Poitou, qui est, comme je crois, M. de Villemontée. Quant à ce que vous aviez proposé de la réduction des compagnies, le roi ne croit pas que les troupes soient si fortes que l'on ait besoin de les retrancher; ainsi vous les laisserez au nombre qu'elles se trouveront au sortir des vaisseaux, et ordonnerez aux officiers de travailler incessamment à refaire leurs compagnies, afin qu'on les puisse faire agir de bonne heure la campagne prochaine.

Son éminence désire que vous tâchiez par tous moyens à faire faire six bonnes frégates en Bretagne, soit au port de Brest ou en quelque autre lieu que vous jugerez propre à cet effet. Elles pourront servir bien utilement dans la Manche, et nous avons avis qu'on les fera mieux en Bretagne qu'en tout autre lieu de la France, à cause que les bois et les ouvriers sont meilleurs. Seulement faut-il observer une chose, qui est de choisir du bois sec, et y faire travailler en si bonne saison que le bois ne vienne pas après à se retirer et diminuer quand le soleil et les sécheresses viendront à donner dessus.

Vous reconnaîtrez aussi si l'on peut recouvrer des poudres-et des salpêtres en Bretagne, et donnerez avis à son éminence de la quantité dont l'on en pourra faire état.

Son éminence vous prie aussi de passer en Brouage et autres lieux portés par la dépêche, et de donner à M. de la Potherie, que le roi envoie en Guienne, par préférence, des causes du malheur du Fontarabie, toutes les instructions possibles pour justifier ce qui s'est dit contre ce que vous savez. Je sais bien que c'est une faible consolation de rechercher les causes d'un tel accident, qui ne peut n'être point, mais l'on doit cela au public, et la prudence veut que l'on pourvoie au présent par la punition des fautes passées. Je prie Dieu que nous vous revoyions ici en bonne santé, et que vous me croyiez toujours,

    Monsieur,

      Votre très-humble et très-affectionné serviteur,

                          De Noyers.

De Ruel ce 5 octobre 1339.

LIVRE CINQUIÈME.

1640.

CHAPITRE VIII.

La guerre continuait avec l'Espagne et l'Italie; les princes de Savoie avaient fait quelques offres d'accommodement à la duchesse régente, sans que les hostilités cessassent dans le Piémont. Le nonce du pape avait aussi tâché de négocier une trêve de quelques années entre la France et le Milanais; quoique M. le marquis de Leganez parût disposé à accepter cette suspension d'armes, il faisait de grands préparatifs pour se mettre en campagne avant que les troupes françaises pussent avoir passé les monts. M. le cardinal de Richelieu agissait de même, augmentait le nombre des troupes du roi, tout en négociant apparemment la paix, pensant que le prince Thomas de Savoie ne parlait d'accommodement que pour se rendre les Piémontais favorables, et les soulever contre la duchesse régente sa belle-sœur.

M. le cardinal de Richelieu désira cette année tenter deux attaques importantes contre Nice et Villefranche; mais les nouveaux différends élevés entre M. le comte d'Alletz et M. de Bordeaux paralysèrent les desseins du premier ministre. Sous le prétexte que la peste ravageait la Provence (assertion au moins singulièrement exagérée), M. le comte d'Alletz, jaloux des opérations militaires qu'aurait pu tenter M. de Bordeaux, retint les troupes que le cardinal lui avait ordonné d'envoyer dans cette province.

M. Bidaud, résident à Gênes, donne l'avis suivant sur les desseins de l'Espagne et des princes piémontais.

AVIS

REÇU DE M. BIDAUD, RÉSIDENT A GÊNES, DU 3 JANVIER 1640, QUE LES ESPAGNOLS ATTAQUERONT CASAL AU COMMENCEMENT DE MARS, POUR TIRER LES TROUPES DU ROI DE FRANCE HORS DU PIÉMONT POUR DONNER MOYEN AU PRINCE THOMAS DE S'Y FORTIFIER ; QUE LES TURCS ARMENT PUISSAMMENT PAR MER, ET QUE NAPLES ET SICILE AURONT BESOIN DE LEURS VAISSEAUX ; QUE LES ESPAGNOLS ET PIÉMONTAIS VOULAIENT SE JOINDRE ET ENTREPRENDRE ENSEMBLE SUR LA CITADELLE DE TURIN.

Je viens tout à cette heure d'arriver de la frontière, où j'ai été pour les affaires de Casal, que les ennemis se disposent d'attaquer au commencement de mars, non pas qu'ils espèrent l'emporter, mais pour divertir les forces du roi de Piémont, et donner moyen au prince Thomas, qu'ils ne peuvent assister d'hommes, d'y affermir ses affaires. J'en ai donné avis à M. de La Tour, afin qu'il se tienne sur ses gardes, et d'un traité qu'un officier français, duquel je n'ai pu savoir le nom, mais bien qu'il se sert des juifs de Casal et Alexandrie pour faire tenir ses lettres, a fait avec le marquis de Leganez. Celui-ci sera faible cette année encore, qu'il se servira de ses garnisons comme il a fait l'année passée, estimant que nous nous avancerons au Piémont, ou à secourir Casal, s'il l'attaque, sans entreprendre autre chose, car les Turcs arment puissamment par mer. Naples et Sicile ont besoin de leurs forces, qui ne sont pas même capables elles seules de se défendre ; et il semble, quoi que Leganez se promette des Bourguignons et Allemands, que la nécessité qu'ils ont de leurs hommes le rend impossible. La valeur de M. le comte d'Harcourt étonne fort les Espagnols et les Piémontais; ceux-ci étaient assemblés pour entreprendre, à ce qu'on écrit, sur la citadelle de Turin; mais l'arrivée de mondit seigneur en icelle les a dissipés. La négociation de M. le nonce de Turin pour la trêve et l'accommodement de Madame avec les princes est allée en fumée, celle du sieur Faragalle, envoyé par le cardinal Barbarini, fera le même;

aussi tous les entremetteurs nous sont trop suspects et trop adhérents
d'Espagne pour ne connaître pas que leur dessein de faire la trève n'est
que pour donner temps aux Espagnols de secourir ailleurs, et que
celui de l'accommodement n'est qu'un prétexte pour pouvoir tromper
Madame, et, par des allées et venues, faire de nouvelles intelligences
dans les places qui lui restent; car, quand ils voudraient, ils ne le peuvent faire sans le consentement des Espagnols, qui ne rendront jamais
les places qu'ils tiennent en Piémont, que forcés. J'ai eu néanmoins avis
certain que Madame continue ses négociations avec M. le cardinal, et
qu'un de ses secrétaires s'est abouché fort long-temps avec un gentilhomme dudit cardinal. Dieu veuille que son altesse ne traite à l'insu
du roi, et que les négociations ne lui produisent des malheurs en
Savoie!

Le roi voulant tenter une expédition contre Nice et Villefranche, le cardinal fit demander les notions les plus précises
sur ces deux places fortes, avant de rédiger les instructions
de M. de Bordeaux. Les notes suivantes, dont l'une est de
M. le baron d'Allemagne, et l'autre du capitaine Roux de Saint-
Tropez, donnent un aperçu topographique et militaire de ces
positions.

ÉTAT DE NICE [1], VILLE ET CHATEAU.

L'assiette du château de Nice est connue de tous; il est situé sur
une éminence dont la fortification occupe tout le sommet. Il est irré-
gulier; mais toutes les défenses, ou du corps de la place, ou des ravelins détachés, n'excèdent quatre-vingts toises. La partie qui regarde
le nord ou tramontane a des dehors qui consistent en un fossé fort
étroit et deux demi-lunes aux angles flanqués de deux bastions; elles

---

[1] Nice. Son port ne peut contenir que de
petits vaisseaux. Il est à l'O. de Saint-Sou-
piers, par 43° 4′ 49″ N., et par 4° 56′ 22″ à
l'E. de Paris.

sont très-petites, n'ayant pas l'angle flanqué de plus de cinquante degrés. Les bastions ont les angles fort aigus.

Il y a aussi des dehors. Du côté de ponant, un fossé creusé d'une toise dans le rocher et élevé artificiellement de deux, avec son esplanade au dessous du donjon et du ravelin, qui y est attaché; il y en a un qui s'avance fort vers la ville, où il y a une porte destinée à retirer les habitants, s'ils étaient forcés dans la ville.

Vers la partie du sud, ou mistral, il y a deux grosses tours. De ce côté, l'éminence est plus escarpée; presqu'au bord de la mer, il y a une fontaine. On assure qu'en cet endroit le rocher est minable.

Vers la partie d'est, ou levant, le rocher est plus droit escarpé qu'en aucun autre endroit; le dessus n'est fortifié que d'une simple muraille haute de huit ou dix pieds qui fait partout des angles saillants et rentrants, et en quelques endroits de redans. On assure qu'il y a encore de ce côté-là une veine de rocher qui se peut miner.

La ville est en bas, à l'ouest du château; elle a quatre portes : celle de Villefranche, qui est défendue par deux boulevards et un ravelin détaché fait depuis peu. Il y a un pont-levis à l'entrée de la porte, qui est au milieu d'une fort petite courtine, et une herse, et ensuite une autre porte qui n'est pas vis-à-vis.

A la porte du pont il y a deux ponts-levis et une herse. La porte est percée toute droite; il y en a une devant que de venir au pont, où l'on met un corps-de-garde; on conserve le pont de pierre pour servir de flanc à tout le côté du torrent qui n'a point d'autre flanc, si ce n'est le ravelin qu'on a fait faire devant la porte de la place. Le bastion qui est du côté de la mer ne doit pas être compté pour défense, ne pouvant donner que du canon.

On n'a rien fait à la porte marine que de terrasser les murailles et mettre des barriques pleines de terre où les parapets étaient rompus.

La garnison de la ville ne consiste qu'en quatre cents hommes; mais ils y peuvent mettre dix-huit cents hommes de milice, et six ou sept mille, s'ils étaient attaqués, et ce en vingt-quatre heures; mais ces gens n'étant pas sous des drapeaux ni en régiments réglés, ne peuvent demeurer trois jours sur pied. Pour défendre le val, ils ne peuvent faire plus de trois mille hommes, lesquels ne se hasarderont point à cette heure, qu'ils n'ont point de cavalerie. Ils ne peuvent empêcher le dégât à une armée de six mille hommes de pied et mille chevaux. Le comte de Balbian commande au château; c'est le neveu du grand-maître; il est grand-maître de l'artillerie.

Si on voulait attaquer la ville, il serait aisé de faire les batteries au chemin qui borde la rivière; il y a des bastides pour les mettre à couvert; le terrain est fort bon pour faire des tranchées, pour remplir des gabions, et force arbres pour les faire. Les batteries ne seraient pas à plus de trois cents pas de la courtine, et la battraient à angle droit. Pour incommoder les habitants, il faudrait pouvoir détourner l'eau à l'Impio, et la faire passer derrière la place : les habitants seraient empêchés, le blé qu'ils ont recueilli n'étant pas en farine, et celui qu'ils ont d'ailleurs n'étant pas capable de nourrir tout le peuple qui viendrait sans doute à se retirer; le château ne les assisterait pas, et cela pourrait produire quelque division.

Il est à remarquer que cette place ne se peut prendre par surprise à cause du château, qui y peut donner secours à toute heure, et que les habitants, sur l'assurance d'une retraite, se battraient de rue en rue, où ils ont déjà quelques retranchements.

AVIS DU BARON D'ALLEMAGNE

SUR LE COMTÉ DE NICE.

Il y a un bastion à Saint-Soupir du côté du sud-ouest qui n'est pas achevé, et point de terre; du côté de terre, il y a un redan, où l'on peut faire une batterie à la portée de pistolet; du côté du nord, en dedans de la baie, il y a un fond pour mouiller des vaisseaux à même distance.

Les batteries de Villefranche doivent être mises, l'une aux Capucins, l'autre à un redos au-dessous de Montauban sur le chemin de Nice; et pour mener des pierres aux Capucins, on les peut descendre à une calle qui est proche la ville et à couvert du fort. Il n'y a point de terre dans le fort au coin de la place du côté du port et de la ville, et l'on entre dans le fossé par un petit chemin qu'est du côté des jardins par-dessus la darse. Il y a deux coffres dans le fossé du côté de l'avenue de Nice et point de terre à plus de deux cents pas.

Montauban est fort petit et sans terre dedans, et l'on peut battre par la face qui regarde la grande terre.

Il y a deux faces du château de Nice contenues dans la ceinture de la ville ; on estime que les deux bastions qui sont à la tête du travail se peuvent miner étant tout de terre, comme aussi le bastion qui regarde Montauban. Le côté de la ville se peut miner ; mais il est à remarquer qu'on y a fait une estrade couverte sur le penchant qui en empêche la venue. Si la ville et Montauban étaient pris, l'on peut faire une circonvallation ou retranchement dans un vallon qui viendrait de la ville répondre à la mer, de sorte qu'il ne se pourrait plus faire de secours que par mer, qui serait assez difficile si on avait fait une batterie de l'autre côté de la baie qui est assez étroite, et au fond de ladite baie, proche du retranchement susdit, pourvu que l'on fût maître de la mer.

La ville n'est ni bonne ni mauvaise, les murailles étant assez bonnes, mais peu de flancs, et ceux qui y sont fort petits, de sorte qu'on estime qu'on peut en venir à bout.

Un gentilhomme nommé Lamalle, qui dit avoir demeuré long-temps dans le château de Nice, en connait parfaitement les environs, remarque deux choses : la première, que le château est minable du côté de la ville, étant un rocher pourri qui n'est guère plus difficile que la terre un peu ferme ; et de fait l'on travaille maintenant à un fossé tout autour du côté de la ville, pour empêcher qu'on puisse aller facilement.

La seconde chose, c'est qu'il y en a un sur le haut de la montagne qui va depuis la marine jusqu'à Montauban, et depuis Montauban jusqu'au vallon où est le chemin qui vient de Villefranche à Nice, qui est de telle nature qu'avec grandissime facilité l'on le peut accommoder en sorte qu'on en ferait une ligne de circonvallation qui empêcherait l'accès du château, et que du lieu où manque cette arête jusqu'à la ville, c'est bonne terre où on peut faire des retranchements, y ayant même force bois sur les lieux pour faciliter. De sorte qu'il estime que la ville de Montauban étant prise l'on pourrait facilement en empêcher l'accès par terre du château.

Il estime aussi que faisant une batterie sur la pointe de terre qui est de l'autre côté de la calle sous le château, qu'on peut empêcher qu'aucun secours y aborde de ce côté-là par la mer.

AVIS SUR LE COMTÉ DE NICE,

BAILLÉ PAR LE CAPITAINE ROUX DE SAINT-TROPEZ.

Si le dessein est d'attaquer le comté de Nice, il me semble bon que les vaisseaux aillent mouiller à la rade de Sant-Ospitio, d'où ils peuvent être peu offensés du fort, et en même temps avec leurs chaloupes, à la faveur de leurs canons, faire la descente en terre de l'infanterie et canon de batterie qui servira après pour battre les défenses du château de Villefranche, mené à Passable proche la vigne du sieur Moret, et après faire entrer les vaisseaux dans le port, et cependant envoyer cinq ou six cents hommes promptement se saisir de la Turbie, et diligemment y faire un bon fort et faire passer de l'artillerie qu'on y fera rouler par le chemin de Villefranche; on empêchera que l'ennemi n'entreprenne rien de ce côté et on verra ce qui entrera dans Morgues.

Faire avancer le reste de l'infanterie pour le loger aux Capucins, et de là, par le haut chemin, s'aller loger sur la montagne qui sépare les deux territoires de Nice et de Villefranche et s'y fortifier. De là vous pourrez faire vos approches pour attaquer Montauban.

Loger à la darse, à la tour et à deux maisons qui y sont, le reste de votre infanterie, qui fera un corps-de-garde avancé sur la croupe de la montagne pour voir ce qui viendrait du côté de Nice.

De ce côté vous pouvez dresser une batterie contre le bastion qui y regarde et l'avancer même dans le jardin du commissaire Rozze, où il y a de la terre pour vous couvrir.

Tandis que les vaisseaux entreront dans le port et que l'armée de terre, escortée des galères terre-à-terre, passera le Var sur le pont de bateaux gardé de deux forts et retranchement, s'avancera vers la tour pour les serrer et de là vers les Barils vieux, où il faudra faire halte et se retrancher pour le canon du château ; ce qui sera facile, y ayant une bonne muraille et une tour, tandis que l'artillerie roulera, pour puis après, par le haut chemin du côté de la Mantègne et Saint-Barthélemy, s'aller loger sur la colline où est le chemin qui va à Limiers, proche la maison et dans la vigne du sieur Raisin.

Faire là un bon fort bien muni d'artillerie et ce qui est nécessaire de provisions de bouche et de munitions de guerre.

De là on verra tout ce qui vient du côté de l'Escalène sur le chemin de Turin du côté du Var, et tout ce qui entrera et sortira de Nice, qui se peut battre en mine de cet endroit, où il faudrait quatre coulevrines royales. Je crois qu'on obligerait les Nizzars à parler, car ils sont fort....

Faire passer du côté de l'Impie quelque régiment, s'y retrancher à la faveur des maisons et moulins qui y sont, pour empêcher qu'il se débarque rien pour entrer dans le château par la fausse-porte du côté de la mer.

Il me semble à propos, avant tout ceci, envoyer dix ou douze chaloupes armées à la bouche du Var une nuit, prendre les bateaux et pêcheurs nizzars qui firent la sédition avec l'évêque de chasser leur gouverneur et faire entrer le cardinal : il y en aurait pour la chiourme d'une galère.

Le roi ayant décidé de donner encore cette année le commandement de la flotte à M. de Bordeaux, écrivit la lettre suivante à M. le comte d'Alletz et au trésorier de Provence.

LETTRE DU ROI

ÉCRITE A M. LE COMTE D'ALLETZ, POUR L'OBLIGER A TENIR BONNE
CORRESPONDANCE AVEC M. L'ARCHEVÊQUE DE BORDEAUX, AUQUEL IL A
DONNÉ LE COMMANDEMENT DES VAISSEAUX ET GALÈRES ET DE TOUTES
SES TROUPES.

Mon cousin, vous savez combien les progrès que les ennemis de cet
État ont faits l'année dernière dans votre voisinage me donnent de sujet
de jalousie, et combien il importe d'en arrêter le cours; ce que je n'ai
pas estimé de pouvoir mieux faire qu'en dressant deux armées puissantes
en Provence : l'une de terre et l'autre de mer; et parce qu'il sera nécessaire qu'elles agissent de concert, j'ai donné le commandement de l'une
et de l'autre au sieur archevêque de Bordeaux, avec ordre bien exprès
de tenir étroite correspondance avec vous, sachant assez avec combien
d'affection, de prudence et de bonne conduite, vous agissez en toutes
les choses qui s'offrent par delà, pour mon service; et j'ai bien
voulu vous donner avis de mes intentions sur ce sujet, afin que, de
votre part, vous contribuiez ce qui dépendra de vous pour les faire
réussir; vous assurant que vous ne sauriez faire chose qui me soit
en plus grande considération, et que je reconnaîtrai avec beaucoup
de plaisir les services que j'attends de vous, dans les occasions qui s'offriront de faire agir lesdites armées et de les assister. Et me remettant
sur ledit sieur archevêque de ce que je pourrais vous dire de plus particulier par cette lettre, je ne vous la ferai plus longue que pour prier
Dieu qu'il vous ait, mon cousin, en sa sainte et digne garde.

LOUIS.

De Saint-Germain-en-Laye, le 5 février 1640.

ORDRE DU ROI

AU TRÉSORIER DE PROVENCE DE PAYER LES TROUPES SUIVANT L'ORDONNANCE
DE M. L'ARCHEVÊQUE DE BORDEAUX·

Le roi voulant pourvoir à ce que les troupes de cavalerie et infanterie de son armée de Provence, dont sa majesté a donné le commandement au sieur archevêque de Bordeaux, général d'icelles, soient ponctuellement payées de leurs montres lorsqu'elles seront dans ladite armée, sa majesté ordonne et enjoint très-expressément, au trésorier de son pays de Provence, d'apporter ou d'envoyer par un commis le fonds destiné pour le paiement des régiments de Provence et des galères, et des compagnies de gendarmes des sieurs comte d'Alais et comte de Castres, en quelque lieu que lesdits régiments et compagnies de gendarmes puissent être, durant la prochaine campagne, à peine de répondre en son propre et privé nom du préjudice que le service de sa majesté pourrait souffrir à faute dudit paiement; lequel sa majesté ordonne audit trésorier ou commis de solder suivant les ordonnances particulières dudit sieur archevêque de Bordeaux. Moyennant les quittances et les rôles et acquits en bonne forme, ledit trésorier en demeurera bien et valablement déchargé partout où il appartiendra.

LOUIS.

SUBLET.

Fait à Saint-Germain-en-Laye, le 22 mars 1640.

Dans cette instruction, le roi donne ses ordres à **M.** de Bordeaux pour la campagne de 1640.

INSTRUCTION

DONNÉE PAR COMMANDEMENT DU ROI A M. L'ARCHEVÊQUE DE BORDEAUX S'EN ALLANT COMMANDER L'ARMÉE NAVALE DE SA MAJESTÉ EN LEVANT, CELLE DE TERRE EN PROVENCE, DURANT LA PRÉSENTE ANNÉE 1640.

Écrit à Ruel, le 23 mars 1640.

Comme sa majesté a une entière confiance en la bonne conduite et l'affection particulière qu'a toujours témoignée M. l'archevêque de Bordeaux pour le bien de son service, et qu'elle ne doute point qu'il ne perdra jamais aucune occasion de lui en faire voir les effets, aussi sadite majesté lui fait-elle donner plutôt la présente instruction pour le faire souvenir de ses intentions que pour lui prescrire ce qu'il aura à faire.

Lorsque ledit sieur archevêque aura mis l'armée navale en état d'aller en mer, et qu'il aura donné les ordres et fait préparer toutes les choses nécessaires à cet effet, en sorte qu'il ne puisse douter qu'elle ne fasse voile au premier vent, il s'en ira ès lieux où sont les troupes qui doivent servir en Provence, pour leur donner rendez-vous et disposer leur marche, en sorte qu'elles soient toutes arrivées en Provence à la fin d'avril.

L'armée navale et celle de terre y étant assemblées, s'il n'apprend que l'accommodement proposé entre sa majesté et M. le cardinal de Savoie soit conclu, son principal soin doit être de découvrir les moyens par lesquels il pourra plus facilement entreprendre sur Villefranche et sur Nice, soit par surprise, soit par siège; pratiquer en ce sujet tout ce qu'il estimera convenable à cette fin.

Que si ledit sieur archevêque apprend que sa majesté soit accommodée avec ledit sieur cardinal de Savoie, ou si quelque nouvelle fortification, ou l'arrivée d'une armée ennemie autour des places susdites, l'obligent de quitter ses premiers desseins, il verra s'il peut assiéger avec succès Morgues ou Final, et entreprendra l'un ou l'autre, au cas qu'il juge le pouvoir faire.

Ou s'il voit lieu d'attaquer les places d'Espagne qui sont depuis Civita-Vecchia jusqu'à Gênes, comme Porto-Ercole, Porto-Longone [1], ou Orbitella [2], Telamone, Sant-Andrea, ou autres, il le fera, tirant des alliés de sa majesté l'assistance qu'il pourra.

Que si d'aventure il se trouvait obligé de passer sur les terres des alliés de la couronne, comme sur celles de Gênes, de Parme, ou quelques autres, il le pourra faire, ayant soin qu'il ne s'y commette aucun désordre ni aucun dégât. Cependant il ne le fera pas sans envoyer premièrement en demander la permission, de laquelle il se doit tenir si assuré, que, pour ne perdre pas le temps d'exécuter ses desseins par un trop grand délai, il ne laissera pas de passer outre sans en attendre la réponse.

Quelque résolution qu'il prenne, il donnera si bon ordre à la sûreté de la côte de Provence, que les ennemis n'y puissent rien entreprendre durant que l'armée sera occupée à ces sièges.

Ledit sieur archevêque sachant les avantages que sa majesté a toujours remportés sur les ennemis, lorsque ses armées navales les ont attaqués en mer, l'on estime superflu de lui dire que l'intention de sa majesté est qu'il ne perde aucune occasion de le faire, quelque part où il les rencontre, soit pour les brûler, ou pour leur donner bataille.

Que si après avoir fait ou failli les desseins ci-dessus, le temps et la commodité lui permettaient d'envoyer une brigade de vaisseaux vers Tunis et Alger, il le pourra faire, traitant avec ceux desdits royaumes selon la teneur des pouvoirs qui lui en ont été donnés ès années 1636 et 1637; le tout pour les obliger à rendre les esclaves chrétiens qu'ils y détiennent et de vivre en paix avec la France.

Et d'autant que sa majesté sait que son service ne se peut faire avec avantage que par la bonne intelligence et correspondance entre ceux qui sont employés, sa majesté recommande très-expressément audit sieur archevêque de vivre de sorte avec M. le comte d'Alletz, son lieutenant-

---

[1] Porto-Longone, forteresse qui défend un port sur la côte de l'île d'Elbe.

[2] Orbitella, sur la côte S.-O. d'Italie, à dix-sept lieues au N.-O. de Rome; elle est au fond d'un golfe formé par une étroite péninsule qui se termine à Montargental. Orbitella a un bon port; cette ville est par 42° 29′ N., et par 9° 29′ à l'E. de Paris.

général en Provence, qu'il ait tout sujet de se louer de lui, n'entreprenant, ni donnant aucun ordre dans l'étendue de son gouvernement qui puisse altérer l'union qui doit être entre eux, pour faire réussir toutes choses au contentement de sa majesté.

Si M. le cardinal de Savoie demande à traiter, ledit sieur archevêque le pourra faire, pourvu que le traité se puisse conclure en deux jours, et qu'il se fasse selon les conditions qui en seront envoyées audit sieur archevêque. Bien entendu que ledit sieur archevêque ne se désistera en aucune façon de la continuation de l'entreprise qu'il aura faite sur les places qu'occupe maintenant ledit sieur cardinal, quelque pourparler d'accommodement qu'il puisse y avoir entre eux, parce qu'autrement ledit sieur cardinal ne manquera pas d'en faire naître, pour avoir le temps de recevoir du secours et éluder les desseins dudit sieur archevêque.

Le Cardinal DE RICHELIEU.

Fait à Ruel, le 23e jour de mars 1640.

M. le cardinal de Richelieu engage M. de Bordeaux à hâter son départ pour la Provence.

LETTRE DE M. LE CARDINAL DE RICHELIEU

A M. L'ARCHEVÊQUE DE BORDEAUX.

J'ai reçu le paquet que vous m'avez envoyé. Je suis très-aise que vous soyez en état de partir demain, car, à vous dire le vrai, rien ne me fait appréhender un mauvais succès en votre voyage que la crainte que j'ai que vous n'arriviez pas à la fin d'avril en Provence, comme c'est chose absolument nécessaire si vous voulez faire quelque chose de bon. Je ne vous exagère point ce que je pense là-dessus; mais vous verrez que rien ne sera plus contraire au bon événement que vous devez vous promettre que manquer d'être prêt assez à temps.

Je savais bien que l'ambassadeur d'Espagne allait à Hyères pour empêcher M. le cardinal de Savoie de s'accommoder avec Madame. Je voudrais comme vous que leur flotte fût à Villefranche, ne doutant point que Dieu ne vous donnât quelque bon succès, que je vous désire de tout mon cœur.

Je verrai les mémoires de M. Alux, mais je serais bien aise qu'il achevât lui-même son ouvrage, et qu'il lui donnât la forme comme il a fait la matière, ne sachant en vérité aucune personne qui soit propre à cet effet; toutefois, je le verrai après avoir vu ses mémoires.

Ayez soin de vous, je vous prie.

Le Cardinal DE RICHELIEU.

De Ruel, ce 24 mars 1640.

LETTRE DE M. LE CARDINAL DE RICHELIEU

A M. L'ARCHEVÊQUE DE BORDEAUX, POUR VOIR PARTIR LES VAISSEAUX DE BROUAGE ET LA ROCHELLE, PUIS ALLER DROIT EN PROVENCE FAIRE L'ARMEMENT POUR L'ITALIE.

MONSIEUR,

J'ai reçu votre lettre du 16 avril le 24 du même mois.

Je ne suis point d'avis que vous partiez de la Rochelle et de Brouage que vous n'ayez vu partir vos vaisseaux; mais, aussitôt qu'ils seront partis, je vous prie de vous en aller en diligence, sans vous arrêter en aucun lieu, droit en Provence, où votre présence est plus nécessaire, le siége de Casal, qui est commencé du jour de Pâques, vous ouvrant un beau champ à faire glane.

M. de Noyers vous fait réponse sur l'article de la subsistance des régiments de la Couronne et des Vaisseaux. Il ne peut croire que ce fonds ait manqué, vu les assurances que M. de Villemontée lui en avait donné.

Quant aux galères, on a pourvu à ce que désirait M. de Forbin touchant les deux cent mille francs qui lui avaient été promis, et il écrit que, nonobstant le retardement desdits deniers, toutes les galères ne laisseront pas d'être en état de servir, pourvu que les forçats que vous espérez faire aller à Marseille y arrivent.

Le sieur Bergeron sera maintenant arrivé en Brouage avec les fonds nécessaires tant pour la fortification que pour les bâtiments de Saujon.

Passant à Bordeaux et à Toulouse, il vous prie faire marcher tous les forçats que vous trouverez dans les prisons, vous assurant que si vous faites avancer de l'argent pour telle occasion, je le ferai rembourser par le Picard à lettre vue.

J'ai chargé M. le marquis de Sourdis des munitions de guerre; il m'a assuré que rien ne manquera de ce côté-là.

Je vous prie faire marcher les troupes qui doivent aller en Provence, en sorte que le plus tôt qu'il se pourra vous puissiez faire une bonne diversion, qui vous sera d'autant plus aisée que le siège de Casal empêchera que les ennemis ne vous tombent sur les bras. Je voudrais avoir donné beaucoup que vous fussiez déjà en état d'entreprendre, mais le temps et la saison n'ont pas permis qu'on pût se hâter davantage. Je sais bien que vous ne perdez pas un moment, tant parce que le service du roi le requiert qu'à cause de la prière que je vous en fais, et que votre réputation vous y oblige.

C'est tout ce que je puis dire, sinon que je suis,

Monsieur,

Votre très-affectionné comme frère à vous rendre service.

Le Cardinal DE RICHELIEU.

M. le comte d'Harcourt donne à M. de Bordeaux d'assez longs détails sur les affaires d'Italie.

LETTRE DE M. LE COMTE D'HARCOURT

A M. L'ARCHEVÊQUE DE BORDEAUX, SE RÉJOUISSANT DE CE QU'IL A LE COMMANDEMENT DE L'ARMÉE NAVALE DE LEVANT.

De Pimbol, le 17 avril 1640.

MONSIEUR,

Je me suis extrêmement réjoui lorsque j'ai appris que vous aviez le commandement de l'armée navale de levant, où vous pouvez rendre

de très-grands services, ayant une entière connaissance de cette mer
et de ces côtes, et me réjouirai toujours de tous les avantages que
vous remporterez.

Vous aurez maintenant appris comme les Espagnols ont assiégé Casal : qu'ils l'attaquent de vive force, et qu'ils prétendent emporter la
ville et le chemin dans peu de temps, et qu'ensuite ils prendront la
citadelle avec facilité; à quoi je me prépare de m'opposer et d'employer tout ce que j'ai de vie, de bien et d'industrie pour la conservation de cette place, sachant que d'icelle dépend tout le bien des affaires
du roi en Italie, pour lequel je n'aurai rien de cher; c'est pourquoi je
vous fais celle-ci pour dire que vous pouvez beaucoup m'en faciliter
les moyens par les diversions que vous pourrez faire entreprenant sur
Final, Villefranche ou autres lieux que vous jugerez à propos; car vous
obligerez les Espagnols d'y envoyer des troupes pour s'opposer à vous,
ou du moins vous retiendrez le cardinal de Savoie de ces côtés avec ce
qu'il a de force : ce qui l'empêchera d'entreprendre rien sur le Piémont
pendant que nous irons au secours de Casal; que, si vous n'êtes encore
en état d'entreprendre effectivement quelque chose d'important, vous
pouvez faire mine de le vouloir, et cela pourra toujours produire quelque effet. Ce faisant vous rendrez un service très-signalé à la France,
très-agréable à son éminence; elle vous en aura une très-parfaite
obligation. Je vous enverrai au premier jour le colonel Berthelot, qui
a été à la cour et qui a lettre du roi à vous donner, qui vous informera
de ce qui se peut entreprendre de ces côtés et vous facilitera les moyens
de l'exécution. J'ai avis certain que les Espagnols ont tiré tout ce qu'ils
avaient de gens de guerre le long de la côte, et ont levé de la milice
pour mettre dans les places, ce qui vous donnera les moyens d'entreprendre plus facilement ce que vous jugerez le plus utile pour le service du roi.

Je vous donnerai avis de temps en temps de tout ce qui se passera,
et vous conjure d'en faire de même, afin que nous conservions la bonne
intelligence qui doit être entre nous pour le bien du service du roi, en
quoi je contribuerai de mon côté tout ce que je dois et pour vous témoigner que je désire vous servir.

J'ai reçu hier au soir lettre de M. de La Tour, qui me mande avoir fait la plus avantageuse et plus heureuse sortie sur les ennemis qui se peut : on a tout tué ce qui s'est trouvé dans trois logements qu'ils avaient avancés du côté de la colline, et la cavalerie voulant venir au secours a été repoussée battant jusque dans leurs quartiers. Ces heureux succès nous donnent sujet d'espérer que le marquis de Leganez aura mal pris ses mesures, pourvu que vous nous aidiez un peu, comme j'espère que vous ferez puisqu'il s'agit du service du roi, de la satisfaction de son éminence, et de l'intérêt de celui qui est,

Monsieur,

Votre très-humble et très-affectionné serviteur,

D'HARCOURT.

M. de Bordeaux demande à M. le cardinal de Richelieu comme il doit traiter M. le cardinal de Savoie, dans le cas où il le rencontrerait.

LETTRE DE M. L'ARCHEVÊQUE DE BORDEAUX

A M. LE CARDINAL DE RICHELIEU.

MONSEIGNEUR,

Attendant l'arrivée de vos vaisseaux et du sieur Bergeron à la Rochelle, je suis venu à Bordeaux, où le comte de Tonnerre s'est trouvé, afin de le faire partir avec les troupes que vous avez ordonnées pour la Provence : tout marche et mon train avec. Et moi je les suivrai en poste de la Rochelle, où je retourne, dès que vos vaisseaux seront partis et lorsque vous le commanderez.

Je renvoie à votre éminence l'ordre pour les fonds de l'embarquement des régiments de la Couronne et les Vaisseaux, pour lui faire voir que je ne lui dis jamais que la vérité.

Je fais marcher aussi tous les forçats de toutes les juridictions et parlements de ces quartiers, suppliant votre éminence de croire que non seulement l'argent mais ma vie ne retardera jamais un instant l'avancement de votre service.

Il reste à savoir de votre éminence ce que j'aurai à faire avec M. le cardinal de Savoie, quand j'arriverai, s'il me parle d'accommodement; ne sachant sur quel pied et à quelles conditions je le devrai entendre, ayant pour maxime assurée que quoi qu'il dise ou fasse désormais cela ne retarde pas un instant notre marche. Si votre éminence me veut commander quelque chose, il faut qu'elle envoie ses ordres entre les mains de monseigneur le premier président d'Aix.

J'envoie la copie du chiffre que votre éminence m'avait autrefois donné, afin que s'il lui plait me commander quelque chose de particulier il soit hors de hasard de perdre.

M. le comte d'Harcourt ayant battu les Espagnols sous Casal, le roi fut si satisfait de cette victoire, qu'en l'apprenant à M. de Bordeaux, il lui ordonne de commander des réjouissances publiques pour fêter ce triomphe.

LETTRE DU ROI

A M. L'ARCHEVÊQUE DE BORDEAUX.

Mons. l'archevêque de Bordeaux, sur la nouvelle que je viens de recevoir avec certitude, que mon cousin le comte d'Harcourt étant allé secourir Casal, a défait en bataille l'armée du roi d'Espagne qui avait entrepris le siège de cette place, et que les ennemis y ont perdu six mille hommes, tant prisonniers que tués ou noyés, douze pièces de canon, l'équipage de leur artillerie et leur bagage, j'ai résolu de faire rendre des témoignages publics de réjouissance d'une victoire si considérable pour mes armes, en laquelle ils ont délivré pour la troisième fois de l'ambition d'Espagne une des plus fortes et plus importantes places, non seulement de l'Italie, mais de toute la chrétienté, dont la gloire est d'autant plus grande que les Espagnols ayant voulu

éprouver leurs forces contre les miennes, c'a été leur confusion, bien
qu'ils se trouvassent supérieurs en nombre par la diligence extraordinaire qu'ils avaient apportée à se mettre en campagne avant la saison et
à se préparer au siége de ladite place. J'ai désiré vous donner part de
cet avantageux succès, afin que vous le fassiez savoir à mes serviteurs
qui sont près de vous, et vous dire que mon intention est que vous
fassiez tirer le canon et apportiez en cette occasion toutes les marques
de réjouissance qu'elle mérite. A quoi m'assurant que vous satisferez
avec toute la joie que vous peut donner le progrès de mes armes, je
ne vous ferai cette lettre plus longue que pour prier Dieu qu'il vous
ait, mons. l'archevêque de Bordeaux, en sa sainte garde.

LOUIS.

Sublet.

Écrit à Soissons, le 15 mai 1640.

Le roi engage M. le comte d'Alletz à ne pas avoir égard aux
remontrances des procureurs de Provence, si elles devaient
nuire au passage des gens de guerre.

LETTRE DU ROI

A M. LE COMTE D'ALLETZ.

Mon cousin, bien que je ne doute aucunement que vous ne preniez
grand soin de la conservation de mes troupes en l'étendue de votre
charge, et de donner au sieur archevêque de Bordeaux, mon lieutenant-
général en mon armée qui sera par delà, toute l'assistance dont il vous
pourra requérir aux choses qui dépendront de vous ; néanmoins, parce que je sais que vous rencontrez souvent divers obstacles de la part
des procureurs de mon pays de Provence à l'exécution de ce que vous
leur ordonnez sur les occasions qui surviennent pour mon service en
ladite province, j'ai bien voulu vous faire cette lettre pour vous dire
que lorsque les troupes de madite armée seront en Provence, mon

intention est que vous preniez un soin particulier de les faire loger et subsister le plus commodément qu'il se pourra, sans vous arrêter à toutes les longueurs et difficultés qui pourraient y être faites de la part desdits procureurs du pays et autres, n'ayant pas moins d'égard en cela au maintien des gens de guerre qu'au soulagement du peuple ; et au surplus, que vous assistiez ledit sieur archevêque en tout ce qui sera de votre pouvoir pour le bien et avancement de mon service. A quoi m'assurant que vous apporterez votre zèle et affection accoutumée en toutes les choses que je vous recommande, je ne vous fais la présente plus longue que pour prier Dieu qu'il vous ait, mon cousin, en sa sainte et digne garde.

Signé LOUIS.

Et plus bas, SUBLET.

Écrit à Soissons, le 18 mai 1640.

Dans les dépêches suivantes, le roi, M. le cardinal de Richelieu et M. de Noyers, engagent M. de Bordeaux à traiter les troupes avec une plus grande sévérité, et lui donnent des instructions pour le bon succès de la campagne.

LETTRE DE M. LE CARDINAL DE RICHELIEU

A M. L'ARCHEVÊQUE DE BORDEAUX.

MONSIEUR ,

Je ne suis pas tant en peine de la faiblesse de vos troupes comme de la peste qui est en Provence.

Quant à la faiblesse, nous estimons de deçà qu'au lieu de leur donner de nouvel argent, il les fallait faire châtier. C'est la pratique qui s'observe de deçà, sans laquelle il sera difficile d'avoir des troupes à l'avenir.

M. le prince partant d'ici s'est engagé sur son honneur que toutes les troupes qui sont en Languedoc et en Guienne seraient actuellement complètes.

Je voudrais qu'il ne tint qu'à vous donner le reste du régiment de Saint-Simon à ce que vous pussiez faire quelque chose de bon, en ce cas, vous l'auriez volontiers et même quelques régiments s'il en était besoin; mais la peste est ce qui nous embarrasse, et ce qui ruinera peut-être votre dessein de terre.

Ainsi, c'est à vous d'envoyer en diligence voir si elle est telle qu'on nous mande, parce qu'en ce cas, le roi faisant état, entre vous et moi, de s'avancer vers Lyon, et peut-être plus avant, dans le mois de juin, il ferait venir toutes les troupes qui vous étaient destinées pour agir en sa présence.

Si cela est, ce sera à vous de voir ce que vous pourrez faire par mer, où j'espère que la peste ne vous ira point chercher; n'y en ayant, par la grâce de Dieu, point en tous les équipages, ni des galères, ni des vaisseaux ronds qui sont dans la mer Méditerranée.

Cependant, si la peste vous permet d'agir en Provence, on aime mieux que vous agissiez par mer et par terre que par mer simplement; mais si la maladie est telle qu'on nous l'écrit de delà, on ne veut ni hasarder votre personne ni l'armée du roi, qui se perdrait infailliblement en trois jours inutilement.

C'est à vous maintenant à travailler sur ce projet, et nous éclaircir de ce que vous apprendrez qui nous doive déterminer, soit à faire venir les troupes avec le roi, soit à vous les laisser, au cas que vous puissiez faire ce que vous savez.

Ce beau temps me fait croire que vous aurez maintenant fait partir vos vaisseaux, et que vous ne tarderez plus vous-même à vous avancer en Provence, prenant garde à ne passer en aucun lieu où la peste soit à craindre.

Vous aurez su maintenant la grande bataille que M. d'Harcourt a gagnée, dont nous avons bien à rendre grâces à Dieu.

M. de la Meilleraie a assiégé Charlemont. Voilà tout ce que je vous puis mander.

Le roi part aujourd'hui pour aller à Charleville; ce qui tend à faire la même route que l'année passée.

M. de Noyers vous écrit amplement sur toutes choses, ce qui fait qu'il ne me reste qu'à vous assurer que je suis et serai toujours, monsieur,

Votre très-affectionné comme frère à vous rendre service.

Le Cardinal DE RICHELIEU.

De Soissons, ce 18 mai 1640.

J'estime, pour ce qui est de la mer, la mort de M. d'Oquédo très-considérable, mais je doute qu'elle soit vraie.

M. le comte d'Alletz écrit que vous ne sauriez faire en sorte qu'il se puisse brouiller avec vous.

LETTRE DE M. DE NOYERS

A M. L'ARCHEVÊQUE DE BORDEAUX.

MONSIEUR,

La continuation de la peste en Provence et la nécessité en laquelle nous nous trouvons d'assister d'hommes M. le comte d'Harcourt, qui est attaché au siège de Turin, obligent le roi à lui envoyer une partie des troupes qui devaient servir sous vous en Provence ; de quoi sa majesté envoie ses ordres à monseigneur le prince, et vous en donne avis par la dépêche ci-jointe : ainsi vous voilà quitte d'une partie de vos soins, ce qui vous donnera lieu d'agir plus fortement sur mer.

Le dessein de sa majesté est que vous mettiez sur vos vaisseaux le nombre d'hommes qui pourra y être utilement employé, outre l'armement ordinaire, afin de vous mettre toujours plus en état de servir ; et si, comme je le crois, le fonds vous manque pour les hommes que vous prendrez d'extraordinaire, son éminence vous prie de ne point faire difficulté de vous servir du sien ou du vôtre à cet effet, avec assurance qu'au premier avis de ce que vous aurez embarqué et de la dépense que vous aurez faite, elle vous en fera aussitôt rembourser.

Je vous baise très-humblement les mains et suis de tout mon cœur,

Monsieur, votre très-humble et très-affectionné serviteur.

DE NOYERS.

A Soissons, ce 20 mai 1640.

LETTRE DU ROI

A M. L'ARCHEVÊQUE DE BORDEAUX.

Mons. l'archevêque de Bordeaux, voyant que mon pays de Provence est affligé de peste, en sorte que l'on n'y saurait assembler un corps d'armée sans le mettre en danger de périr et d'augmenter le mal dans la province, et d'ailleurs que mon cousin le comte d'Harcourt, ensuite de la bataille qu'il a gagnée à Casal, a entrepris le siège de Turin, le succès duquel est de si grande importance que de là dépend celui des affaires d'Italie, j'ai résolu de faire passer vers lui six bons régiments, tant de ceux qui devaient servir sous vous que de ceux qui étaient destinés pour demeurer ès-dites provinces de Guienne et de Languedoc, et entre autres celui de Normandie; et envoyant mes ordres sur ce sujet à mon cousin le prince de Condé, je lui mande qu'entre tous lesdits régiments il choisisse ceux qu'il trouvera en meilleur état, et les fasse passer au plus tôt en Italie. De quoi j'ai bien voulu vous donner avis, afin que vous lui laissiez l'entière disposition de tous les régiments qui doivent servir sous vous.

Quant aux régiments qui étaient en Poitou et pays d'Aunis, vous en prendrez ce qui sera nécessaire pour l'armée navale, en sorte que tous mes vaisseaux étant bien armés ils soient capables de tout entreprendre, et laisserez le reste à mondit cousin le prince de Condé, soit pour l'Italie ou pour servir en Guienne et en Languedoc.

Les choses étant ainsi disposées, ce que vous pourrez faire de mieux sera de faire voile diligemment avec les vaisseaux dont mon armée navale des mers de levant doit être composée, auxquels vous joindrez mes galères pour agir puissamment ès-dites mers contre les ennemis, qui vous en laisseront le champ bien libre, ayant avis de toutes parts qu'ils y sont si faibles que tout leur armement consiste en un vaisseau qu'ils ont frété des Anglais et un autre que le duc de Florence leur a prêté.

Et parce qu'il faudra qu'un maréchal-de-camp mène de là les monts lesdits régiments qui iront joindre mon cousin le comte d'Harcourt, j'ai choisi pour cet effet le sieur comte de Tonnerre, auquel mon cousin le prince de Condé en donnera la conduite après qu'il les aura fait avancer lui-même en lieu où ledit comte pourra être chargé des soins de leur passage avec plus de facilité. C'est ce que je vous dirai par cette lettre, priant Dieu qu'il vous ait, mons. l'archevêque de Bordeaux, en sa sainte garde.

LOUIS.
SUBLET.

Écrit à Soissons, le 20 mai 1640.

M. d'Argenson et M. d'Harcourt donnent à M. de Bordeaux quelques détails sur les affaires d'Italie, et lui remontrent combien sa coopération par mer serait puissante contre l'Espagne par la diversion qu'elle nécessiterait.

LETTRE DE M. D'ARGENSON

A M. L'ARCHEVÊQUE DE BORDEAUX.

MONSIEUR,

J'ai été très-aise de voir monseigneur le comte d'Harcourt désireux de savoir de vos nouvelles, et de vous faire part des siennes pour vous informer du bonheur qu'il a eu au secours de Casal, et du siège de Turin, que cette glorieuse victoire et les succès heureux arrivés aux approches de cette place lui ont fait entreprendre; il espère aussi que, de votre côté, vous donnerez telle occupation aux Espagnols, qui appréhendent extrêmement votre attaque, qu'il y aura moyen de leur faire passer le temps de toutes parts. Le marquis de Leganez rassemble toutes ses troupes et ce qui lui est arrivé depuis la bataille de Casal, pour secourir Turin ou pour entreprendre sur quelqu'une des places que le roi tient de deçà; mais si vous les occupez bientôt du côté de la mer, comme nous l'espérons, il est à croire que la jalousie que vous leur donnerez les obligeant à se séparer, il leur sera difficile d'empêcher vos effets ni les nôtres. C'est pourquoi, monsieur, il me semble que vous devez, s'il vous plaît, prendre le temps de cette conjoncture présente pour vous en prévaloir et nous aussi ; et si vous avez agréable de nous faire part de vos pensées tant sur ce que vous pourrez faire que sur ce que vous jugerez à propos que l'on fasse de deçà , vous y trouverez non seulement un désir très-ardent d'agir de notre côté en tout ce qui sera nécessaire pour le service du roi et pour le contentement de son éminence, mais vous y rencontrerez encore une passion très-forte pour votre service en tout le monde, et en moi particulièrement, qui suis plus que personne du monde, etc.

LETTRE DE M. LE COMTE D'HARCOURT

A M. L'ARCHEVÊQUE DE BORDEAUX.

Monsieur,

La bataille de Casal, où il a plu à Dieu de favoriser les armes du roi, ayant mis l'armée des ennemis en tel état que le marquis de Leganez a eu peine jusques à présent de la rassembler telle qu'elle était avant le combat; néanmoins les Espagnols font des efforts si extraordinaires pour se fortifier, qu'il espère venir bientôt jeter un secours dans Turin que je tiens bloqué, et où, jusques ici, toutes choses ont heureusement succédé , grâces à Dieu ; et nous sommes bien résolus de ne laisser pas bien aisément secourir cette place, à quoi si les ennemis ne peuvent réussir, ils entreprendront sans doute sur quelqu'une de celles que le roi tient par deçà ; mais si vous les occupez bientôt du côté de la mer, comme nous l'espérons, il est à croire que la jalousie que vous leur donnerez les obligeant à se séparer , il leur sera difficile d'empêcher vos efforts ni les nôtres , et que nous pourrons utilement nous prévaloir de cette conjoncture. Sur quoi je vous supplie de me faire part de vos pensées, et croire que vous nous trouverez très-disposés à faire, de notre côté , tout ce qui sera nécessaire pour le bien des affaires du roi , pour la satisfaction de son éminence, et à vous témoigner, en votre particulier, que je suis, etc.

M. le cardinal de Richelieu enjoint à M. de Bordeaux de ne s'engager en rien envers M. le cardinal de Savoie, et de répondre qu'il s'en référera toujours aux ordres du roi.

LETTRE DE M. LE CARDINAL DE RICHELIEU

A M. L'ARCHEVÊQUE DE BORDEAUX.

MONSIEUR,

Je n'ai pas grande instruction à vous donner sur le sujet de M. le cardinal de Savoie, puisque je n'ai autre chose à vous dire sinon que, s'il vous fait quelque proposition, vous n'avez autre réponse à lui faire, au cas que vous les jugiez raisonnables, que vous les ferez savoir au roi, sans vous désister en aucune façon de tout ce que vous estimerez pouvoir faire réussir par la force.

Je ne saurais vous dire le déplaisir que nous apporte la peste de Provence, parce qu'elle interrompt les projets que nous avions faits en ces côtés-là ; mais il faut se soumettre à tout ce qu'il plaît à Dieu de nous envoyer.

Je suis, monsieur,

Votre affectionné comme frère à vous rendre service.

Le Cardinal DE RICHELIEU.

De Soissons, le 23 mai 1640.

M. Bidaud continue de tenir M. de Bordeaux au courant des affaires d'Italie, et lui signale les progrès de la révolte en Catalogne.

LETTRE DU SIEUR BIDAUD

A M. L'ARCHEVÊQUE DE BORDEAUX.

MONSEIGNEUR,

Je ne me donne point l'honneur de vous rendre compte particulièrement de l'état des affaires d'Italie et des ennemis, puisque j'en ai pleinement informé M. de Randonvilliers pour le faire, qui m'a été envoyé exprès par M. le commandeur de Guitault, qui l'a jugé personne assez prudente et secrète, comme il l'est véritablement, pour lui être confiées choses de si grande importance. Si, lorsque vous serez à la mer, vous m'ordonnez, monseigneur, de me rendre auprès de vous pour vous rendre compte plus exact de toutes choses, je le ferai incontinent ; peut-être que vous jugerez qu'il ne sera pas inutile au service du roi, et je crois que vous trouverez à propos de me commander que je demande la pratique de cette république, qui a banni le Languedoc et la Provence à cause de la maladie contagieuse, afin que l'armée que vous commandez, mouillant dans leurs ports et havres, le refus de lui donner pratique n'apportât quelques inconvénients et nouveau sujet de mécontentement à sa majesté.

M. le marquis de Leganez est à Quiers et Montcarlier avec le reste de ses forces et milices pour secourir Turin, en ôtant les vivres à M. le comte d'Harcourt. Il n'est pas à se repentir de s'être engagé si avant, maintenant qu'il reconnaît, contre son opinion, que son éminence est résolue de le combattre, et que s'il est défait encore cette fois, il a joué non seulement ses acquisitions du Piémont, mais encore le Milanais.

Les tumultes augmentent en Catalogne : huit ou dix mille hommes s'y sont assemblés sous des personnes de considération, et on a tué le commissaire qui avait été établi pour s'opposer auxdites séditions, et le capitaine des gardes du marquis Spinola, don Francisco de Melos, a aussi de la peine à apaiser les Siciliens, qui l'ont tenu assiégé huit jours dans son palais.

Le sieur Giovan-Battista Bertolotto, génois, m'a envoyé ici un patron du même pays, nommé Ambroise Lion, pour retirer du service des ennemis le capitaine Carriola (homme fort pratique des ports et anses desdits ennemis), et l'envoyer à votre éminence. Je l'ai disposé à cela, et il partira lorsque vous me l'ordonnerez, avec deux autres officiers qui dépendent de lui. Ledit patron Lion s'en retourne en Provence ; je lui ai ordonné de passer à Final, Morgues, Villefranche et Nice, pour vous rendre compte de l'état des affaires en ces lieux-là.

Il vient d'arriver une galère de Naples qui assure que sept de son escadre et deux de Malte embarquaient de l'infanterie pour Final, où elles seront dans peu de jours, et les autres attendront celles de Sicile pour faire le même voyage avec quelques vaisseaux marchands et polacres. Toutes lesdites galères sont très-mal armées de chiourmes et de mariniers, et n'ont point eu jusqu'à présent de soldatesque pour leur défense, et celle qu'ils portent est sans autre arme que l'épée. M. du Coudray-Montpensier est ici en quarantaine; il vous écrit par ledit sieur Randonvilliers : je le servirai comme je dois, je vous supplie de le croire, et d'honorer de vos bonnes grâces et de vos commandements,

Monseigneur, votre très-humble, etc

BIDAUD.

Gênes, 31 mai 1640.

Le roi engage M. le prince de Condé à opérer au plus tôt sa jonction avec M. le comte d'Harcourt, et à sévir contre les révoltés du Périgord.

LETTRE DU ROI

A M. LE PRINCE DE CONDÉ.

Mon cousin, j'ai appris avec grande satisfaction le soin et la diligence que vous apportez pour faire assembler les six régiments d'infanterie que j'ai destinés pour aller fortifier mon armée qui est devant Turin, et la résolution que vous avez prise de les conduire vous-même jusqu'en Dauphiné; mon cousin le comte d'Harcourt m'ayant mandé, depuis deux jours, avoir un extrême besoin de ce renfort pour abréger de plus en plus le siége de la place, et s'opposer aux efforts que les ennemis font de la secourir, c'est pourquoi je ne saurais assez vous exhorter à faire que, par votre présence, crédit et autorité, lesdites troupes le puissent aller joindre au plus tôt, et tenir la main qu'elles se mettent, pour cet effet, au meilleur état qu'il sera possible; et parce que je pourrai avoir besoin par deçà de quelque bon corps pour servir aux occasions qui pourront arriver, je désire que vous reteniez le régiment de Normandie, et que vous le remplaciez de tel des autres qui resteront en Guienne et Languedoc que vous estimerez à propos, m'assurant qu'ils sont tous assez aguerris pour passer courageusement en Piémont, et bien servir à l'exemple de ceux qui y sont.

Vous ne pouviez rien faire de mieux pour réduire en leur devoir ceux du Périgord, qui ont été assez hardis de continuer leur mauvaise conduite, que d'y envoyer le sieur marquis de Sourdis avec quelques troupes pour châtier ceux qui se trouveront coupables, et y établir un tel ordre qu'après que lesdites troupes en auront été tirées, les auteurs des premiers soulèvements n'y pensent plus retomber.

C'est ce que je vous dirai par la présente, priant Dieu qu'il vous ait, mon cousin, en sa sainte et digne garde.

Signé LOUIS.

Et plus bas, SUBLET.

Écrit à Noyon, le 1er juin 1640.

En envoyant à M. le cardinal de Richelieu le Mémoire suivant sur les affaires d'Italie, on verra que M. Bidaud insiste surtout sur l'opportunité de se saisir de Final.

MÉMOIRE POUR LES AFFAIRES D'ITALIE.

Depuis le commencement des guerres, on a vu que l'état de Milan n'a reçu ses secours que par la voie de Gênes et de Final, tant d'hommes, vivres, munitions qu'argent, et s'il a reçu quelques hommes d'Allemagne, ce n'a pas été nombre considérable, et qui ont beaucoup plus coûté aux Espagnols qu'ils n'ont rendu de service, ayant ruiné le Milanais.

Or, pour empêcher les secours sans que la république de Gênes puisse prendre aucune jalousie, et qui l'obligera à user envers nous de la même sorte qu'elle fait avec les Espagnols, c'est la prise de Final, laquelle sera d'autant plus facile en cette conjoncture que le marquis de Leganez, après la grande déroute qu'il a eue sous Casal, n'a pu mettre jusqu'à présent que huit à dix mille fantassins sur pied, la moitié milice et environ quatre mille chevaux, tirés, j'entends, de la soldatesque payée des garnisons du Milanais, Montferrat et Piémont, et qu'il se trouvera assez occupé à s'opposer aux progrès de monseigneur le comte d'Harcourt.

Outre que son armée étant sur la défensive du côté de Verceil et Turin, ledit Final sera emporté avant qu'il puisse passer au secours. Les bourgs dudit Final, tant de la marine que de terre-ferme, seront emportés de plein abord sans grande résistance, et l'on trouvera des hommes pratiques du pays qui serviront de guide pour faire la descente, et se saisir des avenues pour empêcher que les milices ne se jettent ni dans les bourgs ni dans le fort, qui ne défend en aucune façon lesdits bourgs, où l'on trouvera un bon butin et où les Espagnols font toute la poudre dont ils se servent en Italie.

Cette acquisition nous produira celle du Montferrat de deçà le Tanaro, où sont les places de Nice de la Paille, Acqui, Ponson et infinis autres petits lieux jusqu'aux portes d'Alexandrie et de Gavy, où passent tous les convois d'argent et de munitions qui viennent de Gênes, lesquels, par ce moyen, seront facilement empêchés.

Et si on se voulait résoudre, selon les propositions du. . . . . . ¹ . . . ., qui demande toujours d'être employé avec grande instance, et qui véritablement peut beaucoup ici, ayant des amis et de grandes intelligences dans le Milanais, de faire un fort royal au couvent du bois, non seulement le passage de Gênes leur sera interdit, mais nous demeurerons maîtres de tout le Milanais de deçà le Pô, nous nous donnerons la main avec M. de Parme, qui n'attend que l'occasion de se déclarer, n'ayant eu aucune satisfaction de ce que les Espagnols lui ont promis par leur traité. Et les langues (sic), qui sont le Cengio, Mondovi, Sene, Coni et autres, ne pourront plus être secourues, ni Alexandrie, Ast et Villeneuve, qu'avec grandes difficultés.

Et parce que d'ordinaire les maladies causées par les grandes chaleurs et autres accidents font perdre quantité de soldats, il serait nécessaire de rafraîchir l'armée, dans deux mois, de quatre ou cinq mille hommes, pour éviter le retard que cela pourrait apporter à l'exécution des desseins et aux progrès des armes du roi, qui pourraient ne pas réussir faute de gens.

¹ En blanc dans l'original.

Quant à l'île de Sardaigne, on n'y fait aucunes fortifications depuis que l'armée prit Oristan, sinon une demi-lune au golfe de Cagliari proche de la tour de Saint-Délie, où l'on a mis sept ou huit pièces de canon, quoique ce soit fort peu de chose et qui n'empêche pas l'entrée dudit golfe et que l'on ne mouille partout où l'on voudra ; et ledit Cagliari n'est nullement fortifié par terre, et les faubourgs serviront de logement et faciliteront les approches quand on aura mis pied à terre. Toute la difficulté sera à prendre la forteresse d'en haut et celle d'en bas qui est le fort : il y a dans celle-ci dix-huit à vingt pièces de canon et quelques Napolitains qui ne peuvent tirer un seul coup de mousquet sans ordre du gouverneur, et dans celle-là plus grande quantité de canons gardés par ceux de la ville même ; mais elle est sans eau et toujours sans aucun hois et sans pain, qui tout leur vient de dehors ; si bien qu'il serait aisé de la surprendre, et autant plus que le lieutenant du roi qui y est à présent ayant fait donner une alarme depuis peu de temps, on a remarqué que la plus grande partie des habitants qui venaient aux murailles se trouvaient, qui sans mèche, qui sans poudre, qui sans mousquet ni autres armes.

Elle ne peut être secourue que par ceux du pays, qui sont tous cavaliers, mais tels que peuvent être des paysans et qui n'ont aucune discipline militaire ni autres armes que des carabines.

Sous Porte-Conte et Sassari, on n'y a fait aucune fortification ; au premier, il y a une tour dans laquelle il y a trois pièces de fer et trois ou quatre hommes. Dans l'autre, il y a sept ou huit pièces de canon et quelques Napolitains qui y font la garde ; mais qui serait maître de Cagliari le serait de toute l'île, dont le gouvernement ne vaut que six mille écus de plat ordinaire.

Les quatorze galères d'Espagne ne sont armées que de quatre à quatre par bancs ; celles de Naples, Sicile et Doria, de trois à quatre, et les capitainesses, de quatre à cinq, sans soldatesque pour leur défense, et celle qu'elles portent pour débarquer est ordinairement sans autres armes que l'épée et gens pris par force.

Les vaisseaux du duc de Maguédo ne sont que douze, et trois ou quatre marchands ; les premiers sont mariniers, et lesdites galères sont remorquées jusqu'à Carthagène, et de là sont passées à Cadix pour se raccommoder et lever des mariniers.

Hier arriva une galère de Naples qui assure que sept galères de la même escadre doivent venir chargées d'infanterie qu'elles débarqueront à Final dans peu de jours, et le reste de l'escadre avec celles de Sicile les suivront.

Le vice-roi de Naples a fait arrêter quelques vaisseaux, polacres et barques latines pour faire armer et s'en servir.

A Gênes, le 1er juin 1640.

M. de Bordeaux fait observer à M. le cardinal de Richelieu que le temps est très-opportun pour tenter quelque expédition par mer contre les Espagnols, et qu'il serait peut-être à propos d'opposer une escadre de vaisseaux à leurs galères.

LETTRE DE M. L'ARCHEVÊQUE DE BORDEAUX

A M. LE CARDINAL, SUR LES TROUPES QU'IL ENVOIE EN ITALIE.

MONSEIGNEUR,

Ayant laissé l'escadre de levant en état de faire voile mardi dernier le vent lui servant, j'ai suivi M. le prince en ce lieu, où le commandement qu'il a plu à votre éminence me faire de lui remettre les troupes destinées pour Provence m'est arrivé en chemin, à quoi j'ai incontinent obéi; mais je crains qu'il y ait peine à les ramasser, la plupart étant déjà en Provence, où la peste n'est que dans la pensée de ceux qui ne veulent pas qu'il y aille des troupes, pouvant assurer votre éminence qu'il n'y en a eu qu'un peu en Arles, qui est à quarante lieues d'Antibes, et à Martigues, à quatre lieues de là sur la mer, qui devrait donner appréhension aux galères, étant le lieu où ils prennent tous leurs matelots, et à Lambesc, qui est un petit lieu proche d'Avignon, tout cela par communication du Languedoc, où il y en a eu si peu que la ville la plus blessée (à la réserve de celle de Nîmes, qui est maintenant en quaran-

taine pour n'avoir plus de mal) n'a pas eu six maisons ; mais on estimait que le bruit empêcherait M. le prince d'en approcher.

Pour les desseins de mer et de terre, ils ne peuvent être autres que
ceux que votre éminence a ordonnés, et l'occasion étant bien plus propre
maintenant que les ennemis ont été battus, et que vraisemblablement
ils seront occupés à s'opposer à quelque grand dessein qu'on pourra
avoir sur eux, que lorsqu'il a été ordonné, et la saison bien plus favorable, le fourrage, qui était la seule chose qui pouvait ruiner votre
cavalerie, étant en abondance.

Pour les desseins de mer seuls, il n'y en peut avoir aucun, d'autant
que les ennemis assurément ne mettront point à la mer avec vaisseaux,
mais simplement avec un corps de galères double du vôtre, qui fuira
devant vos vaisseaux, et que vous ne pourrez combattre avec vos galères, au lieu que votre armement de mer, en l'état qu'il est, sera le
maître de toutes les rades et de tous les parages où il mouillera, et
par conséquent empêchera tous les secours qui en pourraient aborder.

Mais parce que tous ces desseins de ce côté sont incertains, et que
celui de Turin est celui qui surpasse tout, j'estime que votre éminence
peut satisfaire à tout, laissant le corps qu'il lui avait plu me donner,
avec deux régiments encore, en prenant six autres qu'on peut fournir
de mille hommes chaque aux dépens de ceux qui sont en la province,
qui auront temps de faire leurs recrues, pour faire les six mille hommes
d'Italie ; il lui en restera neuf encore en ces deux provinces, lesquelles
sont hors d'appréhension d'être attaquées.

Pour la cavalerie, les régiments de Boissac et Merinville peuvent
remplacer les autres, et il restera encore dix compagnies détachées de
gendarmes ou chevau-légers.

Que si après le secours de ces six mille hommes effectifs, votre éminence s'approche et qu'elle veuille que ce corps aille tout ensemble à
elle, ou en quelqu'autre lieu, il sera en état d'agir et servir, et cependant on pourra tenter ce qui doit donner grand éclaircissement en
quinze jours, après quoi on pourra, par le col de Tende, se rendre à
Joni, et de là à Carmagnole ou en tel autre lieu qui sera ordonné.

Que si votre éminence continue au premier dessein, je la supplie très-humblement de ne me point ôter Normandie, d'autant que je n'ai aucun officier pour siéger, et il n'en manque point en Italie.

Que si elle persiste à vouloir que les troupes passent, elle m'ordonnera ce qu'il lui plaira que je fasse par mer, ne voyant rien qu'à manger les vivres inutilement, s'il ne lui plaît qu'on aille en Barbarie.

Je suis trop obligé à votre bonté de faire réflexion sur moi pour la peste, mais je la supplie de la faire sur ma passion à son service, qui recevra bien plus de préjudice, me voyant inutile toute l'année, avec grande dépense de votre armée navale, que de quelque légère maladie qui nous attrapera plutôt en ne faisant rien qu'en vous servant.

Je réponds au détail de la dépêche de M. de Noyers, dont j'envoie copie à votre éminence, comme aussi d'une lettre de M. Forbin, qui sait la nécessité et le peu de peste qu'il y a en Provence du côté où nous avons à faire.

Cette lettre adressée à M. de Noyers était jointe à la dépêche de M. de Bordeaux.

LETTRE DE M. L'ARCHEVÊQUE DE BORDEAUX

A M. DE NOYERS.

MONSIEUR,

Je suis extrêmement obligé à la bonté de ceux qui sous prétexte de peste, qui n'est en Provence qu'à Arles, Martigues et Lambesc, quarante lieues loin du lieu où l'armée se devait assembler, m'ont ôté hors l'embarras où mon affection m'eût mis par le désir de servir le roi et son éminence.

J'ai remis les troupes entre les mains de son altesse; mais il ne pourra pas tirer grand service des régiments de la Couronne et des Vaisseaux, d'autant que leur ayant commandé de se défaire de leur équipage pour s'embarquer, le fonds pour ce faire ayant manqué, comme vous savez, on est contraint de les faire marcher le long des rivières, pour faciliter le port de leur équipage ; les communautés leur fournissent de chevaux pour les personnes des officiers.

Il reste à savoir ce qu'il vous plaît qu'on fasse de la cavalerie, officiers-majors, artillerie, gardes, prévôts et archers, et de tous les préparatifs faits par vos ordres, et si on congédiera le tout sans leur
donner un teston pour se retirer chez eux.

Pour la mer, j'attendrai l'ordre qu'il vous plaira que l'on tienne, ne
sachant à quoi employer les vaisseaux, puisque toute l'Espagne est réduite, en levant, à un seul vaisseau du grand-duc et un anglais frété,
comme vous me faites l'honneur de me le mander, qui me fait croire
que c'est un grand dommage d'employer tant d'argent inutilement,
n'y ayant rien à faire à la mer, et point de troupes pour agir à terre ;
car d'espérer qu'ils attrapent les galères ennemies, cela leur est défendu comme à l'infanterie d'attraper la cavalerie.

Pour les galères, outre qu'elles ne sont pas en nombre, n'y en ayant
que dix-huit pour combattre quarante-cinq d'Espagne, c'est que M. de
Forbin m'écrit, du 7 mai, qu'il n'a encore reçu que vingt mille livres
pour son armement, et le Picard, du 22 mai, qu'il ne peut tirer un
teston de Sabatier.

Pour ce qui est de mettre des troupes sur les vaisseaux, vous m'ordonnerez, s'il vous plaît, la quantité ou quel dessein, afin de proportionner le nombre à l'entreprise ; car de fortifier nos vaisseaux pour
les deux des ennemis, il n'y a pas d'apparence ; pour prendre leurs galères, il ne se peut espérer ; pour nous empêcher d'en être pris, je ne
crois pas qu'ils y songent, et puis il n'y a que le canon qui serve en
ce cas, et l'infanterie lors se met à fond de cale qui est sous l'eau.

Pour le fonds de leur subsistance, vous vous souviendrez, s'il vous
plaît, que l'année passée, l'ayant avancée sur votre parole, j'en ai été
remboursé en pistoles légères après le décri, de sorte que, par ordre de
son éminence, j'ai mis cet argent entre les mains de M. Sabatier pour
en recevoir de bon argent, vers le mois de septembre. Il y a trente-
cinq mille livres à cette partie ; pour les vingt-cinq qui restent, ils
sont prêts à mettre où et quand il me sera ordonné, mais vous croirez
bien que ce n'est pas un fonds de grande importance, le peu que j'avais

de mon petit péculium ayant été employé pour lever et faire subsister les gardes que vous m'avez commandé de lever, à faire subsister les officiers particuliers de l'état-major que je mène de France, et achever des préparatifs qui sont dans l'île Sainte-Marguerite, dont j'espérais me rembourser du fonds que vous m'aviez assuré devoir être à la fin d'avril pour cet effet en Provence.

Les contestations et les rivalités de pouvoir qui avaient déjà tant nui au service du roi, divisèrent de nouveau ses officiers. Sous le prétexte que la peste était en Provence, M. le comte d'Alletz retenait les troupes que M. de Bordeaux devait prendre à son bord, les Espagnols n'ayant plus de vaisseaux ronds à opposer à ceux de la flotte française, tenaient la mer avec leurs galères, et fuyaient dès qu'ils apercevaient une escadre de vaisseaux, les galères pouvant naviguer pendant le calme, et leur marche étant d'ailleurs beaucoup plus rapide. Quant aux galères de France, elles se trouvaient en si petit nombre (dix-sept) comparé aux forces espagnoles (quarante), qu'on ne pouvait hasarder un combat inégal. M. de Bordeaux se plaignait donc avec assez de justesse des lenteurs ou du mauvais vouloir de M. le comte d'Alletz, qui rendait ainsi l'armement naval inutile.

Les lettres suivantes de MM. de Noyers et de Bordeaux sont relatives à ces faits.

LETTRE DE M. DE NOYERS

A M. L'ARCHEVÊQUE DE BORDEAUX, TOUCHANT LE CONSEIL TENU A BEAUMONT ET LE PASSAGE DE L'ARMÉE DU ROI EN PROVENCE, ET QUELQUES PAIEMENTS DES GALÈRES.

10 juin 1640.

MONSIEUR,

Je prie Dieu que ce qu'on vous a dit et que vous me faites l'honneur de m'écrire touchant la maladie contagieuse de Provence et de Languedoc se trouve véritable; messieurs de Rome, qui ont traversé toutes les villes de Provence sans aucune excepter, se trouveront avoir eu de mauvais avis; mais il est à désirer d'être souvent trompé de cette sorte.

Pour ce qui est des troupes qui y devaient aller, je ne vois pas que ceux qui auraient eu la pensée d'en décharger la province, en faisant courir un bruit si funeste, y aient fort bien réussi, puisque nous restant encore près de cinq mois de campagne, il y aura bon moyen de leur en faire faire pénitence.

J'ai vu par le résultat du conseil tenu à Beaumont que monseigneur le prince m'a envoyé, que vous l'aviez assuré que les régiments de la Couronne et des Vaisseaux n'étaient pas encore en état de servir le quatrième dessein; de sorte qu'il me semble que nous avions beaucoup plus de sujet de nous plaindre de leur diligence qu'eux du retardement de la montre, puisqu'ils ne sont pas encore en lieu où ils aient titre de la prétendre.

Si l'on eût persisté dans le dessein de faire passer l'armée en Provence, je n'aurais pas manqué, suivant ma promesse, de prier messieurs les surintendants d'y faire tenir le fonds de la montre à temps et à heure; mais comme ils n'ont pas ignoré ce changement, et que je n'aurais pas eu bonne grâce de leur demander la montre d'une armée qui n'était, je m'assure que vous ne me jugerez non plus blâmable qu'eux de ce retardement, et que vous vous contenterez que je fasse faire maintenant les diligences requises pour que le fonds des régiments que vous embarquez sur vos vaisseaux soit donné comptant au trésorier qui a charge de faire le paiement de leur montre.

L'ordre pour faire revenir le train et l'équipage de l'artillerie de Provence a été envoyé par M. le grand-maître il y a plus de quinze jours, et il aura sans doute soin d'en faire payer les officiers ainsi qu'il est très-juste.

M. le bailli de Forbin, qui vous a mandé que les galères n'avaient touché que vingt mille livres cette année, a écrit aussi à son éminence qu'ils n'avaient pas reçu les deux cent mille livres entiers qui leur devaient avoir été payés comptant; mais, par la même lettre, il l'assure qu'il n'a pas laissé de pourvoir à l'armement et avitaillement des galères qui doivent servir avec les vaisseaux ronds, de sorte qu'il s'assure que vos desseins ne seront en aucune façon retardés pour ce manque de paiement. Ce n'est pas que l'on ait fait par deçà les plaintes de la mauvaise foi de tous ceux sur lesquels lesdites galères sont assignées, et que monseigneur n'en ait souvent écrit à messieurs des finances; mais les instances que nous faisons en fait d'argent n'ont pas toujours, à notre grand regret, de si prompts effets qu'il serait à désirer pour le service du roi.

C'est tout ce que je vous puis mander pour le présent, avec les assurances de mon très-humble service, et d'être toute ma vie,

> Monsieur,
> Votre très-humble et très-affectionné serviteur.
>
> DE NOYERS.

De Blérancourt, le 10 juin 1640.

LETTRE DE M. DE NOYERS

A M. L'ARCHEVÊQUE DE BORDEAUX.

MONSIEUR,

Vous aurez déjà su que son éminence ayant vu le dortoir de votre belle abbaye de Royaumont en péril, elle me commanda de voir avec le père prieur le remède qu'on y pourrait plus commodément apporter, et à moindre frais; ce que nous jugeâmes ensemble ne pouvoir moins coûter que trois mille livres, lesquelles j'avançai volontiers pour une si bon œuvre, et proposai à son éminence que je tâcherais de m'en faire rembourser sur vos gages du conseil des deux dernières années, en m'envoyant vos blancs, dont après le recouvrement fait, je vous ferai rendre le reste, montant à mille livres; je les attends donc, monsieur, et vous promets d'employer tout mon petit crédit pour vous sortir de cette petite affaire, et de rester toujours,

> Monsieur,
> Votre très-humble et très-affectionné serviteur.
>
> DE NOYERS.

De Blérancourt, ce 20 juin 1640.

LETTRE DE M. LE CARDINAL DE RICHELIEU

A M. L'ARCHEVÊQUE DE BORDEAUX.

MONSIEUR,

J'ai reçu vos lettres du 3 de ce mois, et vu ce que vous avez écrit à M. de Noyers. Il vous fait savoir si particulièrement les intentions du roi sur toutes choses qu'il serait superflu d'y rien ajouter. Aussi me contenterai-je seulement de vous dire que je voudrais de bon cœur que la peste fût aussi peu en effet en Provence qu'elle y est selon votre pensée. Lorsque vous y serez, vous en pourrez juger vous-même. Cependant, afin que vous ne soyez pas destitué des moyens de faire quelque chose de bon en ces quartiers-là, comme vous le proposez, si la peste n'y est point, on vous laisse le régiment de Normandie que vous demandez, sans le faire passer en Italie, comme le roi l'avait résolu, et outre cela on fait état de vous donner autant de régiments qui sont dans la Guienne et le Languedoc que vous en aurez besoin, si vous les pouvez employer utilement.

Le roi a trouvé fort bon la permutation que vous avez faite de votre abbaye avec celle de Sainte-Croix de Bordeaux. Je vous en envoie les expéditions. Assurez-vous de la continuation de mon affection, et que je suis véritablement,

Monsieur,

Votre très-affectionné comme frère à vous rendre service.

Le Cardinal DE RICHELIEU.

De Blérancourt, ce 10 juin 1640.

LETTRE DE M. L'ARCHEVÊQUE DE BORDEAUX

A. M. LE COMTE D'ALLETZ.

De Pézénas.

Monsieur ,

J'ai eu commandement de M. le prince arrivant auprès de lui à Pézénas , de vous dépêcher ce garde pour vous porter un paquet dont il m'a chargé.

Son altesse a été extrêmement étonnée quand elle a trouvé non seulement les troupes, mais aussi les officiers particuliers qui ont ordre d'aller servir en Provence , arrêtés sur le bord de la rivière sans que l'on leur ait voulu donner l'entrée de la province où leur charge les appelait. J'ai cru non seulement que ces ordres ne venaient point de vous , mais aussi qu'ils étaient donnés à votre insu, sachant l'affection et le zèle que vous avez toujours fait paraître au service du roi, et que la plupart de ces troupes étant ici depuis trois semaines , il est à craindre qu'elles ne se dissipent et ne prennent du mal étant au seul lieu où l'on l'appréhende le plus , et ne retardent par ce moyen le service de sa majesté. C'est pourquoi je vous supplie très-humblement , monsieur , d'y vouloir remédier et de me faire l'honneur de me mander si vous n'avez pas vu un commissaire des guerres que sa majesté vous envoyait pour cet effet, parce que nous n'avons nulles nouvelles depuis trois semaines : j'espère cette grâce de votre bonté , et que vous me croirez , etc. , etc.

LETTRE DE M. L'ARCHEVÊQUE DE BORDEAUX

A M. LE CARDINAL DE RICHELIEU, LUI ASSURANT QU'IL N'Y A POINT DE PESTE EN PROVENCE , AUX LIEUX OÙ LES GENS DE GUERRE ONT A FAIRE.

Monseigneur ,

Si je vous avais menti une fois je m'estimerais indigne de vivre, et pour cet effet je vous confirme encore ce que je mande à votre éminence qu'il n'y a nulle peste en Provence qu'en trois lieux , que je vous mande à peine de ma tête , lesquels sont quarante lieues loin des lieux où nous avons à faire; mais il semble que l'on fait tout ce que l'on peut pour nous la faire prendre. Il y a quinze jours que nos troupes sont sur le bord du Rhône sans qu'on les ait voulu laisser entrer en Provence, quoique j'aye envoyé quatre lettres au roi que M. de Noyers m'a renvoyées pour cet effet, que j'ai accompagnées autant des miennes sans que j'aye reçu aucune réponse, ni que pas un de ceux que j'ai envoyés soit revenu, les menaçant de les arquebuser partout où ils passent, sous prétexte de la peste du Languedoc. Je ne sais pas si c'est comme M. le comte d'Alletz entend que nous ne nous brouillerons point ensemble en m'empêchant d'entrer dans la province, mais je puis assurer votre éminence que cela coûte déjà quinze cents hommes, qui se sont débandés des troupes, et le risque de prendre la peste, laquelle est sur le bord du Rhône. J'ai cru que je devais rendre compte à votre éminence de ce commencement qui n'aura rien de facile pour l'exécution du dessein.

Le prétexte que l'on prend maintenant est de ce que M. le grand-maître de l'artillerie a redemandé ses officiers, ce qui m'a étonné autant que M. le comte d'Alletz, ne voyant pas ce qu'on pourra faire des troupes sans artillerie, et demande pour la conduire.

J'ai reçu les brevets de Sainte-Croix, dont je rends grâces très-humbles à votre éminence, et la supplie très-humblement de croire que je ne serai jamais ingrat des bienfaits que j'ai reçus d'elle.

LETTRE DE M. L'ARCHEVÊQUE DE BORDEAUX

A M. LE COMTE D'ALLETZ, A SAINT-GILLES, POUR LE PRIER DE DONNER DE BONS LOGEMENTS AUX TROUPES.

MONSIEUR,

Le dépérissement des troupes, la peste qui les talonne de fort près, et le grand nombre de celles que M. le prince pousse devant lui, m'a obligé d'en faire passer les régiments et les compagnies de cavalerie qui sont sur le Rhône il y a dix jours, comme je vous mandai hier, attendant de vos nouvelles, pour les loger aux environs de Tarascon jusqu'à ce que nous sussions quel logement il vous plairait leur donner, pour éviter l'entier dépérissement des troupes et le reproche que le roi en pourrait faire.

Je vous envoie la quatrième lettre du roi qui m'a passé par les mains pour vous pour cet effet : la première, que M. le bailli de Forbin vous a donnée il y a trois mois, la seconde, que vous a portée le commissaire des guerres qui devait recevoir les troupes au passage du Rhône il y a un mois ; la troisième, M. Duplessis de Besançon il y a huit jours, et la quatrième qui est ci-jointe ; toutes lesquelles j'ai pris la liberté d'accompagner d'autant de lettres, par lesquelles je vous rendais compte des commandements que j'avais du roi, et vous assurer de mon obéissance. Je ne compte point autant d'autres lettres que M. de Noyers a assuré son éminence vous avoir envoyées et celle qu'elle a pris la peine de vous écrire elle-même, dont sa bonté a voulu m'en donner avis.

Il passa hier un courrier de M. le prince venant de la cour, qui m'apporta ordre de passer promptement avec ses troupes, si bien que je fais toutes les diligences imaginables pour aller voir l'état auquel est l'armée navale, et pour vous assurer de vive voix de la sincérité dans laquelle je suis, etc.

M. d'Harcourt, alors occupé au siége de Turin, regrette les lenteurs qui ont empêché M. de Bordeaux de venir le joindre, car la diversion que l'armée de M. de Bordeaux eût opérée, aurait été d'un grand secours au siége de Turin, en forçant l'ennemi à diviser ses forces.

LETTRE DE M. D'HARCOURT

A M. L'ARCHEVÊQUE DE BORDEAUX.

MONSIEUR,

Nous sommes malheureux qu'il se soit rencontré tant de difficultés à votre passage en Provence, sachant bien que vous auriez déjà fait quelque entreprise importante qui eût obligé les ennemis à séparer l'armée qu'ils ont en ces quartiers-ci pour aller tâcher d'arrêter vos progrès, auxquels je m'assure que vous avez déjà donné quelque commencement, vous croyant sur la Méditerranée, suivant ce que l'on nous écrit de ces quartiers-là. Je souhaite avec passion que vous y puissiez avantageusement réussir, et que notre siége, qui occupe presque tous nos ennemis, favorise vos desseins, qui sans doute aideront beaucoup au nôtre. L'armée ennemie est campée à trois milles de nos lignes et se prépare de les venir attaquer, à quoi nous sommes prêts de nous opposer avec beaucoup plus de résolution que de puissance véritablement, ayant, avec un tiers moins de troupes qui seraient nécessaires à notre dessein, à garder une très-grande circonvallation et nous défendre contre les diverses attaques que les ennemis veulent faire et contre les sorties de ceux de Turin, à quoi vous jugerez bien, monsieur, que nous n'aurons pas peu de peine à réussir. Quoi qu'il en soit, je vous avertirai de tout ce qui se passera en ces quartiers-ci ; faites-moi la faveur de m'avertir aussi de tout ce que vous ferez au vôtre, et me croire toujours,

Monsieur,

Votre très-humble et très-affectionné serviteur.

D'HARCOURT.

Au camp devant Turin, ce 16 juin 1640.

M. d'Argenson presse aussi M. de Bordeaux d'opérer une diversion, afin d'obliger le marquis de Leganez à quitter le Piémont.

LETTRE DE M. D'ARGENSON

A M. L'ARCHEVÊQUE DE BORDEAUX.

MONSIEUR,

Si vous êtes en état d'agir de votre côté présentement et promptement, vous avez la plus belle occasion de servir le roi utilement qui se rencontrera jamais ; car nous tenons ici le marquis de Leganez occupé avec tout ce qui lui reste de forces dans l'état de Milan, d'où il a tiré même toutes les garnisons, et le cardinal Trivulce avec les milices et quelque cavalerie n'ose abandonner la frontière du Montferrat à cause des courses de notre garnison de Casal ; tellement que vous serez sans aucuns ennemis qui puissent empêcher vos efforts de delà, et si le marquis de Leganez abandonne ici, il quitte Turin et le prince Thomas, qui se mettront à la raison par force ou autrement aussitôt qu'ils le verront parti. Faites donc, s'il vous plaît, tout ce que vous pourrez. Donnez-nous de vos nouvelles, et croyez que je suis toujours comme je dois, avec cette ancienne et véritable affection,

> Monsieur,
>
>> Votre très-humble et très-obéissant serviteur.
>
>> D'ARGENSON.

Si vous savez qui a ordre de nous faire venir promptement les six mille hommes de Guienne qui ont ordre de nous venir joindre, je vous supplie de les faire hâter avec toute la diligence possible.

Au camp devant Turin, le 17 juin 1640.

M. de Bordeaux se plaint de nouveau du mauvais vouloir de M. le comte d'Alletz.

LETTRE DE M. L'ARCHEVÊQUE DE BORDEAUX

A M. DE NOYERS, DE CE QUE L'ON NE VEUT PAS LAISSER ENTRER LES TROUPES EN PROVENCE DEPUIS TROIS SEMAINES.

A Saint-Gilles, le 17 juin 1640.

MONSIEUR,

J'ai reçu votre dépêche et les brevets que vous m'avez fait l'honneur de m'envoyer, dont je vous rends grâces très-humbles. Je m'achemine sur le Rhône, pour faire passer les régiments de la Couronne et des Vaisseaux, et ceux de Saint-Simon et marquis de Busso, qu'il y a je ne sais combien de temps qu'ils y sont parmi la peste, sans que

M. le comte d'Alletz les ait voulu laisser passer, quelque empressement que l'on lui ait fait voir. Je vous envoie la copie d'une lettre qu'il a écrite au lieutenant-colonel des Vaisseaux et la copie de la quatrième que je lui ai envoyée sans aucune réponse. Si vous ne mettez ordre à cette procédure, je prévois non seulement l'inexécution de tout ce qu'on pourrait projeter, mais le dépérissement de toutes les troupes.

Je pars pour l'aller trouver à Aix, d'où je vous rendrai compte de tout, tant de terre que de la mer, par un courrier exprès; mais si vous prétendez que je fasse quelque chose, il faudrait renvoyer Labarre et son équipage; car sans chevaux il est absolument impossible de rien entreprendre.

Je vous envoie les deux blancs que vous m'avez ordonné pour me rembourser de mille écus que vous avez donnés à Royaumont, desquels,. si vous ne pouvez être payé sitôt que M. de Bullion, je vous rembourserai au premier ordre., vous étant parfaitement obligé d'avoir voulu faire cette avance pour moi. Ce n'est pas que ce soit une escroquerie du prieur, lequel, par le contrat que nous avons fait ensemble, s'est obligé d'entretenir tous les bâtiments que j'ai fait rétablir avant que leur donner, à la réserve du dortoir, pour lequel il y a quatre ans que je donnai mille livres, à quoi nous étions convenus, avec le bois nécessaire, dont j'ai quittance; mais je crois qu'ils se sont joué de l'argent et puis vous ont surpris : c'est un tour de moine dont il se faut garder de tous les côtés. Je vous supplie seulement d'envoyer leur quittance à mes gens à Paris, de peur qu'ils ne mangent encore une fois cet argent.

M. de Bordeaux prévient les consuls de Tarascon du prochain passage des troupes.

LETTRE DE M. L'ARCHEVÊQUE DE BORDEAUX

AUX CONSULS DE TARASCON, POUR FAIRE TENIR L'ÉTAPE PRÊTE A DES TROUPES QUE M. LE PRINCE ENVOIE.

Ce 17 juin.

MESSIEURS,

Je me réjouis que vous receviez les ordres qui vous viennent de la part du roi au bout d'un bâton, et que ceux qui les portent soient six heures devant vos portes sans les vouloir laisser entrer. Je vous les renvoie encore, afin que vous m'envoyiez au bout d'une perche l'inventaire de ce que vous a laissé le sieur de Labarre, et pour vous donner avis qu'il passe deux ou trois régiments et huit ou dix compagnies de chevau-légers, le Rhône, par ordre de M. le prince, pour s'en aller vers votre ville, attendant la route que M. le comte d'Alletz leur enseignera, afin que vous prépariez l'étape pour leur donner, afin d'éviter le désordre que cela pourrait faire aux environs de votre ville.

M. Bidaud annonce à M. de Bordeaux qu'il vient d'apprendre que les habitants de Barcelonne se sont révoltés, ont tué le vice-roi et la garnison espagnole, et qu'on peut tirer parti de cette rébellion pour le service du roi.

LETTRE DU SIEUR BIDAUD

A M. L'ARCHEVÊQUE DE BORDEAUX.

MONSEIGNEUR,

Deux heures après le départ de M. Ducoudray-Montpensier, m'arriva une felouque de Barcelonne qui a apporté avis qu'on y a tué le vice-roi et tous les Castillans et Italiens de la garnison, qu'on poursuit la soldatesque qui est dans le pays plat, et traite-t-on de même ceux qui tombent entre les mains de ce peuple entièrement révolté ; qu'on a saisi trois cents caisses de réales qu'une galère du duc Doria devait apporter ici pour la guerre d'Italie, et que ladite galère à grande peine s'est sauvée après avoir reçu deux canonnades. On l'attend d'heure à autre, et si elle apporte quelque chose de plus particulier, je vous en rendrai compte et de ce que deviendront les galères dudit duc avec leurs Allemands, et si le marquis de Leganez aura ordre d'y envoyer des forces, à quoi il s'opposera autant qu'il lui sera possible. Je ne crois pas que les partisans génois lui avancent plus l'argent qu'il leur demandait sur lesdites caisses de réales qui ont été saisies, qu'ils ne voient un fonds bien clair et assuré. Je vous supplie d'honorer de vos bonnes grâces et de votre protection,

     Monseigneur,

      Votre très-humble et très-obéissant serviteur,

                                   Bidaud.

A Gênes, ce 19 juin 1640.

M. Bidaud envoie à M. de Bordeaux un mémoire sur les tentatives qui pouvaient être faites dans la Méditerranée.

LETTRE DU SIEUR BIDAUD

A M. L'ARCHEVÊQUE DE BORDEAUX.

Monseigneur,

M. Ducoudray-Montpensier et moi, nous ayons eu quelques pensées qu'il vous communiquera, sur lesquelles vous prendrez les résolutions que vous jugerez à propos pour le service du roi. Il est très-bien informé de toutes choses sur ce qu'il proposera à votre éminence, et pour moi, à ce que j'en ai pu reconnaître, je crois qu'il n'y a rien de plus sensible ni réussible (*sic*) ni de plus avantageux aux armes de sa majesté. Mondit sieur mène quant et soi le capitaine Carriolo, qui a servi longtemps les ennemis de capitaine de vaisseau et lieutenant de galères; il est pratique de leurs ports, havres, armements de mer, des routes qu'ils tiennent, et promet de servir avec grande affection et fidélité, et ceux qu'il conduit avec lui. Je ne vous importune point des nouvelles de par deçà, dont mondit sieur Ducoudray vous informera ponctuellement et de la passion que j'ai, monseigneur, de vous servir ; je vous supplie l'agréer et de m'avouer,

Monseigneur,
Votre très-humble et très-obéissant serviteur,

BIDAUD.

De Gênes, le 17 juin 1640.

MÉMOIRE

DE L'ÉTAT AUQUEL EST LA CÔTE DE LA MER MEDITERRANÉE.

Catalogne.

Depuis la révolte de la Catalogne, qui semble avoir été apaisée par la venue du marquis d'Ayetonne, qui y a apporté un pardon général, l'île de Majorque s'est soulevée et a crié *Vive France !* On ne sait ce que cela produira.

Ferrandine est à Barcelonne avec douze galères, qu'on écrit devoir apporter de l'argent et de l'infanterie à Final, avec huit autres de Gênes qui y ont porté des Allemands.

La ville d'Oran, en Barbarie, près du Détroit, est fort pressée par les Maures, étant assiégée il y a quelque temps ; trois vaisseaux sont partis de Gênes avec huit cents Allemands, pour tâcher à la secourir : peut-être que l'escadre de ponant les rencontrera en passant.

Sardaigne.

Il n'y a rien de changé en Sardaigne depuis la mort du duc Doria ; Cagliari a fort grondé sur les subsides qu'on a fait payer et qu'on a levés par force dedans. Le gouverneur, qui est dans le château, fait espérer que si l'armée y allait il remettrait sa place, moyennant un traité qu'il a fait avec le sieur du Roussay, qu'on y avait envoyé. Cette place prise, toute l'île est assurée, car le gouverneur de

Sassari persiste dans le traité qu'on fit avec lui il y a trois ans ; mais c'est une affaire qui ne se peut faire qu'au mois de septembre, à cause du mauvais air et de l'incommodité des mouches qui est en cette saison.

Nice.

Nice ne fait aucune fortification nouvelle que terrasser un peu la muraille de la mer , faire une demi-lune entre le château et la ville , pour retirer ce qui serait dans la ville, ayant fait divers retranchements dans les rues pour n'être pas surpris.

Il y a grande division entre le cardinal et les habitants ; depuis peu il a failli être tué d'un coup de mousquet , mais on ne sait si c'est par mégarde ou de propos délibéré.

La garnison du château est composée d'Italiens , de Napolitains , de ceux du pays, et de quelques Espagnols. Le Balman la commande, et le neveu du grand-maître de Malte l'artillerie.

La garnison de la ville est de quatre cents hommes, mais il y a mille huit cents hommes de milice du pays commandés pour se jeter dedans. On tient que tout le pays peut fournir six à sept mille hommes , mais comme il n'y a parmi eux ni ordre, ni cœur, ni vivres ; cela ne peut subsister plus de trois jours.

Ledit cardinal a envoyé environ deux à trois cents chevaux et mille à douze cents hommes, qu'il a tirés de ses garnisons et milices, pour le service du siège de Turin.

Sur le bruit de l'arrivée des troupes en ce pays, tout le comté de Nice a coupé ses grains, qui n'étaient pas mûrs, et par conséquent l'on croit qu'ils se gâteront. Cela ne peut pas faire grand effet, car aux meilleures récoltes, il n'y en a pas pour nourrir deux mois le pays.

Tout le revenu desdites terres étant en vins estimés et oranges, dont ils craignent extrêmement le dégât , parce que les plantes étant une fois perdues, ne se peuvent remettre en vingt ans , les arbres de cette nature étant longs à revenir, et la vigne aussi, parce qu'elle doit monter sur les arbres.

Montauban.

Il n'y a aucun changement à Montauban.

Villefranche.

A Villefranche, il y a deux cents hommes de garnison, et ont travaillé tant qu'ils ont pu à ôter la terre d'alentour de la place et à terrasser le rempart.

Saint-Suspir.

L'on travaille un peu à Saint-Suspir, mais là nécessité est telle, qu'il n'y a argent du monde en tout ce comté-là. Ils donnent le pain de munition aux soldats assez mauvais, et trente sous tous les dix jours en apparence, mais en effet ils ne leur donnent que deux sous par jour, soit en leur retranchant l'argent quand il vient au compte, soit en augmentant le temps ; force que le soldat les quitte pour s'enrôler dans les Vaisseaux des galères de Provence, ayant ordonné qu'on leur donnât une montre d'avance sur le fonds de ces deux régiments qui n'étaient pas complets.

L'on a, sous prétexte de la paix, baillé entrée à tous les Provençaux à Nice, mais tous les Niçois viennent prendre tout ce qu'il leur faut sur le bord du Var, où tous les Provençaux leur portent ce qu'ils ont affaire.

Le cardinal de Savoie a déclaré qu'il donnerait entrée à deux ou trois galères, ou à deux ou trois vaisseaux, et non pas davantage dans Villefranche.

Morgues.

Il ne s'est rien changé ni à la fortification, ni à la garnison de Morgues.

Final.

Il ne s'est rien changé non plus à Final, excepté quelques petits travaux qu'on a faits à la marine, et à une demi-lune devant la porte du château. Il semble qu'ils aient alarme en ce lieu-là, parce qu'ils ont redoublé les garnisons.

En toutes les places d'Italie, les garnisons sont fort médiocres, tous les soldats ayant été tirés de l'armée, comme à Porto-Longone, à San-Stefano et autres.

Naples.

Naples est en extrême nécessité, et on y use d'étranges tyrannies pour y avoir hommes et argent. On a bâti quelques galères là auprès.

La Sicile.

La Sicile a été plus de huit jours tout en révolte, et ont voulu tuer don Jean de Melos, leur vice-roi; mais il s'est sauvé, et son capitaine des gardes a payé pour lui. Durant tout ce temps, ils ont crié *Vive France!* mais maintenant ils disent mille belles choses, sous la crainte qu'ils ont du châtiment du roi d'Espagne.

La mer.

Pour la mer, ils ont ladite escadre de galères ordinaires, mais fort mal armées; elles ne font maintenant qu'aller et venir pour porter et reporter des gens de guerre.

On fait de grands efforts à Naples pour mettre quelques vaisseaux, polaques et trirèmes en dehors, mais tout cela ne paraîtra que quand l'armée du roi sera en mer.

Voyant dans quelle inaction reste l'armée navale, M. de Bordeaux propose à M. le cardinal de l'envoyer contre les Maures qui assiégent Oran par mer.

LETTRE DE M. L'ARCHEVÊQUE DE BORDEAUX

A M. LE CARDINAL, LUI ENVOYANT LE MÉMOIRE CI-JOINT.

Écrite de Bagnols, le 24 juin 1640.

Le bruit de la peste en Provence, excepté à Arles, est si faux, qu'il n'a fondement du monde que dans l'appréhension de recevoir des troupes et le refus de payer cinquante mille écus de quartier d'hiver, qui avaient été demandés ; ce qui a été fomenté sur les bontés de M. le comte d'Alletz, qui croit tout ce que lui disent les gens du pays.

J'envoie à votre éminence l'état au vrai de la côte de la mer, qui m'a été rapporté par quatre felouques génoises et napolitaines que nous avons, qui vont et viennent continuellement partout ; elles sont encore en campagne pour nous donner avis du passage de Ferrandine, que nous ne manquerons pas, si nous le pouvons joindre.

Après avoir été à Aix, pour faire rentrer les troupes auxquelles on avait refusé l'entrée, et mis ordre à faire sortir les galères qui avaient reçu partie de leur argent, je suis revenu trouver M. le prince, pour recevoir le régiment de Normandie et ceux qui devaient remplacer ceux que l'on m'ôtait ; mais ayant trouvé l'entrée changée, je priai M. de Châlonnais, présent porteur, de vous aller assurer comme il n'y a aucune peste en Provence, que vos vaisseaux et vos galères sont dehors, et que l'alarme est telle à Aix, où il n'y a que quatre cents hommes en garnison (ayant envoyé trois cents chevaux et douze cents hommes de pied au secours de Turin), que les habitants ont cueilli leur blé tout verd qui se pourrira tout ; lesquels gens de Turin sont presque en état de se révolter, ce qui me ferait espérer qu'une affection jointe à l'heureuse rencontre de Lombard de l'Italie *vous pourraient* rendre quelques services agréables ; mais le nouveau commandement qui est arrivé au régiment de Normandie de passer en Italie, et le contre-mandement de l'artillerie, m'ôtant tout moyen de rien tenter par terre, je supplie très-humblement votre éminence me vouloir bien commander ce que j'ai à faire de l'armée navale, laquelle, si je ne me trompe, n'aura aucun emploi contre les Espagnols, qui ne sortiront point de leurs ports. Si elle voulait qu'on allât charger soixante vaisseaux ronds qui tiennent Oran assiégée par mer, ce serait un moyen de bien garnir vos chiourmes.

J'attendrai à la mer l'honneur de vos commandements, et laisserai entre les mains de MM. de Castellan et Duplessis-Besançon les quatre régiments et dix-huit compagnies de cavalerie qui sont en Provence.

M. de Bordeaux annonce à M. de Noyers qu'il va attendre le passage du duc de Ferrandine pour l'attaquer. De plus, M. de Bordeaux envoie un mémoire de ce que l'on peut tenter dans la Méditerranée.

LETTRE DE M. L'ARCHEVÊQUE DE BORDEAUX

A M. DE NOYERS, SUR L'ÉTAT DE LA PROVENCE ET DES TROUPES QUI Y SONT.

MONSIEUR,

Jusques à cette heure vous ne m'aviez pas cru dans ce point de sainteté que je fisse des miracles, mais maintenant vous n'en pouvez plus douter, puisque mon arrivée en Provence a vaincu la peste, de sorte que les Martigues, Toulon, Lambesc et force autres lieux qui avaient, à ce qu'on disait, la peste, ont déclaré qu'ils ne l'avaient plus : ils ont maintenant entrée partout, n'ayant demandé pour ma personne et les troupes que je menais que ces lieux-là, dont je m'assurais que ma présence chasserait le mal comme elle a fait. Ce sont fariboles que vous savez être mieux reçues souvent que quelque chose de bon.

C'est vous, monsieur, qui avez mis la peste partout en ordonnant qu'on levât cinquante mille écus pour le quartier d'hiver, ce qu'on n'a pas fait ; qu'on donnera à Casenac pour mettre son régiment sur pied, ce qu'on a aussi peu envie de faire, et envoyant des troupes ici, qu'on ne voulait point recevoir, les ayant laissées trois semaines campées sur le bord du Rhône au milieu des pestes de Nimes, Arles et Beaucaire, sans subsistances, ce qui les a bien minées ; mais mon incrédulité, mieux fondée que celle de saint Thomas, leur a fait connaître que je ne croyais pas si à léger que M. le comte d'Alletz. Du reste, cette vérité m'a été confirmée par le premier président pour les environs d'Aix, par le bailli de Forbin de Marseille, par Lequeux pour les environs de Toulon, de Fréjus et Sainte-Marguerite, et par de Castellan pour les environs d'Antibes, et par un commissaire nommé Millet, qui est à son éminence, que j'ai envoyé dans toutes les villes qu'on disait les plus malades. Il y a bien une peste plus fâcheuse pour le régiment de la Chapelle, contre lequel les habitants de Fréjus et de Draguignan ont fait sédition et ont tué force chevau-légers, et un capitaine nommé Desmortiers fort blessé, que l'on croit qu'il en mourra.

Voilà le véritable état de la province, sur lequel vous fonderez telles résolutions qu'il vous plaira, que je tâcherai d'exécuter avec grande obéissance. Si vous commandez qu'on entreprenne quelque chose, vous aurez soin de l'artillerie et munition de guerre, dont il n'y a pas un grain ni un outil, et moins de chevaux ; à l'argent pour les troupes, pour les officiers, les travaux et l'hôpital. S'il n'y a rien à faire, nous irons chercher notre-bonne fortune par mer.

Vous ordonnerez aussi, s'il vous plaît, si le comte de Tonnerre demeurera en Italie avec les troupes qu'il emmène, et, en ce cas, enverrez ordre pour qu'il y soit reçu en service, ou bien s'il reviendra ; ce qui doit dépendre, comme j'estime, de ce que vous nous commanderez : vous vous souviendrez aussi qu'il n'y a point d'intendant de justice.

Je serai en mer dans six jours, attendant le passage de Ferrandine avec vingt galères, une escadre de froment et vos commandements.

Les galères, au nombre de dix-huit, sont en bon état ; les vaisseaux de cette escadre de même, et vos magasins à Antibes sont munis de blé, avoine et fournis encore mieux.

Tout ce qui défaut à la cavalerie, c'est qu'il n'y a point presque d'officiers.

Dans le régiment de Saint-Simon, il n'y a point de capitaine, le lieutenant de Saint-Simon même n'y étant pas.

Dans le régiment de Blois, le mestre-de-camp n'y est pas encore ; mais on dit qu'il vient. Pecarar n'y est point, et sa compagnie fort mauvaise.

Le régiment de Passy, le mestre-de-camp et tous les officiers y sont, et l'on m'a assuré que les compagnies sont bonnes. Il manque la sixième compagnie, pour laquelle nous ne pouvons tirer l'argent de ces enfers, et la sienne qui est encore au pays.

Depuis cette lettre écrite, étant revenu auprès de M. le prince pour recevoir Normandie et les régiments qui devaient remplacer ceux qu'on m'ôtait, comme son éminence me le mandait, j'ai trouvé un ordre renvoyant les premiers, et par conséquent me mettant hors d'état de rien faire. J'ai prié le sieur de Châlonnais, présent porteur, d'aller savoir ce que j'avais à faire des quatre régiments qui sont en Provence, et des dix-huit cornettes de cavalerie qui les devanceront bientôt, et comme aussi de savoir ce que j'ai à faire avec l'armée navale, ne voyant point d'ennemis à la mer. Si l'on veut que j'aille à Naples, en Sicile et à Oran, que les Maures tiennent assiégée avec soixante vaisseaux par mer, quoique l'action fût à l'avantage des Espagnols, elle serait bien glorieuse pour le roi de préférer le bien de sa religion à celui de son État.

J'attendrai l'honneur de son commandement, et cependant fasse Dieu que tout prospère partout comme je le désire, et que je sois le seul inutile au service du roi cette année. C'est, etc.

PROJET

DE CE QU'IL Y A A FAIRE EN LA MER MÉDITERRANÉE, ENVOYÉ A SON ÉMINENCE ET A M. DE NOYERS.

MONSIEUR,

Les galères sont au nombre de dix-huit, fort lestes, prêtes à aller; les vaisseaux, au nombre de dix-sept et cinq brûlots en même état. Le tout fera voile dans trois jours aux îles Sainte-Marguerite, attendant l'escadre de ponant et ne craignant ensemble rien de tout ce que l'on voit dans la mer.

Les troupes qui sont maintenant en la province, sont les régiments de Normandie, des Galères, de la Couronne, des Vaisseaux en Provence, qui sont de quatre à cinq mille hommes de pied; les régiments de la Chapelle, cinq compagnies de Passy, trois de Saint-Simon et les deux compagnies de gendarmes : huit cents bons chevaux.

Il manque, pour faire agir ces gens, poudre, mêche, plomb et leur montre comme le reste des troupes quand on les voulut faire sortir du royaume. Son éminence commandera ce qui lui plaît qu'on entreprenne de trois choses qu'il y a à faire, afin que, selon ce qu'elle commandera, elle ordonne aussi les moyens pour l'exécuter.

S'il lui plait qu'on entreprenne quelque chose de grand, comme Nice, Morgues Final et Corbie, il faut qu'il renvoie Labarre avec les chevaux, officiers et munitions de l'artillerie qui étaient commandées, les fonds destinés pour faire les travaux, officiers et hôpital, et remplacer quatre régiments qui ont passé en Piémont.

Que si l'on ne veut que faire diversion faisant dégât dans le comté de Nice pour attirer les ennemis, et vers Final, à même fin, avec ordre de se retirer en cas qu'il vînt de grandes forces, il y a assez d'infanterie; il ne faut qu'envoyer de la munition de guerre et quelque montre pour eux. Que si l'on veut qu'on agisse simplement par mer, on ira chercher, en tous ports non fermés et ès rades, les galères et vaisseaux ennemis; si l'on ne pouvait assister ceux de Naples, Sicile et Majorque en leur rébellion, et reviendra-t-on par la Barbarie pour achever la paix projetée; en ce cas on n'a affaire ni d'argent ni munition.

Les magasins de blé, avoine et foin sont faits à Antibes, avec ordre de se retirer en cas qu'il vînt de grandes forces.

Le régiment de Normandie ayant été commandé d'aller en Italie, on ne croit pas être en état de rien entreprendre.

LETTRE DE M. L'ARCHEVÊQUE DE BORDEAUX

A M. LE COMTE D'HARCOURT, LUI ENVOYANT DES TROUPES A TURIN.

26 juin 1640.

MONSIEUR,

Je viens présentement de recevoir la lettre que vous m'avez fait l'honneur de m'écrire de votre camp du 16 de juin dernier, en revenant du pont Saint-Esprit, où j'étais allé trouver M. le prince pour vous faire passer les troupes qui étaient destinées pour l'armée de Provence, de sorte que je me trouve maintenant en état d'entreprendre sur les ennemis, comme vous étiez l'année passée de vous opposer à leur entreprise. Dès la première lettre que j'eus l'honneur de recevoir de vous, je me mis en état de vouloir faire quelque diversion, qui, je crois, ne vous eût point été inutile; mais les divers commandements du roi étant arrivés de vous envoyer tout, me rédui-

sent en état de ne pouvoir rien que par souhaits. Si à la mer il se rencontre quelques ennemis, j'espère vous en rendre bon compte ; mais
pour la terre, je n'y puis rien que vous souhaiter toutes sortes de
prospérités. Je ne manquerai pas, puisque vous me l'ordonnez ainsi,
de vous rendre compte de ce qui se passera en ces quartiers, recevant
à grand' honneur la part qu'il vous plaît me promettre de vos nouvelles et en vos bonnes grâces, ne désirant rien tant que de vous témoigner que je suis, etc.

LETTRE DE M. L'ARCHEVÊQUE DE BORDEAUX

A M. LE COMTE D'ALLETZ.

26 juin 1640.

MONSIEUR,

Vous verrez, par la lettre que m'a écrite M. le comte d'Harcourt,
que je prends la liberté de vous envoyer avec celle qu'il vous écrit,
comme quoi il ne presse pas moins quelque diversion que l'envoi des
troupes pour le fortifier ; ce qui me fait vous supplier très-humblement
vouloir faire avancer les troupes le plus tôt qu'il se pourra, afin que,
s'il venait quelques ordres du roi proportionnés à notre faiblesse, l'on
tâche à l'exécuter. Je me diligente de faire sortir nos galères et les
vaisseaux, afin de pouvoir en quelque sorte assister leur entreprise,
qui est si belle et si utile au service du roi. Le sieur de Castellan, qui
est maintenant, comme je crois, auprès de vous, vous rendra compte
des logements qu'il a faits, et vous témoignera la passion que j'ai
d'être cru de vous, votre, etc.

M. de Bordeaux s'excuse, auprès de MM. de Castellan et de Besançon, d'attendre les ordres du roi avant de se rendre aux désirs de M. le prince de Condé, au sujet des troupes qu'il demande.

LETTRE DE M. L'ARCHEVÊQUE DE BORDEAUX

A M. DE CASTELLAN.

J'ai reçu ce soir une dépêche de M. le prince qui me convie d'envoyer la cavalerie qui est ici, en Italie; mais comme je n'ai point d'ordre du roi de le faire, et que M. d'Harcourt demande avec grande instance une diversion (pour quoi j'ai envoyé à la cour savoir ce que j'aurais à faire), je lui ai mandé que je ne pouvais rien ordonner que je n'eusse d'ordre du roi; mais que s'il lui plaisait de le faire, il était le maître partout, et que pour cet effet j'allais ordonner à toutes les troupes de marcher vers la route d'Embrun, estimant que si son altesse avait à envoyer quelque secours, il ne fallait pas s'amuser à envoyer une partie de la cavalerie, mais bien les trois régiments et les deux compagnies de gendarmes; d'autant que les uns sans les autres ne sont pas utiles en ce pays-ci, au lieu qu'en celui-là ils peuvent faire quelque effet; mais de mettre sur moi l'ordre de les envoyer et la garantie si le roi ne le trouve pas bon, je me garderai bien de le faire.

Si vous avez des affaires près son altesse, vous y pouvez aller, et je donnerai les ordres, sinon nous les donnerons ensemble, attendant ceux de la cour ou un exprès commandement de son altesse, sans lequel je ne puis agir, mes ordres étant tout-à-fait contraires.

Vous avez bien fait d'ordonner au régiment des Vaisseaux de marcher, puisque M. le comte d'Alletz l'a désiré; mais vous vous souviendrez, s'il vous plait, qu'il arrivera un grand désordre, si on les change à toutes les heures, d'autant que si j'en avais besoin, je ne saurais où les aller chercher; si bien qu'il faut demeurer ferme, comme je vous ai dit, et les envoyer en quelque lieu à huit ou dix lieues d'Antibes pour se refaire et raccommoder leurs armes, où je les puisse envoyer quérir quand j'en aurai besoin. Envoyez-moi donc le contrôle des lieux où ils sont demain à Toulon, autrement je serais obligé de leur envoyer des départements pour savoir où les prendre quand j'en aurais à faire, vous souvenant encore une fois que je ne veux être garant de quoi que ce soit au monde contre les ordres que j'ai.

LETTRE DE M. DE SOURDIS

A M. DUPLESSIS-BESANÇON, S'EXCUSANT DE RIEN FAIRE SANS ORDRE TOUCHANT LA CAVALERIE QUE M. LE PRINCE VEUT ENVOYER EN ITALIE.

Un jour, parlant à son éminence des oppositions qu'on pourrait faire si les ennemis entraient dans le Languedoc, je lui dis que j'y serais bientôt, portant mon infanterie dans les galères et des barques, et que la cavalerie irait à grandes journées. Elle me répondit que je m'en gardasse bien; que quand il voudrait que je le fisse, le roi me le manderait, et qu'autrement je mettrais ma tête en compromis. C'est pourquoi vous trouverez bon que la tête de M. le prince, qui est plus ferme et mieux attachée que la mienne, fasse ce qu'il lui plaira, et non pas moi, qui ne sais ce que le courrier que j'ai envoyé à la cour m'apportera, soit pour faire diversion, soit pour embarquer, ou autre chose que vous pouvez penser. Si les ennemis allaient faire la moindre cavalcade dans le royaume, où j'ai eu pouvoir de la cour d'envoyer de la cavalerie de Dauphiné, qui est la plus proche, je demeurerais chargé de déshonneur; ce que je ne veux point hasarder; et comme je suis fort exact à faire ce que l'on me commande, je le suis encore plus de ne rien faire qui ne me soit commandé. J'ai grande impatience de vous voir, mais j'ai peur que ce ne soit pas sitôt, parce que demain nos galères sortent du port. Les vaisseaux sont à la mer, et si je vois jour à quelque chose, je tâcherai de l'exécuter.

M. de Bordeaux envoie à M. le prince de Condé un état annoté des troupes qu'il commande et qu'il mettra à ses ordres, sauf l'avis du roi et de M. le cardinal.

LETTRE DE M. L'ARCHEVÊQUE DE BORDEAUX

A M. LE PRINCE.

MONSEIGNEUR,

J'envoie ce porteur ensuite d'une lettre que j'ai reçue du sieur Duverger pour supplier très-humblement votre altesse de vouloir commander au trésorier d'apporter à Aix, comme il me l'avait promis, selon l'ordre que votre altesse lui avait donné et celui que je lui avais apporté du roi, les neuf mille écus des neuf compagnies de chevau-légers des régiments de Bussi de Vaire et de Saint-Simon, parce qu'ils prennent excuse de retarder leur marche sur ce défaut, où je vous ai mandé que je les enverrais. Les compagnies de Saint-Simon sont complètes, à la réserve de quatre ou cinq hommes à celle de M. de Saint-Simon, qui m'a assuré qu'ils lui venaient, et à la réserve de quelques officiers que l'on attend de jour à autre. Il manque aussi à quelques uns les armes, lesquelles je fais apporter de la Rochelle par nos vaisseaux.

Pour le régiment de Bussi de Vaire, la mestre-de-camp n'est pas encore arrivée, et celle de Montjouan vient avec vingt maîtres et les officiers. Pour les mille écus que votre altesse sait que j'ai avancés, le reste de ses chevau-légers se devant faire en Languedoc. . . . . . . maintenant qu'on aura reçu l'argent de M. de Bussi de Vaire, ce que je vous promets faire faire en quinze jours, et d'en prendre le soin, ses armes étant déjà achetées, le capitaine étant mon parent. Pour les quatre autres, celle de Borde est fort belle, bien complète et bien montée.

Celle de Charron, complète et mal montée.

Celle de Moncarrat, bien montée pour une partie, mais d'assez mauvais hommes.

Brunat, fort mal montée et de fort mauvais hommes.

Tous m'ont assuré avoir leurs armes dans des charrettes, mais je ne les voulus pas faire déployer, attendant qu'ils fussent en un quartier assuré, afin qu'ils pussent rattacher quelques tassettes qui pourraient être démontées.

Voilà le véritable état de ces troupes-là, lesquelles se peuvent réparer en leur aidant de leurs moyens, et ne leur baillant qu'à mesure qu'ils satisferont; que si une fois ils le tenaient, ou qu'ils vissent retourner de l'argent en Gascogne, on n'aurait pas grand'raison d'eux. Votre altesse ordonnera ce qui lui plaira, et sera obéie ponctuellement.

On m'a dit que le régiment de la Chapelle-Ballon est complet, mais mal armé.

Les deux compagnies de gendarmes doivent être belles, car elles ont cent écus par jour chacune bien comptant.

J'attends le commandement que votre altesse m'enverra, afin d'envoyer le sieur de Castellan lui-même mener ce que vous commanderez pour l'Italie, sauf l'ordre du roi.

M. de Bordeaux annonce à M. le cardinal qu'ayant appris qu'on allait embarquer à Naples un puissant secours pour l'Espagne, il va mettre à la voile pour s'opposer au passage de ce renfort. M. de Bordeaux supplie aussi M. le cardinal de donner des ordres pour que les fortifications de Toulon soient dégagées des logements que des bourgeois de la ville ont fait construire dans les gorges des bastions, faisant observer qu'en cas d'attaque, ce port, déjà presque sans garnison, ne pourrait se défendre.

LETTRE DE M. L'ARCHEVÊQUE DE BORDEAUX

A M. LE CARDINAL DE RICHELIEU.

MONSEIGNEUR,

Arrivant en ce lieu, la première chose que j'ai faite a été d'envoyer les vaisseaux de cette escadre aux îles d'Hyères attendre les galères. Ceux de ponant ne sont point encore arrivés; on nous fait espérer aujourd'hui lesdites galères. Je les presse extrêmement afin de mettre à la mer, sur l'avis qu'on m'a donné qu'on embarquait à Naples un puissant secours de cavalerie et d'infanterie, dont douze vaisseaux, vingt polacres et vingt-cinq ou trente galères, pour descendre à Final; de sorte que, dès que ces galères seront jointes aux vaisseaux, je mets à la voile pour m'en aller chercher ce secours vers Final, Gênes, et même jusqu'à Naples, pour ne le pas manquer, si je puis, espérant être de retour dans dix ou douze jours, et de trouver les commandements de votre éminence sur ce que j'aurai à faire par celui que je vous envoie.

Cependant je prendrai la liberté de lui dire que cette place est en fort mauvais état, la ville étant ouverte en plusieurs endroits, la clôture de la darse rompue, et n'y ayant pas une fortification parachevée, pas une personne qui en prenne le soin, ou du moins qui y apporte telle négligence qu'on a souffert que les habitants aient bâti et fait des logements dans les gorges des bastions et dans les remparts. (Le sieur Lequeux fait bien ce qu'il peut, mais n'étant appuyé des gouverneurs de la province ni de qui que ce soit, on ne le croit pas beaucoup.)

Pour à quoi remédier, il est à propos que votre éminence fasse trois choses, s'il lui plaît : la première d'envoyer ordre exprès auxdits consuls de Toulon de faire promptement bâtir un pilier au milieu de l'entrée, pour, avec des chaînes, barrer le port et fermer la darse, comme aussi parachever les deux plates-formes de l'entrée, en y employant pour cet effet le fonds qu'ils ont entre leurs mains.

Autre ordre pour travailler aux deux demi-lunes et aux flancs des bastions, préférablement à tout, n'y ayant pas moyen de mettre une seule pièce de canon en batterie, avec le fonds nécessaire.

Comme aussi un ordre portant qu'on ruinera les susdits bâtiments, ainsi que M. de Champigny l'avait ci-devant ordonné, et commandement à quelqu'un d'y tenir la main. Car M. Lequeux les ayant fait voir à M. le comte d'Alletz, lorsqu'il est venu ici, ne put pas obtenir de sa bonté qu'il en dit quoi que ce soit aux habitants.

M. le prince m'ayant mandé depuis deux jours qu'il me conseille d'envoyer la cavalerie en Italie, je lui ai mandé que n'en ayant nul ordre de votre éminence, je n'osais l'entreprendre, ni dégarnir une province de troupes sans un exprès commandement, mais que comme il était le maître de tout, je les faisais avancer vers la frontière, pour en faire de son autorité ce qu'il lui plairait en attendant vos ordres.

M. Bidaud continue de renseigner M. de Bordeaux sur les affaires d'Italie.

LETTRE DU SIEUR BIDAUD

A M. L'ARCHEVÊQUE DE BORDEAUX.

MONSEIGNEUR,

J'ai retardé cette felouque cinq jours pour apprendre, suivant les ordres que vous m'en avez donné le 20 du passé, de cette république le traitement qu'elle fera à l'armée que vous commandez dans ses ports et havres, et si elle ne lui donnera pas pratique; mais, me remettant de jour à autre, j'ai cru être mieux de vous renvoyer ladite felouque pour ne vous laisser dans l'impatience, espérant, au premier jour, de vous porter moi-même la réponse et vous rendre compte de ce que je sais des affaires d'Italie, et particulièrement des lieux que vous m'avez marqués, où j'ai encore envoyé deux hommes exprès pour m'en rapporter le véritable état.

M. le comte d'Harcourt continue le siège de Turin, et le marquis de Leganez ses efforts à lui empêcher les convois, dont il n'a pu venir à bout jusqu'à présent : il les reçoit véritablement avec plus de difficulté depuis que ledit marquis s'est emparé de Serraona; mais il espère que votre armée et les troupes du Languedoc feront à temps une diversion pour lui donner moyen de mettre à heureuse fin une entreprise si importante et nécessaire au service du roi comme la prise de Turin.

Les vaisseaux qui allaient en Espagne sont partis, dont j'ai donné avis par le capitaine Carriole : on en attend la galère qui a fui de Barcelonne avec quelques caisses de réales; mais il n'y a pas apparence, en l'état que les affaires sont en Catalogne, ni on n'a point d'avis, que l'escadre du duc de Ferrandine passe de deçà.

Celle de Sicile était attendue à Naples, pour passer conjointement avec l'escadre de Naples, et peut-être de douze vaisseaux dont, monseigneur, je vous ai écrit par ma dernière, à Final, pour y décharger leur infanterie. J'aurai bientôt l'honneur de rendre compte plus exact à votre éminence de toute chose. Cependant, faites-moi la faveur de conserver sous votre protection,

> Monseigneur,
>
> Votre très-humble et très-obéissant serviteur,
>
> BIDAUD.

A Gênes, le 2 juillet 1640.

M. le cardinal envoie à M. de Bordeaux un mémoire du roi, et une lettre de M. de Noyers qui répond à toutes les demandes de M. l'archevêque.

LETTRE DE M. LE CARDINAL DE RICHELIEU

A M. L'ARCHEVÊQUE DE BORDEAUX.

MONSIEUR,

La dépêche que vous fait M. de Noyers répond si particulièrement à la vôtre et à tous les points contenus aux mémoires qui y étaient joints, lesquels j'ai vus fort exactement, qu'il ne me reste rien à y ajouter par ces lignes. Seulement vous conjuré-je de n'oublier rien de ce qui dépendra de vous pour faire réussir ce que vous estimerez pouvoir entreprendre conformément à ce qui vous est mandé de la part du roi, à quoi je me remets.

Ce porteur vous dira où nous en sommes du siège d'Arras, qui est au meilleur état qu'on le saurait désirer, et duquel, avec l'aide de Dieu, nous aurons bonne issue. C'est ce que je vous puis dire par cette lettre, que je finirai en vous assurant de la continuation de mon affection, et que je suis véritablement,

                    Monsieur,

        Votre très-affectionné comme frère à vous rendre service,

                              Le Cardinal de RICHELIEU.
        Amiens, ce 3 juillet 1640.

LETTRE DE M. DE NOYERS

A M. L'ARCHEVÊQUE DE BORDEAUX.

MONSIEUR,

Toutes les ouvertures que vous avez faites ont été fort approuvées, ainsi que vous le verrez par la dépêche du roi ci-jointe. Il ne reste plus qu'à les exécuter et profiter de la saison, comme vous le savez bien faire. M. le comte d'Alletz assure le roi par ses lettres qu'il a eu et aura toujours un soin très-particulier de toutes les troupes qui seront envoyées de votre part, avec les ordres du roi portant avis des intentions de sa majesté, et que, même toutes celles qui se sont présentées pour entrer en Provence y ont été reçues avec tout le bon traitement qu'elles pouvaient désirer; que s'il s'est fait quelques désordres par le particulier des habitants de quelque lieu, il les fera châtier.

L'on envoie en Piémont le régiment de la Chapelle-Ballon et de Bussy de Vaire, de sorte qu'il restera peu de cavalerie en ces quartiers-là, et que M. le comte d'Alletz logera sur les confins de Nice en lieu où elle pourra harceler l'ennemi et empêcher qu'il n'entreprenne rien sur les sujets du roi.

, Je vous conjure de vous souvenir de la promesse que vous m'avez
, faite plusieurs fois, de rapporter nos marbres dans vos vaisseaux,
lorsque vous repasserez en ponant; vous en aurez votre part quand ils
seront arrivés à Paris, pour faire quelque belle figure pour Royaumont
ou tel autre lieu que vous aviserez, le roi étant bien aise que toute
l'Église voie des marques de sa piété.

Quant à Royaumont, vous auriez tort si vous croyiez ni que son éminence eût été surprise, ni que ce fût un tour de moine moins discret
qu'il ne devrait être, car son éminence ayant visité elle-même le dortoir, et l'ayant vu en péril très-imminent, vous condamne à cette petite
dépense qui en fera éviter une bien plus grande, et le pauvre prieur ne
l'a jamais demandé que depuis que son éminence l'a ainsi résolu. Pour
ce qui est des mille livres données au prieur son prédécesseur, elles ont
été employées à la réparation du réfectoire, qui fait aujourd'hui honneur à M. l'abbé pour plus de mille livres. Ainsi, donnez s'il vous plaît
l'absolution et aux moines et à celui qui est votre très-humble et très-
affectionné serviteur.

DE NOYERS.

Amiens, le 3 juillet 1640.

LETTRE DU ROI

A M. L'ARCHEVÊQUE DE BORDEAUX.

Mons. l'archevêque de Bordeaux, l'entreprise du siége de Turin par
mon cousin le comte d'Harcourt m'ayant obligé de faire passer en Italie
une partie des régiments que j'avais destinés pour l'armée que vous deviez assembler en Provence, et apprenant, par vos dépêches du 24 juin,
que ceux qui y restent ne sont pas suffisants pour exécuter aucun dessein considérable du côté de la terre, j'estime qu'il ne se peut rien faire
de mieux à présent que d'exécuter sur la mer ce que vous proposez;
jugeant à propos, à cet effet, que vous fassiez voile au plus tôt, rangeant
les ports des ennemis, pour entreprendre sur iceux et sur les vaisseaux
qui s'y pourront rencontrer, tout ce qui s'offrira de plus avantageux à
mon service et à la réputation de mes armes.

Je ne désapprouve pas aussi que vous preniez la route de Sicile et de Majorque pour essayer de profiter de la mauvaise humeur en laquelle vous mandez que se trouvent les habitants de ces lieux-là contre ceux qui les commandent.

De là vous pourrez revenir par la Barbarie pour conclure le traité de paix qui a depuis si long-temps été proposé, le faisant aux conditions les plus avantageuses qu'il se pourra pour le bien de mes sujets.

Et comme entre les desseins que vous pourrez faire sur la mer, celui de combattre le duc de Ferrandine et vous rendre maître des vaisseaux et galères sur lesquels vous avez avis qu'il prétend faire passer des hommes et de l'argent en Italie n'est pas le moins avantageux à mon service, je vous recommande particulièrement de n'en pas laisser perdre l'occasion, comme vous le promettez, si vous le pouvez rencontrer.

Après que vous aurez fait ce voyage, si vous voyez qu'étant de retour à Toulon la saison vous permette d'entreprendre encore quelque chose par terre, comme il y a bien de l'apparence, vous m'en donnerez promptement avis, et cependant je donnerai les ordres nécessaires pour vous faire tenir tout ce dont vous aurez besoin pour cet effet.

Quant à ce qui est des troupes qui resteront en Provence, après que vous aurez mis sur les vaisseaux celles qui vous y seront nécessaires, je mande à mon cousin le prince de Condé et à mon cousin le comte d'Alletz ce à quoi ils les emploieront en attendant, de sorte que ce sera dorénavant à eux à en prendre le soin.

C'est tout ce que je vous dirai par cette lettre, priant Dieu qu'il vous ait, mons. l'archevêque de Bordeaux, en sa sainte et digne garde.

LOUIS.

SUBLET.

Écrit à Corbie, le 4 juillet 1640.

··M. de' Bordeaux ·demande à M. le cardinal, pour le premier président du parlement, l'autorisation de retourner à Bordeaux, et se plaint de ce que M. le comte d'Alletz s'est joint au parti des parlementaires.

LETTRE DE M. L'ARCHEVÊQUE DE BORDEAUX

A M. LE CARDINAL DE RICHELIEU.

Toulon.

MONSEIGNEUR,

Ne voyant pas que votre éminence ait résolu d'entreprendre de grands desseins en cette province durant le reste de cet été, ni que la présence de M. le premier président du parlement y fût à présent si nécessaire qu'elle pourrait être en un autre temps que votre éminence désirerait peut-être qu'on y entreprit quelque chose, j'ai cru qu'elle n'aurait pas désagréable de lui permettre de se servir de ce temps-ci et des vacations de son parlement pour s'en aller donner ordre à une infinité d'affaires de conséquence qu'il a à Bordeaux pour s'en revenir vers l'hiver, si plus tôt le service du roi ou celui de votre éminence ne l'appelle en ces quartiers, où le parti de ce parlement, fomenté par la bonté de M. le comte d'Alletz, le pourrait bien rendre utile si l'on permet que le gouverneur s'autorise dans la compagnie, se liant avec partie de ceux du parlement que j'ai voulu remettre en parfaite intelligence avec leur premier président, et lui avec M. le comte d'Alletz; mais, n'ayant pas voulu séparément s'accommoder, j'ai cru que je ne le devais pas faire conjointement, de peur de fomenter la cabale qui a ses racines dans les familles des Cormis et Gaufrodi, disciples du président Canoli, et qui sont enivrés de je ne sais quels privilèges qui leur ont fait embrasser toutes les séditions qui se sont faites en cette province depuis cinquante ans. J'estime que si la bonté de son éminence voulait prendre la peine d'écrire le moindre mot à M. le comte d'Alletz qui lui témoignât le désir qu'elle a qu'ils fussent bien ensemble et qu'il ne se mêlât point dans toutes ces petites cabales du parlement, les laissant ménager au premier président, je me promets qu'à l'instant tout s'accommoderait, et ces vieilles cendres de sédition s'assoupiraient, le premier président vous suppliant de pardonner aux interdits; mais si le rétablissement n'est pas la joie du gouverneur, je crains que cette liaison ne produise rien de bon.

M. le prince de Condé envoie à M. de Bordeaux une copie de la lettre suivante du roi, pour lui montrer de quelle importance était sa jonction avec M. le comte d'Harcourt, toujours devant Turin.

LETTRE DU ROI

A M. LE PRINCE.

Mon cousin, les soins que j'ai de l'état où se trouve mon cousin le comte d'Harcourt m'obligeant à presser et augmenter de plus en plus les secours que je lui ai destinés, je vous dépêche ce courrier exprès pour vous dire que je fais passer en Piémont le marquis de Villeroy avec la plus grande partie des troupes qu'il commande, laissant en Bourgogne les régiments de mon cousin le prince de Conti votre fils avec ceux de Vandy et de Chalancey et la compagnie de gendarmes de Saint-Géran, le régiment de cavalerie de Desroches-Baritault et la compagnie des chevau-légers de la reine ma femme, et celle de mon frère le duc d'Orléans; le tout sous la charge du marquis de Tavannes; et même, pour assurer entièrement la Bourgogne, je mande au sieur du Hallier que si les ennemis s'approchent de ladite province avec des forces capables d'y entreprendre, il s'y achemine au premier avis qu'il en aura, le faisant cependant dès à présent savoir en lieu d'où il s'y pourra rendre dans peu de temps.

Et parce que le régiment de Bussy de Vaire ne pourrait pas être beaucoup utile aux quartiers où il est, non plus que celui de la Chapelle-Balon en Provence, je donne ordre à l'un et à l'autre de passer en Italie, et je désire qu'aussitôt la présente reçue vous envoyiez votre route au sieur de Bussy de Vaire avec ma lettre ci-jointe pour le faire marcher en Piémont, avec ordre de faire tout ce qui lui sera commandé par mon cousin le comte d'Harcourt ou par les maréchaux-de-camp qui serviront sous ses ordres dans le corps qui pourra être séparé de l'armée.

Je m'assure qu'avant la réception de la présente, vos serez bien avancé avec les troupes que vous m'avez promis de mener vous-même jusqu'aux montagnes de Dauphiné; mais il importe tellement qu'elles y soient au plus tôt, que je vous exhorte encore à les y faire marcher en toute diligence, et à prendre tout le soin possible de leur conservation. Je désire aussi que, conformément à la lettre que je vous adresse pour le comte de Tonnerre, vous lui donniez ordre de joindre les six mille hommes dont vous lui aurez remis la conduite, au corps que le marquis de Villeroy mènera en Italie pour en faire ce qui sera ordonné par mondit cousin le comte d'Harcourt, lequel cependant ledit comte de Tonnerre ira trouver pour lui faire savoir particulièrement l'état auquel il aura mené lesdites troupes et faire pour sa personne ce que mondit cousin lui commandera. C'est ce que je vous dirai par cette lettre, attendant avec plus d'impatience que je ne vous saurais dire de savoir quand lesdites troupes que vous faites marcher en Piémont y pourront être passées et en quel état elles y arriveront. Et sur ce, je prie Dieu qu'il vous ait, mon cousin, en sa sainte garde.

Signé LOUIS.

Et plus bas, SUBLET.

Écrit à Antibes, ce 26 juin 1640.

Et au-dessous, de la main du prince :

Je certifie à M. de Bordeaux que la lettre que le roi m'a écrite est de mot à mot comme la présente.

Fait à Pézénas, le 6 juillet 1640.

HENRY DE BOURBON.

LETTRE DE ·M. LE PRINCE

A M. L'ARCHEVÊQUE DE BORDEAUX , PORTANT QUE L'INTENTION DU ROI ÉTAIT
QUE LA CAVALERIE DE L'ARMÉE NAVALE ALLAT EN ITALIE.

MONSIEUR ,

Je m'étais bien douté que le roi voulait que votre cavalerie allât e n
Italie , et certes , dès que je le vous ai mandé, vous deviez l'envoyer sans
délai ; je viens de recevoir le paquet du roi, je vous envoie copie de
toute la dépêche, ainsi, aussitôt la présente reçue, il vous plaira donner
route aux régiments de Bussy de Vaire et de la Chapelle-Balon pour
s'en aller en toute diligence en Italie, et afin que rien ne retardât, j'ai
envoyé un courrier à M. de Lesdiguières avec lettres du roi pour faire
fournir les étapes au passage desdites troupes, auxquelles, pour les mettre
dans leur route et dans le Dauphiné hors de Provence, il sera bon
qu'en commettiez le soin à M. de Castellan. Si vous n'étiez en la province, le porteur s'adressera à M. le comte d'Alletz. Je vous supplie de
me croire , etc.

·HENRY DE BOURBON.

Vous pouvez montrer la présente à M. Duplessis-Besançon, et lui
commettre ce soin ou à M. de Castellan, n'importe lequel.

De Pézénas , le 6 juillet 1640.

LETTRE DE M. L'ARCHEVÊQUE DE BORDEAUX

À M. LE PRINCE.

De Sainte-Marguerite, le 9 juillet 1640.

Il n'a pas tenu à moi que dès que vous aviez en la pensée d'envoyer
de la cavalerie en Piémont, que votre altesse ne l'y ait envoyée ; et de
fait, je l'avais fait marcher vers la frontière à cet effet, mais de l'y envoyer moi sans ordre exprès du roi ou de votre altesse, j'aurais eu peur
de n'en être pas avoué. J'ai écrit au sieur de Castellan pour aller faire

la conduite, comme vous l'avez ordonné, et m'en vais cependant faire un tour à la mer, où je n'estime pas que nous trouvions grands ennemis.

Cette lettre, de M. Bidaud, est relative aux affaires d'Italie.

LETTRE DU SIEUR BIDAUD

A M. L'ARCHEVÊQUE DE BORDEAUX, TOUCHANT L'ARRIVÉE DE NEUF GALÈRES DE L'ESCADRE DE NAPLES EN SARDAIGNE, ARMÉES D'INFANTERIE, POUR FORTIFIER FINAL ; LE TUMULTE DE BARCELONNE, ET SIX MILLE HOMMES ENVOYÉS AU COMTE D'HARCOURT ET LE DÉPART DU VICOMTE DE TURENNE AVEC QUATRE MILLE HOMMES.

MONSEIGNEUR,

J'ai reçu au soir l'honneur de vos ordres du 3 de ce mois par M. Ducoudray-Montpensier et une felouque génoise, ensuite desquels tout présentement j'en ai dépêché une autre à Naples et à Livourne avec un confident, sous prétexte d'aller à Messine pour les affaires d'un de nous ; lequel me saura écrire et rapporter fidèlement desdits lieux ce qui s'y passera, et l'état véritable de tout ce que vous désirerez. Cependant je vous dirai, monseigneur, qu'on a eu avis ce matin que neuf galères de l'escadre de Naples en étant parties sous le prétexte d'aller chercher les galions de Biserte, étaient arrivées en Sardaigne armées de très-bonne infanterie, laquelle je doute qu'elles ne viennent débarquer à Final à l'improviste ; ce qu'elles ne tarderont pas de faire si elles ont le dessein. On travaille aux fortifications à Final ; on y a porté de la poudre et du plomb ; il se fait quelques tranchées à la marine. On m'a dit aujourd'hui qu'on y avait trois cents hommes de renfort ; ce que je ne crois pas, si ce n'est de milice. L'homme que j'ai envoyé là, à son retour, demain au soir ou après-demain matin, me saura assurer de tout ce qui s'y est fait et arrive de nouveau.

Enfin la galère dont je vous ai, monseigneur, écrit ci-dessus, arriva hier matin de la Catalogne avec cent caisses de réales et six ou sept caisses d'or ; elle confirme tout ce que je vous ai mandé sur le sujet des tumultes de cette province-là : que les Catalans n'avaient point voulu reconnaître le duc de Cardone envoyé pour nouveau vice-roi, que depuis le carnage de Barcelonne il en était arrivé un autre à Perpignan, où il y avait eu quantité d'habitants et de soldats tués, et enfin que là où les uns ou les autres étaient les plus forts, ils ne se pardonnaient pas.

Je n'ai point d'avis assuré du Piémont depuis le 2 de ce mois, qu'on m'a mandé que les premières troupes des six mille hommes qu'on a envoyés à monseigneur le comte d'Harcourt, étaient arrivées à Briançon, et que cependant M. le vicomte de Turenne partait ce jour-là de Pignerol avec quatre mille fantassins et dix-huit cents chevaux pour conduire au camp un grand convoi d'argent, de provisions et de munitions. Au soir, on publia ici que mondit sieur de Turenne y était arrivé, et que les ennemis ayant attaqué la circonvallation, avaient été repoussés avec perte considérable. Il en faut attendre la confirmation aussi bien que de cette grande défaite de Piccolomini, que les Espagnols et les Vénitiens contredisent. Il est très-certain que M. le comte d'Harcourt a ôté l'eau de la Doère aux assiégés, et qu'ils l'ont voulu recouvrer, mais en vain et avec grande mortalité des leurs.

Je vous envoie, monseigneur, la réponse de ces seigneurs sur la demande que je leur ai faite de votre part, suivant le mémoire ci-joint, où vous verrez qu'ils refusent la pratique sous prétexte de la contagion, quoique je les aye assuré qu'il n'y en a point au lieu qu'il cote, ni dans aucun de vos vaisseaux, comme ils m'ont dit de bouche qu'ils en étaient avertis. Peut-être que quand ils vous verront plus près d'eux, ils se résoudront à contenter le roi et votre excellence sur ce sujet, dont je doute fort ; je n'y oublierai rien de mon côté, et à vous rendre bon compte de toutes choses. Je vous envoie quatre rames de papier que vous m'avez ordonnées ; faites-moi, s'il vous plaît, la grâce de m'avouer éternellement,

Monseigneur,

Votre très-humble et très-obéissant serviteur,

BIDAUD.

De Gênes, le 8 juillet 1640.

LETTRE DE M. L'ARCHEVÊQUE DE BORDEAUX

A M. LE COMTE D'ALLETZ.

J'ai reçu deux dépêches que vous m'avez fait l'honneur de m'écrire par deux de vos gardes, et à l'instant j'ai dépêché à M. de Castellan, selon que m'a fait l'honneur de m'écrire M. le prince, pour s'en aller conduire les deux régiments que le roi ordonne de passer en Piémont. Je voudrais qu'il eût commandé au reste de faire la même route, et si on avait suivi mon avis, tout y serait allé ensemble dans le commencement. Le retour d'un gentilhomme que j'ai envoyé à la cour nous expliquera plus particulièrement les intentions de sa majesté, et moi je rechercherai toujours les occasions de vous témoigner que je suis, etc.

LETTRE DE M. L'ARCHEVÊQUE DE BORDEAUX

AU SIEUR BIDAUD A GÊNES, TOUCHANT LE SIÉGE DE TURIN, LES GALÈRES ET LES VAISSEAUX DE NAPLES, ET LA RÉPONSE DE CEUX DE GÊNES, QUI LUI SEMBLE UN PEU SÈCHE.

De la capitane, vers Arbeigne, le 10 juillet 1640.

MONSIEUR,

J'ai reçu votre dépêche par le retour de la felouque, qui nous apprend les bons succès de Turin, dont j'aurai grande joie d'apprendre les particularités.

Vous nous mandez aussi comme neuf galères de Naples, sous prétexte de courre après celles de Biserte, pourraient bien être parties du côté de la Sardaigne pour se rendre à Final, comme aussi on nous a dit qu'il y avait deux galères de Doria qui étaient allées en Vay pour quérir l'équipage du défunt. Il est bien important de savoir la vérité et le particulier de ces deux avis.

L'on donne aussi avis que les douze vaisseaux qui sont à Naples partent avec de l'infanterie pour Catalogne. Il est bien important de savoir quand ils partent et par où ils passent, si c'est à la côte de la Barbarie ou de ce côté. Faut aussi savoir ce que fait l'escadre des galères d'Espagne, où elle est, et si l'on parle qu'elle vient en ces côtés.

Pour ce qui est de la réponse de messieurs de Gênes, je la trouve un peu sèche, et serai bien aise qu'ils ne prennent pas prétexte d'une peste qui n'est et n'a été en façon du monde à Toulon ni à Marseille, pour nous traiter différemment d'avec les Espagnols. S'ils continuent, nous ferons faire quarantaine à tout ce qui sortira de leur ville. Ils nous permettent ce qu'ils ne nous peuvent pas ôter, et nous veulent exclure de la retraite de deux ou trois galères qui seront peut-être séparées de l'escadre, et de quelques vaisseaux particuliers qui auraient besoin d'entrer dans leur port sans autre armement que l'ordinaire. Faites-les parler là-dessus, comme aussi s'ils ne veulent point faire justice de ce que doit Tafeti, lequel ne peut nier sa lettre de change. S'ils ne vous font raison, je serai obligé de permettre aux galères de se la faire sur les premières marchandises qu'elles trouveront.

Renvoyez-nous instamment de vos nouvelles, car les instants nous pressent, et si vous n'en avez appris où vous avez envoyé, vous nous ferez grand plaisir.

       C'est, monsieur,

         Votre très-affectionné ,

                 Sourdis.

LETTRE DE M. L'ARCHEVÊQUE DE BORDEAUX

A M. LE GRAND-DUC DE TOSCANE, CONCERNANT DES OFFRES CIVILES COMME ALLIÉ DE LA COURONNE.

Monseigneur,

Me trouvant près de vos ports avec les armées du roi, j'ai été bien aise de renouveler à votre altesse le vœu de mon obéissance, et la supplier, s'il y a quelqu'occasion où je puisse, soit avec les armes du roi, soit de ma personne, lui rendre service, de me faire l'honneur de me commander. J'ai appris avec joie les prises faites par ses galères en levant et leur retour en même lieu, dont j'ai eu d'autant plus de joie que j'avais de regret de les voir engagées dans un corps où je m'assure qu'elles n'étaient qu'avec contrainte.

Je ne demande point à votre altesse comment les vaisseaux et galères du roi sont reçus dans ses ports, sachant comme il a commandé qu'ils le fussent aux autres voyages, et étant trop assuré du zèle et de l'affection que vous avez pour la couronne de France. Si les Espagnols continuaient à garder les dix-huit ports avec leur quinze vaisseaux et leurs galères, je serais obligé de garder leurs côtes des Basques, où l'on dit qu'ils ont fait force mal ces jours passés.

Je suis ici avec les galères seulement, ayant divisé les vaisseaux en deux escadres, l'une sur la Corse et Sardaigne [1].

Je désirerais, avec grande passion, que vos galères eussent formé quelques desseins contre ces ennemis de Dieu et des chrétiens, ou s'ils ont besoin de notre assistance, j'aurais autant de joie que j'ai de passion de vous témoigner que je suis,

   Monseigneur,

   Votre très-humble et très-obéissant serviteur.

Cette lettre, de M. Bidaud, est relative aux affaires d'Italie.

LETTRE DU SIEUR BIDAUD

A M. L'ARCHEVÊQUE DE BORDEAUX·

MONSEIGNEUR,

Depuis que j'ai eu l'honneur de vous écrire, avant-hier au soir, nous n'avons rien eu, du Piémont, d'assuré; ce qui fait croire qu'il ne s'y est rien passé d'avantageux pour les ennemis; et, quant aux galères de Naples, je ne doute plus que celles qui sont en Sardaigne n'aient ordre de venir débarquer leur infanterie à Final, et que le reste de l'escadre, avec celle de Sicile et les vaisseaux et barques qui portent aussi de l'infanterie et cavalerie, ne soient prêts à partir pour ledit Final, si

---

[1] Ce passage est raturé dans l'autographe de M. de Sourdis.

déjà ils ne sont en chemin, parce que ce matin il a passé une chaloupe
du prince de Morgues qui les va avertir, en toute diligence, de l'arrivée
de votre éminence aux îles de Sainte-Marguerite.

Je vous enverrai, monseigneur, environ quatre-vingts soldats qui
ont été faits prisonniers, en divers endroits, par les ennemis, que j'ai
gardés ici huit jours pour attendre l'occasion des patrons Jehan Cruvillier de Marseille, de Raymond Bousignes, François Ardisson et Claude
Collet des Martigues. Ces trois derniers vous en portent quarante-deux;
mais ledit Cruvillier, qui commande une polacre, n'a voulu embarquer
ceux qui lui étaient destinés, en payant et en leur donnant des vivres,
comme je fais aux autres, quoique suivant l'ordonnance expresse que
le roi en a fait, et que j'ai procuré à la cour pour conserver à sa majesté tous les ans, à peu de frais, plus de deux mille soldats débandés ou
prisonniers qui passent ici, et que je défraie sans qu'on m'en ait donné
un sou jusques à présent, les envoyant tantôt aux îles, tantôt autre
part. Il y a quelques autres patrons qui ont déjà fait même refus, et
enfin tous feront le même, si l'on n'en châtie quelqu'un pour exemple
et pour éviter le préjudice qu'en recevra le service du roi; car, si je n'ai
les moyens d'embarquer lesdits soldats, ils seront contraints de servir
les ennemis dans leurs troupes ou dans leurs galères pour ne périr pas
entièrement; ce qui m'oblige, monseigneur, à vous supplier, sachant
que ledit Cruvillier, qui va de conserve avec ses barques, tombera entre
vos mains, de le châtier selon son démérite; et comme il est patron de
polacre, cela obligera tous les autres à rendre l'obéissance qu'ils doivent
aux ordonnances de sa majesté.

M. Jean Justinian écrira à votre éminence les plaintes qu'on fait ici
contre certains brigantins et chaloupes qui volent le long de cette côte;
même ont volé un courrier du roi. Ils en eussent fait tout autant à M. Ducoudray-Montpensier, s'il ne les eût menacés de vous en donner avis;
et comme mondit sieur et moi savons qu'ils ne sont point du corps de
votre armée, nous assurons ces messieurs que c'est contre l'intention
du roi et la vôtre, que vous les châtierez rigoureusement quand vous saurez
leurs noms. Je suis bien marri que je n'aie pu acquitter la lettre de
change que M. Luquet a donnée sur moi à mondit sieur Ducoudray.

Il faut qu'il m'ait cru mieux pourvu d'argent que je ne suis; car j'estime qu'il doit savoir que je ne fais aucun trafic ni affaires particulières avec qui que ce soit, non plus qu'avec lui. Je vous supplie de conserver dans l'honneur de vos bonnes grâces et de votre protection,

> Monseigneur,
> Votre très-humble et très-obéissant serviteur,
>
> > > BIDAUD.

P. S.

MONSEIGNEUR,

J'ai promis à ces trois patrons qu'on leur donnera chacun deux ducatons pour le port desdits soldats. Demain j'enverrai à votre éminence le reste par un patron d'Agde. Nous avons ici le père Asplanati, venu nouvellement de la cour avec quelques ordres du roi. J'aurai l'honneur de vous entretenir du sujet de son voyage.

LETTRE DU SIEUR BIDAUD

A M. L'ARCHEVÊQUE DE BORDEAUX.

MONSEIGNEUR,

Depuis que j'ai eu l'honneur de vous écrire au soir par les barques qui vous portent des soldats, nous n'avons rien eu de nouveau des galères de Naples qui sont en Sardaigne, ni de celles qui sont restées à Naples avec les vaisseaux et barques qui doivent porter l'infanterie, sinon qu'on dit toujours qu'on n'attendait que l'escadre de Sicile pour partir; mais je ne puis vous dire encore si ce sera pour Catalogne ou pour le Milanais; on croit néanmoins que ce sera pour ce dernier, du moins la cavalerie, puisqu'on a demandé passage au pape, qui l'a refusé.

On ne parle point que l'escadre des galères d'Espagne vienne par deçà, elle a assez d'occupation en Catalogne, à porter de l'infanterie pour faire cesser les tumultes, et je ne sais point qu'il soit allé aucune galère du duc Doria en Sardaigne pour apporter l'équipage du défunt prince.

J'ai fait voir à ces seigneurs ce que votre éminence me réplique sur

la réponse qu'ils ont faite touchant la pratique qu'on leur a demandée
pour l'armée que vous commandez, et la plainte que vous faites qu'aucun
lieu de la république n'a salué l'étendard. Ils se sont excusés de ce dernier
sur l'ignorance des paysans ; et pour la pratique, il ne faut rien espérer
autre que ce que vous avez vu par leur réponse, ni même ajouter foi à
ce que vous a pu écrire sur ce sujet M. Justinian, auquel il est défendu
et à d'autres aussi de s'ingérer plus en ce qui concerne les affaires de
la France et des Français.

J'ai écrit à votre éminence, par ma précédente, d'un père Asplanati,
théatin, que le roi envoyait en Italie pour son service. On l'a conduit
avant au soir, du lazaret dans les prisons, sous prétexte que c'est l'ordre
des Théatins qui le fait arrêter, à qui on a fait prendre les lettres de sa
majesté, et ses instructions, qu'on a ouvertes sous prétexte de les par-
fumer. Et comme je suis assuré qu'il n'y a rien qui touche à cette république, mais seulement le Milanais, dont je vous informerai bien amplement lorsque j'aurai l'honneur de vous voir, j'ai demandé sa liberté
au sénat et restitution de ses papiers ; sur quoi j'attends leur réponse :
cependant voilà un grand affront au roi, et un grand malheur pour
ceux qui avaient entrepris cette négociation.

J'espère, monseigneur, que votre lettre opérera pour l'argent que
doit le sieur Tafeti.

J'ai bien eu avis qu'il se prépare à Naples une grande révolte, sur
ce qu'on envoie par force les hommes mariés à la guerre, et qu'on
avait résolu à Milan, dans un conseil, de ne plus fournir ni hommes
ni argent au marquis de Leganez pour faire la guerre en Piémont.

Quant à Final, il y a seulement deux cents hommes dans le château,
et autres deux cents qui sont dans le bourg ou château de la marine, où
ils ont fait deux tranchées du côté de ponant : l'une de cent cinquante
pas de long, et l'autre de vingt-cinq pas en forme de demi-lune, et un
peu plus haut que la ceinture, avec un fossé couvert attaché à ladite tranchée. Il y a trois maisons du côté de ponant, à deux cent cinquante pas
desdites tranchées, remplies de sable et de fascines, sur chacune desquelles on a mis deux pièces de canon, et on fait trois corps-de-garde,
savoir : un dans le bourg de la marine, qui est d'une compagnie d'Es-

pagnols, et les autres deux aux tranchées de indice; de cent cinquante hommes chacun. Quant au bourg de terre ferme, il ne s'y fait aucune garde de jour et de nuit. Une compagnie de milice garde une tranchée qu'ils ont faite à la porte de ponant, de la même longueur et forme que les autres, et on change de trois en trois jours les compagnies de milice. On eut avis hier que notre cavalerie avait couru jusques sous Verceil, et emmené tout le bétail de ladite ville, qui paissait dans les prés. Quatre compagnies de cavalerie ennemie, dont celle du marquis de Leganez en est une, ayant voulu reconnaître la circonvallation, tout a été tué, hors deux cavaliers qu'on a menés prisonniers à M. le comte d'Harcourt, et on espère d'heure à autre la reddition de la place. Je vous supplie de m'avouer toujours,

Monseigneur,

Votre très-humble et très-obéissant serviteur.

BIDAUD.

A Gênes, ce 12 juillet 1640.

LETTRE DU SIEUR BIDAUD

A M. L'ARCHEVÊQUE DE BORDEAUX.

MONSEIGNEUR,

J'ai reçu à quatorze heures l'honneur de vos ordres du 12, que j'observerai ponctuellement, et veillerai autant qu'il me sera possible aux barques et munitions qu'on doit envoyer à Nice pour en donner avis à votre éminence et à M. de Cangé.

Je n'ai pu obtenir aucune satisfaction sur le sujet du Théatin, ces messieurs s'excusant de ne se pouvoir mêler d'une affaire qui touche l'Église, quoique cela ne soit point; je suis averti de bon lieu que les Théatins n'ont pas donné leur nom, et que le sénat l'a fait arrêter sous des soupçons que les mauvais Génois, partisans d'Espagne, lui ont donnés de l'armée que votre éminence commande. Enfin il a été pris par leurs sbires, dans une de leurs maisons, et le chancelier de la santé (nonobstant les protestations dudit Théatin qu'il voulait me remettre en

main les dépêches et les lettres du roi dont il était chargé) n'a laissé
de les consigner aux Théatins, qui en ont fait, ou ceux qui les ont
ouvertes, si bonne part à tout le monde que le contenu d'icelles est
public dans la place même des Marchands. Sa principale négociation
était-avec des seigneurs milanais qui, lassés des mauvais traitements
que leur patrie reçoit il y a long-temps des Espagnols, résolus de l'en
délivrer, avaient envoyé ledit Asplanati au roi pour demander la
protection de sa majesté, offrant pour gage de leur bonne intention
de remettre une place entre les mains de sa majesté, laquelle elle leur
avait accordée, et me commandait d'y tenir la main, afin que l'affaire
s'exécutât le plus promptement qu'il serait possible; mais la voilà
ruinée par la malice de ces gens-ci. Et pour moi, je ne sais plus qu'y
faire, sinon de rendre compte exact à la cour de ce qui s'est passé.
J'ai appris qu'on veut mener ledit Théatin à Rome; je ne sais, monseigneur, si vous jugerez à propos de faire visiter les barques et
felouques qui tiendront la route de levant, et pour moi, je suis résolu,
s'il va par terre, de l'enlever, s'il n'a bonne escorte.

Je n'ai rien à dire à votre éminence sur le dessein qu'elle me témoignait avoir de venir mouiller l'ancre à Saint-Pierre d'Arène avec
toute l'armée et d'entrer dans ce port avec quelques galères désarmées, après ce que M. Ducoudray vous en dit, sinon que les Espagnols en usant de la sorte, je ne crois pas qu'on puisse trouver mauvais
que vous fassiez le même, et peut-être que votre présence les portera à un
meilleur procédé à l'avenir envers la France et pour le bien public.

L'office de la santé a voulu interrompre le commerce des draps et
autres marchandises avec la France, fors du blé et du vin, dont ils ne se
peuvent passer; et particulièrement cette année que la saison en a été
mauvaise en Sicile et autre part du levant. Je ne sais si à la cour on n'approuverait point, puisqu'ils ont mis sur le tapis de rompre ledit commerce des marchandises, de défendre celui des grains et vins, pour leur
apprendre le respect qu'ils doivent au roi; aussi que nos blés et nos vins
servent à pourvoir les galères ennemies, et même à présent les partiaux d'Espagne se vantent d'attendre vingt barques qui sont en Agde,
chargées de blé et de vin.

Je suis, monseigneur, au désespoir de n'avoir eu l'honneur de vous aller rendre mes devoirs, mais j'ai jugé, du refus qu'on m'a fait sous divers prétextes d'un commissaire pour m'accompagner et voir, que je n'entrerais point dans les galères et vaisseaux ; que si j'y allais, on me ferait faire une quarantaine de plusieurs jours, pendant laquelle je n'aurais pu servir le roi et votre éminence comme je dois. Je continuerai à leur demander ledit commissaire pour reconnaître mieux leur intention, et la pratique pour votre armée quand vous me l'ordonnerez, semblant qu'après avoir demeuré plusieurs jours à la mer sans aucun accident de maladie contagieuse, ils ne vous le peuvent raisonnablement refuser.

MM. les vicomte de Turenne et comte de Tonnerre se sont joints pour attaquer l'ennemi d'un côté, et monseigneur le comte d'Harcourt a envoyé douze hommes de chaque compagnie de son armée pour faire le même d'un autre ; nous aurons bientôt avis de ce qui sera ensuivi. M. le marquis de Ville, outre la prise qu'il a faite du bétail de Verceil, a encore défait et enlevé un convoi aux ennemis, et M. de la Tour leur a pris, aux portes d'Apt, quatre-vingt-quinze mulets chargés de sel. Demain, si j'ai quelque chose de considérable de Milan, Allemagne et Venise, je ne manquerai d'en faire part à votre éminence. Elle trouvera les lettres de M. Ducoudray fort noires, parce qu'on les parfume. Faites-moi, s'il vous plaît, la grâce de m'avouer toujours, monseigneur,

Votre très-humble et très-obéissant serviteur, etc.

BIDAUD.

A Gênes, ce 13 juillet 1640, à vingt-une heures.

LETTRE DE M. L'ARCHEVÊQUE DE BORDEAUX

A M. BIDAUD A GÊNES, POUR SAVOIR QUEL TRAITEMENT GÊNES FERA A LA GALÈRE CAPITANE DU ROI DE FRANCE, QU'IL A ÉLOIGNÉ SES VAISSEAUX ET CHERCHÉ AVEC SES GALÈRES LES GALÈRES D'ESPAGNE.

De Porto-Venere, Port-Vendres, le 15 juillet 1640.

MONSIEUR,

Je viens présentement de recevoir votre lettre du 13 du courant, à laquelle je n'ai rien à dire sinon que nous sommes plus près de vous que

II.   28

vous ne pensiez. J'y suis avec les galères seules, ayant envoyé partie des vaisseaux sur la Corse, et partie sur la côte d'Espagne, sachant bien que si ces côtes étaient unies nous serions hors d'espérance de voir les ennemis, que je crois fort à cacher en l'état que nous sommes. Peut-être irai-je jusqu'à vous, si l'incertitude du traitement qu'on pourrait faire à la capitane, sur laquelle je suis, ne m'arrête; je vous prie de vous en informer, et me mander en diligence deux heures après que vous aurez reçu cette dépêche, ce que j'en dois attendre. Je vous prie me mander aussi quelle pratique on donnera à nos affaires et ce que vous pourrez savoir de ce que font les ennemis.

Nos vaisseaux ont arrêté huit vaisseaux chargés à Naples, Livourne et Gênes pour Espagne : mandez-moi ce que vous en savez, par qui ils sont chargés, et pour qui en Espagne. Je vous envoie des mémoires.

Monsieur de Baume m'a dit qu'il y avait une barque chargée de sel entre vos mains, qu'un sien brigantin avait mis à la mer. Il envoie des matelots pour le quérir. Je vous prie l'assister en tout ce que vous pourrez, et me croire....

LETTRE DE M. L'ARCHEVÊQUE DE BORDEAUX

A M. DE NOYERS, TOUCHANT LE VOYAGE D'ITALIE PAR L'ARMÉE DU ROI, ET DEMANDANT LA PERMISSION D'ALLER VERS LES CÔTES DE BARBARIE CONTRE LES TURCS.

Du golfe de Spezzia, le 15 juillet 1640.

Je vous ai rendu compte comme, le 8 de juillet, si vos galères avaient été prêtes le 4 que nous aurions été à Final pour empêcher le débarquement d'un secours de trois ou quatre mille hommes de pied et mille chevaux chargés à Naples. Le 15, nous sommes allés jusques vers Livourne, les Génois ayant donné avis que nous étions en Vay pour empêcher qu'ils ne débarquassent sur les confins des Génois. Là où nous avons appris qu'ils étaient rentrés dans le port de Naples.

Maintenant nous sommes à bout de notre navigation, et attendons le retour du courrier que je vous ai envoyé il y a un mois, pour savoir ce que nous avons à faire.

Je rends compte à son éminence de ce qu'ont fait ses vaisseaux, et du traitement que nous avons reçu des Génois et du cardinal de Savoie.

Voici le temps où tous les Turcs s'assemblent; si on voulait que nous les allassions visiter, c'est un voyage de quinze jours ou trois semaines, et nous, nous laisserions sept ou huit galères et douze ou quinze vaisseaux à la côte. Peut-être que nous délivrerions deux ou trois mille esclaves, dont la plupart renient tous les jours par le désespoir de certain petit traité qui leur ôte l'espérance, et en général qui les livre tous. Les Turcs n'agissent que par crainte et non par raison; les négociations ne les émouveront jamais.

Cette lettre, de M. Bidaud, est relative aux affaires d'Italie; il apprend à M. l'archevêque de Bordeaux que les galères de Gênes et les vaisseaux de Sicile chargés d'infanterie s'assemblent à Naples pour partir ensemble pour Final, avec la cavalerie et l'infanterie qu'ils portent; que l'armée du roi a pris quelques vaisseaux anglais et hollandais chargés de diverses marchandises, que le marquis de Leganez a été repoussé en voulant secourir Turin, et que don Carlos de la Gatta y est entré avec de la cavalerie, ce qui doit fort affamer Turin.

LETTRE DU SIEUR BIDAUD

A M. L'ARCHEVÊQUE DE BORDEAUX.

MONSEIGNEUR,

Vous verrez, par la lettre ci-jointe, ce que l'homme que j'ai dépêché par votre ordre où vous savez, m'écrit de Livourne; j'ai néanmoins eu avis hier, par une barque partie de Naples il y a huit jours, que le marquis de Mont-Allégro y était retourné avec les galères; qu'on y attendait l'escadre de Sicile, qui est de quatre ou cinq galères, et qu'on en préparait dix autres audit Naples et dix-sept ou dix-huit vaisseaux pour se mettre à la mer, à l'arrivée de ladite escadre chargée d'infanterie et quelques barques de cavalerie; mais on ne sait où l'on portera l'une et l'autre.

On a eu ce matin avis que les vaisseaux du roi en avaient pris et conduit au Gourjan six ou huit anglais et hollandais chargés de diverses marchandises, et partis de conserve de Livourne pour Espagne. Je crois que toutes sortes de nations y ont part; mais comme les Génois y sont fort intéressés, ils font beaucoup de bruit contre nous, et je ne doute pas qu'ils ne vous envoient une dépêche sur ce sujet pour supplier votre éminence de leur faire rendre les marchandises qui sont à eux; cependant je m'informerai ici qui sont ceux qui y ont intérêt et en quelle manière, pour vous en rendre compte.

Les ennemis avaient publié qu'ils avaient secouru Turin et pris M. le marquis de Ville; mais à présent ils avouent que don Carlos della Gatta étant entré dans le poste dudit sieur marquis, fut attaqué si vivement des nôtres qu'il ne put plus retourner en arrière, et fut contraint de fuir dans Turin, où, s'ils ne se mangent les uns les autres, ils auront peine de vivre; il a tenté d'en sortir, mais en vain, et pour le marquis de Leganez, qui avait attaqué le quartier de M. le comte d'Harcourt; après avoir été repoussé et bien battu, il s'est retiré à Quiers avec ce qui lui est resté. J'attends la confirmation et les particularités d'une si bonne nouvelle avec impatience, et le traitement qu'auront fait MM. les vicomte de Turenne et comte de Tonnerre à ceux qui étaient à Coligno, où l'on dit qu'ils ont fait main basse. J'ai pris garde aux gazettes de cette ville, qu'on ne vous compte que dix-sept galères, et comme elles sont tirées du sénat et des inquisitions d'état, je soupçonne qu'ils n'aient quelques desseins de faire mettre le feu à celle qu'on leur a prise, ou la faire perdre en quelque autre façon; car je les connais si bien que je ne me fie que bien à propos à ceux de cette nation. Je vous supplie de continuer l'honneur de vos bonnes grâces et de votre souvenir,

Monseigneur, votre, etc.

BIDAUD.

A Gênes, le 16 juillet 1640.

M. de Bordeaux demande à M. le cardinal l'autorisation de poursuivre la procédure d'une prise qu'il a faite, et se plaint du mauvais vouloir des Génois.

LETTRE DE M. L'ARCHEVÊQUE DE BORDEAUX

A M. LE CARDINAL DE RICHELIEU, TOUCHANT UN SECOURS DE QUATRE MILLE ENNEMIS PARTIS DE NAPLES QU'IL ALLAIT CHERCHER, ET LES VAISSEAUX QU'IL AURAIT ENVOYÉS VERS L'ÎLE DE CORSE.

Du golfe de Spezzia, le 16 juillet 1640.

MONSIEUR LE CARDINAL,

Je me suis avancé jusque vers Livourne avec nos galères seules ; le calme empêchant nos vaisseaux d'aller si diligemment, sur l'avis que nous avions eu qu'il partait de Naples un secours de trois ou quatre mille hommes de pied et mille chevaux dans les galères de Naples, Sicile, douze vaisseaux et force tartanes; mais, quelques diligences que nous ayons pu faire, nous n'avons pu empêcher que les Génois n'aient donné avis aux ennemis que nous étions en mer ; et de fait, tout cet équipage qui était sorti est rentré dans son port, d'où je ne crois pas qu'ils sortent que l'escadre d'Espagne, commandée par Ferrandine, n'ait joint celle-ci.

Durant ce petit voyage, j'ai envoyé les dragons vers l'île de Corse pour attendre quelques vaisseaux qui chargeaient d'autre infanterie pour la Catalogne, au lieu de laquelle ils ont trouvé huit vaisseaux flamands et anglais qui ont chargé des blés et autres marchandises à Naples, Livourne et Gênes pour Espagne. Si la prise n'est jugée bonne, on en excusera aux capitaines; sinon, s'il vous plaît nous envoyer le pouvoir avec le conseil de guerre, nous vous expédierons toutes les choses comme à l'autre voyage; sans quoi, par la longueur des procédures, les marchandises dépérissent et donnent moyen aux particuliers de faire des chartes-parties. L'on estime cette prise valoir bien cinq cent mille écus.

En ce petit voyage, nous avons trouvé la mauvaise volonté des

Génois extraordinaire, nous ayant interdit, sous prétexte de' peste, qu'ils savent bien n'être point en Provence ni à Arles, de telle sorte que la côte d'Espagne et celle de Gênes nous est égale. Au commencement ils ne voulaient point saluer les galères, mais me voyant résolu de leur faire faire par force, ils l'ont commandé à leurs forteresses. Votre éminence sait maintenant ce qu'ils ont fait à un certain Théatin chargé de papiers de sa majesté, et comme quoi toutes leurs terres servent de passage aux Espagnols comme il leur plait. Si votre éminence trouve bon, en tous les lieux que les Espagnols auront descendu, je ferai descendre nos gens, et ferai ruiner tout pour les avertir de ne le plus permettre, et pour punition du Théatin ; et s'ils envoient leurs galères chargées de soie à Messine, j'amènerai tout à Toulon, et lors votre éminence, leur fera, telle grâce qu'il lui plaira ; que si votre éminence voulait qu'on allât plus avant, il faudrait attaquer le fort du golfe de la Spezzia, qui est le plus beau lieu qui soit en la nature pour tenir un nombre infini de vaisseaux et galères, qui tiendraient toute la mer Méditerranée en sujétion, étant le lieu où tout ce qui vient de levant, Venise, Naples, Sicile et Rome, passe; et les terres de Florence, Lucques, Modène et Parme aboutissent à cette haie; en un mot, c'est la plus belle chose de la nature pour un rendez-vous d'armée.

Il faut aussi que votre éminence sache que le mois d'août est le temps du ramadan, où tous les vaisseaux et galères reviennent dans les ports des Turcs. Si elle trouve bon qu'on fasse le voyage d'Alger; ou on retirera tous les chrétiens qui y sont tous assemblés; ou on brûlera tous leurs vaisseaux en un coup si on a avantage sur eux.

Nous avons avis d'un vaisseau chargé de cinq cent mille écus, parti d'Espagne. Nous gardons toutes les hauteurs de Gênes et Final ; mais comme nous ne savons si vous en ordonnez la prise, nous n'allons qu'à tâtons : votre éminence le mandera, s'il lui plaît.

Vous savez aussi comme quoi le cardinal de Savoie refuse le salut et ses ports à nos vaisseaux et galères, et comme il en a fait part à l'ambassadeur d'Espagne à Gênes, comme aussi de tout ce qui se fait dans tous vos ports où il a toute entrée. Votre éminence mandera s'il ne luï plait qu'on lui ôte toute communication en France, et la commodité d'en tirer tous ses vivres, comme aussi si on prend à la mer ce qui est des terres qu'il occupe, et tous les petits châteaux et villages qui en dépendent. Avec les deux régiments et les trois compagnies de Saint-Simon qui me restent, je les empêcherai d'avoir aucune commodité de ces terres, ou ils seront obligés d'amener des troupes qui consommeront tout le peuple, ne pouvant déjà supporter sa dépense, quoique petite.

LETTRE DE M. L'ARCHEVÊQUE DE BORDEAUX

A M. DE CHAVIGNY, TOUCHANT SON DESSEIN D'EMPÊCHER LA DESCENTE DES ENVOIS FOURNIS PAR LA VILLE DE NAPLES, LA PRISE DE QUELQUES VAISSEAUX ET LE REFUS DU CARDINAL DE SAVOIE DU SALUT AUX VAISSEAUX ET GALÈRES DU ROI DANS SES PORTS.

MONSIEUR,

Je ne vous ai point rendu compte de l'état des vaisseaux, d'autant que ceux de ponant n'étant point encore venus, le corps de l'armée n'était pas formé; mais, comme l'affaire de Turin pressait et que les ennemis s'efforçaient de donner des secours de Naples qui pouvaient fortifier le marquis de Leganez, je me suis résolu d'aller avec les galères le long de la côte pour empêcher leurs descentes, et d'envoyer le peu de vaisseaux que nous avons par le côté de la Corse.

Nous n'avons rien rencontré, parce que les avis des Génois nous en ont empêchés; mais avons obligé ce secours de rentrer dans Naples, et nos vaisseaux ont pris huit navires anglais et hollandais chargés pour le compte des Espagnols, lesquels étaient partis de Naples, Livourne et Gênes, dont l'on estime beaucoup la valeur; mais que je les ai vus, je vous en manderai les particularités. Cependant, je vous dirai que nous sommes en quête d'un vaisseau qui a chargé cinq cent mille écus en Espagne, pour Gênes en apparence, mais en effet pour Milan. Mandez-nous, s'il vous plaît, ce que nous aurons à faire en telles rencontres.

Vous aurez appris la procédure des Génois pour votre Théatin, et comme ils ont nous dénié dans leurs ports et côtes toutes les commodités que nous en pouvions tirer, et comme ils ne voulaient pas même nous rendre le salut; à quoi nous les avons obligés par force. S'il vous plaît que ayons raison de tout, j'estime qu'il faudrait, au retour de la foire de Messine, où leurs galères vont charger des soies, prendre le tout et l'amener en nos ports; et nous leur ôterons, par ce moyen, celui de fortifier nos ennemis de leurs galères, d'où ils ne se pourraient plus remonter de chiourme de long-temps, et aurions de quoi faire sonner les violons une couple d'années avec l'entretien des galères, par la vente de leurs soies, sauf à leur rendre le tout, s'il échéait, après la paix. Car, quand ils seraient déclarés, ils ne nous sauraient faire plus de mal qu'ils font, n'ayant plus de galères. Mais l'affaire presse, d'autant qu'il faut que leurs galères sortent de Sicile le 15 d'août, autrement ils paieraient les traités, qui montent bien haut.

Vous savez aussi que le cardinal de Savoie a refusé le salut et l'entrée de ses ports aux vaisseaux et galères du roi, aussi bien en particulier qu'en général, et a dépêché à l'instant à tous les Espagnols pour faire valoir ce refus, ayant obligé les ennemis de lui envoyer force munitions en cette considération. Il y a quantité de barques des terres qu'il possède qui trafiquent, et force châteaux et terres dont il tire sa subsistance. Si on l'a agréable, on l'obligera à avoir force gens de guerre qui le consommeront tout ou feront contribuer tout son pays, et prendrons tout ce qui navigue. Cela lui ôtera le moyen de subsister, et nous le facilitera; car au pays où il est, il ne peut vivre que de la mer, ne recueillant pas du blé pour deux mois; et comme il est maintenant, il fait tout le mal qu'il peut et nous interdit sa communication sous prétexte de peste, et tire de nous sa subsistance, et a l'entrée dans tous nos ports, dont il tire tous ses avis, pour les donner aux ennemis.

Que si l'état des affaires, ou quelque autre raison ne veut pas tous ces petits desseins, nous avons à la fin d'août le ramadan qui oblige tous les Turcs de revenir dans leurs ports; si le roi avait agréable que que nous y allassions, ou nous aurions tous les chrétiens qui sont lors assemblés, ou nous tâcherions à entreprendre sur leurs vaisseaux et galères qui sont lors de retour dans leurs ports, et nous laisserions sept ou huit galères et douze ou quinze vaisseaux pour la garde de la côte.

Je vous demande la résolution sur ces petits desseins, qui, à mon avis, pressent, ou qu'on me commande ce que j'ai à faire, afin de n'encourir pas le reproche d'avoir eu entre mes mains une grande armée inutile toute une campagne, les ordres que j'avais apportés de la cour étant tous changés, et n'en ayant pu avoir d'autres depuis.

LETTRE DE M. L'ARCHEVÊQUE DE BORDEAUX

A M. LE CARDINAL, TOUCHANT SON ARMÉE ET L'ÎLE SAINTE-MARGUERITE, ET TOUCHANT LES DESSEINS PROPOSÉS PAR LA COUR.

De Sainte-Marguerite, le 20 juillet 1640.

MONSEIGNEUR,

Je suis venu en ce lieu pour rafraîchir un peu les galères, qui ne le peuvent dans les côtes de Gênes ni de Nice; j'envoie à Livourne, avant d'y entrer, pour savoir ce que fera le grand-duc.

J'ai rendu compte, du golfe de Spezzia, de tout ce qui s'était passé; depuis, j'ai revu Gênes malgré les habitants, étant venu donner sonde avec vos galères devant leur port, et entré partout dedans avec deux felouques, où j'ai reçu les desseins proposés, que j'estime exécutables quand votre éminence le voudra, pourvu que ce soit elle qui en prenne le soin.

Pour Nice, il se fera aussi, et le bon temps sera vers la fin de septembre, pourvu que M. d'Harcourt vienne assiéger Coni en même temps; car, par ce moyen, les deux armées auraient correspondance, et s'empêcheraient l'une l'autre de secours.

Dès que l'escadre de ponant sera arrivée, j'irai en Barbarie, comme M. de Noyers me mande que votre éminence l'approuve, et passerai par Majorque, Barcelonne et les Alfages. Cependant je tiendrai autant que je pourrai la côte de Corse et Gênes. En quelque lieu que je sois, je pourrai recevoir l'honneur de vos commandements de ce lieu, où j'enverrai tous les jours des felouques à toute heure. C'est, etc.

LETTRE DE M. L'ARCHEVÊQUE DE BORDEAUX

A M. DE CHAVIGNY.

Monsieur,

Depuis la dépêche que je vous ai faite du golfe de Spezzia, je suis revenu ici, où je trouve ordre de M. de Noyers pour aller travailler au traité d'Alger. Il serait besoin que je fusse muni de lettres et instructions pareilles à celles que vous me fîtes l'honneur de me donner il y a cinq ans.

Des huit vaisseaux que je vous avais mandés, le meilleur, qui valait trois cent mille écus, était pour la compagnie de Londres du Levant, si bien qu'on l'a congédié avant que je sois arrivé. Ce qui reste n'est pas de si grande conséquence, et vous en rendrai compte dès que je l'aurai reçu. « Cependant je vous demande l'honneur de vos bonnes « grâces, et de me croire, etc. [1] »

L'escadre de ponant n'est pas encore arrivée; dès qu'elle le sera, je partirai pour la Barbarie, et irai visiter toujours les côtes de Corse et de Gênes. C'est, etc.

LETTRE DE M. L'ARCHEVÊQUE DE BORDEAUX

A M. LE CARDINAL DE RICHELIEU, LUI MANDANT QUE, NE POUVANT OBLIGER LES ENNEMIS A COMBATTRE DANS TOUS LES PORTS QUI LEUR SONT ACQUIS, IL LES VA CHERCHER EN MER, ATTENDANT SON VOYAGE DE BARBARIE.

Monsieur,

Vous avez appris par la dépêche que je vous ai faite du golfe de Spezzia comme quoi nous n'avons pas attendu le retour de votre courrier pour aller chercher les ennemis, lesquels n'espérant pas surprendre dans ces côtes, ni les obliger à combattre s'ils ne veulent, les côtes de

---

[1] Ce qui est guillemeté est rayé dans l'original.

Gênes, Livourne, Nice étant à eux, comme celles de Naples et Sicile, j'y retourne encore, attendant l'escadre de ponant pour entreprendre le voyage de Barbarie, que j'espère devoir être heureux et honorable à son éminence. En ce faisant, nous pouvons aller à Majorque et à la côte d'Espagne qui regarde la Barbarie, et non en Sicile, qui est à l'autre bout du monde.

Nous les avons déjà fait cacher; j'espère qu'à ce voyage que nous allons faire, Ferrandine sera obligé de faire le même, s'il ne veut combattre, à quoi nous ne pensons pas un instant.

Pour ce qui est des desseins, ils se feront selon les forces que vous donnerez et les moyens qu'on aura, prévoyant que, quand on aura des troupes, on n'aura pas les moyens qu'on a maintenant que l'on n'a point de troupes. Vous êtes si clairvoyant et si savant en toutes sortes d'entreprises, qu'en commandant une chose vous donnerez les moyens de l'exécuter. Pour les troupes, il est impossible que j'embarque un homme, ne leur ayant envoyé ni montre ni argent pour les faire subsister embarquées. Peut-être croyez-vous qu'elles soient en Figuières comme les régiments de Provence et des Galères. Si ces deux régiments de la Couronne et des Vaisseaux se dissipent, ne vous en prenez pas à moi, voyant deux autres régiments où il n'y a presque personne payés pour complets, pour huit montres, et eux ne recevoir pas un seul sou.

Je ne sais à qui m'adresser ici pour vos marbres, auxquels il faut travailler dès à présent : davantage, s'ils passent dans les vaisseaux du roi, il faut commencer à les porter à Toulon; et si l'on veut qu'ils passent dans les vaisseaux marchands de Saint-Malo, il faut les faire préparer pour qu'ils soient chargés en octobre; en l'une ou l'autre façon, il faut que vous me mandiez à qui j'aurai à faire, et si votre éminence veut qu'on prépare des vaisseaux, et combien. Pour le moine, non seulement je lui pardonne ce qu'il a fait, aussi ce qu'il fera à l'avenir; car je sais que telles gens ont toujours *os apertum*. S'il y a quelque autre chose pour votre service, commandez, et vous serez obéi.

Vous ne vous êtes pas souvenu de nous envoyer une lettre pour les prisonniers de France à Aix, pour empêcher que des religieuses n'occupent et ne gâtent le logis de M. de Guise à Marseille, qui est le seul lieu où le général des galères se peut loger, et où l'on peut faire un bagne. Si un plus grand dessein faisait songer à un établissement solide, cette maison est par le fonds du roi et bâtie des deniers du roi.

On ne travaille ni peu ni beaucoup aux fortifications de cette province, et ce lieu-ci en a bien besoin si vous le voulez assurer.

LETTRE DE M. L'ARCHEVÊQUE DE BORDEAUX

A M. DE CHAVIGNY, TOUCHANT LE COURRIER DE LYON ARRÊTÉ A GÊNES.

MONSIEUR,

Depuis vous avoir écrit, il est arrivé ici un courrier ordinaire de Lyon à Gênes, lequel ayant été chargé d'un paquet que le sieur Bidaud vous faisait passer, pour vous rendre compte comme un certain Théatin qui était chargé de quelques papiers du roi pour le Milanais, avait été pris dans le lazaret par les sbires de la république, mené dans son cloître, où on l'a mis prison, et qu'on lui avait pris toutes les lettres et mémoires dont il était chargé, qu'on avait envoyés au marquis de Leganez, après les avoir ouverts. Ce courrier s'en venant avec sa dépêche a été poursuivi par une felouque de Gênes et une barque jusque dans le port de Savone, qui l'ont obligé à jeter sa dépêche dans la mer, dont il a désiré que je vous écrivisse, étant la première lettre qu'il a touchée après ce traitement assez étrange qu'il est. Après ce qui a été fait à Gênes, si vous ne châtiez ces gens-là, et que vous ne mettiez quelqu'ordre pour le passage de vos courriers, vous serez toujours en même peine.

Cette lettre de M. Bidaud est relative aux affaires d'Italie.

LETTRE DU SIEUR BIDAUD

A M. L'ARCHEVÊQUE DE BORDEAUX, TOUCHANT LE DÉBARQUEMENT DES
GALÈRES D'ESPAGNE DANS LES PORTS DE LA RÉPUBLIQUE DE GÊNES, POUR
LE MILANAIS, ET L'ARMÉE D'ESPAGNE QUI DEVAIT MOUILLER A PIOMBINO.

MONSEIGNEUR,

Nous sommes bien en peine de n'avoir point de vos nouvelles, parce
que nous croyons que les vents ne vous auront pas permis de prendre
la route que votre éminence avait résolue, et moi je suis au désespoir
que la dépêche où je rendais compte à la cour de l'affaire du Théatin et
de ce que vous avez fait en cette côte s'est perdue, le courrier ayant
été obligé de la jeter en mer (ainsi que je lui avais ordonné, en cas
qu'il fût poursuivi) par deux frégates qu'on dépêcha d'ici deux jours
avant lui, sous prétexte de les envoyer au vaisseau l'*Ange* (qui n'est
pas arrivé à Livourne, mais bien un hollandais de ce nom), qui lui
donnèrent la chasse jusque dans le port même de Savone, où elles le
maltraitèrent, et une barque de Final, jusqu'à le contraindre et ses
mariniers de se jeter en mer pour sauver leur vie ; et s'en étant plaints
au gouverneur, au lieu de châtier les assaillants, après les avoir ouïs
il les relâcha et arrêta ledit courrier, lui disant qu'il avait voulu voler
ladite frégate, comme on avait fait des vaisseaux anglais et hollandais. Et
sous prétexte de chercher s'il avait des armes sur son bastion, il lui fit
défaire sa valise, et tous ses paquets l'un après l'autre, pour se saisir
assurément du mien, si ledit courrier l'eût encore eu. J'en ai fait ici des
plaintes, sur lesquelles je ne vois pas grande disposition à me faire justice, dont je tire conséquence que j'aurai dorénavant toutes les peines
du monde d'écrire en sûreté à la cour et à votre éminence, si on ne
pourvoit mieux à la sûreté des courriers du roi par mer qu'on n'a fait
jusqu'à présent, quelle instance que j'en aie faite. M. Ducoudray et
moi avons résolu de ne plus confier nos dépêches aux felouques génoises,

sans y mettre quelqu'un de nos gens pour la sûreté et diligence de nos dépêches. Peut-être, monseigneur, que vous jugerez à propos de faire de même.

J'ai fait l'office que vous m'aviez ordonné auprès de la république sur le débarquement de l'armée de Naples en leurs ports ou havres, à quoi elle m'a répondu qu'elle ne pouvait dénier aux Espagnols ledit débarquement pour le Milanais, ce qui me fait croire que l'armée de Naples pourra débarquer au golfe de la Spezzia son infanterie et cavalerie, et prendre son chemin par la vallée de Magra, où il y a beaucoup de bonnes choses à faire et faciles, pourvu que ce fût à l'improviste.

M. Ducoudray vous écrit amplement de ce que nous avons appris de l'armée de Naples, depuis le départ de votre éminence. J'ai encore vu une lettre aujourd'hui, que les vaisseaux et barques devaient partir le 20 de ce mois, et je ne doute point, dans le besoin où le marquis de Leganez est d'hommes (ayant été encore battu en un second assaut qu'il a donné à nos retranchements, avec perte de ses provisions et munitions), qu'ils ne hasardent en toute façon de débarquer cette infanterie et cavalerie napolitaines, et que si les tumultes de Catalogne cessent tant soit peu, comme on le dit ici, que les galères d'Espagne et du duc Doria n'apportent aussi l'infanterie qu'elles étaient allées charger vers Cadix et Carthagène.

La dernière armée de Naples mouillera à Piombino, où un homme qui a servi d'espion le comte de Monterey et le vice-roi de Naples d'aujourd'hui (qui va à Casal pour une affaire importante, de la part de MM. le cardinal Antoine et maréchal d'Estrées) croit qu'on la pourrait surprendre et défaire facilement; elle n'en partira point qu'une felouque que le vice-roi a envoyée en Espagne, le 12 du passé, ne soit de retour audit Piombino, qui est assez grande, peinte de rouge, et touchera à Final et ici. Il m'a dit que ledit vice-roi en a envoyé une autre plus petite le 28 du passé, pour l'affaire de Casal, et qu'il en devait venir une pour mettre le feu dans vos vaisseaux, armée ordinairement de neuf personnes, dont le capitaine, qui est homme résolu, est haut de stature, délié du corps, maigre, basané, les cheveux et la barbe noires, à la française; il parle bon français, et deux compagnons qu'il a; il croit que sa felouque sera comme un bastion de cannes avec un arbre au milieu, parce qu'il en a trois à Naples, et qu'il est accoutumé d'en mener un d'iceux, et de le faire peindre ordinairement de noir ; il pourra faire canal dès Piombino. Cet homme est fort intelligent des affaires du royaume de Naples et des secrets qui sont dans toutes les forteresses. M. Ducoudray et moi ayant cru qu'il vous pourrait être utile, nous l'avons prié de s'expédier le plus tôt qu'il pourra à Casal, et de retourner ici, d'où je vous l'enverrai si vous me l'ordonnez.

Il y a tant d'intéressés sur les vaisseaux que ceux du roi ont pris que je n'ai pu encore avoir les manifestes ; mais ils m'ont promis de me consigner tout, demain au soir, ou mercredi matin, au plus tard, et déjà les Hollandais désavouent le vaisseau *la Lune dorée*, ce qui m'oblige à vous supplier, si on veut vous donner quelque information pardelà, de n'y ajouter foi de qui qu'elle vienne, sans la confronter à celle que je me donnerai l'honneur de vous envoyer, qui sera claire et véritable. On nous a voulu dire qu'on avait relâché le vaisseau *la Charité*. Je ne le puis croire ; il est le plus riche, et peut-être le plus confiscable. Pour Turin, il est hors d'espoir de secours, et, Dieu aidant, je vous donnerai bientôt avis de sa prise. Cependant, je vous supplie de conserver sous l'honneur de votre protection, Monseigneur, votre, etc.

BIDAUD.

A Gênes, le 23 juillet 1640, à seize heures.

LETTRE DE M. L'ARCHEVÊQUE DE BORDEAUX

A M. DE NOYERS, SUR LE MANQUE DE FONDS POUR LES TROUPES DE TERRE.

A bord de l'amiral.

MONSIEUR,

N'ayant pas de fonds pour embarquer les troupes, pour tâcher à entreprendre quelque chose par terre le long de la côte, et M. le comte d'Alletz n'ayant pas jugé à propos de les mettre le long ses côtes pour empêcher les ennemis de communiquer, comme ils font en France, et en tirer leurs commodités, et pour faire contribuer les terres de Nice, comme j'avais mandé à votre éminence, M. Duplessis s'est trouvé inu-

tile en ce lieu, et par conséquent en désir d'aller tâcher à venir auprès
de nous; à quoi j'ai non seulement consenti, mais l'ai posté afin que
vous sussiez de lui l'état de la province et ce qui s'y peut faire, étant
pleinement informé de tout et ayant tout vu avec moi. Je m'en vais à
la mer, comme je vous ai mandé; il vous dira le tour que j'entreprends
et ce que je souhaiterais pouvoir faire. Tant que les galères me suivront,
j'aurai plus de force; quand elles ne le feront pas, elles vous en rendront
compte, ne me mêlant que de leur dire mes avis quand nous sommes
à la mer, selon que vous me l'avez ordonné. Je viens d'avoir avis que
dix-huit galères d'Espagne, commandées par le duc de Ferrandine,
sont passées pour joindre les vingt-deux qui sont vers Naples, afin de
faire un corps de quarante galères, vingt vaisseaux et trente-deux
tartanes. Cela ne m'empêchera pas de les aller chercher en quelque lieu
qu'elles soient, encore que je n'aye ni infanterie ni galères, qui sont
retournées à Marseille et Toulon, comme je vous ai mandé.

J'ai témoigné tant de passion pour le retour de ces messieurs qui
sont à Paris, en faveur desquels il a déjà écrit, et moi à sa prière, que
je m'assure que vous réunissant avec lui pour assurer sa majesté sur les
doutes qu'elle a eus sur leur dévouement à son service, que vous ob-
tiendrez facilement ce qui se peut espérer pour leur contentement.
« Pour moi, j'ai toujours grande joie de pouvoir y contribuer mes
« petits soins, et de vous témoigner ¹..... »

LETTRE DE M. L'ARCHEVÊQUE DE BORDEAUX

A M. LE CARDINAL DE RICHELIEU, TOUCHANT L'INUTILITÉ DES OFFICIERS DE
TERRE FAUTE DE FONDS, ET QUE LES DIX-HUIT GALÈRES D'ESPAGNE
ÉTAIENT PASSÉES PENDANT QUE CELLES DE FRANCE ÉTAIENT ALLÉES A
MARSEILLE CHERCHER DES VIVRES.

A bord de l'amiral.

MONSEIGNEUR,

Voyant le sieur Duplessis ici inutile aussi bien que tous les autres
officiers qui étaient venus pour servir à terre, n'ayant point de fonds

_____
¹ Ce passage guillemeté est rayé dans l'original.

pour embarquer aucunes troupes, et M. le comte d'Alletz n'ayant pas jugé à propos de mettre les régiments qui nous restent ici le long de la frontière de la route de Nice, j'ai cru qu'il pourrait servir près de votre éminence, dans le grand dessein où elle est attachée maintenant, et qu'elle pouvait apprendre l'état de tout mieux par sa bouche que par toutes les relations qui lui pourraient être envoyées. Il vous dira l'état des vaisseaux de levant et de ceux qui ont passé le Détroit, celui de vos galères et celui des fortifications de la province.

Il vous rendra compte des desseins qui se peuvent faire en la côte, ayant tout vu avec moi.

Il vous dira aussi comment on nous vient de donner avis que ces dix-huit galères d'Espagne viennent de passer à la vue des terres pour aller joindre leur corps, durant que nos galères sont allées à Marseille chercher des vivres; vous ne devez pas espérer qu'elles fassent jamais grand' chose tant qu'il leur faudra aller à un bout de la province chercher des vivres dès qu'ils auront été huit jours à la mer et qu'il y aura si peu de capitaines dessus, et tous Provençaux pour lieutenants. Comme je n'ai ordre de les commander que lorsqu'elles sont à la mer, je ne peux me mêler de les obliger à porter des vivres dans des tartanes, comme vous l'aviez résolu, ni obliger les capitaines à venir en personne, ou bien prendre le soin de leur armement et du nombre de leurs équipages. J'attends leur retour pour suivre l'escadre de levant que j'ai envoyée devant, n'osant plus laisser vos galères seules, à cause de la multitude des autres. Si je puis, je ferai le voyage que je mande à votre éminence avec les galères, sinon je tâcherai de le faire avec les vaisseaux.

Si votre éminence désire quelque autre service que celui de la mer, elle renverra, si elle l'a agréable, le sieur Duplessis, informé de ses intentions comme il l'était de tout ce qui est déjà.

M. de Bordeaux prévient M. le comte d'Alletz qu'il va mettre
à la mer pour aller combattre les galères de Naples.

LETTRE DE M. L'ARCHEVÊQUE DE BORDEAUX

A M. LE COMTE D'ALLETZ.

MONSIEUR,

Je me sens si infiniment obligé de l'honneur et des civilités qu'il
vous plaît me faire que je ne puis que je ne vous en rende mes très-
humbles remercîments, et que je ne vous dise que comme je suis
obligé de mettre présentemeut à la mer pour m'en aller ·chercher
l'armée ennemie que j'apprends être sortie du port de Naples, il est
impossible que je puisse prendre aucun soin des troupes ; c'est pourquoi, monsieur, je vous supplie très-humblement de le vouloir faire,
et en disposer comme vous le jugerez à propos, ne doutant pas que
vous n'ayez des lumières de la cour plus particulières que moi, qui
ne songe maintenant qu'à la mer. Ce n'est pas que je n'eusse ordre de
les embarquer, et qu'il ne fût fort nécessaire ; mais M. de Noyers
m'ayant toujours remis d'un temps à un autre pour m'envoyer le fonds
de leur embarquement, je m'en vais à la mer cependant que ce fonds
arrivera, pour m'en revenir les embarquer, lorsque je saurai qu'il
sera venu.

Quant aux ordres que j'avais donnés à M. Duplessis, allant prendre
vos routes, je vous supplie très-humblement de croire que ce n'a
point été pour contredire les vôtres, et que faisant profession d'être
votre serviteur, je n'eusse extrême désir de les suivre en tout ; mais
son éminence en écrivant à M. de Noyers, témoigna désirer qu'elles
vinssent sur la frontière, comme vous verrez par les extraits de lettres
que je vous envoie : mon avis avait été de les faire venir en ces lieux-là
si vous l'eussiez jugé à propos ; mais comme j'ai appris par le même que
ce n'était pas votre sens, je ne croyais pas que ce fût celui de la cour,
j'y ai déféré très-volontiers, laissant lesdites troupes aux lieux où la
nécessité a obligé de les mettre, pour éviter leur dépérissement et la

ruine des lieux où ils étaient, dont je vous envoie le contrôle, afin que vous les avanciez, reculiez et en disposiez ainsi qu'il vous plaira.

C'est, monsieur, .

Votre très–humble et très–affectionné serviteur.

De Cannes, le 26 juillet 1640.

LETTRE DE M. L'ARCHEVÊQUE DE BORDEAUX

A M. DE NOYERS, TOUCHANT L'ARRIVÉE DE L'ESCADRE DE PONANT, ET QUE L'ON N'ATTENDAIT PLUS QUE NOS GALÈRES.

MONSIEUR,

Vous apprendrez l'arrivée de l'escadre de ponant en plus beau et meilleur état qui ait jamais été, et comme quoi nous n'attendons que les galères pour aller au–devant des ennemis, qu'on dit sortir encore une fois de Naples. Ils ont sept ou huit mille hommes, à ce qu'on dit ; mais je les mets à quatre, et nous ne pouvons embarquer un seul homme faute de fonds pour leur subsistance ; avec ce que nous avons, nous ferons ce que nous pourrons. L'escadre de levant est allée au–devant, et dès que les galères seront revenues, nous les irons joindre ; « mais je « vous avoue que s'il faut, après avoir resté huit jours à la mer, qu'ils « s'en reviennent toujours, nous ne ferons pas grand voyage. ' »

Si nous avions pu embarquer de l'infanterie, peut–être qu'on eût fait quelques desseins sur les côtes qui les eussent divertis ; mais avec rien on ne fait rien. Je ne vous dis rien des soins et de la bonté de M. de Serisy, sachant qu'il vous est assez connu, me contentant de vous dire que je suis,

Monsieur, etc.

' Ce passage guillemeté est rayé dans l'original.

LETTRE DE M. L'ARCHEVÊQUE DE BORDEAUX

A M. DE GLANDEVÈS:

MONSEIGNEUR,

Répondant à la lettre que vous m'avez fait l'honneur de m'écrire sur le sujet des plaintes que vous faites du logement des régiments de la Couronne, des Vaisseaux et autres troupes, je vous dirai que dès que je suis arrivé en la province, je me suis adressé à M. le gouverneur, aux procureurs du pays et à tous ceux que j'ai cru avoir quelque autorité en la province pour leur dire que s'ils voulaient, en attendant que M. de Noyers eût envoyé le fonds de leur subsistance, faire fournir quatre sous à chaque soldat, et à proportion aux officiers, m'obligeant même de payer une poule s'ils la prenaient, jusqu'à ce que je les eusse embarquées; mais comme on n'a pas écouté ma proposition en façon du monde, on ne peut faire autre chose que de les laisser aller de logement à autre, jusqu'à ce que le fonds de leur subsistance soit arrivé.

Que si vous pouvez, par votre zèle et votre crédit, faire en sorte qu'on nous fournisse encore les quatre sous à chaque soldat, et à proportion aux officiers, je m'oblige encore le même quand il vous plaira, pourvu qu'on nous donne à la mer ce qu'on leur donnerait à la terre, comme je vous ai déjà dit, afin de terminer cette façon de battre la campagne, qui cause la ruine des lieux particuliers.

Que si vous trouvez quelque autre expédient qui puisse soulager la province, vous pouvez vous assurer que j'y donnerai toujours les mains en tout ce qui dépendra de moi, et que je n'aurais point de joie pareille à celle de servir la province, et vous particulièrement. Je vous supplie de me mander ce que l'on peut espérer sur ce sujet, et me croire,

Monseigneur,

Votre très-humble serviteur.

Le 26 juillet 1640.

M. de Noyers répond aux observations de M de Bordeaux, relativement aux fortifications de la ville de Toulon.

LETTRE DE M. DE NOYERS

A M. L'ARCHEVÊQUE DE BORDEAUX.

MONSIEUR,

J'envoie en Provence les ordres que vous avez jugés nécessaires pour mettre la ville de Toulon en meilleur état que vous ne l'avez trouvée, et je m'assure que si la puissance ne manque point à ceux auxquels sont adressés les ordres, vos avis ne seront pas moins soigneusement exécutés qu'ils sont utiles et avantageux au service du roi et à la sûreté de cette place. Sa majesté n'ayant pas encore pris de résolution de former une armée de terre en Provence, votre prudence vous portera à n'y pas donner d'ordre, ni à changer de lieu les garnisons ni les troupes qui eussent été en votre pouvoir, si vous y eussiez commandé votre armée de terre.

Je vous ferai souvenir par toutes mes dépêches de la promesse que vous m'aviez faite, et de laquelle son éminence a été très-aise, touchant le transport de nos marbres. Je suis,

Monsieur,

Votre très-humble et très-affectionné serviteur,

DE NOYERS.

D'Amiens, ce 26 juillet 1640.

LETTRE DE M. L'ARCHEVÊQUE DE BORDEAUX

A M. LE CARDINAL DE RICHELIEU, TOUCHANT LA DIFFICULTÉ D'ATTEINDRE LES ESPAGNOLS ET DE TROUVER DES VIVRES, L'OCCASION D'ATTAQUER LESDITES GALÈRES D'ESPAGNE ÉTANT PERDUE.

MONSEIGNEUR,

Le sieur Bidaud vient d'arriver de Gênes, qui nous a assuré du passage des galères d'Espagne, et du débarquement de leur infanterie enragée, avec cette vanité d'être venues passer à Gênes, et demeuré six heures en tout à quatre lieues de nous. C'est un grand malheur qu'il fallait que les galères allassent aux vivres au dernier port de la province, tous les quinze jours, et toujours quand les ennemis se présentent; votre éminence ne s'en prendra pas à moi s'il lui plaît, mais à M. le bailli de Forbin, qui y est. En un mot, il n'y a que de la honte à acquérir comme l'on fait, et peu de service à rendre. Votre éminence m'avait assuré que ceux qui avaient soin de la subsistance l'auraient de faire suivre des vivres après les galères, et qu'il y en aurait pour six mois. Nous avons perdu une occasion qui ne se rencontrera jamais; elles étaient fort mal armées de chiourme et fort embarrassées de soldats, et dix-huit, qui est le nombre égal aux vôtres. Je les ai passées; mais les vaisseaux dans le calme ne peuvent pas aller comme l'on voudrait.

Le chevalier du Village a été reçu en la lieutenance de la reine, et le fils de M. de Quebonne, qui a dix ou douze ans, s'est présenté avec un brevet signé de trente-huit, et, par conséquent, précédant à quatre ou cinq capitaines qui servent il y a deux ans. Si votre éminence veut tirer du service de ces galères, il faut des capitaines effectifs, et que celui qui les devra mener à la guerre sache en partant du port pour combien elles ont de vivres, et qu'il puisse ordonner d'en faire suivre; autrement, à la veille de faire quelque chose, on peut toujours dire : « Il faut aller au-devant du pain, » si l'on veut éviter le combat.

Pentresini-Justinian m'est venu trouver pour les vaisseaux arrêtés; mais comme la grâce ne dépend pas, mais simplement la justice, il fait état de vous aller trouver. C'est un homme qui se pique extrêmement d'être Français, et particulier serviteur de votre éminence. J'estime que sa bonté peut reconnaître son zèle par quelque petite pension, ou quelque petit don, plutôt qu'en rendant à des peuples mal affectionnés les moyens d'assister les ennemis du roi : l'excuse peut être d'attendre la procédure, qui ne se fera point que je ne sache si vous désirez que nous jugions ici ou là.

M. Ducoudray continue son dessein, et de jour à autre se fortifie dans la croyance de la facilité. Votre éminence commandera, s'il lui

plait, qu'on le souffre dans l'armée, ou si l'on lui signifiera de continuer son chemin.

Le grand-duc donne ses galères aux Espagnols, et ceux de Gênes
n'envoient point les leurs en Sicile aux soies, quoiqu'ils les eussent fait
espalmer pour cet effet.

En l'absence de M. Bidaud, résident français à Gênes,
M. Peylieu, qui le remplaçait momentanément, continue de
tenir M. de Bordeaux au courant des affaires d'Italie.

LETTRE DU SIEUR PEYLIEU

A M. L'ARCHEVÊQUE DE BORDEAUX.

MONSEIGNEUR,

Quoique privé de l'honneur d'être connu de votre excellence, je ne
le suis du désir de lui rendre mes devoirs en l'absence de M. Bidaud ;
je la supplierai donc d'agréer la hardiesse que je prends de m'en acquitter
pour accompagner celles que MM. les ambassadeurs de Venise et Rome
vous écrivent, monseigneur, et pour donner nouvelles à votre excellence des dix-huit galères d'Espagne, lesquelles, hier au soir, étaient
en Bisagne, à trois milles d'ici, d'où, cette nuit, elles sont passées à
Portofin. Ces messieurs, à ce que j'ai appris, leur ont offert ce port.
Elles sont dans l'attente de celles de Naples et Sicile avec dix-huit vaisseaux chargés d'infanterie et cavalerie. Hier, vint nouvelles qu'ils
étaient proche de Livourne, ce qui ne se confirme aujourd'hui, ou
bien le dessein qu'ils ont de débarquer ladite cavalerie et infanterie à
Final, nonobstant ce que quelques uns disent qu'elles passeront en
Catalogne ; mais il n'y a aucune apparence au bruit qui court, qu'il y
aura quarante-cinq galères avec lesdits dix-huit vaisseaux. Sitôt que je
saurai leur approche, je ne manquerai, monseigneur, si mondit sieur
Bidaud n'est ici, de vous en donner avis.

Deux courriers arrivèrent hier au soir de Milan, mais comme il ne s'est rien publié en cette place, un chacun estime que les affaires des Espagnols ne vont pas bien à Turin, où l'on dit ici que le sieur Thomas s'est accordé avec Madame; mais sont bruits qui vont avec tant d'autres qu'inventent les gens. Et n'ayant rien autre de quoi entretenir votre excellence, je lui demanderai la grâce de permettre que je me qualifie,

Monseigneur,

Votre très-humble et très-obéissant serviteur,

PEYLIEU.

À Gênes ; ce 28 juillet 1640.

LETTRE DE M. L'ARCHEVÊQUE DE BORDEAUX

A M. DE NOYERS, TOUCHANT LE PASSAGE DES GALÈRES D'ESPAGNE ET LE DÉBANDEMENT DES SOLDATS FRANÇAIS EN ITALIE.

MONSIEUR,

Je rends compte à son éminence, par la lettre ci-jointe, du passage des galères d'Espagne en Italie, qui ont déchargé de l'infanterie en Vay, cependant que les vôtres étaient allées prendre du pain à Marseille, et m'assure que vous n'aurez pas moins de déplaisir que moi de ce qu'elles ont manqué une si belle occasion.

Ayant avis que la plupart des soldats d'Italie se débandent, soit par la persuasion des ennemis, soit par les diverses rencontres, et qu'ils se rendent à Gênes, où ne trouvant, par le peu de charité et de bonne volonté de ces peuples-là, ni pain, ni quoi que ce soit, sont le plus souvent contraints de prendre le parti des ennemis, et même de se mettre *bonevoglies* [1] sur les galères. Leur crime d'abandonner l'armée et la nécessité de l'armement de nos galères me suggèrent une pensée, qui serait de faire·là tenir quelques barques françaises avec pain et argent pour les recueillir et les amener tous à nos galères. J'y en ai déjà mis un cent comme soldats sur les galères mal armées, qui n'ont point de capitaine; mais ma pensée était de les mettre à la chaîne comme déserteurs : pour cet effet, il faut ordonnance du roi et fonds pour faire la dépense.

---

[1] Rameurs volontaires, qui ne font pas partie de la chiourme.

AVIS DE NAPLES

A M. L'ARCHEVÊQUE DE BORDEAUX.

Le 31 juillet 1640.

Il y a dans ce port quatorze galères espalmées, et qui n'attendent pour se mettre à la voile que les cinq galères de Sicile qui doivent arriver la semaine prochaine, pour partir toutes ensemble pour Livourne, où elles embarqueront un ambassadeur qu'elles porteront à Carthagène. — On se plaint de l'affaire devant Cadix [1]. — On dit que

[1] Ce combat eut lieu le 22 juillet, sous les ordres de M. de Brézé.

«Notre armée du ponant n'était cette année que de vingt et un navires de guerre, tant grands que petits, et de neuf brûlots. Elle partit de la Rochelle, et, le 20 de juillet, se trouva à dix ou quinze lieues à l'ouest de Cadix, où elle donna la chasse à un navire anglais; poursuivi aussi par d'autres, ce vaisseau aimant mieux venir à nous qu'attendre ceux qui le poursuivaient, on apprit de lui que l'armée de Cadix pour la Nouvelle-Espagne était mouillée au milieu de la baie de Cadix, prête à faire voile, et que don Antonio d'Oquédo était naguère mort de maladie.

« Le 21, durant un grand brouillard, on entendit au vent un grand nombre de mousquetades et canonnades, et on aperçut quelques galères que l'on crut être turques, car le brouillard et le calme nous empêcha d'en avoir plus certaine connaissance.

«Le 22, le vent étant sud-sud-est, sur les sept heures du matin, l'armée du roi reconnut deux ou trois lieues au vent au-dessus d'elle la flotte de Cadix, composée de dix galions, de quatorze à quinze cents tonneaux au moins, quatre de mille à douze cents, et vingt-deux de quatre à huit cents tonneaux. Le marquis de Brézé assembla à l'instant tous ses vaisseaux, tâcha à force de voiles de les joindre, et, après un petit calme, le vent étant devenu sud-ouest, notre armée ayant le dessus, l'amiral revira

sur eux, mais à cause du peu de vent ne put les joindre que sur les trois heures après midi; l'amiral ennemi était à la tête de douze de ses plus forts navires, et le reste avec deux galions étaient en la contenance que tiennent en mer ceux qui ont envie de se bien battre. Ce que voyant, notre amiral fut donner le côté à celui d'Espagne, et le marquis de Brézé, qui y commandait, se trouva à la portée du pistolet, ayant le sieur Dumé, son vice-amiral, proche de lui avec partie de nos vaisseaux; le reste se tenait au-dessous du vent, et alla avec le chevalier de Coupeauville, contre-amiral, pour prendre les ennemis par derrière.

«L'amiral commença le combat, battant de grande furie celui d'Espagne, et le perçant de toute part avec son canon, si bien que l'amiral ennemi fut obligé de quitter la partie et gagner le devant. En conséquence de quoi, on s'approcha à la portée du pistolet de leurs gros galions qui nous montraient le côté, et continuâmes de les battre fort et ferme, pendant qu'on donna lieu à nos brûlots de les aborder, comme ils firent généreusement, et s'attachèrent à quatre de leurs galions, deux desquels furent entièrement consumés; les deux autres, savoir : l'amiral, déjà mal mené, et un autre galion, se garantirent, mais non sans grande perte de leurs hommes, qui se jetèrent en l'eau, et d'un autre gros galion qui eut toutes ses voiles, ses manœuvres, le beaupré et le mât d'avant brûlés; et pour lors les nôtres voyant sept

la capitane de Sicile demeurera à Livourne , et que quatre galères du grand-duc se joindront auxdites galères de Livourne, et celles d'Espagne et Doria, qu'elles y attendront, si elles n'y étaient encore arrivées.

à huit cents des ennemis se noyer, envoyèrent leurs chaloupes pour en sauver tout ce qu'on put, ce qui monta bien jusqu'à trois cents.

«Depuis, le marquis de Brézé, avec le sieur de Porte-Noire, battirent pour une seconde fois fort long-temps l'amiral d'Espagne, et notre vice-amiral un autre galion qu'il mit hors d'état de tirer, et le marquis était prêt d'aborder l'amiral ennemi, lorsque fort prudemment il reconnut qu'il était près de périr. Nos autres vaisseaux coulèrent encore un autre galion à fond, et mirent toute la flotte ennemie en un extrême désordre.

« La nuit ayant séparé le combat, l'amiral français se retint un peu sur le vent pour rassembler ses vaisseaux et faire raccommoder le sien, percé en six endroits à l'eau; cela fait, on se remet à la voile; tous se tiennent suivant leurs ordres près de l'amiral, et font tout après l'ennemi qui fuyait de vent derrière, avec quantité de feux sur les navires, les plus incommodés demandant par ce signal secours aux moins incommodés.

« Notre amiral, tirant de fois à autre des coups de canon pour se faire suivre des siens, et donnant à connaître qu'il était proche de l'ennemi, s'avança tellement que l'on vit qu'après que l'amiral des ennemis eut tiré deux coups de canon, à la façon de la mer, pour témoigner son extrémité, il périt avec deux autres galions, leurs feux ayant manqué tout-à-fait et s'étant enfoncés dans la mer avec les vaisseaux, comme on le reconnut depuis et qu'on a été assuré d'ailleurs.

«A la pointe du jour, l'amiral poursuivant toujours le reste de la flotte, ne se trouva suivi que du vaisseau vice-amiral , commandé par le sieur Dumé ; du *Coq*, commandé par le sieur de Porte-Noire, ancien et expérimenté capitaine breton; du *Faucon*, commandé par le sieur de Ménillet; de l'*Hermine*, par le sieur Thibaut; du galion d'Olivarès, pris il y a deux ans sur les ennemis, commandé par le sieur Razer, et de la frégate nommée *la Princesse*, prise aussi sur eux eu la même année, commandée par le capitaine Gabaret, les autres étant demeurés un peu arrière, dont on apporta diverses excuses qui n'ont pas toutes été valables.

«Le soleil levant ayant dissipé les brumes, on vit les ennemis entrer dans la baie de Cadix, ce qui obligea M. le marquis à tenir conseil, auquel il insistait fort de donner dans cette baie pour les achever de ruiner; mais l'exécution en ayant été jugée impossible, on se contenta de demeurer en leur présence et à leur vue, comme maîtres de la mer où s'était donnée la bataille.

«Cependant M. le marquis commanda aux capitaines qui avaient des prisonniers de les mener au bord du navire anglais qu'il avait arrêté, et que s'il y avait entre eux quelqu'un de condition il lui fût amené. L'on reconnut seulement le neveu du duc de Maquede, qui, se trouvant dépouillé pour ce qu'il s'était mis tout nu pour se sauver à la nage, M. le marquis lui donna un de ses habits et un baudrier fort riche, et, après avoir usé envers lui des compliments favorables, non tant à la condition présente qu'à celle de son extraction, le renvoya avec les autres prisonniers dans ledit vaisseau anglais qu'il congédia, le chargeant de convier son oncle, qui est amiral d'Espagne, à faire, provoqué par cet exemple, meilleur traitement que par le passé aux Français qui pourront tomber entre ses mains.

« Les ennemis y ont perdu cinq galions de quinze à seize cents tonneaux, estimés cinq ou six cent mille écus pièce ; plus de quinze cents hommes y ont été noyés, entre autres le marquis de Cardeignos, général de l'infanterie eu toute la Nouvelle-Espagne,

On ne fait aucun corps d'armée navale en Sicile ; les galères viennent à Naples sans infanterie.

Sur les galères de Naples et de Sicile, on y embarquera sept cents Espagnols et deux mille huit cents Italiens ; la plupart tout faibles et malades et pleins de rogne.

Dans l'arsenal, il y a encore deux cent cinquante Napolitains et autres soldats qui, avec les susdits sept cents Espagnols et deux mille huit cents Italiens, font le nombre d'environ quatre mille hommes, mais de peu de service.

Il y a vingt-un vaisseaux, huit desquels iront, quand lesdites galères partiront d'Espagne, chargées de deux mille rames de galères, de sept mille quintaux de biscuit, et de seize canons de bronze, et d'autres provisions et munitions pour galères.

La capitane desdits vaisseaux a trente-deux canons, le vice-amiral, quarante-quatre, et les autres six, trente-six, trente-deux et trente-quatre ; elles sont toutes espalmées, et en bon état, y ayant pour leur garde seize cents soldats italiens. Les autres sont aussi dans la darse ; mais l'on ne parle point qu'elles doivent faire voyage, ains servir pour la défense de Naples.

Il y a vingt-six barques, dix assez grandes, et les autres ordinaires, mais mal armées : quelques unes, portant quatre et six pierriers, ont été arrêtées depuis trois jours pour le service du roi d'Espagne, et sont presque toutes génoises.

Il y a aussi sept barques latines qui sont en fort bon état, qui avec lesdites barques porteront dix-huit compagnies de cavalerie qui sont assez bonnes, à Final. Les troupes sont entrées dans les quartiers, et on ne fait point encore de semblant de les vouloir embarquer, comme si on n'en était pas pressé.

---

quantité de noblesse, et un évêque de grande considération, qui moururent combattant vaillamment.

« Nous y avons perdu le sieur de Saint-Georges, lieutenant du chevalier de Coupeauville, et le lieutenant du sieur Thibaut, le capitaine Jamain, combattant le brûlot, et quelque vingt-cinq hommes tués, soldats ou mariniers, et trente ou quarante de blessés, entre lesquels sont le capitaine Jamain le jeune, Martin, Lebrun, Borie et autres capitaines de brûlots, n'y ayant aucun d'eux qui n'ait été tué ou blessé, se montrant gens de cœur. »

Toute sorte de vaisseaux sont prêts de partir ; néanmoins on n'a pas encore d'assurance quand ce sera , et on ne parle d'embarquer de la soldatesque que pour là.

Et enfin on est mal pourvu ici de soldatesque, et ce qui y est est de peu de faction , malcontent, particulièrement la cavalerie et les Napolitains, qu'on a pris par force.

Le 6 de ce mois d'août 1640, à vingt-deux heures, partirent de Naples, chargées au plus de deux mille soldats, entre lesquels il y en peut avoir quatre à cinq cents de combat, et le reste sont enfants ou gens si maltraités de rogne et de maladie qu'ils n'ont pas la force de porter ou tirer un mousquet. Il y a outre cela deux cents Espagnols sur lesdites galères , savoir : cent sur la capitane, soixante sur la patrone, et les autres quarante divisés aux autres galères, pour servir d'espions plutôt que de soldats.

Lesdites galères allèrent ce soir-là à Projitta , le lendemain à Mola, où elles firent eau , et vinrent faire la montre à l'infanterie qu'elles avaient embarquée, à Gaietta, où elles y en laissèrent deux compagnies et deux autres à Porto-Longone, publiant que les galères de Sicile, qui les doivent suivre, les prendraient pour leur armement. De là elles vinrent reconnaître Monte-Argentato, où elles prirent une felouque armée de deux pierriers , dont les mariniers se sauvèrent en terre ; de là , elles vinrent faire eau aux Canelles , puis mouiller à Porto-Longone, où, ayant appris que l'armée de France était à Livourne, elles retournèrent vers Mont-Argentin , d'où elles prirent leur route vers la Corse , et de là celle du cap de Noli , lequel ayant vu et reconnu hier 13 de ce mois, à vingt heures, le général commanda qu'on désarborât pour n'être vu des galères de France, qu'il aurait appris être mouillées proche de Gênes; enfin, il n'a oublié aucune astuce pour éviter l'armée française ; et si on n'eût appris à Porto-Longone que ladite armée était à Livourne , on y serait allé en droiture , pour y prendre quatre galères du grand-duc; mais la peur leur a fait prendre la route susmentionnée.

Dans le port de Naples, il y a vingt-un vaisseaux, douze desquels sont bien armés. L'amiral, qui est un corsaire ragusin, et qui ne che-

mine bien de bouline¹, est vieux vaisseau, n'a que trente pièces de canon, le vice-amiral que quarante-quatre, et les autres de trente à
trente-six. On dit que douze iront à Roses en Espagne, chargés de
deux mille rames de galères et seize canons de bronze, et quelques
uns disent qu'ils iront à Villefranche avec lesdites galères, mais on ne
croit pas ce dernier. Il n'est pas resté un homme de pied à Naples; la
cavalerie est au nombre de sept cents hommes, bien faits, jeunes, bien
montés et bien armés; une partie desquels est logée dans Naples et le
reste aux environs. Pour embarquer ladite cavalerie, il y a trente-deux
barques, huit desquelles sont latines, retenues dans ce port-là depuis
quatre mois à cet effet, pour la porter en Vay; huit desdites barques étaient déjà parties pour embarquer ce qui est hors de Naples,
et les autres frétaient pour embarquer le reste, et chargeaient de l'eau,
du foin et de l'orge pour la provision des chevaux.

On estimait que les autres neuf vaisseaux, qui sont petits, portant
quatorze à dix-huit pièces de canon, embarqueraient aussi de la cavalerie, et les autres croient qu'ils serviront à porter du blé à Naples,
où il est extrêmement cher, pour les impositions qu'on y a mises dessus.

A Nisita, il y a dix pièces de canon avec trente Espagnols de garde;
à Fossolo, douze de canon, vingt espingarts, avec trois cents hommes de garnison, bien armés, et qui font bonne garde. J'y ai été
exprès, et en Baya aussi, éloigné dudit Possolo douze milles, et
douze de Naples : le port est fort bon, et le château gardé de vingt
canons, trente espingarts et soixante Espagnols; et avant que d'arriver à la porte du château, on passe quatre ravelins. Je n'ai point
touché à Projitta, mais on m'a assuré que cette île est gardée et armée
comme Baya.

Au port Hercole, il y a deux assez bons forts, gardés chacun de
trente soldats et dix pièces de canon, et au-dessus d'iceux un autre
fort nommé Saint-Philippe, qui les commande, et est sur un rocher
inaccessible.

Au port Saint-Etienne, il y a un bon fort avec dix pièces de canon,

¹ Naviguer au plus près du vent.

et trente Espagnols de garde ; il a ses gabions , et le soir on lève le pont-levis de bonne heure , et n'y laisse entrer personne.

A Plombin , il y a six petits forts , un nommé la Rochette , muni de six pièces de canon de fer ou de bronze, et de huit soldats espagnols chacun , et à la porte de la ville deux pierriers de fer et quatre de bronze d'une livre de balles ; de soixante-dix Espagnols et de cent trente soldats de même lieu pour toute la garnison. Il y a entre lesdits forts un qui s'appelle Locassaro , avec quatre petits canons de fer et de bronze de quatre livres de balles.

Ladite ville est composée d'environ trois cent cinquante feux ; ce pays est ruiné, peu gardé, et la soldatesque se plaint de n'être pas payée. Ladite ville est à un seigneur italien ; néanmoins, la garde est espagnole, mal en ordre, et le canon aussi, dont on ne tient aucun compte, disant que, s'ils étaient attaqués, ils seraient secourus de Florence, qui n'en est pas éloignée.

A Porto-Longone, il y a quarante pièces de canon, la plupart de bronze, et trois cents Espagnols de garnison ; les fortifications, à l'entrée de la forteresse, du côté de la marine, ne sont pas encore parachevées ; il faut monter un petit mille avant que d'être à la porte, et en cet espace-là il y a trois corps-de-garde de douze soldats chacun, de bons hommes, bien armés, comme sont ceux de la forteresse, où j'ai été avec un capitaine d'infanterie napolitaine. Lesdites galères y ont laissé, outre les deux compagnies d'Italiens, quarante quintaux de biscuit, chaque galère dix barils de poudre, quantité de boulets et de sacquets pleins de clous et de chaînettes, et en tout cinquante quintaux de mèches.

A Naples, le château qui défend le port a soixante canons de bronze, à savoir douze qui sont pointés en deux divers lieux, à savoir huit fort proche et qui regardent le lieu où l'on débarque, et les autres quatre sont un peu plus éloignés ; le reste desdits canons est divisé parmi le château, où il y a cinq cents Espagnols de garnison.

Les Napolitains maudissent ouvertement les Espagnols, et en chantent pouille non-seulement parce qu'ils les maltraitent et pour les grandes impositions, mais encore pour loger dans Naples même la cavalerie sans rien payer, le vice-roi ayant fait mettre au-dessus de la

porte des logements : *Regia corte, con suoi servitori quali si avver-*
tiamo a non contradire.

Le peuple, généralement, ne peut voir les Espagnols ; les gentilshommes n'osent pas parler, mais les bourgeois se plaignent hautement
et souhaitent un changement, ne pouvant plus payer les impositions
nouvelles qu'on met de jour à autre ; et semblables plaintes, malédic-
tions et injures, je les ouïs non-seulement dans Naples, mais encore
davantage au dehors.

Je fus au château Saint-Elme, où il y a vingt-quatre pièces de canon, six pierriers et quatre compagnies d'Espagnols. J'ai ouï et vu tirer
lesdits canons, comme aussi les soixante du château de Naples, le jour
de la fête d'un saint protecteur dudit Naples.

Au château de l'Ovo, il y a quatre pièces de canon ; on y tient les
munitions et on n'y laisse entrer personne que de l'ordre du vice-roi,
mais j'ai ouï la messe à une église qui est attachée audit château, nommée
Saint-Martin.

J'ai vu faire la montre générale des Espagnols naturels à Naples. Il
y a trente-quatre à trente-cinq compagnies. Voilà la relation de ce
que j'ai appris pendant mon voyage.

CHAPITRE IX.

Instruction de M. de Bordeaux à M. de Montigny. — M. de Richelieu à M. de Bordeaux, pour empêcher le secours d'Espagne, qui peut aller par mer au marquis de Leganez, qui assiège Casal. — Mémoire du roi à M. de Bordeaux, pour ne rien entreprendre contre Gênes, et empêcher le secours de Naples et de Milan. — M. de Bordeaux à M. Rabut, pour savoir si, dans les circonstances présentes, il peut mener l'armée navale à Livourne. — M. Peylieu à M. de Bordeaux, sur les affaires d'Italie. — Défi de M. l'archevêque de Bordeaux à M. le duc de Ferrandine. — Le prélat propose à ce général de combattre à forces égales de galères. — M. de Bordeaux au sénat de Gênes, pour lui demander l'entrée du port. — M. de Bordeaux à M. le cardinal, au sujet de son voyage de Naples. — M. de Bordeaux à M. de Chavigny, sur ce que M. le duc de Ferrandine, après une bravade, s'était caché dans le port de Gênes, étant poursuivi ; sur la réponse impertinente des Génois, et sur le châtiment que le prélat leur prépare. — M. de Bordeaux à M. le maréchal d'Estrées, ambassadeur de France à Rome, sur le défi qu'il a porté à M. le duc de Ferrandine. — M. Bidaud à M. de Bordeaux, pour l'avertir que les galères du duc de Ferrandine viennent de partir pour aller combattre les galères françaises. — M. de Bordeaux à M. de Chavigny, sur ce que les vaisseaux français ne peuvent atteindre les galères d'Espagne. — M. le maréchal d'Estrées à M. de Bordeaux, touchant la jonction des galères de Naples avec le duc de Ferrandine, et le défi fait audit duc par ledit sieur archevêque, défi que le duc ne put relever parce qu'il dormait. — M. de Bordeaux à M. de Chavigny, sur la nécessité de payer la solde des matelots, qui sont obligés, au désarmement des vaisseaux, de s'en retourner en demandant l'aumône. — M. de Bordeaux à M. le maréchal d'Estrées ; sur les croisières que tient l'armée française à la hauteur du cap Corse. — M. Bidaud à M. de Bordeaux, sur les affaires d'Italie. — M. de Bordeaux à M. le cardinal de Richelieu, lui rendant compte de ce qu'il a fait sur les côtes de l'Elbe, de la Corse et de la Sardaigne. — M. de Bordeaux à M. Rabut, sur le sénat de Gênes et le soulèvement de Tortose. — Divers avis des ennemis touchant les galères et vaisseaux qui doivent partir de Naples et Sicile pour le Milanais. — M. de Bordeaux à M. le cardinal de Richelieu, touchant les galères qui font peu de service. — M. de Bordeaux à M. le bailli de Forbin. — M. de Bordeaux à M. le cardinal, sur M. le bailli de Forbin, qu'il accuse de mauvais vouloir. — Le roi à M. de Bordeaux, sur le cérémonial de l'entrée des vaisseaux français dans le port de Gênes. — M. Gaufredi à M. de Bordeaux. — M. de Noyers à M. de Bordeaux, sur les vaisseaux qu'il faut faire repasser en ponant. — M. de Noyers à M. de Bordeaux, sur la Catalogne. — Relation du voyage des galères par M. de Saint-Martin. — Ordre des signaux et saluts des galères et des vaisseaux ronds, dans la Méditerranée et dans l'Océan.

(*Août — Décembre* 1640.)

Un des points les plus importants de la campagne était d'empêcher les vaisseaux de Naples de jeter de nouveaux secours en Italie : malheureusement on verra que ce résultat ne put être obtenu.

Le mémoire suivant, de M. de Bordeaux à M. de Montigny, était relatif à cette opération.

MÉMOIRE

DE CE QUE M. DE MONTIGNY A A FAIRE DÈS QU'IL SERA PARTI.

Il s'en ira mouiller à la rade de Livourne avec l'armée, et à l'instant il dépêchera quelques felouques vers Piombino [1], Porto-Ferrajo [2], ou autres lieux, pour prendre langue des vaisseaux et galères qui doivent venir du côté de Naples. S'il apprenait qu'il vînt des vaisseaux, il se mettra à la mer pour les combattre; s'il n'y a que des galères, il ne bougera de la rade, pour les empêcher d'entrer dans le port, et de tout me donnera avis promptement avec une felouque.

Cependant il fera toute la diligence possible pour apprendre des

---

[1] Piombino, ville au fond d'une très-grande baie, sur la côte de S.-O. de l'Italie, par 42° 55′ 27″ N., et par 8° 10′ 47″ à l'E. de Paris (Bureau des longitudes). Cette baie est au S.-E. de Livourne, et à l'E. ÷ N.-E. du cap Corse. La ville est sur une péninsule qui divise le fond de la baie en deux : chacune de ces deux parties renferme d'excellents ports. A peu près à moitié chemin, entre la pointe de Livourne et Piombino, il y a une roche qu'on nomme Roche de Vade, et sur laquelle il ne reste que huit ou dix pieds d'eau; elle brise beaucoup quand il vente. Pour l'éviter il faut courir au S. depuis la Maloure ou Malora, et ne pas la fermer par la pointe de Livourne, jusqu'à ce qu'on puisse voir l'île de Capraïa prête à arriver sur le cap Corse; on est alors au sud de la Roche, et on n'a plus rien à craindre. On nomme canal de Piombino le passage entre la pointe de Piombino et l'île d'Elbe.

[2] Porto-Ferrajo, sur l'île d'Elbe en Italie; par 42° 49′ 6″, et par 7° 59′ 20″ à l'E. de Paris.

nouvelles de la *Royale*, *Colo* et *Saint-Germain*, afin de les réunir au corps s'il y a moyen.

Durant ce temps il fera remédier à tous les vaisseaux qui font eau ou qui sont blessés, lui laissant le commissaire et le maître d'équipage pour cet objet.

Il traitera cependant avec le gouverneur, par l'entremise du consul des Français ou tel autre qu'il voudra employer, pour la pratique des officiers dans la ville, lui faisant voir comme quoi, dans leurs termes mêmes et sans aucune déférence au roi, ils doivent donner l'entrée, y ayant plus d'un mois que nous sommes sortis des terres, et la plupart de nos vaisseaux n'ayant point touché en Provence; ce qu'ils permettent à tous les matelots de Provence quand il y a un mois qu'ils sont partis de leur pays.

Que si les galères du grand-duc se préparaient pour sortir afin de joindre l'armée des Espagnols, il fera tout son possible, par paroles et par civilités, pour l'empêcher; que s'il croyait le pouvoir faire par force il le ferait, sinon il fera mettre huit ou dix vaisseaux à la mer pour les suivre : s'il s'en présente une ou deux qui doivent aller vers Messine, il les laissera aller, leur rendant le salut qu'ils lui auront donné, deux coups de canon moins.

Si l'on le salue entrant dans le port, il rendra le salut de cinq ou sept coups, selon la quantité dont il aura été salué; si on ne le salue point en mouillant, il saluera de cinq coups de canon.

LETTRE DE M. L'ARCHEVÊQUE DE BORDEAUX

AU GOUVERNEUR DE LIVOURNE.

Monsieur,

Recevoir l'armée dans le port de son altesse avec des restrictions, est plus désobliger le roi que de lui en refuser entièrement l'entrée; c'est pourquoi j'ai mieux aimé me tenir au large avec les étendards de France que de les mener dans le port avec cette restriction, qui pourrait causer un dégoût à sa majesté contre le prince qui en aurait donné l'entrée à ce prix, qui la rend inutile absolument. J'envoie le vice-amiral de l'armée pour savoir la résolution de son altesse, et cependant j'ai commandé au sieur Rabut, consul des Français, de traiter avec vous cette affaire, afin de prendre mes mesures sur son rapport et vous faire voir l'original de la lettre que m'a écrite M. de Guise sur ce sujet. C'est en attendant, monsieur, etc., etc.

LETTRE DE M. L'ARCHEVÊQUE DE BORDEAUX

A M. RABUT, CONSUL DES FRANÇAIS A LIVOURNE.

6 août 1640.

Monsieur,

Je vous envoie deux lettres : l'une pour le grand-duc et l'autre pour le gouverneur, dont vous trouverez ici les copies attachées, afin que, conformément à icelles, vous agissiez avec le gouverneur et avec son altesse pour rendre compte au vice-amiral que j'envoie à la rade de Livourne de ce qui se sera passé durant que je me tiendrai à la mer, pour ne pas donner ce dégoût au roi de voir recevoir ses étendards dans le port avec moins de respect qui leur est dû.

La rade de Livourne et celle de la Planouse nous est égale, si les officiers et les commissaires de l'armée n'ont pouvoir avec leur argent d'acheter leurs commodités dans la ville, et vous peux dire que la grâce qu'une armée mouille à une rade qui n'est défendue de rien semble être pareille à celle que nous font MM. de Gênes de nous laisser aller dans leurs côtes quand ils ne nous en peuvent empêcher. Je vous envoie l'original de la lettre de M. de Guise, que vous me renverrez, afin que vous fassiez voir au gouverneur que ce n'est pas sans raison que vous avez cru aussi bien que moi que la pratique serait donnée aux officiers de l'armée. Je vous prie, traitez cette affaire avec le gouverneur avec toute la civilité que vous pourrez et la dignité du maître que vous servez. Si vous jugez à propos d'aller jusqu'à Florence porter ma lettre au grand-duc, vous le ferez, et rendrez réponse de tout à M. de Montigny, vice-amiral de l'armée, envoyant un mémoire de frais que vous aurez faits pour aller et venir, où j'envoie pour vous en faire rembourser, et en toute occasion vous témoignerai, etc., etc.

MÉMOIRE DU ROI

A M. L'ARCHEVÊQUE DE BORDEAUX, COMMANDANT L'ARMÉE NAVALE, DE CE QU'IL DOIT FAIRE AUX CÔTES D'ITALIE TANDIS QU'IL EST EN MER.

Sa majesté a trouvé si mauvais le procédé de ceux de Gênes en l'arrêt du père Asplanati et des paquets dont il était porteur qui ont été envoyés au marquis de Leganez, que sa majesté permet audit sieur archevêque d'en témoigner le ressentiment qu'il propose.

A quoi sa majesté s'est d'autant plus portée, voyant qu'avec cela les Génois dénient aux vaisseaux du roi, dans leurs ports et pays, les commodités nécessaires et même le salut, comme s'ils étaient ennemis déclarés.

Sa majesté approuve donc que ledit sieur archevêque prenne leurs galères chargées de soies au retour de la foire de Messine, et les mène aux ports de Provence; en quoi il se conduira de sorte que, son dessein étant tenu très-secret, le succès en soit d'autant plus facile et certain.

Sa majesté a été bien aise d'apprendre que ledit sieur archevêque a empêché les troupes de Naples de passer en Piémont; il ne peut rendre service plus agréable à sa majesté et plus utile à ses affaires que de continuer à empêcher la communication de Naples avec le Milanais et le Piémont, en sorte qu'il combatte lesdits galères ou vaisseaux d'Espagne en leur passage, ou qu'il les contraigne de demeurer dans leurs ports pendant le reste de cette campagne.

C'est le principal dessein que ledit sieur archevêque doit avoir comme étant très-important aux affaires du roi en Italie, où sa majesté désire que Turin soit pris, et ce avec autant d'affection qu'Arras, dont elle espère de venir à bout dans huit jours, avec l'aide de Dieu.

Ledit sieur archevêque a bien fait d'arrêter les vaisseaux flamands et anglais chargés pour le compte des Espagnols, et de les envoyer dans les ports de France; sur quoi M. le cardinal lui mande plus particulièrement son sentiment, comme de choses qui dépendent de la marine.

Quant au vaisseau qui vient d'Espagne et qui porte cinq cent mille écus dont il est en quête, l'on ne sait comment il peut douter que la prise n'en soit approuvée, puisque l'on est en guerre ouverte avec les Espagnols; le roi lui permet donc non seulement de faire cette prise, mais lui donne ordre de prendre tous les vaisseaux qu'il rencontrera venant d'Espagne.

Pour ce qui est de la proposition contre les Turcs, sa majesté suppose que c'est contre ceux de Barbarie, ne voulant pas qu'il soit rien entrepris qui puisse faire mettre brouillerie entre elle et le grand-seigneur; mais elle trouvera bon que ledit sieur archevêque fasse contre ceux de Barbarie tout ce qu'il estimera à propos pour les obliger à un bon traité de paix et à rendre tous les esclaves français qu'ils tiennent.

Le nommé Jean-Baptiste du cap de Quiers est maintenant en Alger pour faire ledit traité avec eux; ledit sieur archevêque pourra savoir de lui en quel état est cette affaire, pour se conduire selon l'information qu'il aura de la bonne ou mauvaise disposition de ceux d'Alger, et pour aider même par la crainte des armes du roi à la conclusion dudit traité [1].

Cette affaire qui regarde les Turcs n'est pas de la même importance que ce qui concerne l'Italie, à quoi ledit sieur archevêque se doit principalement appliquer, et ne songer à celle-ci qu'en tant qu'elle ne le puisse empêcher d'exécuter les autres.

Pour ce qui est de M. le cardinal de Savoie, l'incivilité dont il a usé vers les vaisseaux du roi mérite que ledit sieur archevêque, après son retour, fasse contre lui tout ce qu'il propose.

LOUIS.

Bouthillier.

---

[1] Voir plus loin, ch. X, l'ensemble des documents sur Alger et les Etats barbaresques, pendant les années 1638-1640.

Les dépêches suivantes du roi et de M. le cardinal enjoignent à M. de Bordeaux de s'opposer au passage du secours de Naples, et de surseoir aux ordres qu'il avait reçus relativement à la république de Gênes; il y est question de la prise de quelques vaisseaux marchands, d'envoyer en Barbarie pour la liberté des chrétiens, s'il se peut, et de nouvelles du siége d'Arras.

LETTRE DE M. LE CARDINAL DE RICHELIEU

A M. L'ARCHEVÊQUE DE BORDEAUX.

MONSIEUR,

M. de Chavigny vous envoie des ordres du roi si précis sur votre dépêche, que je n'ai rien à y ajouter.

La première chose que vous devez avoir devant les yeux est d'empêcher les secours qu'on peut donner au marquis de Leganez, soit de Naples, soit d'Espagne.

Sa majesté approuve la proposition que vous faites pour les galères de Gênes, pour les rendre par après quand cette république se sera mise à la raison.

Si vous pouvez prendre le vaisseau de cinq cent mille écus qui doit venir d'Espagne, ce sera une bonne affaire.

Quant aux vaisseaux flamands et anglais que vous avez envoyés à Toulon, chargés de marchandises appartenant aux ennemis, je vous envoie mon pouvoir pour les juger en conseil de guerre, et vous prie de ne rien faire qui puisse blesser ni votre conscience ni la mienne.

Pour ce qui est de la Barbarie, vous y pourrez faire ce que vous proposez, si ce dessein ne vous détourne point des autres ci-dessus.

Si on va en Barbarie, je vous prie de traiter seulement avec Isouf-Bey sans que la civilité empêche ce qui sera nécessaire pour la délivrance de nos chrétiens.

Nous sommes au siège d'Arras, qui ne nous donne pas peu d'affaires, les ennemis faisant tout ce qu'ils peuvent pour le sauver. Le cardinal-infant y a trente mille hommes. Ils attaquèrent hier la circonvallation sans autre effet que d'y perdre deux mille hommes; j'espère que cette place sera entre les mains du roi dans huit jours. Je suis,

Monsieur,

Votre très-affectionné comme frère à vous rendre service.

Le Cardinal DE RICHELIEU.

D'Amiens, le 5 août 1640.

MÉMOIRE

A M. L'ARCHEVÊQUE DE BORDEAUX, CONSEILLER DU ROI EN SES CONSEILS, ET LIEUTENANT-GÉNÉRAL DE SA MAJESTÉ EN SON ARMÉE NAVALE DE LEVANT, POUR NE RIEN ENTREPRENDRE CONTRE GÊNES, ET EMPÊCHER LE SECOURS DE NAPLES A MILAN.

Depuis la dépêche qui fut faite audit sieur archevêque de Bordeaux, la sienne du 20 du mois passé est arrivée, par laquelle sa majesté a vu que la république de Gênes a accordé la libre entrée aux vaisseaux du roi dans tous ses ports, excepté celui de Gênes, où les vaisseaux de guerre du roi d'Espagne, chargés d'infanterie, ne sont point reçus.

Sa majesté ayant de plus appris que les Génois ont salué ses vaisseaux, elle juge à propos que ledit sieur archevêque sursoie l'exécution de l'ordre qui lui a été envoyé par ladite dépêche d'hier, sur le sujet de ce qu'il a proposé touchant les galères de Gênes.

Quant à l'affaire du père Asplanati, théatin, sa majesté veut en être plus particulièrement informée avant que prendre résolution de s'en ressentir. On lui a fait entendre que ce sont les supérieurs des Théatins qui l'ont fait prendre comme apostat, sans que la république y ait autre part qu'en donnant auxdits supérieurs l'assistance du bras séculier.

Ledit sieur archevêque surseoira donc l'entreprise proposée sur lesdites galères de Gênes jusqu'à nouvel ordre, et cependant s'attachera en premier lieu à empêcher les ennemis de trajeter des gens de guerre pour renforcer le marquis de Leganez, et essaiera de rencontrer leurs galères et vaisseaux en tous lieux où il pourra les attaquer avec avantage;

ce doit être là son principal but, et ensuite il se conduira en l'affaire de Barbarie ainsi qu'il est porté par la susdite dépêche.

Quant au vaisseau chargé de cinq cent mille écus, venant d'Espagne à Gênes, le roi lui confirme l'ordre qu'il lui a donné de s'en saisir s'il peut : de sorte que de la dépêche qui lui fut envoyée hier il n'y a rien à retrancher que ce qui regarde lesdites galères de Gênes.

LOUIS.

SUBLET.

Amiens, le 6 août 1640.

LETTRE DE M. L'ARCHEVÊQUE DE BORDEAUX

A M. RABUT DE LIVOURNE, LUI MANDANT SON ARRIVÉE AUDIT POSTE POUR COUPER CHEMIN AUX GALÈRES D'ESPAGNE, LUI DEMANDANT AVIS S'IL EST EXPÉDIENT QU'IL MÈNE L'ARMÉE A LIVOURNE.

A bord de l'amiral, au cap Corse [1].

MONSIEUR,

L'avis de l'arrivée des galères d'Espagne commandées par le duc de Ferrandine m'a fait prendre cette route avec l'armée du roi pour tâcher à leur couper chemin. J'envoie ce brigantin pour apprendre ce que vous savez de leur passage et où vous estimez qu'on les pourra rencontrer. Je renvoie à Porto-Ferrajo pour y attendre de vos nouvelles. Je vous prie à l'instant que ce brigantin sera rendu, de me le dépêcher afin que, jour pour jour, il m'apporte le lieu où sont les ennemis.

Si vous avez réponse du grand-duc, vous me l'enverrez; s'il nous est arrivé quelques felouques de Gênes qui me cherchent, vous nous les y enverrez, et me manderez ce que vous savez, tant des galères d'Espagne que de celles de Naples et de leur embarquement. Je serais bien aise de savoir aussi si le grand-duc donne ses galères et à quelles conditions.

---

[1] Cap Corse, c'est la pointe du N. de la Corse; il est situé par 43° N., et 7° 16′ à l'E. de Paris; il y a mouillage par 7 brasses sur la côte de l'E. de ce cap. En dedans de la petite île de Tolari on trouve de 9 à 10 brasses autour de la pointe du S. De cet endroit la côte court presque au S. du côté de l'E., et au S.-O. de l'autre côté. Le cap Corse est à 23 lieues au N.-E. ½ E. de Livourne. Sur cette route, à 7 ou 8 lieues, se trouve l'île Gorgone.

Si vous n'étiez pas libre pour me mander vos sentiments, et que vous craignissiez quelque chose de la part du grand-duc, mandez-le-moi : j'enverrai quelqu'un auprès de vous, sinon écrivez-moi amplement et me mandez si vous estimez utile pour le service du roi que j'aille avec l'armée à Livourne [1] ou bien si je remettrai une autre fois. Si ma présence pouvait empêcher le grand-duc de donner ses galères, il ferait un bon effet ; faites en sorte aussi que l'on nous donne pratique comme vous m'avez mandé pour les chefs, tant à Livourne qu'à Porto-Ferrajo, et si vous avez quelque connaissance des vaisseaux pris, vous me manderez ce que vous en savez. S'il y a de bons melons et de bons fruits, envoyez-nous-en. C'est, etc.

LETTRE DE M. L'ARCHEVÊQUE DE BORDEAUX

AU GRAND-DUC DE FLORENCE, TOUCHANT LA PRATIQUE DÉNIÉE AUX FRANÇAIS A LIVOURNE, SUR QUOI IL SE PLAINT.

MONSEIGNEUR,

J'avais rendu compte au roi que ses vaisseaux et ses galères seraient reçus dans vos ports, et que ses officiers y auraient pratique comme votre altesse m'avait fait l'honneur de me le faire espérer et M. de Guise m'assurait, sur le rapport que lui en avait fait le chevalier de Gondry de votre part ; mais le gouverneur de Livourne m'a surpris ayant dénié la pratique au chevalier Paul, l'un des capitaines de l'armée. Je crus que c'était sans votre ordre ou qu'il y avait quelques nou-

---

[1] Livourne en Italie, port et grande place de commerce, par 43° 35′ 2″ N., et par 7° 36′ 30″ à l'E de Paris. Ce port est excellent, mais sujet à se combler; aussi travaille-t-on continuellement à le curer. Pour entrer à Livourne, il faut laisser la roche Malora à gauche, à peu près à un quart de mille, entrer hardiment et mouiller où l'on veut. La roche Malora et le fanal sont droit E. et O.; le passage entre eux deux a plus d'une lieue de large; il y a quatre tours de pierre au N. de la pointe du môle; on les appelle tours de Garde; elles servent de marques aux pilotes pour entrer dans le môle. Celle du large est la plus grande; elle se nomme la tour aux Poudres; elle est droit au N. à l'entrée du môle. Il est rare que les gros vaisseaux y entrent, car la rade est si bonne qu'on ne cherche pas d'autre abri. Il y a un grand rocher au-dessus de l'eau au N. vers la tour aux Poudres; ce rocher est environné de plusieurs autres, mais le canal est au S. entre la roche et le môle.

velles raisons qui causaient ce changement, qui m'a obligé d'envoyer le vice-amiral de l'armée avec son escadre pour savoir la résolution de votre altesse sur ce sujet; étant trop son serviteur pour y mener le pavillon ou l'étendard de France avec cette restriction qui causerait un extrême dégoût à sa majesté. J'apprendrai donc votre résolution par la réponse de ce porteur, et cependant me tiendrai au large afin de rendre compte fidèle au roi de ce qui sera passé sans vous engager l'un et l'autre en aucun ressentiment par le mépris qui aurait été fait des étendards de sa majesté, la liberté du port n'étant utile qu'autant que les officiers peuvent aller à terre pour en tirer leurs commodités pour leur argent. Votre altesse me pardonnera si je lui dis que l'exemple d'une poignée de marchands qui sont à Gênes, qui ont peur que leurs effets aillent moins bien en Espagne, n'est pas considérable pour plusieurs raisons que sa prudence connaît aussi bien que moi, et dont peut-être elle connaîtra le ressentiment plutôt par effets que par paroles. J'attendrai donc la résolution de votre altesse, ne lui demandant pas pratique pour toute l'armée, mais seulement pour quelques capitaines et commissaires qui auront besoin d'acheter quelques denrées pour nos vaisseaux, en attendant l'honneur de votre réponse, etc.

AVIS

DONNÉ PAR M. DUCOUDRAY, A M. L'ARCHEVÊQUE DE BORDEAUX, DU DESSEIN QU'ON AVAIT DE BRÛLER SES VAISSEAUX.

L'amiral des ennemis porte quarante pièces de fonte verte, des autres vaisseaux, les uns trente, vingt-cinq, qui plus ou moins. J'oublie à vous dire que ce même homme qui a passé nous a donné avis que les ennemis avaient un homme qui s'était engagé seul de mettre le feu dans quelques uns de vos vaisseaux, voir en l'amiral, en approchant en plein jour sous prétexte d'ami. Vous savez mieux que moi si cela se peut, et qu'il soit fait bonne garde. Cet homme-là doit être apporté dans une felouque droit à Final, si déjà il n'y est arrivé; la felouque ou bateau qui doit porter ce metteur de feu doit être à la française, et avoir l'arbre ¹ au milieu, et cet homme-là et ses gens habillés de même et parlant ce langage ici.

M. Peylieu continue d'instruire M. de Bordeaux des affaires d'Italie en l'absence de M. Bidaud; il informe M. l'archevêque que les galères du duc de Ferrandine viennent de tirer le coup de partance.

LETTRE DU SIEUR PEYLIEU

A M. L'ARCHEVÊQUE DE BORDEAUX.

MONSEIGNEUR,

J'ai été relevé de la peine où j'étais de votre éminence, par celle de laquelle il lui a plu m'honorer le 8 du courant, un bruit étant il y a deux jours en la place de cette ville, que les vaisseaux et galères que vous commandez avaient pâti une grande tourmente qui les avait séparés : je vois, Dieu merci, le contraire, dont je m'en réjouis infiniment.

Vous verrez, monseigneur, par la ci-jointe, que je vous avais envoyée aux îles en compagnie d'autres, que M. le commandeur de Guitaud m'a renvoyée, la hardiesse que j'avais prise en l'absence de M. Bidaud, quoique inconnu à votre éminence, de l'avertir de ce qui se passait en ces quartiers, où les dix-huit galères de M. le duc de Ferrandine sont toujours attendant celles de Naples et Sicile ; elles en ont encore trois du duc Doria, qui font vingt-une, lesquelles sont armées de cinq à six par ban de chiourmes et de dix pierriers chacune. La capitane en a vingt-quatre; de soldatesque, elles en ont fort peu et de marinerie presque point, une bonne partie ayant quitté à faute de paiement. Celles du grand-duc n'y sont point, ni il ne se parle point qu'elles doivent venir. Cette république n'a garde de prêter les siennes, à ce que m'a assuré un gentilhomme de cette ville; pour barques ni

¹ Le mât

tartanes on n'en arme point, c'est pourquoi je ne doute aucunement que si M. le duc de Ferrandine se mettait à la mer pour combattre les vôtres, il n'eût de quoi se repentir.

Vous verrez, monseigneur, par la relation que j'ai reçue de M. d'Argenson, dont je vous envoie copie, ce qui s'est passé à Turin, d'où il n'est venu autre chose qu'un piéton, qui arriva hier au duc Doria, lequel, observant le silence, fait juger que les affaires des ennemis n'y vont pas bien. M. le marquis de Villeroy est, à ce que j'ai appris ce matin, sur le Montferrat avec dix mille hommes de pied et deux mille chevaux, et l'arrière-ban du Dauphiné se doit bientôt rendre à Pignerol, s'il n'y est déjà.

La copie de la lettre que je vous envoie, monseigneur, que M. de La Tour a mandée, fera voir à votre éminence que Turin n'est pas pour échapper aux armes du roi, non plus qu'Arras, ainsi que vous verrez par la copie de la lettre de M. de Chavigny; et pour obéir au commandement que votre éminence me fait de ne garder guère cette felouque, je finis, vous suppliant vouloir honorer de votre bienveillance celui qui n'en est pas moins ambitieux que de la qualité,

> Monseigneur,
> De votre très-humble et très-obéissant serviteur,
>
> PEYLIEU.

A Gênes, ce 9 août 1640.

MONSEIGNEUR,

Je viens d'entendre tirer le coup de partance aux galères de M. le duc de Ferrandine, qui a fait embarquer tous ses soldats, qui étaient par la ville. Il y en a qui croient que ce n'est pas pour partir, ou bien pour se tenir en état de se défendre si vous le veniez attaquer.

LETTRE DE M. L'ARCHEVÊQUE DE BORDEAUX

A M. DE FIESQUE, DE CIVILITÉS.

MONSIEUR,

Le roi ne faisant pas la guerre pour en tirer aucune utilité, mais simplement pour maintenir ses alliés et châtier ceux qui vivent avec moins de respect qu'ils le doivent avec lui, vous deviez être assuré que votre famille faisant profession de dépendre de sa majesté, au lieu de recevoir aucun dommage de la prise des vaisseaux, s'il y a lieu d'en tirer de l'utilité, vous le ferez. Depuis six ou sept ans que l'armée du roi est en ces mers, vous ne vous étiez point trouvé dans ces peines : aussi ceux à qui votre fortune est attachée avaient vu avec plus de respect que l'attachement d'Espagne ne leur a permis cette année, l'ouverture des ports aux ennemis, le déni de pratique aux serviteurs du roi. Une certaine grimace de canailles inutilement armées à tous les abords vous doit faire croire qu'on vous laissera facilement la possession d'une terre fort servile, mais qu'on tirera peu d'utilité de la mer, dont le roi est le maître. Je me réjouis en mon particulier que j'aye occasion à vous témoigner à vous et à M. votre frère le vice-roi la reconnaissance des bonnes volontés que vous avez toujours témoignées à feu M. le cardinal de Sourdis mon frère, et que je puisse en mon particulier vous faire connaître que je suis, etc.

M. le maréchal d'Estrées adresse le mémoire suivant à M. de Bordeaux, à l'appui d'une note écrite au sujet des affaires de Rome.

MÉMOIRE

BAILLÉ A M. LE CARDINAL BRICHI, PÈRE ASSISTANT, PAR MONSEIGNEUR LE MARÉCHAL D'ESTRÉES, AMBASSADEUR EXTRAORDINAIRE A ROME, SUR LE MAUVAIS TRAITEMENT QUE REÇOIVENT LES FRANÇAIS A ROME.

Il n'est point nécessaire de s'étendre de nouveau sur les raisons qui m'ont obligé de m'éloigner de Rome, puisque de vive voix et par écrit je m'en suis tant de fois fait entendre, et particulièrement par écrit que j'ai mis entre les mains du révérend père Valerio Burotti. Mais je ne puis celer que quand il n'y aurait que les mauvais et extraordinaires traitements, et tels même qu'aux côtes d'Espagne M. de Bordeaux ne les aurait pas pu recevoir pires, que jusqu'à ce que M. le cardinal Barbarin ait justifié, par le châtiment exemplaire qu'il doit donner à ceux qui en ont usé avec tant d'insolence et de barbarie, que toutes ces rigueurs, exercées seulement contre les Français, ont été faites contre son intention et contre ses ordres, j'estime que je fais mieux de voir ces choses-là de loin que de m'en approcher de plus près, comme aussi le mauvais traitement que journellement tous les Français reçoivent à Rome, et particulièrement celui qu'a reçu M. le chevalier de Roquelaure, fils d'un maréchal de France, lequel M. le cardinal Barbarin n'a pu colorer ni couvrir, sinon disant à lui-même qu'il le fallait excuser s'il faisait quelques injustices pour ces pauvres Anglais, vers lesquels il eût été beaucoup plus à propos et digne de l'autorité si puissante qu'il exerce à Rome, de vouloir employer plutôt sa charité, puisqu'il n'y allait que de quarante écus entre l'Anglais et son hôte, que non pas, pour user du terme qu'il a dit, exercer une si grande injustice contre la nation française, et particulièrement contre des personnes d'une qualité relevée.

M. le chevalier, qui était logé à Rome chez un nommé Esmery, où était pareillement un Anglais, lequel devant quarante écus audit Esmery, son hôte, et ne lui voulant payer, en sortit; en vertu d'un mandat que ledit hôte obtint contre lui, le voulut faire mettre en prison : ce qu'ayant appris monsieur le cardinal Barbarin, protecteur des Anglais, envoya, à trois heures de nuit, chez ledit hôte plus de dix sbires et Corses bien armés, pour mener ledit hôte en prison, ce que les gens de M. le chevalier de Roquelaure, qui étaient au logis (et lui en étant lors absent), voulurent empêcher; mais lesdits Corses et sbires, avec leurs carabines et hallebardes, blessèrent un valet de chambre dudit sieur chevalier d'un coup de carabine dans l'épaule, et un laquais, d'une hallebarde dans les reins; et le valet de chambre s'étant sauvé chez l'ambassadeur de Malte, proche voisin, lesdits sbires menèrent en prison l'hôtelier, sa femme et enfant et valets prisonniers, et le laquais, tout blessé qu'il était, qui n'en est sorti que huit jours après, quoique l'on se soit incontinent fort employé pour sa délivrance ; et l'hôte et sa femme et ses gens ne furent qu'une nuit dans la prison, d'où ils sortirent le lendemain matin, n'y ayant aucune raison de l'y retenir, n'ayant rien fait contre la justice ni le pape, ains au contraire voulant faire exécuter un acte de justice, qui était un mandat du gouverneur de Rome, pour mettre l'Anglais en prison faute de payer les quarante écus qu'il lui devait ; et quand bien en cela il eût mal fait, sortant à toute heure de jour pour aller acheter les provisions et nécessités de sa maison, M. le cardinal Barbarin le pouvait faire prendre dans les rues en plein jour, sans beaucoup de bruit, ni de tumulte ; mais il en voulut user de la sorte pour faire déplaisir audit sieur chevalier, lequel ne l'avait point encore vu, ni le pape, bien qu'il y eût déjà plus de six semaines qu'il fût à Rome, et tous les jours M. le cardinal d'Estrées lorsqu'il était encore à Rome.

Impatient de combattre le duc de Ferrandine, M. de Bordeaux lui adressa le défi suivant [1].

LETTRE DE M. L'ARCHEVÊQUE DE BORDEAUX

A M. DE FERRANDINE.

MONSIEUR,

Le désir que j'ai appris par toute la côte que vous avez de rencontrer dix-huit galères du roi, et la peine qu'on m'a dit que vous

---

[1] Le P. Fournier, dans son *Hydrographie*, donne cette autre version du même fait :

« Monsieur, si vous avez été aux îles Sainte-Marguerite chercher les dix-huit galères du roi que j'ai l'honneur de commander, avec pareil nombre, comme toute l'Italie le publie, je m'assure que vous aurez joie que j'aie quitté l'armée de sa majesté pour vous les amener et vous en faciliter la rencontre, les six vaisseaux qui les suivent ne vous devant point faire ombrage, car on les peut éloigner à la mer ou les mettre en dépôt dans le port de Gênes, de sorte que toute appréhension en peut être levée. La générosité que vous professez et la vertu que vous avez fait toujours paraître, et que j'honore à un haut point, m'ont fait venir de deux cents milles d'ici pour vous donner cette satisfaction et vous témoigner par-là que je suis, etc. »

disiez avoir prise d'avoir été les chercher en pareil nombre aux îles
Sainte-Marguerite, m'a obligé de vous les amener ici, afin de vous
faire voir que la justice des armes du maître que je sers est telle, et
la fidélité et le cœur de ceux qui le servent si recommandables, que,
combien que vous soyez un des plus grands capitaines du monde, et
un de ceux dont j'estime davantage le cœur et la vertu, vous serez,
néanmoins, obligé d'avouer qu'il n'y a point de galères au monde qui
osassent les aborder si elles étaient commandées d'autres personnes que
dé vous. Si quelques vaisseaux qui les suivent vous donnent sujet
d'appréhender que la partie ne soit pas égale, on les peut éloigner de
sorte, ou les mettre en dépôt dans le port de Gênes, en façon qu'ils
ne vous donneront aucun ombrage. Que si vous n'acceptez pas ces
conditions, cela ne me fera pas diminuer l'opinion que j'ai conçue, avec
tout le monde, de votre générosité, mais me confirmera dans la créance
que je sais que vous avez vous-même, de la justice des armes de mon
maître.

Ayant promis à M. le duc de Ferrandine de ne se rencontrer
avec lui qu'à la tête de ses galères, M. de Bordeaux fit demander
au sénat de Gênes la libre pratique du port pour les vaisseaux
qu'il amènerait de la Rochelle.

LETTRE DE M. L'ARCHEVÊQUE DE BORDEAUX

A MESSIEURS DE GÊNES.

SÉRÉNISSIMES SEIGNEURS,

La neutralité que votre ambassadeur qui est à la cour professe que
votre république tient entre les couronnes m'a obligé de mener
quelques vaisseaux qui ont reçu quelque dommage par ce dernier coup
de vent dans votre port, pour les radouber ; à quoi j'ai cru qu'il n'y
pouvait pas échoir aucun prétexte de difficulté, puisque je vois les Espagnols faire le même, et que la quarantaine de huit jours que vous

faites pratiquer à ceux qui viennent de Provence a été quatre fois
redoublée depuis que je suis sorti des ports du roi ; et ce qui est de
plus considérable encore, c'est que la plupart des vaisseaux viennent
de droite route de la Rochelle, où il n'y a pas de soupçon de peste.
Que si ces raisons ne vous satisfont pas, j'offre de faire la quarantaine
que vous me voudrez régler, dans votre port, sans avoir communication à votre ville, vous assurant sur ma parole et mon honneur
qu'il n'y a pas de soupçon de mal, non seulement contagieux, mais
même de fièvre dans toute l'armée. Que si vous refusez ces offres, on
aura peu de croyance à votre ambassadeur de la cour, et moi je prendrai mes mesures ainsi que je verrai être à faire, et ne laisserai pour
cela d'étre, etc.

Suscription de la lettre ci-dessus :

Aux sérénissimes seigneurs les Duc, Sénat et Conseils
de la république de Gênes.

LETTRE DU SIEUR DE PEYLIEU

A M. L'ARCHEVÊQUE DE BORDEAUX, TOUCHANT LA PRISE D'UNE BARQUE
DE PORTO-FINO.

MONSEIGNEUR,

J'estime qu'un jeune gentilhomme que votre éminence envoya au
soir pour voir s'il y avait moyen de changer quantité d'or de monnaie
ou or pesant vous aura dit que l'once des pistoles d'Espagne valait
ici cinquante-sept livres six deniers, et des autres cinquante-six livres
et six sous. J'ai donné encore un billet qu'un marchand m'a donné à
votre pourvoyeur. Vous aurez encore entendu du même ce qu'un gentilhomme d'ici m'avait dit touchant l'armée de Naples, qui m'assura
qu'elle était proche de Livourne, et que le dessein des ennemis était
d'enserrer celle que vous commandez, monseigneur, au milieu de la
leur, et que le duc de Ferrandine avait envoyé à votre éminence,
ayant su qu'elle lui avait mandé un trompette, la réponse de votre
lettre : ce qui sont choses inventées.

II.   34

Hier au soir, un Génois me vint trouver, qui me dit que le sénat vous avait envoyé visiter, mais que vous n'aviez voulu parler, feignant être malade, et qu'un gentilhomme avait dit à ce député qu'il montât sur la galère, ce qu'il ne voulut faire à cause de la contagion, et qu'il lui avait été dit que votre éminence entrerait dans le port aussi bien que les autres : à quoi on avait prévu, donnant ordre à toutes leurs forteresses de tirer dessus vos galères à l'instant qu'elles se présenteraient à la bouche du port.

Ce matin il y a eu grand bruit en cette place d'une barque d'ici qui avait été prise par une de vos galères, vers Porto-Fin, qui portait cinq à six cents pièces de huit réales, ce qui a empêché aux marchands français de paraître, plusieurs disant qu'il se fallait venger sur ce qu'on trouverait chez eux d'une maudite nation comme la nôtre, épithète mieux convenante à la leur qu'à aucune autre. Si votre éminence désire d'écrire à M. La Tour, à Casal, il y a ici un homme qui part aujourd'hui. Et je vous supplie me faire l'honneur de m'avouer pour ce que je désire être toute ma vie, qui est,

> Monseigneur, votre, etc.
>
> PEYLIEU.

A Gênes, ce 11 août 1640.

MONSEIGNEUR,

Je rends très-humbles grâces à votre éminence des copies que je reçus hier, de la lettre qu'elle a écrite à M. de Ferrandine ; j'en ai fait quantité d'autres, et continue à celle fin d'en distribuer à qui m'en demandera, et qu'on voie que les Espagnols ne sont pas si mauvais que superbes. Je vais au palais pour voir si j'aurai réponse de votre lettre.

LETTRE DE M. L'ARCHEVÊQUE DE BORDEAUX

A MESSIEURS DE GÊNES, LES REMERCIANT DES OFFRES QU'ILS LUI ONT FAITES
DE TOUS LEURS PORTS POUR FAIRE RADOUBER SES VAISSEAUX.

SÉRÉNISSIMES SEIGNEURS,

J'ai un extrême déplaisir que je ne sois encore en lieu de vous pouvoir aller rendre grâce moi-même des civilités qu'il a plu à la république me faire, par les deux gentilshommes qui sont venus ici de sa part. J'ai reçu la pratique qu'il vous a plu me donner avec estime, comme un témoignage de votre affection, et rendrai compte au roi des offres qu'il vous plaît me faire du port de votre ville, et de tous ceux de votre état, pour la retraite et radoub de ses vaisseaux, duquel je me serais servi dès à présent, quoique j'en eusse quelque petite nécessité, voulant exempter, non seulement de mal, mais de peur, ceux que vous protégez, comme j'ai fait même à une felouque de Naples, portant lettre de leur armée qui a passé à mon bord, à laquelle je n'ai pas voulu qu'on parlât; vous assurant que tout ce qui dépendra de moi sera toujours employé pour le service de la république, le roi me l'ayant ainsi commandé, et mon inclination particulière m'y conviant. Il y a quelques petites affaires desquelles le sieur Bidaud leur parlera, qui faciliteront d'autres que vous pourriez avoir à faire avec le roi, auxquelles je vous conjure de mettre ordre, et de me croire, etc.

LETTRE DE M. L'ARCHEVÊQUE DE BORDEAUX

A M. LE CARDINAL DE RICHELIEU, TOUCHANT SON VOYAGE A NAPLES
ET CELUI A GÊNES.

MONSEIGNEUR,

J'ai rendu compte à votre éminence du passage du duc de Ferrandine, et comme quoi, dès que les galères m'eurent joint, je partis avec l'escadre de ponant pour m'en aller au cap Corse et sur les hauteurs de Livourne joindre l'escadre de levant, que j'avais envoyée pour empêcher la conjonction de ladite armée de Naples et lesdites galères de Livourne, pour de là m'en aller vers Naples, s'ils ne remettaient à la mer. Après y avoir été quelque temps et avoir souffert quelque coup de vent assez fâcheux, j'appris que le duc Ferrandine était dans les ports de la république, autour de Gênes, disant partout que je m'étais caché avec les galères quand il avait paru : ce qui m'a fait résoudre à interrompre mon voyage de Naples pour venir chercher ledit Ferrandine avec les galères seules, laissant l'armée à la rade de Livourne et dans les passages de Piombino, pour empêcher ce qui peut venir du côté de Naples; mais, étant arrivé à la côte de Gênes, j'ai trouvé que les Génois, au préjudice de cette parole, les avaient reçus dans leurs ports, les tirant plus à terre qu'ils pouvaient, avaient mis devant eux les six galères et vaisseaux marchands flamands et anglais qu'ils avaient dans leur port. Ce nouveau procédé m'étonna, tant de la part du duc de Ferrandine que de la république, et m'obligea de leur écrire les deux lettres dont j'envoie la copie à votre éminence. Celle de Ferrandine, pour tâcher à émouvoir l'orgueil espagnol.

LETTRE DU SIEUR BIDAUD

A M. L'ARCHEVÊQUE DE BORDEAUX, TOUCHANT LES GALÈRES DE NAPLES ET CELLES DU DUC DE FERRANDINE, DE SICILE ET DU GRAND-DUC.

MONSEIGNEUR,

Depuis avoir serré ma lettre, j'ai appris qu'il n'y a que les quatorze galères de Naples qui portent leur infanterie en Espagne, celles de Ferrandine les vont joindre; et aujourd'hui les cinq de Sicile et celles du grand-duc, je crois, avec les vaisseaux, doivent faire le même. Le duc de Ferrandine a fait tirer le coup de partance; il armera ses galères de l'infanterie napolitaine, et se vante de vouloir aller combattre avec toutes les susdites galères votre excellence, que je supplie continuer l'honneur de ses bonnes grâces, monseigneur, votre, etc.

BIDAUD.

A Gênes, le 14 août 1640.

LETTRE DE M. L'ARCHEVÊQUE DE BORDEAUX

A M. DE CHAVIGNY, PORTANT QUE LE DUC DE FERRANDINE, APRÈS UNE BRAVADE, S'ÉTAIT CACHÉ DANS LE PORT DE GÊNES ÉTANT POURSUIVI, ET LA RÉPONSE IMPERTINENTE DES GÉNOIS.

MONSIEUR,

Le duc de Ferrandine ayant passé par la Provence, comme vous avez su, et publié partout que les galères s'étaient cachées, j'ai estimé être de la dignité du général que je sers de lui faire voir le contraire. Il tenait à la mer pour faire ses bravades, mais dès qu'il a vu les galères il s'est caché dans le port de Gênes. Je lui ai écrit la lettre dont je vous envoie copie[1]. Je ne vous dirai point la sorte de procéder de messieurs de Gênes, m'assurant que Bidaud vous en entretiendra au long : ils méritent châtiment, et l'on leur peut faire tel qu'il plaira au roi. J'ai mis l'affaire en cet état pour le faire quand vous l'ordonnerez, par la lettre que je leur ai écrite, sans qu'ils aient jusqu'à cette heure fait aucune réponse. Tous les sénateurs sont espagnols, mais le conseil des cent, à ce que j'apprends, n'est pas de leur avis, et ils sont assemblés : cela ne me retardera pas d'un quart d'heure d'aller au-devant de ce qui doit partir de Naples, qui sont vingt-deux grands vaisseaux, dix-neuf galères et trente-cinq barques ou polacres chargées de quelque cinq mille hommes ramassés et dix-huit compagnies de cavalerie. J'ai un homme là qui les observe, pour me donner avis de tout et venir m'avertir quand ils partiront. Pour ceux de Gênes, quand il nous plaira, il n'entrera ni ne sortira un chat de leur ville. Toute leur rivière contribuera ou sera pillée, et tout ce qui sera dans leur port brûlé. Quand on voudra davantage on en cherchera les moyens, mais pour ces trois premières propositions, je vous en réponds sur ma tête.

---

[1] Voir ci-devant, p. 263.

LETTRE DE M. L'ARCHEVÊQUE DE BORDEAUX

A M. DE NOYERS, PAR LAQUELLE IL MANDE QUE LES GÉNOIS S'ÉTAIENT
DÉCLARÉS POUR L'ESPAGNE EN RECEVANT FERRANDINE, ET LE REFUS DU
GRAND-DUC POUR LA FRANCE.

MONSIEUR,

J'ai reçu devant Gênes, où j'étais venu avec vos galères pour repousser l'orgueil de Ferrandine de son passage devant la Provence, votre lettre du 26 juillet dernier, à laquelle je ferai réponse article par article, après vous avoir dit que ce bruit imposteur qui éclatait, que les galères s'étaient cachées, m'a obligé de faire un cartel comme dans les anciens romans, dont je vous envoie copie : cela n'a produit qu'une protection ouverte des Génois pour les Espagnols et toute ouverte déclaration contre nous, vous assurant que la côte de Barbarie nous serait plus avantageuse que celle-ci et celle du grand-duc, car on nous refuse tout, et nous n'osons rien prendre, et ailleurs on prend son parti. Vous verrez la lettre que j'ai écrite à Gênes, à quoi ils n'ont point fait de réponse. S'il arrive quelque accident à l'un de vos vaisseaux ou galères, vous pouvez assurer qu'ils sont perdus; et le prétexte qu'ils prennent de la maladie qu'ils savent bien n'être pas est appuyé sur ce qu'ils disent que le roi même le confirme par ses dépêches.

Pour ce qui est de Toulon, j'estime que le plus nécessaire est de travailler à la bouche de la darse, aux demi-lunes des portes et garnir les bastions pour y mettre des batteries; car, en vérité, il n'est pas bien en l'état qu'il est, et le travail qui s'y fait n'est pas le plus nécessaire.

Pour ce qui est de Provence, si vous m'aviez écrit aussi clairement que maintenant sur diverses dépêches que je vous ai faites, vous n'eussiez pas eu la peine de faire savoir vos volontés; mais me voyant quatre régiments sur les bras et dix-sept compagnies de cavalerie dans une province où vous m'aviez donné le commandement inhabile, et sachant les ennemis envoyer jusqu'à leurs valets au secours de Turin, et ne les pas approcher de leur frontière pour leur faire peur et les empêcher de se dégarnir, vous m'auriez blâmé. Maintenant que vous me parlez net et que vous m'en ôtez le pouvoir, n'ayez pas peur que je m'en mêle, non plus que de leur maintien, prévoyant que vous en aurez bientôt la fin et renverrez mon équipage et tous les officiers chacun chez soi.

Pour ce qui est des marbres, je demande M.. Lequeux, à qui je me devais adresser, pour les faire charger ; vous me le manderez, s'il vous plaît, et en même temps si son éminence veut faire repasser de ses vaisseaux en ponant ou si je me préparerai à les faire passer par d'autres ; aussi est-il temps de le savoir, afin de préparer des victuailles et ce qui sera nécessaire pour tout s'il demeure ici ; et sera aussi nécessaire de savoir si son éminence trouvera bon, pour occuper les matelots ponentais, qu'on arme pour les particuliers sept ou huit vaisseaux pour faire la course. Si l'on veut conserver les équipages, il faut leur envoyer des montres ; autrement tous vos vaisseaux sont échoués pour l'année qui vient ; je m'en décharge, et vous prie de me croire, etc.

·M. de Bordeaux instruit M. le maréchal d'Estrées, ambassadeur de France à Rome, du défi qu'il a porté au duc de Ferrandine.

LETTRE DE M. L'ARCHEVÊQUE DE BORDEAUX

A M. LE MARÉCHAL D'ESTRÉES.

MONSIEUR,

J'ai reçu votre lettre avec l'avis qu'il vous a plu de me donner, et me sens extrêmement votre obligé du soin qu'il vous plait de prendre de moi, comme encore de ce que vous trouvez bon que j'aye un chiffre avec vous, lequel je prends la liberté de vous envoyer pour obvier à la perte de temps qu'il conviendrait souffrir si je l'attendais de vous, comme il semble que la civilité et mon affection le pourraient désirer. Il est vrai que ce qu'on vous a dit de la place est conforme à plusieurs autres avis que j'en ai, mais ayant envoyé la plus grande partie des troupes qu'on m'avait destinées à Turin, je suis demeuré sans moyen de rien entreprendre à la terre. Je m'assure que vous serez bien aise d'apprendre la faiblesse des ennemis à la mer; vous écrivant cette lettre mouillé à une portée de mousquet du port de Gênes, où le duc de Ferrandine s'est comme caché, ayant su que j'étais en ces côtes le cherchant. Je crois que vous ne serez peut-être pas fâché de lire trois lignes que j'ai écrites audit duc, que je vous envoie; et si je me suis trouvé engagé à faire cette petite action de roman, c'est pour ruiner les faux bruits qu'il faisait courir dans cette côte que les galères d'Espagne avaient fait peur à celles de France que j'ai l'honneur de commander. Je suis bien marri que je ne sois en temps et en lieu d'exécuter pleinement ce que vous souhaitez pour le vaisseau chargé de blé, mais, ayant donné avis à son éminence de sa condition et de ce qu'il portait, dont partie est pour Final, vous jugerez bien, je m'assure, que ce que je puis à présent est seulement de favoriser votre intention à la cour en tout ce qu'il me sera possible; ce que je vous promets de faire de tout mon cœur, comme de me dire, monsieur, etc., etc.

M. de Bordeaux informe M. de Chavigny du mauvais vouloir des Génois, et demande si le roi veut ou non réparation de leurs insolences et de leur partialité flagrante pour l'Espagne.

LETTRE DE M. L'ARCHEVÊQUE DE BORDEAUX

A M. DE CHAVIGNY, TOUCHANT GÊNES.

Monsieur,

Depuis vous avoir rendu compte des difficultés des Génois, je me résolus d'envoyer commander aux vaisseaux hollandais et anglais qui couvraient les Espagnols, de se retirer, à faute de quoi je les déclarerais ennemis du roi, confiscables partout où ils seraient rencontrés, et donnerais ordre à tous les Français de courre sus. Ces vaisseaux voulant obéir, la république commença à entrer en appréhension et me dépêcha à l'instant deux gentilshommes pour me faire compliment sur ma

maladie, m'offrir les ports de la république, à l'exclusion de celui de
Gênes, et la pratique pourvu qu'on fît tant et peu de quarantaine
qu'il réduirait à un jour si je voulais. Je reçus leur compliment et refusai leurs ports, leur déclarant que le roi ne voulait point de consentement de personne pour prendre des ports ouverts; que pour la pratique, je la voulais sans aucune réserve, ou je n'en voulais point, et
là-dessus voulus partir. Ils me pressaient infiniment de demeurer jusqu'au
lendemain dix heures, auquel temps ils me promettaient contentement
assuré, disaient-ils; mais ils envoyèrent me dire qu'ils n'avaient su assembler le sénat à cause qu'il était fête. A l'instant je levai l'ancre, et leur
mandai, par le gendre et le neveu du duc qui étaient venus pour m'arrêter, que je me servirais des ports sans leur congé pour la nécessité des
retraites et radoubs de l'armée, et que la pratique qui me serait nécessaire
pour le maintien de l'armée, je la prendrais; que si quelque lieu s'y
voulait opposer, je le casserais de coups de canon, et y mettrais le feu;
et que pour leur part, quand j'en aurai la liberté du roi, je leur mon-
trerai que le roi en était le maître comme du reste de la mer. Cette
déclaration redoubla la crainte aux Espagnols et ne la diminua pas aux
Génois. Les uns commencèrent à se préparer à entrer dans la darse, et
les autres à tenir leurs grands conseils, lesquels désapprouvèrent ce
qu'avaient fait les sénateurs, ordonnèrent que j'aurais la pratique avec
ma famille, serais prié de descendre dans leur ville, où ils me prépa-
rèrent un palais, et que je pourrais envoyer dix officiers de l'armée,
tels qu'il me plairait, partout pour chercher ce qui serait nécessaire
pour l'armée ou pour se rafraîchir; que pour leurs ports, tant de la
ville que d'ailleurs, ils les offraient au roi en la même façon qu'aux
Espagnols, qui est à dire n'ayant point d'armement extraordinaire;
mais qu'ils me priaient en la conjoncture présente, où les Espagnols
leur avaient demandé protection, de n'y vouloir pas entrer, de peur des
inconvénients. Cette résolution me fut envoyée par écrit, portée par
cinq ou six gentilshommes de la république, lesquels je reçus avec humilité, et les assurai que je vous en avertirais : de sorte qu'il semble que
vous soyez maintenant en état ou de rompre ou de renouer avec eux.
L'un de ceux qui me vinrent voir m'ayant fait entendre en particulier

que, si on voulait, la disposition était grande de s'accommoder avec la
France, la république connaissant l'attachement qu'elle a à la mer et
comme quoi le roi en est maintenant le maître. La peur qu'a témoignée
Ferrandine de me rencontrer avec un moindre nombre de galères que
lui, ayant fait mépriser extrêmement la nation, ce qui fut reproché en
plein sénat au duc de Turcis-Doria et Ferrandine qui y a le vent pour
les dissuader de s'accommoder avec moi, leur disant qu'ils ne pourraient espérer grande protection d'Espagne contre la France, puisque
ce qui était de plus considérable de ses forces, commandées par son général, se trouvait obligé à leur demander protection contre la moindre
partie des forces des Français en cette mer; que quand il les aurait vus
nous faire cacher et eux demeurer maîtres de la mer; qu'alors ils
feraient réflexion sur ce qu'ils lui disaient. Ce discours m'ayant été rapporté par ceux qui venaient de la part de la république, me fait croire
qu'ils voulaient que vous le sussiez; de sorte qu'il dépend de vous de
m'ordonner comme il vous plaît que je n'aye avec iceux aucun commerce
ou si vous voulez qu'on câline leur amitié fondée sur la peur, ou qu'on
les pousse plus avant. Je vous ai mandé ce que j'estimais pouvoir faire.
Il y a une chose à savoir, c'est que leur ville n'a jamais salué pavillon
que, premièrement, ils n'aient été salués. Le duc de Ferrandine les a
salués, M. de Liancourt aussi, quand il y est allé avec le pavillon de
France. Bidaud m'a assuré que le cardinal-infant l'a fait avec la capitane
d'Espagne; pour moi, je ne l'ai pas voulu faire avec le pavillon, de sorte
que nous sommes demeurés de part et d'autre sans salut, ne l'estimant
raisonnable d'autant que tous les princes, à la réserve des rois, doivent
saluer les premiers les pavillons des couronnes fermées : ce qu'a pratiqué M. de Savoie, M. le grand-duc et tous les autres, étant le droit
de la mer. Si bien que si vous m'ordonnez de retourner, j'estime qu'il
faut que ce soit sans l'amiral ni capitane, et, en ce cas, on les saluera
les premiers. Pour le grand-duc, il a refusé toute pratique; il prépare
ses galères pour les prêter, et son frère fait son équipage disant qu'il
veut aller à la charge, de quoi l'on se moque en Italie, disant que ce
n'est pas son métier à cette heure que les Français sont à la mer. J'ai
grand'peur que toute une année se passera en procès-verbaux et ro-

mans, rien ne sortant des ports que quelques galères qui iront se cachant de port en port, ou en plus grand nombre que nous qui ne s'approcheront point des vaisseaux.

Dans ces dépêches, M. Bidaud avertit en hâte M. de Bordeaux
que le duc de Ferrandine vient de partir pour aller combattre la
flotte française.

LETTRE DU SIEUR BIDAUD

A M. L'ARCHEVÊQUE DE BORDEAUX.

MONSEIGNEUR,

Nous rencontrâmes au soir une infinité de felouques qui venaient au
rencontre de MM. Torre et Palavicin, pour apprendre le succès de
leur voyage, qui donne ici du contentement et de la joie, beaucoup à
la confusion des Espagnols et de leurs partiaux.

J'ai trouvé que les galères d'Espagne et Doria, au nombre de vingt-
une, espalmaient [1] en grande diligence, et ce matin le fanal a fait signe
d'une armée de galères du côté de ponant, et de la vôtre du côté de
levant; et ne peut être que celles de Naples qui vont en Espagne avec
celles qui sont en ce port, où tout le monde se révolte, et le duc de
Ferrandine a eu ordre avant-hier de s'y en retourner en diligence avec
toutes les galères. Je crois que celles de Naples y porteront leur infanterie, et qu'elles ne se sont laissé voir que pour appeler à elles le duc
de Ferrandine. Je dépêche cette felouque exprès à votre éminence pour
vous donner cet avis; je vous supplie de lui faire donner pratique au
plus proche lieu de vous, ensuite de votre partance, où ils prendront
un billet de la santé, pour éviter aux difficultés qu'on pourrait faire
de les recevoir sans quarantaine.

Turin est aux abois; M. le marquis de Villeroy est arrivé en Piémont
avec cinq à six mille hommes, et le marquis de Leganez n'en a pas

---

[1] Espalmer, c'est enduire de suif fondu et autre composition le dessous d'un vaisseau,
d'une galère.

plus, et fort peu de cavalerie. Je vous supplie de conserver toujours sous votre protection....

Ce sont les galères de Naples; elles ne sont qu'à dix milles d'ici, du côté de ponant; elles ont passé au-dessus de la Corse et de la Sardaigne; il n'y a point de vaisseaux avec elles qui suivront la même ronte, sans se laisser voir ici. J'ai payé la felouque pour aller et venir; si vous la dépêchez autre part, vous me manderez, s'il vous plaît, ce que vous lui aurez promis; il est bon homme et diligent.

   Monseigneur,

    Votre très-humble et très-obéissant serviteur,

                BIDAUD.

A Gênes, le matin, 14 août 1640.

LETTRE DU SIEUR BIDAUD

A M. L'ARCHEVÊQUE DE BORDEAUX, TOUCHANT LES AFFAIRES D'ITALIE.

MONSEIGNEUR,

Je vous ai dépêché ce matin une felouque, avec deux lettres, où je vous donne avis de l'arrivée de quatorze galères de Naples proche d'ici, et que le duc de Ferrandine publiait qu'il voulait aller combattre, et se préparait en grande diligence, comme il continue, ne parachevant pas même d'espalmer les galères qu'il avait commencé, en renforçant vingt galères d'icelles, qui sont en ce port, de la chiourme de trois du duc et prince Doria, en se résolvant de prendre la meilleure partie de l'infanterie de celles de Naples. Je ne sais s'il fera tout ce qu'il dit, mais j'ai jugé à propos et l'avis assez important, pour vous le confirmer par une autre felouque avec un homme confident, et de vous envoyer quant et quant le mémoire ci-joint que l'homme que j'avais par votre ordre envoyé à Naples m'a donné ce matin; il est venu sur lesdites galères, n'ayant pu autrement, pour les défenses que fit auparavant le départ desdites galères le vice-roi de ne laisser partir aucune felouque de toute la côte. Votre éminence verra qu'il rend compte bien particulier de son voyage, et je m'assure que presque sans difficulté vous vous pourriez facilement rendre maître de Piombino.

En écrivant celle-ci, on me vient d'assurer que les trois escadres de galères ennemies, sur l'avis qu'elles ont eu que vos galères ont quitté les vaisseaux, partent ce soir pour les aller combattre; elles s'attacheront à quelque vaisseau éloigné des autres, elles seront trente-quatre ou trente-cinq au plus, et retourneront finir d'espalmer ici. Je vous supplie de conserver dans l'honneur de vos bonnes grâces....

Les quatorze galères de Naples sont à Saint-Pierre-d'Arène, où vous mouillâtes; les galères du duc de Ferrandine sont au môle neuf, et les autres encore en ce port, qui se mettent en état le plus diligemment qu'elles peuvent.

Monseigneur,
Votre très-humble et très-obéissant serviteur,

BIDAUD.

A Gênes, le 14 août 1640, à vingt heures.

LETTRE DU SIEUR BIDAUD

A M. L'ARCHEVÊQUE DE BORDEAUX.

MONSEIGNEUR,

Je reçus hier matin l'honneur de vos deux lettres du 14, par le retour de ma felouque, et tout à cette heure, celle du 15, par la vôtre, que je vous envoie en temps.

J'ai joint avant-hier, à la seconde dépêche que j'eus l'honneur de vous faire, un mémoire semblable à celui-ci, que l'homme que j'avais envoyé par ordre de votre éminence à Naples, et qui est venu sur les mêmes galères, m'a donné; n'ayant pu venir avant icelles, à cause de la défense que le vice-roi avait faite par toute la côte, de ne laisser partir aucune felouque.

Vous verrez, monseigneur, par ledit mémoire, l'état des vaisseaux et galères, et du pays même; et que l'infanterie dont elles étaient chargées, et douze vaisseaux étaient destinés pour Espagne, et les barques avec la cavalerie qu'elles portent, pour le Piémont, où il y en a bon besoin ; et qu'elles avaient commencé à embarquer dès le 6 de ce mois, si bien qu'elles peuvent arriver de jour à autre ; elles devront être accompagnées des galères de Sicile, de celles du grand-duc, si elles peuvent sortir, et des vaisseaux de Naples sans doute.

Les trois escadres de galères des ducs de Ferrandine, Doria et de Naples, sont encore en Vay, où l'on dit qu'elles attendent cinq cents Allemands du Milanais, qu'elles embarqueront à Final pour porter en Espagne. D'autres disent qu'elles partagent seulement l'infanterie de celles de Naples ; mais je crois pour assuré qu'elles y attendent les nouvelles des galères, vaisseaux et barques demeurés derrière, pour faciliter le débarquement de la cavalerie à Final, qui est en toute façon nécessaire au marquis de Leganez, pour passer en après conjointement avec les vaisseaux en Espagne ; et cependant elles lèvent des mariniers en Vay, car elles en avaient bon besoin à leur départ d'ici, qui fut fort précipité ; par la croyance que vous les pourriez attraper, en fit fuir bon nombre.

J'étais fort en peine de savoir la route que votre éminence aurait prise, le bruit ayant été ici qu'on vous avait vu tirer vers ponant avec les galères et les six vaisseaux. On me vient de dire que la république a fait un décret de ne plus recevoir dans son port de Gênes aucuns vaisseaux ni galères peu ou prou armés ; elle fera bien de continuer dans cette résolution. J'ai fait une nuit et un jour quarantaine dans ma maison par forme seulement, comme firent MM. les députés. Je crois que votre éminence jugera à propos de donner à votre felouque un passeport quand elle l'enverra ici, pour éviter toutes difficultés. Je fus hier chez M. Torre pour le voir de votre part, mais je ne l'y rencontrai pas.

Je n'ai rien du Piémont : les Espagnols, pour renforcer leur armée, ont démoli Nice-de-la-Paille et Acqui, et on dit qu'ils vont faire le même de Ponson, le Cengio et quelques autres châteaux. Je n'ai retenu votre felouque que deux heures. Faites-moi, s'il vous plaît, la grâce de conserver dans votre souvenir,

> Monseigneur,
>   Votre très-humble et très-obéissant serviteur,
>   BIDAUD.

M. Bidaud donne avis à M. l'archevêque de Bordeaux 1°. que les ducs de Florence, Parme et Modène ont accordé aux Espagnols le passage par leurs États pour la cavalerie qui vient de Naples à Milan, 2°. que les galères de Naples qui ont apporté de l'infanterie ont désarmé à Gênes et remis leurs soldats et mariniers aux galères d'Espagne et de Doria.

LETTRE DE M. BIDAUD

A M. L'ARCHEVÊQUE DE BORDEAUX.

MONSEIGNEUR,

Je vous dépêchai il y a huit jours une felouque exprès pour donner avis à votre éminence qu'on m'écrivait de Milan que les ducs de Florence, de Modène et de Parme, avaient accordé aux Espagnols le passage par leurs États pour la cavalerie de Naples, signe qu'elle devait débarquer de Mont-Argentin en çà ; mais n'ayant pu apprendre de vos nouvelles à la mer, elle alla trouver M. Rabut, auquel en ce cas je l'avais adressée, qui n'aura pas manqué de faire tenir promptement à votre excellence ma dépêche.

Je viens d'avoir confirmation dudit avis de Florence, d'où M. l'abbé Strozzi me mande que ladite cavalerie débarquera en un des ports de Sienne (c'est-à-dire dans le canal de Piombino), pour défiler à compagnies séparées par lesdits états de Florence, de Modène et de Parme ; je ne crois pourtant pas cet avis, estimant que votre excellence étant de ce côté-là, difficilement peut-elle débarquer si promptement que vous ne la joigniez et qu'une bonne partie ne tombe entre vos mains.

Il ne se peut à présent rendre un plus grand service au roi que d'empêcher ledit débarquement, car je suis très-assuré de bon lieu que Leganez n'a pas plus de sept cents chevaux, que l'infanterie venue dernièrement d'Espagne était presque toute morte ou malade, que son armée était enfin entièrement défaite, et qu'il employait le vert et le sec pour obliger le prince Thomas à tenir le plus qu'il pourrait dans Turin, afin qu'après cette acquisition les armes du roi ne puissent plus rien entreprendre de cette campagne, pendant laquelle il ne croit pas pouvoir remettre son armée.

On me mande qu'on a renouvelé le traité d'accommodement des princes de Savoie, et que ledit Leganez en témoigne du mécontentement ; je crains néanmoins que ce ne soit une feinte négociation dont ils sont d'accord pour donner du temps aux secours qu'ils peuvent espérer du ciel ou des hommes d'arriver.

Les quatorze galères de Naples sont désarmées en la darse de cette ville depuis hier ; elles ont réuni en Vay leur infanterie et presque tous leurs mariniers à celles de Ferrandine et Doria, qui en partirent hier matin pour la porter en Espagne, d'où elles pourraient rapporter des Espagnols pour diminuer le nombre des tumultueux, qui va toujours plus croissant de jour à l'autre en Catalogne. Les officiers de diverses galères de Naples disent qu'elles séjourneront ici, pendant que votre excellence sera avec celles du roi en levant ; ils témoignent tous d'être mécontents, et disent qu'ils investiront plutôt en terre pour se sauver que de combattre. M. Gueffier m'écrivit aussi que les grands et les petits en ce royaume-là sont à demi soulevés depuis le départ des galères, et je crois que par la ci-jointe il en dira plus de particularités à votre excellence.

Tout présentement je viens de recevoir un autre pli de M. du Lieu, où vous verrez la reddition d'Arras. Avant-hier nous eûmes avis d'Espagne, que les Hollandais avaient bien battu les Dunkerquois, et que l'armée navale du roi en ponant avait entièrement défait la flotte qui allait aux Indes, de laquelle il n'était échappé que trois vaisseaux de guerre qui l'accompagnaient, qui sont venus tout fracassés à Cadix. J'ai changé votre or court, mais je ne l'ose pas consigner à cette felouque, aussi ne serait-il pas assuré. Je vous supplie de continuer l'honneur de votre protection près de son éminence et de M. de Chavigny, à votre, etc.

BIDAUD.

MONSEIGNEUR,

Comme je serrais ma lettre, il est arrivé un gentilhomme de M. le duc de Parme, qui m'a rendu le pli ci-joint d'ordre de son altesse, après avoir séjourné deux jours à Port-Venere et trois à Sestri, pour apprendre de vos nouvelles. J'écris à la cour et à M. le comte d'Harcourt que votre excellence n'oublie rien pour empêcher le débarquement de la cavalerie napolitaine et le passage des vaisseaux en Espagne.

A Gênes, ce 25 août 1640, à vingt heures.

M. l'archevêque de Bordeaux annonce à M. de Chavigny que les vaisseaux ne pouvant rien entreprendre contre les galères d'Espagne et de Naples, qui, jointes ensemble, vont de port en port, depuis que les galères de France se sont retirées, la seule opération possible est d'aller chercher les vaisseaux ennemis avec les siens.

LETTRE DE M. L'ARCHEVÊQUE DE BORDEAUX

A M. DE CHAVIGNY.

MONSIEUR,

Votre dépêche du 4 et du 5 m'a été rendue le 26 du courant, à deux heures après midi, par le travers du cap Corse, où un courrier de M. de Sivry me l'a apportée. Je ne manquerai pas d'obéir aux ordres contenus en icelle, et d'apporter tous mes soins pour empêcher les secours d'Italie: pour ceux des vaisseaux, je crois vous le pouvoir promettre ; pour celui des galères, vous ne le devez pas espérer, maintenant qu'elles sont jointes ; car vos galères ne le pouvant faire de soi, nos vaisseaux ne les peuvent pas attraper. Je vous ai rendu compte de tout ce qui s'est passé avec Ferrandine ; depuis, celles de Naples l'ont joint, au nombre de quatorze, et font en tout trente-cinq : si bien que je n'espère plus qu'en vingt-quatre vaisseaux et trente-sept polacres ou tartanes chargés de dix-huit compagnies de cavalerie et de trois mille hommes d'infanterie, les galères de Naples n'ayant apporté que quatorze cents hommes que Ferrandine a mis sur ces gabarres : toute la côte étant pour eux, ils vont de port en port sans qu'on les puisse empêcher. La nouvelle est que ce secours est pour la Catalogne, où la révolte augmente depuis la mort du duc de Cardone; mais j'ai peine à le croire à cause de cette quantité de cavalerie. Je marche de front en trois escadres depuis le cap Corse jusqu'à la côte de Gênes, et vais montant tant que je puis et que les calmes me le permettent en cet ordre vers Naples jusqu'à Reggio, et que j'aye appris ce que seront devenus ces vaisseaux, lesquels ne m'échapperont pas, si je les puis voir.

J'envoie à son éminence la procédure des vaisseaux arrêtés : la difficulté que je faisais d'arrêter celui chargé d'argent n'était pas parce qu'il venait d'Espagne, mais qu'il était sous le nom des particuliers de Gênes. Après la connaissance de ces vaisseaux, j'irai en Barbarie, si le temps me le permet. Pour les galères, je ne vous réponds de rien pour plusieurs raisons que vous savez aussi bien que moi. Si vous me voulez commander quelque chose, Bidaud de Gênes saura toujours de mes nouvelles. Je ne pourrais avoir une nouvelle plus agréable que celle du passage du convoi; je ne doute plus de la prise, non plus que de celle de Turin. Le grand-duc est en des appréhensions inconcevables, et ses peuples, particulièrement de Pise, très-préparés à secouer le joug. Je vous envoie un chiffre que je crois être celui que vous m'avez fait l'honneur de me donner autrefois, sinon vous vous en pourrez servir jusqu'à ce que vous en ayez donné un autre.

J'ai, etc.

LETTRE DE M. L'ARCHEVÊQUE DE BORDEAUX

A M. LE CARDINAL DE RICHELIEU, LUI MANDANT QU'IL A DESSEIN D'EMPÊCHER LA JONCTION DE CINQ MILLE HOMMES DES ENNEMIS.

Par le travers du golfe de Spezzia, le 26 août 1640.

MONSEIGNEUR,

Votre dépêche du 5 août avec les commandements du roi m'ont été rendus par un courrier de Lyon le 26 du courant, par le travers du golfe de Spezzia [1], où je suis depuis que je suis parti de devant Gênes, comme je vous ai rendu compte, pour tâcher à empêcher le passage d'un secours de cinq mille hommes de pied et dix-huit compagnies de cavalerie, qui est porté sur vingt-quatre vaisseaux de guerre et trente-sept polacres ou tartanes de Naples ; car d'espérer que l'on puisse empêcher les galères d'aller et venir, il ne le faut pas espérer, tous les ports sont pour eux, et puis elles sont d'une autre aire [2] que les vôtres. J'en dirai mes sentiments à son éminence quand j'aurai l'honneur de la voir.

Je mande à M. Lequeux qu'il envoie la procédure des vaisseaux à votre éminence. Les Anglais, sur leur propre confession, sont chargés tout ou en partie pour les Espagnols, et les Anglais tout espagnolisés, c'est-à-dire qui font pour Espagnols, ou qui sont de leurs secrets. L'on a lâché, par l'avis de M. l'Évêque, durant que je restais absent, un navire d'une compagnie de Londres qui venait du Levant, et avait chargé pour huit cent mille livres de soie, or, étoffes, à Livourne, pour les marchands d'Anvers ; ce qu'ils ont avoué depuis qu'on l'a lâché. Il n'y a nul doute que, par l'ordonnance de France, le tout ne soit confiscable, mais mon avis est que vous redonniez les vaisseaux et partie du frêt aux Anglais ; ils n'auront plus d'intérêt et ne feront pas tant de difficultés à l'avenir de laisser prendre leurs vaisseaux, et de plus, cela mettra la défiance entre eux et les marchands. Pour les Hollandais, l'instruction n'est pas encore en état, parce qu'ils servent d'espions italiens, mais l'on voit bien que la marchandise est pour Anvers, et puis

---

[1] Spezzia ou *Especia*, golfe sur la côte d'Italie, à l'E. de Gênes, dans le golfe de Gênes, au N.-O. de Livourne ; le golfe est au N. et à l'E. de l'île du Tin et de la Roche de Vade. La ville de Spezzia, située au fond du golfe et presque au N. de Porto-Venere, est par 44° 11′ N., et par 7° 14′ à l'E. de Paris. De Porto-Fin jusqu'à Porto-Spezzia ou golfe de Spezzia, la côte court à l'E.-S.-E., et il y a de l'une à l'autre douze lieues ; ce sont presque toutes terres escarpées entre deux, et l'on voit le long de la côte plusieurs villages et maisons. Porto-Spezzia est facile à reconnaître, car sur la pointe de l'O. il y a un château, et au S.-E. de cette pointe sont deux petites îles, dont la plus grande est la plus au large, et sur laquelle il y a une tour où l'on fait du feu ; il y a passage entre elle et l'autre qui est plus à terre, par 3 brasses ½ et 4 brasses d'eau ; mais entre la terre de l'O. et l'île la plus proche il n'y a point de passage, et le meilleur est de passer à l'E. des deux îles. *Petit Flambeau de la mer.*

[2] D'une plus grande vitesse.

ils n'ont ni charte-partie ni lettre de voiture, ce qui témoigne leur mauvaise foi et les rend confiscables par l'ordonnance. Il reste le blé du frère du cardinal Sachetti ; M. d'Estrées m'en a écrit, mais j'ai tout envoyé à votre éminence, appartenant à 'elle seule de faire les grâces qu'il lui plaira. Pour la Barbarie, votre éminence saura que Moraragis est mort, et qu'un autre renégat s'est fait roi en sa place, qui est du Comtat ; il m'a mandé mille compliments, et crois qu'il sera aussi traitable pour le moins que le défunt, qui promettait beaucoup et tenait peu.

Je loue Dieu de l'heureuse issue du convoi à Arras, et de sa prochaine prise, s'il ne l'est déjà, estimant que Turin le suivra de près, dont toute l'Italie sera extrêmement étonnée. Je moyenne l'entrevue de M. d'Alletz et de M. le premier président d'Aix ; je crains que l'amitié ne se suive pas, M. le comte d'Alletz, à ce qu'on me mande, le traitant de si haut en bas que c'est une pitié, les Provençaux ayant accoutumé de vivre avec plus de civilité avec les premiers présidents, et même celui-ci, auparavant ce grabuge, ne le conduisant que jusqu'à la porte de sa salle, à ce qu'on m'a mandé. J'ai, etc.

M. le maréchal d'Estrées annonce à M. l'archevêque de Bordeaux la jonction des galères de Naples avec celles de M. le duc de Ferrandine.

LETTRE DE M. LE MARÉCHAL D'ESTRÉES

A M. L'ARCHEVÊQUE DE BORDEAUX.

MONSIEUR ,

J'ai reçu hier vos lettres du 11 de ce mois en réponse des deux que je vous avais écrites : l'une sur le sujet du Fh. San-Remo (sic) et l'autre pour les intérêts du sieur Mathéo Sachetti ; quant à l'avis que je vous donnais par la première, il ne pouvait pas être plus certain. La considération que nous faisions de deçà était si ces choses-là n'y étaient pas mandées afin qu'on vous les fit savoir, et pour vous divertir de quelque autre dessein. Pour ce qui regarde la barque dudit sieur Sachetti, ce qu'il vous a plu m'en mander ne pouvant être plus civil ni plus obligeant, je n'ai pas manqué de lui faire savoir et faire valoir votre bonne volonté autant qu'elle mérite, dont il témoigne être fort obligé; mais il désavoue que ces blés-là fussent pour aller à Final. Vous aurez vu quelques autres semblables lettres de moi que j'ai baillées plus par importunité qu'autrement; et ainsi comme je crois que vous jugerez bien que je ne puis pas me défendre de semblables recommandations, aussi de votre côté vous y aurez tel égard qu'il vous plaira. Je viens présentement de recevoir votre lettre du 19 de ce mois, pour réponse à laquelle je commencerai par les remercîments de la faveur que vous m'avez faite de me donner part des nouvelles que vous avez reçues de son éminence et de M. de Chavigny du 7 de ce mois, qui sont venues très-à-propos pour rembarrer les ennemis qui faisaient courir des bruits contraires, disant que le siége d'Arras avait été levé au 30. Je reçus hier des lettres de M. de Chavigny du 27, desquelles je m'étais aidé pour détruire toutes ces fausses nouvelles, mais maintenant il n'y a plus rien par la grâce de Dieu à douter de ce côté-là. Je ne manquerai point de vous tenir averti soigneusement de tout ce qui viendra à ma connaissance qui puisse aider à ce que le roi soit bien servi, et que vous en ayez de l'honneur et de la gloire; et je n'aurais pas manqué d'y satisfaire, quand même vous ne m'y auriez pas invité. Le consul de Civita-Vecchia aura charge de vous tenir aussi informé de tout ce qu'il pourra apprendre, comme étant en lieu plus commode et plus proche pour avoir les avis. Je verrai de savoir quelques particularités sur les quatre points portés dans votre mémoire. Je ne crois pas qu'on puisse maintenant envoyer cinq mille hommes hors du royaume de Naples après ce qui est déjà parti avec les galères, la jonction desquelles avec le duc de Ferrandine il était malaisé que vous eussiez pu empêcher, principalement en cette saison qu'elles s'éloignent des côtes; je crois, pour moi, que les vaisseaux restant prendront du côté de Barbarie et fuiront autant qu'ils pourront les occasions de combattre. J'avais déjà vu avant la réception de votre première lettre la copie de celle que vous avez écrite au duc de Ferrandine, son excuse de ne l'avoir pas reçue à cause qu'il dormait a donné ici autant de sujet de rire, comme le défi que vous lui avez fait d'avantage pour les armes du roi et pour vous. Je ne vous ai point remercié du souvenir qu'il vous a plu me témoigner par le sieur Brachet, mon secrétaire, dont je vous rends très-humbles grâces; et quant à ce que vous me faites paraître avoir pour agréable de terminer l'affaire de Verton à l'amiable, j'y serai toujours de ma part entièrement disposé par toutes les considérations qu'il vous plait de m'en mander, hormis de celle que dans la grâce que j'ai eue du pape j'ai fait quelque chose qui fût contre les droits et intérêts de sa majesté; de quoi je ne serais en aucune façon excusable, non pas même en renonçant entièrement à la chose. J'ai donné charge, et mon fils a envoyé procuration et pouvoir à ceux qui font mes affaires à Paris, d'aviser avec ceux qui font les vôtres et celles de M. le marquis de Sourdis à ce qui se pourra pour terminer cette affaire, de laquelle M. le comte de Cramaille pourra être arbitre. Cependant je vous baise très-humblement les mains, et suis toujours, etc.

MONSIEUR,

Depuis vous avoir écrit cette lettre, j'ai encore essayé de m'informer sur les points du mémoire joint à la vôtre, et vous dirai qu'on croit ici que les gens qui s'embarquent à Naples sont plutôt pour Italie qu'Espagne; toutefois, je ne vous l'assure pas tant comme je puis vous dire que tous les vaisseaux sont encore à Naples, mais sans savoir s'ils sont au grand môle ou ailleurs. Ceux qui sont pratiques dans ces quartiers-là ne peuvent croire qu'ils prennent la route de Barbarie, tant par crainte des vaisseaux d'Alger, que ce serait faire un grand tour. L'ordinaire de Naples arrivera ce soir ou demain, par lequel nous en saurons plus de particularités; je ne manquerai pas de vous faire savoir s'il y en a de considération, comme tout ce qui pourra être du service du roi et du vôtre, monsieur,

Votre très-humble et très-affectionné allié et serviteur,

D'ESTRÉES.

LETTRE DE M. L'ARCHEVÊQUE DE BORDEAUX

A M. DE NOYERS, TOUCHANT LES FONDS POUR LES TROUPES,
ET SI L'ON PASSERA EN PONANT.

Au travers du mont Argentaro ', le 29 août 1640.

MONSIEUR,

Vous apprendrez par le commis de l'intendance qui était avec moi, pourquoi et comme quoi les galères m'ont quitté; vous saurez aussi comme les deux régiments de la Couronne et des Vaisseaux, faute de subsistance, n'ont pas été embarqués, et faute de montre se pourront bien débander.

Il vous dira aussi que si vous ne donnez ordre de bonne heure à faire le fonds pour faire faire les montres, au désarmement des vaisseaux, que vous vous pouvez assurer de ne remettre jamais votre armée à la mer. Je ne le dis pas pour mon intérêt, mes indispositions étant tellement accrues que quand vous le saurez vous ne jugerez pas à propos de me continuer dans l'emploi; mais le zèle que je sais que vous avez au service de son éminence me fait vous donner cet avis afin de ne pas voir dépérir la charge à un instant.

Je vais tâchant à exécuter ce que vous m'avez ordonné avec le reste d'une de vos trois années, et attends de vous la résolution si son éminence veut faire repasser quelques vaisseaux ou non en ponant, afin de mettre ordre pour le transport des marbres qui seront tirés au mois d'octobre, que je crois bien n'être pas en grande quantité.

J'ai, etc.

' Argentaro (cap), pointe et haute montagne qui s'avance au loin dans la mer, au N.-N.-O.; au pied de cette montagne et sur la face du N.-O. est le port d'Orbitello, le port Hercule est sur la face du S.-E. Cette montagne est sur la côte de l'O. de l'Italie, environ dix lieues au N. de Civita-Vecchia, à la même distance au S.-E. de Castiglione.

M. de Bordeaux prévient M. de Chavigny que si les matelots ne sont pas payés, il sera très-difficile de remettre l'armée en mer l'année suivante.

LETTRE DE M. L'ARCHEVÊQUE DE BORDEAUX

A M. DE CHAVIGNY.

Monsieur ,

Tous les bruits qu'on faisait courir que le secours de Naples allait en Espagne étaient pour m'amuser à courir après les galères qui vont fuyant et se cachant, pendant que le tout pourrait se débarquer dans l'un des ports d'Italie, mais ayant envoyé à Rome pour en apprendre de M. le maréchal d'Estrées, qui pouvait savoir par terre la vérité, que la côte d'Italie toute dépendante d'Espagne avait sacrifiée, j'ai su que rien n'était encore parti ; de sorte que je me suis confirmé dans la ré-solution de les aller rencontrer chez eux-mêmes, à quoi les galères n'ont pas voulu consentir, comme vous apprendrez par le même que vous en pourra dire le porteur. Il m'a vu très-seul, et pourtant je vous pro-mets, si Dieu et le calme ne les sauvent, qu'ils iront avec ceux de Gattari; mais si vous ne mettez ordre pour envoyer les montres de désarmement aux pauvres matelots du ponant qui auront trois cents lieues à s'en retourner à pied demandant l'aumône , vous vous pouvez assurer que vous ne mettrez jamais armée à la mer. Si l'affaire réussit, je tâcherai d'aller à Tunis et Alger, et s'il me vient quelque commande-ment de votre part à Sainte-Marguerite, j'ai mis ordre qu'on me l'ap-porte à l'instant à la mer.

M. de Bordeaux se plaint du mauvais vouloir de M. de Forbin, commandant des galères, qui, non seulement n'a pas exécuté ses ordres, mais l'a obligé de donner huit vaisseaux de
guerre pour escorter les galères.

LETTRE DE M. L'ARCHEVÊQUE DE BORDEAUX

A M. LE CARDINAL, SUR LE DÉFAUT DE VIVRES ET LE MAUVAIS ÉTAT DE PORTO-LONGONE.

Du travers du mont Argentaro, le 29 août 1640.

MONSEIGNEUR,

Des trois armées qu'il vous avait plu me faire l'honneur de me donner à commander, je suis réduit à la moitié d'une, les galères ayant
fait ce que j'ai toujours espéré d'elles, qui est de prendre sujet sur le
défaut de vivres quand il faudrait aller aux ennemis. Je viens d'apprendre par M. le maréchal d'Estrées, auquel j'avais envoyé étant par
le travers de Civita-Vecchia, que tous les vaisseaux et barques de Naples
préparés pour porter leurs secours étaient prêts à l'embarquer; comme
il a fallu y aller, M. le bailli de Forbin m'a dit ne le pouvoir, pour
n'avoir pas de vivres; quand six capitaines particuliers ont déclaré qu'ils
en avaient, il a déclaré qu'il voulait tout ramener ensemble; et comme
mon ordre ne me permet pas de me mêler du détail ni de la subsistance des galères, je ne peux faire autre chose que lui donner le congé
dont je vous envoie copie, lui donnant huit vaisseaux de guerre, dont
il y en a trois de cinq, six et huit cents tonneaux, et les autres de
quatre et de deux, pour l'escorter; de sorte qu'avec quelques vaisseaux
que diverses nécessités ont ramenés, et deux que M. le général n'avait pas
armés ayant diverti les fonds pour d'autres dépenses, je me trouve avec
dix-neuf vaisseaux de guerre et huit ou dix brûlots; avec quoi, si les
calmes ne me persécutent point, j'espère m'en aller droit à Naples et
y battre les ennemis, qui ont vingt-quatre vaisseaux, trente-sept
barques et polacres et quarante galères qui s'y peuvent trouver. Si
Dieu conduit à fin notre dessein, j'espère aller à Tunis après, et de là

à terre, si votre éminence l'agrée, pour remédier à la gravelle, la goutte et la sciatique, qui ne m'ont point quitté depuis que je suis à la mer. Toutes les places des Espagnols sont en piteux état en ce pays et surtout Porto-Longone, qui n'avait pas pour huit jours de pain et n'avait que quarante hommes dedans. Un vaisseau est arrivé aujourd'hui de Naples avec trois cents hommes et toutes sortes de vivres et munitions, et est entré dans Port-Hercole à la vue des galères, sans qu'elles aient branlé, le calme empêchant nos vaisseaux de le joindre.

Il y a force autres particularités que je serais bien aise que votre éminence apprenne d'un autre que de moi; vous avez dans ce corps et créatures et domestiques de qui vous pouvez savoir tout.

Votre éminence saura seulement de moi que si elle ne met ordre à donner des fonds pour payer les matelots de ponant quand ils désarmeront, pour leur donner moyen de retourner chez eux ou pour les entretenir dans le port, qu'elle se peut assurer que tous ses vaisseaux ne sortiront point l'année qui vient des ports, et que nuls ponantais ne viendront jamais en cette mer, étant obligés de s'en retourner trois cents lieues à pied demandant l'aumône.

M. de Bordeaux informe M. le maréchal d'Estrées de ses projets de campagne.

LETTRE DE M. L'ARCHEVÊQUE DE BORDEAUX

A M. LE MARÉCHAL D'ESTRÉES.

Le 29 août 1640.

MONSIEUR,

Je vous ai rendu compte, de Gênes, de l'état où nous étions avec Ferrandine; depuis, quatorze galères de Naples, renforcées de dix-huit qu'ils avaient mises ensemble avec celles de Sicile, l'ont joint; mais les vingt-deux vaisseaux et les trente-sept polacres qui chargent à Naples le resté de leur infanterie et cavalerie n'ont pas encore paru. Je suis vers le cap Argentaro, Monte-Christo ¹ et Cap Corse pour empêcher leur jonction. Si je les puis voir, je vous réponds de tout; mais je doute qu'ils partent, ou s'ils partent, je crains qu'ils ne prennent la côte de Barbarie. Je vous dépêche ce courrier pour vous supplier très-humblement de me faire l'honneur de me mander si vous en savez quelque chose, tant de leur passage que de leur partance. Je serais bien aise de savoir aussi la nouvelle que je reçus hier de la cour, dépêchée du 6 au 7, laquelle M. le cardinal et M. de Chavigny me mandent tous deux; vous verrez par là qu'il n'y a plus de difficulté à la prise d'Arras, que j'estime être maintenant entre les mains du roi, et que Turin le suivra de près.

L'on me mande que le marquis de Leganez fait démolir Nice-de-la-Paille, Ponsson, Acqui, Cengio et plusieurs autres petites places du Montferrat, afin de fortifier son armée de ces garnisons-là. S'il est réduit à ces extrémités, j'ai mauvaise opinion de ses affaires.

J'ai grande envie de rencontrer ces vaisseaux, afin de pouvoir prendre un peu de temps pour aller en Barbarie faire rendre tous les pauvres chrétiens qui y sont, ou déclarer la guerre à ces messieurs-là, afin de préparer une occasion où M. le cardinal Antoine puisse assembler toutes les forces de la chrétienté pour aller faire la guerre aux infidèles, où j'espère être un de ses lieutenants.

Je vous supplie très-humblement, si vous avez quelques avis de Naples, de nous les envoyer à Civita-Vecchia, avec ordre de nous dépêcher une felouque pour nous les apporter où nous serons; je tâcherai toujours de tenir, pour cet effet, correspondance avec lui, et puis il est malaisé que notre corps soit en ces côtes sans qu'il soit informé du lieu.

---

¹ Monte-Christo, île de la Méditerranée près de la côte d'Italie, par 42° 20′ 6″ N., et par 7? 57′ 55″ à l'E. de Paris.

M. Bidaud informe M. de Bordeaux des affaires d'Italie.

LETTRE DU SIEUR BIDAUD

A M. L'ARCHEVÊQUE DE BORDEAUX.

Monseigneur,

Je suis bien étonné de voir, par l'honneur de votre lettre du 16, que vous n'ayez pas encore reçu ma seconde dépêche du 14, ni celle que je vous ai envoyée par votre felouque, qui, à vous en dire la vérité, ne fait pas grande diligence; et pour la mienne, elle sera allée à droiture à Livourne (où je l'avais adressée à M. Rabut, en cas qu'elle ne rencontrât votre éminence), pour éviter la quarantaine qu'on prétend toujours de faire faire ici à ceux qui viendront de votre part; si bien que je crois que vous jugerez, monseigneur, à propos d'écrire à ces seigneurs ou à moi, pour leur faire voir, que la pratique qu'ils vous ont accordée ne vous sert de rien, s'ils font faire quarantaine à ceux qui viennent ici de votre part ou qui ont été d'ici à votre bord, les assurant que le bruit qu'on a fait courir ici que vous aviez jeté plus de quarante corps à la mer, à Monterosso et Porto-Venere, est faux, et publié par gens ennemis du bien et repos publics; car il sera nécessaire pour le service du roi que j'aye encore l'honneur de voir votre éminence, et peut-être plus d'une fois; ce qui me sera difficile, et de lui renvoyer des felouques d'ici; si, au retour, on est exposé à une quarantaine.

Les galères d'Espagne sont toujours en Vay, où elles ont partagé l'infanterie napolitaine sans que l'on sache leur dessein. Hier, il en fut une ici, de laquelle j'ai appris que le duc de Ferrandine voulait aller au-devant des galères de Sicile et des vaisseaux et barques qui portent la cavalerie; pour moi, je suis toujours d'opinion qu'il n'attend autre chose pour favoriser le débarquement d'icelle, mais de dire à votre éminence où il se fera, on ne peut. On m'écrit de Milan que le grand-duc et les ducs de Parme et de Modène ont accordé le passage à ladite cavalerie par leurs États. Il faudrait, à ce compte, qu'elle débarquât à

Piombino ou à Livourne. On me marque aussi que l'infanterie napolitaine est pour le Milanais, et je crois qu'ils n'ont point de lieu assigné
pour le débarquement de ladite cavalerie, mais que ce sera où ils pourront éviter de venir aux mains avec votre éminence. Il est très-certain
qu'il leur importe beaucoup plus que ladite cavalerie passe sur le Milanais que l'infanterie, le marquis de Leganez n'en ayant presque point,
et il se fortifiera de l'infanterie des garnisons de Nice, Acqui et autres
lieux qu'il fait démolir. On m'écrit aussi que l'on a jeté de la poudre
avec des bombes dans Turin, mais que cela n'étant pas capable de pouvoir secourir la place, on a renouvelé le traité d'accommodement entre
le roi, Madame et les princes, dont les Espagnols sont fort piqués
contre ceux-ci.

La grande lettre en chiffre dont vous parle M. de Boudy èst sur le
sujet de l'Altare, qu'il dit que madame de Mantoue achète de Sepoussi,
marchand de Gênes, et que le pourrait donner aux Espagnols qui le
tiennent déjà : il propose que votre éminence l'achète pour le roi; il
faut qu'il imagine que c'est quelque grande place. Je crois que votre
éminence est informée que c'est un vieux château qui n'est bon qu'à la
main, à sept milles de Savone, et fort éloigné des places que nous avons
dans le Montferrat et en Piémont.

Je vous envoie les avis que j'ai eus de Barcelonne. On nous dit que les
Catalans ont naturalisé tous les Français qui sont en cette province-là.
Je vous supplie de continuer l'honneur de votre protection et de vos
bonnes grâces.

Je viens d'avoir avis que les galères ennemies sortirent hier de Vay;
mais elles ne seront pas allées loin, y en ayant une ici qui est venue
prendre du biscuit et des rafraîchissements; elles pourront être allées
à Final. L'avis contient qu'elles passeront en Espagne avec l'infanterie
napolitaine pour rapporter des Espagnols en Italie. Monseigneur,

    Votre très-humble et très-obéissant serviteur ,

BIDAUD.

A Gênes, le 29 août 1640.

LETTRE DE M. L'ARCHEVÊQUE DE BORDEAUX

A M. LE CARDINAL DE RICHELIEU, LUI RENDANT COMPTE DE CE QU'IL A FAIT
A LA CÔTE DE L'ELBE, CORSE ET SARDAIGNE.

De Porto-Vecchio, le 30 août 1640.

MONSEIGNEUR,

Depuis vous avoir rendu compte du lieu où j'étais, j'ai toujours été
sur les hauteurs de l'Elbe, la Corse et la Sardaigne, et le travers de
Civita-Vecchia, attendant la partance de l'armée de Naples, laquelle
maintenant se fortifie de douze vaisseaux de Pouille et Sicile. Avec tout
ce, j'ai peine à croire qu'ils se mettent à la mer. Vos galères n'ont jamais
voulu passer Civita-Vecchia; et, pour vous dire le vrai, le manque de
vivres et d'officiers qui entendent la navigation, et de chiourmes aux
galères, les met en état de n'oser quitter les pays amis. Ils voulaient à
toute force retourner en France, à quoi j'avais consenti, pour le peu de
service que j'en tire; mais enfin j'ai cru qu'il fallait, pour la réputation,
les maintenir le plus que je pourrais; et comme leur faiblesse m'empêche de le faire à la mer, je me suis résolu de les mettre dans le port
de Livourne, où, s'ils ne font d'autre bien, ils empêcheront les Espagnols de le prendre et le grand-duc de donner ses galères. Si j'étais
délivré de ce fardeau qui m'occupe une partie des vaisseaux pour sa
garde, je tâcherais d'achever seul le voyage de Naples.

Cependant je fais reconnaître les ports et places de ces quartiers où
se trouvent celles des Espagnols, bien dépourvues d'hommes et de munitions, n'ayant que quarante hommes dans Porto-Longone et pour huit
jours de vivres, à ce qu'on m'a rapporté.

Si votre éminence veut se servir des galères, il faut y mettre des
capitaines, changer tous les lieutenants, et au lieu de vingt-deux galères, n'en entretenir qu'autant que vous avez de chiourmes pour les
bien naviguer; et en ce faisant, vous serez servi et épargnerez un quart;
et de ces fonds, je vous trouverai des gens de liberté qui, pour la paie,
navigueront les galères légères, qui vaudront au moins autant que les
autres, les matelots servant de soldats-marins et chiourmes; le tout ne

revenant, pour trois cents hommes, qu'à six mille trois cents livres, et les galères vous coûtent autant maintenant.

LETTRE DE M. L'ARCHEVÊQUE DE BORDEAUX

A M. RABUT, SUR LA RÉSOLUTION DU SÉNAT DE GÊNES TOUCHANT LA PRATIQUE POUR LES SOLDATS. IL DEMANDE DES NOUVELLES DU SOULÈVEMENT DE TORTOSE.

De Porto-Vecchio, le 3o août 164o.

MONSIEUR,

Les trois felouques que vous m'avez envoyées, ne sont arrivées qu'aujourd'hui ensemble : elles ont un sort inexorable, car je ne bouge de toutes ces îles ici autour, comme vous aurez pu apprendre des divers lieux où l'on m'aura vu.

Pour la pratique, vous aurez su ce qu'ils m'ont offert à Gênes et comme quoi ils m'ont reçu, et ce que j'ai accepté, si bien qu'il serait superflu de vous en rien mander. Je vous dirai seulement que tous les commissaires sont venus dans mon vaisseau, et que Bidaud et les autres qui me sont venus voir sont retournés chez eux, et les felouques qui me sont venues voir sont retournées dans la ville sans quarantaine.

Pour les soldats français, ne permettez pas qu'ils prennent parti, mais, si vous pouvez, envoyez-les-moi. Chaque felouque en peut porter une vingtaine ; je les habillerai et puis les reporterai en France.

Vous aurez maintenant reçu une felouque, par laquelle je vous donnais avis de mon arrivée en ce lieu et vous demandais des nouvelles de Gênes et de l'armée de Naples, selon cela, je me résoudrai à aller à vous ou non ; mais j'ai quelques vaisseaux qui ont quelque incommodité que je serais bien aise d'y envoyer pour y travailler ; mais il est inutile si l'on ne permet à notre commissaire et garde-magasin d'aller acheter dans la ville ce qui sera nécessaire, et aux marchands de travailler pour nous et poser leur besogne à nos vaisseaux. Il faut que vous traitiez cela avec le gouverneur, préférant rester en pratique de vaisseaux à celle qu'ils veulent donner à ma personne et à tous les gentilshommes, qui n'y ont affaire que pour y prendre leur argent.

Tout ce que je désire le plus de savoir, c'est ce que deviennent les galères, si elles se séparent et si les vaisseaux de Naples se séparent; si vous le pouvez apprendre par votre ami, sera commencement de service, pour le présent que vous étes d'avis de lui faire; maintenant, mandez-moi ce que vous estimerez qu'on lui doit donner.

J'ai bien envie aussi de savoir si le soulèvement de Tortose est véritable et si celui de Catalogne dure. Par votre quatrième dépêche, j'apprends le retour de vos maîtres de bagnes, qui s'excusent de ne m'avoir pas trouvé ; c'est leur paresse qui en est cause.

Sur la cinquième, je vous dirai que je suis trop obligé au sénat des compliments et des régals qu'il me prépare; je me contente de beaucoup moins, pourvu qu'il lui plaise donner plus de facilité pour avoir ce qui est nécessaire pour le radoub de nos vaisseaux.

J'ai reçu la lettre portant remercîment des hardes de son ambassadeur ; quand il voudra correspondre de son côté, il n'aura jamais que civilités et services de l'armée du roi.

Je voudrais bien que leurs douze navires de Sicile fussent déjà joints au corps, à la charge qu'ils missent plus tôt à la mer; tâchez de découvrir ce que vous en pouvez apprendre.

Faites savoir au grand-duc que s'il veut changer la pratique personnelle qu'il me veut donner à celle des officiers de l'armée, qu'il m'obligera bien plus, pour aller choisir et acheter ce qui nous sera nécessaire; et à dire le vrai, sans injustice, il ne le saurait dénier, car il y a deux mois que nous sommes partis et il n'en demande qu'un aux moindres barques du jour de leur partance.

Surtout mandez-moi ce que vous aurez appris des vaisseaux et galères, et de la pratique en la forme que cela demande. J'ai fait payer le patron comme vous me l'avez mandé, et j'ai grande impatience de savoir ce que veut cet homme qui passe à Pise. « Si vous m'envoyez le « mémoire du présent que veut faire le grand-duc, vous me ferez « plaisir [1].»

Je n'ai point reçu le mémoire que vous me mandiez que vous m'en-

----

[1] Ce passage guillemeté est rayé dans l'original.

verriez. Je vous dépêcherai demain une autre felouque. Si vous trouvez un nommé le patron Baptiste, de Gênes, qui vient de France, envoyez-le-moi en diligence, et me croyez, etc.

M. l'archevêque de Bordeaux annonce à M. Bidaud qu'il cherche les ennemis.

LETTRE DE M. L'ARCHEVÊQUE DE BORDEAUX

A M. BIDAUD.

De Porto-Vecchio, le 3o août 16{o.

Monsieur,

Vos dépêches des 14 et 19 août m'ont été rendues en même temps par trois felouques qui sont arrivées il y a environ deux heures, ne nous ayant pu joindre depuis qu'elles sont parties de Livourne, à cause des diverses routes que nous avons faites pour ôter connaissance aux côtes de notre armée et tâcher à rencontrer les ennemis, qui ont peine à se résoudre à partir de Naples.

Si Ferrandine a tant désir de me rencontrer, je lui promets de lui en faciliter le moyen, soit avec vaisseaux, soit avec galères.

Je suis en peine de Turin, de la poudre que vous me mandez être entrée; mandez-moi à Livourne ce que vous en saurez, et d'Arras aussi, que je présume maintenant pris.

J'écris à ces messieurs de Gênes pour cette pratique des felouques et de ceux que vous voudrez envoyer; vous disposerez de la lettre comme vous verrez bon être.

Pour ce qui est des morts jetés à Porto-Vecchio, cela est si faux que pas un des vaisseaux n'y a entré, et que les seules galères y ont entré une nuit, et encore moins à Montenotte, mais simplement faire de l'eau à une terre où l'on a été deux heures sans mouiller.

Pour le passage des troupes qui iront assurément en Italie, infailliblement leur destin est de décharger vers Piombino, car, outre que leur transfert est plus court, c'est qu'ils ont tout autour des ports pour

leur descente ; c'est ce qui me fait opiniâtrer ma demeure à cette terre
de l'Elbe et de la Corse.

Mandez-moi quel traité c'est qu'on a renouvelé entre les princes,
Madame et le roi, et si cela finira le siége de Turin.

Je ne suis pas d'avis de nous embarrasser dans une affaire de guerre,
mais seulement que vous en donniez avis à la cour.

Tout ce qui me presse le plus à savoir, est ce que deviennent les galères d'Espagne, si elles y retourneront ou si elles monteront ici haut ;
il ne faut qu'envoyer vos lettres à Livourne ou à Porto-Vecchio.

Je suis fort en peine du vieux patron Baptiste, lequel n'est point
revenu depuis que je l'ai dépêché pour Sainte-Marguerite partant de
Gênes ; mandez-moi ce que vous en savez.

Des Alleurs m'écrit que le grand-duc a changé d'avis et qu'il a envoyé forcé officiers pour me recevoir avec pratique pour ma famille et
quinze gentilshommes.

J'ai reçu le duplicata de votre dépêche et du mémoire de votre
homme de Naples, par le patron Baptiste. J'ai, etc.

Cette note, adressée à M. de Bordeaux, contient d'assez grands
détails sur les projets de l'ennemi.

DIVERS AVIS DES ENNEMIS

TOUCHANT LES GALÈRES ET VAISSEAUX QUI DOIVENT PARTIR DE NAPLES
· ·   · , ET DE SICILE AVEC DES HOMMES POUR LE MILANAIS. ·. ·

Jeudi dernier, 30 août, les quatre galères de Sicile arrivèrent à Pro-
jette, proche de Naples, en compagnie de la patronne du grand-duc,
qui vient de Messine de quérir les soies pour les marchands de cette
ville, laquelle n'est jointe au corps des autres pour le service d'Espagne.

Dès le même jour, elles expédièrent une felouque avec un courrier
qui arriva ici dimanche environ midi, pour s'informer assurément où
était l'armée ; et dit que les quatre galères de Sicile portent don Fran-

cisco de Melos avec neuf cents hommes qui doivent passer avec lui au Milanais, se devant débarquer à Final ou Vay.

En même temps arriva une autre felouque de Gênes avec un officier des galères de Naples, qui sont désarmées dans la darse de Gênes, adressée au général des galères du grand-duc, pour prendre information véritable où est l'armée et savoir si les galères se retirent en France; et lesdits officiers s'abouchèrent, où il fut conclu que les quatre galères étant jointes à Gênes, elles sortiront toutes ensemble et seront en nombre de vingt-deux, à cause des quatre de celles de Doria qui s'y joindront. La felouque de Gênes n'arrêta ici que deux heures, s'en retournant avec le même officier.

Celle de Naples partit hier matin pour s'en retourner trouver les galères de Sicile, pour les faire venir pendant que vous êtes à Porto-Vecchio.

Ce personnage dit que les vaisseaux, polacres et tartanes qui portent les chevaux, sont encore à Gayette, et qu'ils ont débarqué la cavalerie entière. L'on publie ici que le pape lui a donné passage, autres disent qu'ils les ont mises en terre à cause qu'ils ont été long-temps embarqués et que les chevaux pâtissaient, mais qu'ils les rembarqueront pour venir descendre à Port-Hercule.

Don Francisco de Melos était vice-roi de Sicile; il passe à Milan pour commander les armées d'Espagne et voir s'il y aura meilleure fortune que le marquis de Leganez. La prise de ces quatre galères avec ce seigneur serait bien considérable; l'ami qui l'entend l'a trouvée fort facile et assurée.

Tout à coup celui venu de Gênes et celui venu des galères de Sicile, et un envoyé du marquis de Leganez et un autre du vice-roi de Naples, ont fait grandes instances au grand-duc pour avoir ses galères; à quoi il s'est excusé tout-à-fait, leur levant l'espérance de les avoir cette année, qui est un effet de votre voisinage et venue en ce port, qui en pourra produire d'autres.

Tenez vos avis secrets, car j'entends qu'il sort de votre armée des avis qui vont ès mains des ennemis : ce qui vous sera pour avis.

L'affaire qui me mena à Pise fut pour parler à un Flamand qui habite à Paris, qui passait en diligence venant de Messine, lequel me dit l'embarquement de don Francisco de Melos avec neuf cents hommes et des quatre galères de Sicile, mais il ne m'a pu assurer du départ.

Il m'a encore dit qu'il avait appris à Naples qu'un certain Bourguignon ou Lorrain faisait fabriquer un certain instrument avec lequel il devait tenter quelque chose de sinistre; et ne sus apprendre autre chose de lui, sinon qu'il me figura ce personnage et m'assura qu'il passera ici, et qu'assurément je le connaîtrai, car il a demeuré à Livourne portant les armes; mais il ne m'a su dire son nom; je vous en discourrai plus amplement, votre grandeur étant ici.

On estime que les ennemis, voyant qu'ils ne peuvent naviguer leurs grands vaisseaux sans nous rencontrer dans leur chemin, qu'ils changeront leur navigation de grands vaisseaux, polacres et grandes barques en de petites tartanes et petit port de galères renforcées, qui iront de port en port et si près de terre que vous ne les pourrez rejoindre avec vos vaisseaux.

LETTRE DE M. DE CHAVIGNY

A M. L'ARCHEVÊQUE DE BORDEAUX, POUR FAVORISER LE SIÉGE DE TURIN, ET TOUCHANT L'ACCOMMODEMENT AVEC LA FRANCE ET LA RÉPUBLIQUE DE GÈNES.

MONSIEUR,

J'ai rendu compte bien particulièrement à monseigneur le cardinal de ce que vous m'avez mandé par vos dépêches des 14 et 16 août. Son éminence, après avoir considéré tous les points qui y sont contenus, m'a commandé de vous écrire qu'elle persistait dans les ordres qui vous ont été envoyés de ne rien entreprendre contre la république de Gênes, et d'apporter tous vos soins pour favoriser le succès du siége de Turin, empêchant, autant que vous le pourrez, que les Espagnols ne débarquent des troupes pour grossir leur armée de Piémont; ce doit être là votre principal but, et son éminence désire particulièrement que vous n'omettiez rien de tout ce qu'il faudra faire pour y parvenir.

Après cela, elle trouve bon que vous fassiez le voyage de Barbarie lorsque vous jugerez le pouvoir faire utilement pour le service du roi et pour la liberté des esclaves chrétiens.

Il y a grande apparence, comme vous le mandez, que nous sommes en un temps très-propre pour s'accommoder avec la république de Gênes, à quoi, sans doute, ce que vous avez fait n'aura pas peu contribué; son ambassadeur, qui est résidant à Paris, nous a fait savoir qu'il a reçu ordre de traiter sur tous les différends que nous avons avec elle, à quoi l'on travaillera aussitôt que monseigneur le cardinal sera auprès du roi.

Cependant vous essaierez de la maintenir dans la bonne disposition en laquelle elle témoigne d'étre, par les moyens que vous jugerez être plus convenables.

Monseigneur le cardinal ne parle point encore de partir de cette frontière, où sa présence est tout-à-fait nécessaire pour empêcher le débandement d'une armée qui arrive d'ordinaire après la fin d'un grand dessein. Les ennemis font toujours mine de vouloir réassiéger Arras, mais ce sera une assez difficile entreprise pour eux, y ayant dès à présent pour plus d'un an de vivres, six mille hommes de pied, composés de six compagnies du régiment des gardes, deux de Suisses, des régiments de Champagne et de Navarre, et de celui de Saint-Preuil, et six cents chevaux de la meilleure cavalerie qu'ait le roi.

Nous avons nouvelles d'Angleterre que les Écossais y sont entrés avec trente mille hommes, et que le roi est parti de Londres en toute diligence pour aller s'opposer à eux avec une armée de quinze mille hommes, qui ne peut pas faire grand effet, n'ayant pas un sou pour la payer.

Les avis que nous avons de l'armée de Bannier portent que le duc de Lunébourg a tout-à-fait conclu son traité avec la couronne de Suède, et qu'il a donné un nouveau renfort de trois mille hommes à l'armée suédoise; de sorte que ledit Bannier avec les troupes de M. de Longueville et de madame la landgrave, vont chercher Piccolomini pour le combattre ou pour le contraindre à décamper. Si Turin se prend, comme je n'en doute point, il ne peut pas avoir une campagne plus heureuse ni plus glorieuse que celle-ci, et les affaires du roi seront en aussi bon état qu'elles le puissent être. Je vous supplie de me croire,

Monsieur, votre, etc.

CHAVIGNY.

A Amiens, le 7 septembre 1640.

Dans cette lettre de M. de Bordeaux, on trouve de nombreux détails sur l'administration intérieure des galères.

LETTRE DE M. L'ARCHEVÊQUE DE BORDEAUX

A M. LE CARDINAL DE RICHELIEU.

De Porto-Vecchio, le 8 septembre 1640.

Votre éminence trouvera peut-être étranges les diverses dépêches qu'elle reçoit de moi sur le fait des galères; mais je ne puis faire autre chose que de vous avertir des diverses refuites de ce corps. Quand il faut servir, ils sont si bien accoutumés à ne bouger des iles d'Hyères et du Gourjean, et de faire des métairies de leurs galères, que je n'ai jamais pu les mener à Livourne; ils m'ont tout-à-fait déclaré que les vivres que je leur voulais donner, qui étaient de mille quintaux de pain et la suite, pour finir le mois de septembre, ne leur pouvaient servir que pour les remener, m'ayant caché jusqu'à ce jour l'extrême nécessité du manque de vivres, telle qu'il y a galère qu'il y a quinze jours qui n'a pas vu de vin, et que la moitié de la ration de pain qu'elle a accoutumé d'avoir, sans aucun autre aliment; ce qui se fait d'autant plus volontiers que la perte de la chiourme n'est pas à leurs dépens, et que, la plupart du temps, la chiourme d'une galère se mettant sur une autre, celui qui l'a ne se soucie guère de la bien nourrir, de sorte que j'ai été obligé de les laisser aller. Quand je demandai aux capitaines d'où venait ce défaut, ils m'ont déclaré qu'ils n'avaient eu leur argent que pour une partie de septembre, ce désordre venant de ce qu'on a employé les deniers que vous aviez ordonnés pour la sortie à faire faire les montres des galères pour les premiers six mois de l'année qu'elles n'ont bougé du port : si bien qu'il n'a guère resté pour faire le service.

Chaque galère, pour ordinaire et extraordinaire, étant à la mer, a cinq mille livres, dont il sera répondu par le capitaine : si bien que pour trois mois, pour dix-huit galères, il ne restait que cent soixante et dix-huit mille livres. Votre éminence peut demander où est allé le reste.

Je rends compte à votre éminence de ce menu, afin qu'elle voie qu'il n'a pas tenu à moi que les galères et vaisseaux n'aient mieux été employés ; mais les vaisseaux n'osant quitter les galères, et les galères, faute de gens et subsistance, n'osant entreprendre ni navigation ni éloignement des côtes de France, tout est ainsi demeuré, et sans le pain qu'on a tiré des vaisseaux, se seraient peut-être perdues.

Il faut que vous sachiez que vous n'avez pas de chiourmes pour armer quinze galères capables de donner et recevoir chasse, et que tous les soldats qu'on nous dit entretenir ne le sont pas. Ce sont toutes chansons : tout ce qu'il y sur les galères, on l'a mis sur cinq ou six, n'étant que chétives gens qui ne peuvent pas manier leur mousquet ; et afin que tous ces désordres vous soient connus, chaque galère donne au commissaire cent écus par an, outre leurs gages, cent écus au contrôleur, cent écus au trésorier, cent livres à son commis, cinquante écus au secrétaire du général, et cinquante écus à celui de M. de Noyers, qui font treize cents livres pour chaque galère. De là, votre éminence peut juger le profit de chaque galère, et si chacun fait bien sa charge ; et par le service qu'elles font, si elles agissent comme celles de Malte et Livourne ; en un mot, elles font comme les vaisseaux avant que vous y missiez ordre, et feront toujours de même si vous n'y mettez la main tout-à-fait. Je viens de prendre présentement part de deux felouques qui m'ont apporté les dépêches de Rome, Gênes et Livourne, que les vaisseaux et barques sont parties de Naples pour décharger à port Hercule et Livourne ; c'est, si je ne me trompe, la raison qui a fait changer la résolution d'aller à Livourne, à quoi on n'a pas voulu entendre du tout depuis qu'on a vu par mes dépêches l'ennemi en campagne, dont, je crois, on était averti avant moi.

M. de Bordeaux trace à M. le bailli de Forbin le plan de campagne des galères, et l'engage à suivre ses instructions, dans l'intérêt du service du roi.

LETTRE DE M. DE SOURDIS

A M. LE BAILLI DE FORBIN.

MONSIEUR,

Je viens d'avoir avis que les vaisseaux, polacres et tartanes qui avaient chargé de la cavalerie et infanterie à Naples, qui étaient relâchés à Gayette, de peur de rencontrer les vaisseaux du roi, changeaient là de voiture, prenant de petites barques pour aller terre-à-terre, étant avertis que nos galères se retiraient en France; que don Francisco de Melos est arrivé, avec quatre galères, de Sicile à Projetta, avec neuf cents hommes qu'ils portent en Piémont, et qu'il est prêt de venir en ces côtes; que les quatorze galères de Naples n'attendent que la retraite des galères de France pour sortir de Gênes, où elles sont désarmées, et continuer leurs voitures de soldats et autres munitions nécessaires aux armées d'Espagne; que les dix-huit galères de Ferrandine qui sont retournées en Espagne doivent revenir au premier jour avec une nouvelle infanterie espagnole : c'est pourquoi, si vous pouviez présentement envoyer six ou huit galères à Livourne, renforcées de chiourmes et de vivres pour tout ce mois, avec quelqu'un des vaisseaux que vous avez pour les escorter, je m'assure qu'elles feraient grand effet pour le passage de Francisco de Melos avec ses galères et ses tartanes, et, durant ce temps-là, vous pourriez aller en Provence prendre des vivres pour le reste de vos galères, et en amener pour celles que vous auriez envoyées à Livourne dans des barques; et parce que la diligence, au point où nous en sommes, est absolument nécessaire, je suis d'avis que vous alliez seulement à Saint-Tropez et à Sainte-Marguerite, pour prendre le biscuit que vous déli-

vrera le lieutenant de l'amirauté, qui doit être environ de deux mille
quintaux, et à Sainte-Marguerite, pour prendre tout le vin que vous
fera délivrer le sieur de Guitaud, qui sont environ quinze cents milleroles, dont j'ai fait faire magasin, et mettre ordre cependant que tous
les vivres que vous m'avez dit avoir à Toulon et Marseille, pour toutes
vos galères, vous viennent trouver à Libourne, dans tout le mois de
septembre, afin que vous puissiez tenir la mer tout le mois d'octobre.
Vous ne trouveriez pas la quantité de vins, et quant au biscuit que je
propose, il y en aura toujours assez, jusqu'à ce que le reste vous
vienne joindre. Vous pourrez disposer des vaisseaux de guerre et de
nos vaisseaux de charge qui sont là; et, pour cet effet, j'écris à
M. Lequeux de les vous faire donner. Je m'assure que votre affection au
service du roi et de son éminence vous fera trouver des moyens pour
surpasser toutes les petites difficultés qui se pourront rencontrer en ce
dessein, pour l'exécution duquel je vous offre tout ce que j'ai d'amis,
d'argent et de vaisselle; et, pour cet effet, j'écris à mon secrétaire
qu'il vous fasse trouver jusques à dix mille écus, et, si vous en avez
besoin, j'en trouverai encore autant à Livourne. Tout le service consiste à revenir diligemment, et mettre ordre que vos vivres vous
suivent après, et d'armer vos galères de sorte qu'elles puissent donner
chasse et la recevoir quand il en sera besoin, afin qu'elles ne soient
pas obligées d'être toujours sous le canon de nos vaisseaux, et qu'elles
puissent rendre le service que vous savez mieux que moi qu'un tel
corps peut, quand il est en bon état. Ce sera un des plus grands services que vous puissiez jamais rendre, ayant avis très-assuré que les
ennemis se résolvent, tout cet hiver, à faire tous les services que devaient faire les grands vaisseaux par petites barques et petits corps de
galères bien armées, afin de passer en lieu où nos vaisseaux ne les
puissent joindre. Je vous prie de me donner avis par cette felouque
que je vous envoie exprès de la résolution que vous aurez prise, et si
vous arrivez vers Livourne, me donner avis par quantité de felouques
vers Naples, où je prends ma route, du lieu où vous serez, afin que je
me joigne à vous, ou vous envoie avis des choses que je jugerai nécessaires pour le service du roi.

Que si d'aventure votre santé ne vous permettait pas de venir, vous pourrez faire commander les galères par le plus ancien capitaine. L'on m'a dit que M. d'Aiguebonne était en ce pays-là, où il est venu pour servir dans sa galère, si bien que je m'assure qu'il aura grande joie de servir en ce rencontre. Vous vous souviendrez, s'il vous plaît, que si vous allez vers Marseille ou Toulon, vous perdrez quatre ou cinq jours de temps, qui pourront donner moyen à ces galères et barques de pouvoir faire le service que je crains que nos grands vaisseaux ne pourront empêcher.

Dans cette lettre, M. de Bordeaux semble accuser M. le bailli de Forbin (bailli de l'ordre de Malte) d'apporter des entraves au bon succès de la campagne, dans l'espoir de parvenir à la grande-maîtrise de l'ordre; le but de M. de Forbin étant, selon l'archevêque, de se ménager les Espagnols et les Italiens pour arriver à ce résultat. Il se plaint que les galères veuillent toujours retourner en France, sous prétexte des vivres. M. de Bordeaux annonce qu'il s'en va avec les vaisseaux ronds vers la côte de Naples pour rencontrer l'armée des ennemis.

LETTRE DE M. L'ARCHEVÊQUE DE BORDEAUX

A M. LE CARDINAL DE RICHELIEU.

Du travers Montesant, le 8 septembre 1640.

MONSEIGNEUR,

Votre éminence verra, par les avis ci-joints très-sûrs qui me sont venus par un homme que j'ai gagné par argent auprès du grand-duc, que le malheur de ces galères veut qu'elles s'en aillent toujours quand elles peuvent servir.

Elle fera réflexion sur ce qu'on m'avertit que les ennemis reçoivent des avis de ce que nous résolvons, et que le général des galères de Naples envoie savoir quand celles de France s'en iront, contre ce que nous avions publié qu'elles ont des vivres jusques à la fin de septembre.

L'opinion de Bidaud de Gênes, dont il m'a donné avis, est que le désir d'être grand-maître oblige quelques uns à ne déplaire à pas une nation, et plutôt à se maintenir en intelligence avec toutes. Je vous avoue que la disposition contre votre intention du fonds qui devait entretenir les galères à la mer, dont je vous envoie le menu, jointe aux difficultés et embarras qu'on a toujours apportés à toutes entreprises, me donne une très-grande certitude d'une faiblesse effroyable ou d'une connivence très-dangereuse.

Je lui ai écrit la lettre que votre éminence trouvera ci-jointe avec ordre à M. de Baume de lui donner et vous donner avis de sa réponse, et envoyer ce paquet à votre éminence pour l'avertir du tout.

Je prendrai la liberté de lui dire qu'elle peut commander qu'on tienne tout cet hiver douze galères armées, lesquelles ne lui coûteront pas un sou, selon le mémoire que je lui envoie. Cela accoutumera la chiourme, et embarrassera les ennemis, qui feront maintenant toutes leurs navigations avec cinq ou six galères renforcées.

J'envoie à votre éminence le mémoire de tous les commandements faits aux galères et exécutés, les avis du bailli ayant toujours été contraires, disant qu'il fallait se tenir en Vay; et ce faisant, on laissait jusqu'à Port-Hercule libre à débarquer, qui sont deux ou trois cents milles de côte au roi d'Espagne ou à ses alliés.

Pour moi, je vais le long de la côte à Gaëte, et de là à Naples, pour rencontrer les vaisseaux et tartanes des ennemis, avec vingt vaisseaux de guerre et dix brûlots, comme je vous ai mandé. Quoiqu'on dise qu'il y ait trente-six vaisseaux et trente-sept polacres, je vous réponds sur ma tête que si on les trouve à la mer, ils seront battus; mais mon appréhension est que les gros vaisseaux se retirent, et qu'ils mettent leurs gens sur des petites barques et galères qui passeront le long de la terre où nous n'oserons approcher, à quoi je prétends remédier par le retour des galères, s'ils obéissent à l'ordre que je leur envoie. Je n'oublierai rien de ce qui se pourra pour le service de votre éminence, et lui témoigner que je suis, etc.

LETTRE DE M. L'ARCHEVÊQUE DE BORDEAUX

A M. LE MARÉCHAL D'ESTRÉES, TOUCHANT LE DÉPART DE L'ARMÉE DE GAËTTE, ET LE CONSENTEMENT DU PAPE QUE LES ENNEMIS PASSENT PAR SES TERRES.

Par le travers de Civita-Vecchia, le 9 septembre 1640.

Votre dépêche m'a été rendue par le retour de la felouque à Genetti, où je l'attendais; depuis, votre lettre et son duplicata du 25 août m'ont été rendus par la voie du sieur Rabut, consul de Livourne, qui m'ont extrêmement confirmé dans le dessein que j'avais de m'en aller vers Naples, d'où j'ai appris depuis que tout était parti et relâché à Gaëtte, sur l'avis qu'ils ont eu que je gardais les parages de Civita-Vecchia. Ils font courir le bruit à Livourne que le pape a consenti qu'ils passassent par-dessus ses terres : je ne sais si ce ne serait point pour m'empêcher d'aller à eux. Les autres disent qu'ils doivent quitter les vaisseaux et grandes polacres, pour prendre de petites barques pour s'en aller terre-à-terre et de port en port, sur l'avis qu'ils ont eu que nos galères se devaient retirer.

J'estime, pour le premier, que nous empêcherons bien que sa sainteté ne consente à leur passage.

Pour le second, ils seront bien cachés si je ne les joins avec mes vaisseaux, car, pour nos galères, elles sont si mal commandées que je n'ai rien à vous dire. Je m'en vais droit à Gaëtte : si je n'y peux aller avec mes grands vaisseaux, j'irai avec les petits et brûlots, laissant le reste à Ponza; et si je ne les trouve pas, j'irai jusques à Naples, voir si l'occasion me présentera quelque chose à faire, dont je ne manquerai point de vous donner avis. Les galères de Naples sont désarmées dans la darse de Gênes, et celles de Ferrandine sont retournées en Espagne, où nous apprenons que les tumultes ne diminuent pas. Vous saurez l'état de Turin et la prise d'Arras aussi bien que moi. Il court un bruit en cette côte que le marquis de Brézé, avec l'armée de ponant, a défait la flotte des Indes, ayant brûlé ou coulé bas tous les vaisseaux ; mais je n'en ai rien encore d'assuré; si j'en apprends quelque chose, je ne manquerai pas de vous en donner avis. Cependant, faites-moi, s'il vous plaît, l'honneur de me croire,

Monsieur, votre, etc.

Cette lettre du roi est relative au cérémonial à observer lors de l'entrée des vaisseaux français dans le port de Gênes.

LETTRE DU ROI

A M. L'ARCHEVÊQUE DE BORDEAUX.

Mons. l'archevêque de Bordeaux, j'ai trouvé très-à propos ce que vous avez proposé, de ne mener le vaisseau amiral, ni la galère capitane, quand vous irez au port de Gênes, où la coutume est de saluer devant que d'être salué. De cette sorte, vous ne ferez point de difficulté d'observer cette coutume, saluant la ville le premier. La présente n'étant que pour vous faire savoir mon intention sur ce sujet, je prie Dieu, qu'il vous ait, mons. l'archevêque de Bordeaux, en sa sainte garde.

LOUIS.

BOUTHILLIER.

Écrit à Saint-Germain-en-Laye, le 13 septembre 1640.

Le roi ordonne à M. l'archevêque de Bordeaux de rendre aux pères jésuites des balles de chapelets, *agnus Dei,* et autres choses semblables, chargées à Rome pour les saints pères qui sont en Espagne et en Portugal, afin de les envoyer aux Indes.

LETTRE DU ROI

A M. L'ARCHEVÊQUE DE BORDEAUX.

Monsieur l'archevêque de Bordeaux, ayant su qu'entre les prises que mes vaisseaux ont faites dans les mers du levant, il se trouve plusieurs balles qui avaient été chargées à Rome par les pères procureurs des Jésuites, pour les provinces de Portugal, d'Espagne et des Indes, pour envoyer aux pères de leur ordre qui travaillent aux Indes à la conversion des infidèles et aux autres fonctions de leur compagnie, et que ces balles ne consistent pour la plus grande partie qu'en chapelets, agnus, reliquaires, livres saints et autres choses de dévotion, ou de l'usage des personnes religieuses. Désirant plutôt favoriser un œuvre si saint, que d'y apporter le moindre obstacle, je vous fais cette lettre pour vous dire que mon intention est qu'aussitôt que vous l'aurez reçue, vous ayez à faire restituer pleinement et entièrement tout ce qui se trouvera avoir été pris par mes vaisseaux appartenant auxdits pères jésuites, ou chargés pour eux; et que vous le fassiez remettre entre les mains du supérieur de la maison de leur ordre à Marseille, sans permettre que l'on en retienne aucune chose, ni qu'il y soit apporté aucun délai ni difficultés, pour quelque cause, sous quelque prétexte que ce puisse être. De quoi je me repose sur vous, comme de choses que j'ai à cœur, parce qu'elles regardent la gloire et le service de Dieu, lequel je prie vous avoir, mons. l'archevêque de Bordeaux, en sa sainte garde.

LOUIS.

Écrit à Saint-Germain-en-Laye, le 14 septembre 1640.

Dans la lettre qui suit, M. l'archevêque de Bordeaux donne des détails sur son voyage à Naples, et sur une partie de la côte d'Italie, où il a reconnu plusieurs petits îlots et bons mouillages.

LETTRE DE M. L'ARCHEVÊQUE DE BORDEAUX

A M. LE CARDINAL DE RICHELIEU.

Du travers de Naples, le 19 septembre 1640.

MONSEIGNEUR,

Depuis avoir rendu compte à votre éminence de la retraite de vos galères, nous sommes venus à Gaëte, où nous n'avons trouvé que quelques barques échouées; celles qui y ont apporté la cavalerie s'en étant retournées à Naples, comme nous estimons. Les quatorze galères de Naples qui s'étaient retirées dans la darse de Gênes, y sont arrivées en même temps, ayant été bien mieux instruites du jour de la retraite de vos galères que moi. Nous nous sommes élevés jusque sur Ischia, où le vent nous tient depuis cinq jours. Je tâcherai d'y attendre le beau temps, pour donner jusques à Naples, d'où nous ne sommes qu'à six lieues. Si les galères eussent été avec nous, celles-ci ne se promèneraient point comme elles font; et je suis obligé de dire à votre éminence que l'ignorance ou la malice du bailli de Forbin n'est pas pardonnable, qui disait n'y avoir ni ports ni eaux dans cette côte : elle est toute pleine de petites jetées comme celle d'Aix, près la Rochelle, pleines d'eau, qui font autant de ports partout, pour tous vents pour les galères. C'est un aussi mauvais marin que mauvais capitaine, et en vérité un fort mauvais exemple de lâcheté ou d'ignorance, si votre éminence n'en témoigne quelque ressentiment : il y a quelques uns de nos capitaines de Provence qui ont murmuré à cet exemple, disant qu'il s'en fallait retourner et que je les voulais faire perdre. J'ai estimé que votre éminence trouverait bon que je les traitasse comme j'ai accoutumé, quand tels maux de cœur prend à quelques uns.

J'ai fait une dépêche au maréchal d'Estrées « sur l'île de Senone, « qui est à vingt milles de Gaëte et cinquante de Naples; » au plus beau parage du monde, où il y a bonne rade, joli port et de l'eau. Les «Es- « pagnols s'en veulent emparer; » j'estime qu'il faudrait les empêcher, s'il y avait moyen, et vous en approprier « sous le nom du duc de « Parme, s'il y voulait consentir; » elle vaut mieux que « Sainte-Mar- « guerite, » et est en parage « pour le royaume de Naples et la Sicile, « comme Sainte-Marguerite pour la Provence [1]. »

Je ne ferai rien en Barbarie; car votre éminence ne m'a pas envoyé l'ordre d'y mener les Turcs qu'ils demandent, et votre dernière dépêche me défend de leur faire la guerre.

_____

[1] Les passages guillemettés n'étaient pas déchiffrés dans l'original.

M. Gaufridi, secrétaire du duc de Parme, fait à M. de Bordeaux des offres de secours au nom de son maître.

LETTRE DU SIEUR GAUFRIDI

A M. L'ARCHEVÊQUE DE BORDEAUX.

MONSEIGNEUR ,

Vous n'aurez vu dans la lettre que j'ai écrite au signor Francesco-Maria Pallavicino qu'un bien petit témoignage de l'estime très-haute que je fais de vous , si vous considérez la très-humble affection avec laquelle j'ai toujours honoré votre mérite ; je voudrais être si heureux que de vous la pouvoir un jour faire paraître dans les effets , car j'ose croire que je m'en acquitterai avec tant de passion que vous me ferez l'honneur de l'agréer. La gloire que vous vous êtes faite dans le monde est d'un éclat si élevé qu'elle oblige chacun à l'admirer, et il y a long-temps qu'elle me fait parler de vous avec ce même sentiment, me conformant en cela à ceux de son altesse, qui fait une très-particulière profession de vous honorer. Plût à Dieu qu'il se pût prendre occasion de vous pouvoir entrevoir avec elle , ainsi que vous me témoignez de le désirer; car, outre que cette entrevue ne servirait pas peu au service du roi , je vous puis assurer que vous combleriez son altesse d'une joie incroyable pour le désir qu'elle a toujours eu de vous servir, en suite de l'estime qu'elle fait de vous et de monsieur le marquis votre frère , qu'elle connut à la cour avec un très-particulier contentement. En tout cas, Sestri n'étant qu'à six petites lieues des confins de ses États , son altesse, à laquelle, j'ai communiqué votre lettre, m'a ordonné de vous dire que toutes et quantes fois lui voulussiez faire cet honneur, vous y seriez reçu avec tous les témoignages d'estime qu'on vous doit , et que vous en particulier vous vous pouvez et devez promettre de l'affection de son altesse , laquelle désire que vous fassiez toute sorte d'état d'elle, de sa maison et de tout ce qu'elle a. Au reste toute l'Italie est pleine de la gloire de votre nom, comme je suis plein du désir d'être toute ma vie,

Monseigneur,

Votre très-humble et très-obéissant serviteur,

GAUFRIDI.

A Plaisance, ce 28 septembre 1640.

Dans cette lettre, M. le duc de Parme demande à M. l'archevêque de Bordeaux, 1°. quelles troupes il pourrait débarquer à Sestri, et l'argent pour leurs subsistances durant trois ou quatre mois; 2°. il lui donne avis que le roi d'Espagne est faible pour défendre le Milanais, et qu'il y a beaucoup de terreur dans la Toscane et au royaume de Naples; 3°. que le marquis de Poma est frère du prince de Bozzolo; qu'il a du cœur, mais que pauvre il ne peut rien; enfin que les Mantouans et Modénois sont pour l'Espagne.

LETTRE DE M. LE DUC DE PARME

A M. L'ARCHEVÊQUE DE BORDEAUX.

MONSIEUR,

Vous ne sauriez jamais croire avec quel sentiment d'affection j'ai reçu votre lettre en chiffres du 9 de ce mois, et combien est grande l'obligation que je vous ai, pour tant de marques que vous me faites recevoir de votre bonne amitié, à laquelle je tâcherai de correspondre avec une très-parfaite intelligence, et procurerai de vous faire voir par les effets qu'une de mes plus grandes passions consiste dans le désir que j'aurai toujours de vous servir, et dans la haute estime que je fais de vous et de votre mérite, vous priant de faire toute sorte d'état de moi et de tout ce qui en dépend.

J'ai vu l'offre que vous me faites du débarquement du monde qui me serait nécessaire en cas qu'il y eût du côté de mes États de quoi bien entreprendre sur le Milanais; à quoi je vous dirai que l'assiette de mes

États s'étendant jusque dans le cœur du Milanais, puisque mes confins du côté de Plaisance ne sont qu'à dix lieues loin de la ville de Milan, même un corps d'armée considérable qui agit de deçà, aurait lieu d'*éventrer* d'abord le Milanais en lui portant la guerre jusqu'aux entrailles, et d'ailleurs d'agir très-utilement sur les places de deçà, qui sont peu fortifiées et moins encore gardées, tant plus à cette heure que les Espagnols sont si faibles qu'ils n'ont de quoi faire tête à M. d'Harcourt. Il y a long-temps que moi, qui suis sur le lieu, touche au doigt cette vérité, et connais tous les jours davantage que si l'on attaque comme il faut le Milanais, très-assurément l'on en chassera l'Espagnol. C'est pourquoi, faisant très-grand état de l'offre que vous me faites, je voudrais que vous me fissiez une autre faveur, en me faisant savoir précisément quel nombre d'infanterie vous me pourriez débarquer et s'il y aurait de la cavalerie, afin que, sur cette assurance, je puisse mieux prendre mes mesures en cas que les conjonctures d'agir et d'entreprendre quelque chose de bon se présentassent; car pour lors je recourrais à vos offres avec toute l'intelligence que vous sauriez désirer, vous disant, en passant, que Sestri n'étant qu'à six petites lieues des confins de mes États, le débarquement des troupes réussirait très-aisément. Et parce qu'il serait aussi nécessaire de pourvoir l'argent pour la subsistance desdites troupes, je vous prie pareillement de me faire savoir comme vous le pourriez faire, au moins pour les premiers trois ou quatre mois, jusqu'à ce que, ayant emporté quelques pièces du Milanais de deçà, nous puissions en après les faire subsister dans le pays ennemi avec très-grande épargne du roi; car véritablement je ne me trouve pas présentement en état de fournir à telle dépense. Bien vous dirai-je que pour du blé et du vin il y en a dans mes États une très-grande quantité, et le tout à Final et à bon marché.

Quant au marquis Poma, dont vous désirez avoir information, je vous dirai que c'est le frère du prince de Bozzolo, qui est maintenant ambassadeur, à Rome, de l'empereur. Ledit marquis se trouve présentement à Bozzolo, chez son frère; il est véritablement très-gentil; il a du cœur, et qui de sa personne a toujours témoigné fort bon courage; mais il est pauvre, sans subsistance, et qui aurait toutes les peines du monde de mettre ensemble vingt-cinq personnes, car, outre qu'il ne saurait où les assembler, n'étant Bozzolo qu'un méchant petit village, et qui d'ailleurs est entièrement à son frère qui sert l'empereur, je ne vois point d'où il les pourrait tirer ; car il y a apparence que le Mantouan aussi bien que le Modénois, qui ne respirent que pour l'Espagne et qui enferment de tous côtés ce village, le lui empêcheront.

Je ne veux point finir cette lettre sans me réjouir avec vous de ce que la chute d'Arras a été suivie par celle de Turin, pour laquelle vous avez si bien contribué par l'empêchement du secours qui devait venir de Naples, qui est une gloire qui vous appartient tout aussi bien que la terreur que vous avez jetée dans tout le royaume de Naples et dans la Toscane, comme les lettres que je reçois tous les jours me le confirment. Moi, qui suis très-partisan de votre gloire aussi bien que de votre personne, je prie Dieu incessamment pour votre prospérité ; et comme j'attendrai toujours de vos nouvelles, aussi je ne manquerai point de vous en donner des miennes pour m'acquitter de l'estime bien singulière que je fais de vous et de tout ce qui peut encore regarder l'avancement des affaires du roi dans cette province, dans laquelle je vous ferai toujours voir, comme partout ailleurs, que je suis véritablement,

Monsieur, votre, etc.

A Plaisance, ce 28 septembre 1640.

LETTRE DE M. L'ARCHEVÊQUE DE BORDEAUX

A M. LE MARÉCHAL D'ESTRÉES, POUR LUI FAIRE SAVOIR QUE DANS TOUS LES PORTS DU PAPE L'ON N'OSAIT RECEVOIR AUCUN FRANÇAIS NI PERMETTRE QUE L'ON LUI ENVOIE DES NOUVELLES.

Du travers de Naples, ce 29 septembre 1640.

MONSIEUR,

Voici la quatrième dépêche que je vous ai faite sans qu'on ait voulu permettre qu'elles aient été reçues dans les terres du pape, soit à Civita-Vecchia, soit à Lassaro, où j'ai envoyé deux fois, et la dernière l'on a pris le maréchal-des-logis de mes gardes et six de ses compagnons prisonniers, que j'avais envoyés pour vous porter une dépêche ; et après l'avoir gardé trois jours, l'on l'a laissé aller sans vouloir souffrir que le consul se chargeât de sa dépêche, lequel consul a fait ce qu'il a pu. J'estime qu'il est nécessaire de savoir s'il y a assurance ou non pour nous dans les terres de sa sainteté. Ils disent partout qu'ils « ont ordre « du cardinal Barbarini de tirer sur nos gens, et de fait ils ont tiré « d'une tour ¹, » laquelle tout le conseil voulait que « je fisse raser, » mais le respect de sa sainteté m'en a empêché. Je vous dépêche ce vaisseau à Livourne pour savoir de vous ce que je dois faire en cette conjoncture et vous donner avis de l'état où je suis, qui est que nous avons « visité le port de Gaëte, où l'on a trouvé peu de barques et tirées « à terre, » qui fait croire que celui qui y a apporté la cavalerie est retourné à Naples. « Les quatorze galères qui étaient à Gênes » y sont revenues, mais comme elles vont « la rame à la main près des terres, » il est malaisé que les vaisseaux en approchent. J'ai été battu de deux grands coups de vent : l'un, qui m'a tenu huit jours côte en travers sur la plage romaine, l'autre, sur Ischia, où je suis encore et tâcherai à y demeurer jusqu'à ce que le temps « me permette d'aller à Naples pour « voir s'il y a des vaisseaux cachés, » comme l'on dit, « et laisserai une « escadre de dix vaisseaux dans le port de Ponza, » pour empêcher que rien ne passe, s'il y avait quelque chose, à « Gaëte ou dans le reste de la côte ; » ils seront toujours bord sur bord « de Pouzzol ¹ audit Ponza. « Les Turcs ont pris et abattu la tour qui était en Pouzzol, apparte- « nant au duc de Parme, » et maintenant le vice-roi de Naples lui fait une querelle d'Allemand pour « la rebâtir » vitement, autrement qu'il la fera refaire et la conservera « pour le roi » son maître. J'estime qu'il faudrait ménager avec lui, s'il était possible, qu'il trouvât « bon que « le roi la fît refaire sous son nom et qu'il y ait garnison sous la com- « mission dudit duc, » d'autant que c'est un parfaitement beau lieu, « belle rade, un joli port pour galères et petits vaisseaux, où il y a de « l'eau et un parage où l'on voit tout ce qui passe de Naples et Sicile

---

¹ Ce qui est guillemetté était destiné à être chiffré dans l'autographe.

·² Pouzzol, tout auprès de Naples, dans le golfe de Naples, en dedans de la pointe N.-O. de la baie.

« pour l'Espagne et le Milanais. » J'estime cette affaire de grande conséquence pour le roi, qui n'a « aucune retraite en ces côtes; » que s'il
nous pouvait ménager cela avec lui, il faudrait qu'il fît « travailler di-
« ligemment à relever la tour abattue, » afin qu'étant remise nous
pussions avec sûreté faire ce « qu'il faudrait y ajouter. » L'affaire, si je
ne me trompe, mérite diligence, cela étant trop important « aux Espa-
« gnols pour le négliger. »

Je vous dirai aussi que la première fois qu'on fut à Lassaro pour vous
porter un paquet qu'on refusa, il se mit dans la felouque un grand
homme napolitain de quelque trente ans, un peu rousseau, qui se
nomme Blaise Caracciolo, marchese de Santo-Angelo, lequel dit « qu'il
« voulait venir voir l'armée. » Quand il fut dans la felouque, il commença à « commander aux marins de le remettre à terre; » six gardes
qui étaient dedans « lui dirent qu'il fallait venir à moi. »

Ils me l'ont amené : c'est un homme qui « ne sait pourquoi il a fait
« ce qu'il a fait. » Je crois, pour moi, « qu'il était ivre, étant assez extra-
« vagant; » et de fait, depuis qu'il est ici, il s'est « encore enivré une
« fois. » Il dit être « banni à cause de la mort de celui qui fut pris à
« Rome, qui était son cousin germain, » et qu'il est de la première
maison de Naples. Je lui ai demandé s'il voulait « servir le roi, et ce qu'il
« pourrait contribuer à son service. » Il dit qu'il ne veut pas « desservir
« le roi d'Espagne, » mais que la curiosité l'a amené ici, d'où je ne
crois pas qu'il s'en retourne si facilement, « que je n'aye su de vous ce
« qu'il est et ce que vous jugerez à propos qu'on en fasse. »

Si vous me voulez faire savoir de vos nouvelles, il faut envoyer un
des vôtres à [1] . . . . . , lequel prendra une felouque pour venir au bout
du cap de Monte-Circello, où il verra de nos vaisseaux; que s'il n'en voit
pas, il peut venir jusqu'à [2] . . . . . et aller au premier voile carré qu'il
verra. S'il ne veut s'embarquer, qu'il envoie un pêcheur avertir le premier voile carré qu'il verra qu'il y a à terre un homme de notre part,
et ils iront quérir les lettres. Que si l'on voulait souffrir que nous y en-
voyassions ou l'un ou l'autre, tous les jours vous auriez de nos nouvelles;
ce que j'estime bien nécessaire durant que je serai en cette côte. Il faut

[1] En blanc dans l'original.   [2] En blanc dans l'original.

aussi, s'il vous plaît, en envoyer le duplicata à Livourne, où le vaisseau sera ou quelque autre.

M. de Noyers envoie à M. de Bordeaux la liste des vaisseaux qui doivent repasser en ponant.

MÉMOIRE DE M. DE NOYERS

POUR M. DE BORDEAUX, ET ÉTAT DES VAISSEAUX QUE SON EXCELLENCE A ESTIMÉ A PROPOS DE FAIRE REPASSER DE LEVANT EN PONANT.

A Chaulnes, le 20 septembre 1640.

L'amiral d'Espagne, qu'on estime être de mille tonneaux.

Six autres vaisseaux de six cents et de cinq cents tonneaux, lesquels M. de Bordeaux choisira, soit des français ou des espagnols, ainsi qu'il estimera à propos, ayant besoin des plus forts en ponant pour opposer à ceux d'Espagne.

On estime de deçà que *la Royale* et *la Cardinale*, n'étant chacune que de six-vingts tonneaux, sont peu propres à servir en levant, et qu'elles seraient plus utiles en ponant pour, avec de bonnes chaloupes, faire la guerre aux pirates qui viennent voler dans nos côtes avec des barques et pinasses. Si M. de Bordeaux est de cet avis, il renverra encore les susdites deux pataches.

On a fait fonds pour donner une montre à tous les équipages en désarmant, et outre cela on remènera tous les ponantins en leur pays, par le renvoi des vaisseaux ci-dessus mentionnés, aux dépens du roi.

M. de Bordeaux recevra les officiers de l'artillerie; mais il laissera les canons qu'il destinait pour la terre avec l'équipage du levant, en lieu sûr où rien ne se puisse perdre.

Cet article se doit aussi entendre pour les boulets et autres munitions, qui se recouvrent difficilement en levant.

Son éminence m'a commandé d'envoyer le présent mémoire à M. de Bordeaux.

DE NOYERS.

Dans cette lettre sévère, M. le cardinal se plaint à M. de Bordeaux du peu de succès de l'armée navale pendant cette année.

LETTRE DE M. LE CARDINAL DE RICHELIEU

A M. L'ARCHEVÊQUE DE BORDEAUX, TOUCHANT LES MANQUEMENTS FAITS PAR LE BAILLI DE FORBIN, LES PRISES DES MARCHANDISES ET LA DISPOSITION DES VAISSEAUX.

MONSIEUR,

Je suis extrêmement fâché du mauvais succès qu'a eu tout votre emploi de cette année. J'écris comme je dois à M. de Forbin pour savoir de lui quelles raisons il peut avoir pour justifier les manquements auxquels vous écrivez qu'il est tombé. Et, en cela, je ne crois pas que le roi veuille être payé de mauvaise monnaie, l'affaire étant trop importante pour recevoir de mauvaises excuses.

Je n'ai point encore reçu les procès-verbaux de la prise que vous avez faite des vaisseaux qui sont à Toulon. Aussitôt que je l'aurai, je la ferai juger. On parle si diversement de ce qui est dedans que je serai bien aise d'en avoir un inventaire particulier. Vous me ferez le plaisir de le faire faire.

J'ai pourvu à la montre qui est nécessaire pour le désarmement des deux armées de levant et ponant, et les matelots ponantins n'auront pas sujet de se plaindre, par la résolution que le roi a prise de faire repasser dans le ponant six de ses meilleurs vaisseaux de ceux qui sont en levant, qui rapporteront lesdits matelots jusque dans les ports où on les a fait embarquer. Ce courrier vous porte l'ordre dudit passage, et sa majesté vous laisse le choix des vaisseaux que vous estimerez les meilleurs à cet effet.

S'il y a dans votre armement quelques vieux vaisseaux qui ne soient plus propres pour la guerre et qui puissent servir à la marchandise, je crois qu'il est plus à propos de les vendre que de les laisser périr inutilement; et partant, si vous trouvez commodité de les vendre à des marchands, en réservant l'artillerie de fonte verte, la liberté vous en est laissée.

Après avoir fait votre désarmement, vous pouvez aller vous rafraîchir chez vous, ainsi que vous le désirez. Vous me ferez grand plaisir d'avoir soin de votre santé, et de croire que je suis,

Monsieur,

Votre très-affectionné comme frère à vous rendre service.

Le Cardinal DE RICHELIEU.

Cette lettre de M. de Noyers est relative au soulèvement de la Catalogne, qui, ainsi qu'on le verra dans l'année 1641, voulait se donner à la France.

LETTRE DE M. DE NOYERS

A M. L'ARCHEVÊQUE DE BORDEAUX.

MONSIEUR,

Sur la proposition faite par les Catalans de se mettre en la protection du roi, sa majesté a envoyé par delà M. Duplessis-Besançon, qui, après avoir conféré avec M. d'Espenan et quelques députés de Barcelonne, a dépêché vers sa majesté et fait beaucoup espérer de ce mouvement. Vous verrez les intentions du roi et de son éminence par celle que je vous adresse, et vous mettrez, s'il vous plait, en devoir de les exécuter au plus tôt, ne doutant pas que vous ne preniez grand plaisir de contribuer et prendre part à une action qui peut beaucoup servir à l'avantage des affaires du roi, non seulement par l'intérêt que vous prenez au bien public, mais par le juste désir de gloire qu'ont tous ceux qui commandent les armées. Je suis,

Monsieur,

Votre très-humble serviteur,

DE NOYERS.

De Chaulnes, le 26 septembre 1640.

Le roi donne ordre à M. l'archevêque de Bordeaux de revenir à l'instant aux îles de Marseille avec douze ou quinze vaisseaux et autant de galères pour aller en Catalogne recevoir le port de Roses, que les Catalans révoltés contre l'Espagne ont assiégé, et promettent de livrer au roi, lui demandant secours par terre et par mer.

LETTRE DU ROI

A M. L'ARCHEVÊQUE DE BORDEAUX.

A Chantilly, le 26 septembre 1640.

Monsieur l'archevêque de Bordeaux, les États et peuples de la Catalogne ayant pris les armes, comme vous l'avez su, ont formé un grand corps de troupes pour se mettre en liberté, et m'ayant demandé, pour cet effet, ma protection et le secours de mes armes par mer et par terre, avec offre de remettre en mes mains le port de Roses, dont ils assiégent présentement les forteresses, j'ai estimé que dans la guerre présente, ouverte contre la couronne d'Espagne, j'avais tout sujet de bien recevoir leurs propositions, de les assister pour les faire réussir; et parce qu'il importe d'être promptement en état d'effectuer ce qu'ils désirent, je vous dépêche ce courrier exprès pour vous dire que vous ayez à vous rendre le plus tôt que vous pourrez vers les îles de Marseille avec douze ou quinze vaisseaux de mon armée navale, et autant de galères, s'il est possible, et que vous vous teniez avec ces forces auxdites îles en attendant le succès dudit siège, pour, selon l'avis que vous aurez du sieur d'Espenan ou du sieur Duplessis-Besançon, qui peut-être vous écrira de Barcelonne, aller recevoir en mon nom ledit port et lesdites forteresses, et les assurer entièrement à mon service et pour le secours des Catalans. A quoi me promettant que vous apporterez toute la diligence et les soins nécessaires, je n'ajouterai rien à cette lettre que pour vous recommander de tenir ce que je vous ordonne aussi secret que vous jugerez bien qu'il est convenable pour mon service, priant

Dieu qu'il vous ait, monsieur l'archevêque de Bordeaux, en sa sainte
et digne garde.

LOUIS.

Sᴜʙʟᴇᴛ.

Dans la lettre suivante, M. l'archevêque de Bordeaux donne
des détails sur son voyage à Naples, où il a amené quelques
vaisseaux ; les autres s'étant sauvés et retirés dans la darse, le
prélat, n'ayant point de galères pour se remorquer, ne put les
y poursuivre.

LETTRE DE M. L'ARCHEVÊQUE DE BORDEAUX

Aᴜ. ᴍ. ʟᴇ ᴄᴀʀᴅɪɴᴀʟ ᴅᴇ ʀɪᴄʜᴇʟɪᴇᴜ.

Du golfe de Naples, le 29 septembre 1640.

Mᴏɴsᴇɪɢɴᴇᴜʀ,

Les galères retirées, comme j'ai informé votre éminence, et toutes
celles des ennemis qui sont en Italie se promenant sans que je les en
puisse empêcher, je suis venu à Naples pour les arrêter, et par ce moyen
leur secours. Nous y avons pris trois vaisseaux anglais et hambourgeois,
et brûlé un qu'ils avaient tiré à terre, les autres s'étant cachés dans
leur darse avec grande frayeur ; lesquels nous eussions brûlés infailliblement, si les galères eussent été avec nous ; mais n'y ayant aucun
mouillage en toute la baie de Naples, que sous les murailles de la ville,
et par conséquent du canon qui y est en abondance, nous n'avons su
rien entreprendre; le calme étant tel, dès qu'on approche des murailles,
qu'après y avoir brûlé tous les vaisseaux ennemis, il nous eût fallu
brûler les nôtres, n'ayant rien de quoi nous remorquer. Et je n'ai pas
cru que vous eussiez eu agréable que j'eusse mis votre armée en hasard
de se perdre pour une armée de vaisseaux frétés ; et j'envoyai ce porteur pour avoir l'honneur de recevoir vos commandements sur ce que
j'ai à faire maintenant, appréhendant que les coups de vent dans l'hiver
ne fassent périr vos vaisseaux, étant en corps d'armée toujours bord sur

bord, la plus longue des rives n'étant que cent milles, qui est vingt-cinq lieues du ponant, qui se peuvent faire facilement en vingt-quatre heures de mauvais temps. Cinq ou six vaisseaux ensemble trouvent des ports et des abris dont une armée entière ne se peut servir, et je crains d'un autre côté que, dès que nous serons en rade de France, l'armée de Naples ne mette à la mer; ce qui est bien probable, puisqu'il la paie depuis huit mois dans le port, et cela se peut faire, n'ayant qu'une brasse à faire, et par conséquent toute la longueur de la mer à courir les ports à soi, comme vous peut dire ce porteur; mais jusqu'à cette heure nous avons fait que le secours n'est point passé, dont il est malaisé de vous répondre à l'avenir des vaisseaux, n'ayant point de galères.

Il est extrêmement nécessaire aussi de savoir les intentions de votre éminence sur plusieurs points, dont je charge ce porteur, afin qu'elle soit servie comme je le désire.

Pour la Barbarie, on n'y peut rien faire qu'en rendant leurs esclaves par échange ou par leur faire la guerre : votre éminence choisira à quel parti on se devra attacher.

Elle ordonnera aussi, s'il lui plaît, ce que l'on fera de ces trois vaisseaux pris à Naples. Le nom d'Anglais me fait craindre : ils protestent qu'ils n'étaient pas là pour servir le roi d'Espagne; et de fait, ils n'ont point tiré, mais aussi ils n'ont point salué le pavillon ni voulu en approcher que par force, et de fait il a fallu braver leurs forts pour les avoir, retirant dessous tant qu'ils pouvaient.

M. Bidaud continue d'instruire M. de Bordeaux des affaires d'Italie.

LETTRE DU SIEUR BIDAUD

A M. L'ARCHEVÊQUE DE BORDEAUX.

MONSEIGNEUR,

Le temps a été si mauvais depuis quinze jours qu'il m'a été impossible de vous rendre mes devoirs, et au courrier qui m'a rendu les dépêches ci-jointes d'arriver ici plus tôt qu'hier avec trois de ses com-

pagnons; il est vrai que je n'ai rien su de considérable depuis ma dernière des affaires des ennemis par mer, comme je n'ai encore aucun
avis des galères de Ferrandine et Doria qui passèrent en Espagne avec
les Napolitains. On ne leur a voulu permettre de débarquer à Cadagne,
et le roi d'Espagne ayant fait emprisonner les députés des royaumes de
Valence et d'Aragon sans les ouïr, ils se sont effectivement soulevés, et
en quelques lieux de Castille on a refusé de payer les nouvelles impositions, de loger la soldatesque de l'armée avec laquelle leur roi
devait partir le 20 de ce mois pour la Catalogne, et on y a tué même le
commissaire qu'il avait envoyé pour faire les logements.

Vous savez, monseigneur, à ce que je crois, mieux que nous ce qui
se passe dans le royaume de Naples, où l'on dit ici, pour chose assurée,
qu'il y a douze mille Napolitains révoltés en campagne, commandés
par un des principaux seigneurs de ce royaume et de ses autres adhérents; et il y a aussi quelques avis que les naturels, assemblés au nombre
de quarante mille, sont résolus de chasser les Espagnols, qui de tous
côtés sont faibles et attaqués.

On me mande de Rome et de Florence que don Francisco de Melos
fait son possible pour obtenir du pape le passage par terre de son infanterie et de la cavalerie napolitaine que vous retenez dans le port de
Gaëtte, où, comme vous me mandez, ils eussent été mal assurés si
vous eussiez eu avec vous les galères du roi, que cette felouque me dit
devoir passer demain ici pour vous aller trouver. Votre excellence aura
vu ce que j'ai écrit à la cour sur leur retour en Provence, conforme,
à ce que je crois, à vos sentiments.

Enfin Turin a suivi Arras, mais les ennemis sont si soigneux de garder
les passages que, depuis la chute d'icelui, il n'en est venu aucun, et
je vous envoie ce qu'on m'en écrit de Milan, et les particularités du
combat de M. le marquis de Brézé contre la flotte d'Espagne.

Quant à l'Altare, c'est un village de cinquante maisons, ouvert, avec
un vieux château assez bon pour la main, qui ne se peut garder contre
les ennemis, si nous n'avons le Cingio et les langues du Piémont ou du
Montferrat, et en ce cas nous n'avons que faire de l'acheter, car il
sera toujours au plus fort; mais je crois que M. de Bonsy a entendu

toutes les langues du Montferrat pour l'Altare, dont Nice et Acqui sont, qui ne se déclareront pas sans voir des forces capables de les protéger, et je ne sais si de cette année on pourra s'attacher à ce dessein, qui véritablement nous ouvrirait le passage de la mer pour Casal et le Piémont, et faciliterait tout-à-fait l'acquisition de Final.

Il est passé ici un brigadier de la compagnie de vos gardes avec six de ses camarades, qui en partirent hier pour Provence, quoique je leur aye conseillé ou d'attendre les galères ou de retourner vers votre éminence, et M. Rabut me mande leur avoir persuadé le même. Mon homme leur a donné, en mon absence, cinq pistoles pour leur dépense, pendant qu'ils ont séjourné en ce port, pour se faire porter en Provence.

Le roi est retourné à Saint-Germain, et son éminence séjournera à la frontière de Picardie jusqu'à ce que les affaires d'Arras soient assurées. J'ai fait tenir à M. le prince de Parme votre dépêche, et je vous envoie ce que je viens de recevoir tout à cette heure de Milan, de la défaite de Piccolomini, que les ennemis pallient, mais on l'assure bien grande et lui blessé. Je vous supplie me conserver toujours sous votre protection et dans l'honneur de vos bonnes grâces,

> Monseigneur,
> Votre très-humble et très-obéissant serviteur,

> BIDAUD.

De Gênes, le 3o septembre 164o.

LETTRE DU SIEUR BIDAUD

A M. L'ARCHEVÊQUE DE BORDEAUX.

MONSEIGNEUR,

Je n'ai rien à ajouter aux nouvelles que je me suis donné l'honneur de vous écrire sur la prise de Turin, sinon que M. le prince Thomas est mal satisfait au dernier point des Espagnols, dont l'on croit de voir bientôt ses ressentiments, qu'il n'aurait pas délayé davantage si sa femme et ses enfants n'étaient en Espagne.

Je vous renvoie, monseigneur, le patron Galetto avec une dépêche

de M. le duc de Parme et une autre de M. le bailli de Forbin. Son altesse me mande que vous avez alarmé tout le royaume de Naples et
fait résoudre don Francisco de Melos d'envoyer ses hardes en Pouille
pour les embarquer pour Venise et prendre lui-même ce chemin. Il me
marque aussi que les Espagnols et le grand-duc appréhendent fort que
votre excellence ne s'empare de Piombino, comme l'on croyait qu'elle
ferait, ou d'Orbitello et de Porto-Vecchio, en Corse, lesquels fortifiant,
Porto-Longone ne pourrait tenir long-temps ; et y tenant une partie
de l'armée du roi (qui y pourrait facilement subsister pour l'abondance des victuailles en cesdits lieux), la communication des États de
Naples, Sicile et Sardaigne serait entièrement interrompue avec les
autres du roi d'Espagne et de ses partiaux.

Votre excellence verra par celle de M. le bailli de Forbin qu'au lieu
de vous aller trouver, après avoir été contraint par le mauvais temps
de manger ses victuailles dans le port de Toulon, il s'alla retirer entièrement dans celui de Marseille. Ledit patron Galetto a fait ici quarantaine avec vos gardes; et ne s'étant pas trouvé un sou, j'ai été contraint,
pour vous le renvoyer, de lui donner cinq pistoles, y compris une
que lesdits gardes lui devaient; ce que j'ai cru plus à propos que de
prendre une felouque exprès pour vous porter les dépêches ci-jointes,
qui vous aurait coûté davantage.

J'envoie encore à votre excellence un mémoire d'un ingénieur que
j'ai connu autrefois, lequel promet beaucoup et choses de grande considération si elles réussissaient; et comme il offre d'en faire l'essai à ses
dépens, en lui payant seulement ceux de son voyage, si les propositions vous agréent et que vous m'ordonniez de le faire venir, et de
vous l'envoyer, et ce que j'aurai à lui donner pour sondit voyage, qu'il
veut avoir ici, je le ferai incontinent, vous suppliant de prendre assurance qu'il n'y a personne au monde qui honore et observe plus ponctuellement vos commandements que,

    Monseigneur,
    Votre très-humble et très-obéissant serviteur.

                        BIDAUD.

A Gênes, le 2 octobre 1640.

Dans la lettre suivante, M. le maréchal d'Estrées donne à M. de Bordeaux des détails sur les mauvais traitements faits à quelques barques françaises, et lui rend compte de l'impression causée à Naples par le voyage du prélat dans ces mers.

LETTRE DU MARÉCHAL D'ESTRÉES

A M. L'ARCHEVÊQUE DE BORDEAUX.

MONSIEUR,

A moins que de nous avoir fait la faveur d'envoyer un exprès à Rome pour nous donner part du succès de votre voyage vers Naples, fort glorieux pour vous et pour les armes de sa majesté, je n'aurais pu avoir de vos nouvelles, n'ayant point reçu la lettre dont vous me faites mention, quelques perquisitions que j'en aye faites. Sur l'avis que j'avais eu, qu'une felouque que vous aviez envoyée à Civita-Vecchia n'y avait pas reçu le bon traitement qui se devait, par le baron Mathé, gouverneur dudit lieu; sur quoi ayant fait des plaintes, l'on m'a dit qu'il n'était pas là; mais à deux ou trois lieues éloigné en sa maison, et que ladite felouque avait remporté les paquets, n'ayant pas trouvé audit Civita-Vecchia le consul français. Vous aurez su encore ce qui s'est passé à deux barques, à Fiumicino, et à Nettune; à quoi, aussitôt que j'en ai été averti, je n'ai pas manqué d'essayer à faire réparer le désordre et les mauvais traitements qu'ils ont reçus. C'est peu de discrétion et de prudence à ces messieurs de deçà d'en user de la sorte, étant bien aisé comme il vous est de vous ressentir. Nous avions déjà appris l'étonnement et la confusion que vous avez mis dans Naples et tous ces quartiers-là, à quoi on ajoutait encore que vous aviez pris l'île de Nisita, et comme votre approche de ces quartiers-là avait été très-avantageuse pour le dessein principal qui vous y menait, qui était d'empêcher le secours, tant d'infanterie que cavalerie, attendu du royaume de Naples avec tant de désir et impatience par le marquis de Leganez, ce qui a donné moyen à M. le comte d'Harcourt de se rendre plus facilement maître de Turin, ainsi qu'il y a huit jours nous en avons reçu nouvelles ; et dont aussitôt par la voie de Florence à Livourne je vous donnai part, bien que je crusse que vous le puissiez savoir d'ailleurs. A quoi j'ajouterai encore la route que Banier a donnée à Piccolomini, lequel on tient même y avoir été blessé. Vos lettres m'ont trouvé en ce lieu de Caprarolle, où je suis venu passer quelques jours, attendant réponse de France sur les difficultés et chicaneries de l'exécution pour l'accord qui a été arrêté et conclu en France, entre sa majesté et le pape ; cela me donnera plus de commodité d'y faire imprimer votre relation, ou sans peine ni cérémonies je le pourrai faire à Rossillon, proche d'ici, qui est des États de M. de Parme. Si le temps est à la mer, ainsi qu'il y a grande apparence, comme nous l'avons depuis quelques jours à la terre, il sera bien difficile que vous puissiez vous entretenir davantage en ces côtes. Je vous supplie de me mander entre les mains de qui les dernières lettres qu'il vous avait plu m'écrire ont été consignées, afin de m'en plaindre et en tirer raison, et empêcher qu'on en use une autre fois si indiscrètement. Je vous envoie un mot de lettre que je viens de recevoir tout présentement du sieur Matthéo Sachetti, auquel j'ai mandé comme il ne s'était pas passé encore trop de temps pour avoir réponse de la cour. Conservez-moi, s'il vous plaît, l'honneur de vos bonnes grâces, ainsi que je vous en supplie, et de me croire autant que je le suis, par raison et par devoir,

Monsieur, votre, etc.

Maréchal d'Estrées.

A Caprarolle, le 3 octobre 1640.

LETTRE DE M. DE NOYERS

A M. L'ARCHEVÊQUE DE BORDEAUX, TOUCHANT LA RÉVOLTE
DE LA CATALOGNE.

De Ruel, le 3 octobre 1640.

MONSIEUR,

Le retour de M. Duplessis-Besançon nous ayant appris que, bien que la révolte de la Catalogne soit plus échauffée qu'elle n'a encore été, ils ne croient pas toutefois avoir besoin de l'armée navale, ni des galères de France, pour s'opposer aux forces du roi d'Espagne, tant ils les méprisent, j'ai eu commandement du roi et de M. le cardinal de vous dépêcher ce courrier exprès, pour vous dire que, nonobstant les ordres qui vous ont été envoyés, de vous rendre avec un certain nombre de vaisseaux et de galères aux îles de Marseille, pour de là prendre la route du port de Roses, selon les avis que vous en recevrez de M. d'Espenan ou dudit sieur Duplessis-Besançon, vous pouvez maintenant former tels desseins avec l'armée navale et les galères que bon vous semblera, soit que vous continuiez dans la pensée de celui dont vous avez donné avis à son éminence, par vos dernières, soit que vous vous attachiez à quelque autre que vous estimerez avantageux aux affaires de sa majesté, sans que ceux de la Catalogne vous divertissent en aucune façon. Et afin que vous n'y trouviez aucun retardement de la part des galères, je donne avis de ce changement d'ordre à M. le bailli de Forbin, et lui mande qu'il ait à faire tout ce que vous lui prescrirez sans délai.

LETTRE DE M. LE DUC DE PARME

A M. L'ARCHEVÊQUE DE BORDEAUX, LUI PROMETTANT DE SONGER AUX
ENTREPRISES QU'ILS POURRAIENT EXÉCUTER ENSEMBLE EN ITALIE POUR
LE ROI DE FRANCE.

Le nombre que vous me marquez de me pourvoir de barques est capable de pouvoir faire quelque chose de ce côté ici, et même cet hiver j'irai songeant aux entreprises qui se pourraient faire, et quand je verrai jour à quelque chose, je vous en donnerai part, afin de recevoir les moyens pour l'exécuter. Pour ce qui est de Pons, je n'ai rien entendu de votre part, si ce n'est ce que m'en manda M. de Châtillon, M. le maréchal d'Estrées; sur quoi j'ai prié M. de Châtillon du Houssaye de vous dire ce qui se pourrait faire, lui ayant ouvert mon cœur, comme je ferai toujours en tout ce qui regardera le service du roi, et là-dessus j'attendrai de vos nouvelles.

Et parce que dans la lettre que vous écrivez au Gaufridi, vous lui marquez que vous tâcherez de venir à Sestri de Levant, pour après vous faire la voie jusqu'à Parme, j'attendrai de recevoir cette faveur de vous, et arrivant à Sestri de Levant, vous serez content de m'avertir d'abord, afin que vous trouviez aux confins de la république de Gênes qui vous serve; et certes, dans cette entrevue, nous pourrions ajuster beaucoup de choses pour le service du roi.

LETTRE DE M. LE MARÉCHAL D'ESTRÉES

A M. L'ARCHEVÊQUE DE BORDEAUX.

A Caprarola, le 7 octobre 1640.

MONSIEUR,

Vous avez vu par la réponse que j'ai faite à vos lettres du 29 du mois passé, comment je n'avais point reçu aucune des précédentes que vous m'avez fait la faveur de m'écrire, et ne m'ont été rendues qu'aujourd'hui en date des 8, 9, 15 et 19 dudit mois, par la voie de Livourne; ce n'a pas été sans grand déplaisir et colère, de voir que la malice ou la lâcheté du cardinal Barbarin m'empêche en cette occasion de servir le roi et vous aussi comme je devais. De long-temps peut-être ne s'en présentera-t-il une semblable. J'en dirais davantage, n'était qu'on croirait que la passion particulière me fait parler, plutôt que le juste ressentiment de voir le roi si mal traité en tant de manières, par des personnes auxquelles il a témoigné tant de bonne volonté, et fait l'honneur de mettre en leur maison la protection et direction des affaires de France. Quand vous auriez fait raser la tour qui a tiré sur vous, ils l'auraient souffert très-patiemment, sachant mieux endurer les affronts et les offenses que de faire aucune courtoisie et civilité. Je n'aurais jamais fait, si je voulais dire toutes leurs mauvaises et indignes procédures. J'ai envoyé aussitôt quérir le consul de Terracine, pour savoir de lui pourquoi il a tant retardé à me faire tenir le paquet que lui aviez fait mettre entre les mains, que je n'ai reçu que présentement avec les autres ; et vous assure que s'il ne sait s'en démêler comme il faut, ce que je crois bien difficile, je le châtierai comme mérite une si mauvaise action et préjudiciable au service du roi, et faudra écrire à M. de Chavigny, afin qu'il lui ôte sa charge.

Quant à ce que vous désirez savoir, en quel état est le traité de ligue d'entre le pape et la république de Venise, je vous dirai qu'après avoir de part et d'autre montré grande chaleur pour en venir à la conclusion et être tombé d'accord de quelques articles, comme d'entretenir douze mille hommes de pied et deux mille chevaux, dont la république de Venise en paierait sept mille et le pape cinq, la république les devra tiers de la cavalerie, et le pape l'autre, que ladite ligue serait simplement défensive, le pape pressant la nomination du général des armées, la république n'y a pas voulu entendre présentement, disant qu'il serait assez à temps lorsque l'un d'eux serait attaqué et que leurs troupes auraient à se joindre ensemble; ainsi cet article est demeuré indécis. Le pape a désiré qu'outre la défense réciproque, à quoi les parties s'obligent en cas que l'une des deux fût attaquée, qu'il y eût clause plus expresse pour ce qui touche les fiefs de l'Église; sur quoi la république de Venise s'est excusée disant que qui promet tout, ne réserve rien, et que cette déclaration particulière était éloignée de la fin pour laquelle ils s'étaient voulu unir et faire une ligue, qui est pour le repos public et particulier d'Italie, et que c'était leur jeter sur les bras les Espagnols, sans besoin ni nécessité ; et que si les Espagnols venaient aujourd'hui à refuser la présentation de la haquenée au pape pour Naples, à savoir s'ils voudraient qu'ils lui déclarassent la guerre. J'en ai dit mon avis à M. l'ambassadeur de Venise et à quelques cardinaux de la congrégation à laquelle cette affaire est remise, et qu'il me semblait que les uns ni les autres ne devaient pas s'arrêter en si beau chemin. Il s'est cherché

quelque tempérament pour essayer d'ajuster cet article, sur lequel
le pape et la république se sont montrés si arrêtés et si opiniâtres.
Voilà jusqu'ici l'état auquel est cette affaire, que la prise de Turin
n'avancera pas de se conclure, la crainte et la nécessité qui les avaient
portés à leur conservation commune étant cessées, et il est à appréhender qu'ils n'y repensent et songent plus à leur mécontentement et
dégoûts particuliers qu'à l'intérêt public.

J'ai vu comme vous aviez arrêté un Luigi Caraffa ; il y en a tant du
même nom, que je ne vous puis pas pour le présent donner aucune information particulière de cette personne-là. Il y en a encore un que
le cardinal Antoine a retiré depuis quatre ou cinq ans, qui autrefois a
traité avec M. le cardinal de Lyon, et qu'il a envoyé en son abbaye de
Subiac, depuis l'enlèvement du prince de Sans, craignant qu'on ne
lui en fît autant. Il y a un mois qu'il me fit demander, par le comte de
Châteauvillain, un passeport pour aller trouver le roi ; mais en ayant
conféré avec M. le cardinal Bricchi, nous tombâmes dans ce même
avis, qu'il valait mieux le divertir de ce dessein que d'en charger le
roi ; et lui offrîmes, s'il pouvait vous rendre quelques services, de vous
l'adresser et envoyer. Il est bien véritablement de la bonne famille des
Caraffa. Vers le commencement du mois de septembre, il en vint un
de cette maison, à ce qu'il dit ; il s'appelle Francisco Caraffa da Ce-
serchi, qui me fit proposer par un des miens, qu'il aurait moyen de se
rendre maître d'un des châteaux de Naples. Je voulais vous l'envoyer,
mais il s'en excusa, disant qu'il avait besoin de retourner encore faire
un voyage à Naples. Il prit un chiffre de celui qui avait traité avec lui pour
l'avertir de ce qui se passait ; mais, jusqu'ici, nous n'avons point eu de
ses nouvelles. Il y a beaucoup de semblables personnes qui, depuis que
je suis à Rome, m'ont fait de pareilles offres, mais sans grand fondement ; d'autres pour escroquer quelque chose : ce n'est pas qu'il n'y
ait une infinité de malcontents, mais le pouvoir ou la résolution leur
manque. Je suis bien marri de n'avoir su plus tôt la proposition que
vous m'avez faite touchant l'île de Pons, j'en aurais écrit à M. de Parme,
et vous en auriez maintenant réponse. Je ne manquerai pas d'y satisfaire
au plus tôt, et de vous faire savoir la réponse en quelque part que vous

soyez, voulant très-grand mal à ceux qui nous ont empêché et traversé la communication qui était si nécessaire en ce temps ici; et je n'aurais pas manqué de vous envoyer à toutes heures des personnes expresses pour voir ce qui aurait été pour l'avantage du service du roi et le vôtre particulier, et même je me serais avancé jusqu'à Nettune pour y satisfaire plus promptement au commandement, et chercher si l'occasion aurait pu porter que j'eusse l'honneur de vous voir, et assurer moi-même, comme je le fais par cette lettre, que je suis toujours,

Monsieur, votre, etc.

Maréchal d'Estrées.

LETTRE DE M. LE MARÉCHAL D'ESTRÉES

À M. L'ARCHEVÊQUE DE BORDEAUX, TOUCHANT QUELQUES PLAINTES QUE LEDIT SIEUR ARCHEVÊQUE AVAIT FAITES DE CE QU'ON AVAIT TIRÉ SUR SON ARMÉE, DES TERRES DU PAPE.

Monsieur,

J'ai reçu vos lettres, comme vous verrez par le duplicata ci-joint, et comme à même temps j'y fis réponse, tant par la voie de Livourne que par un homme que j'envoyai de ce lieu au consul de Civita-Vecchia, lequel n'étant point retourné, je suis en peine s'il lui sera mésavenu, ou s'il se sera enfui avec mes lettres. Il m'avait été baillé par le concierge de cette maison, ce qui fait que j'envoie encore un autre duplicata audit Civita-Vecchia, par un des miens, et y ajoute ce mot pour vous dire comme don Francisco de Melos s'est résolu de prendre la mer, et de passer du côté du golfe de Venise. Vous verrez l'extrait de la lettre de M. le cardinal Bricchi, sur les plaintes que j'ai faites de nouveau. Le père Valério, qui est venu ce matin de Rome, m'a dit qu'il s'était fait deux ou trois congrégations sur les plaintes qui avaient été faites à votre sujet, et que le cardinal Barbarin vous devait écrire, pour vous faire des excuses, et que ce n'avait point été l'intention du pape et la sienne non plus que d'avoir tiré sur votre armée, et offrit d'en faire raison et justice. Je serais très-aise que la chose soit comme il dit; il me l'a dit en secret et comme de lui-même et non pas avec charge : ce qui me pourrait faire douter aucunement de la chose, bien que d'ailleurs étant si raisonnable et si juste, il semble que ce serait le moins qu'ils devraient. J'ai écrit où vous savez, et en la forme que vous avez désiré ; je voudrais bien trouver quelqu'autre occasion plus pressante de vous pouvoir témoigner combien je suis,

Monsieur, votre, etc.

Maréchal D'ESTRÉES.

A Caprarolle, le 10 octobre 1640.

Dans la lettre suivante, M. Bidaud donne à M. de Bordeaux des détails sur la révolte des Catalans, et lui apprend que le prince Thomas est sorti de Turin à la tête de quatre mille hommes.

LETTRE DU SIEUR BIDAUD

A M. L'ARCHEVÊQUE DE BORDEAUX.

MONSEIGNEUR,

J'ai reçu, ce matin, le pli ci-joint, avec ordre de vous le faire tenir en diligence par la felouque expresse ; je crois qu'on y mandera à votre excellence, plus particulièrement qu'à moi, la révolte effective des Catalans, et les conditions qu'ils ont faites avec le roi pour les protéger contre celui d'Espagne.

Nous n'avons su par deçà que par l'honneur de vos lettres du 30 de septembre, ce qui s'est passé en votre voyage de Naples, que les Espagnols, qui seuls en savaient la vérité, ont toujours caché ; j'en ai incontinent fait part à ces messieurs à Milan et à Parme, et ferai le même partout ailleurs, même à la cour, quoique je ne doute pas que vous n'en ayez écrit. M. Rabut ne m'a point adressé de lettres de votre part pour Paris ; mais peut-être qu'elles étaient dans les plis pour MM. de Guitaud et du Lieu. Je crois que vous aurez reçu par sa voie, et des patrons Gio Battista Galetto, celles que je me suis donné l'honneur d'écrire à votre excellence les 2, 3, 13 et 30 septembre et 2 de ce mois, avec des dépêches de M. le duc de Parme et de M. de Guitaud, auxquelles j'ajouterai que non seulement le prince Thomas est mal satisfait au dernier point des Espagnols ; mais qu'étant sorti de Turin avec quatre mille hommes et cinq cents chevaux de diverses nations, et la plupart malades, il a renvoyé au marquis de Leganez les troupes d'Espagne, et s'est retiré avec les siennes à Rivoli, où depuis il n'a voulu voir le comte de Cerbellon, ni recevoir des nouvelles troupes espagnoles en suite de la trêve qu'il a faite pour trois mois avec M. le comte d'Harcourt, pendant lequel temps on espère que ledit prince et M. le cardinal, son frère, s'accommoderont entièrement avec le roi et Madame, un seigneur de condition m'ayant assuré que son altesse lui a dit pendant le siége, qu'elle aurait bien demeuré six ans sans sa femme, et qu'elle s'en passerait autres six ans encore. Cependant messieurs les marquis de Ville et de Ranesse sont venus, avec une partie de l'armée, dans les langues, qu'ils remettront bientôt dans l'obéissance, le Mont-d'Or, qui en est la ville capitale, les ayant déjà reçus sans se défendre, et mondit seigneur le comte d'Harcourt est encore à Turin avec les plus grandes forces, où il séjournera jusqu'à ce que la place soit bien assurée et que sa circonvallation soit démolie.

Les Milanais ont refusé au marquis de Leganez de lui accorder aucun argent pour ses troupes, qui ne sont plus en tout que de sept mille fantassins et quinze cents chevaux ; et si, dans cette grande faiblesse des Espagnols (qui ne peut être secourue de long-temps d'aucun lieu, et dans la haine générale qu'on leur porte en Italie, particulièrement les Piémontais, Montferranais et Milanais, étant très-certain que ces derniers se donneraient au diable pour se délivrer de la tyrannie espagnole), on y entreprend à bon escient, on réussira avec plus de facilité qu'on ne s'imagine. Je ne sais si l'accouchement de la reine d'un prince sera véritable à cette fois, Dieu nous en fasse la grâce, cependant je vous supplie de continuer l'honneur de vos bonnes grâces et de votre protection, à votre, etc.

Monseigneur, etc.

A Gênes, le 11 octobre 1640.

LETTRE DE M. L'ARCHEVÊQUE DE BORDEAUX

A M. LE MARÉCHAL D'ESTRÉES, TOUCHANT SON RETOUR EN FRANCE AVEC LES VAISSEAUX DU ROI POUR LES AFFAIRES DE CATALOGNE.

De Porto-Vecchio, le 14 octobre 1640.

MONSIEUR,

Je vous ai donné avis par la voie de Civita-Vecchia et par celle de Livourne, de notre voyage de Naples; je ne sais si vous avez reçu la dépêche; car j'ai appris que l'on a refusé jusqu'à de l'eau aux vaisseaux qui ont été à Civita-Vecchia. Je suis aussi en peine si vous aurez reçu ma dépêche touchant « M. de Parme, » et ce que vous aurez fait sur ce sujet.

Je pensais séparer mon armée, en envoyer une partie à Tunis et Alger, pour faire la guerre à ces canailles-là, et moi, m'en retourner « vers Gaëte, où il y a quelque chose à faire; » mais je viens de recevoir ordre de m'en aller en France, où il y a des commandements du roi assez pressés qui m'attendent. Je ne sais ce que c'est : nos galères ont remis à la mer, qui m'y attendent et y descendent force troupes par le Rhône. J'ai avis d'espérer que les Catalans ont défait six mille hommes de pied au roi d'Espagne, et pris quatre cents chevaux prisonniers, quatre-vingts milliers de poudre et quatre-vingts pièces de canon. Il semble que l'affaire s'échauffe en ce pays-là; vous en pouvez savoir les particularités. Dès que je serai arrivé, je vous ferai part des commandements du roi, et ne manquerai pas, en quelque lieu que je sois, de vous informer de ce qui se passera, et vous protester que je suis, etc.

·· M. l'archevêque de Bordeaux fait savoir à M. Bidaud qu'il
a eu ordre de la cour de se rendre aux îles Sainte-Marguerite ;
ainsi il n'ira pas, comme il pensait, à la plage romaine et napolitaine, et point en Barbarie.

LETTRE DE M. L'ARCHEVÊQUE DE BORDEAUX

A M. BIDAUD.

De Porto-Vecchio, le 14 octobre 1640.

MONSIEUR ,

Je crains que vous ayez été aussi long-temps sans mes nouvelles
que j'ai été sans les vôtres. Je n'ai pas manqué néanmoins de vous écrire
souvent ; mais je crains que les ennemis aient arrêté nos dépêches,
n'ayant point de nouvelles du jeune patron Baptiste, avec l'un de mes
gardes que j'avais envoyé au bailli de Forbin pour le faire revenir à la
mer. Je suis aussi en peine du vieux Baptiste, que j'ai fait partir de
Ponza ' pour Livourne il y a quinze jours : l'un et l'autre étaient
chargés de paquets pour vous, et du menu du voyage de Naples, et
vous mandais comme j'envoyais partie de l'armée en Barbarie, et que je
m'en allais avec le reste vers la plage romaine. Maintenant cela est
changé, ayant reçu ordre cette nuit d'aller à Sainte-Marguerite , pour
y recevoir les commandements du roi, qu'on me mande être fort pressés,
sans dire quoi ; ce qui m'a fait mettre à la voile à l'instant, et vous
m'enverrez, s'il vous plait, de vos nouvelles là, soit par cette patache,
soit par autres commodités. Je m'étonne de n'avoir point de réponse
du duc de Parme de la lettre que je lui ai écrite, et qui vous a été
donnée.

L'on me mande de Languedoc que les affaires de Catalogne vont
augmentant de jour à autre, et que les prises d'Arras et Turin leur

---

' *Ile de Ponce*, petite ile dans le N.-O.
de l'île d'Ischia ; elle est située auprès de deux
autres que l'on nomme Senonia et Palmérie ;
indépendamment de ces trois îles, il y a une
roche dans le S. de Senonia que l'on nomme
la Bouté. La pointe N. de l'île de Ponce est
par 41° 1' 30" N., et par 11° 15" à l'E. de
Paris.

ont enflé le cœur ; qu'ils ont défait six mille hommes au roi d'Espagne, et pris quatre cents chevaux : si cela continue ce sera un beau
théâtre pour jouer la tragédie.

Depuis que les galères sont parties, j'ai fait mettre force chaloupes
et brigantins en leur place, qui font tous les jours des prises. Ils en ont
amené deux depuis quatre jours, dont l'une, des deux brigantins d'A-
rache, était chargée des hardes de don Antonio. Ils ont été confisqués
avec toute leur marchandise, notre ordonnance voulant que les vaisseaux
amis, chargés de robe ennemie, soient déclarés ennemis, et, pour
vous dire le vrai, le nom d'Arache n'oblige pas à leur faire courtoisie.

L'on en a amené une autre d'une barque de Gênes, chargée de
chevaux du prince de Doria, et de grains pour la princesse de Melfi
et quelques domestiques de cette maison et passagers de Majorque.
J'ai tout envoyé en France, résolu de mettre le tout aux galères, si
les Espagnols ont fait le moindre mal du monde à mes felouques.

Au reste, je vous supplie de dire à messieurs de la république que
j'ai ordre de leur demander tous nos Français qu'ils ont mis aux galères pour avoir fait la guerre aux ennemis du roi, comme ceux du
brigantin de Guitaud, de M. de Pilles et autres ; et s'ils ne les rendent,
nous mettrons aux galères tous ceux que nous trouverons servant ou
portant les ennemis comme ceux de la barque de Doria.

Mandez-moi ce que fait maintenant notre armée de Piémont, et les
nouvelles que vous savez, et me croyez, etc.

Je suis en peine d'une lettre que je vous ai adressée pour faire tenir
à son éminence ; mandez-moi si vous l'avez reçue, c'est depuis Naples.

Lettre de M. Bidaud sur les affaires d'Italie.

LETTRE DU SIEUR BIDAUD

A M. L'ARCHEVÊQUE DE BORDEAUX.

MONSEIGNEUR,

Depuis ma dernière, j'ai reçu l'honneur de votre lettre du 19 du passé, avec les plis pour Paris et M. d'Argenson, par la voie de M. Rabut. Je ferai tenir le premier à son adresse; mais, pour l'autre, il ne se peut, mondit sieur d'Argenson, ainsi que je vous l'ai écrit, ayant été pris entre Turin et Pignerol par les ennemis, et conduit dans le château de Milan, où il est encore à présent en très-bonne santé, à ce qu'il me mande, et en espérance d'en sortir bientôt, Dieu aidant.

J'envoie à votre excellence cette felouque exprès avec les dépêches ci-jointes, par ordre de messieurs les ducs de Parme et du Houssaye, auquel cette république n'ayant voulu accorder une galère pour le porter en France, nonobstant les instances que je lui en ai faites (et depuis, M. le duc de Parme, par l'entremise de ses partiaux génois), se trouve bien embarrassé qu'il deviendra, ne jugeant pas, pour le caractère qu'il porte, se devoir hasarder sur des felouques. Et pour moi, je ne comprends point comme cette république ose si ouvertement, en toutes occasions, dégoûter le roi, et ne songer point à lui rendre les devoirs qu'elle lui doit, après qu'elle en a bien accordé une aux députés du marquis de Leganez pour les porter en Espagne, dont le trajet est beaucoup plus périlleux que d'ici en France; et qu'elle a donné, et donne encore tous les jours, toute sorte de contentement aux Espagnols en cette conjoncture que toute sorte de malheurs les poursuivent, que leurs sujets même les abandonnent, et que les armes du roi ont tout le bonheur que sa majesté et toute la France peuvent souhaiter.

Ils ne font pas moins de difficultés de me permettre à prendre les lettres que vous me faites l'honneur de m'écrire, ni de recevoir ceux qui pourront venir de votre part, que s'ils n'avaient jamais accordé la pratique à votre excellence, et qu'il n'y eût que quatre jours qu'elle est à la mer, outre qu'il y a plus de trois mois qu'il n'y a mal contagieux en France. On m'avait toujours fait espérer ensuite de vos lettres qu'on ferait payer à Taffety l'argent qu'il doit aux galères, et dont ses lettres ont été protestées en France; mais à présent qu'ils voient votre excellence éloignée, ils se moquent de mes instances et des sollicitations de mon procureur, ne voulant rien ordonner sur ce sujet. Je crois, monseigneur, que pour leur montrer que vous savez bien vous faire tenir parole, vous trouverez à propos de retenir tous les Génois que vous rencontrerez à la mer, et de m'ordonner ensuite de leur dire que vous les relâcherez lorsque vous saurez qu'ils ont rendu, contre ledit Taffety, la justice que je leur ai demandée de la part du roi et de la vôtre, comme j'ai fait plusieurs fois sur les lettres de votre excellence et celles de M. de Chavigny. Je suis au désespoir d'apprendre, par les dernières lettres de M. Rabut, qu'après avoir gardé quelque temps trois de mes paquets, que je lui avais envoyés par des felouques expresses, ils soient encore tombés entre les mains des ennemis. Je me doute que ce ne soit ceux où il y avait des dépêches pour votre excellence de M. de Parme et de M. de Guitaud, et par conséquent de Paris, où je me donnais l'honneur de vous écrire l'importance de l'entreprise de Piombino, Talamon et Orbitello, par l'acquisition desquels Porto-Longone serait assiégée, et réduirait-on le grand-duc, par le voisinage de Sienne, qui ne lui est guère affectionnée, à vivre mieux et avec plus de respect envers le roi, qu'il ne le fait. J'y mandais aussi à votre excellence comme les galères de Naples se préparaient à partir, et par la dernière comme elles l'avaient fait, le même jour que nos galères vous avaient quitté, après avoir demeuré huit jours espalmées, sur l'avis qu'elles avaient eu que M. de Forbin voulait retourner en Provence. Pour moi, je ne perdrai jamais cette opinion que, s'il ne vous eût point quitté, lesdites galères de Naples ne pourraient vous échapper, et vous auriez pu faire quelque chose de plus dans ce royaume-là. J'ai bien toujours jugé qu'il ne retournerait pas joindre votre excellence, comme il faisait espérer; le patron Barthélemy lui pourra dire les ruses des capitaines quand vous alliez visiter les galères, le peu de satisfaction qu'ils donnent aux soldats et mariniers, et en quel état elles partirent de Toulon, qui les obligea, et non pas le manquement des vivres, à se retirer à Marseille, où la honte les fit entrer de nuit. Celles de Naples, Sicile et du grand-duc ne craignent pas si fort le mauvais temps qu'elles, car on les attend de jour à autre ici avec de l'infanterie pour le Milanais, et je ne doute pas que les barques chargées de cavalerie ne viennent quant et elles : tout cela débarquera à Final, dont il serait bien facile, maintenant que M. le comte d'Harcourt n'est attaché à aucun dessein, de se rendre maître. C'est la place la plus faible et la moins munie que les Espagnols aient, mais la plus importante et avantageuse aux progrès des armes du roi en Italie.

La bonne nouvelle que j'ai donnée à votre excellence que la reine était accouchée d'un beau prince, est très-assurée. Les troupes que sa majesté a envoyées en Catalogne ont défait don Gio de Garray, et secouru l'Eslera. On m'écrit aussi d'Allemagne que Piccolomini a été battu avec perte, sur place, de mille chevaux, trois mille fantassins, deux mille prisonniers et son canon et bagage.

On me mande de Milan que M. Mazarin est arrivé près du prince Thomas de la part du roi; que le marquis de Leganez, craignant un accommodement final, songe à faire raccommoder les fortifications des places, donne des patentes pour faire de nouvelles levées, et se promet d'avoir quatre mille Allemands, moyennant cent mille talaris qu'il a envoyés en Allemagne. Il n'a trouvé, dans la revue générale qu'il a faite de ses troupes, que huit mille sept cents hommes de pied et dix-neuf cents chevaux. Je vous supplie de conserver dans l'honneur de vos bonnes grâces,

Monseigneur,

Votre très-humble et très-obéissant serviteur,

BIDAUD.

A Gênes, ce 17 octobre 1640.

M. le cardinal donne à M. de Bordeaux ses instructions sur l'hivernage de la flotte.

LETTRE DE M. LE CARDINAL DE RICHELIEU

A M. L'ARCHEVÊQUE DE BORDEAUX.

MONSIEUR,

J'ai été bien aise de savoir de vos nouvelles par le sieur de Montou-tre, et bien fâché des incommodités que vous avez eues dans votre voyage, et grandement désireux que vous puissiez reprendre votre pre-mière santé.

Vous aurez maintenant reçu une dépêche que je vous ai envoyée par le sieur Courtin, beau-frère du sieur Picart, qui satisfait par avance à tout ce que vous désirez.

L'intention du roi est qu'il repasse cinq ou six vaisseaux en ponant, comme je vous l'ai écrit, et que sur iceux les matelots ponantins re-passent, fors ceux qui voudront demeurer pour aller en course.

J'ai ordonné au sieur Picart qu'outre la montre de licenciement qui sera payée à tous les équipages, il paie en outre les victuailles ou autres choses qu'il faudra pour le passage des susdits vaisseaux et matelots. Vous choisirez les vaisseaux qui repasseront de cinq cents tonneaux des meilleurs; ainsi que je vous l'ai mandé.

·, Quant à ceux de tous les vaisseaux qui demeureront en levant, il faut voir, ainsi que je vous l'ai aussi écrit, à vendre les vieux à des marchands qui s'en serviront fort bien pour leur trafic, ou à des gens qui les voudront armer à leurs dépens pour faire la guerre, réservant le canon de fonte et celui de fer de gros calibre.

M. Lequeux a laissé de ses commis en Provence, qui auront soin des radoubs des vaisseaux qu'on conservera. Vous ordonnerez sur ce sujet ce que vous estimerez à propos, devant que de quitter le pays, et ils le feront faire.

M. de Noyers écrit à M. d'Alletz pour faire donner entretenement raisonnable aux soldats des vaisseaux que vous proposez de faire servir à terre durant l'hiver.

Je vous ai déjà écrit plusieurs fois qu'on ne peut juger tous les vaisseaux que vous avez pris, faute des chartes-parties, lesquelles vous avez retenues. Reste donc que vous les envoyiez, ce qui est du tout nécessaire pour faire voir que les prises que vous avez faites ne sont pas injustes, et qu'on n'a pas retenu depuis quatre mois ces vaisseaux à Toulon sans raison.

Si les trois derniers vaisseaux que vous avez arrêtés à Naples en ce dernier voyage, ne sont pas de bonne prise, vous les laisserez aller.

Je vous renvoie le mémoire que le sieur de Montoutre m'a donné de votre part, avec la réponse en marge de chaque article. A quoi me remettant, je ne vous ferai celle-ci plus longue que pour vous assurer que je suis,

Monsieur,

Votre affectionné comme frère à vous rendre service,

Le Cardinal DE RICHELIEU.

De Ruel, ce 20 octobre 1640.

J'ai trouvé le sieur de Montoutre si malade de sa fièvre-quarte, que je n'ai pas été d'avis qu'il s'en retournât vous trouver.

LETTRE DE M. L'ARCHEVÊQUE DE BORDEAUX

AU SIEUR DE LOYNES, SECRÉTAIRE DE LA MARINE, TOUCHANT L'ÉTAT DES VAISSEAUX DU ROI.

De Candie, le 21 octobre 1640.

MONSIEUR,

J'ai reçu vos lettres des 23 et 27 août et 30 septembre, le même jour, le 18 octobre, que je suis arrivé au Porto-Ferrajo; ensuite d'un ordre du roi, ayant toujours été dans les côtes de Naples pour empêcher le secours de ce royaume; à quoi nous avons fait ce que vous aurez appris par Montoutre. Si nous eussions eu quelques galères, l'affaire ne se fût pas passée si doucement: Maintenant je vous parlerai sur les trois points dont vous m'avez écrit.

Pour ce qui est du juge de la marine, il est de part de tous les armements et de toutes les ventes; et de fait vous trouverez que tout a été vendu à la moitié de juste prix, et principalement les meubles du cardinal de Savoie; et puis ils retiennent l'argent, dont ils se servent, et le plus souvent, à ce que l'on croit, il suscite des réclamateurs avec lesquels il s'accommode, moyennant un certain prix, qu'on dit être de quinze ou vingt pour cent sur le pied de la prise. Ce dernier n'est pas bien vérifié ni travaillé, mais je vous puis dire que ceux de Gênes sont venus me faire cette proposition dès que les vaisseaux ont été arrêtés.

Pour le second point, qui est les sept vaisseaux arrêtés, il y en a quatre qui ne pourront recevoir difficulté, qui sont trois anglais, et celui qui se disait de Dantzick. Pour les raisons portées dans le mémoire que je vous envoie, je n'ai pas voulu qu'on écrivît lesquels; et pour cet effet je garde toutes les lettres et chartes-parties que j'ai pu rencontrer, laissant seulement les livres de cargaison, des écrivains pour faire l'inventaire des balles et quelles, et maintenant je ferai faire l'inventaire; mais si vous renvoyez au juge de l'amirauté de Toulon, tout se dissipera. J'espère que la prise des quatre vaisseaux pourra monter à trois ou quatre cent mille francs, y compris le corps des vaisseaux, que, si on me croit, on rendra aux Anglais et non celui qui se dit de Dantzick.

Pour ce qui est des montres et radoubs des vaisseaux, je suis ravi que vous en ayez donné l'ordre à M. Lequeux, lequel s'en acquittera dignement; mais de penser contenter vos équipages de ponant qui ont été huit mois à la mer, à qui il faut deux mois pour s'en retourner, il ne se fera pas, et vous verrez par expérience ce qui en réussira; et de croire que l'éloquence de M. Lequeux les puisse persuader de ramener les neuf vaisseaux que M. de Noyers m'ordonne de renvoyer, j'en doute. Je leur donnerai l'ordre qui dépendra de moi.

Quand ces neuf vaisseaux seront partis, l'on ne doit plus faire état d'armer en cette mer tous les vaisseaux que nous y avions laissés, étant en tel état qu'il n'y en a eu que deux qui aient pu tenir la mer avec moi. Ils sont tous sans câbles ni voiles, mais, ce qui est de pis, est que comme ils ont été mal entretenus et que ce sont vieux vaisseaux auxquels on n'a pas remédié comme j'ai fait faire à ceux de delà, à mesure qu'il a paru de la pourriture ou du bois échauffé qui a gâté tout celui qui l'a approché. Le *Saint-Michel* et le *Pélicorne* sont en cet état-là, et *le Forbin* inutile à tout service. Pour les dragons, vous les connaissez et en parlerez à son éminence si vous le jugez à propos. Pour les galères, elles ont fait comme par le passé, et comme elles feront à l'avenir s'il n'y est remédié. Adieu, etc.

M. Bidaud à M. de Bordeaux sur les affaires d'Italie.

LETTRE DU SIEUR BIDAUD

A M. L'ARCHEVÊQUE DE BORDEAUX.

MONSEIGNEUR,

J'ai eu l'honneur de vous écrire trois lettres depuis hier par l'ordinaire de Lyon qui partit au soir, et par le patron Barthelémy qui a pris la même route ce matin avec les dépêches de MM. le duc de Parme et du Houssaye. Depuis, j'ai reçu la faveur de vos ordres par la patache, du 13 de ce mois, que je dépêche à l'instant et les deux felouques des patrons Baptiste aussi, dont votre excellence était en peine, pour n'avoir rien à ajouter aux avis que je me suis donné l'honneur de vous envoyer par mesdites précédentes, que les galères de Naples, Sicile et du grand-duc étaient parties au nombre de vingt-deux dudit Naples, sans vaisseaux ni polacres, avec environ deux mille hommes, qu'on croit qu'elles débarqueront à Final; et d'autres veulent qu'elles les porteront en Espagne; mais elles passeront ici, et on les attend dans peu de jours, et trois autres galères qui viennent d'Espagne, chargées d'argent, lesquelles remporteront le marquis Castagniera, qui est ici; elles toucheront toutes en Vay, et jusqu'à ce qu'elles aient débarqué leur infanterie, elles n'entreront point dans ce port.

L'on ne dit rien encore des prises que votre excellence a faites sur la princesse Doria; si on en parle, je répondrai ainsi que vous m'ordonnez, et verrai d'échanger les hommes qu'on vous a pris à Porto-Hercole et de faire écrire par le duc Doria qu'ils soient bien traités, afin que les siens ou ceux de la princesse sa nièce le soient aussi. Cependant je ferai savoir à ces seigneurs ce que votre excellence m'écrira sur ce sujet des Français qui sont ici dans les galères de la république assez injustement, afin qu'ils soient tous résolus quand vous les leur demanderez; mais ils sont si Espagnols, j'entends ceux qui sont aujourd'hui dans le gouvernement, qu'ils aimeront mieux exposer leurs sujets que de relâcher les Français pour ne déplaire à l'Espagne. Il est très-important néanmoins de le faire sentir à ceux qui la servent, fort rudement, et se ressentir aussi, comme je me suis donné l'honneur de vous écrire, de l'argent que Tafeti doit, dont on ne peut avoir justice.

Je vois bien, par la lettre de votre excellence, que la réponse de M. le duc de Parme s'est perdue avec celles de la cour, de M. de Guitaud et les miennes. Je n'ai reçu de votre part, de Naples, qu'une lettre pour M. Verne, si bien que celles que vous m'accusez pour son éminence et la cour seront aussi perdues; car je n'ai point de nouvelles du paquet que M. Rabut a consigné à un gentilhomme génois, ni d'un autre qu'il me mande, du 22, avoir donné à un gentilhomme florentin, qu'il ne me nomme point non plus, quelques jours auparavant. Je suis au désespoir de voir tant de dépêches perdues. Ces messieurs de Paris vous diront en quelle peine est M. du Houssaye. Si j'étais assuré que l'escadre des vaisseaux qui est encore par ces mers s'approchât d'ici, je lui manderais de venir à Sestri pour prendre l'occasion de se jeter dedans.

Je vous supplie de me renvoyer incontinent le patron Barthélemy, afin que, sur vos réponses, il prenne ses résolutions pour sortir de Parme; car je crains que son séjour ne préjudicie à son altesse. Faites-moi la grâce de continuer l'honneur de votre protection et de votre souvenir,

Monseigneur,

A votre très-humble, très-obéissant et très-fidèle serviteur.

BIDAUD.

A Gênes, le 23 octobre 1640.

M. Bidaud annonce à M. l'archevêque de Bordeaux le départ des vingt-deux galères d'Espagne et deux mille Napolitains allant débarquer à Final, et dont la cavalerie était passée par la Pouille avec don François de Mélos.

LETTRE DU SIEUR BIDAUD

A M. L'ARCHEVÊQUE DE BORDEAUX.

Le patron Barthélemy ayant su à Livourne, par l'escadre de vaisseaux que vous aviez laissée en cette côte, que votre excellence était aux îles, il a repris ce chemin pour y aller; je me sers donc de l'occasion pour réitérer à votre excellence l'avis que je lui donnai hier de la venue des vingt-deux galères de Naples, de Sicile et du grand-duc avec environ deux mille Napolitains, qu'on croit qu'elles débarqueront à Final; mais la cavalerie s'est débarquée et passé par la Pouille et l'État des Vénitiens avec don Francisque de Mélos. On attend aussi d'Espagne trois galères chargées d'argent, qui viendront en droiture en Vay, et un vaisseau d'Hambourg est sur son départ pour l'Espagne, chargé de diverses marchandises qu'il a prises en Sicile. Je vous supplie de m'avouer toujours,

   Monseigneur,

    Votre, etc.

        BIDAUD.

A Gènes, le 24 octobre 1640.

Par la lettre qui suit, M. l'archevêque de Bordeaux répond à celle que M. le duc de Parme lui avait écrite touchant ses desseins sur l'Italie, qu'ils peuvent entreprendre avec les forces du roi et les siennes au printemps.

LETTRE DE M. L'ARCHEVÊQUE DE BORDEAUX

A M. LE DUC DE PARME.

Monseigneur,

L'embarras de la mer, des diverses routes et du mauvais temps m'ont empêché de recevoir plus tôt la dépêche de votre altesse du 28 septembre que le 26 du courant à Toulon, où l'affaire « de la Ca-« talogne m'a appelé par l'ordre du roi. La prise de Turin semble « avoir changé les desseins que votre altesse pourrait avoir conçus, par « le retour du marquis de Leganez et de ses troupes vers le Milanais, « et par conséquent proche des pays de votre altesse; » mais l'on peut former des· « desseins pour le printemps, pouvant fournir six mille « hommes et mille chevaux à votre altesse, » des meilleurs du monde, si « votre altesse en fournit autant.» Toutes « les forces d'Espagne au-« ront assez de faire à s'opposer à vos projets, quand même ils aban-« donneraient le Piémont; la descente de Sestri de Levant est infail-« lible et celle du golfe de Spezzia, » de quoi je me charge. Tout ce qu'il y a à faire, est de former « des desseins prestes et de faire connaître « les lieux plutôt que de s'amuser à des intelligences » qui sont souvent trompeuses. La force est le vrai moyen dont un courage comme le vôtre se doit servir, qui porte avec soi non seulement le fait qu'on doit espérer dans l'entreprise, mais la terreur en tous les autres qu'on veut entreprendre par après.

Je n'ai point reçu les commandements de votre altesse « sur le sujet. « de Pons, » qu'il est nécessaire « que vous rétablissiez » en diligence, pour éviter « l'intention du vice-roi de Naples qui s'en veut emparer, « et pour servir de pied à un plus grand dessein, » que votre altesse approuvera peut-être quand j'aurai eu l'honneur de lui représenter. Je la supplie de me faire savoir ses volontés et me croire, etc., etc.

ORDRE DU CARDINAL DE RICHELIEU

A M. L'ARCHEVÊQUE DE BORDEAUX, SUR LES VAISSEAUX QUI ONT A REPASSER EN PONANT, CEUX QU'IL FAUT VENDRE OU METTRE EN BRÛLOTS, AVEC LE PROJET DES ARMEMENTS DE PONANT ET DE LEVANT POUR L'ANNÉE 1641.

Après avoir vu tous vos mémoires et examiné le port, la vieillesse et la bonté de chaque vaisseau avec M. Desgouttes, j'ai pris résolution de séparer les bons des mauvais vaisseaux et vendre ceux qui ne peuvent plus servir en guerre, ou les destiner à faire des brûlots.

Neuf, nommés ci-après, serviront aux brûlots, savoir :

L'Espérance-en-Dieu,
Le Saint-Jean,
Le Neptune,
Le Petit-Saint-Jean,
L'Herminie,
Et la Marguerite pour le ponant ;
L'Aigle,
La Sainte-Anne,
Et la Fortune pour le levant.

Les six désignés ci-après pourront être vendus, savoir :

Le Saint-Michel,
Le Pélicorne,
La Renommée,
Le Saint-Louis de Saint-Jean-de-Luz,
Le Saint-Louis de Hollande, qui sont au levant,
Le Saint-Charles, qui est en ponant.

De tout le reste il faut composer deux armements : l'un pour le levant et l'autre pour le ponant.

Celui du levant aura quinze vaisseaux, tous grands et bons, qui, avec vingt galères, est plus qu'il ne faut pour résister à tous les efforts que les ennemis sauraient faire de delà, et même entreprendre sur eux en certaines occasions.

Le galion de Guise,
L'amiral d'Espagne,
Le Maquedan,
L'Amirante,
La Sainte-Geneviève,
L'Europe,
Le Saint-Louis de Saint-Malo,
La Fortune,
La Licorne,
Le vaisseau neuf Sourdis,
La Victoire,
La Madeleine du Havre,
Le Lion-d'Or,
L'Espagnol,
Le vaisseau de Frazer, pris de nouveau par M. de Bordeaux.

Celui de ponant aura vingt des meilleurs vaisseaux qui se pourront choisir dans tout le reste de ce que nous en avons.

La Vierge,	Le Cygne,
Le Triton,	Le Triomphe,
La Perle,	Le Saint-Joseph,
L'Emérillon,	Le Faucon,
Le Dauphin,	L'Intendant,
L'Amiral,	La Madeleine,
La Couronne,	Le vaisseau de Brest,
Le Cardinal,	Le vaisseau neuf d'Indrette,
Le Coq,	Le Saint-Charles,
L'Olivarès,	Le Grand-Alexandre.
Le d'Oquédo,	

Or, parce qu'il est impossible entre les vaisseaux qui sont de deçà de trouver le nombre de vingt vaisseaux capables de prêter le côté à ceux que les Espagnols ont en ces mers, je désire que vous fassiez repasser :

La Vierge,	L'Émérillon,
Le Triton,	Et le Dauphin.
La Perle,	

Quant aux petits vaisseaux qui vous restent, savoir :

La Marguerite,	La Lionne,
La Sainte-Marie,	Le Griffon,
La Levrette,	La Mignonne,
La Salamandre,	

je laisse à votre choix de retenir de delà ou de les faire repasser en levant. Cependant, comme vous me mandez qu'ils sont inutiles ès mers de delà, ce que je crois comme vous, j'estime qu'il est plus à propos de les faire repasser que de les retenir.

Reste à savoir maintenant le temps auquel vous le ferez et à qui vous donnerez le commandement de cette flotte. Je laisse à votre prudence ou de les faire repasser à cette heure ou au printemps. Je sais bien que le printemps serait une saison plus favorable, mais outre que la dépense serait grande pour l'entretien des équipages jusqu'en ce temps-là, il serait à craindre qu'ils se débandassent, et partant, vous verrez sur les lieux ce qui sera plus à propos.

Quant à l'argent nécessaire pour ce passage, j'ai chargé le Picart, qui ne voudrait pas et n'oserait me manquer, de faire fournir tout ce qui sera nécessaire à cette fin.

Vous donnerez le commandement et la conduite de ce passage à celui de vos capitaines que vous estimerez plus propre à s'en acquitter ; et si, par hasard, quelqu'un se trouve malade, vous en commettrez quelque autre en sa place de ceux de qui les navires demeureront de delà.

M. Desgouttes estime qu'il est bon que les douze vaisseaux qui doivent repasser en ponant aient avec eux trois ou quatre brûlots choisis entre tous ceux que vous avez de delà.

Quant au voyage de Barbarie, ledit sieur Desgouttes, *qui est père de la mer*, dit qu'il n'est plus temps d'y penser pour cette année. On verra l'année qui vient ce qu'il faudra faire et les moyens qu'il faudra tenir pour réformer le traité d'Alger.

Le Cardinal DE RICHELIEU.

MÉMOIRE

SUR LES PROJETS ULTÉRIEURS, A RÉPONDRE PAR SON ÉMINENCE, ENVOYÉ PAR L'ARCHEVÊQUE DE BORDEAUX.

DEMANDES.	RÉPONSES.
Premièrement, savoir si elle veut absolument qu'on fasse le traité de Tunis et d'Alger, il faut qu'elle envoie pouvoir de tirer les Turcs des galères et les renvoyer, ou bien permettre de leur faire la guerre?	La saison d'envoyer ès côtes d'Alger et de Tunis est trop avancée, et le danger des vents trop grand pour remettre à présent les vaisseaux à la mer.
Savoir si son éminence veut faire repasser des vaisseaux en ponant et quels ? En ce cas faut qu'elle envoie en diligence le fonds pour envictuailler lesdits vaisseaux pour le temps de leur retour, qui est environ de deux mois, et les montres des matelots.	L'état des six vaisseaux qui doivent repasser en ponant a été envoyé, et en même temps le trésorier a eu ordre de faire payer 20,000 livres pour employer aux victuailles durant deux mois des équipages qui pourront être embarqués sur lesdits vaisseaux, et leur fournir le menu funin ou mâtures pour un petit radoub dont ils pourraient avoir besoin.

Si son éminence ne veut point faire repasser de vaisseaux, elle ordonnera, s'il lui plaît, entre les mains de qui on les laissera, et enverra, s'il lui plaît, des fonds pour travailler à leur radoub, aux magasins et pour les gardiens.

Que, s'il lui plaît faire armer l'année qui vient, il faut nécessairement entretenir les matelots et soldats ponantais, autrement les équipages ne vaudront rien du tout : ceux de Provence faisant telle pitié que j'estime que c'est presque argent perdu.

Le moyen d'entretenir les soldats est d'envoyer ordre à M. le comte d'Alletz de faire donner dans la Provence quartier d'hiver à douze cents soldats, et à chaque cent hommes un capitaine, un lieutenant et deux sergents. Ces gens étant en garnison à Toulon, garderont la ville et les vaisseaux, et feront le service nécessaire.

Pour garder les matelots, il y a deux moyens : le premier, d'entretenir douze vaisseaux tous de matelots ponantais durant l'hiver, qui feront la guerre aux ennemis et peut-être gagneront bien leurs dépens, et donner permission à quelques capitaines particuliers d'armer en guerre quelques petits vaisseaux à leur compte, pourvu qu'ils se servissent de

Le commissaire de roi Latouche, commis au contrôle, patron Antoine Long, maître d'équipage, avec le garde-magasin, seront chargés du désarmement desdits vaisseaux, M. de Cangé ayant soin que les capitaines les rendent et placent dans le port avec ordre; et quant à leur radoub, il n'est pas à propos de faire dépense pour réparer les plus vieux, qu'il faut essayer de vendre avec leurs câbles, un jeu de voiles et six canons de fer des plus petits calibres, cependant que l'on fera fonds au trésorier pour le radoub de ceux qui le mériteront.

Les six vaisseaux qui repasseront en ponant pourront nous décharger d'une partie de nos mariniers, et le surplus sera placé, savoir : les principaux officiers à la garde et radoub des vaisseaux dans le port, laissant la liberté aux autres de s'embarquer sur les navires ou barques qui seront armés pour le cours, les capitaines sous lesquels ils sont envoyés les nourrissant jusqu'à la fin de novembre ou du temps pour lequel ils ont été payés.

L'on envoie à M. le comte d'Alletz les ordres nécessaires pour loger ès lieux qu'il jugera le plus commode lesdits douze cents soldats, auxquels il fera payer la subsistance des deniers du quartier d'hiver, et faire les revues et montres par les commissaires et officiers de la province.

L'expérience a fait voir que les vaisseaux qui ont été l'hiver en cours ont beaucoup dépéri, c'est pourquoi il se faut garder d'y envoyer aucun que de ceux que l'on juge devoir être vendus, lesquels on pourra livrer aux acheteurs armés de six pièces de fer au plus, des calibres de six livres de balles ou environ et au dessous, et non pas au-dessus de huit; obli-

matelots ponantais, s'obligeant de les rendre dans le temps que votre éminence voudra mettre à la mer.

Le second moyen serait de donner aux matelots ponantais, s'ils s'en retournaient, quelque chose par-dessus leurs montres pour les obliger à revenir, ayant à faire plus de trois cents lieues de chemin ; mais ce moyen n'est pas si assuré que le premier.

Que si son éminence se résoud de laisser ici tous les vaisseaux, il faut de nécessité y envoyer un vaisseau chargé de mâts, un autre de câbles et de goudron, avec au moins trois cents ballots de toile de noyalle.

Ordonnera aussi, s'il lui plaît, que l'on vende quelques vieux vaisseaux, ayant fait venir aux Génois l'envie d'en acheter.

Faut aussi qu'elle ordonne si elle veut qu'on conserve quelques officiers d'artillerie ou non, et ce qu'il lui plaît qu'on fasse de tout l'équipage de l'artillerie de la marine, soit que les vaisseaux séjournent, soit qu'ils repassent.

Si votre éminence a quelque dessein pour l'été prochain, il faudrait tout l'hiver envoyer, sous prétexte des Génois, quelques gens pour reconnaître les places, voir l'état des gardes et connaître ce qui

geant les preneurs à payer comptant ou à bailler caution suffisante ; et les vaisseaux qui pourront être vendus seront : le Saint-Michel, le Saint-Louis de Hollande, le Saint-Jean-de-Luz, le Lion d'or, mais particulièrement l'Ange, la Sainte-Anne, la Levrette, l'Aigle et la Marguerite.

Il a été ordonné qu'on donnerait un mois de solde à tous les mariniers, et outre cela un mois de victuailles à ceux qui s'embarqueront sur les six vaisseaux qui repasseront en ponant.

On pourvoira à l'envoi des mâts, du goudron et des noyalles ; cependant il faut donner ordre pour acheter à Gênes et Nice la quantité de cinquante ou soixante milliers, et plus s'il s'en peut rencontrer, de chanvre femelle pour employer à la fabrique des câbles ; le surplus des chanvres qu'il faudra pour les menus funins se devant prendre en Dauphiné, et particulièrement à Vienne et Saint-Roman.

Les articles précédents servent de réponse à celui-ci.

Les officiers de l'artillerie de terre seront licenciés, et à iceux donner un mois de montre, les charpentiers, tonneliers et scieurs de long, et même les forgeurs, demeurant s'ils veulent pour servir au radoub des vaisseaux ; et pour les canons, munitions et ustensiles dudit train d'artillerie, ils seront remis à la charge du garde-magasin de la marine : les officiers en feront un exact inventaire.

On pourvoira à l'avenir au contenu de cet article.

s'y peut entreprendre, comme aussi sonder tous les mouillages circonvoisins, d'autant qu'en cette mer nul pilote ne sait les sondes ni les mouillages, et l'on ne sait que faire d'une armée dans cette ignorance-là.

Elle enverra aussi sa volonté, s'il lui plaît, sur le jugement des sept vaisseaux pris, d'autant que leurs capitaines et équipages font une extrême dépense à Toulon.

Toutes ces choses résolues, son éminence ordonnera, s'il lui plaît, entre les mains de qui on en laissera l'exécution, m'ordonnant, s'il lui plaît, que je l'aille trouver à Paris, ou me permette d'aller faire un tour à Bordeaux pour mettre ordre à mes petites affaires et me faire traiter aux bains de Dax de ma sciatique.

L'on a besoin pour ledit jugement des chartes-parties ou autres papiers qui sont demeurés ès mains de M. de Bordeaux, qui, s'il lui plaît, nous les enverra en diligence.

L'exécution des choses ci-dessus sera laissée, comme dit est, aux officiers qui sont en Provence, avec ordre de nous donner souvent avis de ce qu'ils feront.

LETTRE DE M. L'ARCHEVÊQUE DE BORDEAUX

A M. D'ESPENAN, SUR LES PROJETS DE CATALOGNE.

Monsieur,

Ayant eu commandement du roi de vous mener quelques vaisseaux et quelques galères un peu plus tard qu'il n'eût été à souhaiter, la longueur ayant fait dissiper tous nos armements, je prends la plume pour vous donner avis du commandement que j'ai et comme quoi j'ai déjà envoyé commander aux galères de s'apprêter, et au sieur Lequeux, qui a ordre de fournir la subsistance tant des vaisseaux que des galères, de mettre le tout en diligence en état. On me remet à vous pour avoir un lieu sûr où on puisse mener lesdits vaisseaux et galères, tous les matelots assurant que Sallos, que vous avez proposé au roi, n'est pas un lieu capable de cela. On peut mener les galères à Barcelonne, mais les vaisseaux n'y peuvent pas aller; si bien que j'estime qu'il faudrait faire un effort pour avoir Collioure, afin que l'on pût, par mer et par terre, aller attaquer Roses, qui empêcherait absolument le secours qu'on peut envoyer d'Espagne dans le Roussillon et d'Italie dans la Catalogne. Quand même on pourrait aller à Sallos, on serait dans une extrémité où on ne pourrait pas produire grand effet, d'autant que tout le secours qui vient d'Italie aurait libre passage, et ce qui partirait de Carthagène, Alicante et autres ports d'Espagne pourrait s'en aller à Ivica, à Port-Mahon, à Majorque et de là à Roses. Voilà mes petits sentiments, lesquels je soumets aux vôtres, toutefois vous protestant que j'aurai grand' joie de vous pouvoir aller servir, et vous témoigner que je suis, etc.

De Montélimart, ce 11 décembre 1640.

LETTRE DE M. LE DUC DE PARME

A M. L'ARCHEVÊQUE DE BORDEAUX, POUR DÉSAVOUER LES OUVERTURES FAITES EN SON NOM PAR UN CERTAIN GIUSTINIANI, AU SUJET DE LA GÉNÉRALITÉ DE L'ARMÉE NAVALE, PRÉTENDUE PAR LE DUC DE PARME.

MONSIEUR,

Par les lettres que je viens de recevoir de la cour, j'apprends qu'il s'y trouve un certain gentilhomme de Gênes, appelé Gianetin ou Giustiniani, lequel, je ne sais par quel caprice, traite en cour pour me faire avoir la généralité de l'armée navale du roi; et il a bien osé si avant, qu'il en a parlé à sa majesté, et après il l'a dit à mon ministre. J'ai ordonné à mon ministre de ne prêter en aucune façon l'oreille à cette proposition, car, outre que le susdit commandement ne me sied pas bien ni aux intérêts de ma maison, je suis trop votre ami et votre serviteur pour prendre jamais une charge que vous exercez si bien et avec tant d'avantage pour le service du roi; c'est pourquoi je lui ai commandé qu'en cas qu'on lui fît le moindre motif là-dessus, il déclare ouvertement que je n'accepterai pas ladite charge. Ledit Giustiniani, que je tiens avoir été envoyé en France de l'Espagnol pour espion, ayant fait de semblables voyages auprès de moi quand j'étais dans la guerre; quoique m'étant après aperçu de la fourberie de ce bâtard, je l'ai écarté et rompu commerce avec lui.

Je vous ai voulu donner part de ceci, afin que vous sachiez ce qui se passe là-dessus, et pour vous donner encore par là une preuve très-véritable de mon affection envers vous et envers tout ce qui vous concerne; vous priant de croire qu'elle est telle que j'aurai toujours la même passion pour tous vos intérêts que pour les miens propres, étant de tout mon cœur,

Monsieur, votre serviteur.

A Plaisance, ce 18 décembre 1640.

LETTRE DE M. DE NOYERS

A M. L'ARCHEVÊQUE DE BORDEAUX, POUR LE SECOURS DE LA CATALOGNE.

MONSIEUR,

Son éminence estime tant les suites de l'affaire de Catalogne, qu'elle croirait être responsable à l'État si elle avait omis la moindre des circonstances qui peuvent servir à la faire succéder heureusement. Or, comme ceux de ce principat font très-grandes instances du secours de mer, l'on juge à propos de faire l'impossible pour leur donner contentement en leur envoyant quelques vaisseaux et galères pour le temps qu'ils les désireront; pour cet effet, son éminence vous envoie par delà une lettre de M. le Picard pour faire fournir vingt mille écus comptant afin de suppléer au défaut du crédit de M. Lequeux et de M. le bailli de Forbin; je l'accompagne d'une des miennes à chacun de ces messieurs pour qu'ils fassent tous leurs efforts de vous servir et le roi en votre personne, aussi bien que son éminence, en ce rencontre. Vous commanderez le nombre de vaisseaux et de galères qu'ils vous demanderont au plus tôt que vous pourrez armer, car à l'impossible personne n'est tenu, et je m'assure que, joignant votre crédit et le pouvoir que vous avez sur tous ceux qui doivent servir en cette occasion, le roi et son éminence en auront contentement. Il est besoin pour cet effet que vous retourniez en Provence le plus tôt qu'il vous sera possible; et que là vous fassiez préparer toutes choses avec la diligence que vous savez bien faire, vous servant de M. le bailli de Forbin ou non dans le voyage, ainsi que vous le jugerez pour le mieux. J'ai parlé de donner le commandement sous vous à celui que vous me proposez par la vôtre; mais, bien que l'on fasse beaucoup d'état de sa personne et de sa valeur, on n'estime pas qu'il soit à propos de le faire. Son éminence vous mande une chose très-nécessaire, qui est d'envoyer du lieu où sa dépêche vous trouvera, un courrier à M. d'Espenan et à M. Duplessis-Besançon pour prendre langue de l'état où sont les affaires de Catalogne, et de concerter avec eux et le temps de votre partement et la route que vous aurez à suivre et le port où vous devez aborder, afin que, agissant de concert avec ceux qui vous désirent, le tout se passe au contentement d'un chacun. Je souhaite le vôtre ainsi que le doit,

>Monsieur, votre, etc.
>
>DE NOYERS.

De Paris, le 18 décembre 1640.

LETTRE DU SIEUR DE GAUFRIDI

A M. L'ARCHEVÊQUE DE BORDEAUX, SUR LES AFFAIRES DE CATALOGNE.

MONSEIGNEUR,

A mon retour de La Ciotat, où son altesse me permit d'aller voir mes parents, après quatorze ans d'absence, j'ai trouvé ici une des vôtres du 27 du mois d'octobre, aux particularités de laquelle je ne réponds point, parce que son altesse m'a dit y avoir satisfait et par une des siennes et par la vive voix de M. du Houssaye; elle vous écrit la ci-jointe, qui n'est autre chose qu'une nouvelle preuve de l'affection avec laquelle elle honore votre personne et votre mérite. Comme elle fait très-grand état de la vôtre, aussi désire-t-elle que vous en fassiez de même de la sienne, en vous servant absolument de tout ce qui dépend de sadite altesse. De Catalogne, depuis le succès de Cadagne, nous n'avons rien de considérable, si ce n'est que, depuis trois jours, il m'est venu gros paquet avec le suscrit en catalan, s'adressant à moi, avec dedans une lettre des conseillers de Barcelonne, qui me donnent part des raisons de leurs mouvements, et ils m'envoient un livre imprimé qui contient un manifeste de leurs résolutions[1]. J'entends qu'on

____

[1] Voir plus bas les documents relatifs à la révolte de Catalogne (année 1641).

a semé par toute l'Italie de semblables paquets, dont la teneur marque grande émotion dans l'esprit de ces messieurs de Catalogne. Son altesse attendra les nouvelles que vous lui faites l'honneur de lui donner là-dessus, comme vous lui faites espérer, et cependant je suis infiniment marri qu'ayant été si près de Toulon, je n'aye pu avoir l'honneur de vous voir, et de vous offrir de vive voix mes très-humbles services; mais une lettre de son altesse qui me rappela en toute diligence ne me laissant pas demeurer dans La Ciotat le temps que je croyais, inter-rompit le dessein que j'avais fait d'aller à Toulon, et m'obligea de me servir d'un vaisseau qui me porta en vingt-quatre heures à Livourne. La mortification que j'ai eue de cela m'a été très-sensible, et le serait encore davantage si je ne croyais d'avoir un jour le bien et l'honneur de vous voir ici, comme vous faites espérer à son altesse; et c'est pour lors, monseigneur, que vous verrez que je suis de tout mon cœur,

Monseigneur, votre très-humble et très-obéissant serviteur,

De Gaufridi.

A Plaisance, le 17 décembre 1640.

Cette relation détaillée de la navigation des galères pendant la campagne de 1640 tend à accuser M. le bailli de Forbin de lenteur et de mauvais vouloir. Il ressort du moins évidem-ment de ce mémoire, que cet officier-général ayant prolongé de huit jours le congé que lui avait accordé M. de Bordeaux, M. le duc de Ferrandine profita de l'absence des galères pour se rendre d'Espagne en Italie avec son escadre et les renforts qu'il y transportait. Une longue note, de la main de M. de Bordeaux, complète ce document.

RELATION DU VOYAGE DES GALÈRES,

DONNÉE PAR M. DE SAINT-MARTIN.

Le 3 juillet (1640), les galères furent, en nombre de dix-huit, joindre l'amiral à la rade d'Hyères; le même jour, M. de Bordeaux s'emharqua sur la capitane, laissant ordre au chevalier de Cangé de le suivre avec les vaisseaux du côté de Vay, et courut toute la côte de Gênes, et apprit à Porto-Venere que huit vaisseaux ennemis avaient été pris par les nôtres, qui trajectaient des blés et des marchandises pour les ennemis, qui les avaient obligés de retourner à l'île Sainte-Marguerite, afin d'icelles mettre en lieu et en état de sûreté. L'avis qu'il eut que les ennemis avaient dessein de passer des troupes en Piémont, et les ordres tout exprès du roi, qu'il reçut à Porto-Fino, de s'y opposer ou de faire le voyage de Tunis et d'Alger, en cas qu'il jugeât le premier hors d'apparence ou impossible, lui faisant juger le retardement trop long, le persuadèrent d'aller lui-même pourvoir à la sûreté desdits vaisseaux, afin de se mettre plus tôt en état d'exécuter avec ceux du roi ces ordres. Le bailli de Forbin ayant eu permission du roi d'arborer un étendard royal [1], voulut en même temps (quoique déjà nuit) la mettre en exécution ; mais il différa au lendemain, afin d'en rendre spectateurs les Génois, qui l'avaient été du combat où celui de Sicile fut pris sur la même galère. En arrivant devant cette ville, M. de Bordeaux, accompagné de quelques officiers de son armée, demanda d'y entrer ; la contagion de Provence servit de prétexte au refus qu'on lui fit ; ce qui l'obligea d'en partir plus promptement qu'il n'espérait, et voulant les laisser dans quelques soupçons d'un départ si peu attendu, il donna ordre que, toute la nuit, on *fît canal* [2], on eût la proue par ponant, au lieu de l'avoir par labèche [3] et midi ; ce qui fut cause qu'on se trouva, au jour, si proche de terre que Porto-Maurice nous salua. Cette navigation déplut à M. de Bordeaux, qui trouva, arrivant aux îles, que tout était prêt pour prendre le premier beau temps ; il fut pourtant contraint d'y faire plus de séjour qu'il ne désirait parce que

---

[1] Le général des galères avait ordinairement seul le droit de porter cet étendard [*]. Il se mettait à bord des galères, arboré à une lance sur le côté droit de la poupe. Il était de damas blanc semé de fleurs de lis d'or avec les armes du roi au milieu, et frangés d'or. Ce pavillon était plus large que haut.

[2] Il y avait deux sortes de navigation des galères : lorsqu'on ne s'éloignait pas des côtes, on faisait *limenurcie* ; lorsqu'on prenait la haute mer, on *faisait canal*.

[3] Les marins du Levant nommaient *labèche* le vent du sud-ouest.

[*] Voir plus loin le rapport sur les saluts des galères.

le bailli de Forbin lui représenta que les galères ne pouvaient entreprendre un long voyage sans prendre les vivres et les munitions qui leur étaient nécessaires; qu'il avait à Toulon toutes les provisions qu'il leur fallait pour servir le reste de la campagne, et, sur les difficultés qu'il fit de les laisser séparer, il lui promit de n'être que deux jours à Toulon, et qu'aucune galère n'aurait congé pour Marseille, de peur que cela ne l'obligeât à un retardement trop grand. Ce fut sous ces conditions qu'il lui permit de les aller munir, et son voyage, qui ne devait pas être plus long de quatre jours, fut de dix entiers, parce qu'il permit à quatre galères d'aller chercher leurs vivres à Marseille, contre son ordre et sa promesse; et le temps qu'il employa à les attendre, fut celui que le duc de Ferrandine prit pour passer en Italie avec dix-huit galères chargées d'infanterie, et fut encore celui qui donna loisir à l'escadre de ponant de joindre celle de Provence.

La joie que M. de Bordeaux eut de voir toutes les forces de son armée heureusement jointes ne fit qu'augmenter le déplaisir continuel que le passage de ces galères lui laissait, et jugeant bien qu'elles auraient eu assez de temps pour débarquer leur infanterie, crut qu'elles chercheraient de s'unir avec celles de Naples pour leur faciliter le trajet des troupes. Il part, dans cette créance, avec un vent assez frais; et se rend sur le cap Corse le lendemain, où il avait déjà envoyé mouiller quelques vaisseaux pour être sur le passage des armes d'Espagne, et il fut battu quatre ou cinq jours par un vent de labèche, avec tant de violence qu'il y perdit un brûlot, y laissa quelques ancres, y rompit des câbles, et quelques navires furent forcés de relâcher. Le vent étant calme, il prit la route de Livourne, tant pour y apprendre des nouvelles des ennemis, que pour y radouber ses vaisseaux que la tourmente avait maltraités, et donner temps à ceux qui s'étaient égarés de le joindre. Il apprit sur cette route que le duc de Ferrandine se promenait de Gênes à Porto-Fin, et publiait qu'on ne voulait pas le rencontrer, puisqu'on l'allait chercher où il n'était pas; qu'ayant passé en vue de notre armée, il était à présumer qu'on avait voulu ignorer son passage, afin de nous obliger de le suivre. Il résolut donc à l'instant de l'aller rencontrer, et renforcer, à cet effet, les galères des meilleurs soldats de ses vaisseaux ; ordonna à six des plus grands. et à deux brûlots de le suivre, et pour le reste de l'armée, continua par son ordre le voyage de Livourne, où elle fut mouiller.

Comme nous fûmes à quatre milles de Porto-Fino, M. de Bordeaux commanda à du Plessis d'aller reconnaître le port, et prendre langue de quelques barques qu'on y avait vu entrer. Dès là, on commença à faire les bastions et les retranchements[1], de même façon que si les ennemis eussent été à trois milles près de nous. Nous approchâmes en cet état de Gênes, où le fanal qu'on avait allumé fut éteint aussitôt qu'ils nous eurent aperçus; nous passâmes depuis la minuit jusques au jour à l'embouchure du port, vers Saint-Pierre, et sur le jour, nous vînmes au lazaret, où nos soldats, qui avaient été toute la nuit sous les armes, firent quelques décharges. Après quoi, on se retira sous les vaisseaux, qui avaient mouillé à un mille près. MM. Ducoudray, Baumes, Saint-Étienne et Chaillone furent reconnaître les ennemis dans le port; ils rapportèrent qu'ils étaient en posture de recevoir du mal, et d'en faire fort peu; sur cela, M. de Bordeaux écrit au duc de Ferrandine par un trompette, le conjure de se tirer du port, où il offre de faire entrer ses vaisseaux, pour lui ôter tout sujet de crainte. Le duc refuse la lettre, répond qu'il a exécuté ses ordres, et qu'il n'est pas en état d'accepter son défi. On fait diverses propositions de le brûler là-dedans, de l'attaquer de force ou bien par surprise :

---

[1] Lorsqu'une galère se préparait au combat on formait sur le pont un premier retranchement vers la proue; il devait être assez fort pour empêcher que le canon de l'ennemi ne prolongeât la galère de long en long ; on élevait ce bastion avec des batayolles ou traverses de bois sur le quatrième banc de la proue; on le remplissait de gumes, gumettes *, lovées en rond. Ce bastion du côté de la proue était revêtu de paillettes; sa hauteur ne devait pas surpasser celle du plan de la rambade **, le dessus devait aller en glacis vers la poupe, en sorte que ceux qui étaient derrière pussent découvrir dans les conilles *** pour pouvoir tirer sur l'ennemi, s'il s'en était rendu maître; pour cet effet, on élevait une banquette derrière le retranchement, trois pieds plus bas que le dessus du bastion, afin d'élever ceux qui étaient destinés à le défendre; on laissait de chaque côté de ce retranchement sur le coursier un espace assez large pour servir de communication entre la proue et la poupe.

* Cordage des galères.

** Rambade, sorte de retranchement élevé à l'avant de la galère.

*** Conille, espace entre le plat-bord et le banc des rameurs.

aux deux premières on trouve de grandes difficultés qu'on aurait pu surmonter, si celle de rompre avec cette république ne s'y fût pas rencontrée ; pour l'autre, quelque instance qu'on fît d'y vouloir entrer comme ami, quelque menace qu'on leur fit d'user de violence et de le traiter comme ennemi, et enfin quelque prétexte qu'on apportât pour colorer cette entrée, elle ne fut accordée qu'à condition de désarmer, ainsi qu'avaient fait les Espagnols ; et ne firent des offres plus raisonnables que celles de donner un de leurs palais à M. de Bordeaux pour y être un jour, et qu'ils recevraient à grand honneur après de le régaler dans leur ville. On contesta durant deux jours cette entrée, pendant lesquels la faction de Doria n'oublia rien de ce qui put servir à aliéner de la France les affections de ce peuple. Les gardes de terre firent grand nombre de feux ; on envoya sur cela des ordres aux galères pour aller prendre un cap ' des vaisseaux pour les remorquer la nuit en cas de besoin. Cet ordre fut aussitôt changé que donné ; aussi n'était-il pas nécessaire. Bidaud, consul de Gênes, ayant eu avis que l'armée de Naples était partie, qu'elle avait dessein de passer par Piombino, il en fit part à M. de Bordeaux, l'assurant qu'il pourrait la rencontrer à l'embouchure dudit canal. Cette nouvelle, jointe au peu de satisfaction qu'il recevait des mauvais procédés de cette république ; le firent résoudre de se remettre à la mer, où, le lendemain, un gentilhomme envoyé de leur part le vint complimenter, et tâcha, par toutes les soumissions imaginables, à lui faire perdre les sentiments d'aigreur où il était.

Le même jour, qui pouvait être le 13 août, il apprit par une chaloupe que le commandeur de Montigny lui avait dépêchée, qu'il s'était mis à la mer sur l'avis qu'il avait eu du passage des galères de Naples ; le 15, il le rencontra, et sut qu'elles étaient passées ; ce qui lui fut confirmé par une felouque de Gênes, qui dit qu'elles étaient arrivées le jour après son départ, ayant désarboré pour n'être découvertes du terrain ; et l'assura encore que les vaisseaux étaient certainement partis de Naples, et qu'il pourrait les rencontrer. Il fut telle-

---

' *Câble* se disait *cap* en terme de navigation de galère.

ment surpris de cette nouvelle que, ne pouvant dissimuler son déplaisir, il le fit éclater sur les galères. La raison qu'il avait de leur imputer le blâme de ce passage, était qu'il n'avait jamais prétendu d'icelles de faction plus utile et plus nécessaire que celle de lui aller chercher des avis; qu'il leur était aisé de le tenir averti par le moyen de leurs felouques, ou bien en renforçant une galère de chiourme pour l'envoyer tous les jours d'un côté et d'autre; sur quoi il avait souvent, mais en vain, donné ses ordres verbalement et par écrit.

Nous côtoyâmes les îles de Capraja, l'Elbe, le Monte-Cristo, Monte-Argentino, Gilo et Zanuti, et, le 19 août, dès la pointe du jour, les gardes découvrirent en tête de notre armée un vaisseau des ennemis; les nôtres firent force de voiles pour l'arriver, mais tous leurs efforts furent inutiles, et ne purent empêcher qu'il ne gagnât le Porto-Hercole. Il y en eut un qui tira un coup de canon pour signal aux galères qui avaient passé la nuit au Zanuti, et pouvaient, en moins d'une heure, avoir leurs éperons dessus. Il est vrai qu'appréhendant de courre à Civita-Vecchia, ou peut-être plus avant, parce que le vent était un peu frais, elles firent semblant de ne le voir pas, et dirent après qu'elles croyaient que c'était un vaisseau de l'armée, bien qu'il ne leur fût pas difficile d'en savoir le nombre, et de les compter.

Le même jour, M. de Bordeaux propose dans le conseil que, désespérant de rencontrer les vaisseaux ennemis, il a l'intention de s'avancer jusqu'à Naples, afin de les attaquer, et de les brûler en quelque port qu'ils puissent être, et qu'il a avis que, dans cette ville, il y a déjà eu de grandes révoltes, et qu'il pourra peut-être trouver l'occasion de profiter de la mauvaise volonté de ceux que l'impuissance ou la crainte ont refrénés, mais non pas changés. Cette proposition était trop juste pour n'être favorablement reçue. Le bailli de Forbin fut le seul qui la trouva impossible pour les galères. Ses raisons et ses difficultés étaient que la saison était passée pour penser à ce voyage; qu'un labèche ou un mistral ¹ les trouvant sur les plages romaines, elles ne pouvaient éviter

_____

¹ Mistral (vent de N.-O.).

le naufrage; qu'étant poussées d'une bourrasque, elles n'avaient sus ni sous vent aucun port qu'elles pussent courre. Sur quoi on lui représenta que celles des autres princes faisaient en tout temps ce trajet; qu'il avait Civita-Vecchia, où il pouvait attendre un vent favorable pour gagner les iles de Pons et Palmérie ¹. Répond que ces iles sont stériles, qu'il n'y a point d'eau pour leur aiguade, et qu'il n'y a d'espace que pour six galères. Voyant que tout le conseil avait un sentiment contraire, il ajouta que le plus grand obstacle qu'il voyait en ce voyage, était que les galères manquaient de vivres, et que la plus grande partie avait peine d'en avoir pour le retour. On lui proposa d'aller à Civita-Vecchia, afin de s'y accommoder ce qu'il pourra, que cependant les vaisseaux lui fourniront trois mille quintaux de biscuit. Il méprisa ces secours, l'un comme très-incertain, et l'autre peu considérable, et conclut que le plus expédient est de lui donner congé, qu'il obtint par une ordonnance où étaient insérées toutes les raisons qu'il avait alléguées. Cela obligea les sieurs de Ternes, Baumes, du-Plessis, Valbelle, Saint-Just et Montréal, qui savaient bien que leurs vivres devaient durer jusqu'à la fin du mois de septembre, de déclarer qu'ils en avaient, et protester que leurs galères étaient en état de servir jusqu'en ce temps-là. M. de Bordeaux témoigne qu'il est content d'avoir avec lui ces galères, et qu'il se charge de leur subsistance et de la conduite de toutes les six, et demande seulement qu'on les renforce de chiourmes. Il ne veut point consentir qu'on affaiblisse son corps, et a des considérations sur tout ce qui peut, non pas changer, mais retarder le dessein qu'il a de revenir en Provence; ce qui lui est enfin accordé avec une escadre de dix vaisseaux.

Le 20 novembre, le vent rafraîchit et nous sépara d'avec les vaisseaux; deux seulement purent se tenir sur les bords ² durant deux jours qu'il nous tint en *joli* ³; cela nous obligea de retourner sous le pa-

---

¹ Palmérie, petite ile de la Méditerranée, tout auprès et à l'O. de l'île de Pons, au S.-S.-O. de Monte-Cercelli. L'île Palmérie est la plus O. du groupe d'îles situées à l'entrée du golfe de Naples; le milieu de cette île est par 41° 2′ N., et par 11° 4′ à l'E. de Paris.

² Se tenir sur les bords, c'est-à-dire *louvoyer*.

³ Une galère en *joli* signifiait en *panne* ou en place sans avancer.

villon, ne voulant hasarder le passage avec une si petite escorte, bien
que les huit autres vaisseaux eussent relâché au cap Corse pour nous y
attendre.

Le 23, nous arrivâmes à Porto-Vecchio, où l'amiral vint mouiller
le lendemain, pour y faire aiguade[1], et prendre de là le premier beau
temps pour le voyage de Naples. Le vent étant contraire aux uns et
aux autres, nous retint plus long-temps qu'on eût pu désirer.

Le 28, une felouque expédiée par les sieurs Belon et Rabut, consuls de la nation à Livourne, rendit les dépêches à M. de Bordeaux,
où était une lettre que son altesse de Florence lui écrivait, pleine de
civilités et de beaucoup d'offres. On témoignait que l'armée pouvait
rendre un service très-considérable si elle venait paraître devant cette
ville, qu'elle y recevrait des traitements si bons qu'ils donneraient
sujet aux Espagnols d'en être en quelque jalousie; que ce voyage ne
pouvait avoir que des suites très-avantageuses, puisque le grand-duc
ne prétextait le refus qu'il faisait de ses galères et de deux mille
hommes qu'il est obligé de donner à l'Espagnol lorsqu'il en est requis,
que de la garde et de la garnison qu'il y convient entretenir sur la
frontière pour se garantir des surprises d'une armée si puissante. On
propose au bailli de Forbin de s'y en aller avec ses galères, escorté
de dix vaisseaux; il fait connaître qu'il est prêt à obéir, d'autant plus
volontiers qu'il est assuré d'y trouver des moyens de subvenir aux
nécessités des galères par l'assistance du général des galères de Florence, qui est son ami très-intime, et par la correspondance qu'il a de
longue main avec le sieur Gattine. Quelques jours après, on eut avis
par une autre felouque que les vaisseaux des ennemis avaient relâché
à Gaëte, ayant appréhendé la rencontre de notre armée. M. de
Bordeaux prend en même temps la résolution de les aller brûler là-
dedans; il exhorte les galères d'être de la partie; le bailli de Forbin
s'en excuse par les mêmes raisons ci-dessus déduites, et loin de se
promettre du secours de Livourne, il témoigne qu'il faut tenir suspect
tout ce qui vient d'un prince qui est allié d'Espagne, et qu'il n'a

---

[1] Faire de l'eau.

dessein de l'attirer dans ses ports que pour leur donner quelque grand avantage, ou pour le faire périr par la faim, s'il ne le peut par autre voie. Ce fut sur ce sujet que M. de Bordeaux lui reprocha qu'il avait toujours fait des difficultés, quand il avait été question de servir, et que Livourne était un refuge assuré à ses galeres quand il y avait des honneurs et des saluts à recevoir, mais quand il y fallait aller pour se mettre en état de rendre quelque service, c'était un port suspect et ennemi.

On sut aussi que le Ferrandine était passé en Espagne avec vingt-deux galères et que celles de Naples avaient désarmé et étaient dans le port de Gênes; cela donna jour aux galères de penser à leur retraite. Le 7 de septembre, elles partirent de Porto-Vecchio, et se séparèrent de l'amiral, qui avait la route du côté de Naples. Le 10 elles arrivèrent à l'île de Sainte-Marguerite, le 13 à Toulon, et le 15 le bailli de For-bin reçut une lettre de M. de Bordeaux par un de ses gardes, qui l'exhortait de se mettre à la mer avec le plus de galères qu'il pourrait pour tâcher de s'opposer au désir que don Francisco de Melos avait de passer en Piémont neuf cents hommes sur quatre galères; le persua-dait extrêmement de se mettre en état de servir tout le mois d'oc-tobre; qu'il savait qu'on avait résolu de trajeter de l'infanterie sur de petites barques; et pour lui faciliter les moyens de ce faire, il donnait ordre à son secrétaire de lui compter dix mille écus, ce qu'il fit; lui offrait de prendre deux mille quintaux de biscuit de Saint-Tropez et quinze cents milleroles de vin que le commandeur de Guitaud lui fera délivrer, et lui faisait espérer qu'étant à Livourne, il lui ferait fournir argent et vivres. Il résolut d'y aller avec neuf galères qu'il avait déjà ren-forcées de chiourmes, ordonne qu'on prendrait cet argent, change après cet ordre, et dit qu'il veut y mener les dix-huit ensemble, les fait mettre en état, et le 27, au lieu de prendre cette route, prend celle de Marseille, où il est entré dans le port le 28 au point du jour, et au même temps licencia tous les soldats, qui firent de grands désordres au sieur d'Aiguebonne, qui leur refusait paiement et congé, et publiaient eux-mêmes que c'était par le mouvement de celui-ci qui était obligé de conserver l'ordre.

MÉMOIRE TOUCHANT LES GALÈRES

ET CE QU'ELLES FIRENT DURANT L'ANNÉE 1640.

NOTE DE M. DE BORDEAUX.

Le 8 juillet, les galères s'étant rendues sous le pavillon, on fit voile aux îles Sainte-Marguerite, où les galères donnèrent fond[1] sous les baux, et les vaisseaux, à cause du calme, ne purent attraper la terre.

Le 9, j'eus avis que huit vaisseaux paraissaient par le travers de Manton, quelque trente milles au large; j'en donnai avis aux vaisseaux, et parce que le calme ne permettait point aux uns et aux autres de marcher, je m'embarquai sur les galères à l'entrée de la nuit, et leur donnai ordre de voguer par l'aire de vent que j'avais remarqué les vaisseaux le soir; ce qui fut fait jusques à ce que je fusse endormi; mais à l'instant tout revira à terre et m'éloigna tant si loin que l'on ne vit plus de vaisseaux le matin.

Le 10, on continua le long de la côte vers Gênes, sur l'avis que Bidaud avait donné que les galères de Naples étaient parties, mais avec si grande lenteur que tout ce que je pus faire ce fut d'attraper le golfe de Spezzia le 15; mais, quoi que je fisse, je ne pus jamais résoudre que les galères allassent jusques à Livourne, et je consentis de m'en retourner, sur la proposition qu'on me fit d'aller à la côte d'Espagne, au-devant de l'escadre de Gênes et de celle d'Espagne qui y étaient, et m'en revenir par Alger.

Le 17, l'on part pour retourner: je désirais qu'on prît la route du cap Corse, afin d'éviter la connaissance des terres et chercher ce qui pourrait venir de la mer.

[1] Jetèrent l'ancre.

OBSERVATIONS.

Quoique les galères n'arrivent sous pavillon que le 8, elles comptent la consommation de leurs victuailles dès le 1er ou le 2, qu'elles sont parties de Marseille.

Il n'y a point de meilleurs témoins de ce manquement que le sieur de Baumes, lequel ayant eu part de la résolution d'aller après ces vaisseaux, il vint à la capitane le lendemain pour se plaindre de la navigation, disant qu'il voyait encore ces vaisseaux, et le sieur bailli lui opiniâtra le contraire.

Tous les capitaines des galères savent mieux leurs défauts de cette navigation que moi.

Idem.

Cette route se tient tant que je veille, dès que je dors on gagne les terres avec telle diligence que le 19 on est à Sainte-Marguerite.

Le 20, on demande à un chacun de se préparer pour voyage d'Espagne et d'Alger ; l'on déclare que ce voyage ne se peut faire, mais qu'il vaut mieux faire celui de Naples, auquel infailliblement on trouvera vaisseaux et galères : on y consent, on demande à partir, et à l'instant on déclare qu'on n'a point de vivres, qu'on en veut aller prendre ; on demande deux jours pour cela.

La nuit du 10 au 11, on va aux vivres, on y demeure huit jours tout entiers ; cependant les galères d'Espagne passent devant les îles Sainte-Marguerite. Étant revenues, l'escadre du ponant étant arrivée, on fait voile le 19 droit au cap Corse, où on est arrêté par un coup de vent trois ou quatre jours. Après cela l'on veut continuer le voyage de Naples ; les galères déclarent ne le pouvoir, et que la plage romaine est trop dangereuse. On se réjouit donc d'aller chercher les galères d'Espagne, qu'on disait être au golfe de Spezzia ou à Portofin, avec le corps des galères et six vaisseaux seulement ; on déclare que les galères ne sont pas armées pour cela. On tire douze cents hommes des vaisseaux, et on met sur chaque galère un capitaine des vaisseaux avec soixante hommes d'infanterie. Les galères d'Espagne cachées dans le port de Gênes, nos galères criant à l'eau, on les emmène le 14 août en un lieu nommé Sainte-Terre pour en prendre.

Le 16, elles sont au golfe de Spezzia encore en faire.

Les sieurs de Montigny, Cangé et Montmeyan, sont témoins de ces changements et résolutions, et de la demande d'aller aux vivres ; non qu'elles en fussent pressées pour quinze jours encore si l'on n'eût bougé du Gourjan, mais voulant s'éloigner de la côte de France, le bailli demanda d'en aller quérir avec assurance qu'il en prendrait jusques à la fin de septembre.

Le samedi au soir, les galères partent pour aller quérir des vivres à Toulon, avec défense et promesse de n'aller point à Marseille, et d'être de retour le mardi au soir ou mercredi matin, le vent le permettant. Au lieu de cela, l'on envoie cinq galères à Marseille ; on ne revient que le samedi matin au Théoule, toute la journée on est à la Sianne à faire de l'eau, le dimanche on se rend sous le pavillon, le lundi toute l'armée part.

Le mercredi sur le soir, les galères d'Espagne passent à la vue de Sainte-Marguerite par un si bon vent que l'escadre de ponant parut ce même jour, qui témoigne que le vent était bon pour ramener les galères de Toulon, si elles en eussent eu envie.

Il est encore à noter que toutes les difficultés imaginables ont été faites par le bailli quand on a proposé d'aller vers Gênes, voulant à toute force qu'on lui donnât dix-huit cents hommes au lieu de

Le 17, on fait route vers l'île d'Elbe, ayant tous les jours donné ordre aux galères d'aller devant les vaisseaux pour tâcher à prendre langue, sans que jamais ils aient amené une felouque.

Le 18, étant sur la pointe de l'Elbe, du côté de l'ouest, je propose aux galères de s'en aller par le canal de Piombino durant que les vaisseaux iraient du côté de la Corse, afin de se rencontrer à Monte-Cristo et avoir des nouvelles de tous côtés : ils n'y veulent pas obéir.

Le 19, je leur commande d'aller à Monte-Cristo pour faire leur aiguade, tenant une garde sur le haut de la montagne, et d'envoyer deux galères renforcées vers Gilli et Giletti, lesquels enverraient deux felouques bien armées sur le cap Argentin pour prendre quelques felouques de Naples : ils le refusent.

Le même jour ils demandent à aller à l'eau vers le cap Corse, de soixante milles arrière de Monte-Cristo (je ne l'approuve pas), quoiqu'ils n'eussent pas besoin d'eau, n'y ayant que trois jours qu'ils en avaient pris ; que s'ils voulaient aller à Leri, puisqu'ils ne voulaient pas aller à Monte-Cristo ou autre aiguade que j'avais fait reconnaître quatre milles au-dessous, que je leur montrais du doigt, qu'ils y pouvaient aller ; mais que je ne voulais point

douze cents, n'ayant pas voulu mouiller la nuit à Saint-Pierre d'Arène, parce qu'il n'était pas sous le canon des vaisseaux à crier qu'on voulait tout perdre quand on a proposé que les galères menassent des vaisseaux dans le môle, et plus encore de ce qu'on les tenait si long-temps mouillées à l'ouverture de ce port, qui était leur perdition assurée s'il venait le moindre coup de vent.

Les sieurs de Baumes, du Plessis, Saint-Just et Ternes, qui ont prié plusieurs fois qu'on les envoyât à la guerre et qu'on renforçât un peu leurs chiourmes, sont témoins si on l'a voulu faire, quoiqu'on en ait envoyé plus de douze ordres par lettres. Toute l'armée sait ce commandement inexécuté.

Idem.

Le sieur de Cangé sait comme quoi, après l'avoir refusé au bailli de Forbin, qui vint lui-même, je le refusai encore à deux hommes qu'il envoya après pour prier de me presser de lui donner ce congé.

du tout qu'ils descendissent du côté du cap Corse.

La nuit du 19 au 20, elles partent de dessous le pavillon sans congé et contre l'ordre exprès, s'en vont en terre nommée Bastia, tirant vers le cap Corse.

Toute l'armée sait cette vérité.

Tout le 20 on fait route vers Monte-Cristo, n'ayant aucune nouvelle des galères, que l'on croyait être vers Leri.

Idem.

La nuit du 20 au 21, on demeura autour de Monte-Cristo sans aucune nouvelle.

Idem.

Le 21, n'ayant aucune nouvelle, on est obligé de rendre le bord vers la Corse pour en apprendre; sur le soir on rencontre lesdites galères qui venaient de Bastia, où elles avaient été contre l'ordre, et prirent port la nuit à Monte-Cristo.

Toutes ces difficultés et cette désobéissance n'étaient que pour tirer l'armée toujours du côté de la France pour consumer le temps, afin que l'on pût prétexter de manque de vivres le retour qu'on voulait faire en France.

Le 22, on fait route vers le mont Argentin; les galères prennent port à Gilli, sans qu'elles voulussent jamais aller à la grande terre pour prendre langue, quoiqu'elles ne fussent qu'à dix milles de là.

Toute l'armée a vu cette vérité.

Le même jour, les galères prirent port au Genette, et l'armée demeura bord sur bord dessus; on leur commanda d'envoyer quelques galères reconnaître le port d'Hercule pour savoir ce qu'il y avait dedans, sur le rapport qu'on avait eu qu'il y était entré un vaisseau de cinq à six cents chargé d'hommes et munitions pour Porto-Longone: ils n'en firent rien.

Idem.

Le 23, à la pointe du jour, il parut un vaisseau venant du côté de Naples, qui prenait la route de Porto-Hercole; cinq ou six vaisseaux de l'armée lui donnent la chasse, l'un desquels passa exprès où étaient les galères, et tira un coup de canon pour leur faire signal de donner chasse avec eux audit vaisseau: pas un ne partit, et le vaisseau par le calme se sauva.

Le chevalier de Boisize est celui qui tira jusques à deux coups de canon, étant si près des galères qu'elles eussent pu entendre sa voix.

L'après-dîner le conseil fut assemblé de

Cette vérité est connue de toute l'armée,

tous les capitaines des galères et de tous les officiers de l'armée, pour leur dire la route qu'on avait résolu de prendre de Naples, où on était assuré, par une dépêche de M. le maréchal d'Estrées, que vingt-quatre vaisseaux armés en guerre et trente-sept barques embarquaient dix-huit compagnies de cavalerie et cinq mille hommes de pied. M. le bailli de Forbin dit que les galères ne peuvent aller, pour trois raisons : la première, à cause de la plage romaine qui est trop dangereuse; la seconde, qu'il n'y a ni port ni eau pardessus Civita-Vecchia; la troisième, qu'il croyait que les vivres manqueraient aux galères; lesquelles à toute extrémité n'en avaient pu porter que jusqu'au 15 septembre. Il fut répondu qu'à la plage romaine tous les jours les galères d'Espagne y passent sans rien craindre; que, pour l'eau, ils la pourraient prendre à Civita-Vecchia, et la rafraîchir à l'île Pons, à soixante milles de Naples; pour les vivres, que le sieur bailli s'était chargé d'en faire suivre après les galères, en sorte qu'elles pourraient tenir le temps qui leur est ordonné à la mer. Les sieurs de Ternes, Baumes, Saint-Just, Vaubelle et du Plessis, déclarèrent qu'ils avaient des vivres jusques à la fin de septembre, et qu'ils étaient prêts à aller où l'on voudrait, pourvu qu'on leur fortifiât un peu leurs chiourmes. Le sieur bailli déclara qu'il ne pouvait ni fortifier leurs chiourmes, ni souffrir la séparation d'aucune de ses galères, dont il était chargé du corps, qu'il voulait tout ramener ensemble. On lui offre de lui restituer les vivres qui avaient pu être consommés par les soldats des vaisseaux qui avaient été embarqués sur les galères; il le refuse, disant qu'il avait peu de vivres, de peur que l'excuse du

et la haine que le bailli a témoignée à ceux qui ont déclaré avoir des vivres depuis ce temps-là et le reproche qu'il leur en a fait, témoignent cette vérité. Mais pour faire voir que ce n'était pas le manque de vivres, mais la crainte des ennemis qui empêchait ce voyage, c'est qu'il a été justifié depuis qu'il y avait port et aiguade partout, et que quand on n'eût eu des vivres que jusqu'au 15 septembre, et les mille quintaux et les vivres que j'offrais les pouvaient faire subsister jusqu'à la fin; et de plus j'offre de faire voir que les galères peuvent porter du pain pour soixante jours sans rien retrancher, et pour soixante-dix en retranchant, comme celles de Malte et de Livourne font tous les jours, quoique plus petites et plus chargées d'hommes que celles de France.

Et pour montrer davantage la mauvaise volonté, on ne saurait alléguer raison pourquoi l'on n'a jamais voulu laisser six galères qui déclaraient avoir vivres et qui demandaient à espalmer le tout au 23 d'août, qui était le même compte des journées qu'elles étaient parties du port, et par conséquent en devaient encore avoir pour vingt-sept journées, si elles en eussent chargé pour cinquante comme elles disaient.

manque de n'en avoir pas ne fût recevable.

On lui propose de mener toutes les galères à Civita-Vecchia[1], et que là elles pourraient avoir des victuailles pour leur argent, déclare que les capitaines n'avaient point d'argent, et que par conséquent ils ne pouvaient aller là. On lui offre de l'argent, il n'en veut point recevoir, de sorte qu'on est contraint de consentir leur retour en France et leur donner des vaisseaux pour les escorter; on ordonne seulement auparavant de partir, d'envoyer deux galères reconnaître le port Hercule, pour savoir ce qu'il y avait dedans, et à la nuit les galères vont reprendre port au Genette.

Le 24, la mer de labèche avec une grosse houle empêche les galères d'aller audit port Hercule, ce qui obligea l'armée à rendre le bord vers Monte-Cristo, afin de faire la séparation des galères hors de la connaissance des terres, qui en eussent pu tirer avantage. Les galères mettent à la mer, mais le mauvais temps les oblige de relâcher à Gilli, où ils demeurent tout le 25, que la même mer dura, sans donner aucune de leurs nouvelles; ce qui obligea d'envoyer six vaisseaux de guerre vers la Planouse ou cap Corse, où tous les pilotes jugeaient par les vents qu'ils étaient allés.

Le 26, elles vinrent joindre l'armée; et comme les vaisseaux qu'on avait ordonnés pour leur escorte en étaient séparés, on jugea plus à propos, durant qu'on irait chercher lesdits vaisseaux, de mener toute l'armée à Porto-Vecchio en Corse, là où les galères et les vaisseaux pourraient

L'on ne peut deviner la raison pourquoi l'on n'a pas voulu aller à Civita-Vecchia, tout le monde sachant que c'est un bon port, et où cette année il y a si grande quantité de blé, et par conséquent de pain, qu'on en charge là pour l'Espagne, témoin le vaisseau du cardinal Sachetti.

---

[1] Civita-Vecchia, sur une baie située dans la mer de Toscane. Port servant ordinairement de station aux galères du pape. Elle est à dix-huit lieues dans le N.-O. de Rome, par 42° 5′ 24″ N. et 9° 24′ 50″ à l'E. de Paris. Elle est à dix lieues dans l'E.-S.-E. du port Hercule. Il y a bon fond et bon mouillage. (*Petit Flambeau de la mer.*)

faire leur aiguade en attendant que lesdits vaisseaux les rejoindraient.

Le 27, on entre dans ledit port, qui est un lieu désert; là où il arriva trois felouques de Gênes et de Livourne, donnant avis que les galères d'Espagne étaient encore en Vay, sur l'avis qu'elles avaient eu que les galères se séparaient des vaisseaux; qu'elles avaient fait plusieurs partances, s'étaient toujours réunies dans le port; qu'il faut croire que c'était pour attendre le passage des galères de France. On reçoit avis de Livourne que le grand-duc était extrêmement pressé de donner ses galères, qu'il offrait pratique à l'armée et qu'il témoignait grand désir qu'elle y allât; cela fit juger que son dessein était de prendre le prétexte de la présence de l'armée de ne pas bailler ses galères, et fit changer la résolution à leur permettre d'aller en France au commandement d'aller à Livourne avec quelques vaisseaux pour la garde, leur offrant pain, vin, viande et poisson, que l'on tirerait des vaisseaux durant le temps qu'on irait à Naples, si le temps le permettait.

Les 28, 29, 30 et 31, on fut obligé de demeurer dans le port, à cause du mauvais temps, sans avoir aucun avis ni de l'armée, ni des vaisseaux séparés du corps de l'armée pour l'escorte des galères.

Le 1er de septembre, l'armée fait voile pour s'en aller le travers de Monte-Cristo, pour de là envoyer les galères à Livourne avec huit gros vaisseaux commandés par le commandeur de Montmeyan, et de là faire prendre la route de Naples à l'armée.

Ce même jour arrive une felouque du bailli de Forbin, de Bastia, là où il l'avait envoyée aux vivres, qui rapporte que les vaisseaux attendaient les galères

Le bailli jugea à propos avec tout le conseil d'aller à Livourne, disant que le général des galères du grand-duc était son grand ami, qu'il ne le laisserait manquer de rien, que le frère de Gastines, banquier, ferait la même chose: cette belle résolution lui dure tant qu'il croit qu'il faut aller à Livourne pour y recevoir des compliments et en rendre.

au cap Corse, et que Ferrandine, avec les galères d'Espagne, s'en était retourné en Espagne, et que celles de Naples étaient entrées dans le port de Gênes.

Comme on fait route, le bailli de Forbin mande qu'il ne pouvait plus me celer que les galères commençaient à être en nécessité ; comme le vent ne permettait pas de faire grand chemin, je lui mandai que si, dans le quinzième de septembre qu'il m'avait dit que ses galères étaient fournies ; il n'arrivait à Livourne, je lui en ferais bailler pour achever le mois.

Le 2 et le 3 se passèrent en diverses navigations, où nos vaisseaux ne pouvaient rien gagner; durant quel temps on pressait toujours les galères d'aller à Livourne, puisqu'il y avait des vaisseaux au cap Corse qui les empêchaient de rien appréhender, mais cela inutilement.

Le 4, le sieur de Baumes est envoyé par le bailli de Forbin pour dire l'extrême nécessité des galères. On lui demande un mémoire des galères qui manquaient de vivres, afin qu'on lui en donnât, et cependant on lui envoie une ordonnance pour faire retirer des vaisseaux les vivres que les soldats avaient consommés sur les galères qu'il avait refusés il y a long-temps.

Le 5, le bailli de Forbin envoie son secrétaire près M. de Baumes pour prier qu'on relâchât dans Porto-Vecchio, afin de donner des vivres à ses galères, lesquelles seraient en état de se perdre si le vent les contraignait à se séparer des vaisseaux, pour n'avoir plus de vivres.

Le 6 est employé à donner des vivres aux galères afin de les mettre en état de s'en retourner.

Le même jour, sur le soir, arrivèrent deux felouques portant nouvelles de Gênes,

La résolution d'aller à Livourne ne se peut plus exécuter, parce qu'on apprend que les vaisseaux et tartanes des ennemis étaient en mer et leurs galères. Il n'a plus de connaissance à Livourne, n'a plus pour un jour de pain, oblige les vaisseaux, non seulement à rendre ce qu'avaient consommé les soldats des vaisseaux sur les galères, mais aussi à lui en donner pour s'en retourner en France ; que s'il en eût eu, comme il dit, pour cinquante jours avec ce que lui ont donné les vaisseaux, il en eût eu pour soixante, qui était la fin de septembre, et par conséquent il eût eu, lorsqu'il était au Gilli, pour vingt-sept jours de vivres pour faire un voyage de cinquante ou soixante lieues.

L'obstination du sieur bailli de n'aller plus à Livourne fait croire que sa felou-

Livourne et Rome, que les galères d'Espagne étaient parties du 24, et que celles de Naples avaient désarmé et étaient entrées dans la darse de Gênes, n'ayant pu naviguer pour avoir donné tous leurs soldats et mariniers à Ferrandine, qui l'avait quitté quand les galères de France allèrent devant Gênes ; donnant aussi avis comme quoi les vaisseaux et barques de Naples étaient partis avec leur cavalerie et infanterie, embarquées pour venir débarquer à Porto-Hercole, et que, sur la nouvelle qu'ils avaient eue que l'armée était à Monte-Cristo, qu'ils avaient relâché à Gaëte.

On envoie chercher le sieur bailli pour lui proposer, s'il faisait calme, de s'en aller droit à Porto-Hercole pour en empêcher l'entrée, attendant que les vaisseaux pussent arriver, offrant de monter sa galère avec lui, lui disant pour raison qu'on ne pouvait courir aucun risque du manque de vivres, d'autant que si les vents d'amont venaient qu'ils porteraient les galères à Livourne, où ledit sieur bailli a toujours témoigné qu'il ne craignait aucune nécessité pourvu qu'il fût là ; que si les vents étaient d'aval, qu'on pourrait aller à Civita-Vecchia, et que j'allais envoyer un courrier à M. le maréchal d'Estrées pour qu'il nous fît trouver des vivres, offrant à chaque capitaine mille écus pour en acheter ; que si les vents étaient tout-à-fait contraires, les galères seraient obligées de revenir sur les vaisseaux, et qu'en ce cas j'offrais un mois de vivres de tous les vaisseaux pour leur donner ; que si la bonne fortune voulait que nous rencontrassions les ennemis, nous ne manquerions de rien, parce qu'ils portaient force vivres avec eux.

Toute la réponse a été qu'on ne s'assurait point de rien trouver à Livourne, et que lui avait porté la partance des vaisseaux de Naples, dont il n'avait pas voulu avertir, de peur d'être obligé de demeurer.

qu'on ne se voulait charger d'aucune subsistance des galères ; qu'il voyait bien qu'on voulait tout perdre. Sur cela le sieur bailli témoigne être piqué, s'en va faire force plaintes qu'on maltraitait la galère ; ce qui a contraint de lui donner un autre consentement pour s'en retourner avec huit vaisseaux pour son escorte.

Comme il est au cap Corse, il trouve les six vaisseaux qui l'y attendaient ; il est assuré par eux de la retraite des galères d'Espagne ; il les renvoie, et est seulement suivi de *Daniel* et du *Triton*, qui allaient par même moyen au port pour se remédier de quelques voies d'eau qu'ils avaient.

Dès que les galères sont parties, l'on a avis que les galères de Naples qui étaient à Gênes se remettent à la mer, et que don Francisco de Melos descend avec les galères de Sicile et quelque infanterie ; que les barques chargées de cavalerie voulaient aller terre-à-terre, touées par les galères, pour empêcher que les vaisseaux en approchassent ; on envoie une felouque en donner avis au bailli de Forbin à Toulon, où il disait qu'il avait des vivres jusques à la fin de septembre ; on lui offre deux mille quintaux de pain et quinze cents charges de vin qui étaient à Saint-Tropez et aux îles, et 10,000 écus d'argent, afin qu'il en eût jusqu'à la fin d'octobre, et on lui offre encore de l'argent à Livourne et des vivres. Il témoigne en apparence vouloir partir, emploie cinq ou six jours à espalmer ses galères, et à repasser la chiourme et les soldats des neuf qu'il voulait laisser sur les neuf autres qu'il voulait mener ; après quel temps il tient de nouveaux conseils, résout de mener toutes les dix-huit, et passe cinq ou six jours à faire accommoder les neuf autres galères et à remettre les hommes qu'il en avait tirés.

Tout ce temps consommé, à dessein de faire
passer le mois de septembre lui fit prendre
un troisième conseil de s'en aller à Marseille, après avoir reçu les 10,000 écus
qu'on lui avait prêtés, et avoir laissé douze
cents ou quinze cents quintaux de pain à
Saint-Tropez, onze-cents aux îles Sainte-
Marguérite et douze cents charges de vin
qui y sont encore à présent.

L'excuse du mauvais temps ne peut être
recevable, puisque toutes les galères de
Naples, de Livourne et de Sicile ont navigué durant ce temps-là, ayant toujours
été en présence des vaisseaux, quelque
temps qu'il ait fait; les galères de Gênes
en ce même temps ont passé en Espagne,
trois d'Espagne ont passé à Gênes, et le
reste de l'escadre d'Espagne a toujours
navigué depuis Collioure jusqu'aux Alfages de Tortose. De sorte qu'il est facile à
voir que toutes les navigations, les refuites
et tous les semblants d'exécuter les ordres
du sieur bailli ne sont que pour gagner
le temps, et faire que l'on ne bouge de la
côte de France.

Tous les avis du bailli de Forbin ont
toujours été que l'armée ne devait bouger
de Vay ou du golfe de Spezzia, quoiqu'il
sût bien qu'au-dessus et au-dessous de
l'un et l'autre il y ait vingt ports où les
ennemis peuvent débarquer, et que le
vent qui les empêche de sortir desdits
ports où il veut qu'on entre apportait les
ennemis vent arrière pour descendre dans
tous les ports de dessous, comme par
exemple, si on est au golfe de Spezzia, le
vent qui les apportait d'Espagne, qui est
ponant ou ouest, empêche de sortir du
golfe de Spezzia, et les ennemis peuvent
venir vent arrière descendre à Villefranche, Morgues, Menton, Saint-Remi, Ar-
rache, Louan, Final, Vay, Saint-Pierre

d'Arène et Porto-Fin ; si l'armée est en
Vay, l'est ou le levant , qui l'empêche d'en
sortir, apporte vent arrière les ennemis
de Naples pour descendre à Porto-Hercole,
San-Stefano , Piombino , la rivière de
Pise, Livourne et Lamagre, Port-Vendre,
Porto-Fin , Saint-Pierre d'Arène ; de
sorte qu'il n'y avait point de poste à prendre
en toute cette côte-là, mais bien était nécessaire de garder les parages de la Corse,
afin de pouvoir de tout levant et de tout
ponant aller vers la côte de Gênes , qui est
au nord de ces parages, ou bien de s'en
aller vers Naples afin de rencontrer les ennemis par le chemin ou dans l'un des
ports où on se pouvait promettre , par le
moyen des galères , d'entreprendre sur
eux.

Que si le bailli de Forbin allègue la
nécessité de vivres, qu'il n'a eue que volontairement et peut-être plus en paroles
qu'en effet, on lui répondra trois choses :
la première, que six galères lui ayant
maintenu en plein conseil qu'ils avaient
des vivres pour jusqu'à la fin de septembre,
toutes les autres en pouvaient avoir aussi ;

La deuxième, c'est que toutes les galères de Malte et de Gênes portent pour
soixante jours de vivres, et que celles-ci,
qui sont plus grandes et moins chargées
d'hommes, en doivent porter davantage ;
et de fait, le sieur Valbelle de Marseille
lui a maintenu qu'il pouvait mettre dans
son paignot quatre cent soixante quintaux
de pain , et l'on en peut mettre dans le
scandalard[1] et le coursier, quand on porte
cent cinquante quintaux, qui est beaucoup plus qu'il ne se faut pour la nourri-
ture de quatre cent trente hommes qu'ils
devaient avoir par leur état ;

La troisième et la plus forte raison, est

[1] Endroit où on serre les vivres.

que son éminence lui avait précisément commandé de faire porter par des barques les vivres des galères qu'ils ne pourraient porter ; et quand j'ai voulu presser l'exécution de cet ordre, l'on m'a dit qu'on savait bien les volontés de son éminence, et qu'on n'avait point à m'en rendre compte.

Toutes ces vérités peuvent être attestées par tous les capitaines des vaisseaux et galères qu'il plaira à son éminence de commander de l'aller trouver, n'en exceptant pas un, n'estimant pas même que le sieur bailli puisse nier quoi que ce soit de tout ce qui est contenu dans ce Mémoire.

CHAPITRE X.

Expéditions maritimes de l'armée navale du roi contre les états barbaresques. — Instruction du roi à M. de Bordeaux pour aller en Alger traiter de la paix. — Le roi à M. de Bordeaux. — Articles du traité avec Alger, par Sanson Napolon, en 1628. — Annotations de ce traité. — Avis de M. de Bordeaux sur ce qu'on doit changer à ce traité. — Articles du traité réformés par M. de Bordeaux. — Ordre pour M. de Mantin allant en Alger traiter de la paix. — M. Pion, consul d'Alger, à M. Ferraut. — Le vice-roi d'Alger à M. Ferraut. — MM. Pion, Jacques Massey et Saut, agents pour les affaires du bastion audit Alger, à M. Sanson, envoyé français à bord de la flotte en rade d'Alger. — Pion, vice-consul, à M. Viau, consul à Alger. — Avis secret venant d'Alger à M. de Bordeaux. — Départ de la flotte. — Nouvelle expédition contre les Algériens. — Traité proposé par M. de Coquiel. — Acceptation du traité. — Armement contre Tunis. — M. de Bordeaux à Murat-Bey. — Murat-Bey à M. de Bordeaux. — Traité de commerce et de paix avec cette puissance.

(*Années* 1637, 1638, 1639, 1640 *et* 1641.)

Afin de ne pas interrompre la marche des faits précités, on a rassemblé en ce chapitre tous les documents relatifs aux expéditions maritimes de M. de Bordeaux contre les Barbaresques. Un traité de paix et d'échange avait été conclu, le 4 octobre 1628, entre la France et les Algériens. Depuis cette époque, les Barbaresques avaient porté de nombreuses atteintes à ces conventions, qui, d'ailleurs, en 1637 (époque de la première expédition contre Alger), ne *parurent plus dignes du roi de France*. Voulant donc profiter de la présence de l'armée navale du roi dans la Méditerranée pour amener les Algériens à accepter les modifications que le premier ministre voulait apporter audit traité, M. de Bordeaux reçut du roi, le 7 août 1637, les instructions suivantes.

Instruction du roi pour envoyer en Alger traiter la paix.

MÉMOIRE

A M. L'ARCHEVÊQUE DE BORDEAUX.

Le roi, ayant pitié de plusieurs de ses pauvres sujets détenus esclaves par ceux d'Alger, veut que l'on se prévale du séjour de son armée navale dans les mers du Levant pour obliger lesdits d'Alger à rendre et restituer lesdits esclaves en échange des Turcs et Maures dudit Alger qui sont sur ses galères, comme aussi à faire un traité de paix avec ses sujets trafiquant sur lesdites mers, en sorte que le commerce soit libre, sans crainte que les vaisseaux soient dorénavant attaqués ni pris de part et d'autre.

Pour cet effet, sa majesté juge à propos qu'il soit choisi trois ou quatre vaisseaux de sadite armée navale, bien armés et équipés, pour être envoyés en la côte dudit Alger sous le commandement et la conduite de telle personne qu'il sera jugé à propos pour cela, à qui M. le comte d'Harcourt donnera la commission. Sur lesquels vaisseaux il faudra mettre tous lesdits Turcs et Maures d'Alger qui se trouveront dans lesdites galères, pour être menés à la vue d'Alger, étant ainsi nécessaire, afin que leurs femmes, enfants et parents soient mus et excités à procurer leur liberté par l'échange desdits sujets du roi.

Le capitaine Sanson le Page, qui a connaissance de la langue turquesque et des manières d'agir de ceux d'Alger, accompagnera celui qui commandera lesdits vaisseaux, et négociera ledit échange et le traité de paix selon les instructions qui lui ont été données ci-devant et le pouvoir qui lui a été expédié, et donnera compte de tout ce qui se fera en cette affaire au commandant lesdits vaisseaux, pour s'y conduire selon ses avis.

Sa majesté écrit au sieur général des galères afin qu'il mette entre les mains de celui qui commandera lesdits vaisseaux, lesdits Turcs et Maures qui se trouveront sur lesdites galères, pour être ainsi menés en Alger.

Lesdits vaisseaux iront mouiller l'ancre au cap Matifoux ; près dudit

Alger, et y séjourneront autant qu'il sera nécessaire pour exécuter le contenu au présent mémoire : bien entendu que cela ne préjudicie à aucun autre dessein de l'armée navale.

Le commandant desdits vaisseaux, lorsqu'ils seront près dudit cap, fera arborer la bannière blanche en signal de paix : ce que ceux d'Alger voyant ne manqueront pas de les aller reconnaître et savoir ce qu'il désirera, dont il les fera informer par ledit capitaine Sanson.

Ledit commandant, envoyant le capitaine Sanson à terre, se fera donner de bons otages par ceux d'Alger pour la sûreté de son retour aux vaisseaux.

Si ceux d'Alger ne veulent faire ni le traité ni l'échange susdits, il faudra ramener lesdits Turcs et Maures et les rendre audit sieur général des galères pour être remis auxdites galères, et sans déclarer guerre auxdits d'Alger par menaces, on la fera en effet à leurs vaisseaux partout où on les rencontrera, les prenant ou coulant à fond s'il se peut, et mettant leurs hommes à la chaîne.

Il sera nécessaire de prendre, pour l'envoi desdits trois ou quatre vaisseaux, tel temps que les autres desseins pour l'emploi de l'armée navale n'en soient empêchés ni retardés.

LOUIS.

BOUTHILLIER.

Fait au château du bois de Boulogne lès Paris, le 7ᵉ jour d'août 1637.

LETTRE DU ROI

A M. L'ARCHEVÊQUE DE BORDEAUX.

Monsieur l'archevêque de Bordeaux, ayant su comme le voyage d'Alger a été projeté avec douze vaisseaux de mon armée navale, et qu'en même temps le désarmement des autres vaisseaux a été résolu, j'ai désiré vous écrire cette lettre, pour vous dire que vous fassiez faire ce voyage d'Alger suivant les instructions qui vous en seront envoyées par mon cousin le cardinal duc de Richelieu, et vous donner avis qu'en même temps je mande à mon cousin le comte d'Harcourt que je désire qu'il revienne par-deçà. Si bien que désormais toute mon armée navale sera sous votre conduite et vos soins, sur lesquels, sachant comme je m'en puis reposer, je ne vous ferai cette lettre plus longue que pour prier Dieu vous avoir, monsieur l'archevêque de Bordeaux, en sa sainte garde.

LOUIS.
Sublet.

Aux instructions de M. de Bordeaux était joint le traité de 1628, en marge duquel M. le cardinal de Richelieu avait noté les points qu'il voulait voir modifiés ou radicalement changés dans le nouveau traité que M. de Bordeaux pouvait être appelé à conclure avec les Barbaresques.

ARTICLES DU TRAITÉ FAIT AVEC ALGER,

PAR SANSON NAPOLON, LE 4 OCTOBRE 1628, ET LES RAISONS QUI EMPÊCHENT QU'ON NE L'AIT EXÉCUTÉ.

Au nom de Dieu soit-il. L'an mil six cent vingt-huit et le dix-neuvième jour du mois de septembre, et suivant le compte des Musulmans mil trente-huit et le vingtième jour de la lune de maran, en l'invincible ville d'Alger, le très-puissant et très-glorieux empereur des Musulmans, qui est l'ombre de Dieu sur la face de la terre, nous aurait envoyé les sublimes commandements à la considération de son très-cher et parfait ami l'empereur de France, que Dieu augmente sa gloire et vertu, lequel aurait envoyé en cette invincible milice d'Alger, par le capitaine Sanson Napolon, son aimé, les deux canons que Simon Dancest nous avait enlevés, ensemble nos frères Musulmans qui étaient esclaves dans les galères; lesquels commandements, canons et Musulmans ayant conduits dans ce port d'Alger, nous aurait rendus, en la présence du très-illustre Husseim-hacha, que Dieu augmente ses jours, où étaient aussi assemblés l'aga, chef de la milice, le mufti, le cadi et les défenseurs de la loi, et généralement tous ceux de la milice du grand divan et conseil, où publiquement avons fait lecture des commandements de très-haut empereur des Musulmans, la substance desquels était ainsi :

Vous autres, mes esclaves de la milice d'Alger, anciennement avez vécu avec les Français comme frères, mais à cause de quelques méchants hommes parmi vous, qui ont commis des actes contre le devoir et la justice, avez réputé lesdits Français comme ennemis ; maintenant je veux que tout le passé soit passé, et, sans que vous vous souveniez plus des injures, viviez comme frères et bons amis.

Tous généralement, grands et petits, auraient répondu : Sommes contents et voulons obéir aux commandements de notre empereur, comme étant ses esclaves.

De même aurions fait lecture des lettres d'amitié de l'empereur de France, la substance desquelles dit ainsi :

« Tout ainsi que l'empereur des Musulmans, mon très-cher et parfait ami, les jours duquel soient félices (heureux), il m'aurait écrit qu'il désire que les sujets, d'une part et d'autre, vivent à l'avenir en bonne paix et amitié, ce que j'ai en plaisir. »

Tout le divan et conseil, grand et petit, ont juré et promis de conserver une bonne paix et amitié, et pour cet effet ils ont déclaré ci-après ce qui se doit observer [1].

1.

Premièrement, que tous les esclaves musulmans, réfugiés des pays de ses ennemis, abordant dans le pays de France, leur sera donné libre passage pour venir en Alger, et défenses seront faites à ceux qui gouvernent les villes des confins du royaume de France, et à toutes autres personnes, de ne rendre ni vendre les Musulmans à des ennemis.

APOSTILLES.

Il est raisonnable que la même liberté soit donnée aux sujets du roi abordant Alger, même sans payer aucun port ni droit.

[1] Ce traité est celui fait par Sanson Napolon, lequel on ne veut pas tenir, tant à cause des abus que l'on a vu commettre à ces gens-là depuis, que parce qu'il est indigne du roi ; et l'on ne le baille que pour faire voir à ceux qui doivent traiter les raisons pourquoi on ne le peut pas tenir, afin de s'en servir contre ce qu'ils pourraient alléguer : mais il se faut attacher autant que l'on pourra au projet du traité que l'on baille, à demeurer ferme aux articles selon qu'il est porté par les apostilles.

II.

Lorsque les navires d'Alger avec les Français se rencontreront, s'étant reconnus, se donneront des nouvelles réciproques comme vrais et bons amis, sans que ceux d'Alger puissent aller dans les navires ou barques françaises pour y prendre aucune chose que ce soit, ni changer voiles neuves pour vieilles, saris, câbles, canons, ni aucune munition de guerre ni autre chose, ni moins pourront-ils menacer ni battre les patrons, écrivains, garçons, ni autres du navire ou barque, pour leur faire dire chose contre la vérité.

Il ne faut consentir, pour quelque raison que ce soit, que l'on entre dans les vaisseaux, cela étant contraire à la capitulation du grand-seigneur, qui veut que ses ennemis même puissent naviguer et trafiquer sous la bannière de France; et de plus, si les Turcs entraient dans un vaisseau chargé de bonne robe[1], ils tueraient tout ou le mèneraient à Salé, Tetuan ou ailleurs; mais pour mieux faire il faut, comme les Vénitiens, qu'ils ne puissent entrer dans nos mers.

III.

Si lesdits navires ou barques françaises sont chargés de marchandises de compte des ennemis du grand-seigneur, après qu'ils en seront bien éclaircis, soit par manifeste ou rapport desdits patrons, écrivains ou mariniers, tels vaisseaux ou barques seront conduits en Alger, où leur sera payé les nolis, et après s'en retourneront où bon leur semblera; auxquels sera enjoint de ne celer telles marchandises desdits ennemis, de crainte de ne perdre le crédit à son nolis.

Cet article ne peut être admis, pour quelque raison que ce soit, pour les causes contenues en l'apostille ci-dessus.

IV.

Tous les Français qui se trouveront dans les navires de guerre des ennemis d'Alger, et qui seront mariés et habitués au pays desdits ennemis, étant pris dans tels navires, ils seront esclaves comme ennemis.

Il faut tâcher à y ajouter qu'ils ne pourront être tenus esclaves.

V.

Ayant les navires français reconnu et parlementé avec les navires d'Alger, après en être éclairci, tels navires français voulant combattre et commençant les premiers, étant pris, seront esclaves, ainsi

Il faut encore ôter cet article, parce que l'on fera toujours accroire aux marchands qu'ils auront tiré les premiers.

[1] *Buona-roba*, marchandise de prix.

qu'est porté par les capitulations du grand-seigneur.

VI.

Ne pourront ceux d'Alger prendre aucuns garçons pour les faire renier par force, tailler [1] ni leur faire aucune menace en façon quelconque ; que si quelque Français ne voulait renier volontairement, il sera conduit devant le divan, et déclarera franchement sa conscience, quelle loi il veut tenir, sans aucune contrainte.

Si d'aventure quelque Turc prétendait que quelque jeune garçon ou quelque autre, par crainte ou par quelque autre raison, eût fait semblant de renier sa foi, ce que le roi ne peut croire, celui qui l'aura pris n'en sera pas cru, mais sera mené au divan en présence du consul des Français, là où il fera sa déclaration librement ; et en cas qu'il se trouve que quelque Turc l'ait menacé ou battu pour ce faire, il en sera châtié, et ledit chrétien mis entre les mains du consul pour être renvoyé en France par la première barque.

VII.

Et en cas qu'il y eût quelques raïs [2] de navires ou barques d'Alger qui, rencontrant quelques navires ou barques françaises, ne voulant croire la parole et témoignage du capitaine et écrivain français que les facultés de tels navires ou barques appartiennent auxdits Français, et qu'on les voulût conduire en Alger, étant arrivés, seront lesdits capitaines et écrivains interrogés dans le divan avec paroles remplies d'amitié et de douceur, sans leur faire aucune menace ; et s'ils persistent que ces facultés appartiennent aux Français, seront relâchés, et tels raïs seront châtiés arbitrairement.

Cet article ne doit pas être de la sorte, pour les raisons portées à l'apostille du second article, et l'on ne doit, pour quelque raison ni sous aucun prétexte, leur souffrir qu'ils visitent les vaisseaux des marchands.

VIII.

Tous ceux qui seront natifs des pays ennemis du grand-seigneur, mariés et habitués en France, ne pourront être faits esclaves, comme aussi rencontrant quelques Français passagers sur les navires des ennemis, ne pourront être esclaves, pourvu qu'ils soient sujets de l'empereur de France.

Cet article est bon.

[1] Circoncire.—[2] Capitaines.

IX.

Et d'autant que ceux de la milice d'Alger qui seront raïs et capitaines de navires et galères de guerre, ne contreviendront jamais à ce traité de paix, ains bien pourrait être quelqu'un de mauvaise vie, comme Mores et Tagarins, voulant armer, pourront rencontrer quelques navires ou barques françaises et les conduire à Salé ou autres lieux des ennemis des Français, ce qui serait un grand préjudice à l'intégrité de cette paix et donner du blâme à ceux d'Alger; et par conséquent, de l'intérêt de cette échelle, à cette fin de pourvoir à tels inconvénients et être bien assuré, il sera établi un très-bon ordre à cette fin que tous ceux qui partiront d'Alger soient assurés qu'ils y retourneront, défendant aussi qu'aucun étranger ne soit fait raïs des galères et navires.

Et généralement tous, d'une part et d'autre, promettant et nous obligeant par ce présent d'observer et maintenir de point en point tous et chacun les articles des impériales capitulations d'entre nos deux monarques, que Dieu augmente leur gloire et vertu; suivant lesquelles personne ne pourra entrer dans la maison du consul des Français sans bachi et officiers du divan, ni aucun de la milice, pour quelque occasion ni sujet que ce soit; que si quelqu'un prétend quelque demande audit consul, sera appelé en tout honneur avec un chiaoux du divan par devant l'aga, chef dudit divan, où sera observée la justice, à cette fin que ledit consul français vive en paix, tranquillité et toute sorte d'honneur et respect.

Au lieu de cet article, il ne faut que mettre deux mots, savoir : Que nul autre qu'un originaire d'Alger ne pourra être fait raïs, et qu'il sera obligé encore de donner caution devant que partir du mal qu'il pourrait faire à la mer.

Et pour plus grande sûreté il faudrait obliger, si l'on peut, ceux d'Alger à tenir un ou deux hommes de condition à Marseille, comme on en tiendra un chez eux.

Et en cas qu'il y eût quelque mauvaise personne, tant de la part d'Alger que de la France, qui commit quelque action capable de con-

trevenir aux articles du présent traité au préjudice des commandements
et capitulations impériales, et qu'il cherchât quelque occasion pour
pouvoir préjudicier à cette paix, n'y aura point de sujet capable de ce
faire ; mais tels personnages seront punis de mort, et tous ceux qui contreviendront en aucun de ces présents articles, ils auront la tête tranchée. Et pour l'observation de tout ce qui est contenu aux présents
articles, en la présence du très-illustre Husseim, bacha de Mosse, à présent
aga, chef de la milice, des seigneurs muftis, cadis, défenseurs de la foi,
de tous les juges et anciens et de tous ceux qui continuellement prient
le très-haut Dieu, et généralement en présence de tous ceux du divan
et conseil de l'invincible milice d'Alger, grands et petits, d'un commun
accord et consentement, à la gloire et honneur des empereurs, et suivant ses sacrés commandements et capitulations impériales, avons fait
et promis cette paix, et donné parole avec serment et promesse de la
maintenir et garder de point en point, ayant fait des présents articles
plusieurs copies semblables, scellées et signées de tous les susdits nommés, l'une desquelles copies sera gardée dans la châsse du sacré trésor du
divan, et les autres à l'empereur de France et aux lieux où besoin sera de
les faire observer. Fait l'an et jour ci-dessus. De la traduction de Salomon
Cassin, interprète du roi en Alger, le 4 octobre 1628.

Le traité suivant, modifié par M. de Bordeaux selon les
instructions de M. le cardinal de Richelieu, devait être présenté aux Algériens.

ARTICLES RÉFORMÉS

PAR M. L'ARCHEVÊQUE DE BORDEAUX, SUIVANT L'INTENTION DE SA MAJESTÉ,
POUR ÊTRE TRAITÉS AVEC CEUX D'ALGER, EN NOVEMBRE 1637.

Au nom de Dieu soit-il. L'an mil six cent vingt-huit et le dix-neuvième jour du mois de septembre, et suivant le compte des Musulmans,
mil trente-huit et le vingtième jour de la lune de maran, en l'invincible
ville d'Alger, le très-puissant et très-glorieux empereur des Musul-

mans, qui est l'ombre de Dieu sur la face de la terre, nous aurait envoyé les sublimes commandements à la considération de son très-cher et parfait ami l'empereur de France, que Dieu augmente sa gloire et vertu, lequel aurait envoyé en cette invincible milice d'Alger, par le capitaine Sanson Napolon, son aimé, les deux canons que Simon Dancest nous avait enlevés, ensemble nos frères musulmans qui étaient esclaves dans les galères; lesquels commandements, canons et Musulmans ayant été conduits dans ce port d'Alger, nous aurait rendus en la présence du très-illustre Hussein-pacha, que Dieu augmente ses jours, où étaient aussi assemblés l'aga, chef de la milice, le mufti, le cadi et les défenseurs de la loi, et généralement tous ceux de la milice du grand divan et conseil, où publiquement avons fait lecture des commandements du très-haut empereur des Musulmans, la substance desquels était ainsi :

Vous autres mes esclaves de la milice d'Alger, anciennement avez vécu avec les Français comme frères, mais à cause de quelques méchants hommes parmi vous qui ont commis des actes contre le devoir et la justice, avez réputé lesdits Français comme ennemis, maintenant je veux que tout le passé soit passé, sans que vous ne vous souveniez plus des injures, viviez comme frères et bons amis.

Tous généralement, grands et petits, auraient répondu : Sommes contents et voulons obéir aux commandements de notre empereur, comme étant ses esclaves.

Du même aurions fait lecture des lettres d'amitié de l'empereur de France, la substance desquelles dit ainsi :

«Tout ainsi que l'empereur des Musulmans, mon très-cher et parfait ami, les jours duquel soient félices (heureux), il m'aurait écrit qu'il désire que les sujets, d'une part et d'autre, vivent à l'avenir en bonne paix et amitié : ce que j'ai en plaisir. »

Tout le divan et conseil, grands et petits, ont juré et promis de conserver une bonne paix et amitié, et pour cet effet ils ont déclaré ci-après ce qui se doit observer ¹, à savoir :

Premièrement, que tous les esclaves musulmans réfugiés des pays de

_____

¹ Ce préambule est le même que celui de Sanson Napolon.

ses ennemis, abordant dans le pays de France, leur sera donné libre passage pour venir en Alger, et défenses seront faites à ceux qui gouvernent les villes des confins du royaume de France et à toutes autres personnes, de ne rendre ni vendre les Musulmans à des ennemis; et pareillement si les sujets du roi se retirent d'un lieu où ils auraient été captifs, seront renvoyés en France par la première barque ou vaisseau, sans payer aucun port non plus qu'on fait payer aux leurs.

Ne pourront, ceux d'Alger non plus que les Français, se rencontrant plus forts les uns que les autres, entrer dans les vaisseaux des uns des autres, ni moins encore demander ni prendre quoi que ce soit les uns aux autres, à peine de la tête; et pour plus grande sûreté de ce que dessus, ne pourront les vaisseaux de guerre d'Alger, en façon du monde, venir dans les mers de France, qui sont depuis le cap de Roses jusqu'à Nice, et tirant vers le sud, jusqu'à Bonifacio et île Saint-Pierre sur Sardaigne; et en ponant, depuis le cap d'Ortigal jusqu'en Ouessant, et depuis Ouessant jusqu'à Dunkerque, entre Gersey et Guernesey et la France.

Tous les Français qui se trouveront dans les navires de guerre des ennemis d'Alger et qui seront mariés et habitués au pays desdits ennemis, étant pris dans tels navires, seront traités comme ennemis.

Ne pourront, ceux d'Alger, prendre aucuns chrétiens, soit jeunes garçons, soit autres, pour les faire renier leur foi par force, tailler ni leur faire aucunes menaces. Que si quelque Turc prétend qu'un chrétien ait renié la foi chrétienne volontairement, qu'il ne soit point cru sur sa seule parole, mais qu'il soit obligé de mener ledit chrétien devant le divan, en présence du consul des Français ou d'autres étant en son lieu, pour là déclarer formellement quelle loi il veut tenir, sans aucune contrainte.

Si quelques raïs ne voulaient pas déférer au deuxième article ci-dessus, et ce faisant qu'ils emmenassent quelques vaisseaux ou barques en Alger, seront châtiés.

Tous ceux qui seront natifs des pays ennemis du grand-seigneur, mariés ou habitués en France, ne pourront être faits esclaves, comme aussi rencontrant quelques Français passagers sur les navires des ennemis, ne pourront être arrêtés ni détenus.

On ne laissera partir d'Alger aucuns raïs, capitaines de navires et galères, qu'ils ne donnent premièrement bonnes suffisantes assurances de retourner sans toucher à autres ports, attendu que plusieurs Mores ou Tagarins voulant armer, pourront rencontrer quelques navires ou barques françaises et les conduire à Salé ou autres lieux des ennemis des Français, au préjudice de cette paix, ce qui apporterait intérêt à cette échelle. C'est pourquoi il sera défendu qu'aucun étranger ne soit admis à la charge de raïs de galères ni de navires.

Et généralement tous, d'une part et d'autre, promettront qu'ils obligeront, par ce présent traité, d'observer et maintenir de point en point, tous et chacun, les articles des impériales capitulations des deux monarques, que Dieu augmente leur gloire et vertu.

Suivant lesquelles personne ne pourra entrer dans la maison du consul des Français sans bachi, officier du divan, ni aucun de la milice, pour quelque occasion ni sujet que ce soit ; que si quelqu'un prétend quelque demande au consul, sera appelé en tout honneur avec un chiaoux du divan par-devant l'aga, chef du divan, où sera observée la justice, à cette fin que ledit consul français vive en paix, tranquillité, honneur et respect.

Et en cas qu'il y eût quelques mauvaises personnes, tant de la part des sujets du roi que ceux dudit Alger, qui commissent quelque action capable de contrevenir aux articles du présent traité et préjudicier aux commandements d'icelles capitulations impériales, ce qui apporterait grand préjudice au présent traité, les contrevenants seront punis et châtiés corporellement comme perturbateurs du repos public, sur peine d'avoir la tête tranchée, faute de l'observation des présents articles. Et ont été accordées en la présence du très-illustre Hussein, bacha de Mosse, à présent aga, chef de la milice, des seigneurs mufti, cadi, défenseurs de la loi et de tous les sages et anciens, et ceux qui continuellement prient le très-haut Dieu, et généralement en présence de tous ceux du divan et conseil de l'invincible milice d'Alger, grands et petits, d'un commun accord et consentement, à la gloire et honneur des empereurs, suivant leurs sacrés commandements et capitulations impériales, avons fait, promis cette paix et donné parole avec serment et promesse de la maintenir et garder de point en point; ayant fait des présents articles plusieurs copies semblables, scellées et signées de tous les susdits nommés, l'une desquelles copies sera gardée dans la châsse du sacré trésor du divan, et les autres à l'empereur de France, et aux lieux où besoin sera de les faire observer. Fait l'an et jour, etc.

RAISONS POUR LESQUELLES LES ARTICLES CI-DESSUS ONT ÉTÉ RÉDUITS AINSI QU'ILS SONT CI-DESSUS.

Sur ce qu'on a reconnu, par le rapport de ceux qui ont été pris par ceux d'Alger ou qui y ont négocié, que, quoi qu'ils promettent, ils ne tiennent rien, toutes leurs substances n'étant fondées que sur l'infidélité et sur le vol, on a estimé qu'il était à propos d'ajouter à l'instruction de sa majesté une défense très-expresse à tous ceux d'Alger de venir dans les mers de France, ainsi qu'il est observé par les Vénitiens, sous les mêmes peines.

On a aussi estimé, par les mêmes raisons, qu'il ne fallait point, en quelque façon que ce soit, leur permettre l'entrée dans nos vaisseaux, tant parce qu'ils ne se pourraient empêcher de voler quand ils y seraient, que parce que, reconnaissant de bonnes marchandises, ils jetaient (étant les plus forts) les hommes à la mer ou les menaient à Salé, ou bien supposaient de faux témoins qui disaient que les Français avaient combattu; sur ce rapport, les adjugeaient de bonne prise, comme le sieur Sanson l'a vu pratiquer devant lui-même; et pour ces effets on demande, sans rien innover, à se tenir purement au traité des capitulations faites avec le grand-seigneur sur ce sujet.

Pour les autres articles que sa majesté a ordonné qu'ils seront changés, ou ajouté quelque chose, on y demeure ponctuellement.

Pour le regard du retrait des esclaves, il y en a quatre sortes à retirer:

Les premiers, qui sont les non rendus.

Les seconds, ceux qui ont été rendus sous prétexte d'avoir combattu et qui ne l'avaient pas fait.

Les troisièmes sont ceux qui ont véritablement combattu ou qui ont été pris sur d'autres navires.

Les quatrièmes sont les reniés.

Et pour les premiers il n'y a aucune difficulté, soit qu'ils soient dans la ville, soit qu'ils fussent à la campagne ou qu'ils fussent allés à la mer, de les déclarer libres dès à cette heure, afin que s'ils revenaient après que les vaisseaux du roi fussent partis, le consul les pût renvoyer à mesure qu'ils viendront, par les premières barques, à peine de nullité du traité.

Les seconds doivent être aussi rendus sous les mêmes peines, tant parce qu'il est véritable qu'ils n'ont pas combattu, que parce que, au préjudice du traité, on n'avait point rendu ceux qui étaient détenus : ce qui leur avait donné juste appréhension qu'on ne leur en fît de même.

Les troisièmes, qui ont combattu, il faudrait voir la forme du combat, parce qu'on est bien assuré que de pauvres marchands n'iront pas commencer contre des pirates ; et par conséquent n'ayant combattu que pour se défendre, ils doivent être déclarés libres. Et s'il y avait quelque difficulté ou quelque petit présent à faire, on prendra de l'argent de ces religieux pour faire quelque présent ou indemniser ceux auxquels ils auraient coûté quelque chose ; mais en tout cas, à l'extrémité, on obligera le divan de les faire restituer pour le prix qu'ils auraient été vendus au marché, sans payer aucuns ports ni frais.

Et d'autant que nous avons de différentes sortes d'esclaves : les uns qui ont été pris, le mauvais temps les ayant jetés à la côte ; d'autres dans le combat, et d'autres achetés du duc de Florence, on doit avoir soin de garder les mêmes formes pour la reddition d'iceux que lesdits d'Alger feront pour les nôtres.

Pour la quatrième sorte, qui sont les reniés, le roi étant informé que la plupart sont par force et par crainte, il désire qu'en présence du divan et du sieur Sanson, envoyé par sa majesté, ils soient appelés de nouveau pour déclarer leurs intentions, et pour, suivant icelles, être remis entre les mains dudit sieur Sanson pour être renvoyés et conduits dans les vaisseaux du roi à l'instant.

Pour ceux qui sortiront, ne doivent aucun port ni droits, comme ceux qu'on leur renvoie.

Ledit sieur Sanson fera aussi instance à ce que les vaisseaux, barques et marchandises de ceux qui n'ont pas été bien pris soient rendus ou du moins ce qui se trouvera en nature, et le surplus entrera en compensation des hommes qui seront jugés de bonne prise et qu'on sera obligé de racheter.

Après avoir fait tous efforts pour passer les deux articles ci-dessus, outre ce que le roi désire d'être échangés, si absolument ils accordaient tous ceux que sa majesté désire et qu'ils refusassent ceux-ci, on passera outre, réservant toujours quelques queues pour y revenir quand la saison le permettra.

Mais si l'on voit que lesdits d'Alger ne voulussent en façon du monde approcher ce qui est de la justice et des intentions de sa majesté, sans s'amuser à leur déclarer la guerre, on entreprendra sur leurs galères et vaisseaux, après toutefois avoir retiré ceux qu'on aurait mis à terre et fait l'aiguade nécessaire.

Le même se doit faire à Tunis et à Tripoli, si faire se peut, si le temps et les vivres le permettent.

> Fait à Toulon, le 3 novembre 1637.

> (Mémoire donné au sieur Sanson pour ajouter, s'il peut, aux instructions de sa majesté, selon les ordres qu'elle nous en a donnés.)

Ensuite de ces résolutions, M. de Bordeaux donna l'instruction suivante à M. de Mantin.

ORDRE POUR M. DE MANTIN

ALLANT EN ALGER TRAITER DE PAIX, BAILLÉ PAR M. L'ARCHEVÊQUE DE BORDEAUX.

> De Toulon, le 3 novembre 1637.

Ledit sieur de Mantin s'en ira de droite route au cap Matifoux ou autre lieu qui sera jugé plus convenable par tous les capitaines au conseil, où sera appelé le sieur Sanson, auquel lieu les vaisseaux mouilleront avec la bannière blanche à poupe, afin de faire connaître à ceux d'Alger qu'on vient pour traiter la paix avec eux.

Lorsque ceux d'Alger auront su pourquoi on est là, avant que le sieur Sanson mette pied à terre, ou celui qu'il enverra, on demeurera d'accord des otages de part et d'autre.

Quand il viendra quelque felouque d'Alger pour reconnaître lesdits vaisseaux, nul capitaine ne parlera ni ne fera parler par ses matelots à ceux d'Alger, mais seront renvoyés à leur chef d'escadre, afin qu'avec le sieur Sanson ils sachent ce qu'ils auront à répondre.

Du jour que les vaisseaux approcheront de la rade, tous les Turcs seront mis à fond de cale à la chaîne, chacun dans le vaisseau de son passage, avec défense toute expresse à tous capitaines de les laisser parler à personne, que par l'ordre dudit sieur Sanson, qui est chargé de la part du roi de cette négociation.

Auront grand soin aussi que la nuit ils ne se jettent à la mer pour gagner la terre, et pour cet effet, du jour qu'ils seront à la rade, il y aura toujours une sentinelle qui fera le guet avec lesdits esclaves.

Ledit sieur de Mantin demeurera à ladite rade jusqu'à ce que le traité dont est chargé ledit sieur Sanson soit exécuté, et durant lequel temps ne laissera entrer aucun vaisseau dans Alger, ains les fera tous mouiller derrière lui, et empêchera pareillement que nul ne sorte pour aller donner avis de lui.

Et quand le temps sera fini, si ledit sieur Sanson n'apporte la satisfaction que sa majesté désire, tous les vaisseaux qui auront été arrêtés seront emmenés en France et tous les Turcs mis à la chaîne avec les autres.

Lors, par l'avis commun, il sera résolu quel moyen on tiendra pour les endommager par le feu ou autrement, après avoir fait savoir à tous les chrétiens détenus qu'ils ne désespèrent point et qu'on s'en va quérir toute l'armée, afin de réussir au printemps pour les avoir par force.

Si d'aventure on était chargé de quelque gros temps en cette rade, après avoir fait savoir à ceux qui seront à terre la nécessité qu'on aurait de lever l'ancre pour revenir au premier beau temps, les vaisseaux se mettront sur les bords [1] ou bien se retireront tous ensemble, s'il se peut, au lieu le plus propre pour chercher leur abri, qui sera par eux concerté,

---

[1] Louvoyeront.

Si, allant et venant, ils rencontrent quelques vaisseaux turcs ou ennemis du roi, ils seront pris et emmenés pour être jugés par son éminence.

Après avoir fait ou failli ledit traité d'Alger, ils prendront la route de Tunis, où les mêmes choses seront observées qu'en Alger, suivant les ordres qu'en a ledit sieur Sanson de sa majesté.

Et si le temps permettait d'aller jusqu'à Tripoli, on ferait un service très-agréable au roi; et en cas que ce voyage se fît et que les capitaines particuliers employassent quelque temps par-dessus les trois mois de victuailles qu'on leur a données, on promet de faire payer auxdits capitaines, jusqu'au dernier sou, ce qu'ils auront avancé de plus jusqu'au jour de leur retour.

Et pour le regard des chrétiens qui seront retirés de la main des Turcs, la dépense en sera fournie par le sieur Sanson, et les hommes seront séparés sur les divers vaisseaux à proportion de leurs grandeurs et des équipages qu'ils auront.

Et afin que le manque d'argent n'empêche point l'exécution de ce dessein si utile aux pauvres chrétiens et tant agréable à sa majesté, il a été mis à cet effet la somme de dix mille livres ès mains d'un commis du trésorier de la marine, pour être employée à l'achat des vivres qui seront nécessaires et lesquels seront distribués selon le besoin et par état, qui sera arrêté de concert entre tous les capitaines desdits vaisseaux.

Et pour éviter la dépense, en cas de traité avec ceux d'Alger, les esclaves qui seront retirés seront mis dans *la Pélicorne, le Saint-Michel* et *l'Intendant*, ou en plus ou moins de vaisseaux, selon le nombre auquel se trouveront monter lesdits esclaves; lesquels vaisseaux s'en viendront de droite route en ce port; et le même sera observé en cas qu'en Tunis il se fasse traité et que l'on se résolve d'aller à Tripoli.

Que s'il arrivait que l'on trouvât impossibilité à traiter avec ceux d'Alger, en ce cas les vaisseaux départis pour ces voyages renverront les Turcs aux galères dans un ou deux vaisseaux ci-dessus nommés, et le reste, s'il ne peut repasser en France, comme il sera dit ci-après, on les emploiera à faire la guerre où l'on jugera le plus à propos; et pour cet effet l'argent sera employé pour tâcher à entretenir les équipages jusqu'à la fin de février.

Que si, après avoir traité avec ceux d'Alger, ceux de Tunis refusaient de traiter; en ce cas on fera autant d'actes d'hostilités contre eux qu'il sera possible, suivant la résolution qui en sera prise sur les lieux par tous les capitaines de l'escadre qui se trouveront, où sera appelé le sieur Sanson pour donner son avis.

Que si le traité d'Alger étant rompu il faisait un temps propre pour passer en ponant, et qu'il se trouvât six capitaines qui voulussent s'en aller ensemble de conserve, il sera donné ordre de s'en aller droit à Belle-Ile pour aller désarmer à Brest; et en ce cas, de l'argent qui a été mis entre les mains du commis, il leur en sera délivré à chacun un mois de victuailles, avec ordre, en s'en allant, de prendre tout ce qu'ils trouveront, soit Turcs, Espagnols ou autres ennemis de cette couronne, pour être jugés par son éminence.

Que si l'on rencontre dans ces mers quelques vaisseaux ou barques appartenant au grand-duc ou à ses sujets, ils seront amenés dans le port sous le pavillon, selon l'ordre que nous en avons du roi et de son éminence.

L'on sera soigneux de faire saluer, par tout ce qui se rencontrera à la mer, le pavillon, et en cas que par malheur (ce que Dieu ne veuille) il arrivât faute du sieur de Mantin, le sieur de Treillebois commandera l'escadre.

Fait à Toulon, le 3ᵉ jour de novembre 1637.

SOURDIS, archevêque de Bordeaux.

L'avant-garde de la division envoyée à Alger étant arrivée en vue de cette ville, M. Pion, vice-consul de France en cette résidence, instruisit M. Ferraut, capitaine de vaisseau, de l'effet produit à Alger par la présence du pavillon français.

LETTRE DU SIEUR PION, CONSUL D'ALGER,

A M. FERRAUT.

D'Alger, le 24 novembre 1637.

MONSIEUR ,

A votre arrivée ici, il y avait quelques navires qui étaient prêts à sortir, et vous voyant arriver, et ayant appris de vous que vous attendiez votre amiral avec le reste de son escadre, ils se sont retenus jusqu'à présent, croyant que les navires du roi entreraient. Maintenant, voyant qu'ils ne viennent point, le divan s'est assemblé dans la maison du roi, et m'ont envoyé quérir pour savoir ce que vous étiez venu faire ici : je leur ai répondu que mon opinion était que vous étiez venus pour traiter la paix avec eux, mais que vous n'aviez point d'ordre que votre amiral ne fût arrivé. Après plusieurs contestations, il a été conclu que le sieur bacha vous écrirait une lettre en langue turquesque, portant que si vous étiez amis, que vous pouvez venir assurément dans le port et sous leur canon, qu'il ne vous sera fait aucun déplaisir, ou sinon que vous le sauriez, c'est-à-dire, que vous devez mettre à la voile et vous en aller, ou bien l'on vous ira quérir. Ils m'ont donné ordre de vous en écrire; ainsi pensez à ce que vous devez faire : vous avez vos ordres. En attendant, je demeure

Votre très-affectionné serviteur,

PION, consul.

M. Ferraut, capitaine du navire *l'Intendant*, à son bord.

M. Pion envoyait en même temps à M. Ferraut la lettre suivante du vice-roi d'Alger.

TRADUCTION DE LA LETTRE DU VICE-ROI D'ALGER

A M. FERRAUT.

Courageux capitaine français de la nation chrétienne, venu présentement en bonne foi en cette rade d'Alger, salut.

Ayant reçu ce papier, auquel vous pouvez ajouter foi, sachez que si vous êtes venus comme vrais amis, vous soyez les très-bien venus, et que puisque vous venez en intention de faire la paix et amitié, vous devez venir dans ce port, où vous serez en toute assurance sous les forteresses du plus puissant et plus magnifique empereur du monde; et que notre foi est foi, et notre amitié amitié; et que par notre très-honorable empereur, notre parole est vraie parole et notre foi est foi, vous ne devez faire difficulté de venir tout maintenant dans ce port.   Salut et adieu.

La lettre originale est sans date : elle a été envoyée le 24 novembre.

M. Sanson, parfaitement instruit des affaires d'Alger, était à bord de M. Ferraut, et chargé de la négociation du traité. Les lettres suivantes, à lui adressées d'Alger par M. Pion, vice-consul, et Jacques Massey, dit Saut, agent pour les affaires du bastion audit Alger, donnent les détails les plus circonstanciés sur les vues et projets du divan, et les intrigues suscitées dans Alger par des Français pour s'opposer aux desseins du roi.

LETTRE DU SIEUR MASSEY

AU SIEUR SANSON.

Du 27 novembre 1637, en Alger.

Monsieur ,

Ne m'ayant été permis de vous aller voir, je ne me suis pu empêcher de vous coter ici en homme d'avis, ce qui s'est passé en cette ville depuis

le 19 du présent, qu'ils apprirent votre venue par les deux navires de
vos conserves : l'*Intendant*, capitaine Ferraut, et l'*Espérance*, capitaine Cazenac, lesquels ont demeuré à la rade six jours. On leur a
voulu donner des rafraîchissements, ce qu'ils refusèrent, comme n'y
ayant aucun ordre. Ensuite les raïs de ces quatre ou cinq corsaires
qui étaient prêts à partir, firent dire par un divan qu'ils tinrent
le 23 susdit, que lesdits navires entrassent dans le port ou s'en allassent:
ce qui les fit mettre à la voile ; de quoi, depuis se repentirent d'avoir
donné un tel ordre, et les corsaires après partirent. Toute cette milice est très-étonnée de la résolution de sa majesté, par l'expédition
d'une si belle escadre de navires, et conduite par un si brave chef;
grands et petits ne peuvent s'empêcher d'en discourir. Le bacha et autres
principaux ministres m'ont mandé et interrogé sur la venue desdits
navires, me demandant ce que je croyais quelle serait votre intention
avec si grosses forces. Je m'excusai n'en avoir rien appris, et ne
pouvoir sur ce répondre. Toutefois, étant pressé de leur dire ce
que j'en pensais, je leur dis librement qu'ils ne se devaient point étonner si sa majesté voulait avoir raison des grands ravages qu'ils avaient
faits et continuaient depuis long-temps sur ses sujets, nonobstant tout
traité de paix qu'ils eussent avec eux, et qu'il n'y avait à s'émerveiller
sinon de ce qu'elle avait tant tardé. Ils me dirent en après, si je croyais que
vous voulussiez tous les Français sans argent. J'ai dit que je croyais que
vous feriez de plus grandes demandes, mais que cela surtout serait invincible. Et nonobstant qu'ils n'aient voulu démontrer, par ce discours,
que ce serait chose difficile, je sais que dans leur intérieur ils ne se croient
de moyens, et depuis huit jours qu'ils ont appris votre venue, ils ont
tenu entre eux beaucoup de pourparlers, et l'ordre qu'ils doivent tenir
pour traiter avec vous. Beaucoup de gens de bien, qui se sont trouvés
ès dits discours, m'ont assuré qu'ils inclinent à une bonne paix, et à
faire restitution de tous les Français, qu'on estime être au nombre de
douze cents ; savoir : mille de vendus et deux cents non vendus ; et
qu'il n'y avait que trois personnes en Alger qui en retardaient l'exécution, qui sont le sieur Ameza-Aga, Chigalle, Chelchy el Pic-
solgni. Le premier en a quelque vingt-cinq, les deux autres quelque

soixante-dix chacun, et dudit Chegalle, beaucoup pris sous la bannière de Malte. Ces trois personnes ont cinq galères à eux, et les plus riches de biens, crédit et alliance de la ville; lesquels pourraient faire naître beaucoup de difficultés : est vrai que toutes ces raisons tiennent de la vérité, qui mérite que vous y fassiez quelque considération. Ce faisant, j'estime ils seront toujours prêts à recevoir toutes conditions honnêtes, et le reste sera facile à vaincre. Le sieur bacha, nonobstant qu'il ait en sa main la paix, il est homme de si peu de vertu et autorité parmi eux qu'à grand'chose ne peut-il servir; et depuis la partance de celui qui était ici à votre voyage passé, le divan s'est formé en divers partis, et c'est la cause qu'avec beaucoup de difficulté se peut lier l'affaire. Ils se montrent difficiles ne croyant eux avoir été les premiers agresseurs en le traité de paix, et sur cela se prononcent de raisons tant qu'ils peuvent. J'estime qu'il ne vous en manquera pas de meilleures que les siennes, au moins plus véritables, pour rembarrer le contraire par son contraire. L'on m'a fort particulièrement demandé si les navires pourraient demeurer ici long-temps : j'ai répondu qu'ils y seraient tant qu'il plairait au chef, et quand ils manqueraient de provisions, ils en enverraient quérir, et d'autres navires, s'ils en ont de besoin; et ne m'y ayant répondu, je crois qu'ils n'y voient pas leur compte : ne sachant si par là ils se voudraient servir de prolongation pour vous lasser. Voilà, monsieur, les principaux propos qui ont été tenus ici sur votre venue; au demeurant, je n'entends pas que vous receviez ce que dessus, sinon par forme de particularités, aussi est-ce à la vérité ce qui s'est passé depuis huit jours, pendant lesquels j'ai pratiqué beaucoup d'amis. Croyez que j'emploierai toujours ce qui sera de mes forces pour le service de sa majesté, comme y étant obligé. S'ils demandent des otages, et que vous vouliez vous débarquer, ils ne devront faire de difficultés d'en donner, auquel cas je vous écrirai toujours ce que je pourrai apprendre. Je vous baise les mains de tout mon cœur, et prie Dieu vous donner le comble de vos désirs.

Votre, etc.

JACQUES MASSEY.

D'Alger, le 27 novembre 1637.

LETTRE DU SIEUR PION, VICE-CONSUL EN ALGER,

AU SIEUR SANSON.

Du 27 novembre 1637, en Alger.

MONSIEUR,

Ce billet en particulier sera pour vous donner avis que, par les menées du sieur Saut, j'ai été empêché d'aller à bord. J'eusse fort désiré avoir l'honneur de vous aller saluer, et par même moyen vous entretenir une demi-heure sur ce qui se passe ici ; mais l'on ne m'a pas voulu donner licence aujourd'hui, quoique hier on me l'eût promise. Vous accepterez s'il vous plaît ma bonne volonté, et recevrez pour avis d'être réservé avec le sieur Saut ; car je vous donne parole qu'il fait ce qu'il peut pour empêcher vos bons desseins, et répète partout et publiquement qu'il n'est pas raisonnable que les Turcs donnent les Français sans argent ; et a tellement animé le sieur Ameza-Aga contre vous, que ce matin l'étant allé voir chez lui et l'ayant rencontré à la porte, il m'a tenu quelques discours sur cette affaire que je n'eusse pas cru devoir sortir de sa bouche. Je l'ai néanmoins adouci tant que j'ai pu pour faciliter les affaires ; il me semble qu'il serait à propos, sous main, de l'indemniser Pour vingt ou vingt-cinq esclaves français qu'il a ; vous savez son pouvoir dans le divan, que s'il penche de votre côté, les affaires seront bientôt conclues ; et encore qu'il lui faille promettre quelque chose, faut prendre garde que ce soit par la bouche du sieur Saut, car il vous trompera et vous persuadera d'indemniser encore le sieur Cheleby, qui a encore cent Français ; mais c'est à cause de mille écus que ledit Cheleby lui a promis, s'il fait que ses esclaves lui soient payés. J'aurais beaucoup d'autres choses à vous dire, mais je ne le puis à cette heure. J'estime que le divan vous enverra des otages si vous les demandez. Je vous donne le bonjour et suis, etc.

PION.

LETTRE DU SIEUR PION

AU SIEUR SANSON.

Du 6 décembre 1637, en Alger.

Monsieur ,

J'ai reçu le paquet de lettres que vous m'envoyâtes à votre partance d'ici , et au même instant le divan étant assemblé dans la maison du roi, m'envoya quérir et demander le sujet de votre partance, et quelle réponse vous leur faisiez. Je leur fis lecture de la lettre que vous m'écrivez, et la leur expliquai de mot à mot, leur représentant qu'au lieu de sauf-conduit il vous fallait envoyer des otages, ainsi qu'ils avaient fait aux Anglais et Flamands lorsqu'ils étaient venus ici pour semblables sujets ; et en l'année 1628 , ce fut M. Sanson à qui ils envoyèrent à bord de *l'Annonciade*, deux agas-bachi, deux boulou-bachi, et Aly-Dey, et que par conséquent ils vous en devaient envoyer autant. Ils me dirent que par la lettre que vous écriviez audit sieur bacha, vous ne les demandiez pas ; toutefois, je leur répondis que si, et qu'en leur faisant lecture de votre lettre, je le leur avais demandé pour vous. Enfin, après un gros conflit, il fut arrêté que si vous reveniez et vous les demandiez , qu'on vous les donnera. Quant à la bannière rouge que mit M. de Manty à sa partance, ils me demandèrent ce qu'elle signifiait : je leur dis qu'ils connaissaient que c'était bannière de guerre, et que le sujet qu'ils lui en avaient donné était très-grand, vu le peu de compte qu'ils avaient fait du pavillon du roi et d'un si brave homme , qui se connaissait , qui était vice-amiral de France et qui n'en devait pas attendre moins. Cela les mit en alarmes , et depuis ils ont fait travailler à se préparer pour se défendre. Pour les lettres que vous m'envoyâtes, je les ai toutes rendues, et particulièrement celles de M. Duparc, lequel m'a dit qu'il maintenait ce qu'il vous avait écrit pour ladite affaire et du discours du sieur Saut, lorsqu'il lui donna à dîner dans sa maison après la partance du sieur Dupin. Je ne me suis informé de plus de discours, voilà pourquoi je ne vous en parlerai pas davantage ; mais puisqu'ils viennent de delà, je ne doute pas qu'ils ne soient chose mau-

vaise; aussi ne s'en faut-il pas étonner, puisqu'il est ennemi mortel de
notre nation; car il n'a pas oublié et n'oublie encore de faire jouer
tous les ressorts de sa malice pour empêcher une si bonne œuvre et
l'exécution des ordres de sa majesté. Il n'a pas manqué de publier
parmi les Turcs que vous ni M. de Manty n'avez pas d'ordres du roi
de traiter autre paix que celle que feu Sanson avait faite, qui était de
prendre les Français non vendus, en échange des Turcs qui sont sur les
galères de sa majesté; et pour les autres, les payer comme ils ont coûté
au bazar. Il a de plus répété à plusieurs boulou-bachi et autres en général, la conséquence de cette affaire, disant que si aujourd'hui on
donne les Français sans argent, que demain peuvent venir les Anglais
et Flamands avec des forces comme les vôtres, et en faire autant. Enfin,
je ne vous puis tant dire qu'il y en a. J'ai appris secrètement qu'il y
a deux jours il a écrit au bastion et donné ordre de faire venir ici le
sieur Jean Bua avec des facultés, moyennant lesquelles il fait état de
contre-carrer vos bons desseins aussi bien cette fois comme il a fait
l'autre; et de fait, à ce que j'ai appris, le sieur Ameza-Aga a promis qu'il
ne se ferait pas de paix. Bien que ledit Ameza m'ait assuré que si vous
reveniez et descendiez en terre, qu'il se promet d'accommoder cette affaire à l'amiable, néanmoins ne s'y faut pas fier. Depuis votre départ,
les pauvres esclaves ont été plus maltraités qu'avant. Deux galères,
l'une d'Ali l'autre du Cheleby, ont parti pour Bone, qui ont porté
quantité de Français esclaves; néanmoins cela n'empêche pas que si
vous revenez à cette affaire, j'accommode qu'on ne les fasse tous revenir. Mercredi dernier, 2 du courant, environ deux heures après midi,
arriva ici un navire de l'escadre, lequel après avoir mouillé l'ancre assez proche de la ville et avoir tiré deux coups de canon pour demander
nouvelles, le divan n'a pas voulu permettre qu'aucune felouque soit
allée à son bord, quoique je les en aye priés. Enfin, le jeudi au soir il
remit à la voile. Je fus marri de ce que je ne pus l'avertir de ce qui se
passait; mais depuis votre départ, l'on me tient tellement de court que
je n'ai pas permission de sortir du port et de la ville. Dieu, par sa grâce,
nous délivrera tous de deçà du malheur qui nous menace, et que nous
puissions servir M. de Manty et vous. Son nom et la bannière rouge ont

tellement effrayé cette ville, que l'on n'entend par les rues que gémisse-
ments, bien qu'ils n'aient encore aucun mal; et assure que si vous.
venez avec toute l'escadre, il y aura un soulèvement de peuple contre
ceux qui ont fait tête en cette affaire; car le public veut la paix avec
la France; il n'y en a que quelques-uns qui sont intéressés, et poussés
par cet *homme de bien* qui résistent; mais si vous revenez avec tous les
navires de l'escadre et descendez en terre, assurément l'affaire s'accommodera; Dieu nous en fasse la grâce pour le soulagement de tant
de pauvres chrétiens, et que je me puisse toujours dire, monsieur, etc.

LETTRE DU SIEUR PION, VICE-CONSUL D'ALGER,

AU SIEUR VIAN, CONSUL EN CHEF DUDIT ALGER.

MONSIEUR,

Par la polacre, patron Tabor, j'ai reçu celle qu'il vous a plu
m'écrire, à laquelle je me réserve faire réponse au long par le même;
celle-ci sera seulement pour vous avertir de ce qui s'est passé jusqu'à
présent sur l'arrivée des vaisseaux du roi. Vous saurez donc que, le 19 du
passé, arrivèrent ici les navires l'*Intendant* et l'*Espérance*. Après avoir
mouillé l'ancre à la rade hors la portée du canon, et avoir salué la ville,
le divan y envoya une felouque pour savoir quels navires c'était, et, ayant
appris que c'étaient des navires du roi et de l'escadre de M. de Manty
qui venaient ici avec M. Sanson, par ordre de sa majesté, pour traiter
la paix avec cette milice; mais que, par la violence du temps, s'étant
séparés à la mer, ayant ce lieu pour rendez-vous, où ils venaient
attendre leur amiral. Le divan ne leur fit, pour lors, autre réponse; et
après avoir séjourné cinq jours à la rade, le divan étant assemblé dans
la maison du roi, m'envoyèrent quérir, et me demandèrent quels navires étaient ceux-là et ce qu'ils demandaient; et quoiqu'ils en fussent
bien avertis, je ne laissai de les informer de tout, même je leur
fis lecture d'une lettre que vous m'aviez écrite par le capitaine Ferraud. Là-dessus me firent commandement de leur écrire que, s'ils
étaient amis, qu'ils entrassent dans leur port, autrement qu'ils se

missent à la voile; sinon qu'on les irait quérir par force. Deux jours après, arriva ici M. de Manty, lequel, après avoir mouillé l'ancre et tiré un coup de canon, on lui envoya la felouque, et; au retour, apporta une lettre que M. Sanson écrivait au sieur bacha, portant en substance qu'ils étaient là de la part du roi, pour retirer les Français qui étaient en Alger, et leur rendre les Turcs qui étaient sur les galères du roi. Ledit sieur bacha m'appela pour lire la lettre, laquelle je lui expliquai et mot à mot, et après m'envoya à l'aga lui faire lecture de ladite lettre. Ils me promirent donc de faire réponse à ladite lettre le lendemain, ainsi que ledit sieur Sanson désirait; mais un jour et voire deux s'étant passés sans qu'ils aient daigné répondre, enfin, le troisième jour, qui était le dimanche matin, mondit sieur de Mantin fit appareiller et mettre bannière rouge. Le divan étant assemblé dans la maison du roi, conclurent d'envoyer des sauf-conduits pour faire descendre M. Sanson à terre, et venir proposer dans le divan ce qu'il demandait. A l'issue du divan, le bacha et l'aga m'envoyèrent quérir, et m'ordonnèrent de faire une lettre à M. Sanson, comme la leur, ce que je ne pus refuser; et quoique je leur représentasse que, sous ces sauf-conduits ledit sieur Sanson ne viendrait pas en terre, et qu'ils lui devaient avoir envoyé des otages, ainsi qu'ils avaient fait aux Anglais et Flamands lorsqu'ils étaient venus ici pour semblable affaire en l'année 1628, à Sanson Napolon lorsqu'il vint dresser le bastion, néanmoins, tout ce que je leur sus dire et représenter ne servit de rien, comme encore moins servirent leurs sauf-conduits, puisque M. de Manty était déjà à la voile pour aller chercher et rejoindre son escadre, en intention, à ce qu'il leur fit entendre, de revenir ici exécuter les ordres qu'il a de sa majesté. Cette nouvelle les mit ici tous en alarmes, et l'appréhension qu'ils ont de sa venue fait qu'ils se préparent tant qu'ils peuvent pour se défendre. S'il revient et M. Sanson, et qu'il descende à terre, j'estime que cette affaire s'accommodera; car ceux qui ne sont point intéressés, et enfin tout le général, désirent la paix avec les Français; il n'y a que quelques particuliers qui sont intéressés, pour avoir quantité de Français esclaves, qui se roidissent en cette affaire, et encore à la sollicitation de quelques mauvais chrétiens. M. de Manty est parti d'ici depuis le 29 du passé; de depuis nous n'en avons point eu de nouvelles. Deux jours après son départ, l'on apporta la nouvelle que l'on avait vu dix ou douze navires à la mer, qui fut cause que la ville demeura en armes toute la nuit; et fus contraint de sortir tout ce que j'avais dans ma maison, particulièrement les papiers de la chancellerie et les miens, que j'ai mis entre les mains d'un ami, pour n'avoir rien que ma personne à sauver lorsque la rumeur arrivera, si tant est qu'ils reviennent. Il y a deux jours qu'il est arrivé ici un autre navire de l'escadre avec bannière blanche, et, après avoir demeuré vingt-quatre heures à la rame, s'est remis à la voile sans que personne lui ait pu parler, le divan n'ayant jamais voulu permettre que l'on ait envoyé une felouque à bord. C'est tous les navires que nous avons vus ici ; c'est ce qui me fait croire qu'ils se retrouveront avec les capitaines, puisque leur rendez-vous est aux Formentières et ici. C'est véritablement un grand malheur que tous les vaisseaux ne soient venus ensemble; car c'était lorsqu'ils y pensaient le moins, et, les surprenant comme cela, indubitablement ils auraient obtenu tout ce qu'ils désiraient ; mais quoi que ce soit, s'ils reviennent, et que M. Sanson descende en terre, l'affaire s'accommodera; il n'y a que quelques particuliers qui se roidissent pour leurs intérêts. M. Sanson, à sa partance, m'envoya une lettre que vous m'écrivez du 20 octobre, par laquelle vous me recommandez de faire remettre ce consulat en l'état qu'il était auparavant. Vous pouvez croire que, selon que l'occasion se présentera, je n'oublierai rien ; et s'ils reviennent et que les affaires s'accommodent, vous en verrez des effets : aussi en a-t-il bien de besoin; car en l'état qu'il est, un consul ne se peut maintenir, et, sans vanité, je ne crois pas qu'un autre eût tant duré que moi; mais Dieu remédiera à tout, s'il lui plaît. Cependant je prie Dieu qu'il vous conserve en santé, etc., etc.

LETTRE DU SIEUR PION, VICE-CONSUL A ALGER,

AU SIEUR VIAN, CONSUL EN CHEF D'ALGER, A MARSEILLE.

MONSIEUR,

Par voie de Livourne, je vous ai écrit une lettre, en date du 6 du courant, par laquelle je vous ai dit ce qui s'était passé ici à l'arrivée de M. de Manty. Du depuis, je vous ai encore écrit par voie de Tunis, par laquelle vous apprendrez que mardi dernier, 8 du courant, le divan général étant assemblé dans la Casaba, descendirent encore dans la maison du roi, où étant, m'envoyèrent quérir, et me dirent que M. de Manty venant ici, avait pris à la côte une de leurs barques et une polacre, venant ici chargées de blés; et que c'était méchamment fait, après avoir pris leur barque, venir en leur rade avec bannière blanche, sous prétexte de faire la paix. Je leur répondis que je ne croyais pas que les navires du roi se missent à des choses si basses, et que si tant était que l'on eût pris de leurs barques, que ce pouvait être plutôt quelque navire de Malte ou Livourne; mais tout ce que je leur sus représenter ne servit de rien, vu la colère où ils étaient, disant que je savais cela et n'en avais rien dit. Après un gros conflit, ils me demandèrent si, quand ils avaient donné le bastion aux Français, c'était pour sortir le blé ou le corail. Je me défendis là-dessus, que je n'étais ici pour le bastion, et qu'il y avait un homme particulier pour cela, qui, jusqu'à présent, leur avait payé la taxe, et qui donnerait raison de cela. Et, l'ayant fait venir, lui firent la même proposition; mais, ne sachant que répondre, la rumeur fut grande, et courûmes fortune, lui et moi, d'être brûlés; car cette maudite parole passa plusieurs fois parmi mille ou douze cents Barbares, pour lors assemblés dans ce divan. Enfin, par la grâce de Dieu et l'assistance de nos bons amis, nous évitâmes le péril, et, après nous avoir envoyés en prison, où nous avons demeuré deux jours, ils ont passé leur colère sur le bastion; car, à même temps, ils envoyèrent quérir le sieur Cheleby, général de leurs galères, et lui commandèrent d'armer, et obligèrent six galères y aller là-bas pour raser ledit bastion, ruiner tout ce qui se trouverait dedans, et emmener les personnes ici esclaves; et ont, de plus, arrêté entre eux que jamais ledit bastion ne se redresserait ni par prière du roi de France, ni par commandement du grand-seigneur : que le premier qui en parlerait perdrait la vie. Les galères sont parties depuis hier pour aller faire cette belle exécution, et voilà en quoi sont aujourd'hui les affaires en ce pays; que s'il n'y avait que le bastion qui en pâtisse, ce serait peu de chose; car leur agent, qui est ici, a fait tout ce qu'il a pu pour empêcher que M. Sanson, au nom du roi, ne fît point de paix avec cette milice. Il a cru de bien faire, mais tout le mal leur tombe dessus, bien que nous autres qui sommes ici ne pouvons pas manquer d'être de la fête; car s'il est véritable que M. de Manty vienne canonner la ville, ainsi qu'il leur a fait entendre, nous sommes assurés de finir tous nos jours misérablement, ayant été arrêté dans le divan, qu'au premier coup de canon on coupe la tête à tous les Français. Me semble qu'on devrait aller avec un peu plus de réserve en cette affaire, et considérer que nous sommes environ quinze cents personnes à la merci de ces barbares. Dieu, par sa grâce, nous préserve du péril qui nous menace. Si les vaisseaux reviennent et que M. Sanson descende à terre, j'estime que cette affaire s'accommodera à l'amiable : vous en pouvez faire part et donner avis, s'il vous plaît, à ceux que jugerez qui sera du devoir. Je n'écris point donc à M. Sanson; s'il est à Marseille, vous lui montrerez la présente. Et cependant priez Dieu pour nous, et croyez, etc., etc.

PION.

Mais bientôt la mer devint si mauvaise que les vaisseaux de M. Ferraud, qui portaient à leur bord M. Sanson, las d'attendre en vain le reste de la division, mirent à la voile et abandonnèrent Alger. On voit par les dépêches ci-dessus que si M. Sanson eût voulu descendre à terre, sans doute le traité eût été conclu; mais cet envoyé, ne voulant pas s'aventurer dans une si dangereuse mission sans autre garantie que le *sauf-con-*

duit proposé par le divan, au lieu des otages qu'il avait récla-
més, préféra retourner à Marseille, malgré les pressantes invi-
tations de M. Pion, vice-consul, qui se vit exposé à toute l'ani-
mosité des Algériens, dont la rage fut telle qu'ils détruisirent
le bastion français, sorte de comptoir militaire que la France
possédait à Alger, ensuite d'un traité.

M. de Bordeaux fut prévenu, au commencement de l'année
suivante (1638) par ces avis secrets, du projet des Barbaresques.

LETTRE ÉCRITE D'ALGER

A M. L'ARCHEVÊQUE DE BORDEAUX.

MONSEIGNEUR,

Votre illustre grandeur apprendra par cette missive comme je vous
ai écrit par trois diverses fois, où je n'ai réponse qu'elles soient venues
entre vos mains. Vrai est que celui à qui j'ai adressé le dernier paquet,
qui est le sieur Thomas Richard, marchand à Marseille, m'a fait réponse, me disant l'avoir consigné entre les mains de M. de Burgues, et
qu'il lui a donné ordre le vous rendre avec toute diligence; qui me
donne à croire que l'aurez reçue et aurez fait tenir l'incluse jointe à la
vôtre à son adresse. Se présentant l'occasion, ne l'ai voulu laisser perdre, pour vous faire savoir la bonne volonté que j'ai au service de mon
roi et de ma patrie, vous disant que ce mois de mai doivent partir les
galères de cette ville, exprès pour aller ravager Senary en Provence.
L'espie est un qui s'est renié du même lieu. Je vous supplie très-humblement vous servir de l'avis, et me pardonner si ne trouvez ma signa-
ture. Mais je vous supplie très-humblement croire que vous suis et
vous serai jusqu'au tombeau,

Monseigneur, votre très-humble et plus obéissant serviteur.

D'Alger, le 11 janvier 1638.

Votre grandeur apprendra que depuis la partance du sieur de Manty, les galères de cette ville sont allées mettre le feu au bastion de France et ont apporté tout son bagage et trois cent dix-sept personnes, lesquelles partie ont été vendues, les autres réparties aux galères, non autre. La charité des pauvres Français vous soit en recommandation, car tous les jours il s'en renie.

M. le chevalier du Parc-Martel instruit M. de Bordeaux de la pénible position des chrétiens en Alger.

LETTRE DE M. LE CHEVALIER DU PARC-MARTEL

A M. L'ARCHEVÊQUE DE BORDEAUX.

MONSEIGNEUR,

C'est aujourd'hui que nous reconnaissons des effets de votre charité envers nous autres pauvres esclaves. Pour mon particulier, en rendant grâce à Dieu de la sainte inspiration qu'il vous a donnée d'avoir considéré la misère que souffrent ces pauvres chrétiens en cette maudite ville, je n'oublie pas de tout mon cœur à l'invoquer pour qu'il vous donne autant de prospérité comme en méritez, et bonne et heureuse vie, tant pour l'utilité des affaires de notre bon roi, que celle de la chrétienté, et pour châtier un jour cette canaille, qui sont remplis d'insolence jusqu'à un dernier point, qu'ils ont affligé une partie de toute la chrétienté, tant l'année passée que cette année, jusqu'à avoir pris plus de mille âmes en deux descentes qu'ils ont faites avec leurs galères l'été passé, tant en Italie qu'en Espagne, sans comprendre ce qu'ils ont fait avec leurs navires, qui est une très-grande pitié de voir le nombre des pauvres marchands qu'ils ont pris de toute sorte de nations, et principalement d'Anglais. Je proteste qu'ils en ont pris plus de vingt, tant grands que petits, dont il s'en est trouvé pour la plupart fort riches, avec grande quantité d'hommes. Ils n'ont pas épargné l'Espagnol plus que les autres nations, pouvant assurer qu'ils ont pris que mis à fond dix navires des Indes, riches tout ce qui se pouvait; les Flamands n'ont pas été exempts non plus que les autres; les Allemands et Hambourgeois s'y sont trouvés pareillement; si bien, monseigneur, que, pour dire avec vérité, il ne se peut nombrer le bien qui est venu en cette ville depuis trois mois. Il faut que j'avoue que Dieu voulut bien châtier les chrétiens lorsque M. de Manty reçut ce coup de vent qui lui fit séparer sa flotte, d'autant qu'il venait à un temps où tous les navires étaient dans le port, et ne pouvaient éviter d'être tous brûlés, étant chose très-facile, et même les galions qui avaient empêché qu'ils n'eussent fait ce ravage, et même, en ces extrémités, dans peu de temps, à donner toute sorte de contentement, vu qu'ils n'avaient pas du blé pour un mois. Encore avec cette disgrâce de navire, lorsque M. de Manty parut dans la rade, ils prirent telle épouvante que cela leur fit prendre résolution de donner toute sorte de contentement; et en effet l'auraient fait, si ce n'eût été un perfide et déloyal qui porte l'habit de chrétien, mais son âme est tout-à-fait turque, appelé *Saut*, qui est celui qui faisait les affaires des bastions, qui s'opposa méchamment par des brigues et des sollicitations couvertes envers ceux qui gouvernent et ont autorité en ce lieu, si bien qu'il leur persuada, et par présents qu'il fit, que l'on ne devait leur donner d'otages pour M. Sanson. Si j'osais vous faire une supplication très-humble, monseigneur, ce serait que lorsque les vaisseaux viendront de par delà, de donner ordre que la première chose que l'on demande à ceux d'Alger, ce soit *Saut*, pour qu'il aille se justifier devant vous; je sais que l'on l'obtiendra, et cela empêchera qu'il ne fera plus de brigues contre les desseins du roi; et, ce faisant, tous les chrétiens vous feront voir que mes accusations sont véritables, comme je suis avec vérité,

Monseigneur, etc., etc.

Le chevalier du PARC-MARTEL.

Cette lettre de M. Lequeux est relative aux affaires des Barbaresques de Tunis et d'Alger.

LETTRE DE M. LEQUEUX

A M. DE SOURDIS.

MONSEIGNEUR ,

En exécution du commandement que je reçus, il y a quatre mois, de la part de votre excellence, de faire ce que je pourrais pour disposer Amurat, roi de Tunis, à quelque bon traité de paix, j'ai fait tous mes efforts pour lier correspondance avec lui, et mis en liberté ses sujets pris en mer par les vaisseaux du roi. Depuis, j'ai été prié par messieurs de Marseille de vouloir m'employer pour faciliter auprès dudit Amurat le relaxement de deux polacres et quelques Provençaux pris par les corsaires dudit Tunis depuis l'hiver. Je l'ai fait, monseigneur, avec le fruit que votre excellence apprendra par les lettres dudit Amurat et par celles du marchand envoyé pour le rachat desdites polacres et de leurs équipages, qui ont été renvoyés sans rançon. Ce sera maintenant à votre excellence de m'ordonner ce qu'elle voudra que j'écrive audit Amurat et que je fasse de ses sujets.

Une partie de ceux d'Alger, appréhendant d'être mis en galère, m'ont fait offrir dix mille livres de rançon, payables dans trois mois. S'ils pouvaient la payer plus tôt, je croirais que votre excellence approuverait que je les prisse au mot, quoiqu'ils soient pour payer six fois plus si la paix ne se fait; sinon j'estime que votre excellence trouvera bon que je les fasse délivrer à MM. des Roches et de Ternes pour en renforcer les galères de votre excellence et les porter audit Alger, en cas que nos vaisseaux y aillent, ou du moins pour épargner les dépenses qu'ils feraient à terre et les disposer d'autant mieux à leur rachat en cas que l'on ne fasse de traité avec ces barbares.

Nos vaisseaux sont aux îles d'Hyères, attendant les galères et de nouveaux avis des ennemis, vers lesquels monseigneur le comte d'Harcourt a renvoyé M. de Lavoye, et depuis un autre gentilhomme, sur le rap-

port desquels mondit seigneur le comte formera une dernière résolution de ce qui se pourra tenter pour la gloire des armes du roi. Je prie
Dieu qu'elle ait un succès agréable à votre excellence, et qu'un jour je
sois assez heureux pour lui pouvoir, par mes très-humbles services, témoigner combien fidèlement je suis,

> Monseigneur,
>
> Votre très-humble, très-obéissant, très-obligé serviteur,
>
> LEQUEUX.

De Toulon, le 2 août 1638.

Pendant les années 1638 et 1639, on ne tenta rien sur Alger.
Ce ne fut qu'au commencement de l'année 1640 que M. de
Bordeaux reçut l'ordre d'ouvrir de nouvelles négociations. Le
traité suivant devait être proposé par le sieur de Coquiel, au
sujet de la démolition du bastion de France. M. le cardinal de
Richelieu annota, ainsi qu'il suit, ce projet de traité présenté par
M. Coquiel.

TRAITÉ D'ALGER

FAIT PAR LE SIEUR COQUIEL.

APPOSTILLES.

Que toutes les personnes, de quelle nation qu'elles soient, qui avaient été prises dans le bastion de France et tous les Français francs qui ont été pris sans combattre, étant à présent en cette ville, seront présentement délivrés au sieur Coquiel; de même ceux qui sont à la mer ou ailleurs dans la terre, étant de ceux dudit bastion ou francs, seront à leur arrivée, sans aucune contradiction, remis entre les mains du consul ou vice-consul français résidant ici, et sortiront sans payer aucun

L'article, pour ce qui concerne le bastion, est fort bien; mais pour ce qui est des esclaves, il n'est nullement avantageux, d'autant que le nombre de ceux qui n'ont point combattu est réduit à trente ou quarante coquins qu'ils donnent, et il leur faut rendre force renégats et force officiers de leur divan, et retiennent pour le moins douze ou quinze cents Français, dont une partie est à la douane, et l'autre partie, qui a payé sa rançon, ne sort parce qu'ils leur veulent faire payer encore un

droit de port ni autres dépens aux officiers du port.

droit de port qui va jusqu'à 5o piastres par tête ; de plus, qu'ils n'ont pas voulu rendre un équipage de l'armée de trente hommes, qui était allé, par ordre de M. de Montigny, reconnaître quelque port en Espagne durant son passage. Il semble qu'il faudrait les obliger de rendre tout ce qui a été pris depuis le traité de Sanson.

II.

Que par contre, à l'arrivée de la nouvelle de cette capitulation en France, seront renvoyés en cette ville tous les Musulmans qui ont été pris en l'équipage de Bernonais-Regep, raïs du flibot et de la polacre pris par les vaisseaux du roi et la barque qui a été prise sous Bone.

Ce sont tous gens d'importance.

III.

Qu'il sera aussi délivré au sieur du Coquiel ledit bastion de France, Massacarés dit la Calle, cap de Roses, les échelles de Bone et du Cole, comme il a été du passé.

Bon.

IV.

Qu'à l'avenir, nos vaisseaux se rencontrant avec ceux de France, se donneront le salut réciproque et nouvelles les uns aux autres s'ils en demandent, sans que personne de nos navires puisse entrer dans ceux de France, ni prendre aucun agrès, vivres ni marchandises, ni quoi que ce soit, ni leur rendre aucun déplaisir, ni battre aucun pour faire confesser s'ils ont des marchandises appartenantes à nos ennemis, lesquels ils déclareront sans contrainte et les délivreront en leur payant les nolis.

Cet article est contraire à la capitulation du grand-seigneur, par laquelle il est non seulement permis aux sujets du roi de porter la robe ' des ennemis du grand-seigneur, mais même il permet à ses ennemis de trafiquer sous la bannière de France.

V.

Ne pourront aussi forcer les enfants ou autres à se faire Turcs, et que ceux qui le

' La marchandise.

Bon.

feront ici seront punis , et lesdits garçons
délivrés après leur déclaration.

VI.

Que ceux qui seront habitués ou mariés
en France, de quelle nation qu'ils soient,
jouiront des mêmes privilèges que ceux
qui sont naturels français.

Bon.

VII.

Tous les Français qui se trouveront en
service dans les navires corsaires de nos
ennemis et mariés en leur pays, venant à
être pris, seront faits esclaves comme ennemis.

Passe.

VIII.

Que les vaisseaux, polacres ou barques
de France, étant contraints par le mauvais temps de relâcher, soit en Alger ou
autres ports de Barbarie, ne pourra leur
être rendu aucun déplaisir, ni moins pourront être conduits audit Alger.

Il faut ajouter : ni leur faire payer aucun
droit d'entrée ni de sortie.

IX.

Se trouvant des Français sur des vaisseaux de nos ennemis, allant pour leurs
affaires comme passagers, ne pourront,
en cas qu'ils soient pris, être faits esclaves,
quand même ce serait sur des vaisseaux
de guerre.

Bon.

X.

S'il arrive par rencontre que des vaisseaux d'Alger, armés par des Maures ou
Tagarins, qui vont à la mer sans officiers
du divan, prennent aucun Français, ils
contreviennent à la paix, les armateurs
habitant ici en répondront et paieront le
dommage.

Bon.

XI.

Et pour les Français qui restent ici
esclaves et des Musulmans qui sont pris

Ils n'ont aucun prétexte de demander
les esclaves pris sur les galères d'Espagne,

sur les galères d'Espagne qui sont en France, il y sera pourvu dans peu de temps, Dieu aidant, pour les délivrer; et en cas que, en attendant, desdits Français qui restent ici, il y en ait qui se veulent délivrer, ils le pourront en payant à leur patron seulement ce qu'ils ont coûté.

mais le roi a droit de demander tout ce qui a été pris depuis le traité de Sanson ; toujours ceux d'Alger avaient fait espérer de le rendre, comme on peut savoir particulièrement par Sanson Lepage, qui est à Paris.

XII.

La personne du consul sera respectée, et jouira des mêmes honneurs, priviléges et droits qu'il fait en toutes les échelles de notre grand-seigneur, et sera reconnu par toutes les nations qui n'y ont point de consul, et lui paieront les droits, et particulièrement ceux de Livourne et autres.

Bon.

XIII.

Pourra le consul tenir des prêtres, religieux ou autres dans sa maison pour y célébrer la messe et faire les autres fonctions spirituelles, dans une chapelle qu'il pourra faire construire, comme les autres consuls en Levant, sans que personne les puisse empêcher.

Bon.
Ils permettent même aux forçats de faire dire la messe dans leurs bagnes.

XIV.

Et pour assurance de l'observance du présent traité, sera envoyé un homme du divan, Mazoul-Aga Aya-Bachi ou Bala-Bachi, pour résider à Paris, près de sa majesté, pour répondre de ce que dessus, qui sera changé de trois en trois années.

Cet article est fort bon.

XV.

Que les Musulmans qui fuiront d'Espagne ou autres lieux auront libre refuge en France, et seront renvoyés par première commodité.

Il faut ajouter :
Comme aussi tous les Français qui fuiront de Maroc, Tétuan, Tunis ou d'ailleurs, seront renvoyés sans payer aucun port.

XVI.

Et ainsi que notre grand-seigneur a la paix avec l'empereur de France, son an-

Qui eût pu, sans toute autre capitulation, leur faire tenir l'observation de celle du

II.   53

cien et parfait ami, nous avons aussi promis et juré de l'observer, et que personne n'y puisse contrevenir, ayant lu la présente capitulation devant tous les sages et principaux du divan, et tous les raïs et capitaines, et fait deux copies, une pour renvoyer en France, et l'autre pour être serrée dans le trésor de la Cashbah.

grand-seigneur, elle est bien plus avantageuse pour la France que tous ces petits traités-ci.

LETTRE DE M. LE CARDINAL DE RICHELIEU

A M. L'ARCHEVÊQUE DE BORDEAUX.

Je vous envoie la copie des traités que le sieur Coquiel a faits pour la restitution du bastion et pour le rachat des esclaves qui sont en Alger, afin que vous voyiez ce qui est fait et ce qui reste à faire.

LETTRE DE M. L'ARCHEVÊQUE DE BORDEAUX

AU SIEUR DE COQUIEL.

MONSIEUR,

Ne pouvant aller en Alger pour y traiter la paix, selon l'ordre que j'en avais reçu du roi, pour avoir été obligé de me tenir sur les côtes d'Italie et empêcher les secours que le roi d'Espagne voulait faire passer pour la délivrance de Turin, dont à présent j'ai eu nouvelles de la prise, j'ai donné le même pouvoir au sieur commandeur de Montigny, vice-amiral, de traiter avec ceux d'Alger, et pour cet effet de s'en aller mouiller devant la ville avec une escadre de vaisseaux, où étant vous lui direz en quel état est le traité que vous avez déjà commencé, et vous lui donnerez la communication des ordres que M. Bouthillier m'a mandé vous avoir envoyés pour cet effet, lesquels il m'a aussi envoyés; mais je n'ai su encore les recevoir, pour avoir été vers le golfe de Naples, trop éloigné de France.

Vous ferez ensemble tout votre possible pour obliger ceux d'Alger à un traité raisonnable. Les mémoires que j'ai donnés audit sieur de

Montigny et qu'il vous fera voir, et selon lesquels il a ordre d'agir, vous donneront un grand éclaircissement des intentions du roi. Il faut surtout demeurer ferme pour les articles essentiels, et faire quelque chose de solide et de durée avec ces gens-là, ou rompre tout-à-fait, le roi ayant des moyens suffisants en main pour les faire venir à la raison. On m'a dit que le bacha y avait grand pouvoir et qu'il serait besoin de l'obliger, soit par présent d'argent ou autrement, de seconder les intentions du grand-seigneur pour le regard dudit traité. Je m'assure qu'il sera bien aise de faire éclater son autorité en cette occasion, pourvu qu'on l'y intéresse ; et si vous aidez à fournir aux choses nécessaires pour cet effet, je vous promets que vous en serez remboursé, outre le bien qui vous en arrivera en cas que le traité s'exécute, pour lequel j'ai grande passion à cause de la délivrance des pauvres esclaves français et du bien qui en arrivera au public. C'est ce qui m'oblige à vous en prier pour mon particulier, et de croire que je suis,

> Monsieur,
>> Votre affectionné à vous servir,

>>>> SOURDIS, archevêque de Bordeaux.

A bord de l'amiral, à la rade de Porto-Vecchio. le 13 octobre 1640.

LETTRE DU ROI DE FRANCE LOUIS XIII

AU BACHA D'ALGER.

Très-illustre et magnifique seigneur, notre lieutenant-général commandant notre armée navale et le chef du conseil que nous avons établi en icelle vous demanderont, suivant l'ordre que nous leur en avons donné, tous nos sujets détenus esclaves en Alger au préjudice des capitulations que nous avons avec notre très-cher et parfait ami le grand-seigneur, et de la bonne intelligence qui passe entre nous, nos empires et sujets, comme aussi de la paix que les Français observent à l'égard de ceux d'Alger, selon les conventions qui ont été ci-devant faites entre les uns et les autres. Notredit lieutenant-général ou ledit chef du conseil ont ordre de vous renvoyer en échange tous les Turcs qui sont dans nos galères, moyennant quoi ils se comporteront à l'égard de ceux dudit Alger comme avec les autres sujets de notre très-cher et parfait ami le grand-seigneur, sinon ils auront sujet de les traiter d'autre sorte.

LOUIS.

BOUTHILLIER.

Donné à Chautilly, le 26 d'avril 1640.

Le divan s'assembla, accepta les transactions proposées, et fit les conditions suivantes.

TRAITÉ

POUR LE RÉTABLISSEMENT DU BASTION DE FRANCE, FAIT PAR JEAN-BAPTISTE DE COQUIEL.

Articles du traité fait pour le bastion de France Massacarés, dit la calle de Roze, échelle de Bone et du Cole, fait avec le bacha et divan d'Alger, en présence de tous les juges, mufti et cadis, par Jean-Baptiste de Coquiel, gentilhomme ordinaire de la chambre du roi, l'an mil six cent quarante et le septième juillet, qui est l'année mil cinquante et le quinzième jour de la lune de rabie élunel, suivant le compte des Musulmans, pour y négocier en laines, cuirs, cires et autres marchandises, et faire la pêche du corail depuis le Cole jusqu'au cap Roux, qu'ils ont juré et promis obéir, savoir :

I.

Que les vaisseaux, barques et polacres pourront aller et venir auxdites échelles sans que personne les puisse troubler, et que défenses seront faites à tous autres marchands d'y négocier en aucune façon.

II.

Moyennant quoi ledit de Coquiel nous paiera, tant pour la ferme des terres qu'il possédera que pour lesdits négoces du Cole et Bone, la somme de trente-quatre mille doubles chaque année, savoir : vingt-quatre mille doubles ès mains du bacha pour la paie des soldats, et dix mille doubles au trésor de la Casbah.

III.

Lui sera permis de bâtir auxdites places de bastion Massacarés et cap Roze pour se défendre des galères d'Espagne et des frégates de Sardaigne, Majorque et Minorque, et pour pouvoir défendre les navires des Musulmans se retirant dans lesdits ports pour le mauvais temps ou peur des ennemis, comme aussi pour se défendre contre les Maures rebelles.

IV.

Pourra aussi bâtir à l'embouchure des ports pour y tenir sentinelles.

V.

Arrivant que nos galères ou vaisseaux rencontrent aucuns des vaisseaux dudit de Coquiel, ne pourront rendre aucun déplaisir aux gens, ni moins prendre aucun garçon ni chercher aucune avanie, sur quelque prétexte que ce soit, ains les laisseront aller libres en France à leur voyage.

VI.

Arrivant que les barques qui péchent le corail fussent, par le mauvais temps, portées en aucunes des échelles de la côte du royaume d'Alger, personne ne les y pourra troubler, ains leur sera donné tout aide et faveur.

VII.

De même ne sera donné aucun empêchement auxdites barques qui péchent le corail étant rencontrées par nos vaisseaux allant et venant à Tunis.

VIII.

Lui sera permis de bâtir ou louer aux lieux de Bone et du Cole, mai-

son, magasin, four et moulin pour loger ses gens, pour y négocier et
retirer les coraux que ses gens pêcheront et autres choses, les bateaux
desquels auront aussi libre retraite auxdits ports.

IX.

Ne seront, ses agents ni ses mariniers des barques et bateaux, obligés
à prendre du pain de la nabe du Cole ni du bazar bachi, et le feront
eux-mêmes dans leur four sans que personne les y puisse empêcher, et
pourront prendre toutes sortes de vivres et rafraîchissements pour leur
nécessité, de même que les habitués de la ville et au même prix, sans
que l'on puisse faire monopole sur eux.

X.

Et d'autant que dans les ports de Bone et du Cole quelques uns
s'émancipent sous prétexte de porter en Alger, de vendre des cires,
laines et cuirs aux patrons des barques et brigantins de Tunis, Gerbuis
et autres, qui se portent au contraire à Tabasque ou à Tunis, ou même
audit Alger, où ils les vendent dans le port aux vaisseaux livournais,
seront faites très-expresses défenses à toutes sortes de personnes de faire
semblables négoces, et se trouvant telles marchandises dans lesdits vaisseaux, barques ou brigantins, seront confisquées et les gens châtiés.

XI.

Ne sera permis à aucune personne de la nabe de Bone et du Cole,
ni autres marchands, faire aucuns desdits négoces, ni moins le faire
sous le nom d'autres.

XII.

Et d'autant que, tant à Bone qu'au Cole, l'on avait, du temps de
M. Sanson, introduit beaucoup de nouvelles coutumes, il est fait expresses défenses de ne prendre autre chose que ce que l'on avait accoutumé donner du temps que les Anglais avaient les échelles, et ne paiera
aussi les droits des marchandises aux caïdes que comme on faisait audit
temps des Anglais.

XIII.

Ne pourra être contraint par le caïde ni l'annube de prendre des truchements pour faire son négoce, n'en ayant point de besoin.

XIV.

Et pour remédier aux abus qui se font auxdites échelles par les Maures et les habitants de la ville, de frauder les cires et les augmenter avec du parasine, huile et graisse et autres choses, seront, telles cires qui se trouveront ainsi, brûlées, et les marchands qui s'en trouveront saisis amendés et châtiés pour donner exemple aux autres.

XV.

Que toutes sortes de personnes, soit Génois, Corses, Flamands, qui seront au service dudit bastion, ou sur les vaisseaux ou barques, seront privilégiés comme des mêmes Français, et étant pris ne pourront être faits esclaves, attendu que l'on ne se peut passer de se servir desdites sortes de nations tant pour la pêche du corail que autrement.

XVI.

Arrivant la mort de quelqu'un de ces gens dans lesdites échelles, ne pourra personne empêcher de leur donner enterrement, ains y aideront.

XVII.

Quand le bastion aura besoin de prendre dans lesdites échelles de Bone et du Cole des cargaisons, olives, huile, fromage, beurre et autres vivres, ne leur pourra être refusé en le payant; aussi ayant besoin des biscuits, en nécessité, leur sera donné en payant, jusque que la nécessité sera passée.

XVIII.

Ne seront obligés, les barques ni vaisseaux du bastion, de donner leurs voiles dans les ports de Bone et du Cole, attendu qu'ils ont des gens en Alger qui répondent de cela.

XIX.

Ne sera obligé de payer aucuns droits du corail et argent qu'il enverra en argent pour payer la lisme.

XX.

Tous navires et barques du bastion qui viendront en Alger ne seront obligés de prendre des cuirs ni cires du magasin du cayt des cuirs.

XXI.

Et d'autant que dans la ruine du bastion ils ont perdu tous les livres et toutes les promesses et quittances des négoces qu'ils faisaient avec ceux de Bone et du Cole, et que par conséquent ils ne peuvent justifier des paiements, ils seront déchargés de payer toutes promesses qui pourraient avoir été faites par eux ou leurs gens en faveur desdits de Bone et du Cole.

XXII.

Tous ceux qui résideront en Alger pour les affaires du bastion seront protégés, sans que personne puisse leur donner aucun trouble ni mauvais traitements.

XXIII.

Arrivant différend entre les Français et nous, et que cela causât rupture de notre part, n'en seront lesdits du bastion en aucune façon responsables ; et tous ceux qui parleront de rompre ledit bastion seront obligés de payer les trente-quatre mille doubles tous les ans, qui se paient tant au bacha qu'au trésor de la Casbah, afin que la paie des soldats n'en reçoive aucun intérêt. Ainsi sont les articles de cette capitulation écrite et publiée, et fait deux copies en façon d'acte, l'une pour garder dans la caisse du trésor de la Casbah, et l'autre l'avons donnée audit Jean-Baptiste de Coquiel pour s'en servir en temps et lieu.

Fait au milieu de la lune de raby-eluel, l'an 1050, suivant le compte des Musulmans.

M. de Montigny, vice-amiral, fut chargé par M. l'archevêque de Bordeaux de renouveler le traité de paix entre la France et Alger, de retirer les esclaves français, ou de rompre absolument avec le dey, auquel M. de Bordeaux fit remettre la lettre suivante.

LETTRE DE M. L'ARCHEVÊQUE DE BORDEAUX

AU BACHA D'ALGER.

TRÈS-ILLUSTRE ET MAGNIFIQUE SEIGNEUR,

J'avais ordre du roi mon maître de faire voile avec son armée navale vers la ville d'Alger, pour traiter avec elle de la paix suivant les capitulations accordées entre sa majesté et le grand-seigneur, mais ayant été obligé de m'opposer aux grands préparatifs que le roi d'Espagne faisait en Sicile et à Naples pour le secours de Turin, capitale de Piémont, puissamment assiégée par les armes du roi, j'ai donné le même pouvoir au sieur commandeur de Montigny, vice-amiral de l'armée navale, avec ordre d'aller mouiller à la rade d'Alger avec une escadre de vaisseaux, pour arrêter entre nous un traité raisonnable, suivant les capitulations de nos empereurs, à quoi j'ai cru que vous seriez d'autant plus affectionné que je sais la fidélité avec laquelle vous servez le vôtre. M'assurant que vous ne souffrirez pas qu'il se passe rien au préjudice de ses intentions, je me promets que vous apporterez tout votre possible à faire condescendre ces messieurs d'Alger à l'exécution d'un traité qui leur sera autant utile que désavantageux à nos ennemis communs, et outre qu'en faisant exécuter les volontés de l'empereur votre maître en une affaire de si grande considération, vous ferez paraître l'éclat de votre autorité, vous obligerez aussi sa majesté à vous en témoigner son ressentiment, qui sera toujours égal à la passion qu'elle a de voir une paix ferme et de longue durée pour le bien et la tranquillité des sujets de part et d'autre. Je finirai la présente en vous suppliant d'y vouloir tenir la main, et de croire qu'en ce cas je suis,

Très-illustre et magnifique seigneur, votre très-humble serviteur,

SOURDIS, archevêque de Bordeaux.

A bord de l'amiral, à la rade de Porto-Vecchio, ce 13 octobre 1640.

LETTRE DE M. L'ARCHEVÊQUE DE BORDEAUX

AU SIEUR CONSUL DES FRANÇAIS EN ALGER.

Monsieur le consul, vous pouvez savoir que les intentions du roi ont toujours été d'établir une bonne correspondance avec ceux d'Alger, tant pour retirer tous les Français qui y sont captifs que pour la liberté du commerce, ainsi que le peut témoigner le voyage de Sanson Napollon en 1628, et du feu sieur de Mantin en 1637; mais ne s'étant point encore trouvé moyen de faire venir le bacha et les autres chefs de la milice de cette ville à un traité à peu près conforme auxdites intentions de sa majesté, elle, désirant à présent en voir quelque effet, m'avait donné ses ordres de faire voile avec toute son armée navale vers ladite ville d'Alger, et de n'en point bouger que ledit traité de paix ne fût fait ou failli; mais ayant été obligé de m'arrêter sur les côtes d'Italie pour empêcher de passer le grand secours que le roi d'Espagne prépare à Naples et Sicile pour la délivrance de Turin, j'ai donné commission au sieur commandeur de Montigny, vice-amiral, de s'en aller mouiller à la rade d'Alger avec une partie de ladite armée navale, avec pouvoir d'y traiter comme si j'y étais en personne. Vous ne manquerez pas de lui donner tous les avis et instructions que vous estimerez nécessaires pour obliger ceux d'Alger à conclure avec nous un traité si net et si avantageux, que le bien qui réussira de l'établissement du commerce entre les deux nations soit solide et de longue durée, c'est,

Monsieur le consul, votre très-affectionné à vous servir,

SOURDIS, archevêque de Bordeaux.

Instructions de M. le cardinal de Richelieu à M. l'archevêque de Bordeaux.

MÉMOIRE POUR ALGER.

Dès que l'on aura passé le cap Matifoux, et qu'on aura entré dans la baie d'Alger, on mouillera deçà ou delà la rivière, ainsi qu'on le jugera le plus à propos, et on enverra une chaloupe avec la bandière blanche, proche de terre, pour demander le sieur Coquiel et le consul des Français, afin de savoir d'eux en quel état est le traité qu'il a commencé par ordre du roi, afin de se conformer à icelui le plus qu'on pourra.

On lui demandera avoir communication des ordres que M. Bouthillier m'a mandé lui avoir baillés pour ce traité.

Que si on voyait que les Turcs ne voulussent rien faire, ou, comme ils ont coutume, ils voulussent faire un traité plein d'artifice ou de surprise, après avoir averti ledit Coquiel de se retirer, on tâchera à entreprendre sur les vaisseaux qui sont dans le port.

Que si lesdits d'Alger veulent traiter pour le bastion [1], il faut, le plus qu'on pourra, s'attacher aux termes du traité dont nous avons baillé copie.

Que s'ils s'opiniâtraient à quelque article qui ne fût pas essentiel, il faudrait s'accommoder du mieux qu'on pourrait ; mais quoi que l'on fasse, il faut ravoir tous les chrétiens, en quelle forme et manière qu'ils aient été pris.

Pendant qu'ils seront à la rade, ils ne laisseront entrer ni sortir aucun vaisseau, jusques à ce que le traité soit fait ; et en cas qu'il ne se fît de traité et qu'ils eussent arrêté quelques vaisseaux, ils les emmèneront en France pour être jugés, et feront de même des vaisseaux turcs qu'ils pourront rencontrer à la mer.

---

[1] A six milles de Bone, vers l'orient, entre les royaumes d'Alger et de Tunis, le cap Nègre et le cap de Roses, il y a un fort qu'on appelle le *bastion de France* ; il y avait autrefois à trois milles de ce fort un édifice qui portait le même nom, bâti l'an 1560 par deux marchands de Marseille, du consentement du grand-seigneur, pour servir de magasins et de retraite à ceux qui pêchaient le corail, ce qui y faisait fleurir le commerce pour les grains, la cire et les chevaux, qu'ils transportaient et qu'ils achetaient à meilleur prix que dans l'île de Tabara, où les Turcs les incommodaient davantage. Ce fort a deux cours : l'une au nord où sont les magasins de blé et de marchandises, et plusieurs chambres où demeurent ceux qui ont l'intendance du fort ; l'autre, qui est beaucoup plus spacieuse, est située près d'un rivage sablonneux, où abordent les barques qui pêchent le corail. Il y a près de cette cour une chapelle où les Français font leurs dévotions, et un cimetière à côté. Entre la chapelle et les jardins, il y a un hôpital pour les malades, et entre deux cours vers le midi, un grand bâtiment qu'on appelait le *bastion*. *Relation universelle de l'Afrique.* LACROIX. t. II.

LETTRE DE M. L'ARCHEVÊQUE DE BORDEAUX

AU ROI D'ALGER, ENVOYANT LE SIEUR DE MONTIGNY, VICE-AMIRAL, AVEC
UNE PARTIE DE L'ARMÉE NAVALE POUR FAIRE UN BON TRAITÉ DE PAIX
ENTRE LE ROI DE FRANCE ET CELUI D'ALGER QUI COMMANDE LA MILICE,
ET RETIRER TOUS LES ESCLAVES OU BIEN ROMPRE ABSOLUMENT.

ILLUSTRE SEIGNEUR,

Les intentions du roi mon maître ayant toujours été d'établir une
bonne correspondance avec la ville d'Alger, y ayant pour cet effet envoyé en 1628, le sieur Sanson Napollon, et depuis quelques autres
personnes de considération; mais ne s'étant point trouvé lieu d'affermir avec vous et les seigneurs et chefs de la milice d'Alger une
paix de longue durée, sa majesté désirant en venir présentement à
quelque effet, et savoir comment elle doit user à l'avenir avec vous,
m'avait ordonné de faire voile avec toute son armée navale, d'aller
mouiller à la rade d'Alger, et de n'en point lever l'ancre que ledit
traité de paix ne fût fait ou failli; mais ayant été obligé de demeurer
sur les côtes d'Italie pour m'opposer aux grands secours que le roi
d'Espagne veut faire passer de Naples et Sicile, pour la délivrance de
la ville de Turin, capitale de Piémont, puissamment assiégée par sadite
majesté, j'ai donné le même pouvoir que j'avais au sieur commandeur
de Montigny, vice-amiral, et commission d'aller mouiller à votre rade
avec une partie de ladite armée, pour traiter avec vous, et en vertu
du traité retirer tous les esclaves français; vous promettant de ratifier
et faire ratifier par sa majesté tout ce qu'il fera avec vous. Si néanmoins
vous estimiez que ma présence fût entièrement nécessaire pour la conclusion dudit traité, je ne manquerai pas au premier avis que j'en aurai
de m'y rendre incontinent avec tout le reste de l'armée; mais je vous
crois avec tous ceux qui ont pouvoir dans votre conseil, si désireux de
votre tranquillité, que vous ne voudriez pas en reculer l'établissement
par la perte de l'occasion qui s'en offre présentement à vous, laquelle
je m'assure que vous embrasserez; et sur cette assurance, je suis,

Illustre seigneur,   SOURDIS, archevêque de Bordeaux.

A bord de l'amiral, à la rade de Porto-Vecchio, le 13 octobre 1640.

Dans le cas où le traité d'Alger ne serait pas conclu, M. de Montigny devait se rendre à Tunis pour entamer une pareille négociation.

COMMISSION DE M. L'ARCHEVÊQUE DE BORDEAUX

DONNÉE AU SIEUR DE MONTIGNY POUR ALLER A TUNIS POUR FAIRE LE TRAITÉ ENTRE LA FRANCE ET LEDIT PAYS.

L'ARCHEVÊQUE DE BORDEAUX, Primat d'Aquitaine, Conseiller du Roi en son conseil d'État, Commandeur de ses ordres, et lieutenant-général en ses armées navales de levant et de terre en Provence,

Ne pouvant en personne aller exécuter les commandements du roi, pour retirer tous les esclaves qui sont à Tunis et Alger, étant occupé à l'exécution d'autres commandements qui détiennent l'armée du roi dans la côte d'Italie, nous avons cru ne pouvoir confier ce commandement à une personne qui s'en acquittât avec plus de cœur, affection et fidélité que le sieur commandeur de Montigny, chef d'escadre de Normandie et vice-amiral de l'armée navale du roi. A ces causes nous avons commis, établi et ordonné ledit sieur de Montigny, pour aller à notre place faire lesdits traités, conformément aux ordres de sa majesté, que nous lui avons mis entre les mains; délivrer les esclaves français, et agir en toutes les autres choses de la même sorte que si nous y étions en personne; lui enjoignant de mener avec lui les sieurs de Cazenac, Duquesne, Boilize, Paul Garnier, la Roche Allard, Bussac, Luseraye, La Roche, Gabaut, et Saint-Tropez avec leurs vaisseaux; et les capitaines Matha, Colo, Saint-Michel, Saint-Germain, Ciret et Thibault avec leurs brûlots, pour, en cas de rupture avec eux, les combattre et leurs vaisseaux; et si, en allant ou venant, ils rencontrent des vaisseaux ennemis du roi, les combattre, les prendre, et les mener sous le pavillon; et de ce lui donnons pouvoir en vertu de celui à nous donné par sa majesté et monseigneur le cardinal-duc de Richelieu, grand-maître, chef, surintendant général de la navigation et commerce de France.

Fait à bord de l'amiral, en la rade de Porto-Vecchio, le 13ᵉ jour d'octobre 1640.

MÉMOIRE

POUR M. DE MONTIGNY S'EN ALLANT EN BARBARIE.

Au premier vent, il fera sa partance pour aller de droite route à Tunis, où étant fera son pouvoir pour traiter conformément aux mémoires qui lui ont été donnés, fera instance, étant arrivé à Tunis, de rendre *la Coraline*, envoyée à la guerre sur la côte d'Italie pour reconnaître les ennemis, par les ordres d'un des principaux officiers de l'armée navale, prise par un brigantin de ladite ville de Tunis, auprès de Montechrist, commandée par le sieur de Montfleuri, qui fut tué à ladite prise, et dont tout le reste de l'équipage (consistant en dix-sept ou dix-huit hommes) sont à présent esclaves à Tunis.

Surtout fera telle diligence qu'il puisse, si le temps le permet, aller jusques à Alger, pour y traiter aussi conformément aux mémoires qui lui ont été donnés; lequel voyage il n'entreprendra pas si le temps ou les affaires de Tunis le retardent en sorte qu'il juge n'avoir pas assez de temps pour le faire.

Auquel cas, il se contentera de voir la rade ou d'y envoyer quelques vaisseaux qui, sous prétexte d'acheter des chevaux ou autres choses, prendront garde aux mouillages et se retournant de passer devant la baie de Caillery, pour voir s'il y aurait quelques vaisseaux sur lesquels on pût entreprendre; mais s'il y a moyen, il faut faire un effort pour aller jusques à Alger, et compter le temps des victuailles jusque au 8 décembre, ou plus long-temps s'il en est besoin, et qu'on trouve des victuailles, en suppléant en argent aux capitaines ce qui sera nécessaire jusqu'à ce temps pour se fournir à Tunis, ou de leurs compagnons qui en auront.

Le dey d'Alger traînant les négociations en longueur, la mauvaise saison arriva, et M. de Montigny fut obligé de remettre à la voile sans avoir pu conclure cette année de traité définitif avec les Barbaresques. L'année suivante les négociations ayant été renouées avec cette puissance, M. le cardinal de Richelieu envoya l'instruction suivante à M. de Bordeaux sur les dispositions des traités d'Alger et de Tunis.

MÉMOIRE POUR ALGER ET TUNIS.

L'intention du traité d'Alger est de leur rendre tout ce qu'on a de Turcs d'Alger, et qu'on a pris sur leurs vaisseaux.

L'on désire aussi avoir d'eux tous les sujets du roi, soit de ceux qui ont été pris depuis le traité, soit de ceux qui ont été pris devant, sans qu'aucun sujet du roi puisse être réputé esclave parmi eux.

On désire aussi que tout ce qui a été pris, soit d'hommes ou d'effets, soit restitué, et la place dudit bastion remise en état, et entre les mains du roi, pour y être le négoce et la pêche du corail établis libres comme le tout a été ci-devant.

Et d'autant qu'ils ont rompu leur foi, entreprenant ce qu'ils ont fait sur le bastion du roi, le roi ne peut plus y renvoyer de ses sujets qu'il ne leur soit libre de se mettre en état qu'eux ou les Maures ne puissent plus les venir saccager dès le premier caprice qui leur prendra.

Et afin de conserver la bonne intelligence et la sûreté de la parole qui sera donnée de part et d'autre, sa majesté consent d'envoyer quelqu'un de ses sujets de condition demeurer à Alger, et eux enverront aussi deux hommes de paix du divan à Marseille pour y demeurer.

Et parce que, dans le traité fait, il y a quelques articles que sa majesté ne peut passer, comme la permission de visiter les vaisseaux, et, en cas de défense, de les pouvoir confisquer, sadite majesté veut absolument changer lesdits articles, ainsi qu'il est porté par ledit projet de traité qui a été dressé.

Ne pourront acheter vaisseaux, esclaves, ni marchandises comme ceux de Tripoli, Maroc, Salé, et autres de ceux qui auraient pris sur les Français, non plus que les Français de ceux qui auraient pris semblables choses sur eux.

Ni ceux d'Alger, aller sous la bannière de Trenterien, Salé, Tripoli, ou autres qui auront guerre contre la France.

Ne pourront prendre les chevaliers de Malte français qui seront sous
la bannière de France ; et s'ils en ont à présent quelques uns qui y
aient été pris, ils les rendront.

Cette note de M. de Richelieu est relative au dernier traité
présenté à la régence d'Alger par M. du Coquiel.

ORDRE DU CARDINAL DE RICHELIEU

SUR LE TRAITÉ D'ALGER.

Le sieur Luquet demande qu'on lui mette entre les mains vingt-trois
Turcs qui sont à Toulon, plus treize qui sont sur les galères ; tous
vieilles gens, à ce qu'il dit, et de peu de service, pour donner en
échange de deux cents Français du bastion et quelques autres qu'ils
appellent francs, c'est-à-dire qui ont été pris sans combattre, qu'il dit
devoir être rendus par ceux d'Alger sur la parole qu'on leur a donnée
de rendre les susdits Turcs.

Il est certain que du Coquiel n'a point eu d'ordre de promettre de
rendre les Turcs qui sont en France, qu'à condition qu'ils rendissent
tous les Français qu'ils détiennent, ce qu'ils n'ont fait ni promis, ledit
du Coquiel s'étant contenté de stipuler la reddition de trente-six
Turcs pour les Français ci-dessus spécifiés.

Ainsi, il reste entre les mains de ceux d'Alger les Français qui ont
été pris en combattant, dont on ne sait pas le nombre ; et en France il
reste les Turcs qui ont été pris sur les galères d'Espagne.

Il est dit, par l'un des articles du traité qu'a fait du Coquiel, qu'il
sera pourvu dans peu de temps à la délivrance des uns et des autres,
et que cependant les Français qui sont en Alger se pourront délivrer
en payant ce qu'ils ont coûté au chéic, ce que nous croyons être la
première fois qu'ils ont été vendus.

Il est à craindre que si on ne satisfait à ce que du Coquiel a promis,
les Turcs ne reprennent le bastion et tous ceux qui y sont.

D'autre part, il est certain que du Coquiel n'a pas suivi ses ordres, et
qu'il y a à redire à son traité.

Je prie monsieur de Bordeaux de voir, étant sur les lieux, tous ceux qui sont les plus entendus en ce genre d'affaire, et aviser ce qui se pourra et devra être fait, tant pour la délivrance des chrétiens que l'affermissement du bastion et la réformation du traité.

Le quatrième article dudit traité porte que ceux d'Alger ne pourront entrer dans les vaisseaux français pour les visiter, *ni battre aucun pour faire confesser s'ils ont des marchandises appartenant aux ennemis de ceux d'Alger, lesquelles ils déclareront sans contrainte et les délivreront en leur payant le nolis.*

Si on peut ajouter, au lieu des mots soulignés, ceux qui suivent marqués de points, ce sera le meilleur; mais en tout cas, si on n'y met ni les uns ni les autres, on s'en pourra contenter.

Il semble qu'il faudrait ôter les mots soulignés, en sorte qu'il fût dit absolument que ceux d'Alger n'entreront point dans les vaisseaux français, et ne leur feront aucun déplaisir, sans s'enquérir quelles marchandises ils porteront, la navigation demeurant entièrement libre selon les capitulations que le roi a avec le grand-seigneur.

Depuis le traité de Coquiel il a été écrit une lettre du roi au pacha d'Alger, par laquelle sa majesté lui témoigne avoir été contente d'apprendre la bonne disposition que ceux d'Alger ont à la paix; mais que pour la rendre entière et parfaite, il est nécessaire de rendre les prisonniers qu'on a de part et d'autre, et d'ajuster certaines choses qui ne sont pas assez éclaircies dans le projet d'article qui a été dressé, ce qu'elle remet à Coquiel de lui faire entendre.

Il faut savoir à Marseille ce qui a été fait en suite de cette lettre.

Si on peut réduire les choses à ce point qu'on rende tous les Français pour tous les Turcs qu'on tient, le roi en serait très-content; mais il est à craindre que ceux d'Alger consentiront difficilement à cet échange réciproque, maintenant que du Coquiel a fait un traité qui n'est pas tel qu'il devrait être.

En cette considération, M. de Bordeaux, après avoir écouté Luquet et ceux qui font pour du Coquiel, et consulté tous les gens les plus entendus et désintéressés en cette affaire, il y fera tout ce que la raison et la charité requerront, la réputation du roi étant conservée. Je lui déclare en mon particulier que s'il ne tient qu'à donner quelque somme raisonnable d'argent pour aider à retirer tous nos Français esclaves, j'y donnerai volontiers du mien jusqu'à vingt mille livres.

Je prie donc encore monsieur de Bordeaux d'apporter tout ce qu'il pourra en cette affaire pour en sortir à l'amiable; et si ceux d'Alger ne le veulent faire, il faut se résoudre dans l'été qui vient de leur faire faire de force.

Si M. le cardinal de Lyon est à Marseille, monsieur de Bordeaux prendra son avis sur ce sujet.

Le Cardinal DE RICHELIEU.

AVIS

PRIS EN PRÉSENCE DE MONSEÏGNEUR LE CARDINAL DE LYON, TOUCHANT LES TRAITÉS D'ALGER FAITS PAR COQUIEL.

Il a été résolu tout d'une voix que le roi ne pouvait, avec sûreté ni honneur, ratifier le traité fait par le sieur Coquiel, puisqu'il est contraire aux capitulations que le roi a avec le grand-seigneur, et qui met les sujets de sa majesté en état d'être pris et pillés, toujours sous prétexte d'avoir des marchandises des ennemis, ou d'avoir combattu, sans que le roi puisse jamais châtier leur insolence, d'autant que dès-lors que l'on touchera au moindre de leurs vaisseaux, ils s'en vengeront toujours sur le bastion, où il y aura toujours trois ou quatre cents hommes et force effets, ce qui leur en redoublera l'envie, si ce n'est qu'ils voulussent absolument faire un traité de rendre généralement de part et d'autre tout ce qu'il y aurait d'esclaves, et donner en France des otages pour le bastion; mais parce que ledit Coquiel, sous prétexte de ce traité, a donné des otages dans Alger, remis dans le bastion tous ceux qui ont été délivrés et mis quelques effets dans ledit lieu, il semble que la pitié requiert que l'on fasse quelques petites avances en rendant une partie de ce qu'ils demandent, et non le tout, afin de pouvoir donner le temps audit Coquiel de faire ses efforts pour fairé le traité général conforme à la dignité de sa majesté, ou de retirer les chrétiens et effets qu'il a en ce pays-là, de peur que si l'on ne faisait rien du tout, cette canaille ne se saisît encore une fois de tout ce qui est en ce pays-là, si on ne leur témoigne en quelque sorte vouloir commencer l'exécution de ce qu'ils ont projeté.

Si son éminence commande à son secrétaire d'ajouter ou de diminuer à la résolution qu'il lui a plu de prendre sur le fait d'Alger ce qu'elle ordonnera, il sera à l'instant exécuté, le projet ci-dessus n'étant qu'un mémoire de ce qui fut si disertement et si équitablement prononcé par son éminence.

Fait à Aubrayne, ce 26 avril 1641.

M. de Bordeaux étant retenu sur les côtes de Catalogne, donna le pouvoir suivant à M. de Montmeillan.

LETTRE DE M. L'ARCHEVÊQUE DE BORDEAUX

AU BACHÀ DE TUNIS, ENVOYANT LE SIEUR DE MONTMEILLAN A LA CÔTE DE BARBARIE AVEC UNE ESCADRE DE VAISSEAUX POUR RENOUVELER LE TRAITÉ.

TRÈS-ILLUSTRE SEIGNEUR,

Ayant eu ordre du roi de m'en aller à Tunis pour savoir de vous si vous désirez demeurer dans les formes du traité de paix fait avec le grand-seigneur, en rendant tous les sujets de sa majesté qui sont détenus à Tunis, comme sadite majesté vous fera rendre ceux de Tunis qui sont en France, et me trouvant occupé en cette côte contre les Espagnols, j'envoie le sieur de Montmeillan avec une escadre attendant que j'y arrive pour traiter avec vous. Vous ajouterez, s'il vous plaît, créance à tout ce qu'il vous proposera, vous promettant que je ferai exécuter en France le traité qu'il aura fait avec vous ; et pour plus grande assurance de vous rendre les Musulmans de Tunis et des lieux dépendants pour les Français que vous renverrez, ledit sieur de Montmeillan a ordre de nous de vous laisser des personnes de condition pour otage, en cas que vous le désiriez: Et me remettant à lui de vous faire savoir plus amplement l'intention de sa majesté, je ne ferai celle-ci plus longue que pour vous assurer que je suis,

Mon très–illustre seigneur, votre, etc.

LETTRE DU ROI DE FRANCE, LOUIS XIII,

AU DEY DE TUNIS, ENVOYANT POUR FAIRE UN BON TRAITÉ DE PAIX ET ALLIANCE ENTRE LA FRANCE ET LEDIT TUNIS ET DEMANDER LES PRISONNIERS FRANÇAIS QUI ONT ÉTÉ PRIS AU PRÉJUDICE DU TRAITÉ FAIT ENTRE LE ROI DE FRANCE ET LE GRAND-SEIGNEUR.

ILLUSTRE SEIGNEUR,

Ayant été informé par le sieur Lequeux des bonnes volontés que vous avez témoignées depuis la mort de Murat-Dey votre prédécesseur, nous avons bien voulu envoyer vers ledit Tunis le sieur archevêque de Bordeaux, notre lieutenant–général en nos armées navales et de terre, ou tel autre de sa part qu'il avisera, lesquels avoir témoigné de notre part notre ressentiment, vous proposeront quelques articles pour traiter avec vous une bonne correspondance, et vous demanderont, pour cet effet, suivant l'ordre que nous leur en avons donné, tous nos sujets détenus audit Tunis au préjudice des capitulations que nous avons avec notre très–cher et parfait ami le grand-seigneur, et de la bonne intelligence qui passe entre nous, nos empires et sujets. Notre-dit lieutenant–général, ou celui qu'il commettra de sa part, a ordre d'envoyer en échange tous les Turcs qui sont dans nos galères ; moyennant quoi, ils se comporteront à l'égard de ceux de Tunis comme les autres sujets de notre très–cher et parfait ami le grand-seigneur. A quoi nous assurant que vous ne trouverez point de difficulté, nous ne ferons point cette lettre plus longue, que pour souhaiter que vous viviez longuement.

LOUIS.

BOUTHILLIER.

Donné à Chantilly, le 26 avril 1641.

LETTRE DE M. L'ARCHEVÊQUE DE BORDEAUX

A CELUI QUI COMMANDE A TUNIS.

Très-illustre seigneur,

Ayant reçu commandement du roi de faire voile avec son armée vers votre ville de Tunis, pour renouveler les anciens traités de paix faits et si long-temps gardés, observés par ses prédécesseurs et les grands-seigneurs, deys et chefs de votre milice, retirer tous ses sujets que l'on tient au préjudice des traités, mais étant obligé de demeurer sur les côtes d'Espagne avec la plus grande part des vaisseaux de sa majesté pour empêcher les secours que le roi d'Espagne prépare, j'ai donné commission au sieur de Montmeillan de vous aller trouver pour le renouvellement et exécution dudit traité, ayant le même pouvoir d'agir auprès de vous que si j'y étais en personne ; promettant de ratifier et de faire ratifier au roi mon maître tout ce qu'il fera avec vous ; si néanmoins vous estimiez que ma présence y fût tellement nécessaire qu'il ne s'y pût rien conclure sans moi, je ne manquerai pas, au premier avis que j'en aurai, de m'y rendre aussitôt avec tout le reste de l'armée ; mais je m'assure que vous n'apporterez aucune difficulté en une affaire si juste et si nécessaire à la tranquillité de votre État, et si désavantageuse à nos ennemis communs, qui fondaient une partie de leurs desseins sur notre mésintelligence passée ; c'est pourquoi je ne ferai point cette lettre plus longue, que pour vous assurer que je suis,

Très-illustre seigneur,

Votre, etc.

LETTRE DE M. L'ARCHEVÊQUE DE BORDEAUX

AU NEVEU DE DÉFUNT MURAT-DEY.

MONSIEUR,

Le roi ayant appris les bons offices que vous rendiez à ses sujets dans la ville de Tunis, pendant le règne de Murat-Dey, votre oncle, sa majesté m'a commandé de vous en témoigner son ressentiment, et de vous assurer de sa part, qu'il ne tiendra qu'aux occasions que vous ne receviez des marques de sa bonne volonté.

Le sieur de Montmeillan, commandant l'armée navale du roi, s'en va avec mes ordres et une escadre de vaisseaux à Tunis, pour y traiter de la paix avec le nouveau dey et les principaux chefs de la milice. Jé vous supplie de seconder en cela les bonnes intentions de feu votre oncle, et de faire en sorte qu'on vienne à un traité raisonnable et avantageux pour les deux parties, et nuisible à nos ennemis communs. J'avais ordre du roi de faire ce voyage avec toute l'armée, mais j'ai été obligé de m'opposer aux grands secours que le roi d'Espagne préparait à Naples et en Sicile, pour faire lever le siège de la ville de Tarragone, fort pressée par les armes de sa majesté. J'espère, sans que j'aye la peine d'y aller avec le reste de l'armée, que ledit sieur de Montmeillan y réussira avec votre assistance.

Je l'ai prié, en cas que le traité se fasse, de me chercher quelques beaux chevaux et quelques autres raretés de votre pays. Je vous supplie de l'honorer de votre assistance, et en cas qu'il eût besoin d'argent pour cela, de lui en faire fournir, en tirant de lui une lettre de change pour Marseille, à laquelle je ferai incontinent satisfaire. L'amitié et la bonne correspondance que j'ai envie de contracter avec vous m'obligent d'en user ainsi; ce que joint à la bonne volonté que vous avez toujours eue pour la nation française, m'obligera à être désormais,

Monsieur, votre très-affectionné à vous servir,

SOURDIS, archevêque de Bordeaux.

Le 13 mai 1641.

MÉMOIRE POUR TUNIS.

En arrivant sous la Goulette il faut arborer un pavillon blanc pour faire savoir à la terre que l'on vient comme amis.

L'on leur fera dire qu'Amurat ayant témoigné au roi qu'il désirait lui rendre tous ses sujets et vivre en parfaite intelligence avec lui, conformément au traité du grand-seigneur, le roi a envoyé ses vaisseaux pour l'exécution de ce dessein et pour faire un traité, et qu'ayant appris la mort d'Amurat, on a cru qu'Ahmet-Raïs, qui est chef de son royaume, aura joie de conclure ce traité.

Pour cet effet le roi demande trois choses :

La première, tous les sujets, de quelque façon ou manière qu'ils aient été pris, et consent de rendre aussi tous ceux de Tunis qui sont dans son royaume.

La seconde, que ceux de Tunis aient un homme de condition en France comme il en tiendra un à Tunis, afin de tenir le commerce et trafic libres de part et d'autre.

La troisième, que le cap Nègre soit remis entre les mains du roi comme il a été autrefois, afin d'avoir avec eux le commerce libre de blés, chevaux, cires, cuirs, la pêche du corail et toutes autres marchandises, comme on leur permettra d'emporter draps, toiles, étoffes et toutes marchandises, à la réserve, de part et d'autre, des armes, munitions de guerre et de navigation.

Que si ces choses étaient accordées, il faudrait faire le traité, à la charge de le faire ratifier par sa majesté ; et s'il y avait moyen de pouvoir retirer tous les esclaves pour les emmener, laissant audit Tunis quelques otages pour la sûreté de la reddition de leurs gens.

Que s'ils ne voulaient pas rendre tous les esclaves et qu'ils se voulussent contenter de faire le traité pour l'exécuter en rendant l'un ou l'autre, il faudrait tâcher de les obliger d'emmener nos chrétiens à venir quérir les Turcs, sinon, pour le bien de ces pauvres esclaves, faudra s'accommoder à cela ; mais surtout il faut qu'ils rendent généralement tous les chrétiens, tant ceux qui seront à la ville que ceux qui seront à la campagne.

Que s'ils veulent consentir à donner le cap Nègre, il faudra mettre dans le traité que l'habitation pourra être fermée de si bonnes murailles ou de si bons fossés que les Maures ne pourront faire mal à ceux qui y habiteront.

Que si d'aventure ils ne voulaient rien faire, il faudrait faire le pis qu'on pourrait à leurs vaisseaux, et bien reconnaître les lieux afin de se préparer pour lorsqu'on serait en état d'entreprendre sur eux.

Surtout il faudrait aller voir Port-Farine, s'il y avait moyen, et l'entrée de Biserte.

Pendant qu'ils seront à la rade, ils ne laisseront entrer ni sortir aucun vaisseau que le traité ne soit fait ou rompu, pour s'en saisir en cas de rupture ou les libérer en cas d'accord.

LETTRE DU SIEUR MARC-DAVID, DEMEURANT A TUNIS,

A M. L'ARCHEVÊQUE DE BORDEAUX, POUR LUI OFFRIR SON SERVICE AUDIT TUNIS.

MONSEIGNEUR,

D'autant que je réside en cette ville et ayant l'honneur d'avoir quelque crédit dans l'esprit du seigneur Amat-Dey et de ses ministres, j'ai bien voulu vous écrire la présente pour assurer votre grandeur que si elle aurait besoin de moi je la supplie de toute l'étendue de mon allection me faire l'honneur de m'employer, sur l'assurance que je lui donne d'embrasser ses commandements avec passion; les sieurs Dulard et de la Tour étant venus ici par votre ordre, vous témoigneront l'assistance qu'ils ont eue de moi à l'endroit dudit seigneur Amat-Dey pour avoir la permission de sortir vos chevaux, puisque le consul maure donnait à entendre qu'ils n'étaient pas pour votre grandeur, et les a si mal traités lorsqu'ils ont eu besoin de lui, qu'il a fait voir qu'il n'aurait pas d'affection pour ce qui vous regarde, de quoi votre grandeur a bien sujet d'en avoir du sentiment. Celle-ci n'étant pour autre, je prie la majesté divine vous combler de ses saintes bénédictions, demeurant inviolablement,

   Monseigneur, votre, etc.

             MARC-DAVID.

De Tunis, ce 12 avril 1641.

Par le billet mis dans la lettre que vous écrit le dey, faisant mention de ce qu'il vous envoie, il a omis de mettre le cerf que vous recevrez par le sieur Dulard.

LETTRE DE M. L'ARCHEVÊQUE DE BORDEAUX

AU PACHA DE TUNIS.

TRÈS-ILLUSTRE SEIGNEUR,

J'ai reçu la lettre qu'il vous a plu m'écrire, si remplie de civilités et d'offres, que j'ai estimé à propos d'en donner avis au roi mon maître, afin qu'il sache à quel point de bonne volonté vous êtes porté pour cette couronne ; aussitôt que j'en aurai la réponse, comme je l'attends de jour à autre, je ne manquerai pas de vous la faire savoir ; cependant je vous prie de croire que j'ai mis ordre que vos gens et tout ce qui vous appartiendra soient traités comme personnes zélées et affectionnées au bien de cet État.

Je n'eusse point tant attendu à vous donner de nos nouvelles, si votre dépêche m'eût trouvé en Provence ; mais elle m'a été rendue à la mer, aux côtes de Catalogne, où je vous dirai que nous tenons une armée d'Espagne ennemie assiégée dans une ville nommée Tarragone, qui est en telle extrémité qu'on estime qu'elle est à bout de tout, et prête à se rendre. Pour l'armée navale des ennemis, elle est composée de quarante galères et vingt-cinq ou trente vaisseaux, lesquels nous avons déjà battus plusieurs fois, et pris douze ou quinze de leurs vaisseaux, deux galères, quantité d'autres bâtiments, et tous les forts le long de la côte, de sorte que le royaume de Catalogne et le Roussillon sont à présent dans l'entière obéissance du roi, à la réserve de deux places, que nous espérons faire sauter avant qu'il soit peu.

Celui de Portugal étant revénu à son premier état, comme vous
avez pu l'apprendre, et sa majesté assistant puissamment le roi de ce
pays, je ne sais pas ce que vous pourra faire l'Espagnol ; bien vous
puis assurer que les affaires de France sont à un haut point, et que
nous remportons toujours des avantages de tout côté.

Quand il y aura quelque autre nouvelle, je ne manquerai point de
vous en faire part, et de vous continuer de faire le même, puisque je
suis, etc.

M. de Montmeillan reçut la note suivante sur le but des traités qu'il était chargé de négocier, et sur les dispositions du
nouveau bey de Tunis à l'égard de la France.

INTENTION DES TRAITÉS D'ALGER ET DE TUNIS.

Tout ce qui est à faire à Tunis, c'est de restituer de part et d'autre
tout ce qu'il y a de sujets, et confirmer la paix, en sorte que le trafic
puisse être libre entre les sujets. Avoir des hommes de part et d'autre
dans les villes pour sûreté du traité, et pour avoir soin que ceux qui
iront de part et d'autre en guerre, donnent caution de rétablir le
dommage qu'ils pourraient avoir fait contre la volonté de leurs princes.

Le cap Nègre sera remis entre les mains du roi, pour y commettre
qui il avisera bon être, à celle fin que si l'on peut avoir le trafic libre
des blés, chevaux, cires, pêche de corail, et autres marchandises,
comme nous leur donnerons de nos draps et autres marchandises
françaises, cela serait bien utile, à la réserve de part et d'autre des
armes, ou munitions de guerre ou de navigation.

Pour accélérer le traité, il faut en diligence envoyer à Marseille,
pour de là faire partir deux barques, l'une qui aille à Alger, et l'autre
à Tunis, afin de leur envoyer les articles que le roi désire, pour les
faire passer, soit par le divan d'Alger, soit par le roi de Tunis.

Que s'ils en demeurent d'accord, on prendra le temps de l'exécution
le plus prompt qu'il se pourra, afin que l'on puisse, dans l'été, leur
faire sentir la puissance du roi en cas qu'ils ne les passent pas.

RELATION

DE CE QUI S'EST PASSÉ A TUNIS A LA MORT D'ISSOUF-DEY.

Issouf-Dey étant demeuré malade de fièvres à quatre-vingts ans environ, fièvres malignes dont il est mort depuis, Stamurat s'aboucha avec Osta-Mamy-Ferrarey, renégat tout-puissant, et lui dit qu'il fallait que l'un d'eux se fît roi, et mettre la main à l'œuvre pour cet effet sans retardement. Ledit Osta-Mamy feignit de trouver impossibilité à la chose; et ayant vu entrer dans le département de Issouf-Dey ledit Stamurat, établit des gardes aux portes qui l'empêchèrent d'en plus sortir; cependant, avec trois cents renégats bien armés, il se rendit maître du palais dudit Issouf-Dey, et envoya chercher tous les grands qui pouvaient prétendre à la royauté, jusqu'au nombre de quatre-vingt-dix, les désarma et envoya en une chambre sous bonne garde, puis fit venir Stamurat, lui dit qu'il avait en sa puissance ceux qui pouvaient résister à son établissement et les lui fit voir; après, ils firent assembler un grand nombre de renégats pour se saisir de la citadelle. On tira aux billets pour savoir qui ferait l'entreprise; le sort de la tentée échut à deux de Marseille et un d'Antibes, qui la nuit se coulèrent vers la porte, à l'ouverture de laquelle, le matin, ils saisirent le capitaine qui la fit ouvrir, tirèrent un coup de pistolet pour signal à Stamurat, qui était proche, de s'avancer : ce qu'il fit, et se rendit maître. Après, il se fit prêter serment de fidélité par tous les grands, chassa ceux qui lui étaient suspects, et fit publier une loi par laquelle il est défendu de plus établir à l'avenir des Turcs à la royauté, mais seulement des renégats, augmentant par ce moyen l'envie à tous chrétiens de renoncer à leur foi et se joindre à son parti. Depuis, ledit Stamurat a fait son séjour dans ladite citadelle, et n'en a jamais sorti que ledit Osta-Mamy n'y soit resté pour commander, ledit Stamurat ne pouvant encore s'assurer contre les renégats d'Andalousie, qui sont au nombre de plus de trois mille, qui ont un roi qui défère audit Stamurat, mais qui lui est suspect, et dont on croit qu'il se défera en peu de temps. Le sieur Steel de cette ville, qui m'a fait rapport de ce que dessus, était à Tunis il y avait long-temps, libre, lors de la mort d'Issouf-Dey; et comme il avait part à l'affection de Stamurat, il assure qu'il a en grande vénération sur tous les hommes le roi de France, qu'il estime le plus généreux prince de la terre et parle de ses actions avec éloges. Il parle aussi avec grand respect de son éminence ; et toutes les fois qu'il arrive quelques heureux succès contre nos ennemis, il en témoigne joie, et envoie chercher d'un Français le portrait de son éminence, qu'il considère avec admiration qu'un homme fasse tant de merveilles : ce qu'il fit après la bataille de Leucate, et plus particulièrement après la nouvelle de l'attaque et prise des îles, dont il tient le plan dans sa chambre. Ledit sieur Steel m'affirme qu'aussitôt que ledit Stamurat eut avis que les vaisseaux du roi allaient en ses mers, il envoya ordre au capitaine qui commande dans la Goulette de les saluer de tout le canon s'il les découvrait, et de les assister de tout s'ils approchaient avec besoins ; il fit de plus commandement à la douane de tenir prêts neuf bœufs, vingt-quatre moutons et mille pains de la grandeur des nôtres de Gonnesse, avec d'autres rafraîchissements, qui furent mis à part pour chacun des vaisseaux du roi, et fit publier permission à tous les Français de s'embarquer pour aller auxdits vaisseaux dès qu'ils les pourraient voir. Depuis, ayant su qu'en la prise faite par M. de Chastelux il y avait quatre Turcs de Tunis, il a écrit à MM. les consuls de cette ville de les lui renvoyer, et donner charge audit sieur Steel d'en prendre un soin particulier, n'ayant cependant voulu permettre à Tunis qu'il s'y fit achat d'aucun Français, quoique ceux d'Alger y eussent mené leurs meilleurs esclaves. En étant donc averti, j'ai pris occasion d'écrire audit Stamurat, et lui ai témoigné la joie que j'avais et que sa majesté et éminence auront de son heureux établissement à la place d'Issóuf-Dey, de l'occasion particulière de lui complaire en faisant mettre en liberté et bien traiter ceux de Tunis qui sont à Toulon pour les lui renvoyer aussitôt que j'en aurais reçu l'ordre de son éminence, je serais assuré s'il voudrait rendre les Français et renouveler le traité fait par sa majesté avec Issouf-Dey. J'ai aussi écrit à Osta-Mamy-Ferrarey pour lui témoigner la reconnaissance qu'ont tous les honnêtes gens de la justice et faveur qu'il départ aux Français, le priant de continuer à favoriser les défenses faites par Stamurat d'acheter à Tunis les Français qui y ont été et seront menés par ceux d'Alger, l'assurant de la gratitude de sa majesté et de son éminence. J'ai remis ces lettres en mains dudit sieur Steel, qui leur écrit de sa part, et donnerai ordre à Toulon de faire tirer de la chaîne les Turcs dudit Stamurat, qui sont : Mamé, Ataffy, Allayn, Mouznos et son fils, et ferais de même du schérif s'il n'était mort. Cependant j'attendrai les ordres de son éminence sur ce sujet.

Mais la saison s'avançant, et les négociations traînant en longueur, M. de Montmeillan fut obligé de remettre à la voile sans rien conclure encore cette année.

Le rapport suivant, envoyé à M. le cardinal de Richelieu à la fin de l'année 1640 par M. le commandeur de Virville, de l'ordre de Malte, capitaine de galère, offre les détails les plus circonstanciés et les plus étendus sur l'ordre des saluts, signaux et commandement d'attaque ou de marche, relatifs aux vaisseaux ronds et aux galères, dans l'Océan et dans la Méditerranée. Un grand nombre de faits historiques sont cités à l'appui des différentes assertions contenues dans ce mémoire, qui présente ainsi un tableau très-complet des usages et de la manœuvre de la navigation de ce temps-là. Ce grand travail servit plus tard à baser l'ordonnance de 1688 sur les saluts. En songeant d'ailleurs que les causes ou les prétextes d'un grand nombre de guerres maritimes ont été des refus ou des exigences de *saluts*, on appréciera l'importance de ce document, auquel les questions de préséance soulevées en 1641 par les Barcellonais pendant la révolte de Catalogne, donnent encore un nouvel intérêt.

ORDRE DES SALUTS DES ARMÉES NAVALES

ET VAISSEAUX RONDS, EN L'OCÉAN. — DÉCEMBRE 1640.

En toutes les armées navales des vaisseaux ronds ou navires, trois ont dignité, rang et qualité :

L'amiral, vice-amiral, et contre-amiral ; les autres prennent leurs lieux et postes de navigation et combat, selon l'ancienneté des capitaines, grandeurs des navires, ou la volonté et ordre des généraux ou lieutenants-généraux, si, comme c'est le plus ordinaire, le grand-amiral n'y a pourvu, auquel cas le général ne peut altérer ses commandements.

Ces trois vaisseaux sont distingués, remarqués et reconnus par la diversité des lieux où ils portent leurs pavillons, étendards ou bandières, terme assez familier en la Méditerranée.

L'amiral porte son pavillon ou étendard au haut de son mât principal, appelé autrement arbre de maître, et par-dessus ses troisièmes voiles.

Le vice-amiral le porte sur le second mât vers la proue, appelé le trinquet, ou arbre de trinquet, par-dessus ses voiles.

Le contre-amiral le porte en son arbre de mesane [1] par-dessus sa deuxième voile, lequel est plus proche de la poupe que tous les autres, et au-dessus du tillac et pont de corde.

Les autres vaisseaux généralement portent leur pavillon à poupe en une haste [2] plantée proche du relief du saint ou de la figure qui donne le nom au navire.

Et tous portent leur pavillon si religieusement ès dits lieux que jamais ils ne les en ôtent : par exemple le vice-amiral se séparant par occasion ou fortune de temps de son amiral avec des autres navires de l'armée, ne bougera son pavillon de l'arbre du trinquet, et néanmoins commandera aux autres, et ainsi chacun des vaisseaux qui le portent à la poupe; et se commandent les uns aux autres selon l'ordre général de l'armée, donné avant que se mettre à la voile.

Le lieu le plus avantageux et honorable en la navigation, est d'être sur le vent, c'est-à-dire recueillir le premier le vent, considérable en ce que celui qui a gagné le vent sur un autre vaisseau peut, quand bon lui semble, fondre et voler sur l'autre, qui ne peut remonter contre celui qui a le vent gagné; de façon que le vent venant du nord, l'amiral naviguant sera toujours le plus proche du nord, et les autres après selon leur ordre; et cela semble encore plus raisonnable parce que les amiraux étant d'ordinaire gros navires, ont besoin d'avoir plus de vent

---

[1] Artimon.   [2] Lance, bâton de pavillon.

que les autres pour naviguer, qu'étant sur le vent, le pavillon est en lieu d'assurance et en état de faire la loi aux autres. Ces maximes m'ont semblé nécessaires à notre traité des saluts.

Sans doute toutes les citadelles, châteaux-forts et villes d'un monarque duquel est l'armée, doivent les premiers le salut à l'amiral, et cela est hors de difficultés.

Pour les vice-amiraux, il faut distinguer des citadelles, forts, châteaux et villes de deux classes, les unes royales, les autres du royaume seulement : les royales refusent le salut au vice-amiral que les autres lui accordent. Ainsi pouvons-nous dire du contre-amiral, à l'égard des citadelles, châteaux, forts et villes du royaume, qui exige d'elles le salut. Cela est fort arbitraire et dépend de l'ordre et volonté du grand-amiral.

Il n'y a point de difficulté aussi, que si nous étions en paix avec l'Espagne, que l'amiral du roi allant sous les forteresses de sa majesté catholique, elles ne lui dussent le salut; néanmoins ceux qui commandent ne doivent s'exposer à ce hasard ni aller dans les havres qu'ils ne soient assurés d'y recevoir honneur et contentement, si la nécessité ne les violente à le faire.

L'ordinaire des saluts des citadelles, forteresses, châteaux et villes, est de tirer quelques boîtes ou mantelets, et en dernier lieu quelques coups de canon avec la balle, c'est plus d'honneur que sans balle, mais se pratique fort peu.

Les vaisseaux répondent toujours en nombre impair 1, 3, 5, 7, 9. Lorsque l'amiral passe sept, il faut que ce soit pour un grand extraordinaire, ou pour quelque grand personnage; car passant ce nombre, les trois batteries ont coutume de tirer, et tout le vaisseau salue ou tire.

Les amiraux des rois qui ne se cèdent les uns aux autres, ne s'entresaluent pas même en temps de paix et bonne intelligence, et ceux qui commandent évitent avec prudence telles rencontres.

Le vice-amiral d'une desdites couronnes, rencontrant un amiral de l'autre, est obligé de le saluer, si le vice-amiral tire trois coups, l'amiral d'un coup, et s'il en tire cinq, aussi s'il en tire sept ou plus, l'amiral lui en doit trois.

Si un vaisseau particulier d'une couronne armée en guerre salue l'amiral d'une autre couronne, il ne lui répond qu'un coup, hors que s'il en tirait plus de sept, car alors il ne serait obligé à trois, mais à faire quelque civilité particulière au capitaine.

Le vice-amiral courant trouver son amiral, on ne salue guère à coups de canon ; s'il le fait, l'amiral ne répondra que d'un coup, et à plus forte raison le même s'observe à l'égard des autres vaisseaux inférieurs ou moindres.

Mais avant que passer outre en cette matière, il est à propos de savoir en quoi consiste le devoir d'un vaisseau envers l'autre son supérieur ; comme que ce soit, il consiste au salut. Le salut se fait en deux façons : l'une tirant le canon, l'autre, qui est plus considérée, amenant ou abaissant la voile des gages [1] bas et jusques sur la gage [2] ; et si le vaisseau a pavillon, le mettant bas tout-à-fait jusqu'à ce qu'il soit hors de la vue du vaisseau qu'il a salué.

De vaisseau particulier à vaisseau particulier, le plus fort fait la loi et se fait saluer. Le sieur de Manty, vaillant et entendu homme de mer, eut ce malheur. Gardant la côte, il se rencontra dans la Manche sous le vent d'une remberge anglaise [3], laquelle se prévalant de son avantage et allant sur lui, l'obligea à abattre son pavillon, saluer et amener ses voiles. En ce cas, le plus fort et celui qui a le vent fait la loi ; mais la plus vraie façon de se garantir de ces inconvénients est lorsqu'on se trouve en cette aire, de ne porter point le pavillon et faire son chemin comme un vaisseau battu du mauvais temps, ou de l'orage.

Par maximes générales, les vaisseaux de marchandises doivent les devoirs susdits aux vaisseaux de guerre, et outre ce, souffrir la visite des vaisseaux particuliers, et laisser voir s'il y a des marchandises de contrebande. Le lieutenant et pilote du vaisseau font cette visite, et cependant le capitaine ou quelques officiers du vaisseau visité demeurent dans le bord du vaisseau de guerre.

De vaisseau de guerre à vaisseau de guerre, il n'y a point de visite, mais celui qui a rendu les devoirs et saluts est obligé d'envoyer sa patente au vaisseau de guerre pour voir si elle est bonne.

[1] Hunier.   [3] Vaisseau de guerre.
[2] La hune.

En l'Océan, nous n'avons que messieurs des États de Hollande qu'on puisse considérer comme semi-puissances, de façon que l'amiral de Hollande rencontrant l'amiral du roi, lui rendrait les devoirs et le saluerait.

Je dirai bien plus, que rencontrant le vice-amiral du roi, il le saluerait aussi en qualité de lieutenant-général de l'armée royale, et qu'il ne devrait s'en faire prier, l'ordre de la guerre le portant ainsi.

Un navire entrant dans quelques havres, doit, approchant de la bouche, plier la plus grande partie de ses voiles, et tenir surtout ses voiles de gages haussées pour rendre le salut à la forteresse.

Il y a certains havres auxquels entrant, on salue la forteresse et la ville ; en cela on se règle par la coutume ou courtoisie du général ou capitaine, mais toujours on salue à coups de canon impairs.

Si une personne de qualité passe proche d'un vaisseau qui soit à sec, c'est-à-dire qui ait ses voiles pliées sans avoir mouillé, ou qui ait mouillé, le vaisseau doit saluer selon la qualité de la personne : trois coups de canon est le moindre salut.

Lorsque un vaisseau d'un prince ou monarque arrive dans un port ou havre et y trouve un vaisseau plus haut en dignités, comme si un vaisseau particulier du roi rencontrait l'amiral de Hollande, il est obligé à le saluer ; le même se pratique si le vaisseau particulier se trouvait dans le port et que le vice-amiral y arrivât.

Un vaisseau particulier étant commandé de son amiral à quelque voyage, passant proche de son amiral, il est obligé de le saluer avec les voiles et canon, et ne doit mettre son pavillon en haut s'il n'en a commandement exprès.

Il y a des églises de grande dévotion ; les vaisseaux les saluent aussi baissant les voiles, ou avec le canon ; ce qui se pratique plus en la Méditerranée qu'en l'Océan, comme nous dirons ci-après.

Dans les havres neutres, deux navires de différents partis, comme France et Espagne, y entrant, le plus digne ou plus gros ne peut forcer le moindre à le saluer, et le prince sous la foi duquel il s'est réfugié en son havre comme en lieu de sûreté, le doit garantir de toute injure, et même prévoir qu'ils fassent leurs partances à si différent temps que, à la vue de son havre, ils ne puissent se livrer combat ou offenser.

Que si audit havre il n'y a ni forteresse ou citadelle par la force de laquelle on puisse exécuter ce que dessus, si le fort est seulement habité des sujets du prince, je dis qu'à sa considération ils doivent, quoiqu'ennemis, s'abstenir de faire violence dans son havre et sous sa foi ; et s'ils le font, il a juste occasion de s'en offenser, et, par droit de représailles, de dédommager l'offensé en son havre et sous sa foi ; car un navire entrant dans son havre, c'est la même chose qu'un étranger qui demande à loger en ville pour son argent, sous la foi publique et autorité du prince comptable de sa foi, si on la violait ; parce que, approchant du port, s'il n'eût vu l'étendard de la forteresse déployé, signe que le prince ouvre les bras pour l'accueillir, il n'y serait entré, et se serait réfugié ailleurs ; car comme c'est la grandeur du prince que son port soit fréquenté de grand nombre de vaisseaux, son devoir aussi l'oblige à les protéger, défendre et garantir des violences contre lesquelles il est un asile et protection de la foi publique promise, les recevant dans son port.

Lorsqu'une armée navale, ou escadre, salue tout ou chaque vaisseau de certain nombre impair de canonnades, l'ordre est qu'ils saluent les uns après les autres, selon leur dignité et rang, à temps mesuré, bonne distance d'une canonnade à l'autre. On le pratique autrement au salut des galères, comme nous dirons ailleurs.

Lorsque des vaisseaux de guerre naviguant vont prendre le mot, l'ordre est qu'ils passent sous le vent de l'amiral, le saluent avec les voiles, et les tiennent baissées jusqu'à ce qu'ils l'aient reçu, prenant garde de ne passer jamais par proue, c'est-dire au-devant du vaisseau ; car on le tient à affront aussi grand que si un homme passait devant et à la barbe d'un autre le morguant et bravant sans le saluer. A peine le permet-on dans les ports, lorsqu'on veut mouiller et étendre ses reméges [1], c'est-à-dire porter les câbles en terre.

Si on demande les peines qu'il y a de ne saluer pas : si c'est une for-

---

[1] Reméger une gume, en termes de galères, porter un câble de hallage ou de remorque.

teresse, elle tirera sur le vaisseau avec la balle, et si elle le met à fond et le fait perdre, le gouverneur de la citadelle aura bien fait.

Si un vaisseau manque de ce respect à son amiral, le général ou lieutenant-général le peut priver ou suspendre de sa charge, et faire donner la corde aux nochers, principaux objets de ces punitions.

Le même, s'il manque à saluer la personne de son général ou lieutenant-général.

Si un vaisseau manque de respect à un amiral d'autre monarque, il le peut, selon les lois de la guerre navale, forcer à canonnades de le faire; et s'il mésarrive du vaisseau, c'est la peine de l'incivilité du capitaine.

Si un vaisseau manque de respect à son vice-amiral ou contre-amiral, le capitaine s'en plaindra au général ou lieutenant-général, lequel lui en fera raison. Le nocher devra faire bonne partie de la pénitence, s'il ne vérifie avoir l'ordre exprès de ne le faire.

Si un vaisseau passe par proue de l'autre, hors en cas d'urgente nécessité, le nocher en est comptable, s'il ne vérifie d'avoir eu l'ordre exprès de le faire; auquel cas, le manquement tombera sur son capitaine, et sera blâmé de ne savoir son métier ou les termes de civilités de la mer et le respect de vaisseau à vaisseau.

Lorsqu'un vaisseau, la nuit ou le jour, tire une canonnade pour demander aide ou secours, le vaisseau qui le voudra secourir (ce que le plus proche doit faire) passera sous son vent, et ne devra regarder si l'autre lui passe par proue, la nécessité le force à cela.

Les vaisseaux ronds, sortant des havres ou de dessous les forteresses saluent comme ils ont fait y entrant; mais, en ce rencontre, on pratique moins le salut du canon que des voiles.

Parfois, les vaisseaux voulant partir saluent la ville ou la forteresse à coups de canon, comme prenant congé; en ce cas, le capitaine s'entend avec le gouverneur, afin qu'il lui rende son salut ponctuellement.

Nous voyons assez souvent des vaisseaux particuliers porter des personnes de haute considération; lorsqu'ils arrivent dans les havres, le vaisseau salue la forteresse avec le canon, et elle répond, et peu de temps après, salue le personnage qui est dans le navire, lequel répond à proportion des canonnades qu'on a tirées le saluant, à nombre impair.

Lorsque ces personnes de haute condition vont en terre dans des chaloupes, esquifs, barques ou brigantins, et passent proche des forteresses, si elles les saluent de quelques volées de canon, elles rendent le salut levant le chapeau.

Je n'oublierai pas à remarquer que lorsqu'un vaisseau salue ou rend le salut avec canonnades, il doit tirer la première sous le vent, pour montrer que c'est par amitié et civilité.

Il y a quelques vaisseaux lesquels, par fanfare et bravade, saluent à la mer d'autres vaisseaux à la balle parfois, même ne pouvant retirer de leurs canons les boulets. On ne leur rend pas pour cela le salut avec plus grand nombre de canonnades ni avec la balle.

Lorsque l'armée navale entre dans un havre, tous les vaisseaux sont obligés saluer avec les voiles pour le canon de l'amiral saluant ou rendant le salut; les autres ne le doivent faire sans ordre particulier; car, en ce cas, l'amiral paie pour tous.

Lorsque les vaisseaux sont en corps d'armée ou à vue de leur amiral, ils ne doivent tirer le canon pour saluer quelques grands personnages qui iront dans leurs bords, sans permission de celui qui commande.

La nuit, on ne salue point, et si c'est lieu de saluer avec canonnades, on renvoie le salut au lendemain au matin; mais, en ce cas, les vaisseaux qui veulent entrer de nuit dans les ports doivent envoyer leurs chaloupes, si le temps le permet, ou crient, si la voix peut être ouïe, quel vaisseau c'est et d'où il vient; et le capitaine doit empêcher ses gens d'aller en terre et pratiquer.

Lorsque l'amiral salue quelques personnes de haute condition, le vice-amiral et autres vaisseaux de l'armée ne doivent saluer, si on ne leur en envoie l'ordre, ce qui est néanmoins l'ordinaire; car si le plus digne salue, le moins digne le doit faire aussi, imitant son chef. Entendrez le même du vice-amiral, séparé avec d'autres vaisseaux de l'armée de leur amiral.

Lorsqu'on salue quelques grands personnages descendant d'un vaisseau, on attend qu'ils en soient éloignés, que le vent ou la fumée du canon ne les incommode, et on tire toujours la première canonnade dessous son vent. Je dis ceci pour ce que, aux galères, on le pratique différemment.

Lorsqu'un vaisseau croit qu'un autre le doive saluer à la mer, et le veut obliger à cela, pour l'avertir qu'il est son ami, il lui fait fumée, c'est-à-dire brûler sur le tillac une livre de poudre; s'il ne se soumet à la fumée, il lui tirera une canonnade sans balle, et s'il ne se met en devoir, lui tirera la seconde canonnade avec la balle, signe de rupture s'il ne se range à son devoir.

Il est vrai qu'en l'Océan, où l'on pratique moins les saluts avec canonnade, on ne fait tant de cérémonies, et si un vaisseau ayant son pavillon en haut ne l'abat et n'amène ses voiles, le plus fort lui va dessus et le canonne, et lors le dessus demeure au plus fort.

Les lettres qu'on donne aux vaisseaux de guerre s'appellent commissions; aux marchands, patentes ou lettres de chargement et voiture, sans lesquelles ils ne doivent naviguer, et contiennent le lieu et le temps qu'ils partent, où ils vont, et le nombre d'hommes qu'ils portent. Les lettres des vaisseaux de guerre ne sont raisonnées de la sorte, et contiennent seulement l'ordre qu'il a de son prince de se tenir à la mer.

Le vaisseau marchand peut changer de dessein en son voyage, et prendre patentes, lettres ou attestations du consul de sa nation ou du magistrat, en la forme que dessus.

Tout navire marchand naviguant seul peut mettre son pavillon au haut de son arbre de maître, au hasard de l'abattre ou amener s'il rencontre des vaisseaux plus forts que lui à la mer.

Plusieurs navires de marchandises, naviguant de conserve ou compagnie, peuvent convenir entre eux des dignités, rangs et saluts; mais rencontrant des navires de guerre, tous mettent bas le pavillon et salueront, car leur ordre de guerre ne s'étend qu'entre eux, non à l'égard des autres, et ne sont considérés hors d'entre eux, des vaisseaux ou dans les havres, que comme vaisseaux séparés ne faisant corps, parce que leur compagnie n'est autorisée du prince.

Les vaisseaux voués à la protection particulière de quelque saint, la veille de sa fête, font réjouissance, c'est-à-dire mettent au vent tous leurs étendards, pavesades, bandières, banderoles, flammes et flammettes ou gaillardets, et ceux qui ont de la poudre à perdre tirent quelques canonnades.

Ils font le même les jours des principales fêtes de l'année et de celles de la ville, havres ou forteresse dans lesquels ou sous laquelle ils se rencontrent.

Lorsque le Saint-Sacrement ou procession des saintes reliques passe à vue des vaisseaux qui sont dans un havre, ceux qui appartiennent à des catholiques apostoliques et romains saluent avec le canon; mais on n'y force personne, on ne touche au pavillon. Le même quand le seigneur, gouverneur, ou le lieutenant du roi au havre, passe à vue des vaisseaux.

Quelque personnage de haute condition allant visiter un vaisseau, on le salue quand il est monté dans le bord et quand il en est dehors et si éloigné que le vent ou la fumée du canon ne l'incommode.

L'amiral volontiers ne salue que les princes ou personnes du sang de son prince, le général ou lieutenant-général.

Si une personne de haute condition meurt dans un vaisseau, et qu'on ne le puisse, pour des considérations, porter inhumer en terre, et qu'on le jette en mer, après qu'on l'a jeté, on tire quelques canonnades au lieu du son des cloches : cela dépend du général ou capitaine.

Et parce que les mariniers ne meurent pas toujours de faim, et font quelquefois des festins ou traitent des personnes de condition, la coutume, outre les saluts entrant et sortant du vaisseau, est de tirer un coup de canon à chaque santé des grands qu'on boit ou de ceux que l'on traite; mais en tout cela il n'y a point de loi certaine.

Que si vous demandez pourquoi on salue plutôt de la voile de la gage que d'une autre, outre que je vous pourrais répondre qu'il ne se rend point de raison des coutumes, je vous demanderais pourquoi saluant un autre vous ôtez votre chapeau, non votre pourpoint; de même, on abaisse la voile des gages comme la plus haute, et de laquelle on se sert aux combats et pour faire tourner les vaisseaux et changer de proue.

Le discours que dessus, et celui qui suit pour la mer Méditerranée, ont été mis par écrit par M. le commandeur de Virville, chevalier de Malte, gentilhomme du Dauphiné, de la maison de Grolée.

PRATIQUE DE LA GUERRE ET DES SALUTS

ÉS ARMÉES NAVALES DE LA MER MÉDITERRANÉE.

Quoique l'Océan et la mer Méditerranée ne soient séparés que par le détroit de Gibraltar, néanmoins la façon des vaisseaux est différente, les termes de la marine sont aussi en plusieurs parties différents : en l'Océan, les galères ne peuvent naviguer ou n'y réussissent pas, à cause du flux et reflux ; ou parce qu'étant vaisseaux fort légers, subtils et délicats, ils ne peuvent résister aux longues vagues de l'Océan, ni prêter le côté, ni quand le flux se retire se coucher, parce que la quille et la carène se courbent ou consentent facilement ; mais la plus forte raison est qu'elles ne peuvent régir aux vents furieux et longs qui règnent en l'Océan, que les chiourmes et hommes de rames y souffrent trop et ne peuvent vivre long-temps, parce que ne pouvant faire des grandes forces qu'ils n'aient le corps libre et nu de la ceinture en haut, ils ne peuvent demeurer en cet état aux vents et froids de l'Océan. Et pour le faire bref, chaque mer a sa façon particulière de vaisseaux, navires et galères, et les vaisseaux qui sont bons en une mer ne servent en l'autre : nous voyons que les remberges, navires gros, ne cheminent et ne se peuvent mouvoir en la Méditerranée, nos pataches ne peuvent porter leurs voiles en l'Océan, ni nos tartanes ou polacres ; d'où je conclus que chaque mer a ses vaisseaux usagers. Je dis même les diverses contrées que nous appelons les côtes, ont diverses façons de vaisseaux : une galère de Barcelonne est taillée différemment de celle de Marseille ; l'une légère, l'autre pesante ; l'une de durée, l'autre non. Les Turcs font leurs galères différentes des nôtres, je dis le corps et la forme de galères ; les Vénitiens, de nous et des Turcs ; Malte de Florence, et Florence de celles de Civita-Vecchia ou du pape.

Les vaisseaux donc de la Méditerranée plus propres à la guerre sont

les galères, parce que, avec les voiles ou rames, elles se manient mieux
en calme; ou avec le vent elles sont plus promptes et agiles en ce
grand étang (telle la pouvons-nous appeler à l'égard des autres mers),
les vents y durent moins, l'air y est plus tempéré, les chiourmes y vivent plus long-temps, et le voisinage d'un terrain à l'autre rend leur
navigation plus considérable, agréable et utile.

Anciennement on les appelait trirèmes, parce que à chaque banc
il y avait trois hommes qui voguaient trois rames de différentes grandeur et force. A présent on a mis les forces de trois en une seule, avec
quatre hommes au moins qui la manient, en frappent ou poussent l'eau,
et par cette force font avancer la galère.

En la Méditerranée, on appelle *voiles carrées* tous vaisseaux ronds,
et qui portent la voile carrée.

Voiles latines, les galéasses, galères, galiotes, frégates, brigantins,
leuthres, et tous vaisseaux qui portent voile taillée en triangle et n'ont
qu'un arbre de maître, le trinquet et deux antennes.

Des galéasses, il n'y a que les Vénitiens et le grand-seigneur qui en
aient; je ne crois pas nécessaire d'en traiter.

Des galères, il y en a de deux sortes : subtiles[1] et bâtardes; les subtiles sont ainsi nommées parce qu'elles ont le gavon[2] de poupe aigu et
subtil et peu de gavon.

Les bâtardes sont celles qui ont un gavon large à la poupe, je dis
le vif du vaisseau sur lequel est posée l'œuvre morte de la poupe avancée,
et s'élargissant peu à peu. Don Juan d'Autriche, à l'armée navale, commanda qu'on n'armât que des galères subtiles et à la galoche, c'est-
à-dire à trois rangs différents, parce que on les tenait plus légères,
vites et promptes. Néanmoins, de notre temps on ne se sert que des
galères bâtardes et armées d'une rame, c'est-à-dire que, au lieu de
trois hommes, on en met quatre ou cinq, qui voguent une seule rame.

L'ordinaire est que les capitanes voguent vingt-huit rames par bande,
y compris celui que le fourgon, ou lieu de la cuisine, occupe, qui est de

---

[1] Ou Sensiles.
[2] Compartiment intérieur de la cale, situé à l'arrière, dans lequel on mettait les poudres.

treize du côté gauche, les galères particulières vingt-cinq, et les royales plus grandes, trente-trois par côté.

A chaque banc des royales de cette grandeur, on met six hommes de chaîne aux capitanes, six aux bancs de chaque côté devers la poupe jusques à l'arbre, qui sont à trente bancs (ce qu'on appelle le quartier de poupe); de l'arbre en bas, cinq, aux galères particulières cinq, jusqu'au quinzième banc, et quatre du quinzième au vingt-cinq, qui sont dix par côté.

Les galères n'ont que deux mâts, ou arbre de maître et trinquet; jadis elles portaient un arbre de mesane posté, qui se plantait à l'essentarole ou proche la tenaillée de la poupe dans le tabernacle; on a ôté l'usage augmentant les voiles de la maître, et les galères turques la plupart même ne portent point de trinquet.

Les voiles sont : la bourde, maralbez, mesane, trion ou voile, quadre ou de fortune; toutes les galères de la Méditerranée les portent d'une façon.

Il y a aussi une voile pour l'arbre de proue, qui prend le nom dudit arbre, et s'appelle la voile du trinquet.

A travers de ces voiles, à la sixième et quatrième partie, on coud et met une bande forte de double canevas gainée de deux en deux pieds de cordes longues d'une brasse, grosses à proportion, qu'on appelle tiercerol[1]. Lorsqu'il y a trop de vent, on les lie par-dessus le gordin, ou la maître corde de la voile, qu'on diminue par ce moyen d'une sixième ou quatrième partie; mais le salut des galères ne se faisant avec les voiles, passons outre.

Les galères chrétiennes portent dans leur coursive, entre l'arbre de maître et le trinquet, le canon de coursier, lequel est, sur une bonne galère, de cinquante livres de balles, sous les rambades[2] droites et sénestres. Elle porte deux canons de quinze livres de balles de fer chacun, qui sont morts et ne reculent point.

A côté de ces canons, il y a deux autres canons à tirer balles de pierre de huit pouces courant de diamètre.

---

[1] Garcette pour prendre les ris.
[2] Rambades, portes de retranchements couverts élevés à l'avant; ils étaient ordinairement hauts de six pieds.

Et proche de ces deux canons, il y en a encore deux petits pierriers, la balle de fer de cinq livres environ, et se chargent par la culasse avec des boîtes, et ont une grosse fourchette de fer, laquelle on met dans le bacalar de proue, ou grosse poutre sur laquelle est bâti le château de proue.

On met encore à poupe, au vide des deux échelles, deux de ces pierriers ou petites pièces de canon, lesquels servent lorsqu'on prend chasse pour tirer sur l'ennemi et le tenir éloigné.

La plupart des galères turques particulières n'ont qu'un canon de vingt-cinq à trente livres de balle, ou quelqu'un de ces petits pierriers, parfois et rarement.

Quant au nombre des galères qui sont en la mer Méditerranée, le pape en a d'ordinaire cinq, le roi quatorze ; à présent il y en a vingt-deux bien ou mal armées.

Le roi d'Espagne près la royale, ou patronne royale, en a à Carthagène, leur ordinaire séjour, quatorze, à Dénia six : sont vingt.

A Gênes, quatorze commandées par Doria, qu'il tient à solde et à tant l'année.

A Naples, d'ordinaire vingt-deux.

En Sicile, y joignant les quatre de l'escadre de Sardaigne, quatorze, qui étaient en l'année 1624 armées. Il est vrai que depuis ces dernières guerres il a beaucoup perdu de chiourmes, et par conséquent ne saurait en armer si grand nombre.

La galère royale porte l'étendard en un petit arbre attaché à la tenaille de sa poupe, au côté droit ; il est carré de huit pieds de hauteur au moins.

La patronne royale étant hors de la présence de la royale, arbore l'étendard comme la royale, en présence de laquelle elle met son étendard aux calses, c'est-à-dire au haut de son arbre de maître.

Après la patronne royale vient immédiatement la capitane de Naples, et porte l'étendard, en compagnie de la patronne royale, arboré à poupe ; en présence de la royale, elle l'ôte et la met aux calses de la maître.

Après la capitane de Naples marche celle de Doria, et après elle la capitane de Sicile; lesquelles en usent avec la royale et la patronne royale comme la capitane de Naples.

Ce serait ici le lieu de parler des galères de Venise : la sérénissime république en a d'ordinaire en la mer, en Candie, Corfou, ou Zante, en la Céphalonie ou à Venise, quarante environ et deux galéasses; mais n'ayant des esclaves, et armant ces rames de forçats condamnés, ou mariniers forcés et volontaires, qui s'exposent à cette fatigue pour de l'argent, elles ne peuvent être bonnes autant comme elles le sont à la voile et hors des chiourmes; sont très-bien armées, vaisseaux forts et légers, ils ne sortent guère de leur golfe, et rencontrant des autres galères font semblant ne les voir, et prennent un autre chemin ou proue, et n'attendent nos saluts, et allant sous leurs forteresses épargnent fort leurs munitions.

Ce serait une douteuse dispute, et de difficile résolution, de savoir quel nombre de galères la république peut armer, parce qu'ils ont un certain droit sur les gondoliers et mariniers de leurs États et pouvoir de les mettre au rang. Par commune opinion, la république peut mettre en la mer quatre-vingts galères d'armes, ou bien à tout rompre et sans grand'chiourme, cent vingt.

Il faut maintenant venir aux galères de semi-puissances : Savoie en a deux, Malte six, Florence six, la république de Gênes cinq; et ces capitanes, en présence de la royale, conservent leur étendard arboré à poupe.

Jadis la députation de Catalogne maintenait aussi deux galères armées, l'une desquelles portait l'étendard comme les autres capitanes, et y étaient les armoiries pures du comté de Catalogne, couvertes d'une couronne de comte; ils prétendaient les avoir indépendantes du roi d'Espagne et de ses ministres; et le comte duc d'Alcala, gouverneur de Barcelonne, en ayant, en l'année 1622, voulu disposer, la députation s'opposant, l'empêcha et ne les lui voulut donner pour porter des caisses d'argent pour sa majesté catholique à Gênes. Cette capitane prétend, en présence de la royale d'Espagne, de n'abattre l'étendard, et de fait ne le voulut faire lorsque le prince Philibert passa avec la royale à Barcelonne.

Ès armées navales des galères, deux seulement ont dignité : la royale et la patronne royale.

La différence de la royale ou capitane aux autres galères, est qu'elle porte sur sa poupe les armoiries de son prince ou écussons couronnés, son fanal aussi couronné, son étendard comme j'ai dit, en poupe.

La patronne porte aussi le fanal, mais non pas couronné, et peut porter les écussons des armoiries de son prince couronnées.

Mais au lieu de porter l'étendard arboré à poupe, elle le porte sur le haut ou calses de son mât de maître, et sur le trinquet une banderole appelée gaillardet.

Si une galère particulière a pris sur l'ennemi l'étendard d'une capitane, le capitaine a le privilège de porter sa vie durant, et ce, pendant qu'il commande, la bandière carrée à la maître.

Et s'il a pris une galère, un fanal sur la poupe; mais, pour cela, il précédera la patronne.

Les galères particulières portent aux calses du maître[1] et de leurs trinquets des bandières longues à queues, dans lesquelles il y a les armoiries de leur prince, qu'on appelle communément gaillardet.

Les galères particulières, au lieu où la capitane ou patronne portent le fanal, portent l'image taillée en bois du saint à la protection duquel elles sont dédiées.

Les royales, capitanes, patronnes et galères particulières, outre les susdits étendards, gaillardets ou banderoles, ont leurs étendards de combat, tels que bon semble au capitaine; lequel, en occasion de combat ou de grandes solennités, elles arborent sur la poupe.

Durant les guerres de la Terre-Sainte, la capitane du pape ni aucune des royales ne commandait; mais on destinait la capitane de la sainte ligue, en laquelle montait le cardinal légat du pape et le général élu du pape et des couronnes; et dans le champ de l'étendard il y avait de part et d'autre un crucifix en champ d'argent.

Sans doute la capitane du pape précède toutes les royales et capitanes

[1] Aux flèches.

royales ou autres; néanmoins, étant à Messine, et la capitane de Naples arrivant avec nombre de galères, la capitane du pape se retirait sous la forteresse nommée le Salvador, en lieu écarté hors du salut, sous prétexte de s'aller accommoder ; mais en l'année 1623, la même capitane du pape étant allée à Naples, la capitane de Naples la salua, et ne lui quitta sa place; ce que voyant, elle alla prendre poste vers le petit môle, et les Espagnols dirent qu'il est honteux que des galères qui ne font, depuis tant d'années, aucun exploit ou action honorable, aient le premier lieu parmi les galères qui font leur métier et la guerre incessamment.

Mais nonobstant toutes ces raisons, il est certain et hors de conteste que toutes les forteresses maritimes royales et capitanes doivent le salut à la galère capitane du pape, en considération de ce qu'elle appartient au souverain pontife, vicaire de Dieu en terre, quoique dans le champ de l'étendard il n'y a que les armoiries du pape, timbrées de la tiare pontificale et des clefs de saint Pierre.

Elles doivent aussi le salut aux galères royales sans difficultés quelconques, néanmoins nous avons un célèbre exemple à ce contraire. Le prince Philibert de Savoie, grand-prieur de Castille, allant en Italie, généralissime de sa majesté catholique et vice-roi de Sicile, s'embarqua à Carthagène, et côtoya l'Espagne jusque auprès de Barcelonne. Les messieurs du comté de Catalogne résolurent de lui faire entrée solennelle, et parce que leur môle est court et étroit, mit pied à terre à quatre milles de Barcelonne plus au large, pour recevoir les accueils et honneurs de son entrée, qu'il fit à cheval. Ayant mis pied à terre, le marquis de Sainte-Croix, son lieutenant-général, avec la royale et vingt-cinq galères, tourna la proue vers le port de Barcelonne, duquel il s'approchait tout à l'aise, attendant qu'on le saluât ou sa royale; mais approchant et voyant qu'on n'y songeait, envoya en terre un capitaine du canon, demander le sujet pour lequel on différait de le saluer. On lui répondit qu'on ne le saluerait pas, parce qu'il n'y avait en la royale une personne du sang royal; on en donna avis au généralissime, lequel n'y avança rien, et tout honteux retourna donner fond, c'est-à-dire mouiller l'ancre, sous le cap devers ponant ; mais c'est une bizarrerie

catalane, car de vrai, les villes et forts maritimes doivent à la royale
le salut : je dis même celles qui ne sont sous la sujétion du prince auquel est l'étendard.

Quant à la patronne royale, distinguons deux sortes de villes, des
capitales ou des royales particulières; capitales, en France, serait Marseille, Toulon; à Naples, la ville même; en Sicile, Palerme et Messine. Celles-là, je dis les capitales, ne doivent le salut aux patronnes,
oui bien les autres, comme Antibes, Cannes, la Ciotat, Manfredonia,
Palliando, Reggio, Melazzo, Siracusa, le fort du cap Passero, Trapani
et autres. Depuis l'année 1614 jusqu'à l'année 1624, au temps des
généraux D. Pietro de Leiva, marquis de Sainte-Croix, docteur d'Arragona, Melchior Borgia et autres, il se pratiquait de la sorte dans
les terres d'Espagne.

En France, nous n'avons jamais eu de patronnes royales qui
aient porté étendard, néanmoins cette année, à ce que j'ai appris, monseigneur le cardinal-duc, grand-amiral de France, a commandé à
M. le bailli de Forbin, lieutenant-général sur les galères, d'arborer
étendard [1] : ce qu'il a fait, et ne l'a été oncque ci-devant. Cet étendard ne
peut être appelé que patronne royale, puisque la royale avec l'étendard
était à Marseille.

Les villes maritimes de semi-puissances, comme Savoie, Malte, Florence et Gênes, doivent sans contredit saluer les premières les étendards
arborés des patronnes royales, et n'en font difficulté, quoique Gênes,
s'appelant le siége de la principauté, semble ne le faire qu'à contre-cœur.

Ce que je dis de la patronne royale portant étendard se doit entendre
des capitanes de Naples, Gênes et Sicile.

Mais maintenant parlons de la façon des saluts. Les galères ont quatre
sortes de saluts : le premier quand elles ont le tendelet tendu, de l'abaisser bas, de saluer avec voix, trompette et canon, et en tous ces
saluts, on calume (c'est-à-dire baisser bas à demi la tande [2], comme
qui lèverait son chapeau).

---

[1] Voir ci-dessus, p. 358, le mémoire sur la conduite de M. de Forbin devant Gênes.

[2] Tente d'étoffe étendue au-dessus du château d'arrière ou berceau de poupe.

La royale rendant le salut à une ville capitale sujètte à son prince, tirera deux coups de canon, seulement après qu'on l'aura saluée.

A une ville et citadelle ordinaire, un coup; au moindre, rien du tout.

A une ville capitale d'un duc souverain, ou semi-puissance qui aura tiré tout son canon, la royale répondra de quatre coups de canon. L'année 1620, lorsque le prince Philibert alla à Malte avec trente galères, tout le canon de la cité Valette, du bourg et de l'île la Sangle et des châteaux Saint-Edme et Saint-Ange tira; la royale répondit la première seule de quatre coups de canon, et après elle toutes les galères tirèrent chacune quatre coups.

La maxime générale des saluts des galères est à coups de canon pairs: savoir deux ou quatre, hors la royale, au cas que j'ai dit, tout au contraire des vaisseaux ronds.

Lorsque les capitanes de Naples, Gênes et Sicile vont se joindre à la royale, elles abattent, comme j'ai dit, l'étendard de la poupe, et l'arborant aux calses saluent et les galères de leurs escouades, la royale, de quatre coups de canon chacune, la royale ne répond que de deux.

Si la patronne de Naples, Gênes et Sicile va se joindre à la royale, avec une escouade, toutes saluent, et la royale répond d'une seule canonnade.

Si plusieurs particulières vont la joindre, elle salue; la royale ne leur répond, si dessus lesdites galères il n'y avait quelques personnes si relevées que sa condition exigeât le salut.

La capitane de Savoie, Florence ou Gênes allant se joindre à la royale, toute l'escouade saluera de quatre coups, et la royale répond de deux.

En l'année 1627, le prince Philibert, généralissime d'Espagne, naviguant entre la Faviliane et Trapani de Sicile, monseigneur le grand-maître de l'ordre de Saint-Jean avait fait savoir à son altesse le décret de maintenue de sa majesté catholique de la place et rang de patronne royale; et ayant donné espérance de les mettre en possession, envoyèrent les galères de l'ordre se joindre à son armée; la capitane et les galères tirèrent leurs quatre coups, le général de l'artillerie alla en personne demander à son altesse, appuyée à l'essentarole de la poupe, et qui les regardait venir à soi, l'ordre et le nombre des canonnades qu'il répondrait ; son altesse lui donna le commandement en ces mots : *Dos, y porque mi madre, sian très* (deux, et parce que c'est ma mère, que ce soit trois).

Ce fut à l'imitation de la France, de laquelle bien long-temps auparavant même, quand la reine-mère Marie de Médicis vint en France, la royale rendit trois coups à l'étendard de l'ordre.

A Savoie, Gênes et Florence, jamais la royale n'a répondu que deux coups.

Aux patronnes de Savoie, Malte, Florence et Gênes arrivant près la royale, elle répond un coup seul si elles conduisent escadres; si elles sont seules, ne leur répond rien.

Par maxime générale, jamais on ne salue de nuit, et l'on remet la partie au jour.

Si une personne de haute condition, comme généralissime, prince du sang, passe en terre ou par mer proche la royale, elle saluera : pour d'autre, non avec le canon ; néanmoins, ces grands seigneurs, passé la première fois, commandent qu'on ne tire le canon, et se contentent du salut baissant la tente et voix et trompette : elle ne salue les personnes d'inférieures conditions.

Les capitanes de Naples, Gênes et Sicile, Savoie, Malte et Florence, salueront non seulement les susdites personnes en la façon que dessus, mais aussi les cardinaux, vices-rois et princes souverains ou leur frère · à voix, trompette et canon : passé la première fois, ils font le même compliment que les princes du sang.

Si le Saint-Sacrement, porté à quelque malade, passe à vue de la royale, si le temps le permet et en a le loisir, pour plus de révérence, on abat la tente, salue à canon, voix et trompette ; s'il est porté en procession, le même ; si c'est une sainte relique, le même ; si une croix passe, fût-ce devant un corps qu'on porte en terre, on salue baissant la tente, à voix et trompette ; mais il est à observer que les jours de vendredi ou samedi des quatre-temps, on ne salue point à trompette, oui bien à voix et canon, hors le vendredi saint. Ayant tâché de savoir la cause de cette exception, on ne m'en a su donner autre, si ce n'est que les trompettes sont instrument de joie, gloire et triomphe, et que ces jours-là il faut être plongé en deuil, pénitence et humilité.

Lorsqu'on célèbre la sainte messe en terre, vis-à-vis la poupe des galères, on abat la tente, et lors de l'élévation du Saint-Sacrement, on salue deux fois à voix et trompette.

Il est aussi à remarquer qu'aux saluts à canonnades, une galère particulière ne le peut ni doit si sa capitane ou patronne qui commande ne lui a envoyé l'ordre ; mais aux saluts abaissant la tente, de voix et trompette, une galère particulière, le personnage digne de salut s'y rencontrant vis-à-vis d'elle, doit, sans attendre d'autre ordre, le faire.

Sur ce sujet, remarquez que dès qu'une galère est en un corps d'armée, elle ne peut tirer le canon à la mer sans permission du généralissime dans les ports de leur général particulier.

En fait de salut à canonnades, les galères particulières ne doivent saluer sans ordre de leur général.

Nous avons parlé des saluts des royales ou capitanes, des villes et châteaux, ou forteresses de terre, tours, fermes, et des saluts dans les ports ; maintenant venons aux patronnes particulières.

La patronne particulière de Sicile arrivant à Naples doit, elle et son escadre, saluer le château, qui lui répondra par nombre de boîtes et cinq coups de canon au moins.

A plus forte raison les galères particulières et sans fanal feront le même.

Mais remarquez, s'il vous plait, que la capitane de Naples, Gênes, Sicile allant se joindre à la royale, quoiqu'elles mettent leur étendard aux calses, leur patronne l'y met et conserve aussi et ne le bouge point, mais lui obéit toujours, comme nous le dirons.

Il y a des lieux, comme à Messine, où non seulement le château ou forteresse, mais la ville, arbore étendard ; en ce cas la ville doit saluer les capitanes royales, car elles précèdent les capitanes, comme j'ai dit.

Nous avons aussi quelques lieux de dévotion que toutes les galères, passant à vue de jour, saluent à coups de canon, entre autres Notre-Dame de Montserrat, et la sainte chapelle de la Trinité de Gaëte, assise dans la fente d'une des montagnes qui se fondit à la Passion de mon Sauveur, si la tradition est vraie ; Notre-Dame de Trapani ; et les marinier s ont une telle religion à ces saluts, que si on ne les faisait, ils imputeraient à irrévérence le premier mauvais temps ou la première disgrâce qu'ils souffriraient.

Les galères généralement toutes, passant à vue de plusieurs églises, chapelles, oratoires et lieux de dévotion, notamment de la Vierge, saluent à voix et trompettes par trois fois.

Notez que, lorsqu'on salue, si la chiourme vogue, on lève les rames, c'est-à-dire on cesse de voguer pour saluer avec plus de révérence et de décence respectueuses, autant que le temps et le lieu le permettent.

Maintenant, venons aux galères des semi-puissances ou ducs souverains, j'entends Savoie, Malte, Florence et Gênes : leurs étendards, comme j'ai dit aux capitanes, saluent les royales, patronnes royales et capitanes des couronnes ; leurs patronnes et galères particulières, à plus forte raison, le doivent aussi faire.

Leurs patronnes rencontrant les galères patronnes des capitanes royales, les doivent saluer.

Si les galères particulières des escadres royales rencontrent les patronnes des ducs souverains, elles les doivent saluer.

De galères à galères particulières, à force égale, chacune fait son chemin, ou la plus forte donne la loi et se fait saluer ; néanmoins les galères particulières des ducs souverains doivent saluer les particulières des couronnes.

Lorsqu'une personne entre dans une galère, la première civilité est de la faire donner à la bande, c'est-à-dire les hommes s'approchant de l'apostis ou côté de la galère pour la faire pencher, afin qu'elle monte plus facilement ; la seconde civilité est, entrant dans la galère, la saluer baissant la tente, à voix et trompettes, et la dernière, de la saluer à coups de canon, deux ou quatre, selon sa qualité ; car tel personnage ira sur une capitane, que toute l'escadre le saluera : à quelques uns on ne tire que deux coups de canon ; à d'autres, quatre de la galère seule sur laquelle il monte.

Il est vrai qu'allant sur une galère particulière, le capitaine doit prendre permission de son général, non de recevoir la visite, mais de le saluer à canonnades. On rend les mêmes honneurs descendant de dessus une galère qu'en y entrant.

Quant aux personnes auxquelles on doit ces saluts, cela est fort arbitraire : il est vrai qu'on les doit ménager, et ne les rendre à toutes sortes de personnes, car c'est une grande soumission et révérence.

Les galères capitanes et patronnes et particulières, partant d'auprès des galères qui sont par-dessus elles, usent des mêmes respects, honneurs et saluts qu'en arrivant ; et si le lieu où elles sont ou veulent aller les oblige à faire la partance de nuit, elles prennent congé de jour et se mettent de levée, c'est-à-dire en lieu de pouvoir partir sans incommoder les galères et autres vaisseaux qui sont dans le port.

Retournons aux galères des ducs souverains de Savoie, Malte, Florence et de la république de Gênes. Ces quatre escadres ne se cèdent pas l'une à l'autre, au contraire, chacune d'elles prétend la place de patronne royale, c'est-à-dire la main droite et le lieu le plus honorable et plus proche de la galère royale. Savoie a ses prétentions en qualité de roi de Chypre, et se sert des mêmes raisons qui fondent sa royauté ; Gênes allègue sa royauté de Corse, et ses autres raisons que je passe sous silence pour dire que la capitane de Malte est en possession du rang et poste de patronne royale, de la main droite de la royale dans les ports, et naviguant, du lieu plus avantageux après elle ; et a été maintenue en icelle et conservée en la main droite contre celle de Florence à l'arrivée de la reine-mère du roi en France, par arrêt solennel du conseil du roi, contre celle de Gênes, par arrêt contradictoire du roi d'Espagne, rendu solennellement en l'an 1621, et mis en exécution, leur donnant la possession par le prince Philibert, généralissime d'Espagne, et en diverses armées et voyages ont obtenu le susdit rang, lequel leur a été conservé ou confirmé par le marquis Sainte-Croix, lieutenant-général du généralissime, et les galères de Florence ont acquiescé à ce jugement, car depuis, aux armées navales, la capitane de Malte tenant son rang, se sont contentées de guider l'avant-garde, rang sans doute inférieur à celui de patronne royale, puisqu'il n'y a

que d'être toujours près de la personne du premier ou de celui qui commande.

Celles de Gênes n'acquiescent point à cet arrêt et possessions, au contraire ont depuis tâché, à force d'argent, d'occuper, en l'absence même des galères de Malte, le poste, et ont failli d'en venir à bout; et le prince Philibert, l'an 1629, en eut quelque ordre ou tentation, que le comte Gatinaro, prieur de Sainte-Euphémie et général des galères de Saint-Jean, lui fit perdre. Depuis ils ont tenté le marquis Sainte-Croix, son lieutenant-général, et n'ayant pu le gagner, le privèrent de la qualité de noble citoyen génois qu'ils lui avaient donnée. Mais tout cela ne leur a réussi, car Malte est en possession; ils se trémoussent pour l'envahir, et lorsque la capitane de Malte va à Gênes elle salue la ville qui lui répond, puis la capitane d'Espagne, commandée de Doria, laquelle répond, et la capitane de Gênes, prétendant attirer à soi ce salut et d'en faire son droit, ce qui est tout-à-fait ridicule et hors de propos, salue aussi.

Pour Savoie, lorsqu'ils armeront des galères et les enverront aux armées navales, partie pour leurs raisons du royaume et partie pour leurs alliances des couronnes, elle prétend le lieu de patronne royale, néanmoins en la cause ou procès en Espagne, elle n'intervint point ni tiersa (sic), et laissa prononcer en faveur de Malte.

Quoique Florence souffre que Malte, en sa présence, occupe la place de patronne royale, elle ne cède néanmoins à ce point de la saluer. S'étant rencontrées plusieurs fois à la mer, celles de Malte leur ont gagné le terrain. Depuis quelques années ces aigreurs se sont adoucies, et la patronne de Florence salue à voix et trompette la capitane de Malte, et la patronne de Malte la capitane de Florence de même. Depuis peu d'années elles ont fait un voyage ensemble à cette condition que chaque capitane commanderait par semaine, celle de Malte commençant. Ce serait le bien de la chrétienté que ces deux bonnes escadres naviguassent ensemble, car elles donneraient bien de la peine à notre ennemi commun, j'entends le Grand-Turc et ses sujets. Ces quatre capitanes donc, de Savoie, Malte, Florence et Gênes, saluent toutes les forteresses, châteaux et villes qui arborent étendard des deux couronnes, et quelques villes en particulier, comme Messine, parce que la ville en un de ses bastions, comme j'ai dit, arbore son étendard.

Elles saluent aussi les premières les villes des ducs souverains comme Livourne, Malte, Nice et Gênes; et c'est l'ordinaire que toutes les galères tirent chacune quatre coups de canon.

— Si les capitanes saluent, à plus forte raison les galères particulières ou patronnes doivent saluer les mêmes villes, châteaux et forteresses.

Maintenant disons quelque chose des saluts des villes : comme j'ai dit, toutes les villes, châteaux et forteresses maritimes doivent saluer la capitane du pape et les capitanes royales après qu'elles ont tiré; et si l'ordre est que toutes les galères saluent, il y a deux façons de faire la décharge des canons : l'une, que au second coup de la galère qui commande, toutes tirent à la fois; l'autre, que les galères font leur salut l'une après l'autre : la première est française, la seconde espagnole, mais il y a peu de différence et d'importance.

Lorsque les galères saluent les premières, la coutume est que la ville, château ou citadelle répond avec bon nombre de boîtes, sur la fin du salut quelques volées de canon, comme par exemple si l'escadre a tiré vingt coups de canon, la ville répondra de quinze boîtes et quatre volées de canon.

Lorsque la galère qui commande salue seule, si elle est capitane ou patronne royale, on lui répondra à coups égaux, si elle est patronne d'une capitane royale ou galère particulière, trois coups. Les saluts de terre sont volontiers de nombre impair de canonnades.

Il arrive assez souvent que des galères patronnes, des capitanes royales, portent des personnages de grande condition; en ce cas-là elles saluent les premières les villes ou forteresses, qui leur rendent le salut, et après la citadelle salue le personnage de haute condition et les galères répondent. Quand ces personnages vont en terre, s'ils font savoir désirer passer inconnus, lorsqu'ils sont proches de la forteresse dans l'esquif, barque ou chaloupe, elle les salue encore à volées de canon.

Après avoir parlé et amplement traité des saluts actifs et passifs des galères entre elles, et des forteresses maritimes, parlons maintenant des saluts des vaisseaux aux galères. Par maxime générale reçue de tous les princes de la mer Méditerranée, l'étendard des galères est préféré à celui des vaisseaux ronds; pour le prouver il ne faut que l'histoire de la Terre-Sainte, ce qui s'est passé sur ce sujet aux armées navales des Vénitiens, Lucquois et Génois, l'histoire de notre temps des armements de l'ordre de Saint-Jean, des grands-ducs de Florence, du duc d'Ossuña et cent autres. Les galères ont toujours commandé et été tenues plus propres à porter les généraux d'armée que les vaisseaux; et de fait leur légèreté, agilité, facilité à voler sur la mer est admirable : en un moment vous voyez une voile haussée et baissée, ce vaisseau se tourner à toutes mains et se manier comme un cheval, qualité que Homère donne aux vaisseaux et qui s'approprie grandement bien aux galères. Lorsque les papes ont fait des voyages et les plus grands monarques, ils se sont servi en leur trajet des galères. Je sais bien que feu M. de Guise nous a fait voir cette nouveauté en la Méditerranée, que son vaisseau, ou lui dans son vaisseau, voulut absolument commander aux galères, et qu'après avoir été long-temps en mésintelligence avec nos généraux des galères de France, il eut cette consolation ou contentement à la veille, se peut dire, de son malheur et de son éloignement de la France.

Je n'ignore pas les raisons que monseigneur le cardinal-duc, grand-amiral de France, a pour le vouloir ainsi, et de conserver cet avantage et nouveauté sur les galères, ce que je n'impugne, révérant tous ses sentiments et ordres; je dirai néanmoins, avec les respects que je dois, que, en France seulement, de la Méditerranée, on le pratique de la sorte, car les autres monarques ou princes estiment les vaisseaux ronds, en comparaison des galères, des chevaux de bâts et bons à porter grand chaos de marchandises et attraits, et pour servir comme de magasins aux galères ou bien d'arsenal et lieu de dépôt de leurs prises et denrées, et pour tant les vaisseaux ronds doivent les premiers le salut aux galères à nombre impair de canonnades.

Partant donc que des vaisseaux qui se trouvent dans les ports de la Méditerranée hors de la France, ils saluent les premiers les royales capitanes des républiques et capitanes particulières, ou patronnes royales des couronnes, à nombre impair de canonnades, plus ou moins, selon la qualité du vaisseau ou courtoisie du lieutenant-général ou capitaine et chef de l'armée. Lorsque le duc d'Ossuña arma ses sept grands galions, qui furent la terreur des Vénitiens et du levant, ils mouillèrent à Malte et saluèrent sans le disputer leur capitane; il est vrai qu'ils n'avaient patente que du duc d'Ossuña, vice-roi de Naples; en quoi se méprit le feu sieur de Manty, car feu M. de Guise, soil-disant amiral de France̅ dḛs mers du levant (ce qu'on ne lui avoua jamais, et n'en avait brevet ni lettres), lui donna qualité de vice-amiral et lieutenant-général, avec laquelle il fut à Malte, et ayant besoin de l'ordre, présuma demander que les galères le saluassent le premier; on lui répondit ce que vous inférez du discours précédent, après quoi il se rendit à son devoir ou à la nécessité, et salua le premier. Il est vrai que peu de temps après, ayant rencontré les galères de l'ordre proche le cap Passaro, en Sicile, il ne salua; mais la nécessité l'ayant forcé de retourner pour la seconde fois à Malte, il fit ses excuses et reçut toutes sortes de courtoisies.

Je sais bien y avoir grande différence entre l'amiral qui commande aujourd'hui en la Méditerranée et l'autre armement, car il n'était que lieutenant-général et celui-ci général en chef; l'autre n'avait lettres que d'un amiral soi-disant tel, celui-ci lettres du roi et du grand-amiral de France. Et si un prince peut choisir qui bon lui semble pour général de son armée, il peut par même raison faire porter son oriflamme ou principal étendard au vaisseau que bon lui semblera, puisque cela lui est arbitraire, et peut donner à son amiral la dignité et autorité que bon lui semble.

Il ne faut pas douter que si nous étions en paix avec l'Espagnol, et s'il allait en un port sujet d'Espagne, qu'on ne fît grande difficulté de le saluer.

Pour les ducs sérénissimes ou semi-puissances, sa patente étant ample comme elle est, elles ne doivent ni ne peuvent faire difficulté de saluer les premières : je dis leurs villes, forteresses et châteaux.

Pour le vice-amiral, il aurait lieu d'en douter, et si leur patente n'était très-ample, en quoi gît l'affaire, j'en douterais avec raison, parce que cela nous est nouveau en la Méditerranée, et n'est reçu généralement de tous les princes qui y ont intérêt.

Les vaisseaux donc, hors ces amiraux qui, à l'arrivée des galères, étant dans les ports, arborent leur pavillon, sont obligés de saluer les royales, capitanes du pape et Sicile, Naples et Gênes (quand je dis Gênes, c'est-à-dire de Doria), qui ont l'étendard d'Espagne, s'ils sont des sujets d'Espagne; s'ils sont d'autres princes, on ne les y peut forcer. J'ai vu néanmoins la royale, arrivant à Messine, forcer tous les vaisseaux qui étaient dans le port, sans exception de nations, à la saluer à canonnades, et elle ne répondit; il est vrai qu'il n'y avait pas des vaisseaux de guerre ni de grande considération.

A ceux de guerre qui en ont même plusieurs sous leur commandement, la royale ne répond qu'un coup, la capitane du pape le même, les capitanes de Naples, Gênes et Sicile deux, celles des ducs sérénissimes, Savoie, Malte, Florence et Gênes trois, si tout leur canon tirait même, mais la capitane seule répond.

Les patronnes de Naples, Sicile et Gênes commandant une escadre, si le vaisseau salue de cinq coups, elle en tirera deux; si sept, trois; si tout le vaisseau tirait, ce qu'il ne devra, quatre.

Maintenant parlons des saluts en naviguant. Lorsque la royale ou une capitane du roi navigue avec nombre de galères, la coutume est qu'on envoie un quart des galères à l'avant-garde, et le reste navigue au gros en cette façon :

Si l'on va à la voile, la royale va sur le vent, la patronne royale la seconde, et les autres successivement selon leur rang; tellement que la dernière de l'armée est la plus sous le vent.

L'avant-garde va devant l'armée environ huit milles, et le conducteur de l'avant-garde, pour conserver cet avantage de chemin sur l'armée, peut faire la force de voiles ou rames que bon lui semble.

Les galères qui naviguent avec une royale ou autre galère de commandement, doivent ne la jamais passer, c'est-à-dire que leur proue soit vis-à-vis de la moitié de la royale ou galère qui commande.

Et de peur qu'on ne se trompe quand elle change de voile, il y a ordre pour cela, par signe d'un étendard qu'on déploie sur la poupe; et ainsi on montre la voile qu'on a dessein et ordre de faire.

Les galères de l'armée doivent faire ce que celle qui commande fait : si elle vogue, voguer ; si elle fait voile, le faire ; enfin faire toute la navigation qu'elle fait.

Si le temps est tout-à-fait changé et qu'on aille aux rames seules, l'armée navale met la galère de commandement au milieu ; et on navigue avec le respect que j'ai dit, l'éperon ne passant jamais sa misaine : c'est le terme qui signifie le milieu de la galère.

Si l'avant-garde découvre quelques vaisseaux, elle ne peut ni ne doit suivre ; mais bien à l'heure même faire halte et en donner avis à la galère qui commande, laquelle l'enverra reconnaître.

Cet office de reconnaître le vaisseau appartient à la patronne royale, néanmoins elle n'y doit aller sans ordre du général.

On envoie avec elle ou sans elle nombre suffisant de galères pour reconnaître le nombre des vaisseaux découverts.

Les galères qui vont reconnaître peuvent faire force de voiles et de rames, telle qu'il semble à propos à celui qui commande ; et pour y aller, les galères commandées laissent avancer toute l'armée pour ne passer par proue des galères. Lorsque ces galères approchent du vaisseau qu'on va reconnaître, s'il ne baisse ses voiles pour attendre, la galère qui commande lui fait une fumée, puis lui tire une canonnade sans balle ; s'il va toujours à son chemin, lui tire la troisième canonnade avec balle, et alors toute l'armée, s'il y a nombre de vaisseaux, doit mettre la proue dessus. Il regarde la prudence du général, cependant que des galères vont reconnaître, d'aller tout à l'aise pour donner loisir aux galères de revenir au corps de l'armée.

Lorsque des galères vont reconnaître un vaisseau, s'en approchant, elles doivent gagner le dessus du vent.

Un vaisseau qui a dessein de se laisser reconnaître doit amener, ou bien abattre sa voile de gage, donner lieu à la galère de lui gagner le vent, et, à modeste distance, saluer à coups de canon sans balle, impairs ; la galère lui rendra le salut comme j'ai dit.

Si c'est vaisseau de guerre, le capitaine enverra sa patente par son lieutenant ou pilote.

S'il est vaisseau de marchandises, le capitaine ou le secrétaire ira sur la galère, et, y demeurera cependant que le lieutenant de la galère, le pilote et quelques mariniers iront visiter le vaisseau.

La visite faite, n'y trouvant rien de contrebande, on le laisse aller; il salue derechef, la galère ne répond, et puis retourne à l'armée.

Mais que ce soit vaisseau de guerre ou marchandises, le capitaine qui est allé reconnaître doit s'informer exactement des nouvelles à l'armée de l'ennemi, de son nombre, force et état des vaisseaux qu'il a laissés en des ports, de leur départ et autres particularités.

Les galères qui ont reconnu, retournées à l'armée, si c'est une capitane, le général envoie son capitaine; si ce n'est qu'une galère particulière, le capitaine même va faire son rapport au généralissime ou général; les galères retournées à leur rang saluent à voix et trompettes.

Lorsque le vaisseau reconnu est ennemi, l'armée y va; on le combat, coule en fond ou prend à bonne guerre; mais quiconque prenne l'étendard est obligé le porter à celui qui commande, duquel il recevra louanges et récompenses.

La coutume est que, le matin ou sur le soir, naviguant ou dans un port, on salue à voix et trompette la Vierge, et naviguant, la galère qui commande, par trois fois, et elle rend le salut deux fois.

Si l'on rencontre des vaisseaux de nuit, l'ordre est de ne les combattre; mais on les suit à l'esquilée jusqu'au jour, de si près qu'on ne les perd de vue, et le jour fait on les reconnaît.

Nous avons parlé des navigations des armées navales grosses en nombre; disons quelque chose de la navigation de peu de galères.

Par exemple, celles de Malte, elles naviguent toutes ensemble, prennent leurs postes, et dans la navigation et dans les ports, selon l'ancienneté des capitaines. A la mer, la capitane tient le dessus du vent, et les autres consécutivement font bonne garde, et ont des mariniers experts sur cela sur le calse de la maître; celle qui découvre est obligée d'en donner avis à la capitane, et vont toutes ensemble ou en corps reconnaître. Lorsque le vaisseau prend chasse, va qui peut et le joindre le premier, surtout des vaisseaux de rames; et alors ne regarde de passer par proue aux autres galères, car il faut aller ou le vaisseau fuira. Pour les vaisseaux ronds, qui peuvent difficilement échapper de devant les galères, toutes vont ensemble, et le général donne les ordres du combat, de les canonner à brider, se mêler, s'arrêter et faire de faux-abords et assauts. Lorsqu'il est pris ou rendu, le général donne les ordres de celui qui devra commander, et de ce qu'il y est à faire, de l'amariner et envoyer en chrétienté; ou de le remorquer, c'est-à-dire le tirer après soi par force : ce que le capitaine ne fait jamais, si ce n'est en cas de grande nécessité.

Au demeurant de la navigation, les galères sont obligées de faire ce que fait la capitane, comme faire voile tente, amener la voile, abattre la tente, voguer toute la galère ou l'un des quartiers, faire même voile qu'elle, et imiter et obéir en toute sa navigation.

S'il fait nuit obscure ou temps dangereux de se séparer, la royale capitane et patronne allument des chandelles dans leurs fanaux; le lieu de la navigation étant étroit, les galères particulières mettent un fanal avec une chandelle allumée pendue à leur poupe, de peur que les autres galères ne les investissent, c'est-à-dire choquent ou frisent.

Elles ont aussi une coutume de faire la preuve, c'est-à-dire la découverte, le matin et le soir, et, lorsqu'une galère avertit avoir découvert un vaisseau, elle le fait en cette façon : un marinier expert monte ou, si le temps est fâcheux, s'attache au bout de l'antenne de maître, du côté de poupe, et aux barbes (cordes) auxquelles on attache l'espignon, puis on trise (hausse) l'antenne, et attire par force la quarre de proue à la mesannie, et la joint à l'arbre, de façon que l'antenne semble hante sur l'arbre de maître. Après que l'antenne est ainsi mise avec l'homme en haut, on naviguera une heure ou plus, et chacun des hommes qui sont en la peine regardent le plus qu'ils peuvent sur l'horizon, et, découvrant un vaisseau de rang, fait un signe de la main ouverte; s'il est rond, tient le poing fermé; s'il voit plus de galères que n'est son escadre, il redouble autant de fois le signe. On navigue encore quelque temps pour s'en bien assurer, et, la chose avérée et la découverte confirmée des autres galères, on donne ou prend chasse selon le nombre des vaisseaux ennemis.

Les galères donnent aussi le mot sur le tard : par cet ordre, une

heure de soleil la galère qui commande l'avant-garde attend le gros
de l'armée, et, prenant le dessus du vent, la royale ou capitane, qui
commande, salue à voix et trompettes, demande le mot, le reçoit, et
salue derechef, puis fait force voiles ou rames pour rejoindre son
avant-garde; après, la patronne royale rend même devoir à la royale,
et reçoit le mot et le donne à son escouade, car la royale ne le donne
qu'à la patronne royale et aux capitanes, non aux galères particulières;
et la nuit, se rencontrant sans se connaître, elles se donnent le mot.
Et bien qu'il semble qu'étant de la sorte public il ne serve de
beaucoup, on a néanmoins vu qu'il a servi, et que les galères ennemies
se sont mêlées parmi des chrétiennes, et qu'on les a reconnues par
le mot.

Il ne sera pas, peut-être, désagréable que nous disions quelque chose
en général des ordres et lieux de combat. Nous avons déjà dit que le
lieu le plus honorable et avantageux est le dessus du vent, parce qu'on
est en état de battre le vaisseau ennemi en ruine; mais aux armées
navales, on ne le peut, car il faut bien tâcher que toute l'armée l'ait
où la royale ne le peut avoir, parce qu'il faut de nécessité qu'elle soit
au milieu de l'armée, c'est-à-dire qu'étant rangée en forme de demi-
lune, elle soit dans le milieu, et ait égale nombre de galères à sa
droite ou gauche; personne ne doute que ce ne soit son lieu de
combat, mais bien de celui de la patronne royale, d'autant que nous
n'en avons pas des exemples; car, en la bataille de Lépante et de
Juan d'Autriche, il y a différentes opinions du lieu où était la capitane de Malte, patronne royale, car aucuns disent qu'elle était à la
main droite de la royale; les autres, à la corne droite de la demi-lune,
et la capitane de Naples à la gauche. Quant à l'importance de la place,
il est bien certain que le commandement de la corne droite est plus
honorable et plus nécessaire que celui de la main droite, parce que,
prenant l'ordonnance de la bataille, il faut que celle qui commande la
corne droite et gauche la tienne unie et ralliée, et étant assez éloignée
de la royale, il est nécessaire qu'il y ait des galères et personnes de
commandement qui puissent, selon l'occasion, donner des ordres; mais
quant à la sûreté de l'événement du combat, il est expédient que la

royale ait auprès d'elle, à sa main droite et gauche, des galères renforcées ; car toute la bataille se donnant pour et contre l'étendard,
pour le conserver et acquérir, il faut avoir auprès d'icelui deux
bonnes capitanes et galères fortes. On le voit en la bataille de Lépante :
la capitane de Malte fut prise de l'ennemi, et regagnée sur lui par les
galères de son escadre qui se tinrent toujours proche d'elle et ne
l'abandonnèrent jamais ; ce fut tout l'effort plus grand de la bataille
navale. Il y en a même qui veulent que la royale ait derrière elle
deux galères renforcées, chargées d'hommes de valeur et de munitions,
pour, au besoin, la renfoncer. Néanmoins, D. Juan d'Autriche, confié
en sa valeur et en la bonne assistance de celui pour lequel il combattait, ne voulut ce renfort, et dit qu'il voulait combattre sans super-
cherie, ce qui n'aurait pas été, car, à la guerre, toutes inventions
sont permises.

Les petites escadres, comme Malte, Florence, attaquant, mettent
au milieu la capitane, si l'on ne combat avec les voiles, et conservent
le respect, hors en ce qui est d'aborder ; car investit qui peut, et
juge en être temps.

Ceux qui ont pris des étendards ou bannières sont obligés de les
représenter au général, qui récompense ceux qui ont bien fait, ou loue
à son prince leur courage et bonne action, afin qu'il les gratifie.

Et parce que tel exploit ne se passant fort rarement sans que
quelqu'un paie les pots cassés, lorsqu'il meurt sur les galères des personnes de condition, et qu'on ne peut porter les corps en terre pour
des considérations, on les enveloppe dans un linceul et une bière si
l'on a du bois pour la faire ; et après que le prêtre de la galère a récité
les oraisons pour le décédé, on le jette en mer, et tire deux ou quatre
coups de canon, selon sa condition, et salue à voix et trompette.

Lorsque les galères retournent du cours, si elles n'ont fait prise
utile et honorable, elles saluent en la façon que j'ai dit ci-devant ;
lorsqu'elles ont fait prise de considération ou honneur, elles tirent
deux ou trois fois le canon par l'ordre que j'ai dit ci-devant, par
l'ordre du général.

Si le général a été tué en l'occasion ou est mort au voyage, les galères, quelles prises qu'elles aient faites, ne font que le salut ordinaire.

Si un capitaine d'une galère a été tué, et que les autres fassent entrée, elle n'en fait aucune, entre avec sa tende arborée en désordre, vogue les rames sans accord, salue à peine à voix basse, ne couvre sa poupe que d'un étendelet d'herbage, gros drap noir et gris, et témoigne le deuil possible à cause de sa perte.

Lorsque les galères entrent dans un port, si le temps le permet, elles entrent sans tende, amènent leurs voiles à la bouche du port, n'entrent au rauque; après les saluts, les galères patronnes ou particulières laissent aller la capitane prendre son poste, et après vont prendre le leur, et le prennent saluant leur capitane; et peuvent, pour se ranger, passer de proue de leur capitane.

Il est encore une sorte de salut qu'on pratiquait, que le prince Philibert désapprouva, et depuis on ne le pratique : c'est que les capitanes et galères particulières mettent leur étendelet de damas ou écarlate sur la poupe, leurs pavesades autour de la galère, leur étendard de damas, flamme et flammette aux antennes de maître et trinquet, et leurs banderoles à chaque banc, puis font prendre les armes aux soldats et mariniers, et faire des décharges de la mousqueterie, durant et après les canonnades. La capitane de Malte, avec grand appareil, alla saluer la royale d'Espagne, commandée du prince Philibert; il en dit ses sentiments, qu'il faisait bon voir cela, mais que c'étaient des appareils bons après une bataille gagnée. Le comte Gatinara, général desdites galères, lui répliqua que la religion estimait plus gagnant ses grâces qu'une bataille; et lui répliqua qu'il faisait grand état de la bonne volonté que l'ordre lui portait, et qu'il ferait le semblable de son chef.

Les galères, la veille de la fête du saint en la protection duquel elles sont vouées ou combattent, si le temps le permet, se parent de leur haut appareil que j'ai dit, et font au moins trois saluts de canonnades et mousquetades, et le lendemain, lorsqu'on élève le Saint-Sacrement de la messe qu'on célèbre en terre, vis-à-vis la poupe des galères.

Chaque galère a son chapelain, et l'escadre une chapelle pour icéléhrer, où elles se trouvent, même en terre d'infidèles, la sainte messe sous une barque en forme de pavillon ou lit carré. Toutes ont cette dispense du pape.

On fait cette magnificence aussi à l'avènement du prince à la souveraineté, et à la naissance de ses enfants, alliés, parents et confédérés, et ès autres réjouissances publiques et célèbres de fêtes fort solennelles pour occasion spirituelle et temporelle.

Il reste encore à raisonner d'une cérémonie assez particulière : lorsqu'il faut calfeutrer, accommoder, ou mettre sur le côté la royale ou capitane qui commande, il appartient à la patronne de recevoir sur elle l'étendard, et donner le sien à sa patronne. J'ai vu le différend au temps du duc d'Ossuna, vice-roi de Sicile, en l'an 1617. La capitane de Naples voulut se mettre sur le côté et espalmer ; sa patronne prétendait prendre sur elle son étendard ; la capitane de Malte s'y opposa, et le marquis Sainte-Croix ordonna qu'elle le recevrait. La patronne de Naples, déchue d'espérance d'avoir l'étendard royal, demanda celui de l'ordre ; on lui répondit qu'il ne pouvait être porté sur une galère qui ne fût de l'ordre, et, de fait, on le porta sur la patronne de Malte, que le commandeur de Vanterol, depuis grand-prieur de Saint-Gilles, commandait. Lorsque la galère s'élève des deux côtés, les autres galères saluent à voix et trompette ; et lorsqu'on y retourne arborer l'étendard.

Venons des galères de la chrétienté à celles des Turcs ; elles pratiquent les saluts à la voix des chiourmes, non à trompettes ; la plus grande partie ne portant qu'un canon et quelques pierriers, leur canon au plus est de trente livres ; mais ils n'ont ces civilités, respects et déférences, au contraire en usent barbarement ; à Constantinople, néanmoins, on salue la royale à coups de canon, et oblige les vaisseaux qui sont dans le port à la saluer à canonnades, et ne répond jamais ; il est vrai qu'il ne parait auprès d'elle que des galères de ses sujets, lesquelles abattent l'étendard. Ceux qui nous ont écrit l'histoire de ce pays-là nous en ont conté tout ce qu'ils ont voulu ; il est vrai qu'entrant dans les ports, ils ne saluent avec le canon, arrivent et partent incivilement.

Pour les galères de la sérénissime république, elles en usent comme les autres chrétiennes. À peine les capitaines ont des trompettes, et épargnent soigneusement leurs munitions et ne les jettent allant dans leurs havres ou sous leurs forteresses. L'ordre de naviguer est le même que des autres galères chrétiennes.

D'ici en avant, nous dirons les mêmes choses que nous avons dites en l'Océan, avec peu de différence.

Il est temps de dire quelque chose des vaisseaux ronds entre eux ou avec des galères. Je dis donc que le roi est le seul des monarques et princes ayant côtes et havres en la Méditerranée qui fait que l'étendard des galères salue celui des vaisseaux, et que les amiraux saluent les royales et capitanes royales.

On pratique ès armées navales des vaisseaux ronds de la Méditerranée, d'y avoir amiral, contre-amiral et vice-amiral, qui portent leurs pavillons aux arbres de maître, trinquet et mesane, en tout temps, occasion et lieu.

Le lieu plus avantageux de la navigation est, comme en l'Océan, le dessus du vent, pour les raisons alléguées ou traitées des saluts de l'Océan .

Sans doute, les citadelles, châteaux et forteresses maritimes doivent le salut les premiers à l'amiral de leur prince, hors la capitale en laquelle le prince sera et où il aura arboré le pavillon, s'il n'y a une personne royale dans l'amiral, je dis du sang royal.

Pour le vice-amiral et contre-amiral, la pratique est la même qu'en l'Océan.

Je dis le même pour la quantité et la qualité des saluts et nombre de coups qu'on tirera; mais le salut principal est aux canonnades.

Avec cette différence que, en la Méditerranée, nous ne pratiquons pas la façon de faire mettre bas aux vaisseaux le pavillon, et les galères même ne les y forcent. Il est vrai que si un vaisseau d'un monarque ayant dignité rencontre un autre vaisseau des sujets de son maître, qu'il l'obligera mettre bas le pavillon, mais non pas un vaisseau d'un autre prince. Par exemple, l'amiral de France, rencontrant le vice-amiral d'Espagne, si nous étions en paix, ne l'obligerait-il à abattre son pavillon? non, et n'exigerait de lui que le salut.

Ce salut, au surplus, comme en l'Océan, consiste à passer sous le vent, amener les voiles et attendre le vaisseau qui vient à lui, saluer à canonnades, et envoyer sa commission sur l'amiral.

De vaisseau à vaisseau particulier, le plus fort fait la loi, et on se pique fort des saluts à canonnades, et les vaisseaux de marchandises se font prier de saluer ceux de guerre et de souffrir leur visite.

Les amiraux de Savoie, Malte, Florence et Gênes doivent le salut à l'amiral et vice-amiral de France et d'Espagne sans contredit.

Approchant de la bouche des ports, ils plient partie de leurs voiles, et retiennent surtout le gage pour saluer les forteresses, et le moindre vaisseau salue le plus grand en dignité, et les églises qu'on a coutume de saluer.

Un vaisseau particulier du roi est obligé de saluer l'amiral et vice-amiral d'un duc souverain.

Et pour ce qui est des vaisseaux de partis contraires qui pourraient arriver en un port neutre ou d'un price neutre, on en use comme en l'Océan.

Les vaisseaux désarmés saluent l'un après l'autre, selon leur rang et dignité, avec médiocre distance d'un salut à l'autre. Pour ce qui est de donner ou envoyer le mot, la pratique est la même qu'en l'Océan, prenant garde à ne se passer par proue les uns des autres.

Il y a même peine qu'en l'Océan à ceux qui ne saluent ceux qu'ils sont obligés de saluer et de secourir le vaisseau qui demande secours à canonnade. La pratique des saluts entrant et sortant des ports est la même qu'en l'Océan, et en divers lieux on salue les forteresses et la ville, comme à Malte, à Messine, à Naples, Saragouse, Palerme, Livourne, Civita-Vecchia, Gênes, Nice, Tolon-la-Forteresse; et si pourtant ils veulent saluer la ville, la coutume est d'en avertir le gouverneur ou magistrat, afin qu'il se tienne prêt à répondre.

Que s'ils portent des personnes de haute qualité, ils saluent la forteresse qui leur répond, et après salue le personnage et le vaisseau répond; et s'ils vont à terre, les forteresses les saluent aussi, et commencent à tirer les canons qui sont sous le vent. On n'use guère que par bravade de tirer avec le boulet.

Lorsque les vaisseaux entrent dans un havre, l'amiral donne l'ordre des saluts; s'il n'en donne aucun, il répond lui seul avec le canon ou salue, et les autres seulement avec les voiles; car les vaisseaux particuliers ne peuvent tirer le canon sans la permission de l'amiral ou de celui qui commande.

La nuit on ne salue jamais; on remet le salut au lendemain au faire de jour, et envoient devant eux leurs chaloupes avertir la forteresse quel vaisseau y arrive.

Lorsque l'amiral salue quelque personnage de haute condition, les autres vaisseaux, s'ils n'ont le commandement, ne doivent saluer; le même s'entend du vice-amiral commandant.

· On use aussi de faire la fumée et tirer une canonnade sans balle au vaisseau à la mer qu'on veut obliger à saluer, et le second avec la balle, si l'on est à portée, s'il ne se range à son devoir.

Dès qu'on se met à donner chasse à un vaisseau, ou déploie son pavillon afin qu'il le puisse voir, reconnaître et se laisser approcher.

On fait différence des lettres des vaisseaux de guerre et marchands, en ce que les unes s'appellent *commissions*, les autres *patentes* ou lettres de chargement : c'est comme en l'Océan.

Tout navire marchand naviguant seul arbore son pavillon en haut, au hasard de l'abattre s'il trouve plus fort que lui du même prince, ou autre qui ait cette bigarrerie en l'esprit; s'ils sont plusieurs, ils conviennent entre eux des commandements et dignités. Les vaisseaux français revenant du Levant le font tous les jours et en usent comme en l'Océan.

Le jour de la fête de leur saint et aux quatre particulières de l'année, si le Saint-Sacrement, la procession avec des reliques passe à vue des vaisseaux, saluent avec le canon comme en l'Océan ; mais on ne force personne; de même, si quelque personne de condition va visiter le vaisseau, si l'on jette en mer le corps de quelque personne de condition décédée et qu'on ne peut ou veut porter en terre pour des considérations.

Je traiterai ici une matière qui ne sera pas désagréable, pour ôter l'amertume que cette chicane de cérémonies pourrait laisser en l'esprit de quelques uns, c'est comme les Anglais et Hollandais sont traités en la Méditerranée; je commence des Anglais.

Ils sont reçus dans tous les ports favorablement, dans tous les havres, et on traite librement avec eux; dans les ports, ils saluent l'étendard d'Espagne; à la mer, s'ils sont assez forts, n'en font état.

En l'an 1515, don Pietro de Lassa, général des galères de Sicile, alla en Levant avec vingt galères renforcées, desquelles étaient celles de Malte et Florence.

Proche de Zante, il rencontra huit grands vaisseaux anglais; l'escadre de Malte les alla reconnaitre : ils dirent tout haut qu'ils ne reconnaissaient pas l'étendard d'Espagne, qu'ils priaient les galères de Malte ne se mêler du combat et les laisser faire, qu'à elles ils rendaient volontiers obéissance. Le général de Malte alla sur la capitane royale, fit son rapport et déclara ne pouvoir combattre contre eux; que son ordre, quoique le roi d'Angleterre eût diverti ailleurs ses biens, maintenait vives les dignités anglaises et des chevaliers des autres langues; qu'on les recevrait favorablement à Malte; que le pape même le trouvait bon, et partant qu'il ne pouvait prendre part à ce mépris, que don Pietro de Lassa but et dissimula, et, passant outre, donna ordre au général de Malte de les aller visiter; ils le saluèrent et souffrirent la visite de ses gens et lui envoyèrent des présents, et l'escadre de Malte s'éloignant d'eux, ils donnèrent feu à tous leurs canons chargés à balles, pour faire voir qu'ils s'étaient préparés et mis en état de combattre généreusement.

A Livourne et Gênes, ils sont les bienvenus, et encore mieux à Venise.

Quant aux Hollandais, ils sont fort bienvenus à Livourne et à Gênes; et pour preuve que les Espagnols les souffrent de bon cœur, s'ils les rencontrent avec leurs galères aux rades et hors de la portée du canon, les Hollandais ne se bougent, n'arborent leurs pavillons ni ne saluent les galères.

Pour Malte, ils y sont très bienvenus. Après que la trêve passée entre les Espagnols et les Hollandais la guerre fut ouverte, il en alla quelques uns à Malte; le prince Philibert, à la suscitation de quelques mouchards, en fit plainte, allégua les termes de la donation de Malte à l'ordre, avec condition expresse de ne souffrir en ses ports les ennemis du roi catholique. L'ordre répondit à son altesse qu'il la suppliait considérer qu'il ne se pouvait passer de Hollandais, qu'ils lui fournissaient du bois, plomb, étain, poix, guiteron, soufre, salpêtre et poudres, boulets de fer et pierre, et les clous des vaisseaux; et que leur déniant le port, c'était s'exclure d'espérer d'eux ce nécessaire secours; qu'ils lui donnaient même des vaisseaux quand il en demandait; que néanmoins l'ordre se pourvoirait pour s'en passer et n'avoir commerce avec eux, ce que l'on fit en abondance. De là à huit mois, le prince Philibert envoya demander à Malte quantité desdites munitions; l'ordre les refusa s'excusant d'en avoir véritablement; que ce qu'il en avait étant consommé ne savait où s'en pourvoir, néanmoins le secourut d'une médiocre quantité; mais puis se contenta par la nécessité du commerce de Malte avec les Hollandais, à ce point qu'il pria l'ordre de faire venir de Hollande deux vaisseaux chargés de munitions sous son nom; le traité fut fait avec MM. de Salicoffre, qui les chargèrent en Hollande. Dès lors les Espagnols ne disent plus mot du commerce des Hollandais à Malte, où on les reçoit, leur donne le port et cède quoi qu'ils ont besoin avec courtoisie et civilité.

Pour Venise, quiconque y porte argent ou marchandises est le très-bienvenu et reçu à bras ouverts.

Voilà les maximes générales des saluts des galères et vaisseaux ronds, desquelles on peut tirer celles que j'aurais omises et qu'on pourra juger par conséquence, ressemblance ou rapport de celles que j'ai ci-devant rapportées.

Pour ce qui est des festins, la pratique, quant aux vaisseaux ronds, est la même qu'à l'Océan aux festins qui se font sur les galères : le canon ne tire jamais.

Que si l'on s'enquière ou cherche la cause pour laquelle les galères ne saluent avec la voile, c'est que leur plus ordinaire et principale façon de naviguer est avec les rames, leurs chiourmes aussi saluent à voix comme j'ai dit.

CHAPITRE XI.

(Janvier — Avril 1641.)

Ce fut en 1641 que les Catalans se donnèrent à la France, après une violente insurrection populaire. Quoique la Cata-

logne fût une partie intégrante du royaume d'Aragon, et que
ce royaume depuis sa réunion à la couronne des Espagnes ne
fût plus qu'une des provinces de cette monarchie, les Catalans avaient toujours prétendu élire librement leur souverain, reconnaissant la protection, mais non pas la domina-
tion espagnole. Cette prétention de la Catalogne ne paraît pas
fondée, car, on le répète, depuis l'élection d'un comte de Barcelonne à la royauté d'Aragon, la Catalogne devait demeurer
annexée à cette principauté, ainsi que Valence, le Roussillon,
Majorque, Minorque et la Cerdagne. Néanmoins les Catalans
avaient toujours conservé des priviléges extrêmement démo-
cratiques. En 1598, les ministres de Philippe III engagèrent
ce prince à restreindre les libertés de cette province, mais,
craignant d'irriter un peuple si jaloux de son indépendance,
Philippe III ne suivit pas ce conseil, au contraire traita presque
officiellement et en ambassadeur de puissance couronnée un
envoyé catalan qui était venu le complimenter au nom de sa
province. Cet antécédent fut grave, car il semblait engager
implicitement les couronnes à reconnaître désormais l'indépendance de la Catalogne.

Philippe IV, au contraire, suivant les conseils de son favori,
le comte-duc Olivarès, se disposa à restreindre les priviléges
des Catalans, et vint à Barcelonne en 1626, accompagné de ce
ministre. Ce dernier, selon plusieurs historiens, avait conseillé
au roi de donner aux Catalans quelque sujet de révolte, afin
de se ménager l'occasion de les dépouiller de leurs priviléges,
dont l'extension semblait porter une grave atteinte à l'autorité
royale. Le 3 mai 1626, malgré la présence du roi, qui présidait
les corts ou assemblée des États de Catalogne; une querelle s'engagea entre les partisans des franchises catalanes et les créatures

d'Olivarès. Les épées furent tirées, et le roi se montra si effrayé
de ces violences que le lendemain il quitta secrètement Barcelonne.
En 1632, ce prince étant venu de nouveau présider les corts, une
violente discussion s'éleva, et bientôt Philippe IV, cédant aux
obsessions d'Olivarès, ne considéra plus les Catalans que comme
des rebelles. De ce moment, cette province fut traitée par la
cour avec la plus extrême rigueur. Dans une dépêche que le
comte-duc Olivarès écrivait de sa main au vice-roi (le 3 octobre 1639), on lisait ces mots [1] : « Qu'il ne reste pas dans
« toute la province un artisan qui n'aille à la guerre, et aucune
« femme qui ne serve à porter sur ses épaules la paille et le
« foin et tout ce qui est nécessaire au bien-être de la cavalerie
« et de l'armée. Quant à votre lit, s'il n'est pas bon, enlevez le
« leur aux chevaliers, aux plus nobles de la province, jusqu'à
« les faire coucher par terre. Si vous avez besoin de pionniers,
« prenez-en partout où il s'en trouvera, dussiez-vous les faire
« garrotter. Qu'on crie contre votre seigneurie jusqu'à la faire
« lapider, il en résultera votre gloire et le salut de la pro-
« vince. »

La garnison espagnole, encouragée par la dureté de ses chefs,
ne garda aucun ménagement envers les habitants, et, ainsi qu'on
a vu par les dépêches précitées de MM. Bidaud et de Sourdis,
le 29 juillet et le 3 septembre, des rixes sanglantes eurent lieu
dans les rues de Barcelonne. Bientôt l'irritation du peuple fut
encore augmentée par le retour de l'armée espagnole, arrivant
du siége de Salio, composée de Flamands, Siciliens, Napolitains,

---

[1] Voir pour plus de détails : Olivarès à Santa-Colonna, 1639 ; *Senor mio, las cartas que hu recivieron,* etc., etc. *Id.* 1639 ; *Con la occasion de haverse detenido,* etc.; du 8 novembre, le roi d'Espagne à Santa-Colonna ; *Haviendo visto lo que vos,* etc.; Recueil d'Aubery, t. II, p. 365, 371-378.

Castillans, Valenciens ; ces troupes étaient un ramassis de bandits, qui traitèrent la Catalogne en pays conquis : les vols, les meurtres, les incendies, les sacriléges désolèrent la province.

En vain les États firent à la cour remontrances sur remontrances ; enfin, lassés de tant d'outrages, les Catalans firent retentir leur formidable cri de *Via-Fora* [1] ! cri national qui les rassemblait dans les circonstances désespérées, et se soulevèrent en armes.

En comprimant pour un instant cette insurrection, les rigueurs de la cour ne firent que l'ajourner et la rendre plus terrible. Le 22 mai, un député du clergé, nommé Claris, chanoine d'Urgel, président de l'assemblée, fut jeté en prison, avec quelques autres chefs populaires. Aussitôt quinze cents paysans, précédés d'une croix, entrent processionnellement dans Barcelonne, et parcourent les rues en criant : *Vive le roi ! meurê le mauvais gouvernement !* La populace se joint à eux et les prisonniers sont enlevés.

Contents de cette pacifique victoire, les paysans se retirent et se désarment ; mais le 7 juin, jour de la Fête-Dieu, une rixe survenue entre un des soldats du vice-roi et un paysan fut le signal d'une nouvelle et menaçante insurrection, ensuite de laquelle Santa-Colonna, vice-roi, fut tué. Effrayée, la cour fit alors quelques concessions, et nomma le duc de Cardone vice-roi. Ce dernier, très-aimé des Catalans, crut pouvoir assoupir ces cruelles dissensions ; mais la haine sourde qu'Olivarès portait toujours aux Catalans vint paralyser les efforts du duc de Cardone, qui mourut, dit-on, de désespoir, en voyant la vanité de ses généreuses tentatives. L'évêque de Barcelonne le remplaça.

[1] Hist. du Roussillon par M. Henry,

Secret partisan de la cour, ce prélat voulut engager indirec-
tement les Catalans à rechercher les fauteurs de l'insurrection;
les Catalans s'y refusèrent, soutenant la légalité de leur révolte,
et envoyèrent des ambassadeurs à Madrid, pour implorer la justice du roi. Malheureusement, ces envoyés, exaspérés par les hauteurs d'Olivarès, ne gardèrent pas de mesure, et en vinrent à
déclarer nettement qu'ils ne se croyaient pas sujets de la couronne des Espagnes. Ce discours fut considéré comme une déclaration de guerre par Olivarès, qui fit jeter les envoyés en prison, et la Catalogne fut mise en état de siége.

En apprenant les décisions de la cour, les corts se réunirent
et convinrent de résister jusqu'aux dernières extrémités ; le
marquis de Los Velès, nommé commandant des troupes destinées à agir contre les insurgés, s'empara de Tortose, et fit des
propositions d'accommodement aux Catalans, qui refusèrent
d'entrer en pourparlers tant que les armes castillanes mena-
ceraient leur province. Ce fut alors, vers la fin d'octobre 1640,
que M. Duplessis-Besançon, depuis long-temps envoyé par Richelieu sur la frontière, négocia le traité suivant, qui ne fut
ratifié par Louis XIII que vers la fin de décembre de la même
année [1].

[1] Afin de ne pas isoler les documents relatifs au soulèvement de la Catalogne , on a joint
les pièces de 1640 à celles de 1641.

ARTICLES ET CONDITIONS

SOUS LESQUELS LES BRAS OU ÉTATS-GÉNÉRAUX DU PRINCIPAT DE CATALOGNE
ONT SOUMIS LEDIT PRINCIPAT ET LES COMTÉS DE ROUSSILLON ET DE CER-
DAGNE A L'OBÉISSANCE DU TRÈS-CHRÉTIEN ROI DE FRANCE, ET QUI SERONT
INSÉRÉS DANS LE JUREMENT QUE SA MAJESTÉ ET SES SUCCESSEURS AURONT
A PRÊTER AU COMMENCEMENT DE LEUR GOUVERNEMENT.

ARTICLE PREMIER.

Que sa majesté observera et fera observer les usances, constitutions,
capitulations des corts et tous autres droits municipaux, accords, prag-
matiques, et toutes autres dispositions contenues au volume des constitutions, promettant et jurant qu'il ne fera ni permettra de faire aucune
pragmatique, ni observer aucune fête qui ne soit dans ledit volume,
par quelque nécessité, cause ou raison urgente que ce soit; comme
aussi d'observer les priviléges, us, styles, coutumes, libertés, honneurs, prééminences et prérogatives tant des églises et états ecclésiastiques, militaires et royaux, et des personnes particulières d'iceux que de
la cité ou ville de Barcelonne et autres cités, villes et lieux, et des
personnes particulières de cette province.

ART. II.

Qu'aux archevêchés, évêchés, abbayes, dignités et autres bénéfices
ecclésiastiques, tant séculiers que réguliers, et pensions ecclésiastiques,
sa majesté présentera des Catalans.

ART. III.

Que le tribunal de l'inquisition demeurera en Catalogne, avec pouvoir de connaître de la cause qui touche seulement la foi, sans que
les causes et les procès puissent être tirés hors dudit principat, et que
les inquisiteurs et leurs officiers seront Catalans, et que ledit tribunal
sera directement sujet à la congrégation de la sainte inquisition de la

cour de Rome, si ce n'est qu'il y eût en France un inquisiteur général avec un siége établi, auquel cas on pourvoira à ce qui sera à propos de faire.

Art. IV.

Que le sacré concile de Trente sera observé en Catalogne en tout et partout, comme il a été gardé jusqu'à présent.

Art. V.

Que le roi, en jurant, promettra, tant pour lui que ses successeurs, qu'il ne prétendra, demandera, exigera ni commandera d'exiger en quelque temps que ce soit, de la ville de Barcelonne ni des autres cités, villes, lieux et communautés de ladite Catalogne et des comtés de Roussillon et de Cerdagne, soit royaux ou de barons, le cinquième ou autre partie, sous quelque nom que ce soit, des subsides et impositions que ladite ville de Barcelonne et communautés imposent et ont à coutume d'imposer et exiger communément jusqu'à présent, et qu'elles imposeront ci-après sur le pain, vin, chair et autres choses et marchandises qui se vendent et débitent tant aux habitants d'icelles qu'aux étrangers qui y passent, pour subvenir aux nécessités des communautés, soit que cette cinquième partie pût être ou fût prétendue, et quelques condamnations ou conventions particulières, ou par la permission de faire lesdites impositions avec la réserve d'icelles; et que tout de même sa majesté ne demandera ni prétendra, en façon quelconque, desdites communautés et autres, quelles qu'elles soient, ce qu'elles ont levé et exigé jusqu'à présent à raison desdites impositions faites sans lettre ou permission, encore qu'elles fussent condamnées, ou que la convention ou autre moyen, quel qu'il fût, elles eussent promis de les rendre et payer; consentant sa majesté dès lors, comme dès à présent, que son autorité royale, en vertu du présent écrit portant force d'un privilége perpétuel, lesdites communautés pussent imposer et lever, comme bon leur semblera, et augmenter et diminuer de même lesdits subsides et impositions, ainsi qu'il sera pour le mieux, selon leurs nécessités, auxquelles tout ce qui proviendra desdites impositions pourra être em-

ployé par lesdites communautés et à leur propre et commun usage,
ainsi qu'il est accoutumé, entièrement et sans aucune diminution, comme
aussi de n'exiger point le cinquième ou autre partie de ce qui est de
coutume être imposé et levé par un privilége royal ou autre, par les
magistrats de la loge de la mer de Barcelonne et de Perpignan, et
autres magistrats et barons, et quelques personnes particulières, col-
léges et confréries; promettant sa majesté, par le même jurement, que
ni elle ni ses successeurs ne leur feront jamais aucun trouble pour les
choses ci-dessus, soit sous prétexte de connaître si lesdites communautés, barons, personnes particulières, collèges et confréries les ont bien
et duement employées, ou autrement sous prétexte de leur en faire demander compte ou raison par les officiers royaux, d'autant que sa
majesté défend toutes ces choses en vertu des présentes, pourvu que
dans tout ce qui est dit et écrit ci-dessus il ne se commette aucune
fraude ou dol en la levée ou à l'administration; d'autant qu'en ce cas sa
majesté se réserve le droit et le pouvoir de châtier et faire châtier en
justice ceux qui se trouveront être coupables, déclarant toutefois sa
majesté qu'en cette convention elle n'entend point empêcher ni inter-
dire aux barons et à toutes autres personnes le droit, s'ils en ont aucun,
d'en demander compte et raison par-devant juge compétent, lorsque
besoin sera.

Art. VI.

Que sa majesté promettra d'obtenir aux conseillers de la ville de
Barcelonne la prééminence ou la prérogative de se couvrir devant sa
majesté ou autres personnes royales, comme ils ont accoutumé, dont
en tant que besoin serait de leur accorder et confirmer ladite prérogative sans en abuser, comme aussi de maintenir et de conserver la ville
et cité de Barcelonne dans ses prérogatives, et que les conseillers d'icelle
ont toujours eues sous leurs autres rois d'aller par toute la Catalogne et
autres terres et pays de leur obéissance, avec les marques consulaires,
porte-verges, massiers et masse, de la même sorte qu'ils en usent et
ont coutume d'en user dans ladite ville de Barcelonne, afin qu'ils fissent
ainsi à la cour et dans les terres de sa majesté.

Art. VII.

Que sa majesté jure observer et fasse observer les capitulations, réglements ou actes des corts de la généralité de Catalogne ou maison de la députation avec toute juridiction civile et criminelle aux choses dont elle a coutume de connaitre, en sorte que s'il y a quelque doute touchant la juridiction, contestant ou déniant la qualité ou pouvoir de ladite qualité, ou autrement la connaissance en appartiendra aux députés.

Art. VIII.

Que les charges des capitaines ou gouverneurs des châteaux de la principauté de Catalogne et des comtés de Roussillon et de Cerdagne, et tous les autres offices séculiers, seront donnés aux Catalans naturels et non à d'autres.

Art. IX.

Que sa majesté jurera et promettra que le principat de Catalogne avec les comtés de Roussillon et de Cerdagne seront régis et gouvernés par un vice-roi et lieutenant de sa majesté qu'elle choisira et nommera des provinces telles qu'il lui plaira de ses royaumes, appelé autrement *alternos*, avec tous les pouvoirs ordinaires et accoutumés suivant la minute dudit pouvoir qui sera donné séparément suivant les constitutions de la Catalogne et autres droits municipaux.

Art. X.

Que les logements des soldats de Catalogne et aux comtés de Roussillon et de Cerdagne quels qu'ils soient, même auxiliaires, seront faits par les consuls et jurats des villes et villages, lieux et communautés ainsi qu'il est accoutumé, suivant les constitutions générales du pays, et que les peuples et habitants particuliers desdits lieux et communautés ne seront tenus, obligés ni forcés de fournir aucune chose aux capitaines et soldats, tant à cheval que comme à pied, et tous autres officiers et gens de guerre, sinon le sel, le vinaigre, le feu, le lit, le service qui est la table, le foin ou paille, ainsi qu'il se trouvera dans la maison du patron pour les chevaux qui seront logés dans ladite maison seulement, et si outre et par-dessus cela exigent quelque chose sans le payer ou usent de quelque violence contre lesdites communautés ou contre les hôtes ou patrons, ils seront incontinent punis et châtiés sévèrement par le commandement de sa majesté, afin que lesdits logements se fassent avec toute douceur et le moindre dommage qui se pourra pour la province et pour les particuliers habitants d'icelle, et que les lieux ne soient point chargés de nombre excessif de gens de guerre, eu égard au nombre des habitants ou autrement. Le tout sans préjudice de la cité et ville de Barcelonne et de son territoire, des citoyens d'icelle et des autres cités, communautés et personnes qui par privilèges, coutumes ou autrement, sont exempts de logements.

Art. XI.

Que les villes et cités de Tortose et Tarragone, et autres lieux et villages dudit principat et comtés de Roussillon et Cerdagne, qui sont tenus par les ennemis du consentement des habitants, jouiront seulement des grâces, priviléges, constitutions, exemptions et libertés générales de toute la province comme parties d'icelles; et pour les privilèges particuliers desdites villes et communautés, et des personnes particulières, elles en jouiront selon que les habitants d'icelles se comporteront envers sa majesté et leur patrie, ainsi qu'il sera convenu en les capitulations particulières, lorsqu'ils seront réduits à l'obéissance de sa majesté, laquelle n'entend pas comprendre en ceci les villes ou villages de Perpignan, Collioure, Roses et autres lieux qui sont tenus de force par les troupes des ennemis, contre la volonté des habitants d'iceux, que sa majesté désire faire jouir de tous les privilèges, us et coutumes du pays, comme les autres cités, villes et communautés de la province, si ce n'est qu'ils se montrassent ci-après infidèles à sadite majesté et à leur patrie; et quant à la juridiction temporelle et aux princes de l'église métropolitaine de Tarragone et des autres églises et juridictions des barons ecclésiastiques, ils demeureront comme aupara-

vant, ensemble ceux des barons laïcs qui n'ont été et qui ne seront
infidèles à sa majesté et à leur patrie.

Art. XII.

Que sa majesté, en tant que besoin est ou serait, confirmera, agréera
et approuvera les contrats de plusieurs rentes constituées faits en la
généralité de Catalogne, et pour elle, par les députés, et qui seront faits
à l'avenir pour les dépenses de cette guerre jusqu'à la somme principale de trois cent mille livres, suivant les délibérations et résolutions
des bras ou États tenus les 15, 22 et 28 octobre 1640, et l'imposition
des nouveaux droits engagés à la cité de Barcelonne avec taxe ou taille
faite, et les autres obligations faites par les députés au profit de ladite
ville de Barcelonne pour le paiement des intérêts ou arrérages desdites
rentes et des sommes principales; attendu que ladite ville s'en est chargée et a promis de les payer et acquitter. Lesquels droits, taxes ou tailles
pourront être continués, levés et exigés jusqu'à l'extinction et parfait paiement desdites rentes, tant pour le fort principal qu'arrérages
d'icelle, afin que ladite ville en demeure quitte et déchargée, et des
autres choses prêtées. Confirmera aussi sa majesté les contrats et constitutions en argent et autres emprunts faits par les autres villes et communautés de ladite Catalogne, pour les frais de la présente guerre, afin
qu'en toutes choses qui auront suite à l'avenir pour l'exécution d'icelle,
il ne s'y fasse aucune difficulté.

Art. XIII.

Que sa majesté promettra, tant pour elle que ses successeurs rois de
France, qu'ils ne sépareront jamais de leur couronne royale le principat de Catalogne et les comtés de Roussillon et de Cerdagne, en tout
ou en partie, pour quelque cause, raison ou considération qui puisse
être dite ou pensée, et qu'ils demeureront perpétuellement unis et in-
corporés à ladite couronne royale, en sorte que celui qui sera roi de
France soit toujours comte de Barcelonne, de Roussillon et de Cerdagne.

Art. XIV.

Et parce que le fruit des lois consiste en l'observation d'icelles, sa
majesté promettra et jurera particulièrement d'observer et faire observer toutes les constitutions et dispositions municipales qui traitent de
l'observation desdites constitutions et anciens droits de la province, insérés au titre de l'observance des constitutions et anciens droits, et
principalement la constitution onzième qui commence ainsi : *Poch val-
dria,* au même titre, avec cette déclaration ajoutée, et en tant que besoin est convenue et accordée entre sa majesté et la province. Que si
quelqu'un prétend quelque contraction ou contravention, soit personne
publique, comme le syndic du général pour l'intérêt public, soit personne particulière pour son propre intérêt, puisse requérir l'officier
avec l'intervention du secrétaire major de la maison de la députation
dans la ville de Barcelonne, où résidera et devra résider le conseil royal
de sa majesté en tout temps, excepté celui de la peste, et hors ladite
ville, avec l'intervention du secrétaire de la députation locale; et où il
n'y en aura point, avec celle d'un notaire de la ville ou village où sera
l'officier que l'on prétendra avoir contrevenu, de quelque prééminence
qu'il soit, comme le chancelier, le régent de la chancellerie royale, le
lieutenant du gouverneur général, le maître national, le bailli général
et ses lieutenants, le régent de la trésorerie générale ou autre quelconque, sans autre forme ni habitation de la requête ou écriture à présenter que celle qui sera faite par le même secrétaire, auquel est commandé de prendre soin qu'elle soit en tout décente et respectueuse,
comme le veulent et ordonnent les constitutions.

Et que cette réquisition ainsi faite, l'officier ait trois jours entiers
pour révoquer ce qu'il a fait, ou en faire et former le double immédiatement après ladite présentation; et si dans le temps préfix il n'a fait ni
l'un ni l'autre, il soit permis à la partie intéressée et au syndic du général, et à l'un d'eux, de former le double au lieu de l'officier, et que
pour le faire il n'y ait autre forme ou solennité requise sinon que l'officier ou la partie, ou le syndic du général, devant le même secrétaire et

major de la députation, présente par écrit les raisons par lesquelles il prétend qu'il ait été contrevenu ou non contrevenu respectivement, et que cette forme de doute soit notifiée à la partie défenderesse, et en son cas à la partie demanderesse ou complaignante respectivement, avec intimation ou notification faite par ledit secrétaire major, du jour de laquelle il y aura six jours entiers pour dire, dédire et alléguer tout ce que les parties voudront pour justifier leurs prétentions devant le même major, sans autre forme ni solennité que de mettre entre ses mains les écritures, desquelles il fera et composera le procès, et en donnera communication aux parties ou à leurs avocats ainsi qu'elles le demanderont en sa présence.

Que si le cas pour raison duquel on prétendra contrefaction ou contravention, est du fait de sa majesté ou de celui de son lieutenant ou capitaine général, les députés enverront leurs ambassadeurs à sa majesté en la forme ordinaire, ou à son lieutenant général, ou à celui qui commandera dans la province, les suppliant par écrit qu'ils en fassent la révocation; et si elle n'est faite dans trois jours, la partie ou le syndic du général pourra en former le double, comme il est dit, et le déclarer et faire savoir en la forme ci-dessus à sa majesté, si elle est présente, ou à son lieutenant général, ou à celui qui commandera ou agira en la province en son absence, avec les officiers du conseil royal; et pour rendre le jugement sur ces matières, on prendra et constituera treize juges, partie de ceux du conseil royal et partie de ceux des trois États qui sont immatriculés dans le livre de la maison de la députation, appelé l'âme, lesquels seront présents dans la ville de Barcelonne; en sorte que pour la première fois on en prenne sept du conseil royal non suspects, et pour cet effet, lorsque le cas arrivera de juger et décider quelque fait de contrefaction ou contravention prétendue, les députés enverront leurs ambassadeurs à sa majesté, si elle est présente, ou à son lieutenant général, ou à celui qui commandera en son absence, pour leur donner connaissance du doute à décider, et des parties intéressées, suppliant qu'ils commandent à sept des officiers du conseil royal plus anciens et non suspects, en commençant par le chancelier et par le régent de la chancellerie royale; et à faute de juges du conseil

royal en nombre suffisant, à cause des suspicions, ou de leur absence ou
maladie, aux anciens officiers et juges royaux, selon la prééminence,
antiquité ou degrés de leur charge, ou autres personnes que bon leur
semblera, afin qu'en certains jours et heures ils aient à se trouver dans
la maison de la députation pour juger le doute avec les autres juges,
donnant une liste des officiers du conseil royal que les parties auront
nommés comme suspects et récusables devant les députés; afin que le
conseil royal, les parties ouïes, fasse droit sur les récusations proposées dans deux jours, après que la liste et les causes de récusation auront été données par écrit; et que si elles sont déclarées justes ou non
jugées, le nombre nécessaire soit pris et suppléé des autres juges du
conseil royal selon leur antiquité. Que, si dans les deux jours naturels
suivants, ils n'ont envoyé lesdits sept juges non suspects, le droit de choisir et nommer lesdits sept juges non suspects, suivant leur prééminence
et antiquité, sera dévolu aux députés et auditeurs; et si tous ou aucun
d'eux manquent à se trouver dans la maison de la députation au jour
qui leur aura été préfix, les députés et auditeurs seront tenus de faire
extraction d'autant de personnes des trois états immatriculées dans le
livre de la maison de la députation, commençant par les ecclésiastiques
et continuant par les autres états. Comme il y aura des juges royaux
manquants et défaillants pour le jugement du doute à décider, les députés et les auditeurs de chacun état, joints ensemble à même temps,
feront aussi extraction des personnes des mêmes trois états qui doivent
être juges avec les docteurs du conseil royal; et après avoir mis leurs
noms dans une boîte ou urne, ceux dont les noms en seront tirés seront choisis et approuvés par les états, dont les avis se prendront et
donneront par le scrutin jusqu'à ce que le nombre nécessaire soit complet; à laquelle extraction les parties pourront être présentes ou leurs
procureurs, ou le syndic de la généralité, pour proposer les causes de
suspicion contre les personnes ainsi tirées et extraites; lesquelles suspicions proposées seront incontinent jugées sur-le-champ verbalement
devant lesdits états, par les députés et auditeurs, avec les assesseurs
et l'avocat fiscal. Duquel jugement il ne pourra y avoir appellation ni
aucun recours quelconque : ce qui sera observé ainsi pour la première

fois, et à la seconde il y aura six juges du conseil royal et sept desdits
états ; et si ceux qui ne se trouveront point au jour assigné pour le jugement sont personnes tirées desdits états, elles seront rayées dudit
livre de l'âme et déclarées inhabiles et incapables d'obtenir aucun office
de la maison de la députation.

Et ces juges ainsi nommés, tirés ou extraits, seront enfermés dans
une des salles de la maison de la députation avec le secrétaire major
d'icelle, qui lira le procès, et ne sortiront point de là qu'ils n'aient
rendu leur jugement, après avoir ouï les parties et leurs avocats si
elles le désirent, et même le commissaire des assesseurs et l'avocat
fiscal verbalement, si aucun desdits juges veut le consulter; lequel jugement sera fait par le scrutin après que tous lesdits juges auront prêté
le serment, pour ceux du conseil royal, devant un de leurs présidents
avant que de venir en la maison de la députation, dont le susdit président donnera acte par écrit qui sera mis entre les mains desdits députés,
et pour les autres, devant les députés ou l'un d'eux, et après aussi que
tous auront ouï la sentence d'excommunication dans la maison de la
députation.

Et ce qui aura été jugé et décidé sera aussitôt exécuté par le soin des
députés et auditeurs commis à cet effet, sans appellation, requête, opposition, nullité, restitutions, plaintes ou autres recours quelconques,
de sorte néanmoins que les condamnés ne seront censés avoir encouru
autres peines que celles qui auront été déclarées expressément par les
juges. Les autres peines contenues dans les constitutions demeureront
révoquées et abrogées; mais en tout le reste, lesdites constitutions de
l'observance demeureront en leur force et vertu en tant qu'elles pourront être appliquées, voulant et entendant, sa majesté, que lesdites
constitutions et tout ce qui est écrit en cet article soit fait, par les personnes qui le doivent, gratuitement sans salaire, récompense ou autres
frais pour leur travail, et que l'on puisse procéder et travailler même
les jours de fête; et afin que le cours de la justice ordinaire ne soit point
empêché ni détourné, sadite majesté ordonnera, en vertu du présent
accord fait entre elle et la province, que le remède et moyen ci-dessus
ne puissent être mis en usage, sinon au défaut des remèdes et moyens

ordinaires, suivant la disposition de ladite constitution *Poch valeria* et ainsi qu'il a été observé jusqu'à présent.

Art. XV.

Le principat de Catalogne et les comtés de Roussillon et de Cerdagne, au lieu des convocations nommées vulgairement *Sometan général*, *Host* et *Cavalcata*, et de celle qui se fait en vertu de l'usage, *princeps manique*, lesquelles convocations ne se feront plus à l'avenir, et servira sa majesté avec quatre mille hommes de pied et cinq cents chevaux, payés, armés et fournis de toutes munitions aux dépens dudit principat, dans la province et non hors d'icelle, toutes fois et quantes la nécessité le requerra, laquelle cessant, leur service cessera aussi; laquelle nécessité de faire lesdites convocations des soldats en tout ou en partie sera déclarée, pour savoir si elle est vraie ou non, par les députés et auditeurs, toutes fois et quantes il leur sera mandé par le lieutenant général de sa majesté, ou par le gouverneur ou autre qui commande dans la province, appelant avec eux le conseiller de la ville de Barcelonne, qui aura pouvoir d'appeler au bras, et quelques autres personnes des trois états présentes dans ladite ville et telles qu'ils jugeront à propos; ce qui sera observé de même lorsqu'il sera question de licencier ou congédier lesdits soldats ou aucun d'iceux. Et tout cela sans préjudice d'autres plus grands services que ladite province fera volontairement au cas de nécessités plus urgentes; cependant le service qui est fait présentement en la province sera continué et cette convention ne durera que jusques à la conclusion des premières corts ou états-généraux.

Art. XVI.

Et quant à ce qui touche les dépenses à faire en la province pour raison des fortifications nécessaires en icelle, et pour le paiement des montres, subsistances des soldats français ou d'autres nations que catalane qui seront dans les garnisons, et pour le supplément et ce qu'il faut pour le paiement desdits soldats outre et par-dessus ce qui est payé

ordinairement par le roi, il est certain que la volonté de le faire ne
manque point, et qu'elle y sera toujours très-prompte de satisfaire à
toutes les choses nécessaires; mais la puissance manque maintenant,
d'autant que la province n'a pas la libre faculté présentement de lever
et dépenser les deniers d'icelle comme il lui plaît, mais seulement en
certains cas, entre lesquels il n'y en a aucun de ceux-ci dans les constitutions, étant certain que comme ces choses vont à charger le principat de nouvelles charges, cela est prohibé par les lois du pays, et la
province contreviendrait à présent en ses constitutions, exemptions,
libertés et immunités, si elle faisait aucune chose de tout ceci, et
ceux qui le feraient seraient punis et châtiés au syndicat; mais comme
le roi, avec les corts ou états-généraux, est ou sera tout-puissant pour
faire toutes choses d'un commun consentement, il est nécessaire d'attendre pour tout cela les premières corts ou états, où ces articles et
tous autres à propos pour le bien de l'État et conservation de la province, pourront être proposés et déterminés avec tout ce qui sera à
propos d'observer et exécuter à l'avenir pour toutes les choses; alors
qu'une fois il y en aura une loi générale faite, elle sera gardée et
observée perpétuellement jusques à ce qu'aux autres corts suivantes
elle soit révoquée par la volonté du roi avec lesdites corts ou états,
et cependant la ville de Barcelonne et les autres villes et communautés
de Catalogne ne laisseront de faire chacun à leur égal les dépenses
pour les fortifications et autres choses nécessaires à leur défense particulière comme elles ont accoutumé jusques à présent.

Le roi donne ordre à M. de Bordeaux d'aller en Catalogne
assurer la ratification de ce traité.

LETTRE DU ROI

Monsieur l'archevêque de Bordeaux, voyant par les avis que je
reçois des sieurs d'Espenan et Duplessis-Besançon, que les affaires de
Catalogne sont dans le bon chemin que l'on peut désirer, et qu'elles
s'avancent de sorte que le traité déjà projeté avec les députés du pays
pourra être signé avant que cette lettre vous soit rendue, j'ai estimé
qu'il était de mon service et de la réputation de mes armes de vous
faire savoir en diligence l'état des choses de ce côté-là. Et comme les
députés témoignent ne désirer rien davantage que de voir dans les
ports de leur pays une escadre de vaisseaux, tant pour leur propre
assistance que parce qu'ils pourront surprendre les galères que le duc
de Ferrandine a menées depuis peu dans les ports de Collioure et de
Roses pour incommoder les Catalans, qui offrent de donner pour retraite de mes vaisseaux le port de Calao, que l'on dit être fort bon
tant pour les galères que pour les vaisseaux, et même celui de Baroe-
lonne, s'il en est besoin, je vous fais cette dépêche pour vous dire que
mon intention est que vous fassiez effort en tout ce qui vous sera
possible pour soutenir les Catalans, et accomplir ce qu'il leur aura été
promis, suivant les avis que vous recevrez dudit sieur d'Espenan.

Qu'en ce cas, si vous jugiez pouvoir faire, par quel moyen que ce soit,
ce que les Catalans demandent si instamment, et qui peut, en effet,
contribuer autant et plus qu'aucune autre chose à l'affermissement
de leurs résolutions, dont les suites peuvent apporter de grands avantages aux affaires publiques, je trouve bon que vous employiez à ce
dessein les vaisseaux que vous devez faire repasser en ponant pour,
avec ceux que vous pourrez choisir entre les autres, former une es-

cadre capable d'aller affronter les ennemis dans leurs ports, à la faveur des Catalans.

Que si pour une entreprise dont le succès serait de si grande réputation et utilité, il vous est absolument nécessaire de mener avec vous douze de mes galères, je consens que vous le fassiez, pourvu qu'elles puissent faire le voyage sûrement, selon l'avis de ceux qui sont expérimentés en la navigation des galères.

Et afin de disposer toutes choses à cela, j'écris présentement au sieur bailli de Forbin pour préparer l'équipage et armement dudit nombre de galères, et au sieur Lequeux pour fournir les vivres nécessaires aux vaisseaux et aux galères pour ce voyage, avec ordre d'en avancer la dépense sur son crédit, dont je lui promets de le faire rembourser sur les fonds de la marine de levant et de ponant, destinés pour les vaisseaux et les galères, tant de cette année que de la prochaine. A quoi vous apporterez de votre part ce qui dépendra de votre pouvoir et crédit; et ce que je leur mande à l'un et à l'autre est relatif à ce que vous jugerez nécessaire et ce que vous leur prescrirez particulièrement.

Si vous retenez pour cette occasion les vaisseaux que vous avez eu ordre de faire repasser en ponant, mon intention est qu'après qu'ils auront servi à l'effet proposé, ils demeurent en la mer de levant, où vous donnerez ordre qu'ils soient radoubés pour y être employés l'année prochaine.

En me remettant sur votre soin et affection de ce que je pourrais vous dire de plus particulier sur cette occurrence, je vous assurerai seulement que le service que vous m'y rendrez me sera en aussi grande considération comme elle est importante. Et sur ce, je prie Dieu qu'il vous ait, monsieur l'archevêque de Bordeaux, en sa sainte garde.

LOUIS.

SUBLET.

A Saint-Germain-en-Laye le 2 décembre 1640.

Les lettres suivantes de M. le cardinal de Richelieu et de M. de Noyers sont relatives au même sujet.

LETTRE DE M. LE CARDINAL DE RICHELIEU

A M. L'ARCHEVÊQUE DE BORDEAUX.

MONSIEUR,

Je vous fais ces trois mots pour vous prier de contribuer tout ce qu'il vous sera possible à l'exécution de ce que M. de Noyers vous écrit de la part du roi, comme une chose qui est du tout importante au service de sa majesté et à votre honneur particulier. Ce qui empêche de vous y convier davantage, ne doutant pas que vous y apportiez ce qu'en attend de vous,

Monsieur,

Votre très-affectionné comme frère à vous rendre service,

Le cardinal DE RICHELIEU.

De Ruel, ce 2 décembre 1640.

Comme je vous prie de ne rien oublier de ce que vous pourrez pour l'exécution du dessein ci-dessus, je vous conjure aussi de vous y conduire avec tant de prudence qu'on ne puisse dire que vous ayez retardé mal à propos les armes du roi ; agissant par bon conseil de ce qui se pourra faire en la mer vous ne sauriez faillir.

LETTRE DE M. DE NOYERS

A M. L'ARCHEVÊQUE DE BORDEAUX.

MONSIEUR,

Lorsque nous perdions espérance du succès de l'affaire des Catalans, voilà qu'elle se relève avec plus d'éclat que jamais, M. d'Espenan m'ayant envoyé présentement de certaines nouvelles de la volonté de laquelle ils sont de prendre la protection du roi ; mais ils demandent une forte assistance par mer, ce qui sera, comme je crois, de plus difficile exécution qu'aucun des autres articles du traité, si par votre zèle au service du roi vous ne surmontez les difficultés que la nécessité et la saison vous mettront au-devant, et certainement vous feriez un singulier plaisir à son éminence de faire tous les efforts raisonnables pour en venir à bout.

J'écris à M. Lequeux d'employer tout son crédit pour aider à cette entreprise, dont son éminence fera rembourser la dépense des plus clairs deniers de la marine et des galères, tant de cette année, s'il en reste, que de la prochaine.

La dépêche du roi ci-jointe vous apprenant le reste des intentions de sa majesté, je n'ajouterai rien à ces lignes que la prière que je fais à Dieu de prospérer les desseins de sa majesté, et de vous conserver la santé que vous souhaite,

> Monsieur,
> Votre très-humble et très-affectionné serviteur,

DE NOYERS.

A Ruel, ce 2 décembre 1640.

LETTRE DE M. LE CARDINAL DE RICHELIEU

A M. L'ARCHEVÊQUE DE BORDEAUX, TOUCHANT SON VOYAGE EN CATALOGNE, OU IL CHOISIRA S'IL DOIT MENER LE BAILLI DE FORBIN AVEC LES BRULOTS.

MONSIEUR,

J'ai donné charge au sieur le Picard d'envoyer en Provence le fonds qui est nécessaire pour mettre, dès cette heure, les vaisseaux et les galères en état de servir, afin qu'ils soient prêts au cas qu'ayez besoin d'aller en Catalogne, si vous apprenez par M. d'Espenan qu'il soit nécessaire, et que vous jugiez que ce soit chose possible. Je suis d'avis pour cet effet, qu'aussitôt la présente reçue vous dépêchiez quelqu'un de votre part, qui entende la mer, vers ledit sieur d'Espenan, pour vous rapporter particulièrement l'état de toutes choses.

Quant à M. de Forbin, je lui écris qu'il s'en retourne pour mettre

II.   64

les galères en état de servir, et que si vous avez à faire voyage, je désire qu'il remette à votre option d'aller avec vous ou de n'y aller pas. Et en effet, dès cette heure, je vous déclare qu'il est en votre pouvoir de mener ledit sieur de Forbin, ou de le laisser venir me trouver aussitôt qu'il aura préparé les galères. Voilà tout ce que j'ai à vous dire. Cependant je prie Dieu que, si vous allez en Catalogne, vous ayez moyen, en suite de tant de prospérités qui sont arrivées cette année à la France, de commencer si heureusement la prochaine que vos bons succès soient un augure de ceux qu'on devra attendre durant le reste de son cours. Assurez-vous de mon affection, et que je suis,

Monsieur,

Votre affectionné comme frère à vous rendre service,

Le Cardinal DE RICHELIEU.

Ayant vu l'inventaire que vous avez fait faire vous-même des marchandises qui étaient dans les vaisseaux qui ont été pris, puisque vous retournez à Marseille, je vous prie d'en faire faire la vente au plus haut prix que vous pourrez, à l'exception du *Saint-François* d'Hollande, que je désire être pour cette heure mis en suspens. De Loynes vous envoie le jugement, afin que vous fassiez toutes choses par les formes.

Quand vous aurez envoyé les procédures du vaisseau que vous avez pris de nouveau, on jugera l'affaire au conseil de la marine.

La lettre suivante fut écrite par le chanoine Paul Claris, un des chefs populaires, qui, ayant été incarcéré par ordre du vice-roi, fut délivré par les paysans.

— LETTRE DU PRINCIPAT DE CATALOGNE [1]

A M. L'ARCHEVÊQUE DE BORDEAUX, LE PRIANT DE VENIR AVEC L'ARMÉE NAVALE DU ROI AUX CÔTES DE CATALOGNE, COMME LES SIEURS D'ESPENAN ET DUPLESSIS LEUR ONT PROMIS DE LA PART DU ROI, ET QUE C'EST LE SEUL MOYEN DE LES METTRE EN LIBERTÉ.

ILLUSTRISSIMO SENOR,

Los apretos en ques troha aquest principat son tant grans que, sino fus lo auxili que sa magestat cristianissima nos fa merce, poriam temer nostra desolacion. Als señors de Espenan y de Plasis los ha aparegut ere necessari per nostra deffensa que vostra señoria illustrissima nos la fes de dar una vista per estos mars ab la armada naual, supplicam a vostra señoria illustrissima ab lo mayor effecte que podem, nos fasse merce que sia ab presteza, perque sera nostra redemcio, y nos altres y tot lo principat ne faran la estimacio que es raho, y ho seruiran a vostra señoria illustrissima en lo quens vulla manar. En lo demes nos remetem a les cartes dels señors de Plasis

ILLUSTRISSIME SEIGNEUR,

Les périls dans lesquels se trouve le principat de Catalogne sont si grands que, sans le secours que sa majesté très-chrétienne nous fait la grâce de nous accorder, nous pourrions craindre notre ruine. Les sieurs d'Espenan et du Plessis ont jugé nécessaire, pour notre défense, que votre seigneurie illustrissime voulût bien faire une visite dans ces mers avec l'armée navale, et nous supplions votre seigneurie illustrissime, autant qu'il est en nous, qu'elle nous fasse la grâce que cela soit avec célérité, parce que ce sera notre rédemption, et nous autres et tout le principat nous en aurons tout le ressentiment que de raison, et nous servirons

[1] Ces lettres en langue catalane n'étaient pas traduites dans l'original.

y de Espenan. Guarde Deu a vostra señoria illustrissima.

Barcelona, y decembre a xxI₁ de ᴍᴅᴄxxxx.

Lo canonge Paul Claris.

Illustrissimo señor, besan las mans de vostra señoria illustrissima sos mayors servidors los deputats del general del principat de Cataluña en Barcelona residents.

Al illustrissimo señor mons. archebisbe de Bordeus, tinent general de las armadas nauals de sa magestat christianissima en los mars de Llevant.

votre seigneurie illustrissime en tout ce qu'elle voudra ordonner. Nous nous en remettons pour le surplus aux lettres des seigneurs du Plessis et d'Espenan. Que Dieu garde votre seigneurie illustrissime.

Le 22 décembre 1640.

Le chanoine Paul Claris.

Le mémoire suivant fut envoyé à M. de Bordeaux, par M. de Richelieu.

MÉMOIRE DE CE QU'IL Y A A FAIRE EN CATALOGNE.

On estime qu'après la retraite faite des terres du principat par M. d'Espenan, la prudence ne peut plus souffrir que l'on porte les armes du roi comme on a fait avant dans un pays où nous n'avions aucune place de sûreté, toutes étant si faibles que si l'on pouvait se défier de la fidélité de ses peuples, on ne pourrait pourtant s'assurer de les pouvoir long-temps garder, et les garantir des mauvaises suites d'un siège que les ennemis pourraient former.

Pour donc agir dorénavant avec ordre et précaution, il semble qu'il soit à propos de s'assurer des places de mer, qui peuvent mieux que celles de terre être garanties de surprises et des intelligences des ennemis, et secourues plus aisément en toute saison. Pour cet effet, il sera nécessaire de former promptement un corps de cavalerie et d'infanterie, la meilleure qu'il sera possible, suivi d'un train d'artillerie et de vivres, sous le commandement de M. de Schomberg ou de tel qu'il plaira au roi, ira par terre à Collioure, et s'y rendra au même temps que l'armée navale, qui sera quelques jours avant à Cadequia.

Les deux armées jointes ensemble attaqueront Collioure par mer et par terre, et la pourront, selon les apparences, réduire en peu de temps ; après quoi, l'ayant fortifiée et assurée par une bonne garnison qu'on y laissera, lesdites armées chemineront vers le cap de Roses, et leurs vaisseaux et galères portant l'artillerie de terre, les vivres, équipages et bagages, et même les gens de guerre, s'il était besoin, laissant seulement les chevaux à terre pour être menés en main, et passer ainsi aisément par le Pertuis ou les autres montagnes.

Lorsque l'on sera maître du port et ville de Roses, et que l'on y aura laissé bonne garnison avec suffisance de vivres et munitions de guerre, l'armée navale pourra aller vers Salses et les Alfages, où s'étant emparé des forts et les ayant garnis d'hommes et autres choses nécessaires à leur sûreté, on avisera d'entreprendre ce que l'état des affaires pourra lors désirer.

Pour l'effet que dessus, il serait, ce semble, à propos d'envoyer des troupes d'infanterie pour embarquer sur les vaisseaux avec un train d'officiers d'artillerie, et faire fonds pour l'envoi et subsistance des uns et des autres pour six mois, ou pour autant de temps qui sera jugé nécessaire.

Mais surtout, il est important de faire fonds pour l'entretien des garnisons et des officiers d'artillerie qui seront laissés dans les places, afin qu'ils puissent vivre sans désordre et conserver notre réputation chez ces peuples, qui autrement auraient bientôt dégoût de notre assistance.

Il sera aussi du tout nécessaire d'envoyer quantité de poudre, mèches et plomb, et même des armes ; nous tenant assuré qu'il ne se trouvera dans ces places ancune chose de celles qui feront besoin pour les conserver.

On ne fait aucune mention, en ce mémoire, du fonds des vivres qu'il faudra mettre auxdites places, étant assez connu qu'il n'en faut pas manquer, et que c'est le *summa rerum* en ces occasions.

Ce nouveau traité fut négocié avec les Catalans.

TRAITÉ DES CATALANS AVEC LE ROI· DE FRANCE.

Pour donner moyen à ceux du principat de se garantir de l'oppression dont ils sont menacés, et se rétablir et maintenir dans la jouissance assurée de leurs anciennes constitutions et priviléges, sa majesté leur donnera des officiers d'armée pour commander leurs troupes, tant de cheval que de pied et l'artillerie, ainsi qu'ils ont demandé.·

Et pour rendre leurs forces d'autant plus capables de résister et d'entreprendre contre ceux qui les voudraient opprimer, sadite majesté leur donnera pareillement six mille hommes de pied et deux de chevaux, composés de troupes très-aguerries, à savoir : trois mille hommes de pied, et mille chevaux présentement, et le reste dans le mois de mars prochain, ou plus tôt, si la nécessité de leurs affaires le requiert.

Sa majesté fera aussi de même, touchant les armes et munitions qui lui ont été demandées en payant, ainsi qu'il est dit ci-devant.

Moyennant quoi, le principat de Catalogne, comté de Cerdagne, places et lieux du comté du Roussillon, qui sont ou seront ci-après au pouvoir des Catalans, jurent et s'obligent de n'entreprendre jamais rien contre la France, de ne donner aussi aucun secours, faveur ni assistance à qui que ce soit pour y entreprendre, et de ne se départir jamais d'aucune des conditions du présent traité, quelque accommodement qu'ils puissent faire d'ailleurs avec le roi d'Espagne; mais, au contraire, promettent de les garder et observer toutes inviolablement.

Et le roi s'oblige aussi à protéger lesdits Catalans, et à les assister de ses armes toutes fois et quantes que le roi d'Espagne voudra les opprimer et les priver des droits et franchises qui leur appartiennent;

comme aussi de n'entreprendre jamais rien contre la Catalogne, comté de Cerdagne, places et lieux du comté du Roussillon qui sont au pouvoir des Catalans ; de ne permettre jamais qu'il leur soit fait aucun acte d'hostilité, et de traiter leur accommodement dans le traité de la paix générale ; et au cas qu'il ne se pût ajuster, de se réserver dans ledit traité la liberté d'assister lesdits Catalans ainsi que dessus.

Et pour ce qui regarde les places de Perpignan, Salses, Collioure et autres lieux que les troupes du roi occupent en Roussillon, sa majesté déclare que pour être plus en état d'assister les Catalans, elle n'emploiera point toute la campagne prochaine ses armes à s'en rendre maître, et qu'étant en la bonne intelligence et en la liaison en laquelle elle est et veut être avec lesdits Catalans, elle n'y entreprendra rien que par concert fait avec eux et les ministres de sa majesté qui auront charge d'ajuster ce qui sera plus expédient de faire en ce sujet.

Ledit principat de Catalogne et comté de Roussillon promettent et s'obligent aussi de recevoir en tous leurs ports et lieux maritimes les armées navales et autres vaisseaux de sa majesté ; et de faire qu'ils aient pour leur argent toutes les provisions nécessaires qui se pourront trouver dans le pays, auxquels lieux les chefs et officiers seulement se pourront désembarquer et non les soldats, si ce n'est du consentement dudit pays ; et qu'aussi loin que pût porter l'artillerie de terre à la mer, les vaisseaux et galères de sa majesté ne pourront offenser ou prendre aucun vaisseau des amis et alliés desdits Catalans, comme aussi que tous les vaisseaux ou barques qui auront sauf-conduit dudit principat, et porteront marchandises, provisions ou munitions de guerre en Catalogne, puissent passer en toute sûreté.

Et comme les troupes françaises et les officiers que sadite majesté donne auxdits Catalans se doivent employer pour la défense dudit principat, ledit principat s'obligera de les faire payer ponctuellement, et par avance de mois en mois, à raison de six réaux par jour pour chaque cavalier, et de deux réaux par jour pour chaque soldat à pied ; et pour ce qui est des gens d'armes et autres officiers de l'état-major de la cavalerie et de l'infanterie, ainsi qu'il a été ajusté par ledit principat avec les sieurs d'Espenan et Duplessis-Besançon.

Que si par la force des armes de sa majesté, jointes à celles dudit principat, ou par quelqu'autre voie que ce puisse être, ceux qui veulent opprimer lesdits Catalans venaient à leur offrir un accommodement raisonnable, ou autrement, s'il arrivait qu'ils n'eussent plus besoin des troupes de sa majesté, ledit principat de Catalogne et comté de Roussillon et Cerdagne s'obligeraient pareillement de les faire reconduire en France en toute sûreté, en sorte que les ennemis ne puissent rien entreprendre sur eux, comme aussi de leur faire donner un mois de solde, outre celle du service rendu, pour leur donner moyen de se retirer, ainsi que c'est la coutume, à compter du jour qu'ils sortiront de la frontière du pays desdits Catalans pour entrer en France, sauf à leur déduire ce qu'ils pourraient avoir reçu par avance de plus que le temps du service.

Et afin que ledit principat puisse avoir provisions suffisantes des armes, munitions de guerre et autres choses qui leur seront nécessaires, sa majesté leur donne permission d'en tirer de France à mesure qu'ils en auront besoin.

Pour ce qui est des neuf personnes qui ont été envoyées en otage en France par ledit principat, sa majesté leur permettra aussi de s'en retourner en Catalogne, après qu'il en sera venu d'autres en leur place, de même poids et considération; et quand les officiers et troupes de sa majesté auront à se retirer en France, il demeurera en Catalogne certain nombre desdits officiers pour sûreté des otages catalans qui seront en France, lesquels officiers seront rendus sur la frontière à même temps que lesdits otages rentreront en Catalogne.

Cette lettre des députés de Catalogne est relative à l'occupation de Cadequia par les troupes du roi, et limite le nombre des soldats français qui pourront former la garnison des places.

LETTRE DES DÉPUTÉS DU PRINCIPAT DE CATALOGNE

A M. L'ARCHEVÊQUE DE BORDEAUX, POUR AMENER L'ARMÉE NAVALE A CADEQUIA, QUI SERA EN SA DISPOSITION [1] :

ILLUSTRISSIMO SENOR,

Estam aguardant a vostra señoria illustrissima ab la armada naval ab grandissim desig, perque per impedir los progressos del enemich ne tenim precissa necessitat. Lo señor de Plessis nos ha fet merce de dirnos sera prest la vinguda de vostra señoria illustrissima, y per seguretat de la armada, havem aiustat ab dit señor de Plessis, que lo port de Cadaques, o lo que aparexera mas capas y aproposit, se guarnira y presidiara a satisfactio de vostra señoria illustrissima, y quant li aparega necessitat de mayor guarnicio pora vostra señoria illustrissima posar hi de la gent francesa la que sera menester, fino a igualarla ab lo numero de la gent de la terra, tot lo temps que la armada stara en lo port y costas de

ILLUSTRISSIME SEIGNEUR,

Nous attendons avec la plus vive anxiété l'arrivée de votre seigneurie illustrissime et de l'armée navale pour arrêter les progrès de l'ennemi. Votre présence est pour nous d'une nécessité urgente, et le sieur du Plessis nous ayant fait la grâce de nous dire que votre venue était prochaine, nous sommes convenus avec ledit sieur du Plessis, pour la sûreté de l'armée, de mettre à votre disposition le port de Cadequia, ou celui qui vous semblera le plus vaste et le plus convenable. Ce port sera fourni de troupes et de munitions à la satisfaction de votre seigneurie illustrissime, et si la garnison n'est point trouvée suffisante, votre seigneurie illustrissime pourra mettre dans la place la quantité de sol-

[1] Ces lettres n'étaient pas traduites dans le manuscrit original.

Cataluña per benefici del principat, que ab axo y tot los demes
que convingá per seguritat de la
armada desijam donarli gust. Su-
plicam a vostra señoria illustrissima nos fassa merce ab la prestesa
possible honrarnos en aquestos
mars a hont folgarem se offerescan
moltas occasions en que puyan
mostrar las obras en serveci de
vostra señoria illustrissima la estimacio gran fem de la merce nos
fa sa magestat christianissima de
auxiliarnos ab armada de mar go-
vernada per persona de tanta ca-
litat y parts, ab la assistencia del
qual confiam pendran bons credits
las armas del principat. Guarde
Deu a vostra señoria illustrissima.

Barcelona, y janer a iij de MDCXXXXI.

Lo canoñge PAU CLARIS.

Illustrissimo señor, besan las
mans de vostra señoria illustrissima sos mayors servidors los deputats del general del principat de
Cataluña en Barcelona residents.

dats français qui lui paraîtra nécessaire, jusqu'à égaler le nombre
des troupes du pays, et cela durant tout le temps que l'armée
demeurera dans ce port, ou sur
les côtes de Catalogne, pour l'intérêt du principat; car en ceci,
comme en tout ce qui peut être
utile à la sécurité de l'armée, nous
désirons complaire à votre seigneurie illustrissime. Nous la supplions donc, aussitôt que possible,
de nous faire la grâce d'honorer
de sa présence ces mers, où nous
désirons ardemment qu'il se présente nombreuses occasions de
prouver par ce que nous pourrons
faire pour votre seigneurie illustrissime, tout le ressentiment que nous
avons de la grâce que sa majesté
très-chrétienne nous a accordée
en venant à notre secours avec
une armée de mer ayant à sa tête
une personne de telle qualité et
mérite, et avec l'assistance de laquelle nous nous flattons que les
armes du principat deviendront
heureuses. Dieu garde votre seigneurie illustrissime.

Barcelonne, le 3 janvier 1641.

Le chanoine PAUL CLARIS.

LETTRE DES DÉPUTÉS DE LA PRINCIPAUTÉ DE CATALOGNE

AU SIEUR VICOMTE DE JOCH, GOUVERNEUR DE CADEQUIA.

TRÈS-ILLUSTRE SEIGNEUR,

Sa majesté très-chrétienne nous fait grâce de nous auxilier avec l'armée navale de vaisseaux et galères que commande le très-excellent seigneur archevêque de Bordeaux, et dans peu de jours il sera en ce port de Cadequia.

Votre seigneurie aura pour agréable lui laisser la sûreté de ce port à disposition et volonté de son excellence, lui laissant, outre les gens de la ville, mettre dans icelle et dans les forts la garnison qu'il lui plaira, d'autant qu'il est raisonnable que, venant pour nous assister en une occasion si pressante, une personne de la qualité et mérite telle qu'est son excellence et aux dépens de son roi, ledit port soit comme il le jugera à propos, afin que l'armée y soit en toute sûreté ; et lorsque l'armée sera arrivée, vous nous en donnerez avis en toute diligence.

Dieu garde votre seigneurie de, etc.

Le chanoine PAUL CLARIS.

Le 15 janvier 1641.

TRÈS-ILLUSTRE SEIGNEUR,

Les députés du général du principat de Catalogne résidant en Barcelonne, vous baisent les mains, et sont vos très-affectionnés serviteurs.

Dans cette lettre, les députés de Catalogne supplient M. de Bordeaux de venir avec la flotte à Barcelonne, au lieu de rester à Cadequia.

LETTRE DE MM. LES DÉPUTÉS DE CATALOGNE

A M. L'ARCHEVÊQUE DE BORDEAUX.

ILLUSTRISSIMO EXCELLENTISSIMO SENOR ,

Sia vostra excellencia molt ben arribat en aquest principat de Catalunia a honrrarnos y fernos merce , que ab lo favor que vostra excellencia nos fa, ab la armada naval de su magestat christianissima nos asseguran la victoria. Lo enemich avansa en ves nos altres, tot lo que li es possible, y per a ferli la oposicio que conve, necessitam promptament de aquexa armada, supplicam a vostra excellencia, ab lo major affecte que podem, nos fassa merce no entretenirse en aquex port de Cadaques, sino venir ab la armada a aquesta ciutat de Barcelona, ha hont procurarem servir a vostra excellencia, y que no falte lo necessari per la armada. Confiam de vostra excellencia aquesta merce que

ILLUSTRISSIME ET EXCELLENTISSIME SEIGNEUR ,

Que votre excellence soit la bienvenue dans ce principat de Catalogne , pour nous y faire honneur et grâce , car nous sommes assurés de la victoire par la faveur que nous fait votre excellence , et par la présence de l'armée navale de sa majesté très-chrétienne. L'ennemi s'approche de nous autant qu'il lui est possible, et pour nous opposer à lui comme il convient , nous avons un besoin urgent de cette armée , et nous supplions votre excellence , avec la plus grande instance, qu'elle nous fasse la grâce de ne pas demeurer à Cadequia ; mais de venir avec la flotte à Barcelonne, où nous ferons nos efforts pour qu'il ne manque rien à l'armée navale. Nous réclamons de votre excel-

regonexarem en tota occasio.
Guarde Deu a vostra excellencia.

Barcelona, y janer als 19 de 1641.

Illustrissimo, etc., etc.

lence cette faveur, que nous re-
connaîtrons en toute occasion.
Dieu garde votre excellence.

Barceloune, le 19 janvier 1641.

Malgré la première dépêche des députés de Catalogne, M. de
Bordeaux n'ayant pas paru devant Barcelonne, il reçut d'eux
cette seconde lettre au même sujet.

LETTRE DE MM. LES DÉPUTÉS DE CATALOGNE [1].

A M. L'ARCHEVÊQUE DE BORDEAUX, POUR LE PRIER D'AMENER L'ARMÉE
NAVALE PROMPTEMENT EN CATALOGNE.

ILLUSTRISSIMO Y EXCELLENTISSIMO
SENOR,

La major confiansa de nostra
quietut tenim posada en vostra
excellencia y la armada naval, pero
som estats tant pochs venturosos
que no havem tingut fort de po-
derla venrer en aquestas costas, lo
que estat causa que las galeras han
obrat effectos quels havria empe-
dit la armata. A duy nos trobam
ab lo enemich a las portas d'esta
ciutat, que dis dos diues entenem
nos posara siti y ab las galeras nos
levara lo socorro de vivres y mu-
nicions; mac lo que no podem impedir, sino es fene nos merce vostra
excellencia ab la armada naval. Su-

ILLUSTRISSIME ET EXCELLENTISSIME
SEIGNEUR,

Notre meilleur espoir de tranquillité repose sur votre excellence
et sur l'armée navale : cependant
nous n'avons pas été assez heureux
pour vous posséder en ces côtes,
ce qui a été cause que les galères
ennemies ont pu produire des effets
que l'armée navale les eût empêché
d'accomplir. Aujourd'hui, nous
nous trouvons avec l'ennemi aux
portes de notre ville, qui, dans
deux jours, y peut venir mettre le
siége et nous ôter tout secours de
vivres et de munitions; ce que nous
ne pouvons empêcher si votre excellence ne nous fait la grâce de

[1] Cette lettre n'est pas traduite dans l'original.

plicam a vostra excellencia, ab lo major encariment que podem, nos fasa merce de venir ab la armada a aquesta ciutat, ab la major brevedad posible, perque no siam perdut quant vindra lo socorro; que ja altras tenim avisat a vostra excellencia que pora assegurar lo post que li aparexera de la provincia de la manera que voldra, y ab esso fara lo major servecy de sa magestat christianissima que a vuy en los brassos generals de tot lo principat y savi consell de cent d'esta ciutat de Barcelona se ha resolt prender per rey y sei de aquest principat y comptats sa magestat christianissima, que confiam que ab lo emparo de tant gran rey tornarem a gosar de la pau y quietat, y ei señor encomenam a vostra excellencia la diligencia, que en alla consistet la conservacio de aquesta provincia pera son rey.

Guarde Deu a vostra excellencia.

Barcelona, y janer als 23 de 1641.

Lo canonge PAU CLARIS.

Illustrissimo, etc., etc.

nous aider avec l'armée navale. Nous supplions donc votre excellence, avec le plus d'instance qu'il nous est possible, de venir en notre ville avec la flotte et toute la célérité possible, afin que nous ne soyons pas perdus lorsque le secours arrivera. Nous avons déjà donné avis à votre excellence qu'elle pourra assurer, de la façon qui lui conviendra, un port de la province à son choix; et ce sera pour le meilleur service de sa majesté chrétienne, que les bras généraux de tout le principat et le sage conseil des cent de cette cité de Barcelonne ont résolu de prendre pour roi et seigneur dudit principat et des comtés; aussi, confiants en l'appui d'un si grand roi, nous espérons recouvrer la paix et la tranquillité, et nous mettons sous la protection de votre diligence, car en cela consiste la conservation de cette province au pouvoir de son roi.

Dieu garde votre excellence.

Barcelonne, le 23 janvier 1641.

Le chanoine PAUL CLARIS.

Malgré sa constante velléité de refuser les troupes qu'on lui demande, M. le comte d'Alletz envoie cinq cents hommes à M. de Bordeaux.

LETTRE DE M. LE COMTE D'ALLETZ

A M. L'ARCHEVÊQUE DE BORDEAUX, PROMETTANT DE LUI BAILLER CINQ CENTS HOMMES DE PIED POUR EMBARQUER SUR SES VAISSEAUX ALLANT EN CATALOGNE.

MONSIEUR,

Je suis assuré que la correspondance que vous avez à Livourne et à Gênes ne vous permet pas d'ignorer les avis que les sieurs Rabut et Bidaud m'ont donnés des desseins des ennemis sur les vaisseaux et quelques places maritimes de cette province, et qui me doit obliger à conserver en son entier les régiments que j'ai ici en garnison. Mais puisque vous m'assurez que vous ne pouvez accepter les offres des Catalans si je ne vous donne cinq cents hommes, je vous les accorde très-volontiers, dans la passion que j'ai de voir réussir une glorieuse entreprise pour les armes du roi, à laquelle je désire contribuer de tout mon pouvoir, et faire connaitre que je suis,

Monsieur, votre, etc.

LOUIS DE VALOIS.

D'Aix, ce 25 de janvier 1641.

M. de Richelieu donne les instructions suivantes à M. de Bordeaux.

LETTRE DE M. LE CARDINAL DE RICHELIEU

A M. L'ARCHEVÊQUE DE BORDEAUX, TOUCHANT LES PRÉPARATIFS DES VAISSEAUX ET GALÈRES POUR ALLER EN CATALOGNE.

MONSIEUR,

J'ai reçu votre lettre du 15 de ce mois, et entendu particulièrement le sieur Chaillonnay sur l'état des affaires de Catalogne; à quoi je n'ai autre réponse à vous faire, si ce n'est que comme vous ne sauriez faire chose plus agréable au roi que de secourir les Catalans, vous devez aussi, ainsi que vous le proposez, demander et procurer l'assurance des vaisseaux et des galères de sa majesté, que vous mènerez à leur secours.

M. de Forbin m'a mandé qu'il a fait préparer, il y a déjà quelque temps, dix galères, lesquelles il rendra prêtes à partir quand vous l'ordonnerez, et que si quelques unes manquent de capitaines, qu'il en fournira d'autres à leur place. Pour cet effet, on fait partir en diligence tous les capitaines des galères qui sont ici, afin de se rendre à leurs charges et faire ce qui leur sera ordonné.

Je vous prie de vous accommoder à ce qui se peut, et de ne trouver pas des difficultés aux choses où votre soin et votre industrie les pourront surmonter.

Le sieur Picard a envoyé 40,000 écus à son commis en Provence pour préparer vos armements, outre lesquels je lui en fais envoyer eucore 20,000, de façon qu'avec les 110,000 francs que vous me mandez être de reste des années 1638 et 1639, pour les galères, entre les mains du commis du trésorier, vous ne sauriez manquer de fonds.

J'écris à M. le comte d'Alletz pour le prier de vous faire fournir les deux cents hommes de son régiment que vous demandez pour armer les trois vaisseaux que vous avez fait dessein d'envoyer par avance en Catalogne.

On a déjà envoyé ordre aux régiments de Provence et des Galères d'y aller. On vous l'envoie maintenant pour les embarquer si bon vous semble.

Je mande à M. de Forbin qu'aussitôt que les dix galères que vous devez mener seront prêtes, qu'il s'en vienne me trouver; mais je vous dois dire que le roi ne veut pas que le sieur chevalier de la Valette aille en cette expédition, à cause de l'état où sont MM. d'Épernon et de la Valette. Ce n'est pas qu'on trouve rien à redire à sa personne, dont on connaît le cœur, mais la prudence fera concevoir à tout le monde que la résolution du roi a bon fondement. Sa majesté trouve bon qu'il s'en retourne à Venise, et M. de Noyers lui en envoie l'ordre.

Si M. de Vinceguerre peut aller en voyage avec vous, je désire qu'il ait le commandement des galères sous vous, ainsi que je lui écris.

Je ne vous parle point de la vente des marchandises, parce que je vous laisse faire ainsi que vous l'estimerez plus à propos.

Il me reste à vous affirmer que je suis,

> Monsieur,
>
> Votre très-affectionné comme frère à vous rendre service.
>
> Le Cardinal DE RICHELIEU.

Dans la dépêche suivante, écrite à M. de Bordeaux par M. d'Argenson au nom des députés du principat, cet officier-général donne les détails du combat livré devant Barcelonne par les Catalans à l'armée espagnole.

AVIS DONNÉ A M. L'ARCHEVÊQUE DE BORDEAUX

DU COMBAT QUI SE FIT LE JOUR AUPARAVANT DEVANT BARCELONNE.

A Barcelonne, 28 janvier 1641, avant jour.

MONSIEUR,

Messieurs de la députation vous adressent cette dépêche pour la faire tenir à la cour en toute diligence. Ils rembourseront précisément les autres voyages que vous avez fait faire pour eux, dont, à mon avis, celui-ci sera le mieux reçu.

Nous eûmes hier matin combat de toute notre cavalerie contre celle des ennemis, et fûmes mêlés long-temps jusque sur le bord du fossé. Le duc de Saint-Georges y fut fort blessé d'un coup d'épée dans les reins par le sieur de la Haille, dont il est mort ce matin, et don Alvarès de Guioñès tué, à ce qu'on nous assure. La perte y fut petite de notre part, quoiqu'ils fussent le double plus forts que nous.

Ensuite de cela, toute l'armée ennemie voulut attaquer une redoute imparfaite sur le Mont-Juilh; mais enfin, après un combat de quatre heures, ils furent repoussés avec grande perte de Wallons et d'Irlandais qui avaient la pointe. Nous y avons gagné quinze drapeaux et deux cornettes. Hier au soir ils s'étaient reculés du poste du matin; je ne sais ce qu'ils auront fait cette nuit. Mais après cet effort, où ils ont laissé plus de quatre cents morts et trois mille mousquets ou piques sur la place, jugez de ce qu'ils peuvent faire. Jamais gens n'ont combattu si courageusement que les Catalans; nos Français y ont fait merveille et en ont tout l'honneur. Il y avait trois cents Français à ladite redoute du Mont-Juilh, commandés par le sieur d'Aubigny, partie du régiment de Sérignan et partie de celui d'Espenan. Jamais il ne s'est vu une pareille amitié que celle du pays pour nous : il est vrai que nous sommes ici plus absolus que vous n'êtes dans Béziers.

Il arriva ici hier matin un ambassadeur du roi de Portugal pour la cour; il a vu messieurs de la députation et moi sa créance, ayant été présent à son audience. Il confirme tout ce que je vous en ai mandé ci-devant, et même que les Portugais ont plus de trente mille hommes sur pied pour entrer en divers lieux de Castille.

Nos batteurs d'estrade viennent de rentrer qui assurent que les ennemis n'ont point branlé depuis hier au soir. Il est maintenant jour, et dans peu nous verrons ce qu'ils voudront faire. M. de Sérignan est en santé; pour moi, je ne suis pas si bien, mais je suis, etc.

P. S. Il est très-important, monseigneur, que vous vous approchiez de la frontière pour faire diversion, parce que les ennemis disent qu'ils attendent grand renfort de Roussillon.

Les ennemis ont fait aujourd'hui une lieue sur le chemin de leur retraite, mais avec tout cela bonne garde. Je ne vois pas que ces messieurs aient grande envie que le régiment de Mérinville entre. Ils ont peu d'argent à présent, et si les ennemis se retirent, moins de besoin de cavalerie sans un corps d'infanterie pour entreprendre, et le tout aux dépens du roi. Peut-être aurai-je l'honneur de vous voir bientôt pour ajuster ce que vous pourrez faire pour eux, et vous donner de bouche les connaissances qu'une lettre ne vous saurait donner. Il faut ici un homme de grande autorité sans contredit. Si cette dépêche, qui doit aller à la cour, vous est adressée, monseigneur, vous lui ferez tenir, s'il vous plaît, jour et nuit, sinon elle aura été par autre voie, en cas que vous vous soyez trouvé trop avant dans le pays.

Si vous aviez ordre et fonds pour entrer avec quatre ou cinq mille hommes de pied seulement et mille chevaux français, j'estime qu'en l'état où sont les ennemis on les conquerrait jusqu'à Tortose, avec l'assistance des forces du pays et le pain qu'ils pourraient fournir. Nous venons d'avoir avis que leur infanterie a filé jusqu'à Martorel; si cela est, l'apparence est grande qu'ils se retirent ou qu'ils attendent renfort d'Aragon et de Roussillon. Je vous assure qu'ils n'ont pas huit cents bons chevaux.

Je pourrai bien faire un tour aux îles pour conférer avec vous, si vous me donnez avis du temps que vous y serez : cela serait très-important au bien des affaires.

Ce 28 janvier 1641, à sept heures du matin.

LETTRE DE M. DE NOYERS

A M. L'ARCHEVÊQUE DE BORDEAUX SUR LES AFFAIRES DE CATALOGNE.

Monsieur,

Je commence à mieux espérer des affaires de Catalogne, puisqu'ils témoignent se vouloir confier au roi et à ses armes; aussi faut-il que de notre part nous correspondions à leurs bonnes dispositions, et que nous n'omettions rien de possible pour les assister et leur faire connaître que le choix qu'ils ont fait de la protection de la France ne leur réussira pas mal. Son éminence me commande de vous convier de sa part à faire diligemment ce que vous jugez se pouvoir faire à cet effet, parce que, outre que les choses achetées à tant de peine et tant d'instances perdent leur grâce et diminuent beaucoup le gré de ceux que l'on veut obliger, nous mettons souvent les affaires en hasard et laissons échapper des occasions à l'État. Voyez donc, monsieur, ce que vous pouvez faire, tant par le moyen des vaisseaux que des galères; et à présent que M. Duplessis nous assure que les Catalans vous donnent le port et le fort et le bourg de Cadequia; faites-le au plus tôt, quand ce ne serait que pour prendre possession de ce fort, qui assure passivement et activement le secours que l'on a résolu de donner à ces peuples.

Le roi fait préparer plus de douze mille hommes de pied et près de trois mille chevaux, compris les troupes qui y sont, pour porter cette affaire au point qu'elle peut aller, et a envoyé M. de Lamotte pour en prendre le commandement au lieu de d'Espenan; de sorte que je veux espérer que le Portugal, faisant son devoir comme il s'y prépare bien, et cette affaire prenant trait, Dieu forcera cette dureté espagnole à recevoir les lois d'une paix raisonnable, et mettra la chrétienté en état de lui rendre sa servitude très-aimable en repos et en la tranquillité après laquelle soupire,

　　　　　Monsieur, votre, etc.

　　　　　　　　　　　　　　　　　　DE NOYERS.

De Ruel, ce 1ᵉʳ février 1641.

MONSIEUR,

　Tous ceux qui nous écrivent des affaires de Catalogne conviennent en ce point qu'il faut se rendre maître des ports de Roses et de Collioure, à quoi ne servira pas peu celui de Cadequia que les Catalans sont prêts de livrer au roi; mais il faut avoir des forces pour l'exécution de ces desseins, et l'on n'y perd point de temps. M. le maréchal de Schomberg, qui nous écrit de point en point les mêmes choses que vous, travaillera de son côté à les mettre sur pied en toute diligence. Ainsi, monsieur, la correspondance que vous devez tenir ensemble vous donnera moyen de savoir à point nommé quand elles seront en état et vous en prévaloir à l'avenir. Pour ce qui est des troupes de Provence, je n'ai rien à ajouter aux ordres que j'ai envoyés pour les faire passer en Catalogne sur les vaisseaux ou galères, et les décharger, s'il y a lieu de le faire avec sûreté, pour joindre l'armée de terre; mais de tout cela il est très-difficile d'en prescrire rien de certain, parce que les affaires changent de face à tout moment : il faut y accommoder les résolutions.

　J'envoie à M. de Lamotte l'ordre de la subsistance de cinq cents hommes que l'on nous demande pour mettre en garnison au fort de Cadequia; que si, comme je l'estimerais fort à propos, son éminence trouve bon d'y mettre M. de Montpesat avec cinq cents hommes du régiment des Galères, la subsistance les suivant, je mande que l'on

convertisse en vivres et munitions le fonds que nous envoyons pour
la subsistance de la garnison. Je suis,

      Monsieur, votre, etc.

DE NOYERS.

De Paris, ce 4 février 1641.

    MONSIEUR,

Son éminence jugeant que pour profiter des occasions avantageuses
que Dieu nous met en mains dans la Catalogne, il faut concourir avec
un peu plus de diligence que nous n'avons fait jusqu'ici, tant par mer
que par terre, elle a résolu d'envoyer un des siens pour faire lever en
Languedoc les difficultés qui s'y rencontrent, et qui retardent l'avancement de cette si importante occasion, et M. de Besançon l'aîné, en
Provence, à la même fin, le faisant accompagner par M. le Picard,
trésorier de la marine, qui est seul capable de souldre le nœud gor-
dien des plus invincibles difficultés, puisqu'il est vrai, aussi bien en nos
temps qu'en ceux des anciens, que l'argent fait voie partout. Je m'assure qu'ils vous trouveront très-disposé à tout ce que l'on désire de
vous, qui est :

Que tandis que M. de Lamotte soutiendra les affaires des Catalans
à Barcelonne ou ailleurs, selon que le service le requerra, M. de Schomberg en personne par terre, et vous, monsieur, par mer, alliez de concert et avec la bonne correspondance requise, attaquer et prendre
Collioure et Roses ; vous assurant en même temps du fort et port de
Cadequia, que les Catalans nous livrent pour première assurance de
l'armée navale.

M. de Schomberg nous a ci-devant mandé [1] qu'il estimait que l'on
pourrait en quinze jours emporter l'une des deux places que l'on vous
donne à attaquer, pourvu que la mer et la terre y agissent de concert ; il faut maintenant tâcher à tirer les effets de cette proposition
aussi nécessaire pour conserver la Catalogne qu'utile au service du
roi et à la réputation de ses armes. S'il s'y rencontre facilité, je mande

---

[1] Voir 11 février, M. de Richelieu à M. de Schomberg. — *Aubery*, t. II, p. 647.

à M. le maréchal de Schomberg que le roi désirerait que l'on portât ses armes devant Salses ; mais on aura loisir de vous en parler une autre fois. Partons seulement de Provence en état de faire bon voyage, et prenons Roses et Collioure : ce seront d'assez glorieux commencements d'année pour en remercier Dieu, et donner gloire à ceux qui les auront exécutés.

L'on envoie ordre à M. de Schomberg pour l'artillerie, vivres et munitions ; mais comme vous servez tous un même maître, je suis aussi assuré que chacun aidera à son compagnon de ce qui lui manquera ; son éminence vous en conjure, et je vous supplie de me croire,

Monsieur, votre, etc.

DE NOYERS.

De Paris, ce 11 février 1641.

LETTRE DE M. LE CARDINAL DE RICHELIEU

A M. L'ARCHEVÊQUE DE BORDEAUX, POUR LE PRESSER DE PARTIR POUR LA CATALOGNE.

MONSIEUR,

Je vous dépêche le sieur de Besançon, exprès pour vous dire que le service du roi requiert que vous ne perdiez plus aucun temps à secourir les Catalans. Le bon succès qui est arrivé à Barcelonne vous oblige à vous diligenter. Se donnant au roi comme ils font, il est bien raisonnable de faire de notre part ce qu'il faut pour les recevoir ; et comme le conseil du roi serait blâmé s'il ne donnait tous les ordres nécessaires à cette fin, vous ne seriez pas digne d'excuse si vous manquiez à faire tout ce qui dépendra de vous pour une affaire si avantageuse.

Le port de Cadequia sera délivré à votre armée ; le sieur Duplessis-Besançon a écrit à M. de Noyers qu'il a retiré du principat de Catalogne toutes les expéditions nécessaires à cette fin, et qu'il vous les a envoyées.

On vous a envoyé tout l'argent dont vous pouvez avoir besoin raisonnablement. Vous avez en outre le fonds de la vente de toutes les prises qui sont à Toulon, dont je consens que vous vous serviez, et je fais partir le sieur le Picard pour vous ôter tout lieu d'excuse.

Si avec le nombre des vaisseaux et des batteries que vous pouvez équiper de delà, vous trouvez difficulté à faire quelque chose, tout le monde jugera qu'elle sera en votre humeur, et non au manque de moyens nécessaires à la fin qu'on vous propose.

L'intérêt du service du roi, celui de la réputation de ma charge et le vôtre m'obligent à vous dire qu'il vous importe de faire voir en cette occasion que vous êtes homme qui savez aussi bien faire que parler, et que vous n'êtes pas tel que beaucoup estiment, c'est-à-dire d'humeur si particulière que vous ne puissiez compâtir avec personne. Je vous prie, comme votre ami, de faire état des avis que je vous donne, et de vous étudier plutôt à trouver des remèdes aux difficultés que vous connaîtrez que de vous amuser à trouver des difficultés sans remèdes. Dans la pratique du monde, il n'y a rien de plus dangereux que certains esprits qui semblent n'avoir autre but que de trouver des moyens de ne rien faire, ou s'ils entreprennent quelque chose, de se décharger des mauvais événements qui en peuvent arriver... par procès-verbaux. Je sais bien que vous n'êtes pas de ce nombre, mais vous avez besoin de le faire connaître à ceux qui ne vous connaissent pas si bien que moi.

En un mot, l'occasion présente requiert que vous vous mettiez à la mer le plus tôt que vous pourrez, pour le secours des Catalans, en prenant toutes les précautions nécessaires pour ne perdre pas les vaisseaux du roi, et ne faire pas recevoir un affront à ses armes. Je vous ai écrit plusieurs fois en ces termes, que je vous répète encore.

Quand vous aurez reçu Cadequia, on pourra attaquer par mer et par terre Collioure.

Ainsi, surmontant de votre part les difficultés que vous pourrez trouver pour n'avoir pas tous les capitaines qui ont accoutumé de commander les vaisseaux, ce que vous pouvez faire en y commettant qui bon vous semblera, par le pouvoir que je vous en donne, et ordonnant du fonds, les soldes et les vivres pour autant de temps que vous l'estimerez à propos, je ne doute pas que vous ne fassiez quelque chose de bon.

Bien que les câbles dont vous avez besoin ne soient pas encore arrivés de Hollande, y ayant à Toulon et à Marseille trente-deux vaisseaux comme il y a, et ne faisant état de vous servir que de quinze ou seize, vous pourrez employer les agrès des uns pour mettre les autres en état de servir ; et il est de votre bon ménage de voir ce qui devra être fait de ceux qui demeureront dans le port, conservant seulement ceux qui pourront être bons à servir, comme vous l'avez mandé plusieurs fois. Au lieu de flûtes que vous proposez pour mener des gens, M. le commandeur Desgouttes dit que les tartanes de Martigues sont beaucoup meilleures, et que les frais seront bien moindres.

Sachant que vous n'avez pas contentement de M. de Forbin, je lui ai mandé qu'il s'en vienne. Si vous trouvez que M. Lequeux ne vous satisfasse pas aussi, je lui donnerai le même ordre.

Ainsi, comme je n'oublie aucune chose qui vous puisse faciliter le moyen de servir, je me tiens très-assuré que vous ferez ce que je me promets de vous.

Après tout ce que dessus, il ne me reste à vous conjurer de faire, en cette occasion, tout ce que le service du roi, votre cœur et votre prudence vous suggéreront, et de croire que je suis,

Monsieur, votre très-affectionné à vous rendre service [1].

Le Cardinal DE RICHELIEU.

LETTRE DU ROI

A M. L'ARCHEVÊQUE DE BORDEAUX, POUR SE RENDRE AVEC L'ARMÉE NAVALE POUR LA DÉFENSE DE BARCELONNE, ET POUR L'ATTAQUE DE COLLIOURE ET ROSES PAR MER.

De Saint-Germain-en-Laye, le 11 février 1641.

Monsieur l'archevêque de Bordeaux, la nouvelle je viens de recevoir des avantages que les Catalans ont eus à la défense de Barcelonne,

---

[1] On remarquera que depuis cette époque les lettres de M. de Richelieu à M. de Bordeaux sont empreintes d'une sévérité croissante, et que le premier ministre supprime la formule qu'il avait employée jusque-là : *Votre affectionné* COMME FRÈRE *à vous rendre service*. La disgrâce de M. de Bordeaux arriva peu de temps après.

et en la poursuite de l'armée ennemie qui l'attaquait, me donnent sujet d'envoyer en Languedoc presser mon cousin le maréchal de Schomberg de rendre le secours de la Catalogne le plus puissant et le plus prompt qu'il se pourra, et de vous dépêcher en même temps le sieur de Besançon pour vous faire connaître combien il est nécessaire d'avancer le secours de mer en la côte de Catalogne, et que je ne désire rien davantage que de savoir que vous y soyez avec les forces dont j'ai fait état.

Que comme les avantages des Catalans peuvent donner lieu d'employer utilement mon armée de ce côté-là en divers endroits, je désire que, pendant que le sieur de Lamotte-Houdancourt agira vers Barcelonne ou ailleurs, selon les occasions qui s'offriront, avec un corps de troupe français de quatre mille hommes de pied et mille chevaux et l'armée du pays, mon cousin le maréchal de Schomberg, avec le corps d'armée qu'il formera des troupes qui lui resteront, aille du côté de la terre attaquer et prendre Collioure et Roses, et, qu'en même temps qu'il se présentera devant ces places du côté de la terre, vous les attaquiez par la mer, et agissiez en toutes choses de concert avec ce lui, mande de faire de sa part avec vous, vous donnant l'un à l'autre, en toutes occasions, une assistance mutuelle.

Que pour assurance de mon armée navale, vous receviez d'abord le fort et le port de Cadequia, que les Catalans ont promis de remettre en vos mains.

Et parce que ceux qui connaissent Collioure et Roses estiment qu'en les attaquant du côté de la terre et de la mer, en même temps, l'on peut emporter chacune de ces places en quinze jours; cela succédant, comme je l'espère de l'assistance de Dieu, l'on pourra porter mes armes ailleurs, et peut-être attaquer Salses; mais c'est un projet auquel il ne faut penser qu'après avoir fait réussir ceux-là, auxquels je m'assure que vous n'omettrez rien de votre part, ni aux autres choses qui regarderont l'avancement des affaires de la Catalogne, du bon acheminement desquelles il y a lieu de beaucoup espérer. C'est ce que je vous dirai par cette lettre, me remettant audit sieur de Besançon de vous faire particulièrement connaître combien je désire l'avancement dudit secours, l'ayant fait informer de tout ce qui est de mes intentions. Et parce que je lui ai donné charge de s'embarquer avec vous, à faire tout ce que vous désirerez de lui pour mon service, je vous le recommande comme une personne capable d'agir utilement en ces occasions, et que je tiens très-affectionné à mon service, priant Dieu qu'il vous ait, monsieur l'archevêque de Bordeaux, en sa sainte garde.

LOUIS.

LETTRE DU ROI

A M. L'ARCHEVÊQUE DE BORDEAUX, ENVOYANT LE SIEUR D'ARGENSON EN CATALOGNE EN QUALITÉ D'INTENDANT, AFIN DE GARDER AVEC LUI CORRESPONDANCE ET BONNE INTELLIGENCE.

Mons. l'archevêque de Bordeaux, sur l'avis que j'ai eu des dispositions pressantes des états et peuples de la Catalogne, j'envoie le sieur d'Argenson, conseiller en mes conseils d'état et privé, pour en recueillir les fruits, et pour s'employer en tout ce qui sera à traiter avec eux, et en qualité d'intendant de la justice, police et finances en mes armées de terre et de mer, et dans le pays de Catalogne, prendre soin du payement et de la subsistance des troupes, et de les tenir si bien disciplinées qu'elles ne puissent donner aucun sujet de plainte à ces peuples. Ce que j'ai bien voulu vous faire savoir par cette lettre, et vous dire que comme j'ai ordonné audit sieur d'Argenson de vous donner part de ce qu'il avancera pour mon service en ces quartiers-là, aussi mon intention est que vous gardiez une correspondance étroite avec lui, que vous fassiez tout ce qui sera nécessaire de votre part pour l'exécution du traité qu'il fera avec ceux du principat de Catalogne, et, qu'en toutes occasions, vous considériez particulièrement ses avis, comme d'une personne en qui j'ai une entière confiance. Et me remettant sur lui de ce que je pourrais ajouter à la présente, je ne vous la ferai plus longue que pour prier Dieu qu'il vous ait, monsieur l'archevêque de Bordeaux, en sa sainte garde.

LOUIS.

Écrit à Saint-Germain-en-Laye, le 16 de février 1641.

M. Bidaud continue de renseigner M. de Bordeaux sur les affaires d'Italie.

LETTRE DU SIEUR BIDAUD

A M. L'ARCHEVÊQUE DE BORDEAUX.

MONSEIGNEUR,

J'ai reçu par le patron Baptiste l'honneur de votre lettre du 16 de ce mois, suivant laquelle je ne manquerai pas de tenir votre excellence avertie, par toutes occasions, de ce qui concernera le service du roi et le vôtre en particulier, avec la ponctualité et fidélité que j'ai toujours fait.

Le marquis de Leganez de Castanières avec les autres ministres d'Espagne partirent jeudi dernier. Le mauvais temps les a retenus quelques jours à Morgues. Il y a long-temps que je me suis donné l'honneur de vous donner avis de leur départ par la voie de M. le comte d'Alletz, qui m'en a accusé réception; et depuis ma dernière, j'ai été averti que le vice-roi de Naples avait assemblé dix-huit vaisseaux en Baïa, la plupart hollandais, lequel ayant licencié les mariniers pour les remplacer d'Italiens, il est très-certain qu'il lui sera difficile de trouver la quantité qu'il lui faut, et de soldatesque aussi pour les bien armer, dont je tiendrai ponctuellement avertie votre excellence, et de ce que ses galères feront aussi.

M. de Castelan a attaqué Ponte Stura et Monte Calvo; j'espère qu'il les aura pris avant que le nouveau gouverneur de Milan soit en état de les secourir; il a fait revue générale de ses troupes, et n'a trouvé en tout qu'environ douze mille fantassins et deux mille chevaux, qui ne suffisent pas même pour garder les places du Piémont et du Montferrat, sans parler de celles du Milanais. La trésorerie sans un sou, et les rentes et droits dudit État payés par avance au marquis de Leganez pour toute cette année; mais les Milanais chantent hautement qu'ils se soulèveront si on continue les impositions et mauvais traitements, et sans pouvoir avoir secours d'Allemagne, où les affaires de la maison d'Autriche sont en très-grande confusion, quoique M. Bannier se soit retiré des environs de Ratisbonne, qu'il aurait prise en peu de jours et tout ce qui était dedans, s'il avait continué son entreprise. J'ai envoyé le pli que votre excellence m'a adressé à son altesse de Parme, et par le premier de nos ordinaires je ferai tenir à Rome et Livourne les autres. M. le maréchal d'Estrées a encore eu quelques démêlés qui l'ont obligé à sortir de Rome. Le paquet que M. Rabut disait m'avoir envoyé par un gentilhomme génois, nommé Jean-Baptiste Levanso, m'a été rendu, ou pour mieux dire, à mon homme, par un marinier qui l'avait eu du sieur Baptiste Luca, joueur d'instruments de notre ville. Je vous supplie de conserver dans l'honneur de vos bonnes grâces et sous votre protection,

Monseigneur, votre, etc.

BIDAUD.

A Gênes, le 26 février 1641.

Cette relation de M. de Bordeaux est relative à la prise de vaisseaux que fit M. de Chastellux sur les côtes de Catalogne.

Depuis la prise des « cinq vaisseaux, deux galères et la polacre, » chargés d'affûts de canon et de plomb, l'archevêque de Bordeaux a toujours été aux écoutes de quatre vaisseaux qu'il avait eu avis par les prisonniers qui chargeaient à Cadix et qui les devaient suivre, ce qui obligea ledit archevêque d'envoyer cinq vaisseaux de guerre commandés par les sieurs de Chastellux, Duquesne, Paul, d'Ariel et Barault, pour voir s'ils ne les rencontreraient pas; lesquels étant arrivés sur les hauteurs de Tarragone, prirent une barque chargée de farine, qui leur apprit que les galères d'Espagne commandées par Jeanetin Doria s'en étaient fuies vers les Alfages dès qu'il avait aperçu les vaisseaux, et qu'il y avait un vaisseau anglais chargé de blé et une galiote devant la ville, qui obligea ledit Chastellux à s'en aller pour l'attaquer; ce qui fut fait aussi heureusement que projeté, et le vaisseau si maltraité qu'en présence du général et de toute l'armée espagnole, et de tous leurs canons qu'ils avaient mis sur la rade, le vaisseau trouva plus tôt terre qu'il n'eût voulu, et qu'il eût été nécessaire pour la conservation de ces blés. La galiote, s'échouant tout haut sur terre, évita sa perte par ce moyen, et les bataillons des ennemis, regagnant la ville plus vite que le pas, obligèrent leur général, qui est le connétable Colonne, prince de Botero, à faire le même, qui n'avait pas accoutumé de voir emporter trois hommes d'un coup de canon près de lui, comme sa dépêche envoyée au duc Ferrandine, qui a été interceptée, le témoigne. Le même jour les vaisseaux du roi mirent à la voile et prirent encore une barque chargée de vivres, deux brigantins chargés, l'un de confitures et l'autre de volailles, et la felouque de la capitane des ennemis, par lesquels ils apprirent qu'il y avait trois vaisseaux mouillés sous un fort qui garde la marine de Valence. Ils se résolurent de les y aller attaquer à cent cinquante milles de là ; nonobstant tous les mauvais temps, ils y vont, les attaquent, et après plusieurs coups de canon de part et d'autre, et du fort, qui ne s'épargnait, deux vaisseaux sont enlevés et le troisième si maltraité qu'il gagna terre avec sa perte et de tout son grain. De sorte que ces quatre vaisseaux, chargés avec tant de peine à Cadix pour achever d'avitailler les places et armée de Roussillon pour dix-huit mois (les cinq premiers en ayant porté, comme ils estimaient, pour dix mois), se trouvent maintenant entre les mains du roi, à la réserve de deux qui servent à engraisser les poissons. Il se trouve une petite remarque digne de considération, qui est que l'un des vaisseaux pris est anglais et l'un des trois que l'armée du roi avait pris à Naples l'année passée ; lequel avait été relâché sur les fausses chartes-parties qu'il fit voir au général de leur pays ; ce qui confirme les avis qu'on a que tous les vaisseaux anglais et flamands qui naviguent dans le Détroit sont pour les Espagnols ou leurs sujets ; ce qui a obligé l'archevêque de Bordeaux de faire publier à Gênes, Livourne et toute l'Italie, que tous les vaisseaux et barques qui apporteraient des vivres dans les places du Roussillon et de la Catalogne seraient traités comme gens qui portent vivres aux assiégés. Toutes lesdites places étant par toutes ces prises réduites à telles extrémités, que les soldats n'ont que dix-huit onces de pain, moitié d'orge, un jour et douze de biscuit l'autre, si noir et si moisi que les chiens de l'armée du roi n'en veulent pas manger, encore en ont-ils si peu qu'on. est très-certain qu'ils ne peuvent continuer cette ration deux mois durant s'il ne leur vient secours d'ailleurs..

LETTRE DU ROI

A M. L'ARCHEVÊQUE DE BORDEAUX, POUR CONCOURIR AVEC M. LE PRINCE AU SIÉGE DE COLLIOURE.

A la maison Rouge, 1er mars 1641.

Monsieur l'archevêque de Bordeaux, ayant donné à mon cousin le prince de Condé le commandement général et en chef de mes armées de Languedoc, de Roussillon et de Catalogne, et même dans ma province de Languedoc, en l'absence de mon cousin le maréchal de Schomberg, lequel j'envoie commander en ma province de Guienne, j'ai bien voulu en donner avis par cette lettre, et vous dire que mon intention est que vous fassiez savoir à mondit cousin le prince de Condé, le plus souvent et le plus ponctuellement que vous pourrez, l'état où vous serez avec mon armée navale, et ce que vous saurez être à faire pour le bien et avantage de mes affaire et de mon service ; et qu'au surplus en l'attaque de Collioure et des autres ports de l'Espagne, et en tout ce qui pourra être à entreprendre, vous suivrez les ordres qui vous seront donnés par mondit cousin et y obéissiez tout autant que la mer pourra vous le permettre. Et me remettant sur mondit cousin de ce que je pourrai ajouter à la présente, je ne vous la ferai pas plus longue que pour prier Dieu qu'il vous ait, monsieur l'archevêque de Bordeaux, en sa sainte garde.

LOUIS.

M. de Lamotte-Houdancourt, parent de M. de Noyers, ayant
été envoyé pour commander les troupes en Catalogne, écrit la
lettre suivante à M. de Bordeaux.

LETTRE DE M. DE LAMOTTE-HOUDANCOURT

A M. L'ARCHEVÊQUE DE BORDEAUX, POUR LUI TÉMOIGNER LA JOIE QU'IL
ÉPROUVE DE SON ARRIVÉE AVEC L'ARMÉE NAVALE.

Barcelonne, 3 mars 1641.

MONSIEUR,

La nouvelle de l'arrivée de votre armée navale à Cadequia a donné
grand'joie à tous les peuples; mais pour les entièrement rassurer, il
est très-nécessaire que vous la fassiez, s'il vous plaît, monsieur, paraître à cette ville, parce que de la résolution de ses habitants dépend
celle de tout le pays, et pour d'autres raisons que j'espère avoir l'honneur de vous dire. Cependant messiers de la députation m'ayant fait
connaître que la ville de Cadequia est une de celles qui a toujours
paru plus affectionnée, j'ai cru, sur ce qu'ils l'ont désiré, vous devoir
prier, monsieur, d'ordonner que les habitants soient bien traités, pour
ne leur point donner de sujets de plaintes. J'espère me donner l'honneur de vous voir pour vous entretenir de ce que j'ai appris de l'état
où sont les ennemis, qui sont toujours, savoir : le marquis de Cosuelle
à Tarragone, et le duc de Nochera à Fragues, et aussi de la bonne
volonté de tous les peuples de ce pays, afin de prendre la résolution de
tout ce qu'il y aura à faire; c'est ce qui m'empêche de vous la faire
plus longue que pour assurer que je suis plus que personne du monde,

Monsieur,

Votre très-humble et très-obéissant serviteur.

LAMOTTE-HOUDANCOURT.

LETTRE DE M. LE CARDINAL DE RICHELIEU

A M. L'ARCHEVÊQUE DE BORDEAUX, TOUCHANT LE COMMANDEUR DE FORBIN,
ET LE PRESSE DE PARTIR POUR LA CATALOGNE.

Monsieur,

Si la lettre que je vous ai écrite par M. de Besançon, et que vous devez maintenant avoir reçue, ne satisfaisait à la plupart des points contenus en la vôtre du 18 février, j'y répondrais particulièrement; mais puisque je l'ai déjà fait par avance, je me contenterai de vous dire que M. de Noyers ni moi n'avons point envoyé d'ordres à M. de Forbin contraires à ceux que vous avez reçus, soit pour l'entretien des dix-huit galères toute l'année, suivant votre proposition, soit pour le choix et armement des dix qui ont été destinées pour passer en Catalogne avec les vaisseaux du roi. J'ai bien écrit depuis peu audit sieur de Forbin que si vous n'étiez plus dans la résolution de prendre le soin de l'entretien desdites dix-huit galères, ainsi que vous l'auriez déclaré, ou que vous ne le puissiez faire à cause de votre absence de Provence, qu'il continuerait à pourvoir à la subsistance d'icelles ainsi qu'il a fait jusqu'à présent; mais ce n'est qu'en cas que vous ne veuillez pas exécuter votre proposition, à laquelle je me suis tellement arrêté que j'ai écrit plusieurs fois audit sieur de Forbin de ne se plus mêler d'aucune chose touchant l'économie des galères, et de me venir trouver pour me rendre compte de sa conduite : ce que je lui mande encore présentement, afin que vous puissiez agir en liberté. Je n'ai jamais cru qu'il y eût aucune chose à redire aux comptes que ledit sieur de Forbin a rendus pour les galères qui dépendent particulièrement de moi; mais puisque vous dites qu'il a profité sur icelles de cinquante mille francs par an, et que, pour le justifier, vous ne demandez qu'à voir ses comptes, je vous envoie les extraits de ceux qu'on m'a fait voir pour les examiner avec M. Lequeux, ainsi que vous le proposez. Quand on a ordonné dix galères pour aller en Catalogne, on a cru que ce nombre suffirait avec les vaisseaux ronds que vous aurez eu ordre d'armer, pour s'opposer aux forces navales que les ennemis pouvaient avoir de ce côté-là ; mais puisque vous n'estimez pas que cette escadre soit assez forte et que vous aviez fait armer douze galères, je m'étonne, ayant le pouvoir que je vous ai donné en ma charge, que vous ne les faites toutes mettre à la mer, sans vous amuser à vous plaindre. Encore, qu'à vous dire le vrai, je ne juge pas qu'une escadre de douze galères soit beaucoup plus considérable qu'une de dix, puisqu'il n'y en a que deux davantage, qui ne sont pas capables d'un grand effet, si ce nombre de deux n'a quelque vertu particulière que je ne sais point encore, et que je veux croire que vous n'ignorez pas.

Puisque vous jugez que le service du roi requiert qu'on mette à la mer toutes les galères que vous avez ordonné, M. de Noyers en envoie l'ordre à M. Lequeux, comme aussi de faire toutes les choses que vous lui direz pour le service du roi.

Il vous fait réponse à la proposition que vous faites de vous rendre maître, avec les régiments de Provence, des Galères, celui de la Couronne et des Vaisseaux, de toutes les places qui sont sur la mer depuis Collioure jusqu'à Carthagène ; à quoi j'ajouterai qu'il vaut mieux n'entreprendre pas tant et se rendre seulement maître des places depuis Collioure jusqu'au port de Roses, icelui compris.

On vous laisse donc lesdits deux régiments de Provence, des Galères et ceux de la Couronne et des Vaisseaux ; mais comme ces deux derniers ne peuvent marcher que quand ils seront prêts, il ne faut pas que cela vous arrête de faire ce que vous pourrez et devrez auparavant.

On pourvoira à la subsistance de ces troupes ainsi que vous le pourrez désirer.

Quant à l'artillerie, c'est à vous de vous servir de celle que vous avez sur vos vaisseaux, tant parce qu'elle n'est pas en petit nombre que parce qu'il serait impossible de fournir à tant de choses, et que quelques-uns pourraient croire que vous nous proposez des choses plus que difficiles pour avoir occasion de ne rien faire.

Je m'imagine qu'auparavant que vous receviez cette dépêche, M. de Besançon vous aura fait passer par-dessus toutes sortes de difficultés.

Pour le moins vous prié-je de ne vous excuser plus sur le manque de pouvoir que vous avez si ample que, pourvu que vous ayez autant de bonne volonté et de savoir-faire, vous ne manquerez d'aucune chose nécessaire pour faire réussir les bons desseins que je ne doute point que n'ayez.

Quand le sieur Picard, qui est maintenant près de vous, sera de retour, on pourvoira au paiement des appointements de trente-neuf et quarante, des capitaines de brûlots et de marine que vous recommandez. Je suis,

> Monsieur, votre, etc.
> Le Cardinal DE RICHELIEU.

LETTRE DU SIEUR BIDAUD

A M. L'ARCHEVÊQUE DE BORDEAUX, TOUCHANT DES NOUVELLES DE DIVERS ENDROITS.

MONSEIGNEUR,

Depuis ma dernière, nous n'avons rien de nouveau d'Espagne, sinon qu'on en attend toujours les deux galères dont j'ai écrit à votre excellence chargées d'argent et de l'amiral de Castille qui va vice-roi en Sicile ; celui de Naples y a fait passer les vaisseaux de Baïa pour embarquer environ trois mille fantassins levés par force et huit cents chevaux et les envoyer en Espagne. Quant aux émotions de Bari, elles se sont vérifiées, et on a avis que ceux d'Aquila en Abruzze, à l'imitation des autres, ont aussi tué leur gouverneur et les Espagnols qui y étaient. On demande à ce royaume-là deux millions d'or, outre une autre infinité d'impositions qu'on y a déjà établies, ce qu'il refuse d'accorder, et de prendre les armes pour assembler le bataillon, d'où l'on juge qu'il pourra arriver quelques soulèvements plus considérables que celui des villes de Bari et d'Aquila.

Votre excellence aura su du Piémont que M. le prince Thomas, ainsi que je lui ai mandé, demeure ferme dans le parti d'Espagne, nonobstant le traité qu'il a fait avec le roi et l'argent qu'ensuite il a reçu de sa majesté. Les Espagnols lui donnent toutes leurs troupes, et cinquante mille écus le mois pendant la campagne, pour la subsistance d'icelles, espérant qu'ils n'en auront point de besoin dans le Milanais, s'ils entretiennent des forces en quelque façon considérables audit prince pour entreprendre dans le Piémont. Toutes leursdites troupes, jusqu'aux garnisons, marchent du côté d'Yvrée pour se joindre à celles dudit prince, et les ennemis demeurent si faibles et si haïs dans le Milanais, qu'on ne rencontrera jamais une plus propre conjoncture ni plus facile à y réussir. Le mauvais temps ayant porté ce patron à Morgues, les galères du marquis de Leganez l'ont obligé de leur vendre sa felouque, si bien qu'il a été contraint de retourner en arrière en prendre une autre pour le service de votre excellence. Je vous supplie de conserver dans l'honneur de vos bonnes grâces et de votre souvenir,

Monseigneur, votre, etc.

BIDAUD.

A Gênes, le 18 mars 1631.

LETTRE DU ROI

A MM. DE MACHAULT ET DES YVETEAUX, TOUCHANT LA CATALOGNE.

Saint-Germain-en-Laye, le 20 mars 1641.

Messieurs de Machault et des Yveteaux, ayant reconnu, par les avis que le sieur de Lamotte-Houdancourt donne de l'état des affaires de la Catalogne, combien il importe de délivrer cette province des ennemis qui la travaillent et la ruinent et conséquemment peuvent mettre les esprits des peuples en disposition de s'altérer, je mande bien expressément à mon cousin le maréchal de Schomberg, par le courrier, qu'il redouble la diligence et les soins que je lui ai déjà recommandés pour assembler toutes les troupes que j'ai destinées tant pour le Roussillon que pour la Catalogne, en sorte qu'il ait dix à douze mille hommes de pied et deux à trois mille chevaux, et qu'au lieu d'entretenir un parti pour agir dans le Roussillon suivant ce que j'avais projeté, il fasse passer toute l'armée dans la Catalogne, selon les avis qu'il aura dudit sieur de Lamotte de l'état des choses dans le pays; et parce que j'entends que vous aidiez tous deux en ce qui dépendra de vous et de l'autorité de vos charges à mondit cousin pour hâter l'assemblée et le passage dudit nombre d'infanterie et de cavalerie en Catalogne, et que je me promets beaucoup de vos soins en une si pressante et importante occasion, j'ai bien voulu vous ordonner, comme je fais par cette dépêche, d'y apporter avec mondit cousin et sous ses ordres toute l'affection et la diligence qui vous sera possible, sans y rien omettre qui puisse être désiré de vous, étant certain que vous ne sauriez rendre de soins plus considérables, vu que, comme avec un prompt et puissant secours les affaires de la Catalogne sont pour continuer dans leur prospérité, aussi le retardement ou la faiblesse des troupes sont capables d'y ruiner entièrement mon service. A quoi n'estimant pas nécessaire de vous en dire davantage, je vous recommanderai seulement de me faire savoir ponctuellement l'état des forces qui se doivent assembler à Narbonne pour le composer. Et sur ce, je prie Dieu qu'il vous ait, messieurs de Machault et des Yveteaux, en sa sainte garde.

Signé LOUIS.

Et plus bas, De Machault.

J'ai l'original de la lettre du roi, ci-dessus transcrite.

Fait à Narbonne, le 5 avril 1641.

LETTRE DE M. DE NOYERS

A M. DE LAMOTTE-HOUDANCOURT, TOUCHANT LE PROJET DU ROI SUR LA CATALOGNE ET LE ROUSSILLON.

Monsieur mon cher cousin, son éminence a très-bien reçu les avis que vous nous avez envoyés sur la mort de M. Paul Claris, et je la vois résolue de faire passer en Catalogne toutes les troupes que le roi avait destinées pour le Roussillon, afin d'en chasser les ennemis et de faire voir aux Catalans que sa majesté ne les veut pas assister faiblement. Il est maintenant question d'y préparer toutes choses, afin que lorsque vous aurez tout ce monde sur les bras, il ne vienne pas à périr faute d'avoir pourvu aux vivres et munitions nécessaires pour la subsistance. Faites-en, s'il vous plaît, un état, et donnez ordre à M. de Chauffourneau de faire aussitôt travailler à l'exécuter, l'envoyant pour cet effet en Languedoc, aussi bien M. d'Argenson étant maintenant près de vous, il y serait du tout inutile, et ce serait dommage de laisser un si bon ouvrier ôisif. J'envoie l'ordre à M. de Schomberg de contribuer de tout son possible à l'avancement de ce grand armement, et à faire en sorte que vous puissiez avoir les troupes dans le temps que vous les demandez, afin qu'ayant chassé les ennemis de la Catalogne, fortifié et muni d'hommes les avenues du pays, vos peuples soient en repos, et les troupes puissent revenir dans le Roussillon pour le réduire en l'obéissance du roi. Voilà à peu près le cours des desseins que l'on estime pouvoir entretenir en cette campagne et vous donner moyen d'y acquérir pour le moins autant de gloire que vous avez fait l'année dernière en Italie. M. d'Argenson aura fait voir à votre députation que l'on ne néglige rien par deçà et que l'on fait le cas que l'on doit du présent qu'ils ont fait au roi; et je m'assure que messieurs leurs ambassadeurs leur témoigneront assez que c'est avec grand cœur et avec grande sincérité que l'on agit avec eux, afin qu'ils soient obligés de faire le même avec vous, auquel je souhaite toute la prospérité et la gloire que doit,

Monsieur, votre, etc.

DE NOYERS.

De Ruel, ce 20 mars 1641.

LETTRE DU ROI

A M. DE LAMOTTE-HOUDANCOURT, TOUCHANT TARRAGONE ET LÉRIDA.

Monsieur de Lamotte-Houdancourt, ayant su comme au lieu des diversions qui avaient été projetées, vous proposez de faire entrer dans la Catalogne toutes les troupes destinées pour l'armée du Languedoc, afin d'aller avec des forces suffisantes à Tarragone et à Lérida, et chasser les ennemis et les obliger à sortir de tous côtés de la Catalogne, j'ai fort approuvé cette ouverture, et pour la mettre à exécution je donne ordre à mon cousin le maréchal de Schomberg de faire toutes sortes de diligences pour assembler jusqu'à dix ou douze mille hommes de pied et deux mille cinq cents ou trois mille chevaux, et aussitôt qu'ils seront prêts à marcher, il les fasse entrer en Catalogne selon les avis que vous lui donnerez de l'état des choses, mon intention étant que vous commandiez ladite armée lorsqu'elle sera dedans la Catalogne, et que vous l'employiez suivant votre proposition à délivrer de toutes parts ce pays des ennemis qui l'oppriment et dont le séjour pourrait enfin altérer l'esprit des peuples. Cependant vous aurez à donner toutes les assurances que vous verrez être à propos à ceux du principat de mon affection sincère envers eux et tout le pays, et désir que j'ai de les secourir si puissamment par mer et par terre que, Dieu aidant, ils seront en état de ne plus appréhender les forces des ennemis.

Vous aurez aussi à disposer toutes choses avec l'aide du sieur d'Argenson, qui doit être maintenant sur les lieux à recevoir les troupes de ladite armée, en sorte qu'elles trouvent de quoi subsister dans la Catalogne, et que vous les puissiez faire vivre en si bon ordre que le peuple n'ait pas sujet de s'en plaindre, leur faisant régulièrement fournir leur subsistance et leur solde.

Pour vous en donner moyen de ma part, j'ai envoyé avec ledit sieur d'Argenson une bonne somme de deniers, et je ferai partir au premier jour le fonds d'une montre entière de toute l'armée; ce que j'estime qu'il faudra payer aux soldats par prêt et par montre aux officiers, si vous et le sieur d'Argenson le jugez ainsi à propos, m'en remettant sur votre prudence comme de tout ce que je pourrais vous dire de particulier sur les affaires de delà, dans lesquelles ce sera à vous d'agir selon les occurrences. C'est ce que je vous dirai par cette lettre, etc.

Signé LOUIS.

Et plus bas, SUBLET.

Écrit à Saint-Germain-en-Laye, le 22 mars 1641,

Et sur la suscription :

A M. de Lamotte-Houdancourt, maréchal de mes camps et armées, mon lieutenant-général en Bresse, commandant mes troupes en Catalogne.

LETTRE DE M. LE CARDINAL DE RICHELIEU

AU SIEUR DE LAMOTTE-HOUDANCOURT, SUR LES AFFAIRES DE CATALOGNE.

De Ruel, le 22 mars 1641.

MONSIEUR,

Votre courrier s'en retournant, je ne l'ai pas voulu laisser partir sans vous renouveler les assurances de mon affection, et vous témoigner la joie que je ressens de vous savoir à Barcelonne. J'ai beaucoup de déplaisir que vous n'avez pas eu de troupes aussitôt que l'on vous les avait fait espérer, parce que je sais que vous les auriez employées utilement. Maintenant que je veux croire qu'elles vous sont arrivées, je ne doute point que vous ne fassiez tout ce qu'il vous sera possible à l'avantage du service du roi, et que vous ne témoigniez aux occasions qui s'en présenteront ce que vous valez et ce qu'attend de vous,

Monsieur,

Votre très-affectionné à vous rendre service,

Le Cardinal DE RICHELIEU.

Et sur la suscription est écrit :

A M. de Lamotte-Houdancourt, lieutenant-général de l'armée du roi en Catalogne.

LETTRE DE M. D'ARGENSON

A M. L'ARCHEVÊQUE DE BORDEAUX, POUR LE PRIER DE VENIR A BARCELONNE AVEC UNE ESCADRE DE VAISSEAUX.

De Barcelonne, le 26 mars 1641.

MONSIEUR,

La créance que j'avais que vous pourriez être parti des côtes de Provence quand je vous écrivis de Narbonne, a été cause que je ne vous ai point envoyé une lettre que j'ai du roi pour vous, et l'incertitude où je suis que vous soyez arrivé à Cadequia fait que je ne vous l'envoie point encore par ce porteur, que je ne crois pas assez

assuré, espérant aussi que vous viendrez voir Barcelonne aussitôt que
vous serez à cette côte, puisque le service de sa majesté requiert
absolument que vous vous entreteniez, M. de Lamotte et vous, avant
qu'il parte pour aller en campagne, et qu'en vous voyant ici avec une
escadre de vaisseaux armés, cela réjouira et mettra ces peuples en
l'humeur qui est à désirer pour faciliter les choses que j'ai ordre de
traiter avec eux, et dont je vous donnerai avis par après, aux occasions où il en sera besoin, pour l'exécution de ce qui aura été convenu
et qui pourra dépendre de vous, comme le porte la dépêche de sa majesté, qui ne contient autre chose ; et les miennes m'ordonnent ce qui
me sera toujours bien facile, comme de vous tenir averti de tout, et
je ferai d'aussi bon cœur que je suis de toute mon affection,

  Monsieur, votre très-humble et très-affectionné serviteur,

ARGENSON.

LETTRE DE M. DE LAMOTTE-HOUDANCOURT

A M. L'ARCHEVÊQUE DE BORDEAUX, LUI MANDANT QU'IL EST NÉCESSAIRE
QU'IL S'AVANCE AVEC L'ARMÉE JUSQU'A BARCELONNE.

De Barcelonne, le 27 mars 1641.

  MONSIEUR,

Sitôt que M. d'Argenson a été arrivé en cette ville, nous vous avons fait
une dépêche en diligence pour vous faire connaître comme il est nécessaire que votre armée s'avance jusqu'ici. La présente sera pour vous
supplier, monsieur, de départir le régiment des Galères pour la garde
de Cadequia et de Castillon, suivant le nombre que vous jugerez à
propos pour la garde et sûreté desdites places, afin que je puisse retirer,
pour l'armée, le régiment de Tonneins et celui de Provence, que je
vous prie de m'envoyer le plus tôt qu'il se pourra. L'espérance que j'ai
d'avoir l'honneur de vous voir bientôt m'empêche de vous faire plus
long discours que pour vous assurer que personne du monde ne peut
être plus moi, monsieur, votre très-humble et très-affectionné serviteur,

LAMOTTE-HOUDANCOURT.

LETTRE DE M. LAMOTTE-HOUDANCOURT

A M. L'ARCHEVÊQUE DE BORDEAUX ; RÉJOUISSANCE DE CE QU'IL EST ARRIVÉ
A CADEQUIA ; IL CROIT QU'IL EST NÉCESSAIRE QU'IL AILLE A PALAMOS.

MONSIEUR,

J'ai reçu celle que vous m'avez fait l'honneur de m'écrire, qui me donne grande joie d'apprendre votre arrivée à Cadequia. J'ai entretenu le gentilhomme que vous m'avez envoyé, sur tous les points de son mémoire ; il s'en va amplement informé de tout. J'ajouterai seulement, monsieur, qu'il est important que vous veniez à Palamos, qui est un port excellent, dont on a grand soupçon à cause des intelligences que le duc de Ferrandine a dans la place. Il serait bon que vous laissassiez trois cents hommes dedans ; j'envoie pour cet effet les ordres de messieurs de la députation pour les y recevoir, par un gentilhomme nommé Ricardel, à qui ils en ont donné le gouvernement ; il est Français et homme d'honneur, qui me fait vous prier d'ordonner aux gens de guerre que vous y laisserez de l'obéir.

Je vous supplie aussi, monsieur, qu'une partie du régiment des Galères aille relever celui de Tonneins, qui est à Castillon, afin que je le puisse retirer pour venir en la place de celui de Provence, qui est sur l'état de l'armée que je commande. J'ai tous les déplaisirs du monde de ce qu'il faut que je parte d'ici sans avoir l'honneur de vous voir : ce sera lundi ou mardi au plus tard. Monsieur d'Argenson vous informera de l'état de toutes les affaires de ce pays, et moi je vous prie de croire que je suis plus que personne du monde,

Monsieur, votre, etc.

De Barcelonne, ce 28 mars 1641.

Nous avons nouvelles certaines qu'il y a huit galères des ennemis du côté de Tarragone ; comme je vous l'ai déjà mandé, il y a un beau coup à faire.

LETTRE DE M. BIDAUD

A M. L'ARCHEVÊQUE DE BORDEAUX, TOUCHANT DES NOUVELLES
DES DIVERS ENDROITS D'ITALIE.

Monseigneur,

J'ai reçu hier le pli ci-joint de son altesse de Parme, que j'adresse à M. Lequeux, sur les avis qu'on a ici que votre excellence est partie pour Barcelonne avec dix galères et dix vaisseaux du roi.

Il est très-assuré que M. le prince cardinal de Savoie a aussi signé le nouveau traité fait avec les Espagnols, et que s'il ne court en Provence sur les sujets du roi, ce n'est qu'à faute de puissance. M. le prince Thomas s'est abouché près de Novare avec le gouverneur de Milan , qui s'est excusé de ne lui pouvoir donner présentement que mille fantassins des troupes qu'on lui a promises; et pour l'argent, on ne lui peut fournir cent vingt mille écus que son altesse demande, si le grand-duc, auquel on a envoyé un député, n'en prête en lui engageant Pontremoli, ou quelqu'un des ports que le roi d'Espagne a dans la Toscane , dont votre excellence jugera la faiblesse et la nécessité des ennemis.

On a commencé à Naples d'embarquer des poudres et des boulets sur les vaisseaux, pour en après faire le même de la soldatesque, et leur faire prendre la route d'Espagne , dont je vous donnerai avis par toutes occasions, et de ce que produiront les émotions de la Pouille et de l'Abruzze. Je vous supplie de me faire la grâce de conserver l'honneur de votre souvenir.

Monseigneur, votre, etc.

BIDAUD.

A Gênes, le 28 mars 1641.

Dans la lettre suivante, le principat de Barcelonne félicite M. de Bordeaux de l'avantage qu'il a remporté sur la flotte espagnole.

LETTRE DU PRINCIPAT DE BARCELONNE

A M. L'ARCHEVÊQUE DE BORDEAUX, POUR LES VAISSEAUX QU'IL A PRIS
A SON ARRIVÉE, ET L'ÉTENDARD QU'IL LEUR A ENVOYÉ [1].

EXCELLENTISSIMO SENOR,

Sempre havem pensat que ab lo emparo y favor de sa magestat christianissima (que Deu guarde) y ab lo valor de tant gran soldat com es vostra excellencia, nos podriam prometrer multiplicadas victorias tant per mar com per terra; de la que tingue vostra excellencia lo dijous santo en estas costas, despres de haverne donadas infinitas gratias a Deu, nostre Señor, ne donam a vostra excellencia mil norabonas, tenim per sert que pus la armada naval a la primera entrada destos mars es estada tant dischosa, nos podem prometrer en lo esdevenidor moltas occasions de donar a vostra excellencia norabonas de altras victorias majors; y no sols en axo conexera lo enemich ab quantas veras empren sa magestat christianissima la deffensa de aquesta provincia, pero encara en la merce nos ha fet vostra excellencia en honrrar aquest principat ab lo estandart de la capitana

EXCELLENTISSIME SEIGNEUR,

Nous avons toujours pensé qu'avec l'appui et la faveur de sa majesté très-chrétienne (que Dieu garde) et la valeur d'un si grand guerrier que votre excellence, nous pouvions nous promettre de nombreuses victoires tant sur mer que terre. Après avoir rendu à Dieu, notre Seigneur, d'infinies actions de grâces du succès obtenu le jeudi saint, par votre excellence, en arrivant sur ces côtes, nous le prions d'en recevoir mille congratulations, et nous avons pour certain que plus l'entrée de l'armée navale en ces mers a été heureuse, plus nous pouvons nous promettre que l'avenir nous fournira de fréquentes occasions d'adresser de semblables congratulations à votre excellence pour des victoires plus signalées. Ainsi l'ennemi connaîtra avec quelle sincérité sa majesté très-chrétienne a entrepris la défense de cette province, et en même temps il apprendra l'hon-

[1] Cette lettre n'est pas traduite dans l'original.

de Grimaldo, que havem recebut ab molt gran gust y aplauso universal de tot lo poble. Lo gentilhom que vostra excellencia nos ha fet merce enviarnos ab lo estandart y carta de vostra excellencia nos ha referit de paraula la merce nos fa sa magestat christianissima y vostra excellencia en offerir su armada naval a la disposicio de aquest concistori en tot lo que sia en benefici de la provincia. Quant Deu vulla que vostra excellencia sia en aquesta ciutat, tractarem lo que mas convindra en servecy d'ella y de sa magestat christianissima, y seguirem en tot lo parer de vostra excellencia, que com a tan gran soldat sera lo mas assertat. Guarde Deu a vostra excellencia.

Barcelona, y abril al primer de 1641.

Lo canonge don JOSEPH SOLER.

Excellentissimo, etc., etc.

neur qu'a fait votre excellence à ce principat en lui envoyant l'étendard de la capitane de Grimaldi, que nous avons reçu avec la plus grande joie et aux applaudissements universels de tout le peuple. Le gentilhomme que votre excellence nous a fait la grâce de nous envoyer avec l'étendard et une dépêche nous a appris de vive voix que sa majesté très-chrétienne a mis l'armée navale à la disposition de notre assemblée pour tout ce qui sera utile au bien de la province. Lorsque, grâce à Dieu, votre excellence sera dans cette ville, nous délibérerons ensemble sur ce qui conviendra le mieux au service de sa majesté très-chrétienne, et nous suivrons en tout les avis de votre excellence : l'opinion d'un si grand soldat sera toujours prépondérante. Dieu garde votre excellence.

Barcelonne, 1er avril 1641.

Le chanoine don JOSEPH SOLER.

Dans cette dépêche du roi, le plan de campagne contre l'Espagne est nettement tracé, M. le prince de Condé devant avoir le commandement supérieur et absolu des troupes de terre et de mer.

LETTRE DU ROI

A M. L'ARCHEVÊQUE DE BORDEAUX, TOUCHANT LES DEUX DESSEINS, OU
D'ASSIÉGER COLLIOURE AVEC PARTIE DES TROUPES, OU DE BAILLER
TOUTES LES TROUPES AU SIEUR DE LAMOTTE-HOUDANCOURT, POUR
ASSIÉGER TARRAGONE, REMETTANT LE TOUT A M. LE PRINCE.

De Versailles, le 4 avril 1641.

Monsieur l'archevêque de Bordeaux, après avoir considéré les derniers avis que j'ai reçus de Languedoc et de Catalogne, et ce qui se
peut faire de mieux vers l'Espagne, je trouve que les résolutions que
l'on peut prendre sur les affaires de ces quartiers-là se réduisant à l'un
des deux avis qui ont été ouverts par ceux qui en ont le plus de connaissance, le premier, d'envoyer en Catalogne, au sieur de Lamotte-
Houdancourt, toutes les troupes d'infanterie et de cavalerie destinées
pour mes armées de Languedoc et de Roussillon, ainsi qu'il vous a déjà
été mandé ; le second, de laisser agir le sieur de Lamotte-Houdancourt
avec ses six mille hommes de pied et douze cents chevaux français que
l'on dit qu'il a, les joignant aux forces des Catalans, et cependant
d'assiéger promptement Collioure avec le reste des forces des armées
de Languedoc, celle de mer concourant en même temps à ce dessein.

Et comme il est difficile de juger de deçà, laquelle de ces deux propositions doit être plutôt suivie, je m'en remets à ce qui sera résolu sur
les lieux par mon cousin le prince de Condé ; et je me contenterai de
vous dire que s'il est vrai, comme on le tient, que les armées du roi
d'Espagne ne puissent subsister dans la Catalogne sans les vivres qu'elles
tirent par mer, il semble qu'il vaudrait mieux tâcher à les faire périr,
empêchant, par le moyen de mes forces de mer, qu'il ne leur vienne
des vivres par mer, que de les aller attaquer de force et de hasarder
contre eux un combat dont le succès ne peut être que douteux.

Si donc l'on pouvait faire périr en cette sorte les armées d'Espagne,
il faudrait que, pendant que mon cousin le prince de Condé ferait
assiéger Collioure par le sieur vicomte d'Arpajon avec le reste de mes
forces de terre, vous tinssiez la mer avec mon armée navale, pour re-

trancher aux ennemis toute assistance de vivres de ce côté-là, contri-
buant en même temps de votre part tout ce que vous pourrez pour la
prise de Collioure.

Mais aussi, au cas que l'on apprenne que les armées ennemies puissent subsister en Catalogne sans être secourues de vivres par mer, il
vaudra mieux envoyer toutes les troupes audit sieur de Lamotte pour
s'opposer aux ennemis et les chasser de la Catalogne sans rien entreprendre contre eux que bien à propos, ainsi que je le recommande au
sieur de Lamotte, avec lequel, en ce cas, vous agirez de concert en
tout ce qui sera à faire dans la Catalogne; et comme j'écris amplement
mes sentiments sur tout ce que dessus à mon cousin le prince de Condé,
qui sera en Languedoc presque aussitôt que ce courrier, je me remets
à lui de résoudre ce qui sera pour le mieux en ce sujet. Et cependant
vous ne perdrez aucun moment de temps à toutes les choses qui regarderont mon service et les avantages de mes affaires de ce côté-là. A
quoi je n'ajouterai rien par cette lettre, que pour prier Dieu qu'il
vous ait, monsieur l'archevêque de Bordeaux, en sa sainte garde.

LOUIS.

LETTRE DE M. D'ARGENSON

A M. L'ARCHEVÊQUE DE BORDEAUX, DISANT QU'IL SERAIT BIEN AISE QUE
L'ON FÎT PARAÎTRE L'ARMÉE NAVALE VERS LES CÔTES DE BARCELONNE.

De Barcelonne, le 5 avril 1641.

MONSIEUR,

Je suis très-aise d'avoir vu par la lettre qu'il vous a plu de m'écrire,
et par les dépêches et mémoires de M. le maréchal de Schomberg, qui
m'ont été montrées par M. de Besançon suivant votre ordre, que je
ne me suis pas trompé quand j'ai dit à M. de Chaillonet que difficilement M. le maréchal de Schomberg pourrait avoir toutes choses prépa-
rées pour entrer dans le Roussillon avant le 15 de ce mois, puisque
votre rendez-vous est au 10 pour résoudre vos ordres seulement, et
que pendant le temps du partement dudit sieur de Chaillonet d'ici et

celui de votre jonction avec M. le maréchal de Schomberg, j'estimais
que si quelque autre affaire importante ne vous occupait vous pourriez
venir vous faire voir ici avec votre armée à ces messieurs, qui m'en
avaient témoigné un grand désir, auquel il était encore bien plus nécessaire alors de satisfaire, vu que ce peuple n'a pas cru qu'il dût venir
ici d'armée navale pour le roi jusqu'à ce qu'ils ont su votre glorieuse
action de la prise des vaisseaux et des galères ennemies. C'est pourquoi
M. de Lamotte vous a attendu ici jusqu'au 2 de ce mois, comme il l'avait
dit audit sieur de Chaillonet, afin de vous communiquer toutes ses
pensées et les nôtres. Trois Portugais, qui se sont venus rendre ici de
l'armée ennemie qui est à Tarragone, nous disent qu'ils sont déjà
en nécessité de vivres, et que si, par la prise du port de Salses, ils leur
étaient ôtés, il faudrait qu'ils se retirassent promptement à Tortose; mais
comme vous avez vos ordres du roi bien précis et qui m'ont été com-
muniqués en partant de la cour, il n'y a personne ici qui ose ou qui
pense à rien proposer au contraire, sachant aussi de quelle importance est votre dessein; quand il n'y aura plus de commandement
net, je vous dirai ce que j'estimerai le mieux à faire pour la gloire
de Dieu, pour le service de sa majesté et pour le contentement de son
éminence, qui sont trois fins que j'ai toujours rencontrées par le
même chemin et les seules qui règlent mes intentions, sans être jaloux
néanmoins que mes avis prévalent ni soient préférés à ceux des autres,
que je respecte toujours, encore qu'il me soit bien permis de dire,
puisqu'il n'a été que trop public, qu'il y a eu bien plus de gloire dans
les événements pour ceux qui les ont suivis où j'ai été, que pour ceux
qui les ont méprisés. Je n'écris pas ceci, monsieur, pour vous les faire
valoir ni pour vous convier seulement à les écouter, mais pour vous
faire connaître leur sincérité, qui peut les avoir rendus quelquefois
agréables à celui qui dispose des succès ainsi qu'il lui plaît.

Je n'ai encore rien avancé dans le traité que j'ai à faire avec ces messieurs, qui me donneront seulement aujourd'hui par écrit leurs intentions touchant leurs privilèges et les explications plus claires des conditions sous lesquelles ils ont pris la résolution de se donner au roi. C'est
une chose si vaste que leurs usages et leurs privilèges, et leur forme de

gouvernement est si dissemblable à celle des autres peuples sujets des
souverains, que je n'ai pu encore m'en rendre aussi savant comme j'en
ai besoin pour faire ce qui m'est commandé, avec un ordre si exprès de
ne rien dire ni rien proposer qui les puisse choquer, reconnaissant déjà
assez qu'il est pour le moins aussi dangereux d'en parler contre leurs
sentiments que contre Saint-Marc à Venise. C'est pourquoi je ne vous
dis rien sur le salut du pavillon, la chose étant trop délicate de tous côtés
pour en parler sans une évidente nécessité qui obligerait peut-être à
passer sur quelques considérations pour de plus grandes. Si j'osais
quitter cette ville, je serais allé à Palamos vous assurer moi-même de
mes obéissances; mais les choses sont ici en tel état que ce serait gâter
tout de sortir seulement un jour d'ici, comme M. de Besançon, qui l'a
fort bien connu, vous pourra le faire entendre. Aussitôt que j'aurai
fait avec ces messieurs quelque chose qui méritera votre connaissance,
je ne manquerai point de vous en tenir informé et de vous témoigner
partout que je suis toujours avec la même passion,

   Monsieur,

  Votre très-humble et très-obéissant serviteur,

       D'Argenson.

Le trésorier, qui a quelques fonds pour la garnison de Cadequia,
est allé avec M. de Lamotte à Montblanc, où je lui ai écrit afin qu'il
envoie ou vienne ici pour faire le paiement, ainsi qu'il lui a été ordonné
de delà par un état qu'il a entre les mains.

J'ai écrit aussi à M. de Lamotte et au munitionnaire de son armée,
pour le pain de la garnison de Cadequia; cependant il sera bon, s'il
vous plaît, que le vôtre y pourvoie puisque ces troupes sont de la
vôtre.

LETTRE DE M. LE CARDINAL DE RICHELIEU

A M. L'ARCHEVÊQUE DE BORDEAUX, TÉMOIGNANT DE LA JOIE DES GALÈRES
ET VAISSEAUX QU'IL A PRIS A SON ARRIVÉE (COMBAT DU 5 MARS).

MONSIEUR,

Le sieur de Chaillonnet vous dira la joie que le roi a reçue de la bonne nouvelle qu'il a apportée de votre part, et celle que j'en ressens en mon particulier, qui est plus grande que ne vous la saurais représenter ; il vous dira aussi l'espérance qu'a sa majesté qu'un si bon commencement ne demeurera pas sans suite, et que vous ne perdrez aucune occasion d'employer utilement ses armes aux lieux où vous êtes.

Pour moi, qui connais votre affection et votre humeur, je ne doute nullement que les effets ne correspondent à mon attente et aux espérances que vous me donnez vous-même.

En effet, si vous pouvez empêcher que les Espagnols ne secourent de vivres la Catalogne et le Roussillon, il y a grande apparence de croire que les provinces auront beaucoup de peine à subsister, et que les armes du roi n'y feront pas de petits progrès. Je vous prie d'y contribuer de votre part tout ce qu'il vous sera possible, et d'agir en votre emploi avec patience, ne vous rebutant pas si toutes les choses que vous pourriez désirer du côté de la terre ne correspondent pas à point nommé à vos pensées.

Je vous prie me mander quelles forces de mer les ennemis peuvent avoir, soit de vaisseaux ronds, soit de galères, ce qu'ils en peuvent assembler pour s'opposer à votre armée, quel nombre de gens de guerre ils peuvent embarquer sur leursdits vaisseaux et leurs galères, d'où ils les peuvent tirer, l'état auquel vous apprendrez que seront leurs armements, et enfin tout ce que vous pourrez apprendre de leurs desseins et de leurs forces. Comme les galères ne peuvent pas porter avec elles du biscuit pour nourrir long-temps leurs chiourmes et leurs équipages, et qu'il faut le plus souvent qu'ils en retournent prendre dans le port d'où elles sont parties, ce qui fait perdre quelquefois de belles occasions, je vous prie de faire convertir en biscuits partie des blés qui se sont trouvés sur les vaisseaux espagnols que vous avez pris, pour la subsistance des galères et des vaisseaux du roi, afin qu'ils ne soient point contraints de partir des lieux où ils sont pour aller faire de nouvelles victuailles, et qu'ils y puissent demeurer tout autant de temps que le service du roi et l'avantage des affaires de sa majesté et celles des Catalans le requerront.

J'écris aux sieurs de Cangé et de Vinceguerre, ainsi que vous l'avez désiré.

J'écris aussi aux sieurs de Baune et de Terne sur le sujet de leur brouillerie, que je serai bien aise d'accommoder au retour de votre voyage. Cependant je vous prie d'empêcher qu'ils ne se demandent rien l'un à l'autre jusqu'à ce que j'aye pris connaissance de leur différend, et leur en faites défense de la part du roi.

Je demanderai le commandement d'une des deux galères d'Espagne pour le chevalier de Chastellux. Pour l'autre, sa majesté n'y pourvoira point qu'à la fin de la campagne, cependant celui que vous y aurez établi par commission y servira.

Nous tâcherons de faire faire le fonds nécessaire pour l'entretien desdites deux galères, mais pour le présent, le plus sûr est que vous vous serviez de l'argent de la vente des blés que vous avez pris, que les munitionnaires du roi paieront comptant. Je suis,

Monsieur, votre, etc.

Le Cardinal DE RICHELIEU.

Quand on saura la valeur des prises, je parlerai au roi à ce qu'il lui plaise gratifier les capitaines.

De Ruel, le 12 avril 1641.

Par la dépêche suivante, et par d'autres encore, on verra qu'au milieu des terribles préoccupations qui devaient assaillir les Catalans révoltés contre l'Espagne et attendant tout de l'intervention française, une question relative au salut du pavillon suspendit long-temps l'entrée de la flotte française à Barcelonne.

LETTRE DE M. D'ARGENSON

A M. L'ARCHEVÊQUE DE BORDEAUX, TOUCHANT LE SALUT DU PAVILLON DE CATALOGNE A CELUI DU ROI DE FRANCE.

De Barcelonne, le 13 avril 1641.

MONSIEUR,

Ces lignes ne seront que pour vous assurer toujours de mon obéissance, ne croyant pas avoir aucune chose à ajouter au mémoire dont M de Lamotte et moi avons prié M. du Perron de vous entretenir. Je ferai aussi mon possible afin qu'il vous porte par écrit un extrait des ordres qui ont été tenus en cette ville lorsque les généraux d'Espagne sont venus en ce port avec les armées navales de leur roi, pour vous faire voir comment ils en ont usé pour le salut d'un pavillon royal à l'autre, et vous donner moyen de résoudre ce qu'il vous plaira .d'en faire, si vous désirez venir ici, n'estimant pas qu'avec ces messieurs, qui sont si jaloux de leurs anciens usages, il soit facile de faire qu'ils en usent autrement que vous verrez par les desseins de leurs registres. Si j'avais pu quitter ici, je serais allé déjà moi-même, il y a long-temps, vous demander la continuation de vos bonnes grâces; mais M. de Besançon, qui a vu ici un peu la méthode de ces messieurs, vous aura dit combien il s'en faut accommoder à leurs humeurs. J'ai encore si peu avancé les conditions du traité que j'ai à faire pour la donation, que je ne puis vous en rien dire davantage que par mes précédentes; j'espère pourtant que dans peu les choses auront un avancement plus grand, encore que leur lenteur soit extrême à cause de tant de têtes à qui nous avons affaire. Si nous avons l'honneur de vous voir ici, je vous en rendrai compte bien exactement et vous témoignerai partout avec quelle passion je suis,

Monsieur, votre très-humble et très-obéissant serviteur.

ARGENSON.

LETTRE DE M. DE NOYERS

A M. L'ARCHEVÊQUE DE BORDEAUX, TOUCHANT LES AFFAIRES
DE CATALOGNE.

Monsieur,

J'admire votre modestie dans celle qu'il vous a plu m'écrire, qui me
tait la principale partie de votre conquête, et se contente de me dire
que les ennemis ont perdu deux galères, sans parler des cinq vaisseaux
chargés de grains et de munitions. Je prie Dieu que, même aux dépens
de ma curiosité et de la passion que j'ai à tous les bons succès de l'État,
vous en puissiez toujours ainsi faire, et que les armées du roi en fassent
au triple de ce que l'on en publie.

Monseigneur vous répond sur l'article de l'entretènement des deux
galères.

M. le bailli de Forbin étant ici, je vous assure que je ne le laisserai
en repos que je n'aye vu le fonds qui reste dans la charge et la chiourme,
pour le presser de vous envoyer les six galères dont vous m'écrivez.

Monseigneur le prince étant maintenant sur les lieux avec tout pouvoir, vous mettra hors de la peine où vous met le retardement de M. le
maréchal de Schomberg.

M. de Chaillonnet a dit à son éminence que vous étiez allé en Catalogne pour contenter messieurs de la députation, mais leur ayant donné
satisfaction, vous faisiez état de reprendre la route de Collioure; ce que
son éminence a estimé très-bien concerté, si l'état des affaires de delà vous
permet d'en user ainsi : le jugement en est remis à M. le prince et à
ceux qui sont sur les lieux. Je vous dis de même sur le sujet des régiments des Galères et de Provence, car et la mer et la terre, j'entends
les forces de l'une et de l'autre, étant au roi, il est bien raisonnable que
le tout soit employé à son service, et que si vous en aviez plus de besoin
sur vos vaisseaux que M. de Lamotte en terre, les régiments vous demeurent, et même qu'il vous en donne encore d'autres, sinon, et
qu'ils soient plus utiles à la terre, il faut les lui donner; et je suis assuré
que vous le jugez ainsi. Il n'y a pas de difficulté que ces deux régiments,

servant à la terre avec les autres troupes, doivent être traités également, et je mande à M. d'Argenson d'y suppléer.

Nous nous servirons des bons avis qu'il vous plaît nous donner pour empêcher le transport des blés de Provence, et ils sont venus fort à propos, parce que les députés du pays qui sont ici sollicitaient la main-levée des défenses.

Je fais le même de ce que me faites l'honneur de m'écrire des étapes depuis Leucate jusqu'à Cannes, car il faut faire un pont d'or aux ennemis.

L'on refusera les recrues des compagnies des Galères et de Provence qui y restent, afin qu'elles se mettent en état d'aller joindre leur corps.

Aussitôt que j'ai eu reçu la vôtre, j'ai renvoyé un second courrier en Poitou pour en faire partir les deux régiments des Vaisseaux et de la Couronne : ainsi j'estime avoir entièrement satisfait à tout ce que vous avez désiré.   Votre, etc.

DE NOYERS.

De Huel, le 13 avril 1641.

Les événements qui causèrent la disgrâce de M. de Bordeaux à la fin de cette année 1641 ont pour ainsi dire leur source dans la dépêche suivante de MM. de Lamotte-Houdancourt et d'Argenson, apportée à M. l'archevêque de Bordeaux par M. du Perron. En effet, M. de Lamotte-Houdancourt, parent et ami de M. de Noyers, commandant les troupes françaises en Catalogne, re-poussa les Espagnols jusqu'à Tarragone, devant laquelle ville il mit le siége. Voulant prendre cette place par la famine, il fit enjoindre à M. de Bordeaux de la bloquer étroitement par mer, en lui indiquant ses points de croisière. Soit que le blocus fût impraticable, selon ce que disait M. de Bordeaux, soit que ce dernier voulût traverser par jalousie les derniers ordres de M. de Lamotte-Houdancourt, le blocus fut mal ordonné, le secours entra dans Tarragone, et la flotte française fut com-plétement battue.

MÉMOIRE

Du 13 avril 1641, à Barcelonne.

M. du Perron ira trouver M. l'archevêque de Bordeaux, général
de l'armée navale du roi, et lui fera voir les lettres de sa majesté et de
son éminence et de M. de Noyers, qui nous ont été apportées par le
sieur de Sauvian, où il verra que l'intention de sa majesté est que M. le
maréchal de Schomberg fasse assembler et passer dans la Catalogne le
nombre de cavalerie et d'infanterie contenu auxdites dépêches, pour
en chasser les ennemis le plus tôt qu'il se pourra, au lieu de ce qui avait
été proposé ailleurs, sa majesté et son éminence ayant très-bien jugé
qu'il fallait commencer par là, et assurer la tête de la Catalogne avant
que d'entreprendre le reste.

Mais d'autant que la principale subsistance des ennemis qui sont
à Tarragone vient de la mer, sans laquelle ils ne pourraient vivre,
M. l'archevêque de Bordeaux jugera de là, s'il lui plaît, combien il
est nécessaire qu'il s'avance le plus tôt qu'il pourra avec son armée navale
jusqu'au port de Salses; à quoi la diligence semble d'autant plus requise
que nous avons avis que le marquis de Leganez doit arriver bientôt à
Tarragone avec quelque infanterie qu'il amène. Dans dix jours au plus
tard, il doit partir de Valence un grand nombre de vivres pour Tarragone, où l'on les conduit par la mer.

Et à cause des avis que nous avons aussi que deux galères chargées
de cinq cents hommes des ennemis ont ordre de les aller décharger à
Roses, et que de Majorque ils pourraient envoyer quelques vivres à
Collioure et autres places qu'ils tiennent dans le Roussillon, nous
estimerions que quatre galères et quatre vaisseaux pourraient demeurer
à Cadequia, pour garder cette côte pendant que le reste de l'armée
sera vers Salses et Tarragone, où nous apprenons que les ennemis ne
sont point forts en mer. Ce que le sieur du Perron fera entendre au
sieur archevêque comme notre sentiment, qui sera toujours soumis au

sien , qu'il le suppliera, de notre part, de nous faire savoir exactement par son retour.

Il lui dira aussi que M. de Lamotte, qui est revenu à Barcelonne après son voyage de Lérida, pour conférer avec messieurs de la députation sur l'entrée des troupes, retourne demain à Montblanc, pour entreprendre ce qu'il pourra contre les ennemis en attendant les autres troupes qu'il espère d'avoir promptement, ayant envoyé le sieur Desruisseaux, aide-de-camp, vers M. le maréchal de Schomberg pour le supplier de les hâter, et pour les recevoir au Passage.

Il saura aussi du sieur archevêque la quantité d'artillerie dont il pourra aider M. de Lamotte pour l'attaque de Tarragone, qui est une place qu'il faudra tâcher d'emporter promptement afin de finir de même cette affaire, pour les raisons que le sieur archevêque jugera parfaitement bien.

Il s'informera aussi du sieur archevêque s'il lui plait de faire délivrer des blés de sa prise pour le munitionnaire de cette armée, et on prendra soin de les faire payer des premiers deniers qui seront envoyés pour les vivres ; et surtout il nous rapportera les intentions dudit sieur archevêque, qu'il assurera de notre part d'une entière correspondance aux siennes.

Si M. de Besançon est auprès du sieur archevêque, ledit sieur du Perron lui fera entendre tout ce qui est ci-dessus signé.

LAMOTTE-HOUDANCOURT et ARGENSON.

La députation de Catalogne s'opiniâtrant à ne pas vouloir que la ville de Barcelonne saluât la première les vaisseaux du roi, M. d'Argenson prononça le discours suivant devant les états de cette province.

DISCOURS DE M. D'ARGENSON

A MESSIEURS DE LA DÉPUTATION, POUR LES OBLIGER A SALUER
. LE PAVILLON DU ROI DE FRANCE.

TRÈS-ILLUSTRES SEIGNEURS,

Encore que, par les exemples précédents, vous soyez en possession
de ne saluer les premiers les armées et pavillons du roi ni autres personnes royales, réservant cet honneur comme un droit royal pour la
personne de sa majesté et de son fils aîné, si ce n'est que par des ordres
exprès de sa majesté il vous soit prescrit de faire le même en faveur de
quelques personnes royales, comme nous l'avons vu par les mémoires
que vous nous avez donnés, néanmoins, comme je sais que M. l'archevêque de Bordeaux, qui commande l'armée navale du roi, envoyée
à votre secours pour vous délivrer des oppressions de vos ennemis, a
commandement exprès de sa majesté de ne point saluer le premier
aucune armée ou pavillon de souverains, ni même aucunes villes de
quelle prééminence que ce soit, si les pavillons de sa majesté qu'il porte
sur ses vaisseaux ne sont salués auparavant, j'ai pensé à propos de
vous dire qu'attendu qu'il faut beaucoup de temps pour savoir les intentions de sa majesté, qui seules peuvent régler ce différend duquel
il peut arriver beaucoup d'inconvénients, il me semble que vous pouvez, comme je vous en prie, saluer les premiers les pavillons du roi
lorsqu'ils arriveront en ce port, pour montrer par cette action la joie
et le contentement que vous avez de l'arrivée de cette belle armée dont
les glorieuses et heureuses actions vous sont déjà si connues, que toute
la province en reçoit beaucoup de soulagement. Ce que je vous demande pour cette fois seulement, et pour votre décharge envers sa
majesté, à laquelle seule et à la personne de son fils aîné prétendez-
vous avoir accoutumé de réserver ces honneurs, nous vous donnerons
par écrit, monsieur l'archevêque de Bordeaux et moi, que sa majesté
l'aura fort agréable et l'approuvera pour cette fois, sans qu'à l'avenir
il soit touché à votre ancienne coutume, qui ne peut être aussi que

fort approuvée de sa majesté, en lui réservant, et à monseigneur le dauphin, ces honneurs particuliers, sans les communiquer à d'autres que par ses ordres exprès.

D'ailleurs, je suis si assuré que vous aurez un contentement très-grand de voir ici M. l'archevêque de Bordeaux et de traiter avec lui, outre les avantages que sa présence apportera au service du roi et au bien de cette province, il vous en restera à tous une satisfaction très-grande.

M. d'Argenson écrit à M. l'archevêque de Bordeaux, touchant la manière qu'on doit observer pour le salut du pavillon de France, et l'invite à voir le mémoire de M. du Perron afin d'empêcher les vivres d'entrer dans les places du Roussillon [1].

LETTRE DE M. D'ARGENSON

A M. L'ARCHEVÊQUE DE BORDEAUX.

MONSIEUR,

Je crois que vous aurez reçu présentement, ou par mes premières dépêches ou par mes secondes jointes à celles de M. de Lamotte, tous les avis que nous pouvons vous donner sur les derniers ordres qui sont venus de la cour, et desquels j'apprends par la lettre qu'il vous a plu de m'écrire du 11 de ce mois que M. le maréchal de Schomberg vous avait déjà averti. Vous aurez vu par l'instruction de M. du Perron la liberté que nous avons prise de vous faire savoir notre pensée pour empêcher qu'il n'entre des vivres dans les places du Roussillon tenues par les ennemis, pendant que vous serez vers Tarragone et Salses. J'espère et désire passionnément l'honneur de vous voir, s'il vous plaît, et de vous entretenir de toutes choses quand vous passerez à Barcelonne, où il me semble que vous ne pouvez éviter de mettre pied à terre pour

---

[1] Voir lettre du duc de Nochera au député *V. S. en dos cartas suias me laya mandado,* Quintana, 15 avril 1641.—*Senor mio, aunque* etc. — Aubery, t. II, p. 661.

vous faire voir ici à ces messieurs, qui me témoignent beaucoup d'estime et d'amour 'pour votre personne et un très-grand désir de vous
contenter et de vous en rendre des témoignages effectifs. J'ai fort entretenu ·ce matin messieurs de la ville de Barcelonne, dans leur maison
publique,'pour·ce qui regarde le salut du pavillon ; où ils m'ont expliqué
et fait voir bien 'au long de quelle ›sorte il en a été usé entre les généraux du roi d'Espagne et eux, pendant que cette ville le reconnaissait
pour souverain ; et bien que j'en aye déjà donné un mémoire audit sieur
du Perron pour vous le communiquer, je vous envoie encore celui qui
est .joint à cette lettre et que ces messieurs m'ont donné ce matin ;
vous y verrez nettement comme la difficulté que fait la ville de Barcelonne de saluer la première ne vient pas d'ancienne prérogative
qu'elle .prétende au préjudice du pavillon du roi, qu'elle respecte
comme elle doit, mais qu'elle a seulement fait différence de la personne du roi et de celle de son fils aîné présent, d'avec les autres
personnes, de sorte que quand même les princes de Savoie sont venus
ici, la ville ne les eût point salués la première, s'il n'y eût un ordre
particulier du roi pour cela, d'autant que c'est un honneur qu'ils
disent avoir coutume de garder et de réserver pour .sa majesté seule
et pour son fils aîné, s'il n'y avait un ordre de sa majesté d'en faire
autrement. Et ainsi il semble que ce ne sera point contrevenir à l'ordre
que vous avez du roi de faire même saluer le pavillon d'Angleterre ou
tout autre avant que de saluer de votre part, d'autant qu'il ne s'agit
ici d'aucune compétence entre les pavillons des deux différents souverains, et que ces messieurs agissent en ceci comme conservateurs du
même honneur royal, pour lequel ils font seulement la différence re-
marquée dans leurs mémoires, et que s'ils avaient ordre de sa majesté
d'en user autrement à votre égard, ils le feraient aussitôt comme ils
l'ont fait pour ces princes de Savoie, et sans lequel ordre ils disent ne
le pouvoir faire même aux princes, comme vous verrez qu'ils ne le
firent point pour la duchesse de Mantoue, sœur 'desdits princes de
Savoie.

Que si, nonobstant ces considérations qui me semblent néanmoins
fortes, vous 'faisiez difficulté.de venir ici avec le pavillon, royal, vous

pourriez y venir seulement avec quelques galères. qui salueraient les premières comme elles ont ici coutume, et. laisser votre amiral plus éloigné et hors de la vue; mais si vous. pouvez ne point prendre cet expédient dernier et vous faire voir ici avec toute votre belle armée, ce sera un grand affermissement pour ces peuples au service de sa majesté; et quelque résolution que vous preniez, je vous supplie de me la faire savoir avant votre arrivée, en sorte que je puisse aller au-devant de vous, ou sur la mer ou sur la terre, afin que toutes choses soient si nettement concertées avant votre arrivée, qu'il n'y arrive aucun manquement qui puisse donner le moindre dégoût de part ni d'autre, et que surtout vous soyez content, et comme je le souhaite passionné-ment et comme je vois aussi ces messieurs le désirer fort. Pour les Turcs que vous désirez avoir pour fortifier votre chiourme, il y a ici un marchand, nommé François Collisé, qui en a six fort bons, mais il en veut au dernier mot vingt pistoles de chacun. Le sieur de Saint-Geniez m'a promis de voir aussi celui qui en a vingt-neuf autres, et de savoir ce qu'ils coûtent et ce qu'il en désire, parce qu'il y en a de fort faibles et petits, et lorsque vous enverrez ici au premier jour, ou que vous viendrez vous-même, vous en ferez ajuster le prix; cependant messieurs de la députation et de la ville ont fait défenses à ces gens-là de les en-voyer ailleurs et de s'en défaire, aussitôt que je leur ai donné avis de votre désir. Je tiendrai la main à tout cela, et au reste de ce que vous souhaitez, sans y manquer en quoi que ce soit; mais il faut vous dire que nous traitons plus ici les choses avec douceur et délicatesse qu'avec cette haute autorité et fermeté dont on peut user ailleurs. J'attendrai donc au plus tôt de vos nouvelles, s'il vous plaît, pour vous obéir et servir comme celui qui est de tout son cœur,

> Monsieur, votre, etc.
>
> ARGENSON.

MONSIEUR,

M. de Lamotte est retourné à Montblanc, où est son armée. Vous serez bien aise d'apprendre que vos cinq vaisseaux ont pris deux bri-gantins des ennemis chargés de vivres vers Tarragone.

Barcelonne, ce 15 avril 1641.

Malgré la crise difficile dans laquelle se trouvait Barcelonne,
et l'importance de l'entrée de la flotte française dans son port,
les députés catalans apportèrent beaucoup de lenteurs à cette
opération, toujours occupés qu'ils étaient à décider si la ville
devait commencer par saluer la flotte du roi de France, ou si au
contraire la flotte devait cet honneur à la ville de Barcelonne.
Le conseil s'étant prononcé pour cette dernière condition, en fit
part ainsi qu'il suit à M. de Bordeaux, qui de son côté s'opiniâ-
trait à ne pas saluer le premier, bien que les circonstances fussent imminentes.

MÉMOIRE DES CONSEILLERS DE BARCELONNE,

TOUCHANT LA RÉCEPTION ET SALUTS QUE LES PERSONNES ÉMINENTES EN
CONDITION DOIVENT FAIRE ARRIVANT A BARCELONNE, ET DE LA RÉ-
CEPTION QUE LADITE VILLE DEVAIT FAIRE A M. L'ARCHEVÊQUE DE
BORDEAUX [1].

ILLUSTRISSIMO SEÑOR,

Quant entra en esta ciutat de
Barcelona lo señor don Joan de
Austria, generalissim per mar per
lo rey de Castella, ab sa armada naval, saluda primer a la ciutat de
Barcelona, comensant a disparar la
galera real y apres totas les demes
galeras y vexells; y perquant apa-
regue a la ciutat que sa altesa no
resta satisfet d'ella, donant mostra
que la ciutat lo devie saludar primer, los consellers de aquella ne

ILLUSTRISSIME SEIGNEUR,

Lorsque le seigneur don Juan
d'Autriche, généralissime des armées de mer du roi de Castille, entra dans la cité de Barcelonne avec
son armée navale, il salua le premier
la ville de Barcelonne, commençant par la galère royale et ensuite
les autres galères et vaisseaux; et
cependant comme son altesse ne
parut point satisfaite et qu'elle fit
connaître à la cité que celle-ci lui
devait le premier salut, les conseil-

[1] Ce mémoire n'est pas traduit dans l'original.

donaren raho a son rey, y sa magestat los respongue havian fet molt be en no saludar primer, perquant aqueixa regalia restave reservada pera sa persona y de son primogenit.

Quant entraren en dita ciutat los tres princeps de Saboya, nebots del rey catholich, la ciutat los saluda primer, per haverho ordainat aixi a la ciutat sa magestat molt abans dient eran sos nebots y que com a tals los saludas la ciutat primier, yls fes lo agasajo com a sa persona.

Quant arriba en dita ciutat la señora duquessa de Mantua, germana de dits princeps de Saboya, saluda primer dita duquessa a la ciutat, per no haverhi hagut orde primer del rey que la saludassen com a sos germans.

Quant vingue lo duch de Ferrandina ab la galera y estandart real, saluda primer a la ciutat, y aquella li respongue ab doze pessas de sos baluarts.

Conclouse del sobredit que la ciutat de Barcelona no ha acostumat may saludar primer ningu sino a son rey, primogenit, y a persones reals, y en aqueixes en los casos que ha precehit primer orde

lers en donnèrent avis au roi, et sa majesté leur répondit qu'ils avaient fort bien agi en ne saluant pas les premiers, ces honneurs royaux devant être réservés pour sa personne et pour celle de son fils aîné.

Lorsque les trois princes de Savoie, neveux du roi catholique, entrèrent dans ladite ville, celle-ci les salua la première, le roi ayant ordonné à l'avance que ces princes étant ses neveux, le premier salut leur fût donné, et qu'on leur fît le même accueil qu'à sa personne.

Lorsque la duchesse de Mantoüe, sœur desdits princes de Savoie, arriva à Barcelonne, cette princesse fit le premier salut à la ville, parce que le roi n'avait donné aucun ordre pour qu'elle fût saluée ainsi que l'avaient été ses frères.

Lorsque le duc de Ferrandine vint avec la galère et l'étendard royal il fit le premier salut, et la ville lui répondit par douze pièces de ses forts.

On doit conclure de ce qui précède que la ville de Barcelonne n'est dans l'usage de saluer la première personne que son roi, le fils aîné de son roi, les personnes royales, et celles-ci seulement dans le cas

del rey, y no altrament; y also se practica, no tant per lo favor y honra de la ciutat quant per lo respecte ques deu a sa magestat, de les prerrogatives del qual son defensors los consellers. Y aixi ho tenen en sos privilegis y ordens dels reys passats, que las prerrogativas del rey no las permeten a ningun altre, en tant que si un lochtenint general, o altra qualsevol persona, se vol usurpar alguna perrogativa real, se opposan los consellers; perque no tindrien que donar despres al rey si ja ho havia donat, o donaven als altres?

Y aixi, excellentissimo señor, arcabisbe de Burdeus, *saludante primer sa excellencia a la ciutat comensant per sa galera real y demes galeras y vexells de la armada*, la ciutat li respondra fent li salva ab dotse pessas de sos baluarts, y quissa se pendra resolutio en disparar algunas pessas mas per lo que desija la ciutat servir a vostra excellencia.

où un ordre royal l'a ainsi prescrit et non autrement ; et cela se pratique ainsi, non pas tant seulement pour l'honneur de la ville que pour le respect qui est dù à sa majesté et à ses prérogatives, dont les conseillers doivent être les défenseurs. Cela se trouve ainsi mentionné dans leurs privilèges et dans les ordres des rois passés, où il ést dit qu'ils ne doivent accorder à personne les prérogatives du roi, et que si un lieutenant-général, ou telle autre personne que ce soit, veut usurper quelqu'une de cesdites prérogatives royales, les conseillers doivent s'y opposer ; car comment pourraient-ils donner au roi ce qui déjà aurait été donné à d'autres ?

Et ainsi l'excellentissime seigneur archevêque de Bordeaux, *ayant salué le premier la ville en commençant par sa galère royale et ensuite les autres galères et vaisseaux de l'armée*, la ville lui répondra par une salve de douze pièces de ses forts, auxquelles on ajoutera quelques canons de plus, la ville désirant être agréable à son excellence.

DESLIBERATIO

DE LA VINTYQUATRENA DE GUERRA,
PER LA RONA VINGUDA DEL EXCEL-
LENTISSIMO SENOR ARCABISBE DE
BURDEUS, MI SENOR QUE DIOS
GUARDE.

Die xv mensis aprilis, anno a nativitate
Domini MDCXXXXI.

Los señores consellers, ab vot y
parer de la vintyquatrena de guerra,
deliberan que quant arribarà lo excellentissimo señor arcabisbe de
Burdeus, despres que sa excellentia
havra manat tirar las pessas de sa
armada per saludar la ciutat, li torne
la salut aquella ab vint pessas ti-
rantles los baluarts de la ciutat,
y tirant sa excellentia algunes d'elles
ab hales, sie la salutatiò de la ciutat
tant be ab bales eu conformitat de
las que manara tirar sa excellentia.

DÉLIBÉRATION

DE LA VINTYQUATRENA DE GUERRE,
POUR LA BONNE VENUE DE L'EXCEL-
LENTISSIME SEIGNEUR L'ARCHEVÊQUE
DE BORDEAUX, MON SEIGNEUR QUE
DIEU GARDE.

Le xvᵉ jour du mois d'avril, l'an de la
nativité de Notre Seigneur 1641.

D'après le vote et l'avis de la
vintyquatrena de guerre, les seigneurs conseillers en ayant délibéré, arrêtent que lorsque l'excellent
seigneur archevêque de Bordeaux
arrivera, après que son excellence
aura fait tirer le canon sur sa
flotte pour saluer la ville, celle-ci
lui rendra son salut avec vingt
pièces de canon de ses forts; et si
son excellence fait tirer quelques
coups à boulet, la ville rendra
aussi le salut à boulet, en confor-
mité de ce qui sera ordonné par
son excellence.

Cette dépêche est relative aux difficultés de nouveau soulevées par les Catalans au sujet du salut du pavillon.

LETTRE DE M. D'ARGENSON

A M. L'ARCHEVÊQUE DE BORDEAUX.

MONSIEUR,

Aussitôt que M. du Perron m'a rendu les deux dépêches qu'il vous a plu de m'écrire des 13 et 15 de ce mois, j'ai entretenu messieurs les conseillers de cette ville sur le sujet du mémoire que vous m'avez envoyé pour réponse aux leurs touchant le salut, dont ils s'éclaircissent de sorte avec vous qu'il sera aisé de juger, s'il vous plaît, qu'ils ne manquent point de respect au pavillon du roi, puisque de leur part ils ne font difficultés de faire ce que vous désirez que par crainte que sa majesté improuve qu'ils en eussent usé avec moins d'honneur pour sa personne qu'ils n'ont fait pour le roi de Castille pendant qu'ils l'ont reconnu. Vous craignez donc de faillir et de désagréer au roi, et eux aussi, qui m'ont témoigné qu'ils seront prêts de rendre à votre personne les mêmes honneurs qu'ils réservent pour le roi ou pour monseigneur le dauphin, si sa majesté le commande ; et dès à présent, sur l'espérance qu'ils avaient que ce que je vous en ai écrit par le retour de la barque du sieur de Saint-Geniez vous satisferait et que vous viendriez, ils avaient préparé vingt pièces de canon, ainsi qu'ils m'ont dit, bien qu'ils n'en aient jamais tiré plus de douze pour les généraux du roi d'Espagne. Après tout cela, je ne saurais que vous dire davantage, sinon qu'il faudra attendre la décision du roi sur cette difficulté si les raisons que messieurs les conseillers de la ville vous écrivent particulièrement ne vous contentent et ne vous font changer de dessein ; car pour eux, ils y demeurent fermes, et disent nettement ne pouvoir communiquer à d'autres qu'au roi ces honneurs sans un ordre exprès de sa majesté, à laquelle et à son éminence ils m'ont dit qu'ils en écriraient pour faire voir que leur difficulté n'est que pour la plus grande gloire du roi, qu'ils témoignent honorer et respecter avec amour particulier. Que si vous jugez à propos de demeurer ferme comme eux dans votre pensée, cela n'empêchera pas que vous ne passiez de deçà aussitôt qu'il vous plaira pour aller à Salses et à Tarragone, comme j'ai vu par toutes vos lettres que vous en aviez le dessein, sur ce que tous ces messieurs qui savent l'état des choses en ce pays le jugent à propos; et s'il ne vous plait de mettre pied à terre à Barcelonne, j'irai vous trouver à votre amiral, si vous avez agréable de m'envoyer une de vos galères ou quelqu'autre vaisseau pour m'y conduire, bien que l'air de la mer me soit extrêmement contraire par les maladies que j'y ai faites autrefois. Messieurs de la députation vous répondent sur l'*oidor* de Figuières, en la place duquel ils laissent le seigneur Joseph Acosta, homme fort estimé ici et duquel ils s'assurent que vous serez content.

Je crois que ces messieurs de la députation vous écriront aussi combien ils jugent nécessaire que vous passiez jusques à Salses et voir Tarragone, parce qu'ils m'en ont paru fort pressés ce matin, et m'ont prié de vous l'écrire. Je ne doute point que vous ne trouviez quelqu'expédient pour empêcher cependant les vivres de Roses et de Collioure, où il faudra que vous retourniez acquérir de la gloire aussi, dès que vous aurez vu avec M. de Lamotte ce qui aura été possible à faire contre les ennemis à Tarragone, où les dernières et meilleures résolutions se doivent prendre sur les lieux, lorsque l'on voit les choses de près.

J'ai bien du regret que l'on ne s'est trouvé en notre ville disposé à suivre nettement votre désir, pour vous y voir caresser ces messieurs, qu'il faut traiter de cette sorte, comme vous le savez très-bien faire, pour entretenir la bonne humeur où ils sont pour sa majesté, à laquelle celui qu'ils appellent *Protecteur du bras militaire* écrira au premier jour pour tous les cavaliers, et bientôt après j'espère d'envoyer un courrier à la cour pour y porter ce qui aura été ici projeté pour la conclusion du traité, s'il agrée ainsi à sa majesté et à son éminence, dont je remets à vous entretenir pleinement quand j'aurai l'honneur de vous voir à votre passage, et de vous assurer moi-même que je suis sans réserve,

Monsieur, votre, etc.

Malgré son opinion prononcée contre l'entreprise de Tarragone, M. de Bordeaux prévient M. d'Argenson qu'au reçu d'un *avis écrit* par ordre du roi, il partira pour Tarragone avec l'armée navale.

LETTRE DE M. L'ARCHEVÊQUE DE BORDEAUX

A M. D'ARGENSON [1].

MONSIEUR,

Je ne puis en façon du monde, sans ordre exprès du roi, me séparer de celui que j'ai de faire saluer son pavillon à tout le monde, et de ne saluer jamais personne, la réserve que ces messieurs veulent faire pour la personne de sa majesté étant une excuse qui pourrait aussi bien servir de prétexte à tous les princes et à tous les lieux de la terre de lui rendre ce respect qu'à messieurs de Barcelonne, et néanmoins il n'y a aucun lieu du monde qui y manque. Le nombre des coups de canon ne se règle que par l'affection, mais celui du devoir est de sept, et de commencer le premier, auquel, après avoir répondu, s'ils ont envie de voir brûler de la poudre, j'en ferai tirer plus de deux mille.

Pour ce qui est de passer à Tarragone, je vous ai mandé si ponctuellement que le peu de forces que j'ai ne se peuvent séparer, qu'il est superflu de le répéter; mais je vous dirai encore une fois que si vous jugez plus nécessaire, pour l'exécution du traité fait ou à faire avec messieurs de Barcelonne, que je descende en bas que de demeurer ici pour empêcher le secours d'entrer dans les places, vous ne m'en aurez pas sitôt donné votre avis par écrit que je ne mette à l'instant à la voile, si le temps me le permet, mon inclination, jointe à la lettre que vous m'avez envoyée du roi, m'obligeant à déférer beaucoup à vos avis, comme je ferai à toute rencontre. Car, pour vous dire le vrai, mon sens particulier n'eût pas été qu'on eût commencé à écorcher l'anguille

---

[1] Cette lettre, en partie reproduite dans le recueil d'Aubery (t. II, p. 664), se trouve ici complète.

par la queue, et que vous eussiez appelé à vous tant de troupes n'étant
pas fournis d'artillerie, de vivres ni d'argent, comme vous me mandez,
craignant qu'un dessein incertain n'en fasse avorter un très-assuré et très-
utile au service du roi. Quinze jours ou trois semaines vous donnaient
la prise de Collioure, et par conséquent de Perpignan, et lors on vous
pouvait mener et l'armée navale et l'armée de terre, sans rien appréhender, au lieu que vous emploierez même temps à assembler les troupes
où vous êtes, dont les premières pourront consommer les fonds que
vous aurez, durant que les dernières viendront. Et par ainsi, en tout
temps vous les trouverez inutiles; mais quand les choses proposées réus-
siraient, je les estime si peu considérables et si difficiles, au prix
de celles qu'on projetait, que j'appréhende bien qu'elles ne correspondent pas aux espérances qu'on a conçues d'une si grande armée.
Pour moi, je ne suis que pour exécuter ce qui me sera prescrit du côté
de la cour ; j'aurai grande joie d'en recevoir les ordres, ou bien votre
avis par écrit, qui me peut mettre à couvert du reproche qu'on me
pourrait faire de n'avoir pas exécuté les ordres qu'on m'avait donnés.

Vous verrez un mémoire conforme de plusieurs côtés, l'état véritable du
Roussillon et la nécessité qu'il y a de les empêcher de recevoir du secours
de vivres. Par la comparaison de Perpignan à Tarragone, vous jugerez
ce qui est plus utile au service du roi : en l'un j'y trouve la facilité, utilité
par la conjonction des terres, et tout ce qu'il y a de ports à l'ennemi
emporté ou en état de ne nous pouvoir nuire, sans aucune dépense ni
perte d'hommes ni de temps, et sans empêcher que l'autre dessein ne
se puisse exécuter quinze jours après ; et dans l'autre, je ne vois qu'un
dessein vaste sans aucun but, sans utilité pour le service du roi, rempli
de toutes sortes de difficultés et sujet à une extrême dépense dont je ne
vois pas le fonds, et dont je crains les événements, de quelque côté que
réussisse. Si l'on vient à perdre quelque combat, dont les succès sont
incertains, jugez ce qu'il peut arriver; si vous manquez d'argent ou
de vivres, voyez ce que deviendra votre armée, et l'ordre qu'on vous
donne d'avoir bien soin qu'il ne lui manque ni pain ni subsistances ; et
quand tout vous réussira, et que vous aurez Tarragone, Tortose et autres
lieux que tiennent les Castillans, si vous ne les fortifiez quand vous ren-

verrez l'armée au Roussillon ; les ennemis les reprendront, et la crierie des peuples, que vous appréhendez maintenant, et qui est votre seul prétexte, redoublera. Si vous les voulez fortifier, il faut que cette armée batte la campagne jusqu'à ce que les fortifications soient en défense. Voyez un peu, monsieur, quels fonds il vous faudra pour entretenir cette armée durant tout ce temps-là, quels fonds pour les fortifications? quels fonds pour les munir? et quels fonds pour entretenir les garnisons qui seront nécessaires là? Casal et Turin vous l'ont assez fait apprendre ; et l'avantage que vous en tirerez, ce sera d'avoir des places à cent lieues de votre frontière, pour lesquelles secourir il vous faudra laisser sept ou huit places des ennemis derrière.

Que si vous attendez à les secourir par mer, jugez quelle dépense, étant nécessaire de venir de Provence, n'ayant pas un port dans toute la Catalogne où il puisse demeurer un vaisseau l'hiver, et les ennemis ont tous leurs ports et toutes leurs places qui confinent ces lieux-là; sans vous dire, monsieur, que notre ancien et véritable domaine est le Roussillon, qui n'est engagé que pour 300,000 écus, et que tout le titre que nous aurons de la Catalogne ne sera fondé que dans l'opinion des peuples, dont vous connaissez la fermeté.

Je ne me suis su empêché, comme votre ami et celui de M. de Lamotte, de vous dire mes petits sentiments par écrit, comme j'avais fait par M. du Perron, que j'appréhende bien ne vous les avoir pas fait entendre; lesquels je soumets néanmoins de telle sorte aux vôtres, que je serai toujours prêt d'exécuter ce que vous jugerez à propos, pourvu qu'il vous plaise me les donner par écrit, puisque je n'ai nul ordre de la cour.

LETTRE DE M. D'ARGENSON

A M. L'ARCHEVÊQUE DE BORDEAUX, ENVOYANT LA COPIE D'UN MÉMOIRE DU PRINCE DE BOTERO, LE CONVIANT DE DEMEURER EN LA CÔTE, ET MÊME D'AIDER A FAIRE LE SIÉGE DE TARRAGONE.

MONSIEUR,

Je vous envoie la copie d'une lettre du prince de Botero, dont j'ai l'original qui a été trouvé entre les mains d'un courrier que nos gens ont pris et mené à M. de Lamotte; vous verrez par là combien les ennemis craignent votre armée, et le mal que vous pouvez leur faire, même aux Alfages, en vous avançant promptement, comme il semble si nécessaire que je ne saurais assez vous en supplier.

M. de Lamotte m'écrit du Montblanc, que si vous pouvez demeurer seulement dix jours dans cette côte, qui est celle de Tarragone, Salses, et autres lieux de là, il espère, avec l'aide de Dieu, d'en chasser les ennemis, qui sera une gloire où vous n'aurez pas une petite part. Et que si ayant conféré vous et lui ensemble, vous jugez qu'il faille assiéger Tarragone, vous en pourrez prendre s'il vous plaît une attaque, en laquelle il vous aidera de troupes pour cet effet : je crois aussi que si vous prenez cette résolution avec lui, comme utile au service du roi, il sera nécessaire que vous l'aidiez de votre canon, parce que les chevaux et l'équipage de l'artillerie n'étant pas encore arrivés de Languedoc, ledit sieur de Lamotte n'a pu faire conduire en son camp que deux des pièces qui sont en cette ville. Ce que j'ai pensé à propos de vous écrire par avance, afin que vous fassiez, s'il vous plaît, conduire avec vous les affûts de terre que vous avez dans vos vaisseaux, bien que je sois encore incertain si vous vous résoudrez à ce siége, quand vous aurez conféré l'un avec l'autre.

J'ai fait ce que j'ai pu pour résoudre MM. les conseillers de cette ville à saluer les premiers; et pour les y convier, je me suis avancé de leur dire jusque là, que vous et moi les assurions que sa majesté ne le trouverait point mauvais; mais ils sont si fermes dans leurs coutumes, qu'il m'a été impossible de les persuader; tellement, que je vois qu'il n'y a qu'un ordre du roi qui puisse décider cette difficulté. Et en attendant cette décision, si vous aviez agréable de venir en cette ville, où je vois que l'on vous désire fort, vous pourriez, il me semble, descendre à terre à une demi-lieue de la ville, où je vous ferais prendre avec un carrosse, et faire avancer votre armée, que vous iriez joindre avec une galère, ou un vaisseau qui vous viendrait prendre le lendemain, ou bien vous pourriez arriver en ce port avec quelques galères ou avec quelques vaisseaux, et laisser votre pavillon sur l'amiral plus éloigné, comme je vous l'ai déjà écrit. Ce que je vous propose, pour le désir que j'ai de vous entretenir en cette ville même, où l'on me témoigne que l'on veut vous rendre plus d'honneurs qu'à aucun général des armées du roi d'Espagne qui y ait jamais été, et où M. l'*oidor* de Figuières a ajouté encore tant de choses à ce que nous leur avons fait entendre de vous, que je reconnais leur désir de vous voir s'augmenter tous les jours.

Mais si, après tout cela, vous jugez ne pouvoir venir en cette ville que la difficulté du salut ne soit décidée par un ordre de sa majesté, je vous supplie de m'envoyer une galère ou un de vos vaisseaux quand vous passerez, afin que je puisse vous aller assurer de mon obéissance, comme je le désire; et de vous hâter de venir, s'il vous plaît, le plus tôt qu'il vous sera possible.

Permettez-moi pourtant, monsieur, d'ajouter qu'il me semble que cette difficulté de salut, quoique indécise, ne doit pas vous empêcher d'entrer en cette ville, à mon avis, et me pardonnerez, s'il vous plaît, si la passion que j'ai de vous y voir me fait vous dire cela, sur l'assurance que j'ai que vous me croyez plus que personne du monde,

> Monsieur, votre, etc.
>
> ARGENSON.

A Barcelonne, ce 20 avril 1641.

M. d'Argenson pensant qu'il fallait aller à Tarragone avec
l'armée, et non pas en Roussillon, pour ôter de l'esprit de
ceux de Catalogne que le roi ne les voulait pas accepter, mais
prendre seulement quelques ports de mer dans le Roussillon durant le désordre des Catalans avec le roi d'Espagne,
écrivit la lettre suivante à M. de Bordeaux.

LETTRE DE M. D'ARGENSON

A M. L'ARCHEVÊQUE DE BORDEAUX.

MONSIEUR,

La lettre qu'il vous a plu de m'écrire par M. d'Aubigny est pleine
de raisonnements fort considérables; mais si vous eussiez été à Barcelonne au même temps que M. de Lamotte a écrit à la cour la proposition sur laquelle on a donné à M. le maréchal de Schomberg les ordres
de faire passer toutes les troupes en Catalogne, selon les avis qu'il aurait
de l'état des choses par ledit sieur de Lamotte, afin de chasser les ennemis du camp de Tarragone et des frontières de Lérida, avant que de
faire ce qui vous aurait été prescrit et que vous estimez maintenant
encore plus à propos, je suis assuré que vous auriez été du même sentiment dudit sieur de Lamotte; car les esprits de ce peuple étaient tellement ébranlés par la crainte du grand péril qu'ils avaient vu si près
d'eux, que la plupart des nobles, qui n'ont pas été tous d'avis du changement arrivé, prenaient cette occasion pour les faire consentir aux
belles propositions que leur faisaient les partisans du roi de Castille pour
les obliger à retourner sous son obéissance; et si cela fût arrivé, vous
auriez été bien loin d'exécuter votre dessein avec la facilité présente;
de sorte qu'il se peut dire que M. de Lamotte a rassuré ces peuples par
sa présence et par cette dépêche qu'il fit très-à propos; car s'ils eussent
su ou vu que l'on voulait commencer par le Roussillon avant que d'ôter
Barcelonne de danger, cette grande ville, qui fait mouvoir tout le reste,
se fût aussitôt portée à des résolutions bien éloignées du service du roi,
et je n'eusse pas trouvé ces messieurs dans la bonne disposition où je

les ai rencontrés pour la plupart à mon arrivée, avant laquelle une grande partie d'eux estimaient que sa majesté ne voulait point accepter la donation du pays et ne cherchait qu'à s'approprier du Roussillon et de quelques ports par le moyen de leur confusion; ce qui était si bien suggéré par les ministres de Castille, que les plus zélés pour la France en ont eu l'esprit inquiet jusqu'à ce que les lettres de sa majesté que je leur ai apportées et les discours que j'ai faits dans leurs assemblées ont confirmé les uns et persuadé aux autres la bonne volonté entière de sa majesté, en telle sorte que c'est un crime parmi eux de dire le contraire, et ceux qui ont manqué ici à faire les feux de réjouissance pour cette bonne nouvelle ont couru fortune de la vie.

Je vous écris tout ceci, monsieur, pour vous faire connaître l'état des affaires qui a convié M. de Lamotte à donner cet avis depuis lequel vous avez bien pu juger qu'il s'attendait que l'on fortifierait seulement les troupes de deçà et que vous exécuteriez votre dessein, puisque sans insister nous vous fîmes prier par M. de Besançon de faire un voyage ici et vers Tarragone avec votre armée pour assurer encore davantage ces peuples et cette côte, pendant que M. le maréchal de Schomberg se préparerait pour l'exécution de ce qui était projeté de votre côté et qui n'est qu'un peu différé.

Et si ces messieurs qui sont en Languedoc eussent attendu les avis de M. de Lamotte pour faire passer les troupes en Catalogne, suivant ce qu'il leur écrirait de l'état des choses, comme le porte l'ordre et les lettres du roi qui nous ont été écrites, au lieu de les envoyer, comme ils ont fait, j'ose dire inconsidérément, sans savoir auparavant des nouvelles dudit sieur de Lamotte, et sans aucun argent pour les faire subsister en un pays où c'est plus ruiner le service de sa majesté que d'y aider en faisant de la sorte, nous eussions pu tenir ici quelques conseils ou vous aller joindre à quelque rendez-vous, et résoudre de faire ce qui aurait été trouvé plus à propos pour le bien de sa majesté et de cette province dans la conjoncture présente.

Mais comme nous avons su par le courrier même qui nous a apporté les dépêches du roi, et qui a rendu à ces messieurs en Languedoc celles sur lesquelles ils ont fait passer ainsi toutes les troupes, qu'elles étaient déjà dans les montagnes ou avancées au deçà du Pertuis, et les autres sur la mer pour passer à Barcelonne, bien que de mon chef j'eusse écrit à Narbonne, à M. de Schomberg et à M. de Machault, aussitôt que les dépêches du roi me furent rendues, qu'ils ne fissent point passer s troupes sans envoyer de l'argent en même temps, parce qu'il valait mieux ne les avoir point ici que de les faire venir se dissiper ou ruiner, et faire révolter le pays contre nous, qui avions plusieurs fois écrit à ces messieurs, et même par le sieur de Chauffourneau, que nous n'avions d'argent que pour payer les troupes qui étaient déjà ici jusqu'au 15 de ce mois.

Il est certain que dans cette rencontre fâcheuse et produite par les manquements que vous pouvez juger sur ce fait véritables, le meilleur remède, à mon avis, c'est de se servir promptement de toutes les troupes qui sont ou qui arrivent maintenant à Montblanc, pour faire quelque grand effet avec célérité, et retenir après ici seulement celles que l'on aura moyen de faire subsister et qui seront nécessaires pour la garde du pays, pendant que vous retournerez faire dans le Roussillon ce qui avait été premièrement projeté; et j'ose dire que si on profite de ce malheur il peut être bon à quelque chose, parce que cette saison est plus propre pour agir vers Tarragone que les mois de juin et de juillet, durant lesquels le chaud est beaucoup plus insupportable de deçà qu'il n'est encore dans la plaine du Roussillon.

Et par tout cela, monsieur, vous jugerez bien que si en cette occasion vous n'agissez avec le tout ou partie de votre armée de mer vers Tarragone, ce que fera M. de Lamotte n'aura aucun effet approchant de celui que vous pourrez faire joints ensemble; et vous ne pouvez douter, ce me semble, que sa majesté ayant ordonné que toute l'armée de terre passe vers Tarragone, qu'elle n'ait, en même temps, voulu que celle de mer fasse tout ce qu'il sera nécessaire de sa part, n'étant pas à propos qu'elle demeure sans action. J'ai aussi vu par toutes vos dépêches précédentes comme vous étiez résolu d'aller vers Salses, sur ce que M. de Besançon vous rapporta à son retour de Barcelonne; d'ailleurs vous apprendrez par les lettres de M. de Chastellux, auquel j'ai conseillé d'attendre ici de vos nouvelles, les grands avantages que

vous pouvez prendre sur les ennemis, si vous allez ou envoyez vers
Tarragone et Salses et aux Alfages avec des forces plus grandes que celles
avec lesquelles vos cinq vaisseaux seuls y ont acquis tant de gloire ; et
quand vous serez en lieu où vous pourrez conférer ensemble, vous et
M. de Lamotte, vous pourrez prendre la résolution qui vous semblera plus utile au service de sa majesté, et qui doit être le seul but
de tous ses serviteurs qui le sont aussi de son éminence. Je vous
supplie donc de tout mon cœur de vous disposer à cela en la façon qui
vous sera la plus agréable et que vous jugerez pour le mieux. Cependant je fais aujourd'hui assembler le conseil de la ville, composé de
cent personnes, qu'ils appellent le *Sage Conseil*, pour les faire résoudre
de rendre au pavillon du roi le salut premier, comme vous le désirez,
sur l'assurance que nous leur donnerons, vous et moi, par écrit,
que sa majesté l'aura ainsi agréable, et qu'à l'avenir ils useront de
leurs anciennes coutumes, c'est-à-dire qu'ils ne salueront pas une
autre fois les premiers, si sa majesté ou son fils aîné n'y sont en personne, ou s'ils n'en ont ordre exprès de sa majesté.

Que si je ne puis obtenir d'eux ce que je désire, autant pour votre
satisfaction que pour aucune autre considération, je me rendrai jeudi
prochain, 25 de ce mois, à trois heures après midi, au plus tard, à
Blanès, où je vous supplie très-humblement de venir aussi à la même
heure au plus tard, afin que je puisse avoir l'honneur de vous entretenir de plusieurs choses.

Et si mon éloquence, quoique fort mauvaise, surtout en une langue
que je sais fort peu, persuade à ces messieurs ce que je désire avec
passion, je vous en donnerai avis au même lieu de Blanès, et aux mêmes
jour et heure au plus tard, afin que vous puissiez, s'il vous plaît, venir
en cette ville par la mer; et en ce dernier cas, il faudra; s'il vous
plaît, m'envoyer une de vos galères afin que j'aille au-devant de vous
à votre amiral, et que ces messieurs y envoient aussi, comme je leur
ferai résoudre.

Je vous envoie les lettres de messieurs de la députation pour tout
ce que vous avez désiré d'eux pour Cadequia et Palamos, et puisque,
en quelque sorte que ce soit, j'espère l'honneur de vous voir bientôt

quoique je ne puisse, sans crainte de quelque accident, abandonner tant soit peu cette ville, comme vous le verrez, je finirai dans l'espérance de vous assurer moi-même que je suis plus que personne au monde,

          Monsieur , votre , etc.

De Barcelonne, ce 22 avril 1641.

   P. S. Vous verrez par ma dépêche jointe et faite depuis celle-ci, comme messieurs de la ville ont résolu de saluer les premiers le pavillon du roi ; c'est pourquoi n'y ayant plus rien qui vous puisse retarder de venir en cette ville de Barcelonne , je vous y attendrai avec impatience , et il ne sera pas besoin que vous alliez à Blanès, où je n'irai point aussi.

LETTRE DE M. LE PRINCE

A M. L'ARCHEVÊQUE DE BORDEAUX , TOUCHANT LE SIÉGE DE COLLIOURE.

Monsieur ,

Je vous envoie visiter par le porteur que bien connaissez, c'est M. d'Espenan, pour ajuster tout ce qu'il faut faire avec vous pour le siége de Collioure, que je veux entreprendre aussitôt que M. de Lamotte-Houdancourt me renverra partie de son armée. Je m'assure que vous aurez secondé ses entreprises et que vous aurez eu avec lui et M. d'Argenson une parfaite correspondance pour agir ensemble dans leurs desseins présents, regardant aussi eux et vous , à prendre garde diligemment qu'il n'entre point de vivres à Collioure ni Roussillon, et vous assurant mon service , je veux demeurer à jamais,

        Monsieur,
           Votre, etc.

                    HENRY DE BOURBON.

De Narbonne, ce 25 avril 1641.

CHAPITRE XII.

(*Mai — Août* 1641.)

On a vu que les Barcelonnais avaient en vain tenté de reprendre Tortose, et que les troupes espagnoles s'étant renforcées de jour en jour, le petit nombre de soldats français qui étaient entrés en Catalogne avec M. d'Espenan, gouverneur de Leu-

cate, n'avaient pu empêcher les progrès de l'ennemi en Catalogne, le général Los Velès s'étant emparé de Tarragone,
le 24 décembre 1640, avait été bientôt sous les murs de Barcelonne.

Les Barcelonnais se défendirent avec vigueur, Los Velès fut
obligé de lever le siége, et Barcelonne devint libre. Mais Los
Velès, qui s'était retiré à Tarragone, attendait dans cette ville
de nombreux renforts de l'Espagne, qui devaient le mettre à
même de venir attaquer Barcelonne avec une nouvelle vigueur.
On comprend qu'une des opérations les plus importantes de la
campagne fut d'empêcher ce renfort d'arriver par mer. Par
son office, M. de Bordeaux assumait sur lui toute la responsabi-
lité de ce succès. On va voir par quels événements la flotte espagnole entra dans le port de Tarragone, malgré la croisière
établie àntour de cette place par les bâtiments du roi.

M. d'Argenson apprend à M. l'archevêque de Bordeaux que
M. de Lamotte a fait retirer les ennemis vers Tarragone, et
qu'il est à propos que M. de Bordeaux s'y rende avec l'armée
navale.

LETTRE DE M. D'ARGENSON

A M. L'ARCHEVÊQUE DE BORDEAUX.

Monsieur,

J'ai reçu les lettres qu'il vous a plu de m'écrire des 26 et 30 du mois
passé, où je vois combien le mauvais temps a retardé vos bons desseins
et le contentement de vous voir à Barcelonne, que nous attendions
avec tant d'impatience. J'ai avis que M. de Lamotte est entré le 29
dans la plaine du camp de Tarragone, et que le même jour, deux heures
après midi, il a chassé les ennemis de Vals, dont il est le maître, et

cet après-dîner quelques gens nous ont rapporté que les Castillans voulant brûler un village qui s'appelle Constantin, en se retirant vers Tarragone, ils ont aussi été chassés de ce lieu; de sorte que j'approuve extrêmement la pensée que vous avez d'aller droit à Tarragone sans vous arrêter à Barcelonne, parce que vous ferez sans doute quelque grand effet par votre diligence et surprendrez vos ennemis dans ce désordre. Et s'il vous plait d'envoyer quelque galère vers cette côte de Barcelonne pour me conduire à vous, comme il vous plaît de me le faire espérer, j'aurai une extrême joie de vous entretenir et de vous assurer moi-même que je suis plus que personne du monde,

Votre, etc.

ARGENSON.

A Barcelonne, le 1er mai 1641.

LETTRE DE M. DE LAMOTTE-HOUDANCOURT

A M. L'ARCHEVÊQUE DE BORDEAUX, QUI SE RÉJOUIT DE SON ARRIVÉE VERS TARRAGONE, ET S'APPROCHERA DE LUI POUR LE VOIR.

MONSIEUR,

Étant arrivé à la Serva, j'ai vu votre armée en mer, qui m'a fait hasarder cette lettre pour vous donner avis du lieu où je suis, et savoir où il vous plaît, monsieur, que je vous voie. J'ai reçu une lettre de M. d'Argenson, qui me mande que vous lui avez témoigné comme vous me faites l'honneur de m'aimer : j'essaierai à le mériter par mes services. Pour ce qui est de ce que nous pouvons entreprendre, vous en serez l'ordonnateur.

Les ennemis sont campés entre Tarragone et Constantin. Depuis que je suis dans ce pays, ils n'ont point paru; je m'en irai demain loger à Reus, qui sera plus près de vous et mes communications plus faciles. Attendant l'honneur de vous voir, je vous supplie me croire plus que personne du monde,

Monsieur, votre, etc.

LAMOTTE-HOUDANCOURT.

A la Serva, ce 4 de mai 1641.

LETTRE DE M. DE NOYERS

A M. L'ARCHEVÊQUE DE BORDEAUX, TOUCHANT LES AFFAIRES DE CATALOGNE.

MONSIEUR,

Il est bien raisonnable que tous les serviteurs du roi se réjouissent des avantages que vous remportez tous les jours sur les ennemis. Je loue Dieu en mon particulier et le prie que cette bénédiction continue jusqu'à la paix. Son éminence a trouvé bon que l'on fît encore armer et mettre en état de vous aller joindre trois des meilleures galères de celles qui sont restées au port de Marseille, à la charge que lorsqu'elles vous auront joint vous y retourniez les deux prises qui ne peuvent être en état de servir que par l'affaiblissement des nôtres, outre que le fonds d'un million, que nous ne pouvons faire augmenter, ne peut suffire à l'entretènement d'un si grand nombre de galères, et l'on estime plus avantageux et plus honorable d'en avoir vingt bonnes renforcées de chiourme que vingt-quatre faibles et qui ne pourront donner la chasse à celles des ennemis, n'étant pas plus fortes d'hommes qu'elles. J'envoie donc présentement les ordres à Marseille afin qu'en toute diligence l'on vous envoie ce renfort.

Monseigneur a trouvé juste que les galères, rentrant de reconnaître ou de quelque pays, eussent à aller rendre compte tout premièrement à celui qui commande en chef les vaisseaux et les galères.

Pour ce qui est du commandement entre les vaisseaux et les galères, comme cela ne fut pas hier bien déterminé, vous trouverez bon que je me remette à ce que son éminence en mandera; si ce n'est que l'ayant vue aujourd'hui, je puisse ajouter un mot à celle-ci.

Son éminence vous mande combien il est difficile d'ajuster un commandement de terre avec celui de la mer, principalement dans les mers d'Espagne, où l'on dit que les changements des vents sont si subits et si fréquents qu'il est besoin qu'un général puisse disposer sa partance à tout moment pour aller selon que la nécessité des affaires et le temps l'y obligent.

L'on estime qu'il est du service de son éminence de distribuer des blés de vos prises aux galères pour les faire convertir en biscuits, et qu'il y a avantage de toutes parts.

Le roi remboursera le prix des blés sur le fonds des galères, l'on assure le prix desdits blés, qui se pourraient gâter ou périr en mer comme a cuidé faire le vaisseau qui en a reporté à Toulon; l'on gagne le tespm et le port du biscuit, qu'il faudrait aller faire et quérir en Provence; l'on évite la nécessité d'envoyer de l'argent comptant pour l'achat desdits biscuits, que l'on paiera ici.

J'espère que bientôt vous et M. de Lamotte, ayant chassé les ennemis de Tarragone [1], soit par force du côté de la terre, soit par famine en empêchant que l'on ne leur porte des vivres par mer, vous aurez la liberté d'achever le dessein de Collioure [2], et toute autre entreprise que vous estimerez utile au service du roi. Je prie Dieu qu'il y donne le succès que vous y souhaite,

Monsieur, votre, etc.

DE NOYERS.

De Ruel, ce 5 mai 1641.

LETTRE DE M. DE NOYERS

A M. L'ARCHEVÊQUE DE BORDEAUX, TOUCHANT LES AFFAIRES DE CATALOGNE.

MONSIEUR,

Envoyez-nous, je vous prie, très-souvent des courriers à ce prix-là, et je vous assure que l'on ne leur plaindra point leur voyage. Prendre ou couler à bas les vaisseaux qui vont ravitailler le Roussillon, c'est en bon français prendre le Roussillon; et j'espère que, Dieu continuant à

---

[1] Tarragone, ville de Catalogne, près de Salses, dans la Méditerranée, par 41° 8' 50" N., et par 1° 0' 45" à l'O. de Paris. Il y a mouillage par six ou sept brasses au large de la ville, et plus au S. vis-à-vis une petite rivière, on trouve sept ou huit brasses. De petits bâtiments peuvent seulement se mettre à l'abri dans son port.

[2] Collioure, port dans la Méditerranée, tout auprès de Port-Vendres, qui lui reste au S. Collioure est situé au pied d'une haute montagne, par 42° 31' 31" et 6° 45' 2" à l'E. de Paris. Il s'y fait peu de commerce.

bénir les armes du roi et par mer et par terre, l'année ne se passera pas qu'elle ne remette le roi dans son entier domaine du Roussillon, qui sera une excellente clause du contrat de la donation de la Catalogne.

Personne ne doute qu'aussitôt que vous serez avec l'armée navale vers Tarragone et qu'ils verront M. de Lamotte venir à eux de l'autre côté, ils penseront à la retraite; et ce que mande M. d'Argenson de la difficulté que l'on prévoit à la retraite de leurs canons n'est pas sans fondement, vu que la mer leur étant fermée, le chemin des montagnes est bien rude pour y passer de gros canons avec des misérables mulets.

Il ne se pourrait prendre une meilleure résolution que d'aller à Tarragone, puisque toutes les troupes de mer s'y trouvent engagées. J'espère que vous aurez assez de temps pour Collioure et Roses ' après que vous aurez chassé les ennemis de Tarragone; et certainement l'on agira avec plus de fermeté et moins d'inquiétude dans le Roussillon, la tête de la Catalogne étant une fois bien assurée : ainsi tout ira au bien du service, et ce retardement se trouvera, Dieu aidant, utile pour le succès. Mon autre dépêche répondant à une partie des autres points des vôtres, il ne me reste qu'à vous assurer que je suis,

Monsieur, votre, etc.

DE NOYERS.

De Ruel, ce 5 mai 1641.

LETTRE DE M. D'ARGENSON

A M. L'ARCHEVÊQUE DE BORDEAUX, POUR DES VIVRES.

MONSIEUR,

J'envoie présentement vos lettres pour M. le prince et pour M. l'archevêque de Narbonne. Il est parti hier une barque chargée de biscuits

---

' Roses, ville sur la côte N. du golfe de Roses en Catalogne, par 42° 20′ N., et par o° 43′ à l'E. du méridien de Paris. Le cap de Roses est très-élevé. Dès l'entrée de la baie de Fréjus, jusqu'au cap de Roses, la côte court au S.-S.-E. environ quatre lieues, et sont toutes hautes terres entre les deux. Le cap de Roses est fort haut; de ce cap aux îles Sainte-Marguerite, la côte court au N.-E. ½ N. environ cinq lieues.

pour vos galères; j'en ai vu une ce matin que l'on charge de même pour partir ce soir, et comme j'ai témoigné au sieur Glaize le mécontentement que vous aviez de ce qu'il avait laissé passer ce jour de fort bon vent sans vous envoyer des biscuits, il m'a dit que la mer avait été si mauvaise ici qu'il était impossible de les charger. Je vous assure, monsieur, que je n'oublierai aucun soin de ma part pour faire que vous soyez content en tout.

J'ai reçu une joie extrême des heureux commencements de votre voyage de delà. Il paraît bien à la contenance du duc de Ferrandine qu'il ne veut non plus de vos civilités en son pays qu'en Italie : j'avais long-temps bien cru que les galères d'Espagne ni celles de Doria ne vous attendraient point aux Alfages. J'ai nouvelles que les galères et vos vaisseaux de Provence étaient sur le point de partir pour venir de deçà : je m'assure que vous leur envoyez ordre de demeurer à Cadequia, pour le Roussillon, et que vous n'en aurez pas besoin où vous êtes.

M. le marquis de Montpezat m'écrit de la mauvaise humeur du peuple de Cadequia; qui n'a voulu loger que les deux tiers de la garnison, et qui veut prendre des droits sur ce qu'on y apporte pour les gens de guerre, dont j'ai fait écrire aussitôt, par messieurs de la députation, des lettres fort bonnes au sieur Joseph Acosta et aux jurats de Cadequia, afin que toutes choses aillent là au contentement du sieur de Montpezat.

J'ai avis que les ennemis qui étaient à Fraga se sont retirés à Monçon, que le roi de Castille a refusé des armes et des munitions de guerre aux Aragonais, qui lui en avaient demandé, et qu'ils en ont trouvé dans Saragosse, dont ils disent qu'ils se veulent servir contre les ennemis des Catalans, sans s'expliquer autrement. Je prie Dieu qu'il vous donne autant de gloire et de bonheur que vous en désire celui qui est de tout son cœur,

Monsieur, votre, etc.

ARGENSON.

LETTRE DE M. LE PRINCE

A M. L'ARCHEVÊQUE DE BORDEAUX, TOUCHANT SON ARRIVÉE A TARRAGONE
ET LE SIÈGE DE COLLIOURE.

MONSIEUR,

Ayant su votre arrivée à Tarragone, j'en ai été très-aise, parce que
j'espère que vous arrivé là, en peu de temps nous apprendrons une
heureuse issue des affaires du roi ; mais d'autre côté, songeant au
Roussillon et au siège de Collioure, qui est ma tâche, ne pouvant l'entreprendre que par votre aide, et que ne soyez de retour au Cadequia ', je vous écris la présente pour seulement vous supplier de me
renvoyer MM. d'Espenan et Reillac, et me mander par eux réponse
au mémoire qu'ils vous ont porté. Je vous supplie aussi vous résoudre
avec MM. de Lamotte-Houdancourt et d'Argenson :

Quel séjour vous ferez où vous êtes ;

Quand vous serez de retour au Cadequia ;

Et quand ils me renverront partie des troupes qu'ils ont, tant de
cheval que de pied, afin que selon cela je prenne mes mesures, vous
assurant que je serai tout prêt à entrer en Roussillon avec le peu que
j'ai ici de reste, tant de cavalerie qu'infanterie, an 25 de ce mois. Je
serai toute ma vie,

Monsieur, votre, etc.

HENRY DE BOURBON.

Ce 10 mai 1641.

Je vous supplie de donner à MM. d'Espenan et de Reillac un brigantin pour s'en revenir. J'attendrai vos réponses à Narbonne.

' Cadequia, ou Cadequiès, au fond d'une petite baie, entre la baie Rosa et le cap de Creaux, sur la côte orientale d'Espagne, quatre ou cinq milles au N.-E. du fort Rosa, sur la côte N. de la baie de ce nom Il y a mouillage en dehors de cette baie, et en dedans, il y a quatre brasses.

LETTRE DE M. DE LAMOTTE-HOUDANCOURT

A M. L'ARCHEVÊQUE DE BORDEAUX; AVIS DES GALÈRES D'ESPAGNE QUI SONT AUX ALFAGES.

MONSIEUR,

Pour réponse à celle que vous m'avez fait l'honneur de m'écrire, je vous dirai que j'ai les mêmes avis que vous des galères qui sont dans les Alfages, et qu'il y en a dix qui ne sont point armées ni en état de pouvoir servir; même que le duc de Ferrandine ne couche point dans son bord, et que tous les soirs il fait retirer tout ce qu'il peut. Ainsi, monsieur, il semble que vous seriez bien plus utile là, que où vous êtes, puisque vous feriez le même effet en laissant une garde pour empêcher les vivres qui peuvent venir de Majorque à Tarragone. Pour ce qui est de vous aboucher avec don Jean Capon, il vous sera difficile jusqu'à ce que vous soyez maître des Alfages; et je négocie pour avoir toujours par intelligence, à quoi il n'y aura pas grande difficulté, sitôt que vous tiendrez les Alfages. Quant à ce qui est de la garde de Salses, je crois que quarante hommes que vous y laisserez suffiront, parce que n'étant pas éloigné d'eux, je les pourrai toujours secourir en peu de temps; et pour la tour de Cambiril, il ne me semble pas bien nécessaire d'y laisser garnison. Je vous donnerai toujours les hommes que vous désirez; M. d'Aubigny, que je vous envoie, vous entretiendra du surplus. Cependant je vous prie de croire que personne du monde ne peut être tant que moi,

Monsieur, votre, etc.

LAMOTTE-HOUDANCOURT.

J'attends des chevaux d'artillerie pour aller attaquer Constantin; je crois que ce sera dans un jour ou deux.

Ce 10 de mai 1641.

LETTRE DE M. DE NOYERS

A M. L'ARCHEVÊQUE DE BORDEAUX, TOUCHANT LES AFFAIRES DE CATALOGNE.

MONSIEUR,

J'ajoute ce mot à ma précédente dépêche, qui est déchue de vieille date depuis tant de jours que je l'ai donnée à un gentilhomme, pour vous dire maintenant comme l'on croit que M. de Lamotte de son côté et vous du vôtre aurez contraint les ennemis à quitter Tarragone et ensuite toute la Catalogne, que, si cela est, les lettres interceptées que M. le prince nous a envoyées donnent assez à connaître la misère du Roussillon pour ne perdre pas un moment à l'aller attaquer, commençant à fermer la porte aux vivres par le siége et la prise de Collioure; ce qui vous touche plus que la terre, qui ne peut rien sans votre ombre et si vous ne la couvrez du côté de la mer.

Son éminence a envoyé ses ordres pour vous armer encore trois galères et hâter la partance de la dernière escadre des vaisseaux. Monseigneur le prince aura de l'argent pour les travaux et la fortification des lieux, si Dieu les met entre les mains du roi, comme l'en conjure,

Monsieur, votre, etc.

DE NOYERS.

De Ruel, ce 12 mai 1641.

LETTRE DE M. D'ARGENSON

A M. L'ARCHEVÊQUE DE BORDEAUX, TOUCHANT LES ARTICLES DU TRAITÉ
DES CATALANS.

MONSIEUR,

J'ai été extrêmement réjoui d'apprendre, par votre lettre du 11 de ce mois, comme vos victoires continuent, et que ce vaisseau anglais a été puni de la peine que mérite un hérétique et un imposteur. J'espère que toujours vous nous donnerez nouvelles matières de joie, comme j'en chercherai partout de vous obéir. Messieurs de la députation et tout ce peuple sont ravis.

Aujourd'hui ils s'assemblent généralement pour les articles du traité que doivent voir leurs *brassos*, c'est-à-dire *états-généraux*, et après dîner le Conseil des Cent s'assemblera aussi pour cela. Dieu veuille conduire tout au contentement du roi et de son éminence, et me donner moyen de vous témoigner avec quelle passion je suis,

> Monsieur, votre, etc.
>
>   ARGENSON.

Avis de vingt vaisseaux qui reviennent de Naples en Espagne, et apportent de la cavalerie et infanterie avec les galères de Naples et de Gênes.

LETTRE DE M. D'ARGENSON

A M. L'ARCHEVÊQUE DE BORDEAUX.

MONSIEUR,

Il est arrivé ici présentement une barque qui vient de Livourne, dont le patron nous a dit que vingt vaisseaux étaient partis de Naples il y a vingt jours, dont il y en a quatre de quarante pièces de canon et les autres sont vaisseaux des marchands ramassés et armés pour la guerre; il dit aussi qu'ils apportent huit cents chevaux de Naples et quelque infanterie, et que les galères de Naples et quatre de Gênes doivent venir aussi pour vous faire compliment; et que le tout passe par la Sardaigne. J'ai écrit à monseigneur le prince, et l'ai supplié d'envoyer en diligence faire hâter les vaisseaux et les galères que l'on m'a dit être tout préparés pour vous venir joindre. Je suis avec la passion que je dois,

> Monsieur, votre, etc.
>
>   ARGENSON.

A Barcelonne, ce 17 mai 1641.

LETTRE DE M. LE PRINCE

A M. L'ARCHEVÊQUE DE BORDEAUX, TOUCHANT LE SIÉGE DE COLLIOURE
QUI AVAIT ÉTÉ RÉSOLU.

Monsieur,

J'ai reçu vos lettres et la réponse qu'avez faite à mon mémoire, sur quoi j'ai à vous dire : premièrement, que vous avisiez, avec MM. de Lamotte-Houdancourt et d'Argenson, quand l'armée navale reviendra à Cadequia, car sans vous et sans elle ou partie notable d'icelle, je ne puis entreprendre ce que vous savez.

Secondement, que vous me promettiez de m'aider et assister de tout ce que pourrez, voulant vous donner part entière à la chose et à l'honneur qui en réussira.

Troisièmement, que vous gardiez du blé de vos prises, dont compte sera tenu exact à vous pour le rendre à qui se devra, pour l'entretien de notre armée pendant un mois au moins.

Je vous supplie donc me rendre réponse précise sur ces trois points, et concertez avec lesdits sieurs de Lamotte-Houdancourt et d'Argenson, ne désirant rien de vous que de leur consentement, que je m'assure qu'ils me donneront quand leur affaire de Tarragone sera faite ou désespérée, ce qui ne peut guère durer. Je serai à jamais,

Monsieur, votre, etc.

HENRY DE BOURBON.

De Narbonne, 17 mai 1641.

M. d'Argenson écrit à M. l'archevêque de Bordeaux touchant les vingt galères d'Espagne qui ont porté des vivres à Collioure et pris un vaisseau du roi nommé *le Lion d'Or*.

LETTRE DE M. D'ARGENSON

A M. L'ARCHEVÊQUE DE BORDEAUX.

Monsieur,

J'ai appris avec un déplaisir extrême, par votre lettre du 16 de ce mois, l'incommodité que vous recevez de cette colique qui vous travaille. J'avais déjà donné avis à Cadequia, deux ou trois jours avant que de recevoir votre lettre, qu'il avait paru à la mer quelques vaisseaux ou galères ennemis que nous n'avions pas bien pu discerner d'ici. Deux de vos vaisseaux et une patache qui étaient en garde à Roses ont combattu vaillamment contre dix-neuf galères d'Espagne, et se sont retirés sans aucun mal, après avoir fort incommodé plusieurs desdites galères, dont les mâts se sont vus tout rompus, ainsi que nous l'écrit le sieur don Joseph Acosta, qui est à Figuières; et si l'un de vos vaisseaux, nommé *le Lion d'Or*, qui venait nouvellement de Marseille après les autres arrivés à Cadequia quelques jours devant lui, fût venu de conserve avec eux, il n'eût pas eu le malheur d'être pris par ces galères, qui le rencontrèrent neuf ou dix milles dans la mer, vis-à-vis de Blanès, à l'aube du jour. On rapporte néanmoins que celui qui le commandait se défendit cinq ou six heures avant que de se laisser prendre. Je ne puis pénétrer pourquoi, venant tout seul après les autres, il avait passé Cadequia et s'était avancé jusque vers Blanès, parce que nous n'avons autre relation de cette affaire que ce que je vous écris. On croit que ces galères ennemies ont abordé à Roses pour y mettre quelques rafraîchissements; mais comme cette place est une pièce qu'il faut prendre par force, et non point par famine, d'autant que nous avons toujours eu avis qu'il y avait dedans des vivres pour un an, il me semble que quand même ces galères y en auraient porté, cela ne peut nous faire grand mal, ni pour Collioure de même, quand elles y iraient, parce que c'est une place qu'il faut aussi prendre par force, et que ces galères ne peuvent porter des vivres assez considérables pour Perpignan : j'ai pourtant donné avis à monseigneur le prince de leur passage, afin qu'en jetant de la cavalerie dans le Roussillon, il fasse empêcher que ceux de Perpignan ne profitent de la récolte des blés du pays et que l'on n'y porte d'ailleurs aucuns vivres. J'ai déjà appris que quelques compagnies de cavalerie que l'on me dit être le régiment de M. le maréchal de Schomberg, entrent dans le Roussillon, qui est, à mon avis, tout ce qu'il peut faire maintenant en cette occasion. J'espère que bientôt vous aurez réduit en cette nécessité l'armée des ennemis, qui est si resserrée dans Tarragone, que vous en aurez la raison et la gloire tout entière; j'en prie Dieu de tout mon cœur, et qu'il me donne moyen de vous témoigner avec quelle pasion je suis,

> Monsieur, votre, etc.
>
> ARGENSON.

J'avais fait cette lettre pour vous l'envoyer par une autre voie; mais j'ai cru que celle de ce porteur serait plus courte. Il vous dira encore plus particulièrement le grand combat des trois vaisseaux contre les galères qu'ils ont fort mal menées, et la gloire qu'ils ont acquise par cette généreuse action. Les galères n'ont rien laissé a Roses que des morts et des blessés, et n'ont osé demeurer dans le golfe de crainte du reste de vos vaisseaux qui sont à Cadequia. Il y a apparence qu'elles seront allées de là à Collioure, mais je ne crois pas qu'elles y puissent porter des vivres considérables. On m'assure que tout ceci n'est fait par Ferrandine que pour avoir sujet de s'éloigner du lieu où vous êtes, ou pour tâcher de vous obliger à quitter Tarragone.

A Barcelonne, ce 20 mai 1641.

RELATION

L'avis que messieurs de la députation et M. d'Argenson donnèrent qu'il y avait dix-huit galères à Tarragone obligea l'archevêque de Bordeaux de ne point descendre à Barcelonne, afin d'employer le temps qui se fût passé en compliments, à tâcher de surprendre les ennemis. Il partit pour cet effet deux heures après y être arrivé avec les galères et que le pavillon du roi eût reçu le salut qui lui est dû par tous les princes de la chrétienté, et arriva à la petite pointe du jour audit Tarragone, où il ne trouva qu'un vaisseau de cinq à six cents tonneaux, mouillé si près du môle, sur lequel il y avait une grande batterie qui était, outre cela, défendue de toute la ville à la portée du mousquet, que n'y ayant rien à faire, il alla donner fond à la rade de Salses, d'où, aussi bien que de la ville, il fut tiré force coups de canon inutilement sans que les galères en tirassent un.

La nuit, une grande barque chargée de blé qui était sur le fort dudit Salses, attaquée par les caïques des galères commandés par le capitaine Blanc, sous-lieutenant de la capitane, est enlevée et amenée sous l'étendard.

Le 5, les vaisseaux du roi arrivent et mouillent partie devant Tarragone et partie devant Salses, afin d'empêcher le secours de l'une et l'autre place.

La nuit, de petits brigantins catalans qui suivaient l'armée prirent une barque chargée de blé et de moutons qui allait à Tarragone, qui donna des nouvelles qu'il en venait plusieurs autres de Valence.

Le 6, M. de Lamotte envoyant le sieur de Boissac pour conférer

---

[1] Quoique cette relation soit en partie imprimée dans le recueil d'Aubery, on a cru la devoir donner en totalité pour la meilleure intelligence des événements. Cette relation, de la main du secrétaire de M. de Bordeaux et corrigée par lui, a été envoyée à la cour le 21 mai 1641.

avec l'archevêque de Bordeaux, rencontre quatre cents chevaux sur le sable, qui étaient là pour empêcher la descente de l'armée navale; il les défait.

La nuit, les mêmes Catalans prirent deux barques chargées de poisson et de volailles qui allaient audit Tarragone.

Le 7, les sieurs de Bordeaux et de Lamotte s'abouchent et prennent la résolution de l'attaque de Salses.

La nuit, le sieur de Baume prit une barquette chargée de rafraîchissements, avec plusieurs dépêches pour ceux de Tarragone.

Le 8, l'armée de terre s'approche d'un lieu nommé Vilesca.

Le 9, à la pointe du jour, le régiment de Provence avec quelque infanterie des Vaisseaux et celle des galères nouvellement prises sur les ennemis, furent débarqués; l'artillerie, les plates-formes et toute la suite est mise à terre en même temps.

La place est reconnue par les sieurs de Bordeaux, de Lamotte et d'Espenan; les approches en sont faites à l'instant, les batteries en même temps faites, qui obligent les ennemis, le jour même, à se rendre à l'archevêque de Bordeaux; ledit sieur de Lamotte empêchant le secours qui pouvait venir de la ville, comme l'armée navale faisait celui qui pouvait venir de la mer.

La nuit du 9, le sieur Duquesne prend une barquerolle chargée de fruits, d'herbages et autres rafraîchissements, qui portait nouvelle que les galères d'Espagne étaient aux Alfages avec un grand vaisseau qu'elles déchargeaient et prenaient le blé.

Le 10, tout ce qui avait été mis à terre est rembarqué.

La nuit, le vaisseau qui était devant Tarragone, où il avait été toujours conservé par quatre vaisseaux de guerre, est attaqué par le commandeur de Chastellux, lesdits sieurs Garnier, Duquesne et Daups, lesquels faisaient un si grand feu de leur artillerie dans la ville et camp des ennemis que le baron de Saint-Just, qui remorquait le brûlot, et le sieur d'Aiguebonne, qui l'escortait, eurent moyen de l'amener à la portée du pistolet, lequel brûlot était commandé par le capitaine Ciret, qui l'aborda et le brûla. Et le sieur Delon, enseigne dudit sieur Garnier, retira le capitaine du brûlot, sans que la ville pût jamais recharger ses canons après la première salve, tant le feu des vaisseaux était grand. La quantité d'artillerie ne se connaissait que par les coups qu'il tirait en brûlant, qui ont été trente de ses ponts, quatre de la chambre des canonniers.

Le 11, l'avis du bateau pris par le sieur Duquesne fait partir l'armée pour s'en aller aux Alfages, laissant quatre vaisseaux pour la garde de Tarragone. Le soir même elle arrive au travers ; mais, le vent refusant l'entrée aux vaisseaux, les galères y donnent fond pour empêcher que rien n'en sortît.

Le 12, l'amiral y entre avec le vaisseau du sieur de Montmeillan et les galères, où l'on apprend nouvelle que dès que les galères de France avaient paru, le duc de Ferrandine, avec dix-huit galères, était parti pour se retirer sous Peniscola.

Le 13, on envoie, à la pointe du jour, le sieur d'Aubigny, gouverneur de Montjouy, avec la galère du sieur de Pile, commandée par le sieur de Graveson, pour reconnaître le fort avec quelques mousquetaires. Il met pied à terre, et, durant que les ennemis s'amusaient de leur côté, les caïques ' des galères, qui étaient armés à cet effet, soutenus par lesdites galères, enlevèrent, sous le feu, une grande polaque génoise, chargée de biscuit à Livourne, une autre barque de Génes, chargée de blé et de riz, une autre vide qui était catalane.

Le jour même, le reste des vaisseaux arrivèrent aux Alfages, et particulièrement celui où est l'artillerie qu'on attendait pour l'attaque du fort. On fait battre ledit fort par les galères, en telle sorte que celui qui le commande le rend le jour même : il en sort un capitaine wallon, un lieutenant espagnol, deux alfiers réformés, un catalan et l'autre espagnol, et quarante soldats espagnols naturels. La place est une grande tour carrée de dix à onze toises, bâtie dans la mer, massive jusques à trois toises de hauteur, dans laquelle il y a deux voûtes, l'une sur l'autre, dont les murailles qui les soutiennent ont deux toises et demie d'épaisseur, et, aux quatre coins, des chambres de même épaisseur qui flanquent toutes les faces et le pied de la tour. On a trouvé

_____

' Embarcations et chaloupes.

dans ladite tour cinq pièces de fonte verte, savoir : deux de 24, et trois de 6, de 8; poudre, eau, pain et autres munitions plus qu'il n'en fallait pour un mois.

Le 14, l'armée séjourne pour établir ce qui était nécessaire pour la garnison de ce fort.

- Le même jour, un brigantin du commandeur de Chastellux prend une grande barque majorquaine chargée de biscuit, fromage, chairs et dix-sept cent soixante boulets de canon, dont ils ont grand besoin à Tarragone.

Le 15, l'armée séjourne, tant pour la maladie de M. l'archevêque de Bordeaux que pour donner lieu aux miquelets d'exécuter le dessein qu'ils avaient à terre, lequel ne put rien produire pour lors que la prise de deux mille bêtes à cornes et cinq ou six cents moutons ou boucs châtrés le long de la rivière de Tortose.

Le 16, la même maladie continuant, l'armée séjourne, et le même brigantin du commandeur de Chastellux prend une autre barque de Majorque chargée de lard et chairs salées, savon et autres nécessités pour Tarragone.

Le 17, l'armée part, après avoir laissé la garnison nécessaire dans le fort; à la mer, elle a connaissance d'un vaisseau et d'une barque; le commandeur de Chastellux, ledit sieur Garnier et une frégate sont commandés de donner la chasse. La nuit, ce vaisseau, connaissant que ces vaisseaux étaient demeurés derrière pour lui, il vira à l'autre bord avec sa barque; et, se mettant au vent le plus qu'il pouvait, tâcha même à le gagner à l'amiral.

Le matin du 18, ce vaisseau se rencontre auprès d'un de ceux de l'armée, fait bonne mine et témoignant être du corps, et par un excès de civilité salue le pavillon de cinq coups de canon. Le sieur de Montmeillan, étonné de cette civilité extraordinaire, envoya sa chaloupe à bord pour le remercier, le suivant de si près avec son vaisseau qu'il l'obligea d'amener et venir à son bord, et à l'instant arriva le capitaine du vaisseau et de la barque au bord de l'amiral, qui se trouvèrent être un vaisseau de Livourne, chargé de vin, de lard et chairs salées, et une barque de Sardaigne chargée de vin, lesquels avaient été expédiés pour Collioure; mais le malheur voulut qu'il y arrivât le jour même que les galères y furent prises, d'où le bruit du canon le fit retourner à la mer. Il tâcha d'entrer dans Roses, mais il fut averti par une barquerolle, qui en sortit durant un grand coup de vent, qui dit qu'il y avait telle garde devant la place qu'on n'y pouvait entrer. De là il s'en alla à Majorque, où il eut commandement, à quelque prix que ce fût, de venir à Tarragone, où, étant venu, et ayant trouvé la garde qui l'empêcha d'entrer, il s'en allait aux Alfages pour chercher les galères : le même jour l'armée arriva devant Tarragone.

On a eu avis, par les diverses prises, que les galères d'Espagne ne se tenant pas en sûreté sous Peniscola, s'en étaient allées à Majorque, où ils prétendent faire le rendez-vous général de leur armée, tant de ce qui doit venir de Cadix que de Naples et Sicile.

Le 19, ledit sieur de Chastellux ayant pris un brigantin sortant de Tarragone, qui s'en allait donner avis aux ministres du roi de Castille de la nécessité de la place, on apprend par quelques dépêches que ce courrier avait jetées à la mer, que la nécessité était telle parmi les ennemis qu'ils n'avaient vu de pain il y avait trois jours, et qu'ils étaient réduits à manger un peu de froment broyé avec de l'huile.

M. d'Argenson en félicitant M. de Bordeaux de l'heureux succès des Alfages [1], l'engage à rester toujours devant Tarragone.

LETTRE DE M. D'ARGENSON

A M. L'ARCHEVÊQUE DE BORDEAUX.

MONSIEUR,

J'ai reçu par votre lettre que m'a rendue M. de Mondon, et par la copie de celle que vous avez remise à M. de Lamotte, la gloire que vous avez acquise à votre voyage des Alfages. J'espère que vous l'aurez

---

. [1] Alfages, îles situées près l'embouchure   au dessous de Tortose, sur la côte d'Espagne; de l'Ebre, qui se jette dans la Méditerranée   elles en sont au S. et au S.-O.

aussi toute entière au succès de Tarragone, et que Dieu bénira ce dessein, que je tiens pour moi toujours le plus utile pour ruiner le pouvoir des Castillans de deçà, parce que j'apprends de tous côtés, et de Madrid même, qu'ils ne sont point en état de refaire une autre armée, s'ils perdent celle qui est dans Tarragone. Je sais bien que ceux qui voudraient que l'on fît autre chose, où il y a plusieurs personnes qui voudraient agir et acquérir de la gloire en leur particulier, pesteront peut-être contre nous; mais je crois qu'en disant et en faisant toujours ce que nous estimerons être le mieux pour le service du roi, Dieu sera pour nous et en favorisera les événements. Au reste, monsieur, je vous remercie de tout mon cœur de la bonne correspondance avec laquelle vous vivez et agissez avec M. de Lamotte, qui s'en loue de telle sorte que je suis obligé de vous le témoigner, étant bien assuré que de sa part il n'oubliera rien aussi à faire de tout ce que vous désirerez pour votre contentement et pour votre gloire. Je vous écris et vous découvre ainsi ma joie sur ce sujet, parce que j'en avais assuré sûr ce qu'il vous plut de me dire en passant à la vue de cette ville, et je vous assure que je n'ai point oublié de l'écrire ces jours passés où je l'ai dû, et où je suis certain que l'on en recevra aussi de la joie, qui ne préjudiciera point à ce qui pourrait être de vos intérêts, qui me sont toujours extrêmement chers, comme étant toujours,

> Monsieur, votre, etc.
>
> ARGENSON.

A Barcelonne, ce 22 mai 1641.

Je n'ai point nouvelles que ces galères d'Espagne aient fait aucune chose depuis que vos vaisseaux les ont chassées du golfe de Roses, comme vous avez appris.

Du 23 mai 1641, à Barcelonne.

Depuis ma lettre écrite, j'ai reçu des dépêches de M. le prince; je vous envoie celle qu'il m'écrit; elle ne contient au reste que ce qu'il vous avait déjà dit de sa part pour M. le baron de Pailleros; et surtout je vois qu'il désire savoir les troupes que l'on pourra lui envoyer, quelles troupes de notre armée de terre et notre armée navale, sans

troubler les desseins de deçà, tant qu'il y aura espérance de les poursuivre : ce sont les propres termes de la lettre que son altesse m'écrit.
Trois galères des ennemis sont demeurées à Roses, si maltraitées par
vos vaisseaux qu'elles n'ont pu se remettre à la mer ; les autres dix-
sept, moins maltraitées, se raccommodent à Collioure, ainsi que j'ai
appris de quelques mariniers.

Cette lettre de M. le prince de Condé semble accuser M. de
Bordeaux du mauvais succès de l'attaque de Tarragone.

LETTRE DE M. LE PRINCE

A M. L'ARCHEVÊQUE DE BORDEAUX, TOUCHANT LES VIVRES ENTRÉS
A COLLIOURE.

MONSIEUR,

M. de Chastellux vous porte toutes nouvelles de la cour. Votre absence
à Tarragone, d'ailleurs, est cause de notre malheur, s'il est vrai que
vingt-une galères d'Espagne aient porté des vivres pour deux ans à Collioure ; mandez m'en en diligence la vérité, car je ne l'ai vraie. Pourvu
que soyez de retour à Cadequia et que me veuillez assister d'entreprendre le siége que vous savez, dont je vous ai écrit ; avisez-y avec
MM. de Lamotte et Argenson, et que tôt je le sache, et me crois,

Monsieur, votre, etc.

HENRY DE BOURBON.

Narbonne, ce 22 mai 1641.

LETTRE DE M. DE NOYERS

A M. L'ARCHEVÊQUE DE BORDEAUX, TOUCHANT LES AFFAIRES DE CATALOGNE.

MONSIEUR,

Vous savez mieux que personne combien il est difficile de continuer
long-temps à fournir des vivres à beaucoup de gens renfermés ; ainsi,
Salses étant pris et vous donnant beaucoup de moyens d'empêcher que

l'armée ennemie ne reçoive des vivres par mer, et le Cadequia lui fermant la porte du côté de la terre, n'estimez-vous pas qu'un grand
monde ne se trouve bientôt incommodé au pied des murailles de Tarragone? Si fait certainement, et d'autant plus que comme M. de Lamotte leur a fait quitter de bons postes qu'ils occupaient, par la seule
épouvante et par la terreur que les armes du roi portent avec elles, le
moindre effort que l'on fera contre eux est capable de les porter dedans
des résolutions avantageuses au service de notre maître, et leur faire
prendre le parti auquel sont portées souvent des troupes intimidées et
ébranlées, comme le doivent être celles-là. Quoi que ce soit, il faut travailler sur ce que les apparences raisonnables nous doivent persuader,
et ne perdre pas un moment ni une occasion de chasser les Castillans
dans la Castille, son éminence ne doutant pas que vous n'y contribuiez de votre part tout ce que requerra le service du roi.

L'on n'omet rien du côté de Provence pour avancer le partement de
votre seconde escadre, et j'ai avis que déjà il en est parti quelque nombre de vaisseaux et des flûtes chargées de biscuits pour les galères,
dont son éminence vous recommande de prendre le même soin que des
vaisseaux, puisque les uns et les autres étant au roi, sous le commandement de son éminence, il est raisonnable de prévenir par devoir et
par charité ce qui peut porter préjudice à tous ces deux corps. J'ai tout
nouvellement envoyé des recharges à Marseille pour que l'on diligente
au possible l'armement des galères que vous avez désirées pour renforcer
votre escadre, et ne cesserai qu'elles ne vous aient joint, pour vous
mettre toujours d'autant plus en état de servir et d'acquérir à la réputation des armes du roi les avantages que souhaite avec grande
passion,

Monsieur, etc.

LETTRE DE M. LE PRINCE

A M. L'ARCHEVÊQUE DE BORDEAUX, TOUCHANT LES VIVRES ARRIVÉS
A COLLIOURE.

MONSIEUR,

N'avoir pas été avec l'armée navale à Cadequia vous a ôté la victoire de vingt galères d'Espagne, qui sont arrivées à Collioure avec blés, chairs et argent, et ont tout déchargé et porté à Perpignan et autres places du Roussillon. Elles n'avaient la plus forte pas quarante hommes de guerre, mais à cette heure elles en remènent deux mille sept cents, des troupes de Roussillon, s'étant résolues à laisser seulement leurs places garnies de tout, et à ne point tenir la campagne. Elles ont pourtant laissé leur cavalerie : elles sont en triomphe et doivent partir aujourd'hui; Ferrandine et Doria y étaient en personne. Nous savons tout ceci par le sieur Féraut, capitaine d'un de vos vaisseaux, qu'ils ont pris par composition : ils nous ont renvoyé ici ledit Féraut. Il venait seul de Toulon derrière vos autres vaisseaux, qui à cette heure vous auront joint. Pour moi, ce que je pourrai je le ferai, attendant de vos nouvelles. Résolvez-vous donc avec MM. de Lamotte-Houdancourt et Argenson, et me mandez vos résolutions dont dépendent les miennes. Les régiments de la Couronne et des Vaisseaux arrivent; c'est à vous, à ce que l'on me mande, à les payer : mandez-moi où est leur argent, en attendant je les ferai vivre le mieux qu'il me sera possible, et suis,

Monsieur, votre, etc.

HENRY DE BOURBON.

De Narbonne, ce 23 mai 1641.

Avis de l'arrivée de neuf vaisseaux de Provence à Barcelonne.

LETTRE DE M. D'ARGENSON

A M. L'ARCHEVÊQUE DE BORDEAUX.

MONSIEUR,

C'est pour vous donner avis comment ce matin à la pointe du jour neuf vaisseaux des vôtres sont arrivés à trois ou quatre milles d'ici, à la vue de ce port de Barcelonne avec une flûte qui était à Palamos ; et sur les deux heures après midi, la vigie ayant signalé des galères du côté de levant, j'en ai aussitôt envoyé avertir vos vaisseaux, qui se sont joints ensemble et appareillé incontinent ; j'ai aussi fait en sorte que l'on tienne ici prêt le plus de barques qu'il se pourra armer, pour aider nos vaisseaux en cas qu'il y ait quelques combats ; et maintenant nous découvrons de notre boulevart les galères, que l'on croit être au nombre de douze ou quinze sans vaisseaux. Elles semblent s'approcher de nos vaisseaux, mais à cause du grand brouillard nous ne pouvons encore juger certainement ni de leur nombre ni de leur route, autrement vous auriez ouï quelques coups de canon à la mer sur les trois ou quatre heures, auparavant que nous eussions découvert de nos boulevarts les galères ; mais nous ne savons encore ce que c'est : si nous apprenons quelque chose de plus, vous en aurez avis aussitôt, et partout vous connaîtrez que je suis avec une entière affection,

Monsieur, votre, etc.

ARGENSON.

A Barcelonne, ce 23 mai 1641, entre sept ou huit heures du soir.

LETTRE DE M. D'ARGENSON

MONSIEUR,

Pour n'arrêter point votre courrier ici, je vous dirai seulement que j'ai reçu par lui une lettre de M. de Chavigny, du 15 de ce mois, par laquelle il m'écrit que le roi fait réponse à la lettre que notre ville lui a écrite sur le salut du pavillon, et qu'il vous l'envoie. Mais comme je ne sais si c'est sur leurs difficultés premières ou sur celles qu'ils ont faites depuis, il serait bon de l'ouvrir et de la voir avant que de la donner ; vous me l'enverrez donc, s'il vous plaît, et me donnerez avis de ce que j'aurai à en faire, quoique je ne pense pas, en tous cas, qu'elle puisse rien gâter. M. le prince m'écrit une lettre où il est fort en peine de Collioure, parce que vos galères d'Espagne y ont été après le combat de vos trois vaisseaux qui les avaient si malmenées, mais elles ne peuvent y avoir mis tant de désordre aux affaires comme il en prend l'alarme avant que d'en être pleinement informé. Aussitôt que j'aurai dépêché les courriers que je dois envoyer à la cour porter les conditions du traité que ces messieurs ont concerté et qu'ils achèvent aujourd'hui de convenir entre eux, j'irai à l'armée par terre pour servir de mes petits avis ainsi qu'il vous plaira ; mais je ne puis partir d'ici avant et laisser cette affaire imparfaite en cette conjoncture présente sans la ruiner visiblement. Je suis avec la passion que je dois, etc.

LETTRE DE M. LE PRINCE

MONSIEUR,

J'ai reçu votre lettre du 20 de ce mois, par le sieur de Mondon, avec la relation de ce qui a été fait par votre armée[1], que je trouve

---

[1] Voir la relation ci-dessus, p. 594.

plus véritable que ce que m'en avait dit le sieur de Saint-Germain,
qui est parti ce matin pour la cour; ensuite de quoi je vous dirai que je
juge entièrement important que votre armée navale, ni aucune des
troupes de M. de Lamotte, s'éloignent de Tarragone que la ville ne soit
prise et les ennemis chassés, suivant la grande disposition qui s'y rencontre; ou bien qu'il y aura quelques empêchements à l'exécution de
cette entreprise. Ce qu'étant fait, je vous supplie de me donner avis en
diligence, afin que je puisse prendre mes mesures là-dessus pour les desseins que j'ai dans le Roussillon. Ce qu'attendant, je vous assure que je
suis,

   Monsieur, votre, etc.

             HENRY DE BOURBON.

De Narbonne, ce 25 mai 1641.

LETTRE DE M. D'ARGENSON

A M. L'ARCHEVÊQUE DE BORDEAUX ; AVIS POUR DEMEURER A TARRAGONE.

MONSIEUR,

J'ai été étrangement surpris de voir que vous n'ayez point reçu mes
deux lettres par lesquelles, depuis que vous m'avez témoigné désirer
que j'allasse promptement à l'armée pour être présent aux résolutions
qui seront à prendre entre vous, je vous ai mandé qu'étant sur le
point de la conclusion du traité avec ces messieurs, je ne pouvais absolument quitter sans tout perdre jusques à ce que la chose fût résolue
dans tous leurs conseils et que j'eusse dépêché mon courrier à la cour,
j'espère donc qu'il partira dimanche, avec l'aide de Dieu.

 Comme je vous l'ai mandé par un homme exprès, que j'ai envoyé pour
prendre vos lettres s'il vous plaît d'écrire en France, et aussitôt que
j'aurai envoyé mes dépêches et les vôtres, j'irai vous voir pour servir et
assister à ce qu'il vous plaira ; mais je ne puis être que fort peu de jours
hors de cette ville, à cause des nouveautés et des affaires qui y arrivent
tous les jours.

 Je ne vois pas qu'il y ait personne qui désire de vous ni qui veuille
vous obliger aux choses impossibles, ni vous rendre garant que de ce

qui sera raisonnable seulement et possible; comme je suis assuré que vous le ferez toujours pour le service, et que M. de Lamotte, qui m'a écrit diverses fois combien il était nécessaire que vous allassiez où vous êtes, s'accommodera toujours à ce qui sera du service et de votre contentement. Les lettres pressantes que je vous ai écrites sont sur les siennes, qui ont eu sans doute toujours des fondements très-grands pour les intérêts de sa majesté. Je ne sais comment accorder cette lettre que vous avez prise en cette barque venant des Alfages, qui porte qu'il y a pour trois mois de vivres dans Tarragone pour toute l'armée des ennemis, vu qu'au rapport de tous les prisonniers on ne donne par jour que six onces de biscuit ou de riz à chaque soldat. Vous avez vu la lettre de Madrid que j'ai envoyée à M. de Lamotte, qui porte que ceux de Tarragone seront secourus au 12 du mois prochain, et qu'ils prennent patience jusque-là; ce qui fait croire qu'ils n'ont des vivres guère au delà. Il en sera néanmoins ce qu'il plaira à Dieu, car quand chacun fait et conseille ce qu'il estime pour le mieux, il en est quitte; et c'est ainsi que je vous dirai mes projets et mes sentiments quand je serai auprès de vous tous. Je parlerai à messieurs de la députation pour cette tour des Alfages, et vous en enverrai ou porterai leur résolution, laquelle néanmoins pouvait, à mon avis, être aussi bien prise de delà avec messieurs les députés militaires et les conseillers de la ville, qui ont charge de toutes les affaires de la guerre.

Je vous envoie une lettre de M. le prince que j'ai reçue ce matin seulement; et par celle que son altesse m'écrit et m'envoie avec la vôtre, bien qu'il témoigne désirer l'armée navale et des troupes de celle de terre, surtout de la cavalerie, il ajoute que vous ne précipitiez rien; de sorte que c'est à nous tous de décider et regarder bien exactement à ce qui sera le meilleur pour le service de sa majesté, dont je vous dirai bien franchement mes petits avis quand je serai sur les lieux, car je ne crains jamais de les déclarer franchement avec mon peu de lumière, parce qu'ayant toujours les intentions au service de sa majesté et au contentement de son éminence, je ne crains jamais d'être blâmé en conseillant ce que je crois pour le mieux. Je servirai messieurs des galères ici en tout ce que je pourrai. Nous avons déjà trouvé un arbre pour celle de M. de Vancy; je m'informerai aussi s'il y a des eaux minérales, mais jusqu'à cette heure on m'a dit qu'il n'y en a point. Je donnerai moi-même à messieurs du conseil.de ville la lettre du roi sur le salut qu'ils ont fait du pavillon, et partout connaîtrez que je suis de tout mon cœur, monsieur, votre, etc.

ARGENSON.

A Barcelonne, ce 28 mai 1641.

LETTRE DE M. LE PRINCE

A M. L'ARCHEVÊQUE DE BORDEAUX, ÉTANT D'AVIS QU'IL DEMEURE DEVANT TARRAGONE.

MONSIEUR,

J'ai reçu vos deux lettres des 21 et 22 du mois de mai dernier, sur lesquelles je n'ai rien à vous répondre, sinon qu'il faut, si vous l'avez agréable, quoi qu'il puisse arriver, que vous ne bougiez avec votre armée navale de Tarragone, jusques à ce que les desseins de M. de Lamotte-Houdancourt, tant sur l'armée ennemie que sur la ville de Tarragone, soient achevés. Pour nous, en attendant, nous entrerons dans le Roussillon avec le peu de forces que nous avons, pour troubler les moissons et empêcher, autant que nous le pourrons, le transport des vivres de Collioure à Perpignan, ne doutant pas que les ennemis n'y en envoient encore après avoir ravitaillé les places du Roussillon, et principalement vous en étant éloigné. Les régiments de la Couronne et des Vaisseaux sont ici arrivés. Je vous envoie copie de la lettre que le roi m'a écrite par eux. Je vous supplie de me mander ce que vous désirez que je fasse des deux régiments, lesquels je ferai subsister comme je pourrai en attendant de vos nouvelles, vous suppliant de faire savoir où est le fonds de leur montre, afin que je reprenne ce que je leur ferai avancer sur icelui. C'est ce que j'ai à vous mander par la présente et à vous assurer que je suis,

Monsieur, votre, etc.

HENRY DE BOURBON.

De Narbonne, ce 1ᵉʳ juin 1641.

LETTRE DE M. D'ARGENSON

MONSIEUR,

Je vous remercie très-humblement de la grâce que vous avez faite
au patron catalan, à qui vous avez ordonné plus de part qu'il ne devait
espérer dans les prises qui ont été faites ; je ne manquerai point de la
faire valoir envers ces messieurs, à qui je donnerai avis du changement
nécessaire aux termes de leurs passeports, et dont la faute est venue
sans doute de quelques écrivains, car leurs intentions sont bien éloignées de là. Je leur ferai aussi entendre qu'il faut que les Catalans su-
bissent vos lois et la règle de France s'ils veulent faire la guerre sous
vos commandements. Je n'attends que les lettres de M. de Lamotte
pour la cour et quelques dépêches de ces messieurs, qui ne sont pas
encore achevées, pour faire partir mon secrétaire, et aussitôt que je
l'aurai envoyé, dès le lendemain je partirai d'ici pour avoir l'honneur
de vous aller voir ; cependant je vous dirai que j'ai reçu une lettre de
M. le prince, par laquelle il réitère encore que l'on ne précipite rien
où vous êtes, et que l'on garde l'armée navale jusqu'à la fin du succès
de Tarragone : je les porterai toutes quand j'aurai lieu de vous entretenir, et vous dirai franchement mes pensées, qui seront toujours
à ce que j'estimerai pour le mieux au service du roi et à votre gloire,
et à vous témoigner que je suis avec une passion entière,

Monsieur, votre, etc.

ARGENSON.

A Barcelonne, ce 1er juin 1641.

M. le cardinal de Richelieu prévient M. l'archevêque de Bor. deaux qu'il a donné ordre à toutes les munitions qu'il demande pour les vaisseaux et les galères, et insiste sur l'importance de l'expédition de Tarragone entreprise par M. de Lamotte.

LETTRE DE M. LE CARDINAL DE RICHELIEU

A M. L'ARCHEVÊQUE DE BORDEAUX.

MONSIEUR,

Ces trois mots sont pour vous dire que j'ai donné, il y a fort long-temps, tous les ordres nécessaires pour l'envoi de tout ce que vous demandez. En exécution d'iceux, il y a plus de quinze jours que le sieur Lequeux m'a écrit que les dix vaisseaux qui restaient à Toulon de l'armement que vous aviez vous-même arrêté devant que d'en partir, avaient fait voile pour vous aller joindre.

Il y a aussi quinze jours que j'ai fait envoyer les fonds et les ordres nécessaires à Marseille pour faire armer et vous envoyer trois galères, outre les quatorze que vous aviez déjà.

Quant aux biscuits dont les galères ont besoin d'être rafraîchies n'en pouvant porter pour long-temps, outre que je vous ai écrit d'en faire faire des blés pris, j'ai donné ordre à M. le bailli de Forbin d'en faire préparer à Marseille : ce qui se fait très-certainement.

Pour ce qui est des poudres, vous en auriez déjà reçu si vos diverses dépêches ne portaient expressément que vous n'en voulez point de Provence, ce qui fait que vous recevrez plus tard celles qu'on vous envoie de Lyon. Si je pouvais me rendre vaisseau moi-même, je le ferais volontiers pour vous aider à faire tête aux ennemis à l'avantage du service du roi; mais vous savez bien qu'il ne se peut faire présentement davantage. J'espère que vous saurez si bien prendre votre pair, que les ennemis, avec l'aide de Dieu, n'auront point d'avantage sur vous; je le désire avec passion, et que votre conduite soit si prudente et si heureuse que je puisse la faire valoir comme je le souhaite.

Ayant appris par le sieur de Saint-Germain d'Apchon que les vaisseaux que vous attendiez de Toulon sont arrivés, et vu par votre lettre que si ce secours peut vous joindre, vous battrez assurément les ennemis, je vous avoue que j'ai maintenant l'esprit à repos.

Vous connaissez si bien de quelle importance est l'effet que M. de Lamotte a entrepris pour faire périr l'armée qui est dans Tarragone, qu'il n'y a rien que vous ne deviez faire pour l'aider, ni aucune occasion qui vous doive faire quitter le dessein de contribuer à son entreprise tant que vous le pourrez faire. S'agissant en ce fait de *summa rerum*, vous n'oublierez pas, je m'assure, de passer par-dessus toutes les difficultés surmontables pour parvenir à une fin qui nous peut donner la paix. Je vous recommande toutes choses dignes de recommandations autant que je le peux, et demeure,

   Monsieur, votre, etc.

         Le Cardinal DE RICHELIEU.

  D'Abbeville, ce 2 juin 1641.

Avis donné par M. Lamotte-Houdancourt d'une barque entrée à Tarragone la nuit précédente avec quelques rafraîchissements, et que la nuit suivante il doit sortir une galiote qui emmène le vice-roi de Majorque.

LETTRE DE M. DE LAMOTTE-HOUDANCOURT

A M. L'ARCHEVÊQUE DE BORDEAUX.

MONSIEUR,

Depuis que j'ai eu l'honneur de vous voir, j'ai appris par des cavaliers de l'ennemi qui se sont venus rendre, et par des prisonniers, qu'il est entré une barque à Tarragone qui leur a porté ordre de retirer leur cavalerie, ce qui est cause que je fais faire la meilleure garde qu'il m'est possible. On leur fait aussi espérer des barques avec quelques rafraîchissements, dont je vous ai voulu donner avis, afin que vous y fassiez prendre garde comme vous le verrez à propos. J'espère, monsieur, qu'à moins qu'il leur arrive un grand secours, nous en verrons bientôt la fin, et que quelques petites incommodités que j'aye ne m'empêcheront pas de vous rendre partout mes services ; j'en aurai toujours la volonté très-parfaite, et de vous donner des preuves que je suis avec passion,

Monsieur, votre, etc.

LAMOTTE-HOUDANCOURT.

Depuis ma lettre écrite, j'ai eu avis très-certain que cette nuit ou la suivante, il doit sortir de Tarragone une galiote où sera le vice-roi de Majorque, qui se retire.

A Constantin, ce 2 juin 1641.

LETTRE DE M. D'ARGENSON

A M. L'ARCHEVÊQUE DE BORDEAUX, DISANT QUE LES ENNEMIS NE PEUVENT SECOURIR TARRAGONE.

MONSIEUR,

Je vous envoie l'extrait d'une lettre qui vient de lieux si assurés que vous en pouvez tenir les avis très-certains : je l'envoyai lire à M. de Lamotte, avec ordre à ceux qui sont auprès de lui de vous en donner part ; mais ayant trouvé à propos cette occasion de retour de votre secrétaire, j'ai pensé que vous l'auriez plus tôt.

Par-là, vous verrez le peu d'espérance qu'ils ont au secours de mer ; car je sais aussi, d'ailleurs, que le vice-roi de Naples n'a pu faire ce qu'il avait promis et fait espérer de ce côté-là. Ces messieurs ont ordonné et résolu l'exécution de votre ordre pour les barques qui iront à votre armée porter des vivres. La nécessité extrême où l'on m'écrit que sont les ennemis dans Tarragone me fait espérer que, dans peu de jours, vous aurez raison. Je vous assure que je le souhaite avec autant de passion que je suis de tout mon cœur,

Monsieur, votre, etc.

ARGENSON.

A Barcelonne, ce 3 juin 1641.

LETTRE DE M. D'ARGENSON

A M. L'ARCHEVÊQUE DE BORDEAUX, TOUCHANT CADEQUIA, LÉRIDA, BALAGUER
ET LES ARMÉES NAVALES DE PONANT ET LEVANT.

De la frontière d'Aragon, le 4 juin 1641.

MONSIEUR,

J'ai vu par la lettre qu'il vous a plu de m'écrire du 2 de ce mois
comme la petitesse du port de Cadequia et quelques autres considérations nécessaires vous ont empêché d'y demeurer ; c'a été un grand
malheur après le premier, parce que votre demeure en cette côte eût
empêché beaucoup de craintes de ces peuples, sur lesquelles les partisans du roi de Castille ont pris sujet de parler et de jeter des écrits
partout pour réchauffer ceux de leur faction et corrompre les plus
affectionnés, par menaces ou par promesses, à quoi je n'ai pas eu peu
de peine pour en faire châtier les uns et rassurer les autres, qui sont
maintenant en très-bonne disposition, et aussi résolus qu'ils furent
jamais, par la grâce de Dieu.

Vous savez les alarmes que nous avons eues pour Cadequia et Palamos, fondées sur les ordres du roi de Castille que nous avons pris et qui
commandaient de prendre ces places après avoir secouru Perpignan ;
mais comme ils n'ont pu faire ce dernier, le premier est demeuré sans
l'entreprendre.

Vos lettres ont fort consolé ces messieurs, qui vous feront répondre
au premier jour. Ce sera un grand bien au service du roi si vous revenez
promptement.

Ceux qui croient ici s'entendre à la marine disent que l'on peut
tenir aisément douze vaisseaux dans le port de Cadequia, et que l'on
peut faire hiverner facilement quatre galères dans le même port de
Cadequia, quatre dans Palamos et quatre à Barcelonne et encore davantage, si on voulait en laisser dans ces trois lieux ; mais comme je n'entends pas ces mystères, qui vous sont mieux connus qu'à personne,
j'écris seulement ce qu'on me dit, pour vous en laisser le jugement.

Ils ajoutent que ces vaisseaux assureront entièrement la place de Cadequia, à laquelle il sera bon, s'il vous plaît, que vous donniez ordre, M. de Montpezat nous demandant beaucoup de choses que nous n'avons point. On a fait et fera pourtant tout ce qui se pourra pour l'assister de deçà pendant votre absence.

Je n'ai reçu aucunes nouvelles du passage ni de l'arrivée de M. le marquis de Brézé que ce que je vous en ai écrit. J'ai seulement vu par des lettres de Madrid interceptées il y a long-temps, que ces vaisseaux avaient passé le cap du Finistère, que les Portugais couraient dans la Galice jusqu'à Monterey, et néanmoins que l'on tournait toutes les troupes du roi de Castille vers la Catalogne, bien que les Portugais aient quatre mille chevaux, vingt mille hommes de pied. M. de Lamotte est allé à Lérida avec une partie de sa cavalerie pour reconnaître la contenance des ennemis qui s'assemblent et se grossissent toujours à Monçon, Frague et autres lieux de notre frontière d'Aragon, pour attaquer les villes de Lérida et de Balaguer ensemble, suivant les avis que nous en recevons conformes de toutes parts. Pour les papiers que j'ai reçus de la cour avec quelques instructions, vous pouvez bien juger que tout ce qui vous regardera vous sera toujours ponctuellement envoyé ou pour le service du roi ou pour votre contentement particulier, et que je vous aurais écrit de tout cela s'il eût été de saison, comme j'ai fait exactement de tous les avis que j'ai jugé mériter votre connaissance ou y être nécessaires, et vous assurer, s'il vous plaît, que je n'y manquerai point.

Quant à l'emploi de cette grande armée qui se fera de celle de levant et de ponant, si elles viennent ensemble en ces mers, ce sont des secrets du roi et de son éminence qui ne me sont pas encore connus; le passage de celle de ponant n'ayant été résolu que pour vous « fortifier dans Tarragone, à mon avis, » c'est pourquoi il y aura nouvelles délibérations à prendre; et pour le présent, je crois que la conservation de cette côte et l'affaire de Collioure sont les deux choses à considérer. On m'a écrit que M. le prince vous a envoyé commander de revenir promptement; je prie Dieu que vous le puissiez et que cela soit aussitôt que le désire celui qui est de tout son cœur, etc.

LETTRE DE M. LE PRINCE

A M. L'ARCHEVÊQUE DE BORDEAUX, TOUCHANT TARRAGONE.

MONSIEUR,

J'ai reçu la vôtre du 27 mai, pour à laquelle répondre nettement, quels que soient mes sentiments, néanmoins je suis d'avis :

Que vous ni l'armée navale ne devez bouger de la plage de Tarragone que cette affaire ne soit faite ou faillie. Bref, n'en partez point que du consentement et avis de MM. de Lamotte et d'Argenson.

Quant à ce que me mandez que j'ai approuvé votre partement de Cadequia, je me souviens fort bien de ce que je vous ai mandé, qui a été de faire tout ce que désireraient de vous MM. de Lamotte et d'Argenson, vous conseillant d'y aviser avec eux, mettant en considération le Roussillon, auquel il entrerait des vivres, comme il a fait, si vous emmeniez toute l'armée navale à Tarragone, me remettant de tout à vos présences.

Quant à ce que M. de Lamotte dit ne vous avoir pas mandé, j'ai force lettres de lui et de M. d'Argenson, par lesquelles ils vous demandent.

Bref, et vous par l'armée navale présente avec eux, et moi en leur laissant toutes les troupes sans en désirer une seule, et leur envoyant argent, je leur laisse le champ d'honneur entier pour exécuter leurs glorieux desseins, et ferai cependant ce que je pourrai en Roussillon, où je vous désire bien fort après la prise de Tarragone ou la retraite de M. de Lamotte de devant, vous remerciant de tout mon cœur de vos offres, et serai toute ma vie,

Monsieur, votre, etc.

De Narbonne, ce 4 juin 1641.

LETTRE DE M. D'ARGENSON

A M. L'ARCHEVÊQUE DE BORDEAUX , TOUCHANT LES SECOURS DE TARRAGONE.

MONSIEUR,

J'ai reçu hier au soir la lettre de mercredi au soir, où il vous plaît de m'apprendre que les galères des ennemis sont à votre vue, et l'indisposition dans laquelle vous êtes : l'un et l'autre me mettent, je vous assure, en une grande inquiétude ; mais j'espère de la bonté de Dieu, qui favorise partout les justes desseins du roi, que vous aurez eu l'avantage du combat dont nous ouïmes hier si long-temps le bruit et les coups de l'artillerie. Vous aurez vu par l'extrait de la lettre que j'ai baillé à votre secrétaire, l'ordre de Madrid pour le secours et débarquement par terre ; mais il y a apparence que les ennemis y ont jugé depuis de la difficulté, parce que je n'ai point avis que les gens qui sont à Frague et à Monçon aient eu encore aucun commandement de partir. J'ai envoyé à la cour il y a long-temps cette copie de dépêche de Madrid du 19 mai, qui contient le nombre des vaisseaux et des galères dont ils espèrent que leur armée sera composée, et de laquelle lettre je vous ai, ce me semble, aussi envoyé copie il y a long-temps. Je vous assure que, pour moi, j'écris partout les choses comme je les sais et comme je les vois, sans aucun déguisement, et que je ne sais pas si quelqu'un a voulu faire la prophétie dont vous m'écrivez ; les miennes ne sont jamais que du présent et de ce qui est devant mes yeux, laissant l'avenir pour Dieu, qui le connaît seul parfaitement, et le passé pour l'histoire. Je puis pourtant bien, avec vérité, vous assurer de celle-ci, que je serai toute ma vie,

Monsieur, votre, etc.

ARGENSON.

A Barcelonne, ce Vendredi 5 juin 1641.

Il faudra, s'il vous plaît, nous donner avis promptement si on pourra avec sûreté vous envoyer des barques, et où elles pourront aborder pour la commodité des deux armées.

M. de Lamotte-Houdancourt donne avis à M. l'archevêque de Bordeaux que les Espagnols mettent des gens aux Alfages, pour secourir Tarragone.

LETTRE DE M. DE LAMOTTE-HOUDANCOURT

A M. L'ARCHEVÊQUE DE BORDEAUX.

MONSIEUR,

Je viens de recevoir nouvelles que les ennemis débarquent des gens de guerre aux Alfages; je vous envoie une lettre qui vous en apprendra plus de particularités. Il est à croire que c'est pour venir secourir Tarragone. Je me prépare le plus que je peux à les recevoir. J'ai été toute cette nuit en campagne pour dresser des embuscades du côté de Cailla; mais il n'est sorti personne de la ville. Je vous donnerai toutes les nouvelles que je pourrai apprendre, vous suppliant, monsieur, de me croire plus que personne du monde,

Monsieur, votre, etc.

LAMOTTE-HOUDANCOURT.

M. le député m'a prié de vous supplier de laisser la garnison qui est aux Alfages encore pour quelques jours, jusqu'à ce qu'il trouve le chemin libre pour y envoyer de ses troupes; la chose étant d'importance, je crois que vous ne lui dénierez pas cette faveur.

Au camp de Constantin, le 6 juin 1641.

En conséquence du conseil suivant, tenu à bord de la capitane, M. de Bordeaux se décida à abandonner Tarragone. Ce fut au sujet de la levée de ce blocus qu'arriva la disgrâce de M. de Bordeaux.

RÉSULTAT DU CONSEIL

TENU A BORD DE LA CAPITANE PAR MM. DE BORDEAUX, DE LAMOTTE, D'ARGENSON ET LES CAPITAINES ET OFFICIERS DES ARMÉES DE MER _ET DE TERRE [1].

De terre, le 8 juin 1641.

L'armée navale du roi se trouve du tout inutile en cette rade, d'autant que l'armée de terre ne pouvant serrer Tarragone que d'un côté, et n'ayant pas assez de gens pour la presser du côté de la mer, l'armée navale ne peut se faire fort d'empêcher les secours d'entrer dans la côte, qui est ouverte depuis le pont jusqu'à Tamarin, d'autant qu'il faut tenir quatre lieues pour faire cette garde : ce qui fait qu'au moindre temps les barques peuvent passer entre les vaisseaux qui sont à un quart de lieue les uns des autres.

Et quand il se présentera des ennemis, et que les vaisseaux et galères se resserreront pour combattre, le secours pourra entrer partout.

Et quand même il ne se présenterait que des galères dans un calme (les nôtres n'étant pas en nombre pour s'y opposer seules, et remorquant des vaisseaux ne pouvant aller si vite que les autres), ils porteront leurs secours partout où il leur plaira hors la portée du canon des vaisseaux.

Mais, si l'on pouvait avoir assez de gens pour les serrer du côté de Tamarin, et faire un fort à la marine, l'on pourrait empêcher le secours d'y entrer, n'ayant plus qu'une demi-lieue à garder, et ceux de la ville d'aller au fourrage, comme ils vont à deux lieues, et chercher de l'eau et des fruits le long de la côte, qui sont capables de les faire subsister un temps, quelque incommodité que l'on leur apporte d'ailleurs; étant bien honteux d'occuper ici une grande armée navale, qui ne peut empêcher les secours d'entrer, et qui demeure inutile à faute de faire, par terre, quelques forts qui puissent empêcher le secours de mer d'entrer que dans un certain espace qu'on pourrait garder avec

---

[1] Annoté de la main de M. de Bordeaux, avec un *post-scriptum* du prélat.

l'armée navale. De quoi s'étant plaint à MM. de Lamotte et d'Argenson , ils ont dit que non seulement ils n'avaient pas assez de gens, mais aussi, qu'ils n'avaient pas un sou pour travailler, ni même les fonds suffisants pour le paiement des troupes; ni aucun outil, poudre ni artillerie, ni de pain de réserve pour un jour; de quoi ils disent s'être plaints souvent. De sorte que, non seulement les armées sont ici inutiles, mais il est à craindre que si on donne le temps aux ennemis de venir aussi forts par terre et par mer qu'ils se le promettent, que non seulement on sera obligé de se retirer à Barcelonne, mais peut-être plus loin : ce qui arrivera indubitablement, ou bien ils jetteront dans la ville, quand ils voudront, des vivres pour faire subsister les troupes, et, par conséquent, ce sera ici le siège de M. d'Espernon devant la Rochelle : les ennemis ayant tout un côté de leur ville où ils sortent et dont ils tirent des commodités jusqu'à deux lieues, ce qui leur peut donner moyen d'attendre leurs secours encore trois mois avec le moindre secours qu'ils pourront tirer de la mer, qui ne peut, comme on a déjà dit, être empêché par les nôtres, étant même obligé, au moindre mauvais temps, de lever l'ancre et de laisser tout découvert.

L'armée de mer est composée de dix-huit vaisseaux, quatre polacres et trente-six ou quarante galères, si celles de Livourne viennent ; ce qui est déjà assemblé, en attendant trente vaisseaux de Cadix et de Dunkerque qui sont déjà à Cadix et peuvent venir en trois jours.

L'armée de terre, de deux mille sept cents hommes du Roussillon, deux mille cinq cents de Naples, quatre mille de l'armée du duc de Nochera, et mille de la garnison de Tortose ; huit cents chevaux de Naples, quatre cents du duc de Nochera, deux cents à Tortose, déjà assemblés sous le marquis de Leganez, sans ce qu'ils peuvent faire du royaume de Valence, Aragon ou ailleurs; de sorte qu'on peut faire état que l'armée de terre du roi aura bientôt, outre l'armée qu'elle a en tête, une de dix ou douze mille hommes et de quinze cents à deux mille chevaux derrière.

Pour l'armée navale, dès que celle des ennemis sera sortie du Port-Mahon, où elle est, elle l'ira combattre pour ne pas donner le temps

à l'escadre de Cadix de s'y venir joindre, qui pourrait l'obliger de se
retirer, ce qu'elle n'a jamais fait devant les ennemis du roi. Ayant été
ainsi résolu [1], « ce qui fait conclure qu'il faut, en diligence, envoyer
« des troupes, de l'argent et équipage d'artillerie à cette armée, ou
« lui commander de se retirer en des postes plus avantageux, n'étant
« retranchée ni fortifiée d'aucun fort ni redoute, pour les manque-
« ments susdits, ou bien attendre une issue pareille à celle de Thion-
« ville et autres lieux, assez honteuse à la France. »

LETTRE DE M. DE NOYERS

A M. L'ARCHEVÊQUE DE BORDEAUX, TOUCHANT LES AFFAIRES DE CATALOGNE.

MONSIEUR,

L'assurance que M. de Saint-Germain a apportée à son éminence
de l'arrivée de la dernière escadre de Provence a soulagé son esprit
de la peine en laquelle l'avait mis la crainte de son retardement, vu
la nécessité en laquelle vous étiez de ce secours, et la quantité de vaisseaux et de galères que les ennemis assemblaient contre vous. Nous
espérons maintenant que Dieu continuera ses bénédictions sur les
affaires du roi, et qu'enfin l'issue de l'entreprise de Tarragone affer-
mira le service de sa majesté dans la Catalogne. Aidez-y, monsieur,
je vous prie, par les voies que Dieu vous met en main, et puisque vous
avez le renfort que vous attendiez, faites aussi ce que vous nous avez
promis de faire en cas que vous l'eussiez. Je hâte, autant qu'il m'est
possible, le passage des trois galères qui ont été commandées de vous
venir joindre. En attendant que vous ayez reçu les poudres que l'on
vous commande de toutes parts, vous pourrez vous servir de celles qui
avaient été destinées pour l'armée de terre de Provence, lesquelles
vous avez chargées dans les vaisseaux, à dessein d'en aider les Catalans
ou de vous en servir au besoin. Son éminence prie M. le prince de vous
en aider aussi, en cas que vous vous en trouviez en une urgente

_____

[1] La dernière partie de la dépêche est de la main de M. de Sourdis.

nécessité. Ainsi j'espère que cela ne vous empêchera pas de continuer les progrès heureusement commencés.

Les vaisseaux de Toulon vous ayant joint, les galères auront sans doute reçu quelques rafraîchissements de biscuits ; et je veux croire que quand cela même leur aurait manqué, les blés des prises y pourraient suppléer, puisque les vaisseaux et les galères étant au roi et commandés par son éminence, il n'y aurait pas d'apparence que les uns mourussent de faim les autres demeurant dans l'abondance. Vous leur en ferez donc, s'il vous plaît, donner, sauf à en tenir compte aux vaisseaux, s'il est jugé ainsi par son éminence ; cela n'empêche pas que nous ne fassions les diligences requises pour obliger M. le bailli de Forbin à leur envoyer tout ce que vous m'écrivez.

M. d'Argenson n'avait garde de fournir aux régiments des Galères et de Provence le supplément de solde duquel vous m'écrivez, non seulement parce qu'ils ne sont pas en terre où la cherté des vivres oblige au supplément, mais parce que, n'ayant pas encore touché l'argent destiné pour les troupes de terre, il n'avait garde d'en envoyer à d'autres à qui, étant en mer et vivant des victuailles de Provence, la cherté des vivres de Catalogne ne leur peut pas servir de juste prétexte à leurs prétentions, jusqu'à ce qu'ils soient joints à une armée de terre.

Je vous rends mille grâces des lettres surprises qu'il vous a plu m'envoyer ; il est bien à croire que, comme chaque jour augmente la misère des Espagnols, elle doit être beaucoup accrue et parvienne à son période : ce qui redouble les bonnes espérances que nous avons du succès de vos affaires ; j'en prie Dieu de tout mon cœur, et qu'il vous conserve en la parfaite santé que vous souhaite,

Monsieur, votre, etc.

DE NOYERS.

D'Abbeville, ce 8 juin 1641.

LETTRE DE M. DE LAMOTTE-HOUDANCOURT

A M. L'ARCHEVÊQUE DE BORDEAUX, SUR L'AVIS QUE LES GALÈRES D'ESPAGNE
ONT ORDRE DE SECOURIR TARRAGONE.

MONSIEUR,

Je vous envoie une lettre que je viens de recevoir, par où vous verrez comme les galères d'Espagne ont ordre de venir aujourd'hui pour secourir Tarragone, et d'autres particularités de leurs desseins.

Pour l'action d'hier, je n'ai rien à ajouter à ce que je vous ai mandé par M. de Malevalette, si ce n'est que nous avons plus de trois cents prisonniers, dont il y a quantité d'officiers, entre autres du régiment du comte Duo. Il en a été tué plus de deux cents, et pris plus de huit cents chevaux ou mulets : cet heureux succès me fait espérer une bonne suite. Je ne manquerai à vous faire savoir avec soin toutes les nouvelles que j'apprendrai ; faites-moi la grâce, monsieur, de m'en donner des vôtres, et de croire qu'il n'y a personne au monde qui soit plus fidèlement que moi,

Monsieur, votre, etc.

LAMOTTE-HOUDANCOURT.

A Constantin, ce 11 de juin 1641.

M. de Lamotte-Houdancourt annonce qu'il veut demeurer devant Tarragone, et qu'il croit que M. de Bordeaux doit faire de même.

LETTRE DE M. DE LAMOTTE-HOUDANCOURT

A M. L'ARCHEVÊQUE DE BORDEAUX.

MONSIEUR,

J'ai vu, par les deux que vous m'avez écrites, comme quoi vous dites qu'un corps de cavalerie serait bien nécessaire du côté de Tamarin ; ayant vu ce pays, je ne le juge pas, attendu que c'est un pays d'infanterie, où la cavalerie ne serait pas en sûreté, outre que vous savez que mes forces ne sont pas si grandes que je me puisse séparer. Quant à ce que vous me mandez que je laisse les ennemis maîtres de la campagne, il a bien paru ces jours passés qu'ils ne le sont pas ; je souhaite qu'ils le soient aussi peu de la mer. Quant à la résolution que vous me demandez, je crois vous l'avoir dit assez de fois, qui est que je n'ai point de parti à prendre que de demeurer ici, pour empêcher que les ennemis ne secourent la place par terre : c'est à vous à prendre le vôtre tel que vous le jugerez, et si vous croyez que je puisse quelque chose dont je n'aye point de connaissance, vous n'avez qu'à me le mander, et je le ferai avec la même affection que je suis,

Monsieur, votre, etc.

LAMOTTE-HOUDANCOURT.

A Constantin, ce 12 juin 1641.

LETTRE DE M. DE LAMOTTE-HOUDANCOURT

A M. L'ARCHEVÊQUE DE BORDEAUX, DISANT QU'IL SE RENDRA VERS LA CÔTE
DE LA MER, COMME IL LUI MANDE.

MONSIEUR,

Je suis très-aise d'avoir appris par la vôtre comme les ennemis ont été maltraités. Je ne manquerai à me rendre le long de la mer, comme vous me marquez par la vôtre, du côté de Salses, à la nuit fermante, avec toute la cavalerie et infanterie. Je me mettrai fort près d'eux, et ferai battre l'estrade toute la nuit jusques aux portes de la ville. Vous verrez, par trois feux que je ferai faire au dessus de la tour où nous faisons une garde, pour signal de mon arrivée au bord de la mer. Je prendrai pour le mot celui que vous me donnez. Il sera difficile, si les ennemis sortent, que vous puissiez discerner la nuit notre troupe d'avec les leurs, parce que nous nous mêlerons bientôt. Je vous ferai savoir les nouvelles que je pourrai, et serait bon pour cela que vous envoyassiez quelques chaloupes à terre. Cependant je vous supplie me croire véritablement,

Monsieur, votre, etc.

LAMOTTE-HOUDANCOURT.

A Constantin, ce 13 juin 1641.

LETTRE DE M. BIDAUD

A M. L'ARCHEVÊQUE DE BORDEAUX, TOUCHANT DES NOUVELLES DE DIVERS ENDROITS.

MONSIEUR,

J'ai reçu l'honneur de vos lettres des 27 et dernier avril, et 20 mai, avec les relations de ce qui s'est passé à l'avantage des armées de sa majesté, par mer, en Catalogne, que j'ai fait voir à cette république et envoyé des copies non seulement à Rome, par mer, et Livourne, ainsi que votre excellence m'ordonnait avec vos dépêches, mais aussi par toute l'Italie et ailleurs où j'ai des correspondances; ce que je continuerai de faire avec grand soin, s'il plait à votre excellence me continuer la grâce de me faire donner le plus souvent qu'il sera possible avis de ce qui se passera par delà, que les ennemis et leurs partiaux déguisent autant qu'ils peuvent.

J'ai fait voir à la république les ordres que vous avez donnés pour les vaisseaux et barques qui porteront secours aux ennemis de vivres, munitions, ou autre chose; mais sa réponse ayant été qu'elle permettait à ses sujets de servir l'une et l'autre couronne, particulièrement pour le trafic, il ne faut espérer sur ce point autres défenses que celles qu'ils recevront d'eux-mêmes de l'exemple de la rigueur et mauvais traitements qui seront exercés contre ceux qui seront pris en portant semblables secours auxdits ennemis.

Votre excellence aura appris par mes précédentes que les galères de la république qui avaient porté le marquis de Leganez en Espagne en avaient rapporté deux cent cinquante caisses de réales pour le gouvernement de Milan et l'Allemagne. Il en partira, au premier jour,

une ou deux autres qui porteront en Espagne le sieur Constantin Doria,
sénateur et ambassadeur près du roi catholique, qui pourraient porter
beaucoup de denrées et rapporter assurément à leur retour de l'argent
pour le service du roi de Castille. Les galères de Naples et Sicile se
préparent pour aller joindre les vaisseaux et escadre des ducs de Ferrandine et Doria en Majorque, à ce que l'on dit, où se doivent assembler
toutes leurs forces de mer, même, dit-on, les vaisseaux de la flotte des
Indes, dès aussitôt qu'ils seront arrivés en Espagne; ils se promettent
aussi d'avoir les galères du grand-duc, et M. Lucca Justinian m'a assuré qu'il en avait avis d'un principal ministre de son altesse.

Tout est en repos en Piémont depuis qu'on a levé le siége d'Yvrée
et de Chivas, et le peu de troupes qu'on a d'un côté et d'autre sont
dans les quartiers, d'où je ne crois pas qu'elles sortent que celles
du roi n'aient été renforcées; et pour celles des ennemis, il n'y a pas
grande apparence qu'elles le puissent être, le roi de Hongrie étant déjà
sur le point de manquer à la promesse qu'il a faite au cardinal-infant
de permettre à Piccolomini de passer en Flandre avec douze mille
hommes, et le vice-roi de Naples n'ayant des hommes que pour la Catalogne, où j'assure bien qu'ils ne vont pas de leur bon gré.

Le marquis de Grana, qui va ambassadeur extraordinaire en Espagne
de la part du roi de Hongrie, s'embarquera sur les galères de Naples
ou sur celles de la république, comme fera le comte Masserasi, qui
y passe aussi de la part de MM. les princes de Savoie, qui se sont déclarés espagnols par un nouveau manifeste. Je supplie votre excellence
de comprendre dans l'honneur de ses bonnes grâces,

    Monseigneur, votre, etc.

A Gênes, ce 14 juin 1641.

EXTRAIT ET TRADUCTION D'UNE LETTRE

ENVOYÉE A M. D'ARGENSON PAR UNE PERSONNE DE CONFIANCE DONT
IL A REÇU DÉJA DES AVIS TRÈS-VÉRITABLES ET ASSURÉS.

Si l'on considère ma lettre et ce qui arrive on verra que je fais tout ce que je puis pour donner connaissance de tout ce qui se fait par ces bonnes gens; et encore bien qu'à la vérité il y ait présentement beaucoup de choses à écrire, toutefois voici le plus essentiel. Le vice-roi de Naples me semble jusqu'à cette heure n'avoir pu parvenir à ce qu'il a offert, et suivant cela, tout doit aller de mal en pis. Les gens venus de Naples ne vont pas à trois mille hommes, et Leganez est chargé de cela, et de secourir Tarragone avec les régiments de don Leonard Molay, et du baron de Sebace et autres, qui font dix-huit cents hommes tirés de Perpignan par les galères. L'on a aussi mandé de faire descendre toute l'infanterie et cavalerie de Frague, Tamarin et Monçon et autres lieux d'Aragon, qui font, ainsi que l'on dit, deux mille cinq cents hommes de pied et quatre cents chevaux, et ce que Valence et Aragon pourra faire de plus; sur quoi, Leganez écrit qu'il n'a pu jusqu'à présent assembler aucune troupe; et parce qu'il a écrit ici par ses lettres que l'on fortifiait le col de Balaguer, et que l'on rompait les chemins, le conseil s'est assemblé, et on lui a écrit qu'il assemble l'armée à Vinara, et que de là il en envoie la moitié à Tortose, avec la cavalerie, qui sera de mille chevaux, et l'autre moitié avec les galères, pour faire leurs attaques en un même jour, et en désembarquant l'infanterie de dessus les galères *junto la casa del Infante*, pour pouvoir les rompre et prendre par derrière, et après les avoir rompus, joindre toute l'infanterie et cavalerie, et s'acheminer à Tarragone; donnant avis à Botero, qu'à même temps que Leganez attaquera, il sorte de Tarragone avec toutes ses troupes; et tout ce qui a été résolu, et de le faire avec toute diligence, le samedi 6 de juillet ou devant s'il était possible, parce que la dilation serait la totale perte de l'Espagne, d'autant que Botero a écrit par ses lettres du 7 de ce mois, que le biscuit s'achevait ; et que si bien il avait encore du blé et du riz, le biscuit faillant, il manquerait du plus essentiel, etc.

Du 13 juin 1641.

M. de Bordeaux expose à M. le prince de Condé l'état de ses forces, et lui fait connaître ses projets ultérieurs.

LETTRE DE M. L'ARCHEVÊQUE DE BORDEAUX

A M. LE PRINCE DE CONDÉ.

MONSEIGNEUR,

Vingt-une galères et neuf brigantins s'étant présentés pour donner secours à Tarragone, ont, après longues délibérations, attaqué un des bouts de notre garde éloigné de trois à quatre lieues de l'autre; la bonne fortune a voulu que la première décharge, qui n'a été faite qu'à portée de pistolet, a été si heureuse qu'elle a emporté partie de la poupe de la capitane, tué douze ou quinze hommes sur *la Gusmane*, et fait autre ravage sur celles qui marchaient à la tête, comme nous avons appris par un Génois, habile homme qui s'est sauvé, et par le bois et les rames que nous avons trouvés à la mer, et la vue de trois galères que nous avons vues le lendemain sans éperon. Toute la journée suivante elles ont été en conseil à notre vue, hors la portée de nos canons, et la nuit suivante elles s'en sont allées vers les Alfages, où nous avons envoyé pour prendre langue. Les nouvelles que nous avons apprises sont que le marquis de Leganez assemble ses forces à Valence pour venir par terre; que l'armée de Naples, composée de dix-huit vaisseaux, quatre polacres et vingt galères, est arrivée à Carthagène, et qu'ils y attendent quatorze galions de Cadix, partis depuis onze jours, et que tous ensemble doivent venir faire effort pour secourir la place. L'état où nous sommes pour soutenir cet effort pour la mer, est quinze vaisseaux, quatre pataches, cinq brûlots, onze galères et les deux prises, lesquels, à la réserve des prises, n'ont de pain que jour à jour, à mesure que nous en pouvons tirer de Barcelonne, ne leur

ayant été rien envoyé de Marseille pour les mois de mai et de juin,
quoique leurs fonds y soient entre les mains du bailli de Forbin.

Pour la terre, votre altesse sait qu'il n'y a aucun retranchement au
camp, que M. de Lamotte ne peut quitter de vue de peur que les ennemis l'attaquent; que les ennemis ont toute la campagne, où ils se pro-
mènent, à la réserve du quartier de M. de Lamotte; qu'ils avancent
maintenant des travaux et redoutes, tant du côté de M. de Lamotte
que des autres; qu'ils font des batteries à la mer à une et deux portées
de canon de leur ville, qu'ils font rouler le canon le long de la côte
depuis Tarragone jusqu'à Tamarin, pour favoriser leur secours et éloigner nos vaisseaux; en un mot, qu'ils sont maîtres de la campagne et
M. de Lamotte de son quartier, et moi de mon armée, sans que je
puisse empêcher les secours, quand on voudra faire effort, vu la situation de la ville, la longueur de la côte dont ils sont maîtres et les batteries qu'ils y font où il leur plaît. J'ai fait voir ces vérités à MM. d'Argenson et de Lamotte, mais comme ils se sont embarqués ici contre
l'avis général, ils n'ont plus de recours qu'en l'espérance que vous
enverrez ici votre armée, artillerie et les fonds pour commencer les
travaux qu'on devait faire le premier jour, et à quoi je me suis offert
de travailler moi-même à mes dépens; et puis dire à votre altesse que
si elle ne met promptement ordre à ce quartier, qu'il en peut arriver
de grands accidents. Je vous en avertis pour ma décharge, afin que s'il
arrive du mal, j'en sois déchargé; que si votre altesse ne me veut croire,
qu'elle envoie ici M. d'Argencourt ou quelque autre qui sache le métier,
qui voie la situation du lieu, qui voie le campement de notre armée,
qui voie la garde qu'il faut faire à la mer, le peu de nécessité que ceux
de la ville ont, où leurs prisonniers assurent qu'il y a encore pour
deux mois de vivres; la campagne qu'ils ont pour tirer des rafraîchissements : en un mot, s'il peut tomber sous le sens d'un homme que
cette ville soit pressée ou qu'elle le puisse être en l'état où nous sommes,
je me soumets à être tenu pour un fou. Après que son altesse aura été
informée de cette vérité, si la crainte de déplaire à quelques particuliers l'empêche d'y mettre ordre, je ne lui en parlerai jamais, et prétends que tout ce qui en pourra arriver, je n'en dois point être blâmé,
ni répondre d'aucun accident qui arrive, en ayant informé votre

altesse. Il ne peut avoir, selon mon opinion, que deux partis à prendre en ce rencontre : le premier, d'approuver que j'aille au devant de ces gens-là avec mes vaisseaux, pour tâcher à empêcher la conjonction , durant que nos galères iront s'espalmer et ravitailler , ou que votre altesse vienne avec toute son armée, grands fonds pour les travaux, grand équipage d'artillerie, pour presser ces gens-là avant que leur se- cours puisse arriver, ou bien faire faire à M. de Lamotte ce pourquoi il a été destiné, qui est de s'opposer aux progrès de ces gens ici, durant que j'irais vous servir pour prendre Collioure, et faire la circonvalla- tion de Roses, durant que nos ·galères se raccommoderaient, et que nous nous fortifiassions de vaisseaux, galères et brûlots, qu'on peut faire venir de Provence , pour revenir faire en gens de guerre ce que nous faisons maintenant comme des fous.

LETTRE DE M. LE PRINCE DE BOTERO

(GOUVERNEUR DE TARRAGONE POUR LE ROI D'ESPAGNE)

A M. L'ARCHEVÊQUE DE BORDEAUX , TOUCHANT LES ÉCHANGES DE PRISONNIERS DE PART ET D'AUTRE ET CIVILITÉS.

MONSIEUR ,

Je ne savais pas jusqu'à maintenant que don Juan d'Arrevallo fût fait prisonnier et le comte Roo , et tous ces messieurs vous auront infailli- blement prié de lui procurer la liberté , pour le seul amour qu'ils lui portent. Je voudrais dans cette occasion , pour vous témoigner comme je suis tout-à-fait vôtre , que M. de Lamotte m'envoyât comme il me le promit lors la réponse de la lettre que le roi, que Dieu garde , écri- vait à l'évêque de Barcelonne touchant l'ajustement des échanges que les députés et madame la duchesse de Cardone et ses enfants avaient demandés, que lors je pourrais satisfaire à vos volontés, encore que je pourrais dire que don Aller de Semana fût fait prisonnier pour crime de justice, car jamais il ne le fut de guerre ; de façon que j'ai tous les regrets du monde de ne pouvoir dans ces rencontres vous servir , afin que vous connaissiez en tout comme je suis votre serviteur.

Je recevrais très-volontiers les rafraîchissements que vous m'offrez, mais comme je suis si fort votre serviteur, je ne voudrais pas vous faire un si mauvais office avec les Catalans, qui par ce moyen pourraient être en méfiance de vos actions, car je désire extrêmement que vous vous conserviez en la bonne opinion qu'ils ont justement de vous. Jusqu'à ce que mon oncle le marquis de Villa-Franca se fasse voir, je ne puis pas vous offrir seulement que ce qu'il y a dans cette ville, qui est un peu de chair salée et du vin de Venicarlo, estimé en ce pays; et cela si en cas vous m'en donnez la permission, comme aussi de me dire,

> Monsieur, votre, etc.

A Tarragone, ce 18 de juin 1641.

LETTRE DE M. D'ARGENSON

A M. L'ARCHEVÊQUE DE BORDEAUX, TOUCHANT L'AVANTAGE QU'IL AVAIT EU SUR LES GALÈRES ET L'ÉTAT DE TARRAGONE.

MONSIEUR,

J'ai reçu ici, à mon retour de Lérida, les lettres qu'il vous a plu de m'écrire, des 4, 12, 14 et 17 de ce mois; sur toutes lesquelles, pour y répondre, je vous supplierai, en premier lieu, de commander que ces Catalans qui sont sur les galères soient traités avec la douceur que vous avez approuvée, en attendant que nous ayons les ordres nécessaires de son éminence pour les délivrer, et d'en écrire s'il vous plaît à la cour, comme je ferai aussi à la première occasion.

J'ai été fort réjoui de l'avantage que vous avez eu sur les galères des ennemis, qui n'ont osé demeurer plus long-temps à votre vue. Le dessein qu'ils avaient de jeter des hommes dans Tarragone était pour en tirer pareil nombre, suivant leur ancienne résolution, comme j'apprends aussi que l'on l'a su de quelques prisonniers pris au combat de l'armée de terre, qui disent tous la grande nécessité qu'ils ont de vivres dans Tarragone. Ainsi que l'on me l'écrit, ceux d'Aragon se sont assemblés le 15 de ce mois, à Saragosse, pour se résoudre sur la demande de quatre mille hommes de pied et de mille chevaux, que leur font les ministres d'Espagne. J'ai vu à Lérida une personne de

cette province d'Aragon, qui témoigne d'assez bons sentiments; je
n'ai rien oublié pour les confirmer et pour empêcher qu'ils ne servent
aux Castillans; mais je ne sais si l'effet en sera comme nous avons à
le désirer.

Pour le dessein dont il vous plaît de m'écrire, je ne puis vous dire
autre chose que ce qui fut trouvé fort considérable au conseil que vous
avez tenu avec MM. les capitaines de marine, où était M. de Lamotte; et
comme ce sont choses où il faut des connaissances de la mer bien plus
grandes que les miennes, et qui doivent être résolues sur l'occasion
présente et bien entendue de l'état des ennemis et de leurs forces à
chaque moment, je ne vous en puis rien écrire de si loin; et quand
j'aurais assez de lumière des choses pour le pouvoir faire, je penserais,
en le faisant, n'être garant que de mon intention, qui sera toujours
entière pour le service du roi et pour votre gloire, que je désire sur
toutes choses, et que vous me fassiez l'honneur de croire que je serai
toute ma vie, comme je dois, monsieur, votre, etc.

ARGENSON.

A Barcelonne, le 19 juin 1641.

J'ai envoyé votre paquet à monseigneur le prince.

LETTRE DE M. LE PRINCE

A M. L'ARCHEVÊQUE DE BORDEAUX, TOUCHANT TARRAGONE ET COLLIOURE.

MONSIEUR,

J'envoie ce porteur exprès, tant pour savoir de vos nouvelles que
l'état au vrai des affaires de Tarragone, dont j'attends l'événement
avec impatience. J'ai pris Canet, Argelès et la Roque, et tout ce que
les ennemis tenaient dans le plat pays, sans rien excepter, fors Collioure, Perpignan, Salses et Elne. J'ai assiégé cette dernière; si,
quand nous l'aurons prise, l'affaire de Tarragone était finie, et que
vous fussiez de retour au Cadequia, dès le lendemain, vous et moi
attaquerions Collioure, lequel pris, le Roussillon serait sûr au roi.
Dieu me fasse la grâce de vous voir bientôt cette affaire de Tarragone

bien finie. Il vous vient trois galères de Marseille. Et je suis, et de tout mon cœur, monsieur, votre, etc.

HENRY DE BOURBON.

De Narbonne, ce 19 juin 1641.

LETTRE DE M. LE PRINCE

A M. L'ARCHEVÊQUE DE BORDEAUX, DISANT AVOIR ORDRE DU CARDINAL DE RICHELIEU DE LUI DIRE DE DEMEURER DEVANT TARRAGONE.

MONSIEUR,

J'ai reçu lettres de M. le cardinal, par lesquelles il m'ordonne de vous mander de ne bouger de Tarragone que l'affaire ne soit faite ou faillie : c'est le sujet de la présente, et vous assure que vous ne pourrez rien faire de plus agréable à M. le cardinal, qui croit que de cette affaire dépendent toutes les autres; pour moi, je lui veux obéir et assister M. de Lamotte et vous, en tout et partout, à l'exécution de ce dessein. Je vous supplie de me croire, monsieur, votre, etc.

HENRY DE BOURBON.

Si vous avez besoin de poudre, mandez-le-moi, je tâcherai à vous en faire envoyer.

De Narbonne, ce 22 juin 1641.

M. Bidaud donne avis à M. de Bordeaux du départ de la flotte espagnole destinée à ravitailler Tarragone.

LETTRE DE M. BIDAUD

A M. L'ARCHEVÊQUE DE BORDEAUX, TOUCHANT L'ASSEMBLÉE DES VAISSEAUX POUR TARRAGONE.

MONSEIGNEUR,

Je vous ai mandé, par ma dernière, que les galères de Naples se préparaient pour aller joindre les vaisseaux et les autres escadres des galères ennemies en Espagne; j'en viens de recevoir la confirmation, et qu'au nombre de vingt bien équipées elles partiraient dès lors que celles qui ont porté l'amiral de Castille en Sicile seraient de retour à Naples. On y ajoute que le dessein des ennemis est de venir avec toutes leurs forces de mer à Roses, avec les munitions et provisions nécessaires pour les places du Roussillon; qu'en cas que ledit Roses fût attaqué, ils donneront bataille à votre excellence pour secourir ladite place, qu'ils sont résolus de conserver à quelque prix que ce soit.

Nous n'avons rien que ce soit du Piémont et d'Allemagne. On écrit de nouveau la mort de M. Bannière le 24 du passé; mais il a eu si bon loisir pendant sa maladie à donner les ordres nécessaires, et établir des chefs pour commander, que cela ne changera point la face des affaires. On confirme de toutes parts le soulèvement du Brésil, et l'on me mande de Rome que les ambassadeurs du nouveau roi de Portugal y seront reçus et à Venise aussi, nonobstant les instances des ministres d'Espagne. Je vous supplie de conserver dans l'honneur de vos bonnes grâces,

Monseigneur, votre, etc.

BIDAUD.

A Gênes, ce 23 juin 1641.

M. le prince prie M. l'archevêque de Bordeaux d'envoyer quelqu'un pour conférer avec lui, MM. de Lamotte et d'Argenson, touchant le siége de Tarragone.   .

LETTRE DE M. LE PRINCE

A M. L'ARCHEVÊQUE DE BORDEAUX.

MONSIEUR,

Ayant commandement du roi de conférer avec quelqu'un de votre part et de celle de M. de Lamotte, comme aussi avec M. d'Argenson en personne, sur l'affaire de Tarragone, je vous fais la présente pour vous en donner avis, et vous prier d'envoyer sans retardement celui que vous destinerez pour cette conférence à Ceret, où je me trouverai sans faillir le 29 de ce mois. Nous prendrons par ce moyen une bonne résolution, suivant le désir de sa majesté, et en mon particulier je vous témoignerai toujours que je suis,

Monsieur, votre, etc.

De Narbonne, ce 23 juin 1641.

HENRY DE BOURBON.

LETTRE DE M. D'ARGENSON

A M. L'ARCHEVÊQUE DE BORDEAUX, TOUCHANT TARRAGONE.

MONSIEUR,

J'ai donné avis de la retraite des galères ennemies aussitôt que votre lettre du 20 de ce mois m'a été rendue. Je fais aussi avertir Cadequia. Il y a déjà ici une de vos flûtes arrivée. J'ai prié ces messieurs de donner ordre de faire le signal par la côte sur celui que vous ferez faire à Tamarin; mais de cela il vous en sera envoyé une dépêche particulière pour vous en informer mieux.

J'espère qu'avec l'aide de Dieu vous aurez la gloire entière de Tarragone, et que cette affaire réussira aux souhaits du roi et de son éminence. Si cela est, comme je m'en confie extrêmement en la bonté de Dieu, voyez quelle matière vous donnez aux historiens. Les Catalans vous comparent à l'archevêque Turpin, dans un livre qu'ils m'ont fait voir et qui sera imprimé en leur langue : c'est un divertissement qui les échauffe au service du roi et qu'il est très-bon de laisser prendre. Je vous assure que vous n'aurez jamais tant d'avantage que vous en souhaite celui qui est de tout son cœur,

Votre, etc.

ARGENSON.

A Barcelonne, 23 juin 1641.

LETTRE DE M. LAMOTTE-HOUDANCOURT

MONSIEUR,

Je viens d'apprendre tout présentement votre indisposition, qui me met extrêmement en peine et me fait vous envoyer ce garde pour en être plus certain. Je vous souhaite la santé parfaite. Je viens de recevoir nouvelles que les troupes qui étaient du côté de Frague descendent pour venir vers Tortose. J'ai aussi avis que les vaisseaux sont arrivés à Carthagène et qu'ils ont débarqué de la cavalerie, qui s'en vient à Vinara, où le marquis de Leganez fait son assemblée; quelqu'effort qu'ils puissent faire, j'espère qu'ils auront peine à réussir.

Je ne mande point de nouvelles de la ville, parce que je crois que vous les recevez comme moi; je vous dirai seulement, monsieur, que tous les prisonniers et autres qui se viennent rendre, nous assurent que toute leur cavalerie sera périe devant six jours faute de fourrages. Si j'apprends quelque chose de plus particulier, je ne manquerai de vous en donner avis; cependant je vous prie de me croire véritablement,

Monsieur, votre, etc.

LAMOTTE-HOUDANCOURT.

Je vous supplie, monsieur, de donner ordre aux galères et aux vaisseaux de ne point prendre de nos soldats, parce que j'ai avis que nous en avons perdu quantité qui se sont mis avec eux, que je vous prie nous faire rendre.

Au camp de Constantin, ce 24 juin 1641.

LETTRE DE M. D'ARGENSON

A M. L'ARCHEVÊQUE DE BORDEAUX, TOUCHANT L'ÉTAT DE BARCELONNE
ET UN TUMULTE.

De Barcelonne, le 24 juin 1641.

MONSIEUR,

J'ai reçu une lettre de M. le prince, par laquelle il m'écrit que si je pouvais aller à Ceret, il s'y rendrait au jour que je serais, et que j'y mène quelqu'un de votre part; mais le désordre que j'ai trouvé ici au retour de mon voyage de l'armée, qui a été seulement pour peu de jours et que vous savez, et la grande sédition que firent hier ici les mariniers et autres gens qu'ils appellent de la rivière, lesquels s'assemblèrent plus de deux mille hommes armés pour tirer des prisons un séditieux que l'on y avait fait mettre ; de sorte qu'il fut bien à propos que je me trouvasse ici, où M. d'Aubigny a très-bien servi pour apaiser l'émotion de ce peuple, sont cause que j'ai supplié son altesse de me dispenser de faire ce voyage et de partir présentement de cette ville, ne pouvant la quitter sans mettre en péril évident le service du roi, étant très-bien averti qu'encore que ce peuple montre assez bonne volonté pour les Français, comme il me le témoigna hier et au sieur d'Aubigny, cette émotion ne laisse pas d'être fomentée par quelques partisans du roi de Castille, qui espèrent de troubler nos affaires et de porter quelques uns de ces séditieux à mettre en liberté la duchesse de Cardone et ses enfants, qui sont ici prisonniers. J'espère néanmoins qu'avec l'aide de Dieu et les soins que nous y apporterons, ce tumulte, que nous avons assez heureusement apaisé, ne produira aucun mal au service du roi.

M. le prince m'a écrit que l'armée des Espagnols n'est point si forte par mer comme l'on dit, et que l'on vous envoie des galères et des vaisseaux pour vous fortifier. Dieu veuille que l'un et l'autre soient vrais, et que bientôt vous voyiez l'effet du dernier.

Je suis de tout mon cœur, monsieur,

Votre très-humble et très-obéissant serviteur,

ARGENSON.

La lettre suivante de M. le prince de Botero, gouverneur de Tarragone, dans laquelle il donne au secrétaire d'état d'Espagne des détails sur l'état de cette place et de son armée, fut interceptée.

LETTRE DE M. LE PRINCE DE BOTERO

AU SECRÉTAIRE D'ÉTAT D'ESPAGNE [1].

De Tarragone, le 4 juillet 1641.

MONSIEUR,

Il n'est pas temps maintenant d'écrire autre chose que la vérité à votre seigneurie, encore que sa majesté et son éminence en parlent avec un langage différent, et si on considère les lettres que j'ai reçues pour réponses aux miennes, où j'ai donné avis du peu de vivres que nous avons, votre seigneurie verra que l'on me répondit que pour le 12 de juin je serais secouru. Les galères parurent, mais sans aucun effet; et pressant davantage sur les mêmes manquements, par ma lettre du 7 du même mois, où je disais que le biscuit s'allait achevant, et qu'encore bien que j'eusse du blé et du riz, le plus essentiel manquait, qui était le biscuit; la réponse que je reçus, fut que le samedi 6 de juillet, ou devant, Tarragone serait secourue sans faillir, et que le marquis de Leganez entrerait par le col de Balaguer et les galères débarqueraient l'infanterie à l'hôpital de l'Infant, et que ses troupes se joindraient aux miennes; pourquoi faire, je fis une revue secrète avec les contadors et viadors, et me trouvai avec six mille quatre cents hommes de pied et douze cent trente-six chevaux, dont la cavalerie est toute perdue, et l'infanterie pour la plupart en mauvais état et de peu d'effet; et les Portugais qui sont restés, bien qu'en petit nombre, pour être rebelles et traîtres comme les Catalans, je les tiens divisés comme prisonniers.

Et étant attentif avec le soin et vigilance nécessaire, je vis hier paraître les galères devant l'armée de France, au nombre de quarante-une et cinq brigantins. Douze entrèrent dans ce môle avec les bri-

---

[1] Il existe une autre traduction de cette pièce dans le recueil d'Aubery, t. II, p. 669.

gantins, pour laisser le secours des vivres et infanterie; pour les autres, elles ne purent approcher, ni avoir moyen de débarquer, parce que les vaisseaux français tiraient tant de coups de canon qu'elles furent contraintes de sortir. Et les gens mêmes de cette place qui étaient sous le môle furent obligés d'abandonner. Quatre ou cinq brûlots des Français prirent aussi feu, et tant à cause des balles du canon que du feu, il y a sept galères perdues; et la royale d'Espagne même ayant reçu trois coups de canon, je regardais si elle se perdrait, mais elle s'échappa avec vingt-huit autres.

Dans ce môle, il y a quatre galères dont l'une n'a reçu aucun mal, mais les autres trois sont du tout perdues; on fait ce que l'on peut afin qu'elles puissent retourner avec l'armée. Il s'est noyé beaucoup de gens, et le nombre des mangeurs m'est accru, parce qu'ils sont sortis trois mille deux cents hommes des galères, les forçats et huit cents hommes de pied.

La galère de *Saint-Philippe* a été prise par une de celles de France, avec trois compagnies d'infanterie napolitaine. J'aurai des vivres pour plus que la mi-août. De poudre, je n'en ai pas cent cinquante barils, et la mèche se donne par mesure, afin que l'on n'en manque pas dans l'occasion.

Ceci est la vérité pour votre seigneurie; et ce qu'il faut, c'est d'agir avec le plus de force que l'on pourra et sans retardement.

Par les espions que je tiens à Lérida, à Barcelonne et en France (ce que je fais avec très-grande dépense d'argent), j'ai avis très-certain qu'en Lérida, il n'y a que deux compagnies de cavalerie : celle de don Joseph Amac, et celle de Villeplane, et trois cents hommes de pied français. Dans l'armée de l'ennemi à Constantin et au camp de Tarragone, il y a cinq mille hommes de pied et trois mille chevaux. Le régiment de Barcelonne et les autres ne font pas deux mille trois cents hommes. Les universités du principat préparent des gens, mais c'est peu de chose.

Par autre avis d'un espion fort confident, je sais qu'Arpajon est en Roussillon, avec cinq mille hommes de pied et huit cents chevaux, qu'il s'est rendu maître des places de Canet, la Roque, Argelès et Elne. Il est certain qu'on avait résolu d'envoyer trois mille hommes de pied et cinq cents chevaux; mais jusqu'à présent je ne les ai pas vu arriver. Et ainsi j'avertis de tout votre seigneurie, afin qu'en cas qu'il n'y ait pas lieu de me secourir sitôt, on avise comment il faudra rendre cette place, parce qu'il y a dedans les personnes de la réputation que vous savez, et que sans ordre de le faire, ils se mangeront plutôt les uns les autres. Dieu vous garde.

M. de Bordeaux ayant tenté de corrompre par des offres considérables la fidélité de l'évêque d'Urgel, renfermé dans Tarragone, que l'armée française assiégeait, reçut du prélat espagnol la lettre suivante.

RÉPONSE DE M. L'ÉVÊQUE D'URGEL

A M. L'ARCHEVÊQUE DE BORDEAUX.

J'ai lu le billet de votre seigneurie. Quant au premier point, les incommodités et nécessités que nous souffrons, ayant pour nous sustanter jusqu'au jour de saint Laurent, et même jusqu'au 20 du mois, quand nous viendrions en état de ne pouvoir recevoir ni même à justement désirer ce que l'on nous pourrait accorder : cela prouve bien que l'on ne puisse pas appeler incommodité celle que l'on souffre avec l'amour et pure fidélité à son roi et maître. Lorsque votre seigneurie me croit, qu'elles ne sont pas si grandes que l'on vous en a informé : nous n'aurions pas la santé dont nous jouissons, et nous ne nous conserverions pas comme nous nous conservons en un même état, plusieurs jours par delà le 20, plutôt croissant la pitance que l'amoindrissant, avec la providence et valeur de notre général, et surtout par la faveur de la divine majesté, puisqu'en témoignage de sa bonté il semble que les vivres nous multiplient dans nos magasins à mesure que le nombre des mangeurs a accru. Quant au second point, de ce que si je veux m'aider votre seigneurie me servira utilement, ayant le pouvoir du roi en ses mains, m'assurant de plus grandes faveurs que de celles que j'ai reçues du roi : je dirai seulement à votre seigneurie que je ne puis rien en cette matière, tout le pouvoir est entre les mains de mon général, qui a la valeur qui lui est nécessaire ; et quand il ne l'aurait pas, pour toutes les choses du monde je ne voudrais pas procurer autre chose que la conservation de cette place, et par conséquent celle de ma patrie, en l'obéissance de son naturel seigneur, parce que je sers à mon roi seulement par amour, et je corresponds comme un bon vassal et chrétien et bon prélat, avec la fidélité qui est due, donnant exemple de ce que doivent faire les autres, pour détromper ma patrie de la faute où quelques fous et déraisonnables l'ont mise, la séparant sans fondement de l'obéissance de son roi, avec son entière destruction et ruine si elle passe plus avant. Et quand quelqu'autre intérêt me pourrait émouvoir, il me devrait suffire des faveurs que j'ai reçues, témoignant en être obligé, puisque le roi de France ne peut pas en tous ses États me faire plus de faveurs dans l'état ecclésiastique que celle que j'ai reçue dernièrement de l'archevêché et dans ma propre patrie; et quand j'aurais l'ambition de plus grands bienfaits, je ne crois pas qu'il y ait un roi au monde qui ait les mains plus libérales que le mien pour récompenser les services. Et pour témoigner l'obligation que je vous ai de la compassion que votre seigneurie témoigne avoir des grandes incommodités, j'assure votre seigneurie qu'elle ne peut présentement faire un plus grand service à son roi qu'en délivrant sa personne et son armée des grands périls qui la menacent, si elle persiste en son poste tout le temps que nous pourrons subsister dans le même état que nous sommes à présent.

L'évêque d'Urgel, élu de Tarragone.

De Tarragone, le 4 juillet 1641.

LETTRE DE M. D'ARGENSON

A M. L'ARCHEVÊQUE DE BORDEAUX, SUR LE COMBAT DES GALÈRES ENNEMIES ET LA PRISE DE CELLES QUI SONT ENTRÉES DANS LE MÔLE.

De Barcelonne, le 7 juillet 1641.

MONSIEUR,

Je ne saurais vous exprimer la joie que j'ai reçue en lisant la lettre qu'il vous a plu de m'écrire le 6 de ce mois, où j'ai vu les glorieuses particularités de votre combat de mer, et de quelle sorte vous avez traité les galères des ennemis qui ont voulu donner secours à Tarragone. J'en ai envoyé aussitôt la copie à M. de Noyers pour en donner la bonne nouvelle à monseigneur, ce qu'il fera de très-bon cœur, et ajoutera plutôt que de rien diminuer au grand honneur qui vous en est dû, et pour lequel j'espère au moins que quelque jour vous ne me dénierez pas un petit remercîment, et de me conserver encore de plus en plus celui que je désire de vos bonnes grâces.

J'ai aussi envoyé à M. le prince une copie de votre lettre; elle lui fera voir que ceux qui lui ont donné avis qu'il n'y avait point d'ennemis pour le secours de Tarragone, sont fort mal servis de leurs espions, car son altesse m'écrit qu'il espère bien, de Tarragone, n'avoir point d'ennemis, et tous secours en abondance l'en assurent; c'est pourquoi j'ai supplié tant de fois son altesse de croire plutôt ce que je lui mande que tout le reste, n'ayant jamais manqué de lui écrire au vrai de toutes choses, et l'avis même que j'ai eu de Madrid des trente-cinq galères et quinze vaisseaux, dès le 19 mai, comme je l'ai aussi mandé à la cour dès le même temps, suppliant son altesse de croire que pour toutes les considérations du monde je ne voudrais, en parlant ou écrivant, déguiser ni oublier aucune chose de la vérité quand elle m'est connue. J'espère qu'à l'avenir son altesse, qui a de si bonnes intentions pour le service de sa majesté, croira plutôt mes dépêches que les discours de tant de gens qui parlent sans savoir et font même quelquefois encore pis. Je m'assure tant de la bonté de Dieu, qu'il fera voir par les effets de son assistance que le dessein de Tarragone lui a été une chose agréable, et que vous en aurez de votre côté le succès et la gloire que j'ai toujours souhaité avec tant de passion. L'avis donné par Jannetin Doria et la difficulté de forcer le col de Balaguer, ont fait peut-être changer la résolution que vous aurez apprise par cette lettre de Madrid du 15 juin, et vous devez bien rendre grâce à Dieu, qui conduit si bien et si heureusement les choses pour votre plus grande gloire, laquelle me sera toujours aussi chère que la passion de vous témoigner que je suis plus que personne du monde, monsieur,

Votre très-humble et très-obéissant serviteur.

D'ARGENSON.

Je ne saurais assez vous dire combien tout ce peuple de Barcelonne est ravi et fait de prières à Dieu pour vous.

LETTRE DU SIEUR DE SAN-GENIS

MONSEIGNEUR,

Il y a deux jours que nous espérions savoir le détail des bons et continuels avis que nous avions toutes les heures de la défaite des galères, et hier après-dîner M. d'Argenson fit un baptisé d'un fils d'un gentilhomme de cette ville, et auquel il y eut tous les gentilshommes et dames de cette ville, et se fit une grande fête et réjouissance pour les affectionnés de notre côté; et ayant achevé de faire toutes les cérémonies et compliments, étant à la porte de l'église, où la plus grand'part du peuple était assemblée, quand arriva le laquais de votre grandeur avec deux siennes lettres pour M. d'Argenson et moi, que je ne saurais représenter à votre grandeur le grand contentement que nous reçûmes, de ce que je donne à mon particulier les grâces à notre Seigneur de l'heureuse victoire, et prierai sa divine majesté nous faire la grâce de voir l'entière ruine de nos ennemis, laquelle, après Dieu, se devra tout à votre grandeur. Monsieur, votre, etc.

CRISTOFOL SAN-GENIS.

De Barcelonne, ce 7 juillet 1641.

On voit par cette lettre de M. le cardinal de Richelieu à M. de Bordeaux, que la faveur de ce dernier continuait de décroître.

LETTRE DE M. LE CARDINAL DE RICHELIEU

A M. L'ARCHEVÊQUE DE BORDEAUX, RÉPONDANT A PLUSIEURS PLAINTES DUDIT ARCHEVÊQUE.

De Péronne, le 8 juillet 1641.

MONSIEUR,

Il est impossible de pouvoir satisfaire un esprit qui en peu de temps conçoit diverses pensées comme le vôtre. Je n'ai jamais pensé le pouvoir faire, mais j'ai bien fait état de ne rien omettre de tout ce qui sera nécessaire pour vous donner contentement aux fins du service du roi.

Vous vous plaignez de n'avoir pas de troupes pour faire un fort à terre. Il m'est impossible de juger de loin si c'est chose qui vous fût utile, et je ne doute point que si M. le prince en avait connaissance qu'il n'y pourvût volontiers.

J'ai donné tous les ordres nécessaires pour le renfort des galères que vous avez désiré, et l'on me mande de Marseille qu'il n'y en eut jamais de mieux armées que celles qui vous sont allées joindre. Si vous m'eussiez mandé vouloir particulièrement le chevalier de Village, j'eusse donné ordre qu'on vous l'envoyât.

Quant aux deux galères qui ont été prises, je suis très-aise qu'elles soient en bon état comme vous me le mandez et que vous vous en serviez en cette occasion ; et si M. de Noyers vous a mandé qu'il les fallait renvoyer dans le port, c'a été au commencement, qu'il estimait qu'elles fussent désarmées. Le sieur chevalier de Chastellux, que j'estime et que j'aime, n'aura pas sujet de se plaindre au commandement qu'il désire.

Vous avez plusieurs fois dit que vous vouliez prendre le soin de la subsistance des galères, et lorsqu'on vous en a sommé, vous l'avez refusé. En cette considération, il a bien fallu qu'on fit donner à votre refus le fonds nécessaire à cette fin au bailli de Forbin. Il me mande de Provence qu'ayant envoyé du biscuit au Cadequia pour les galères, vous avez ordonné qu'il n'en bougeât, et empêché qu'on ne le portât au lieu où étaient les galères, qui ont beaucoup souffert pour cette raison. La crainte que j'avais de tel désordre, provenant de la division des esprits, me porta à vous écrire aussitôt que je sus que les vaisseaux du roi avaient pris des blés, que je désirais que vous en fissiez faire des biscuits pour les vaisseaux ou les galères.

Si les vaisseaux que vous avez ne sont en état de servir, vous ne pouvez vous en prendre qu'à vous-même, qui avez fait l'état de la dépense. Vous ayant envoyé le sieur de Besançon et le trésorier expressément afin que vous disposassiez de toutes choses ainsi que bon vous semblerait, vous ne sauriez prétendre qu'on n'ait fait tout ce qui vous pouvait satisfaire, et plus qu'on a accoutumé de faire en faveur de ceux qui commandent les armées.

Quant aux poudres que vous demandez, outre que vous en avez de réserve, j'ai prié si particulièrement M. le prince de vous en faire fournir lorsque vous en aurez besoin, que vous n'en pouvez manquer ; et il n'y a pas d'apparence qu'elles vous manquent, puisque vous n'avez pas accepté l'offre qu'il vous en a faite.

Tout cela n'empêche pas que, pour vous contenter, je n'en aye fait payer depuis trois semaines cinquante milliers au Fay, qu'il doit rendre de Lyon à Arles le 12 de ce mois.

Il m'est impossible de juger d'ici si vous pouvez empêcher le secours de Tarragone ou non. M. le prince, par l'avis de ceux qui sont sur les lieux, le peut mieux faire que personne, et c'est à lui que cette affaire est remise.

Il ne me reste qu'à vous prier de vous rendre le plus compatible que vous pourrez et de croire que je suis,

Monsieur, votre très-affectionné.

Le Cardinal DE RICHELIEU.

AVIS DE MADRID D'UN FRANÇAIS

QUI DIT QUE LE PRINCE DE BOTERO A MANDÉ QUE TARRAGONE ÉTAIT SECOURUE ET L'ARMÉE DE FRANCE PERDUE.

Ce matin, sur les trois heures, est arrivé en grande diligence un courrier de Botero, et sur les cinq heures s'est assemblé le conseil d'état de guerre, qui a duré jusqu'à dix, et incontinent on a publié que Tarragone était secourue et l'armée française perdue, et plusieurs vaisseaux brûlés. Cette nouvelle me laissa sans sentiment, parce que je ne savais pas la vérité, et que l'on a fait des feux et des réjouissances publiques ; mais depuis j'ai été bien content et réjoui quand j'ai ouï les nouvelles de la lettre du prince de Botero. Je n'entends point toutes ces farces, ni à quoi elles sont bonnes.

Ils ont dépêché en toute diligence à Leganez, afin qu'il attaque avec ses gens, les tenant tous ensemble, puisqu'il a écrit que son armée approchait de huit mille hommes de pied et quinze cents chevaux, et à Villefranche, qu'il assiste avec ses galères et dix-huit vaisseaux que l'on lui envoie, lesquels sont tous des marchands, et que ce soit sans faute le premier jour d'août. Ce qui est important, est que les Français et les Catalans se tiennent alertes et en bon cœur, puisqu'ils défendent une cause si juste, et pour cela Dieu les aidera, et les fleurs de lis demeureront victorieuses. Ils ont tiré de ce malheureux pays quelques gens, mais tous garrottés et emmenotés; ils n'ont pas ici de bonnes nouvelles de la flotte. En un jour, ils ont dépêché pour cela trois courriers. Je vous donnerai avis de ce qui en sera. On a offert un prix à qui mettra le feu au galion de l'archevêque : si c'est un homme du peuple, dix mille écus; et si c'est un cavalier, vingt mille; et en cherchant les moyens de les expédier pour le faire, ils ont pris celui-ci, que de Valence on fera sortir deux ou trois chaloupes avec des provisions, et qu'après avoir pris le haut de la mer, elles iront vers Barcelonne sans mouiller, et qu'avec un passeport des députés, qui sans doute sera faux, elles iront aborder ledit galion, disant qu'elles apportent des provisions pour son armée, et que si elles peuvent faire leur affaire avec sûreté, elles le feront. Vous en donnerez avis à qui vous jugerez avoir obligation de le faire, afin qu'on se tienne prêt à tout et pourvu de tout ce qui sera nécessaire. Dieu veuille acheminer tout et vous conserver comme il peut et comme je le souhaite.

Madrid, ce 9 juillet 1641.

LETTRE DU SIEUR SAN-GENIS.

SUR LE COMBAT DES GALÈRES.

MONSEIGNEUR,

Par la lettre que votre grandeur m'a fait la faveur de m'écrire par les commissaires Froissac et Pampre, j'ai appris l'entière défaite de onze galères, et les vingt-neuf qui sont demeurées en fort mauvais état; j'espère avec l'aide de Dieu et bonheur de votre grandeur, qu'elles feront avec le temps la même fin que les premières. Pour tout ce qui est de besoin pour les brûlots, comme aussi les plaques de plomb et toile, il est presque tout prêt, sauf les ripes, auxquelles on travaille à toute diligence. Nous tenons nolisée une barque pour charger le tout étant prêt. Avec ledit commissaire Pampre, fûmes voir les poudres de M. le marquis de Montpezat, lesquels se trouvaient, suivant la preuve qu'en fit ledit Pampre, de mauvaise qualité ; j'en ai en cette ville environ sept ou huit cents quintaux, laquelle je tiens vendue à la ville, selon un accord que tiens fait de mille quintaux, à raison de deux cent quarante réaux le quintal ; mais il faut que ce soit de bonne poudre. J'en ai cent quintaux ou environ qu'est fabriquée à mon jardin dans cette ville, que c'est poudre que s'en peut chasser ; pour l'autre, je l'ai fait venir d'Arles, Marseille et Toulon, laquelle n'ai point vue, et par conséquent je ne puis pas dire de sa bonté. Les consuls de la ville m'ont promis de la faire prouver au premier jour.

M. d'Argenson me dit à son départ que le consul second lui avait dit de la part des autres consuls, que si votre grandeur lui faisait de besoin des poudres et boulets, la présente cité lui en fournirait, comme aussi tout ce qui lui ferait de besoin, et M. d'Argenson trouvant l'occasion bonne, nous donna ordre à M. d'Avismandie et moi, d'aller ce matin remercier audit consul de la bonne offre, et lui dire que lorsque serait vers votre grandeur, lui en ferait la proposition, lui donnant avis de ce que serait de la volonté de votre grandeur : ce qu'avons fait ; et ont fait réponse en présence dudit consul second, qu'ils ne lui avaient point donné tel ordre, et lorsque votre grandeur écrirait ce qui lui ferait besoin, donnerait raison à la junte de guerre, que tous seuls n'ont la puissance de rien faire.

Pour les cent quintaux de poudre fabriqués en cette ville, ensemble tout le reste que j'ai à mon pouvoir, encore bien que je la tienne vendue à la présente ville audit prix de deux cent quarante réaux, il est tout au service de votre grandeur, à la condition que lui plaira, n'ayant rien en ce monde qui ne soit au service de sa majesté et de votre grandeur, de laquelle je suis, monseigneur, votre, etc.

CHRISTOFOL SAN-GENIS.

A Barcelonne, ce 9 juillet 1641.

LETTRE DE M. LE PRINCE

A M. L'ARCHEVÊQUE DE BORDEAUX, POUR SE RÉJOUIR DE SA VICTOIRE
ET LUI ENVOYER QUELQUES POUDRES.

MONSIEUR,

Je me réjouis de votre victoire, grande en effet, pourvu qu'il ne soit point entré durant le combat des vivres considérables dans Tarragone. Pour la poudre, quoique je n'en aye presque plus, je vous en envoie encore vingt milliers, qui est quarante milliers en tout, et j'espère encore vous en envoyer bientôt dix milliers. C'est tout ce que je puis et que M. le cardinal m'a ordonné. Ne bougez d'où vous êtes, que ce ne soit fait ou failli, et me croyez,

Monsieur, votre, etc.

HENRY DE BOURBON.

De Pézénas, ce 11 juillet 1641.

Avis d'Espagne touchant le secours de Tarragone et l'attaque de Balaguer.

LETTRE DE L'AMI CONFIDENT POUR M. D'ARGENSON,

TRADUITE EN FRANÇAIS.

Le 9 de ce mois j'ai écrit bien au long ce que je savais. Si on considère celle-ci avec les autres, on verra que je fais tout ce que je peux. Cette lettre est pour donner avis que Leganez a écrit qu'il sait bien certainement, et par bons espions, que Lamotte est bien préparé au col de Balaguer, qu'il va fortifiant toujours de plus en plus, et qu'il est à craindre d'y avoir un mauvais succès : la résolution de deçà a été, nonobstant cela, qu'il en fasse l'attaque, quand il devrait tout perdre. Il me semble que cette monarchie se va ruinant de moment à autre. A Botero, on a écrit qu'en cas que Leganez, avec le pouvoir qu'il a, ne puisse forcer le passage et le secourir, il faut qu'il tienne tant qu'il pourra faire durer les vivres, et quand il n'en pourra plus, après avoir fait tout ce qu'il aura pu pour maintenir la place et la réputation du roi jusque au dernier moyen, il traite à conditions très-honorables, réservant l'artillerie, toutes les armes et bagages, et en particulier toute la chiourme des galères, voyant combien cela importe; et, avant que de sortir, qu'il brûle toutes les poudres.

Et si Leganez a le bonheur de secourir la place., qu'il exécute avec toute sorte de rigueur les ordres donnés par le roi, tant au marquis de Los Velès qu'à lui-même : Dieu ne veuille pas le permettre. Vous savez combien de mois il y a que je vous ai écrit ce que la Catalogne a à devenir. Ici on fait des réjouissances et des fêtes pour cacher la perte des galères et des hommes. Avertissez secrètement de tout qui vous devrez, afin que l'on se tienne bien préparé. Dieu veuille bien conduire tout.

A Madrid, ce 12 juillet 1641.

LETTRE DE M. LE PRINCE

A M. L'ARCHEVÊQUE DE BORDEAUX, LUI ENVOYANT DES POUDRES.

MONSIEUR,

Je me réjouis infiniment de votre heureux combat; M. de Lamotte croit pourtant que les ennemis ont reçu des vivres pour six semaines ou deux mois. Résolvez tous ensemble ce qu'avez à faire, et je m'en remets à vous pour finir cette grande affaire de Tarragone. Pour ne manquer à rien, M. Coudreau m'a promis, qu'au lieu de quarante milliers de poudre par moi ordonnés, il vous donnera les cinquante milliers entiers. Je suis,

Monsieur, votre, etc.

HENRY DE BOURBON.

De Pézénas, ce 13 juillet 1641.

LETTRE DE M. DE LAMOTTE-HOUDANCOURT

A M. L'ARCHEVÊQUE DE BORDEAUX, TOUCHANT LES GALÈRES
DESTINÉES POUR LE SECOURS DE TARRAGONE.

MONSIEUR,

Je vous envoie des pêcheurs qui sont de Villeser, qui assurent de prendre tous les filets de Tarragone. Ils vous en demandent la permission, et de les laisser passer, et leur laisser leurs prises quand ils les auront faites. Cela apportera une grande incommodité aux ennemis, étant le plus certain rafraîchissement qu'ils aient. Ce même porteur assure, comme beaucoup d'autres le confirment, que les galères se raccommodent, et qu'ils ont dessein de faire effort pour se sauver, et trois ou quatre petites chaloupes avec elles, qui sont pleines d'argent, comme ce porteur vous le dira, et qu'elles veulent aller à Majorque. Nous avons aussi avis, du côté du col de Balaguer, que les autres galères sont aux Alfages, et qu'elles se préparent pour venir dégager les autres, et par même essayer à jeter quelques petits secours dans la ville. Je vous donnerai toujours tous les avis qui me viendront.

J'ai eu grande joie d'apprendre que vous commencez à recouvrer votre santé, que je vous souhaite aussi parfaite comme je suis véritablement,

Monsieur, votre, etc.

LAMOTTE-HOUDANCOURT.

Au camp de Constantin, ce 14 juillet 1641.

LETTRE DE M. DE LAMOTTE-HOUDANCOURT

A M. L'ARCHEVÊQUE DE BORDEAUX, TOUCHANT L'ASSEMBLÉE DES ESPAGNOLS
A TORTOSE POUR LES SECOURS DE TARRAGONE.

MONSIEUR,

Je viens de recevoir une lettre du capitaine Cabanié, que je vous envoie, par où vous verrez les avis qu'il me donne ; je m'assure qu'il vous mande la même chose, que les ennemis s'assemblent tous à Tortose, et que le marquis de Leganez y doit être le 22 de ce mois, à dessein de nous venir attaquer; j'espère que s'ils l'entreprennent qu'ils y seront battus. Ils font venir tous leurs vivres par mer, à l'embouchure de l'Èbre. Vous jugerez, monsieur, ce qui se peut faire là-dessus, et si des chaloupes, ou par quelqu'autre moyen, on ne les pourrait pas incommoder. Je vous donnerai tous les avis que j'aurai; je vous prie aussi de me mander ce que vous apprendrez, et de me croire toujours,

> Monsieur, votre, etc.
>
> LAMOTTE-HOUDANCOURT.

Au camp de Constantin, ce 18 juillet 1641.

LETTRE DE M. DE LAMOTTE-HOUDANCOURT

A M. L'ARCHEVÊQUE DE BORDEAUX, TOUCHANT LES PRÉPARATIFS DES ESPAGNOLS POUR SECOURIR TARRAGONE.

Au camp de Constantin, le 19 juillet 1641.

MONSIEUR,

J'ai reçu celle que vous m'avez fait la faveur de m'écrire, et les nouvelles que vous m'avez envoyées. Je crois bien que les ennemis peuvent avoir débarqué quelqu'infanterie pour les mêmes raisons que vous me mandez, et ne doute point que le marquis de Leganez ne tente de faire bientôt un effort. Je mets tous les ordres possibles pour y résister, et espère qu'il ne secourra pas la place par ce moyen-là, sans que nous fassions un grand combat. Pour ce qui est de la cavalerie, que vous me mandez qui est entre Tortose et le col, je ne peux croire qu'ils y en aient, parce que je n'en ai point de nouvelles par les personnes que j'envoie sans cesse de ce côté-là, d'ailleurs qu'il n'y a point de villages; mais je sais bien que toute leur cavalerie est en quartier au-delà de l'Èbre. Je me promets d'en avoir des nouvelles demain le matin. Je vous ferai savoir tout ce que j'apprendrai, et je serai toujours

Votre très-humble et obéissant serviteur,

> LAMOTTE-HOUDANCOURT.

La lettre suivante, de M. le cardinal de Richelieu, est relative aux douze galères brûlées et mises à fond, par M. de Bordeaux, et aux punitions qu'on doit infliger aux capitaines qui n'ont pas fait leur devoir. M. de Richelieu annonce aussi la perte de la bataille de Sédan, la mort de M. le comte de Soissons, la continuation du siége d'Aire, et le gain de la bataille des Suédois contre les impériaux en Allemagne.

LETTRE DE M. LE CARDINAL DE RICHELIEU

A M. L'ARCHEVÊQUE DE BORDEAUX.

De Reims, le 19 juillet 1641.

Monsieur,

J'ai été extrêmement aise des douze galères qui ont été brûlées, mises à fond ou prises par votre soin et par vos ordres.

Je ne crois pas que les ennemis puissent tirer grand profit des vivres qui leur ont été déchargés, tant pour ne pouvoir pas être en grand nombre, à mon avis, que parce qu'ainsi que rapporte votre gentilhomme, la plus grande part ont été mouillés d'eau de mer.

Je suis bien fâché qu'il y ait eu dix galères qui n'aient pas fait leur devoir. Si vous m'aviez mandé leurs noms et la qualité, et spécifié les fautes, vous recevriez avec cette dépêche des ordres plus précis pour le châtiment particulier des officiers qui ont mal fait. Cependant, après avoir témoigné au roi ce que vous m'en avez mandé, il m'a recommandé de vous écrire que vous suspendiez les officiers qui ont mal fait, et en commettiez d'autres en leur place; ensuite de quoi vous verrez qu'on saura bien maintenir ce que vous avez fait.

Je juge, comme vous, du tout nécessaire de purger les galères de tous ceux qui sont plus âpres au revenu qu'au péril qu'il faut courre quelquefois en faisant leur charge.

Je ne sais comme il se peut faire que vous n'avez point encore les trois galères de Marseille, y ayant plus de trois semaines que M. de Forbin a écrit, de deçà, qu'elles étaient parties.

Je vous ai déjà mandé que j'ai fait payer actuellement au sieur du Fay, qui fournit les poudres de deçà, cinquante milliers de poudre, qu'il s'est obligé de rendre, le 12 du mois présent, à Arles; et M. le prince m'a mandé que de peur que vous en eussiez besoin avant que ladite poudre fût venue, il vous en avait envoyé quarante milliers; ainsi, grâce à Dieu, vous n'en manquerez pas.

Il y a long-temps qu'on m'a écrit de Toulon qu'on vous y prépare des brûlots, qui peut-être vous auront été menés avec les trois galères et un vaisseau de guerre de quatre à cinq cents tonneaux, qu'on m'a aussi mandé que vous y faisiez armer.

J'ai été bien en peine de votre maladie; mais ayant appris, par le présent porteur, que vous vous portiez mieux à son partement, je veux croire que l'arrivée des galères d'Espagne, ou au moins les douze qu'ils ont perdues, vous auront guéri.

Je ne vous mande point de nouvelles. Nous avons perdu une bataille quasi sans combattre : M. le comte a été tué; et les Suédois et les nôtres ont conjointement gagné une grande bataille contre les impériaux, dont vous verrez les particularités par l'extrait ci-joint.

Le siège d'Aire va fort bien, grâce à Dieu; quand il sera fini nous empêcherons, avec son aide, que les ennemis ne prennent aucun avantage dans la Champagne, qui leur donne lieu d'y faire un quartier d'hiver; et j'espère qu'ils ne garderont pas long-temps Domchery.

Depuis ce que dessus écrit, nous avons reçu des nouvelles de M. de Forbin, qui mande avoir beaucoup de déplaisir de ce que les trois galères, qu'il y a long-temps qui n'attendent que le vent pour vous aller trouver, n'ont encore su trouver un temps propre à leur voyage.

Le sieur Lequeux écrit aussi que le vaisseau que vous lui avez donné à faire armer et les brûlots sont prêts, et qu'il n'attendait que vos ordres pour les faire partir.

J'ai nouvelles encore que les cinquante milliers de poudre que j'ai fait payer au sieur du Fay seront de delà avant que vous receviez cette lettre, par laquelle je prie Dieu de vous renvoyer votre santé aussi prompte et entière que le souhaite ,

Monsieur,

Votre très-affectionné comme frère à vous rendre service.

Le Cardinal DE RICHELIEU.

LETTRE DE M. D'ARGENSON

A M. L'ARCHEVÊQUE DE BORDEAUX , TOUCHANT BARCELONNE ET TARRAGONE.

MONSIEUR,

Pour répondre à toutes les lettres qu'il vous a plu me faire l'honneur de m'écrire depuis que je suis parti d'auprès de vous ,

Messieurs de la ville de Barcelonne renvoient les quatre barques longues, avec ordre à ceux qui les commandent d'obéir à tout ce qu'il vous plaira, sous peine d'être châtié , que vous en ferez vous-même.

Mais pour donner courage à ces gens de marine à mieux faire, ces messieurs m'ont prié de vous supplier de leur donner la moitié de ce qu'ils prendront. Je pense aussi que si vous trouviez bon de faire pendre les chefs de chaque barque ou chaloupe qui sera prise portant des vivres dans Tarragone , et mettre aux galères tous ceux qui seront dedans les barques, vous donneriez une épouvante capable d'en détourner beaucoup d'y penser. Pour les poudres, ces messieurs de Barcelonne en ont si peu qu'ils jugent impossible de vous en pouvoir aider ; mais ils m'ont fait dire que si le sieur de San-Genis , qui est obligé de leur en fournir encore quelques quantités , en a , ils consentent qu'il vous la délivre au lieu de la ville, suivant les prix que vous en pourrez faire faire avec lui ; mais en ayant parlé avec M. de San-Genis , je l'ai trouvé un peu cher. Je l'ai prié de vous en écrire et de s'ajuster. Le sieur Coudreau est ici, qui vous en fait porter cinquante milliers par ordre de monseigneur le prince , ainsi que l'on m'a dit. Je crois qu'il vous envoie aussi des boulets ; mais, si vous en avez besoin davantage , vous en pourrez avoir de la ville deux mille, du poids de douze livres comme vous avez demandé les quatre mille contenus en votre dépêche. Vous aurez aussi des ancres, à condition de les faire rendre, s'il vous plaît, ou de les payer si elles se perdent. Ainsi que vous m'avez écrit, je fais chercher des gumes; mais je doute encore si on en trouvera dans les magasins de la ville ; car, pour ceux de la députation, où j'ai déjà fait chercher, il n'y en a point. J'ai reçu une très-grande joie de l'espérance que vous me donnez par votre dernière lettre de voir finir l'affaire de Tarragone dans quinze jours ; j'en prie Dieu de tout mon cœur. M. du Doren m'écrit, de l'armée de terre, que les Castillans naturels fuient, et que l'on ne donne plus du tout de biscuit, parce qu'il est fini, et que les soldats à-pied ou à cheval n'ont plus que huit onces de blé et deux onces de riz par jour. Il court ici des bruits de quelque défaite de la flotte, dont sept ou huit vaisseaux ont été pris à Lisbonne. Quelques partisans des Castillans publient, au contraire, qu'elle est arrivée à Cadix et que les vaisseaux doivent venir en cette mer ; il faut croire, à mon avis, la première et se préparer au dernier.

Je vous envoie une lettre de monseigneur le prince, qu'un Catalan, qui vient de Narbonne, m'a apportée. Vous aurez le biscuit que vous désirez, par le retour de la flûte qui est venue, ou de quelque barque qui partira devant elle ; enfin, monsieur, tout ce que notre soin pourra faire pour votre contentement sera exécuté avec la même passion que je suis, monsieur, votre, etc.

ARGENSON.

A Barcelonne, le 20 juillet 1641.

Cet avis secret fut envoyé à M. d'Argenson, par un agent du gouvernement français.

LETTRE DE L'AMI CONFIDENT POUR M. D'ARGENSON,

TOUCHANT LE SECOURS DE TARRAGONE.

De Madrid, le 21 juillet 1641.

Jusques au présent, je n'ai point failli à donner toujours les avis convenables de temps en temps ; vous savez bien que j'ai toujours dit que l'on fût sur ses gardes sans discontinuation, et je le dis encore, parce que, encore que ces gens paraissent sans jugement et que je vous jure qu'ils ne savent où donner de la tête, la résolution a été qu'on secoure Tarragone le 12 du mois qui vient, encore que l'on dût perdre les galères et les gens de terre, sans considérer ce que Leganez a écrit à ce seigneur en particulier. Voici un article de sa lettre :

« J'ai déchargé ma conscience et écrit à votre seigneurie, par toutes mes lettres, clairement mon avis, et que j'étais bien informé de quelle sorte est le col de Balaguer, et que je connais bien Lamotte et combien il est grand soldat, et que puisqu'il a pris résolution de m'attendre et de défendre le col de Balaguer, il est impossible que nous ne soyons défaits. Je retourne à dire que l'on considère de près cette dépêche, et que votre seigneurie en traite avec son éminence. »

On a écrit à Leganez qu'il embarque deux mille de ses gens sur les galères, pour faire plus d'effet contre l'archevêque, et que l'on défasse tout, en sorte que Tarragone étant secourue (ce qu'ils disent comme s'il n'y avait qu'à le faire ; Dieu veuille leur donner le malheur qu'ils veulent procurer à la Catalogne !), on aille promptement à Collioure, parce que, selon la lettre de Botero du 15 de ce mois, il n'a pas tant de vivres ni pour si long-temps comme il avait écrit, ayant dit, comme je vous ai fait savoir, qu'il en avait jusqu'au 15 d'août et plus, parce que je vois que, avec des instances plus pressantes que auparavant, il demande secours.

Il a écrit avoir appris par ses espions de France que l'on envoie à Arpajon cinq mille hommes de pied et cinq cents chevaux pour prendre Collioure, et que cette place étant perdue, Perpignan et Salses le sont aussi, dont ces messieurs sont si troublés que rien plus.

Voyez ce que je veux vous dire, et confiez-le à l'ami secret et confident, afin qu'il donne avis à l'archevêque que la résolution est prise de l'attaquer et de rompre son armée. Les galères sont les vingt-neuf qui lui ont échappé ; les navires, à ce que j'ai ouï dire, sont trente-deux, dont il y a cinq vaisseaux de guerre et les autres frétés.

Que M. de Lamotte ne manque point de tenir toujours quelque cavalerie à l'hôpital de l'Infant, parce que l'on menace toujours de débarquer des gens. Dieu le garde et vous aussi.

M. de Bordeaux reçut l'avis suivant de M. de Lamotte-Houdancourt, qui lui mandait que les galères espagnoles étaient en mer pour secourir Tarragone.

LETTRE DE M. DE LAMOTTE-HOUDANCOURT

A M. L'ARCHEVÊQUE DE BORDEAUX.

MONSIEUR,

Vous verrez, par la lettre que je viens de recevoir du capitaine Cabanié, que je vous envoie, comme les galères des ennemis sont en mer. J'ai cru vous en devoir donner avis; si j'en apprends quelque chose de plus particulier, je ne manquerai de vous le faire savoir; je vous prie aussi me donner les nouvelles que vous apprendrez, et de me croire toujours sans réserve,

Monsieur, votre, etc.

LAMOTTE-HOUDANCOURT.

Au camp de Constantin , ce 21 juillet 1641.

LETTRE DE M. D'ARGENSON

A M. L'ARCHEVÊQUE DE BORDEAUX, PAR LAQUELLE IL MANDE QUE LES ENNEMIS N'ONT SAUVÉ QU'UNE GALÈRE DANS LE MÔLE.

De Barcelonne, le 21 juillet 1641.

MONSIEUR,

Je vous envoie la copie d'une lettre qui vient de bon lieu et que j'ai traduite sur l'original que j'ai, parce que je n'avais personne pour écrire en la même langue; vous y verrez des nouvelles très-certaines de l'état et des desseins des ennemis , même sur notre amiral.

J'écris présentement à ces messieurs qui conduisent les trois galères de Provence et que j'apprends être demeurées en Agde, afin qu'ils se hâtent de vous venir joindre.

J'ai prié encore ce matin messieurs de la ville de faire en sorte que plusieurs personnes allassent vous joindre avec des barques longues : la difficulté va au paiement, que ces messieurs ne peuvent ou ne veulent faire davantage que les quatre qui sont parties.

Je leur ai proposé que si quelques gens de cette côte y voulaient aller sans paiement, vous leur donneriez tout ce qu'ils prendraient; et sur cette proposition j'en fais chercher. Mandez-moi, s'il vous plaît, si elle vous est agréable; car sans votre volonté vous jugez bien qu'il n'y a rien de fait; et après je travaillerai sur le sujet qu'il vous plaira de me prescrire en cela et en toute autre chose.

Par une autre lettre que j'ai vue des ennemis, ils n'ont sauvé qu'une galère, qui est le reste; car les sept sont perdues entièrement, et des trois autres ils écrivent qu'ils font ce qu'ils peuvent pour les retenir et pour les faire retourner à l'armée. Cela est écrit avant la dernière chasse que des vaisseaux donnèrent aux galères à Tamarin ; mais il ajoute qu'elles sont aussi toutes trois perdues.

Je presse autant que je puis l'envoi des poudres et de tout ce que vous demandez, et suis de tout mon cœur,

Monsieur, votre très-humble et très-obéissant serviteur,

ARGENSON.

Vous m'avez fait, peut-être sans y penser, une grande querelle avec M. de Machault; mais rien ne me fâche jamais.

LETTRE DE M. DE NOYERS

A M. L'ARCHEVÊQUE DE BORDEAUX, TOUCHANT LES AFFAIRES DE CATALOGNE.

MONSIEUR,

Je ne doute pas que vous n'ayez fait tout ce qui s'est pu humainement pour empêcher le ravitaillement de Tarragone, et que, s'ils ont eu ce rafraîchissement, il a été, comme vous mandez, bien mouillé et bien salé de l'eau de la mer. Je crois aussi, nonobstant que l'on en veuille faire doute, que les ennemis y auront perdu les douze galères dont la lettre écrite de votre main assure son éminence, et que, comme vous en avez été plus près qu'aucun, vous ne l'aurez pas mandé que vous ne l'ayez bien su. Je prie Dieu qu'il vous donne toujours des succès de plus en plus favorables, et qu'il donne la conclusion à cette affaire telle que nous la souhaitons; car en vérité de là dépend la ruine de toute l'Espagne. M. le prince a assuré son éminence qu'il vous avait envoyé le complément des cinquante milliers de poudre, ce qui nous fait espérer que vous n'en manquerez plus. Il y a long-temps que les trois galères qui vous doivent joindre sont en état de servir, mais elles attendent le vent; cependant vous pourriez mander que l'on vous envoie les brûlots, que j'apprends aussi se préparer, afin que tout aille de convoi. Je suis,

Monsieur, votre, etc.

DE NOYERS.

Le ravitaillement de Tarragone par l'armée espagnole devenant de plus en plus important à empêcher, M. de Bordeaux reçut les dépêches suivantes à ce sujet.

LETTRE DE M. DE LAMOTTE-HOUDANCOURT

A M. L'ARCHEVÊQUE DE BORDEAUX.

MONSIEUR ,

J'ai eu grande joie d'apprendre que votre santé s'augmente, vous la souhaitant telle que vous la pouvez désirer. Pour des nouvelles, je fus hier au col de Balaguer pour visiter les postes et donner ordre à les défendre; je n'appris aucune chose, sinon qu'il est arrivé à Tortose six ou sept mille hommes de pied, tous liés et garrottés. Le marquis de Leganez y est, et j'ai pris prétexte de lui envoyer un trompette, pour

essayer à découvrir quelque chose : les galères ne sont plus aux Alfages, elles sont toutes allées à Carthagène; vous pouvez par là juger
de leurs desseins. Quant à ce qui est des forçats, si j'avais su votre intention, je n'en aurais point laissé passer; maintenant j'arrêterai tous
ceux qui se présenteront, pour vous les envoyer comme vous le désirez. Les nouvelles que nous apprenons de la ville sont à peu près
conformes au contenu de la lettre que vous avez fait voir à M. d'Aubigny; leurs misères sont tous les jours plus grandes. Je leur fais, à toutes
heures, pousser leurs gardes et prendre quantité de bétail jusque sur
leurs contrescarpes, en sorte qu'ils ne tiennent plus quoi que ce soit.
Si j'apprends quelque chose de nouveau, je ne manquerai de vous le
faire savoir; et serai toujours sans réserve,

> Monseigneur, votre, etc.
>
> LAMOTTE–HOUDANCOURT.

Au camp de Constantin, ce 26 juillet 1641.

Un secours d'hommes et de vivres étant entré dans Tarragone, malgré les efforts de la croisière de M. de Bordeaux, qui coula et prit quelques unes des galères espagnoles,
M. d'Argenson lui écrivit la lettre suivante.

LETTRE DE M. D'ARGENSON

A M. L'ARCHEVÊQUE DE BORDEAUX.

De Barcelonne, ce 27 juillet 1641.

MONSIEUR,

Les deux lettres qu'il vous à plu de m'écrire des 23 et 24 de ce mois
m'ont été rendues, et aussitôt j'ai vu messieurs les conseillers, dont le
quatrième, qui a le soin de ces choses, m'a promis que toutes les gumes '
qui sont en leur pouvoir vous seront délivrées; mais comme elles sont
engagées à quelques marchands à qui la ville doit d'autres choses, il
faudra les payer. Il m'a promis en faire de sorte que le prix en sera le
plus médiocre et le meilleur qu'il pourra. Ce sont gumes pour ces

' Cordages pour les galères et les vaisseaux.

vaisseaux que les Castillans avaient faits pour s'approcher de Narbonne, et non pour galères ; mais on croit pourtant qu'elles seront bonnes. Le sieur de Vitré, qui les verra ce matin, vous en écrira plus particulièrement comme de toutes les autres choses dont je me remets à ses soins de vous rendre compte.

Je ne sais si je puis faire une ordonnance générale, comme il vous plaît de m'écrire, contre ceux qui seront pris portant des vivres dans Tarragone ; mais je sais bien qu'elle est de justice, et que je l'ai vu pratiquer dans la rigueur que je vous ai écrit, pour la Rochelle et autres lieux ; j'y penserai un peu, et si je trouve le pouvoir, je l'enverrai aussitôt.

Il ne se peut rien ajouter à la garde qu'il vous plaît de m'écrire que vous faites faire, et aussi j'espère bientôt que vous aurez la gloire complète de toutes vos peines ; car j'ai appris du même lieu d'où me sont venus les avis précédents que Botero a écrit à Madrid que « les galères d'Espagne étant entrées avec cinq brigantins, douze entrèrent dans le môle avec les brigantins, pour laisser les secours des vivres et l'infanterie ; les autres ne purent approcher, ni rien débarquer, parce que les vaisseaux français tiraient tant de coups de canon qu'elles furent contraintes de sortir, et les gens mêmes de la place, qui étaient sur le môle, obligés d'abandonner. Quatre ou cinq vaisseaux français prirent aussi feu, et, tant à cause des balles du canon que du feu, il y a sept galères perdues, et la *Reale* d'Espagne ayant reçu trois coups de canon, s'échappa avec vingt-huit autres.

« Il y a dans ce môle quatre galères dont l'une n'a reçu aucun mal ; mais les autres trois sont du tout perdues. On fait néanmoins ce que l'on peut pour les renvoyer avec l'armée. Il s'est noyé beaucoup de gens ; la galère de Saint-Philippe a été prise. J'aurai des vivres jusque vers la mi-août. Je n'ai pas cent cinquante barils de poudre ; la mèche se donne par mesure. J'avertis de tout, afin qu'en cas qu'il n'y ait pas lieu de me secourir sitôt, on avise comme il faudra rendre cette place, où il y a dedans des personnes de la réputation que l'on sait, et qui se mangeront plutôt les uns les autres que de le faire sans ordre. » Ce sont les propres termes de l'avis que j'ai eu depuis la dernière que je

vous ai envoyée. J'écris tout cela à M. de Noyers par le premier courrier, qui est, à mon avis, une relation de votre glorieuse action
bien vérifiée, puisqu'elle vient même des ennemis, qui en ont senti le
mal et les effets. Je vous donnerai avis de tout ce que j'apprendrai qui
le méritera, et par toutes mes actions vous reconnaîtrez que je suis,
de tout mon cœur,

Monsieur,
Votre très-humble et très-obéissant serviteur,

D'Argenson.

M. de la Vallée annonce à M. l'archevêque de Bordeaux
que quelques barques de rafraîchissements sont entrées dans
Tarragone, et lui donne avis que le marquis de Leganez a
promis à Tarragone qu'ils seraient secourus dans huit jours
par mer et par terre.

LETTRE DE M. DE LA VALLÉE

A M. L'ARCHEVÊQUE DE BORDEAUX.

Monsieur,

J'ai reçu ce matin la lettre et le billet qu'il vous a plu de m'écrire,
à quoi je n'ai pu répondre par votre laquais, étant parti avant qu'elle
m'ait été donnée. M. de Lamotte ne peut envoyer quérir vos prisonniers par le prévôt de son armée, qui est tellement occupé que n'étant
arrivé qu'hier avec deux cavaliers qui s'en étaient allés sans congé, il
faut qu'il parte sitôt que leur procès sera fait pour courre après
d'autres. C'est pourquoi, s'il vous plaît que vos prisonniers soient jugés ici par les gradués qui y sont, vous les enverrez par votre prévôt,
sans le rapport et présence duquel on ne saurait les juger. Vous savez
combien il est important de faire un exemple de ces conducteurs de
barques, pour en empêcher la continuation, puisque les gardes que
vous y ordonnez ne le font pas. Dix ou douze des ennemis qui se sont

venus rendre depuis hier nous ont dit qu'il en entra encore une jeudi
au soir, qui, avec ses rafraîchissements, porta lettres du marquis de
Leganez, qui leur promet secours et de mer de terre dans huit jours.
C'est pourquoi M. de Lamotte est bien aise de la résolution que vous
lui mandez avoir prise, d'aller demain à votre bord, estimant que,
par votre présence, vous dissiperez les mésintelligences qui sont entre
messieurs des vaisseaux et des galères, qui retardent le service, et ferez
faire la garde si exacte que les barques n'y entreront plus. De son côté
il se prépare à bien recevoir le marquis de Leganez, estimant de vous
avertir de ce qu'il apprendra de leurs desseins de mer, vous prie de
faire le même pour les choses de la terre, et moi, que vous me fassiez
l'honneur de me croire aussi véritablement que je suis,

> Monsieur, votre, etc.
>
> DE LA VALLÉE.

A Constantin, le 28 juillet 1641.

Comme je fermais cette lettre, quatre cavaliers montés et armés de
cuirasses et carabines se sont venus rendre, qui ont assuré qu'il n'y a
plus d'avoine ni d'orge pour les chevaux que pour six jours, et que
s'il n'y entrait point de barques, les officiers auraient déjà parlé de se
rendre, ne subsistant que des rafraîchissements qu'elles apportent.

M. de Lamotte-Houdancourt écrit à M. l'archevêque de Bordeaux, touchant l'arrivée de vingt galères d'Espagne à Vineros,
et les préparatifs des gens de guerre pour les secours de Tarragone.

LETTRE DE M. DE LAMOTTE-HOUDANCOURT

A M. L'ARCHEVÊQUE DE BORDEAUX.

MONSIEUR,

Sitôt que mon trompette a été de retour, je n'ai voulu manquer à
vous donner les nouvelles qu'il a apportées : il a trouvé le marquis de

Leganez à Vineros, où il a vu armer vingt galères, et a ouï dire qu'ils attendaient des vaisseaux. Leurs troupes sont la plupart de l'infanterie à Tortose, et la cavalerie entre Tortose et Vineros, dont il n'a pu savoir le nombre. Ils font grand bruit de nous venir voir par mer et par terre. Vous savez mieux que moi ce qui se peut faire en mer; je vous donnerai tous les avis que j'aurai, je vous demande les semblables de ce que vous apprendrez, et la grâce de me croire,

> Monsieur, votre, etc.

Depuis ma lettre écrite, j'ai reçu une dépêche du capitaine Cabanié, par où vous verrez les nouvelles des ennemis et à quoi ils se préparent : ce pourrait bien être une feinte. Je m'assure que vous enverrez en apprendre des nouvelles. Selon ce qui arrivera, avisez en quoi je vous serai utile.

> Au camp de Constantin, ce 30 juillet 1641.

M. de Bordeaux ayant courtoisément envoyé quelques rafraîchissements à M. Frederik Colonna, prince de Botero, gouverneur de Tarragone pour l'Espagne, reçut la lettre suivante de ce général.

LETTRE DE M. LE PRINCE DE BOTERO

A M. L'ARCHEVÊQUE DE BORDEAUX.

MONSIEUR,

Je vous baise très-humblement les mains pour le rafraîchissement de la neige et fruits qu'il vous a plu de m'envoyer, et le sentiment que j'ai eu de votre indisposition correspond à celui que vous me dites avoir eu de la mienne, laquelle est en état de vous pouvoir servir en ce qu'il vous plaira de me commander. J'ai vu ce que vous me signifiiez de l'incommodité qu'apporte ce siége. Comme je suis avec les mêmes résolutions propres à ceux de ma maison, j'attendrai le secours jusqu'à

ce qu'il arrive, ne le méprisant point pour être tard, quand on satisfait aux obligations qu'on doit à son roi, à soi-même, et à ses propres et particulières obligations. Je vous baise très-humblement les
mains de la faveur que vous me faites du patron de la felouque et de
M. Doria, et de ses camarades. Je les attendrai au plus tôt, comme
j'espère de votre courtoisie, à laquelle je suis tellement obligé, que
vous reconnaîtrez toujours, et en tout ce qui se peut présenter de votre
service, que je suis,

    · Monsieur, votre, etc.

COLONNA.

Tarragone, ce 31 de juillet 1641.

Le patron Baptiste, l'un des plus expérimentés capitaines
de felouque de la Méditerranée, fut chargé par M. de Bordeaux
d'aller à la découverte, afin de tâcher d'apercevoir l'armée
ennemie, et de donner avis de son arrivée. Il reçut en conséquence l'instruction suivante.

MÉMOIRE

POUR LE PATRON BAPTISTE S'EN ALLANT A CARTHAGÈNE.

Le patron Baptiste partant de l'amiral, mettra le cap à la mer de
sorte qu'il puisse passer ving-cinq milles hors des Alfages; de là, s'en
ira chercher le cap Martin, ne naviguant que la nuit, de peur d'être
vu de la terre.

Se pourra aller rafraîchir à l'île Grosse, ou aux îles qui sont sur le
cap de Palle, tenant toujours quelques hommes en terre de jour, de
peur d'être surpris.

De là, il tâchera à gagner l'île qui est devant Carthagène, afin de
pouvoir voir, passant devant le port après le soleil couché, quelle quantité de vaisseaux il y a dedans; après quoi se remettant à la mer, si on
lui donne chasse, il faut qu'il s'en aille comme s'il voulait tirer vers

Ivice ; que si personne ne lui donne chasse, il faut la nuit ou à la pointe du jour se saisir de quelque pêcheur et l'amener.

Que si d'aventure il avait vu les vaisseaux, et qu'il ait connu quels vaisseaux ce sont et quelle quantité, il s'en reviendra en diligence.

Que si par le chemin, en allant, il rencontrait l'armée, il comptera bien soigneusement les vaisseaux; il verra quels vaisseaux sont, approchant d'eux le plus proche qu'il pourra. Le soir, et après les avoir bien comptés et considérés, s'en reviendra avec la plus grande diligence qu'il pourra, sans s'amuser à quoi que ce soit.

ROUTE DU BRIGANTIN.

Le brigantin partant de l'armée prendra la route de Minorque, sans s'amuser à quoi que ce soit, tâchera de gagner Ivice.

De là, il s'en ira droit au cap Martin, et se tenant à une distance raisonnable de la terre, comme si c'était un marchand, fera tout ce qu'il pourra le long de ladite côte, jusqu'à dix milles de Carthagène, pour prendre quelques barques de Carthagène, ou quelques pêcheurs par lesquels il puisse savoir l'état du port.

Que si, d'aventure, il ne prenait rien pour la première fois, ou que ceux qu'il eût pris ne lui pussent donner de nouvelles certaines, la nuit, ils vogueront et feront porter les voiles pour retourner d'où ils seront partis le matin, afin de faire le même chemin le jour, contrefaisant les marchands, afin de pouvoir attraper quelqu'un.

Dès qu'ils auront pris quelqu'un qui leur pourra dire des nouvelles, ils ne s'amuseront point ni à remorquer la barque, ni à prendre ce qui sera dedans; mais prendront seulement ce qu'il y aura de meilleur pour eux, sans s'en trop charger, s'en reviendront par la même route qu'ils seront allés.

Que si, en allant, ils rencontraient les vaisseaux, ils tâcheront à bien les reconnaître, pour voir la quantité, la grandeur et la route qu'ils feront, en approchant le plus près qu'ils pourront, le soir, afin d'avoir la nuit pour se retirer, et reviendront le plus diligemment qu'ils pourront nous en apporter des nouvelles.

LETTRE DE M. DE NOYERS

A M. L'ARCHEVÊQUE DE BORDEAUX, TOUCHANT LES AFFAIRES DE CATALOGNE.

MONSIEUR,

Son éminence vous écrit si amplement sur toutes les choses qui regardent l'avancement des affaires de Tarragone, et principalement sur ce qui est de l'armée navale, que je ne vous dirai qu'un mot sur chacun des points principaux, de crainte de vous ennuyer inutilement, l'intention du roi étant qu'on fasse l'impossible pour faire réussir cette glorieuse entreprise le plus promptement qu'il se pourra. Vous jugerez assez combien il faut que les vaisseaux et les galères y contribuent, afin, s'il y a moyen, de faire périr l'armée des ennemis qui est dans cette place. Vous savez mieux que personne jusqu'en quel temps les vaisseaux et les galères peuvent demeurer en cette côte, après quoi vous aurez les mêmes ports où les galères d'Espagne ont toujours subsisté pour vous y retirer quand la saison vous y contraindra, outre ceux de Barcelonne, Palamos et Cadequia ; ainsi, on n'estime pas qu'il y ait lieu de retarder d'un seul moment la continuation d'un dessein si bien commencé.

On a été d'autant plus étonné de voir que vous mandez qu'on n'a point pourvu à la subsistance des galères depuis qu'elles sont en Catalogne, que ce porteur a confessé à son éminence qu'en passant à Barcelonne, il y a trouvé le commis de M. Picard avec de l'argent, qui est tout ce dont vous avez besoin ; d'ailleurs, que ledit sieur Picard a assuré son éminence d'avoir renvoyé en Provence tous les fonds desdites galères, afin qu'elles reçoivent de ces quartiers-là tout le secours qui leur sera nécessaire, et sur sa tête qu'elles ne manqueraient de rien ; cela n'empêche pas que, pour une double précaution, son éminence ne soit résolue de vous faire envoyer de nouveau tout ce qu'il faudra pour leur subsistance, si, comme je vous le dis, elles ne l'ont déjà reçu, aussitôt que vous lui aurez adressé l'état de ce qu'il faut pour cela. Cependant elle vous prie de faire trouver, pour de l'argent, auxdites galères, des sarties, des ancres et les autres choses dont elles pourront avoir besoin, n'y ayant rien qu'il ne faille faire pour conduire à bonne fin l'important dessein où vous et M. de Lamotte êtes attachés, et certainement sa majesté ne pardonnerait jamais à quiconque manquerait de faire tout ce qu'il est possible en une telle occasion.

Son éminence trouve bon que vous fassiez subsister les trois galères prises sur les ennemis, pour lesquelles il n'est fait fonds dans l'état du roi, sur les deniers qui proviendront de la vente des prises, et le même pour les vaisseaux que vous avez, afin qu'ils ne manquent de rien en cas qu'ils demeurent plus long temps en Catalogne que celui pour lequel ils ont des victuailles. Son éminence ayant fait remplacer les cinquante milliers de poudre que M. le prince lui a mandé vous avoir envoyés, a été bien surprise d'apprendre, par vos dépêches, que vous n'en ayez reçu que vingt milliers; elle lui en écrit sa pensée, et le prie en même temps que si, nonobstant cette quantité, vous en aviez encore besoin de davantage, il vous en fournisse vingt-cinq milliers de plus, outre lesdits cinquante milliers. M. Lequeux aura fait partir, au premier bon vent, les deux brûlots que vous lui avez demandés, avec lesquels vous aurez reçu des ancres et des câbles.

Les trois galères qui doivent aller vous joindre sont depuis quelque temps à Agde, attendant toujours le vent.

Enfin, monsieur, on n'épargne chose quelconque pour vous mettre en état d'achever cette œuvre glorieusement, et vous devez être assuré qu'il n'y sera rien omis de tout ce qui dépendra des soins et de la diligence,

  Monsieur, de votre, etc.

          De Noyers.

A Mézières, ce 3 août 1641.

M. le cardinal de Richelieu presse M. l'archevêque de Bordeaux de continuer le siége et le blocus de Tarragone.

LETTRE DE M. LE CARDINAL DE RICHELIEU

A M. L'ARCHEVÊQUE DE BORDEAUX.

De Mézières, ce 4 août 1641.

Monsieur,

Le succès de l'entreprise de Tarragone est de telle conséquence pour mettre les affaires des Espagnols en état qu'ils soient contraints de consentir à une paix raisonnable, à laquelle jusqu'à présent ils n'ont pu se résoudre, que le roi désire et veut que les vaisseaux et ses galères fassent l'impossible pour contribuer au dessein pris de faire périr l'armée d'Espagne dans Tarragone.

Étant sur les lieux comme vous êtes, vous devez savoir jusqu'en quel temps les vaisseaux et les galères peuvent demeurer en cette côte; mais puisque les galères d'Espagne y subsistent bien et que vous avez les mêmes ports qu'ils avaient pour vous y retirer quand la saison vous y contraindra, et en outre ceux de Barcelonne, Palamos et Cadequia, je ne vois pas qu'il y ait lieu de laisser imparfait un dessein si bien commencé, et dont on doit espérer un bon succès avec un peu de patience.

Je ne sais comme vous pouvez dire qu'on n'a point pourvu à la subsistance des galères depuis le temps que vous les avez en Catalogne, vu que le porteur de la présente dépêche m'a confessé lui-même qu'en passant à Barcelonne il y a trouvé le commis du sieur Picard avec de l'argent, qui est ce que vous demandez.

Outre cela, ledit sieur Picard a envoyé du côté de Provence les fonds nécessaires à ce que les galères reçoivent de ces quartiers-là tout le secours qu'elles en doivent attendre. Il m'est impossible de croire qu'ayant fait mettre entre les mains dudit sieur Picard tous les fonds nécessaires pour les galères, et m'ayant promis sur sa tête qu'elles ne manqueraient de rien, il me voulût manquer de parole. En un mot, ce que vous me manderez être nécessaire pour leur subsistance sur le pied de ce qu'elles doivent dépenser, je le ferai envoyer aussitôt, si déjà on ne l'a fait. Cependant je vous prie de faire trouver auxdites galères pour leur argent des sarties, des ancres et autres choses dont elles pourraient avoir besoin pendant qu'elles demeureront à la mer. Le dessein auquel vous et M. de Lamotte êtes embarqués est de telle considération qu'il n'y a rien qu'il ne faille faire pour le conduire à bonne fin, et vous pouvez faire voir cette lettre à tous ceux qui sont sous votre charge, que le roi ne pardonnerait jamais à quiconque manquerait à faire tout ce qui est possible en une telle occasion.

Pour ce qui est de l'entretien des trois galères prises sur les ennemis, dont il n'y a point de fonds dans l'état du roi, je vous prie de continuer à les faire subsister sur le fonds des prises qui ont été faites, consentant très-volontiers que ce qui en reviendra y soit employé.

Je vous prie de faire le même pour ce qui est des vaisseaux que vous avez, en sorte que si le dessein de Tarragone vous arrête plus long temps en la côte de Catalogne que celui pour lequel ils ont des victuailles, il y en ait d'autres prêtes à Barcelonne qui leur donnent moyen de subsister tant que le service du roi le requerra.

Je suis si étonné de ce que vous me mandez que M. le prince ne vous a envoyé que vingt milliers de poudre, que j'ai grand sujet de me plaindre de lui ou de vous en cet article : de lui, s'il est vrai qu'il ne vous ait envoyé que ce que vous me mandez; de vous, si M. le prince a satisfait aux lettres qu'il m'a écrites, lesquelles portent en termes exprès qu'il vous a envoyé cinquante milliers de poudre. Je vous ai déjà mandé que j'en ai fait payer cinquante milliers au sieur Fay, qui fait les fournitures de France, pour les faire aller de Lyon à Arles et de là en Languedoc, en considération de quoi M. le prince m'a mandé qu'il n'a point craint d'avancer ce qu'il vous a envoyé, parce qu'il voyait son remplacement assuré. Maintenant j'écris à mondit sieur le prince que si, outre les cinquante milliers qu'il vous a envoyés sur l'assurance de son remplacement, il arrive qu'avec le temps vous en eussiez

besoin de davantage, il vous en fournisse encore vingt-cinq milliers.

M. Lequeux me mande qu'il y a long-temps qu'il a fait préparer les
deux brûlots que vous lui aviez demandés, et qu'il attendait toujours
ceux que vous lui aviez écrit les devoir aller quérir de votre part. Depuis il mande qu'ayant reçu ordre de vous les envoyer, sans attendre
ceux que vous lui aviez premièrement mandé les devoir aller prendre,
qu'il les ferait partir au premier bon vent avec des ancres et des câbles.

Je suis aussi très-assuré qu'il y a plus d'un mois que les trois galères
qui doivent vous aller joindre sont à Agde pour attendre le vent.

Je vous assure qu'il ne s'omet aucune diligence pour vous donner
moyen de parachever l'œuvre auquel vous et M. de Lamotte travaillez,
et que je n'en désire pas moins la perfection que s'il y allait de ma
propre vie. Vous le croirez, s'il vous plaît, et que je suis,

>   Monsieur,

>   Votre très-affectionné comme frère à vous rendre service.

>   Le Cardinal DE RICHELIEU.

Les officiers des galères *voulant s'en aller de devant Tarragone*, M. de Bordeaux instruisit M. le prince de Condé de ce
désir presque insurrectionnel; M. le prince répondit à ce sujet
les lettres suivantes.

LETTRE DE M. LE PRINCE

A M. L'ARCHEVÊQUE DE BORDEAUX.

J'ai reçu votre lettre du 30 juillet, par laquelle j'ai appris ce que
me mandez des remontrances de messieurs des galères qui s'en veulent
aller de Tarragone : sur quoi je vous dirai en premier lieu que je n'ai
garde d'approuver cette résolution, car je n'ai nul pouvoir sur eux;
vous êtes leur général et n'avez nul par-dessus vous, et néanmoins,
en tant qu'en moi est, par la présente, je leur défends de partir de

là où ils sont, qu'avec la permission de M. le cardinal, votre commandement, et approbation par écrit de MM. de Lamotte et d'Argenson, telle étant la volonté de M. le cardinal.

Quant à ce que me mandez qu'êtes allé là par mon commandement,
s'il vous plaît de bien relire mes lettres, vous n'en trouverez pas une
de celle-là; bien vous ai-je conseillé d'aller et faire tout ce que MM. de
Lamotte-Houdancourt et d'Argenson désireraient de vous. Or, ils ont
ardemment voulu et désiré qu'allassiez à Tarragone, et ont tort, s'ils
le désavouent; car j'en ai leurs lettres bien signées d'eux, par où ils
m'expliquent clairement le besoin qu'ils avaient de vous et de l'armée
navale. Pour le surplus de ce dont il vous plaît m'écrire, je le remets
à la première, et serai à jamais,

            Monsieur, votre, etc.

                                      HENRY DE BOURBON.
       De Leucate , ce 9 août 1641.

LETTRE DE M. LE PRINCE

A M. L'ARCHEVÊQUE DE BORDEAUX, TOUCHANT LES GALÈRES, QUI DEMEURERONT DEVANT TARRAGONE ET LES POUDRES QU'IL LUI A ENVOYÉES.

MONSIEUR,

Lorsque je vous dépêchai mon courrier sur les difficultés des galères,
je me doutais bien des volontés de M. le cardinal, qui sont qu'elles ne
bougent d'où elles sont que l'affaire de Tarragone ne soit finie. Il faut
obéir quoi qu'il arrive.

Au reste, depuis qu'avez reçu mes cinquante milliers de poudres,
je n'ai eu nulle nouvelle de celles que M. le cardinal m'a promises pour
les remplacer, et néanmoins, mondit sieur le cardinal m'écrit que
quand j'aurai reçu lesdits cinquante milliers de remplacement, que je
vous en envoie encore vingt-cinq milliers si vous le désirez et me
mandez en avoir besoin : ce que je vous offre, et l'ordonnerai au sieur
Coudreau de vous les envoyer dès qu'il les aura reçus, à votre première demande. Je vous supplie donc procurer que si ledit sieur Cou-

dreau n'est encore parti pour me revenir trouver, qu'il se hâte, car il faut nécessairement qu'il vienne, n'espérant pas pour cette année la conquête de l'Aragon, ainsi que vous me l'écrivez, non plus que vous, et me contentant de celle de Tarragone, et d'y faire périr l'armée ennemie, et sauver la vôtre de mer et celle de M. de Lamotte de terre : ce que j'espère du bonheur du roi : Dieu le veuille ; et me croyez,

Monsieur, votre, etc.

HENRY DE BOURBON.

De Pézénas, ce 14 août 1641.

LETTRE DE M. DE LAMOTTE-HOUDANCOURT

A M. L'ARCHEVÊQUE DE BORDEAUX, SUR L'ENVOI DE QUELQUES HOMMES POUR LES VAISSEAUX DE FRANCE, POUR S'OPPOSER AU SECOURS DE TARRAGONE.

MONSIEUR,

Je vous envoie deux lettres que je viens de recevoir, par où vous verrez comme il y a apparence que M. de Saint-Just n'avait pas bien reconnu les vaisseaux, aussi n'en mandait-il rien d'assuré. Pour les hommes que vous demandez, j'en aurais déjà promis trois cents aux galères, que je ferais tenir tout prêts à la Maison-Blanche en cas d'alarmes ; et pour les cent cinquante que vous désirez pour votre vaisseau, si je ne suis point attaqué, je vous donnerai non seulement ce nombre-là, mais ce que vous désirerez de l'armée. Il faut donc que voie la contenance des ennemis ; cependant, monsieur, tenez-vous pour assuré que je ferai, en ce rencontre, toutes les choses qui seront en mon pouvoir pour vous faire connaître que je suis,

Monsieur, votre, etc.

LAMOTTE-HOUDANCOURT.

Au camp de Constantin, ce 15 d'août 1641.

M. d'Argenson donne à M. de Bordeaux les avis les plus circonstanciés sur le dessein des ennemis sur Tarragone.

LETTRE DE M. D'ARGENSON

A M. L'ARCHEVÊQUE DE BORDEAUX.

MONSIEUR,

Nous avons reçu tout présentement une lettre des conseillers de Barcelonne du 17 de ce mois, où ils écrivent au conseiller qui est ici, que le patron d'une barque arrivée de Majorque rapporte que l'on avait chargé à Majorque quatre barques de toutes sortes de vivres pour aller, avec l'armée navale des ennemis, donner secours à Tarragone, et ces messieurs nous prient de vous en donner avis.

Par lettre de Madrid du même que les précédentes, dont je vous ai fait part plusieurs fois, j'apprends, du premier jour de ce mois, que ceux qui sont chargés de donner secours par mer à Tarragone ont proposé un expédient d'attaquer des deux côtés notre armée navale, séparant leurs vaisseaux et galères également, et de hasarder cependant cinq petits vaisseaux chargés de biscuit et autres victuailles, pour les faire entrer dans Tarragone pendant le combat ; et que, pour ce faire, il leur était nécessaire d'attendre un vent frais, et que, pour l'attaque de terre, ils voyaient beaucoup de difficultés à surmonter ; mais l'ordre de la cour a été qu'ils fissent ce qui leur avait été commandé. La même lettre de Madrid porte que, le jour précédent, don Francisco de Rozas et Sandoval étaient partis pour aller à Séville, sur l'avis que l'Andalousie se révoltait, et qu'il y avait avis que l'armée de Portugal et de Hollande, avec quelques vaisseaux français, au nombre, en tout, de soixante-quatre et dix mille hommes, étaient sous Cadix, que l'on voyait assiéger, et qu'ils écrivirent à Leganez et à Ferrandine qu'ils exécutassent promptement les ordres donnés pour le secours à Tarragone, et qu'incontinent après, ils s'en allassent de ce côté-là, embarquant toute l'infanterie. Je prie Dieu que vous ayez une heureuse victoire, et autant de gloire que vous en désire celui qui est de tout son cœur,

Monsieur, votre, etc.

ARGENSON.

Au camp de Constantin, le 19 août 1641.

Monsieur, je vous envoyais cette lettre quand M. de Mondon est arrivé. M. de Lamotte vous envoie des canonniers.

M. d'Argenson écrit à M. l'archevêque de Bordeaux, touchant des lettres interceptées sur les ennemis, qui dévoilent les desseins des Espagnols sur Barcelonne.

LETTRE DE M. D'ARGENSON

A M. L'ARCHEVÊQUE DE BORDEAUX.

MONSIEUR,

Nous avons reçu présentement, par les courriers du conseiller de Barcelonne qui est au camp, des originaux des lettres dont nous vous envoyons les copies ; tout cela a été pris dans une felouque qui venait de Vineros, et que deux barques longues de Barcelonne ont prise ; vous y verrez au long tous les desseins et ordres des ennemis bien expliqués par les lettres du roi de Castille. Les originaux desdites lettres sont envoyés par nous à monseigneur le prince, par un courrier qui ira à M. le vicomte d'Arpajon, auquel nous en donnons aussi avis. Je prie Dieu qu'il vous conserve en santé parmi tant de peines, et vous assure que je suis de très-bon cœur,

Monsieur, votre, etc.

ARGENSON.

A Barcelonne, ce 27 août 1641.

M. de Bordeaux ayant abandonné le point de croisière de Cadequia, M. d'Argenson lui écrivit à ce sujet, pour lui exposer que la retraite de la flotte laissait les côtes entièrement dégarnies.

LETTRE DE M. D'ARGENSON

A M. L'ARCHEVÊQUE DE BORDEAUX, TOUCHANT L'ENVOI DE M. DE BRÉZÉ EN MER AVEC L'ARMÉE DE PONANT, ET DE CE QUE M. L'ARCHEVÊQUE DE BORDEAUX N'A PU DEMEURER A CADEQUIA ; ET QU'IL DEVAIT ENVOYER L'INFANTERIE A M. DE LAMOTTE.

De Barcelonne, le 3o août 1641.

MONSIEUR,

Aussitôt que vos lettres du 25 de ce mois me furent rendues, j'écrivis à M. de Lamotte ce qu'elles contenaient, et priai le sieur de Cabagnos, qui était ici, de s'en retourner pour retirer le sieur de Vinsargues de la tour des Alfages, et envoyai l'original de votre lettre au sieur de Vinsargues, pour lui faire voir votre intention sur son sujet.

C'est un très-grand malheur, à mon avis, que vous n'ayez point demeuré à Cadequia ou à quelque autre lieu de cette côte, qui demeure extrêmement abandonnée par votre retraite, dont je crois, néanmoins, que vous aurez de très-bonnes raisons. J'ai reçu ce matin des lettres de la cour, qui m'apprennent que M. le marquis de Brézé a eu ordre de passer en cette mer avec l'armée navale de ponant; c'est pourquoi il me semble que vous devez vous radouber et vous ravitailler au plus tôt pour revenir, et prendre tous les soins qui vous seront possibles afin d'apprendre où il sera pour vous joindre en quelque rendez-vous. Si j'apprends de ses nouvelles, je ne manquerai point de vous en informer par tous les moyens que j'en aurai; car, de quelque sorte que ce soit, il ne faut pas, s'il est possible, laisser les ennemis maîtres de cette côte de la mer ; et s'ils se retirent et séparent, comme nous apprenons par des dépêches du roi d'Espagne interceptées et dont nous vous avons transmis copie, que les vaisseaux de Naples et ceux qu'ils ont loués des marchands ont ordre de se retirer après qu'ils auront fait, s'ils le peuvent, ce qui leur est ordonné en Roussillon, je crois qu'aussitôt vous devez revenir; car de laisser cette côte sans vaisseaux et sans galères, c'est nuire, à mon avis, au service du roi, pour lequel je vois ces peuples plus échauffés que jamais, bien que les partisans d'Espagne s'efforcent, autant qu'ils le peuvent, de les décourager et de leur donner crainte en rehaussant la puissance de Castille. Le commis de M. Picard a voulu s'en retourner vous trouver avec son argent. Je crois que vous ne devez point, à mon sentiment, entrer votre armée dans le port de Toulon, de crainte de perdre vos gens. Je n'écris ceci que par une chaleur de zèle, car vous savez bien mieux ce que vous avez à faire que je ne puis vous le dire. M. de Lamotte demande fort son infanterie, qui lui fait grande faute; c'est pourquoi je vous supplie de nous la renvoyer le plus tôt qu'il vous sera possible, comme il vous plaît me le faire espérer par vos lettres dernières. J'assisterai en ce que je pourrai le sieur de Vitré, qui s'en va à Cadequia, qui me met en plus grande peine que tout. Le sieur de Salez, qui est de retour, paiera le blé que vous lui avez fait délivrer.

Je suis de très-bon cœur,

Monsieur, votre très-humble et très-obéissant serviteur,

ARGENSON.

La flotte française ayant été battue par la flotte espagnole, M. de Bordeaux envoya la relation suivante de cette défaite, qui plus tard causa sa disgrâce.

RELATION

DE CE QUI S'EST PASSÉ AU COMBAT DU SECOURS DE TARRAGONE [1].

Les 17 et 18 d'août, le sieur archevêque de Bordeaux ayant eu plusieurs avis que les vaisseaux et galères des ennemis étaient mouillés aux

---

[1] Bien que cette relation soit imprimée dans Aubery, j'ai cru devoir la joindre aux documents précédents, vu son importance, et comme pièce contradictoire.

Alfages, il dépêcha plusieurs felouques et brigantins, tant pour en savoir la vérité. que pour en apprendre le nombre; et lui ayant été rapporté diversement, attendu la difficulté de les compter, il résolut d'assembler tous les capitaines et leur proposer tous les avis qu'il en avait reçus; de sorte qu'il fut résolu, dans le conseil, que si les ennemis ne venaient qu'au nombre de vingt ou vingt-quatre vaisseaux, ainsi qu'il y avait plusieurs bruits, qu'on partagerait l'armée en deux corps, savoir : qu'une escadre demeurerait avec les galères au-devant du môle pour s'opposer au secours, au cas qu'il se présentât pour.y entrer, et les deux autres iraient droit aux vaisseaux des ennemis pour les combattre; mais, d'autant que le service le plus important qu'on pouvait rendre en cette occasion était d'empêcher le secours, et que tous les capitaines unanimement demeuraient d'accord qu'il était impossible de l'empêcher au cas que les ennemis vinssent avec de grandes forces, le sieur archevêque désira s'assembler avec les sieurs de Lamotte-Houdancourt et d'Argenson et autres officiers tant de l'armée de mer que de terre. Et, pour cet effet, se fit porter à terre par la capitane, où se trouvaient les sieurs de Lamotte, d'Argenson, de la Vallée et autres officiers de l'armée de terre avec plusieurs capitaines de la marine, tant des vaisseaux que des galères; et là furent faites les propositions précédentes, desquelles tout le monde demeura d'accord à ce qui aurait été conclu par le conseil tenu à l'amiral.

Le 19, sur les quatre heures du soir, les ennemis parurent à la vue de l'armée, à douze milles ou environ, ce qui obligea le sieur archevêque d'aller visiter tous les vaisseaux de son armée, tant pour voir s'ils étaient en état de combattre que pour amener tous les capitaines à cela, bien qu'ils n'eussent pas besoin de cette harangue, étant assez animés par le service du roi et par leur propre valeur. Cela fait, il se retira à l'amiral et ordonna toutes les gardes qu'il jugea nécessaires pour la nuit.

Le lendemain 20, à la pointe du jour, les galères des ennemis, avec leur secours, parurent au nombre de vingt-neuf, à trois ou quatre milles de l'armée ou environ; en même temps, on se mit sous voile et on prit les postes qu'on jugea à propos pour empêcher leur entrée;

mais, après avoir demeuré quelque temps et observé la contenance de notre armée, lesdites galères se retirèrent vers leurs vaisseaux, où, étant tous en corps, ils coururent quelque temps ensemble, tenant le vent et s'abattant toujours sur notre armée, qui était toujours, tantôt sur un bord tantôt sur l'autre, au-devant des ennemis pour tâcher d'empêcher le secours, bien qu'elle eût toujours le vent contraire. Finalement, voyant que tout favorisait leurs desseins et que l'avantage du vent était le gain de la partie, ils séparèrent leurs vaisseaux de leurs galères, lesquelles s'allèrent joindre à trente ou quarante barques ou brigantins qu'elles mirent sous le vent d'elles. En même temps notre armée, qui courait vers les vaisseaux des ennemis, revira de bord sur lesdites galères pour s'opposer à leur passage ; mais, à l'heure même et du même temps, les vaisseaux ennemis, au nombre de trente-cinq, et les galères s'abattirent, le vent en poupe, sur notre armée, si bien qu'il ne fut plus question de s'opposer au secours, mais plutôt aux grandes forces des ennemis, qui étaient telles, avec l'avantage du vent, que sans le courage et la valeur extraordinaire des capitaines des vaisseaux et des galères, il y avait toute l'apparence du monde que nous devions succomber en cette occasion, car les vaisseaux ennemis nous battaient en flanc et les galères par-derrière, sans que nous puissions tirer que d'une partie de notre artillerie, avec laquelle toutefois nous leur fîmes paraître qu'il ne faisait pas bon de s'approcher si près de nous, et les contraignîmes enfin, après quatre heures de combat, que la nuit termina, de se retirer avec force mâts et cordages coupés, sans compter la perte des hommes qu'ils y ont faite, que nous ne pouvons pas savoir, mais qui doit être infailliblement grande, attendu la quantité de coups de canon et de mousquet que nous leur avons tirés presqu'à bout, et du grand nombre d'infanterie qu'ils avaient sur leurs vaisseaux. Les nôtres ont été aussi fort fracassés, y ayant tel vaisseau qui a reçu jusqu'à cent coups de canon, comme aussi il n'y a point de galère qui n'en ait reçu et qui n'ait fait perte et de soldats et de chiourmes.

Le 21, à la pointe du jour, les deux armées se trouvèrent à une portée et demie de canon, mais par un si grand calme qu'il était du tout impossible de se pouvoir approcher; de sorte que tout ce que l'une et l'autre purent faire fut de se faire remorquer à la mer. par les galères, espérant toujours que sur le haut du jour il ferait du vent; ce qui arriva, mais si fort partagé entre les deux armées, que tout le jour s'employa à gagner le dessus, et d'autant que la nôtre n'était pas en état de combattre celle des ennemis sans nos brûlots, qui faisaient une grande partie de nos forces, il nous fut impossible de leur prendre le vent, attendu que le nombre de nos galères n'était pas assez grand pour remorquer lesdits brûlots et nos vaisseaux de guerre; si bien que nous restâmes tout ce jour-là à une lieue et demie les uns des autres sans se pouvoir joindre. Sur le soir, suivant la coutume du pays, le vent se calma entièrement; ce qui fut cause que l'une et l'autre armée se rassembla le mieux qu'elle put par le moyen de ses galères, et nous passâmes ainsi la nuit, espérant que le lendemain le vent nous serait plus favorable. Les ennemis reçurent le même jour, sur les sept heures du soir, à la vue de notre armée, un nouveau renfort de vaisseaux, au nombre de cinq, qui furent remarqués de fort près par notre contre-amiral, qui était à l'avant-garde de toute notre armée, de sorte que celle des ennemis était composée de quarante gros vaisseaux et de trente-cinq galères. Cela n'ébranla pourtant point le courage de nos capitaines, ains plutôt leur augmenta la résolution de les combattre, en telle sorte que toute la nuit tous nos vaisseaux et galères firent tous leurs efforts pour se trouver le lendemain au-dessus des ennemis.

Le 22, à la pointe du jour, les deux armées se trouvèrent encore à la vue l'une de l'autre, éloignées seulement d'une bonne lieue, et comme il faisait peu de vent, chacun se mit en ordre de combattre, attendant que les vents favorisent l'une des deux. Sur les sept heures, le vent s'éleva et s'augmenta peu à peu jusqu'au soir, mais toujours si favorable aux ennemis, que tout ce que nous pûmes faire fut d'empêcher qu'on ne nous gagnât le dessus.

Le 23 au matin, notre armée se trouva presque hors de la vue de celle des ennemis, et avec un calme tout extraordinaire; ce qui donna temps au sieur archevêque d'assembler le conseil sur la capitane, où tous les capitaines, tant des vaisseaux que des galères, se trouvèrent; et là, ayant été proposé ce qu'il y avait à faire, tous les capitaines des vaisseaux, et particulièrement ceux qui s'étaient rencontrés les plus proches des ennemis, représentèrent qu'outre le grand nombre de vaisseaux ennemis et galères, qui étaient le double des nôtres, ils avaient tiré la plus grande partie de leurs munitions, et qu'il ne leur restait plus que quatre ou cinq cents coups de canon à tirer, qui se peuvent employer dans le moindre combat, et qu'il en faut toujours réserver pour la retraite. Ceux des galères représentèrent aussi que n'ayant de vivres que jusques à la fin du mois, et la plus grande partie d'iceux de l'eau que pour un jour ou deux au plus, qu'on se trouvait éloigné à la mer de plus de cinquante ou soixante milles, et par ainsi, hors d'apparence de pouvoir faire aiguade ni de tenir la mer, joint aussi les incommodités qu'ils avaient reçues dans le combat, en telle sorte qu'il fut conclu et arrêté par les uns et par les autres qu'on ferait tous les efforts possibles pour regagner les côtes de Catalogne, si le vent le permettait, afin de s'y raccommoder, d'y prendre des munitions, et surtout pour y rendre le service nécessaire au roi et à la province.

Le 24, tout le jour se passa à virer bord sur bord, tenant toujours le cap sur Barcelonne ; mais le vent s'étant grossi sur le soir, et nous ayant absolument refusé cette route, l'armée se trouva à travers de Mataro, et comme les galères étaient en très-grande nécessité d'eau, elles furent contraintes d'aller faire aiguade à la première terre, à la vue, toutefois, de notre armée ; où étant, elles eurent nouvelles par un courrier qui venait de Mataro, pour avertir la côte, que les ennemis étaient devant Barcelonne ; ce qui fut confirmé bientôt après par les feux qui se virent sur les tours et sur les montagnes, si bien que nos galères nous vinrent rejoindre environ sur les onze heures de la nuit, et tous ensemble, nous coulâmes insensiblement le long de la côte en tirant vers Cadequia.

Le 25, à la pointe du jour, l'armée des ennemis parut à notre vue, faisant même route que la nôtre, et voyant qu'il ne nous restait aucun port dans toute la côte pour nous retirer, que Cadequia, dans lequel il était impossible d'entrer en présence des ennemis, sans un extrême danger ; joint aussi que le lieu n'est pas capable de contenir tant de vaisseaux et de galères ensemble, et que c'est un désert dans lequel l'armée aurait infailliblement péri faute de vivres, tous les capitaines, tant des vaisseaux que des galères, furent d'avis qu'on gagnerait les côtes de Provence, jugeant qu'il était plus important de conserver entièrement l'armée du roi pour s'en servir à l'avenir, que de la hasarder mal à propos dans un combat dont le succès ne pouvait être douteux ; mais qui faisait voir visiblement la perte inévitable de toutes nos galères, attendu le grand nombre de celles des ennemis et de leurs vaisseaux, et vu même que les nôtres ne pouvaient plus tenir, tant à cause de l'incommodité des vivres, que pour n'avoir aucun port sous elles pour se retirer.

Cette relation a été signée de tous les capitaines, tant des vaisseaux que des galères.

FIN DU SECOND VOLUME.

TABLE DES CHAPITRES.

LIVRE TROISIÈME.

CHAPITRE VI.

Instruction du roi à M. l'archevêque de Bordeaux, commandant l'armée navale du ponant. — Lettre de M. le prince de Condé à M. de Bordeaux. — Relation de ce qui s'est passé en l'armée navale du roi. — Duquesne concourt à sauver plusieurs vaisseaux français dont la position paraissait désespérée. — Le roi ordonne la levée des milices dans les îles de Ré et d'Oléron. — Lettre de M. le prince de Condé à M. de Bordeaux sur les opérations de la campagne. — Le roi à M. le prince de Condé, au sujet des différends qui se sont élevés entre M. le duc de Lavalette et M. de Bordeaux. — M. le prince de Condé à M. de Bordeaux pour lui apprendre la prise du Passage et de plusieurs galions ennemis. — M. de Noyers au grand-prieur de Vendôme.—Relation du combat et de la destruction de la flotte espagnole dans le port de Gattari. — Le cardinal de Richelieu à M. de Bordeaux sur les opérations de la campagne et le siège de Fontarabie. — Le roi donne des chaînes d'or à tous les capitaines de brûlots qui se sont distingués à l'affaire de Gattari. — L'armée française est défaite devant Fontarabie. — Relations de M. de Bordeaux à ce sujet — *Idem* du père Gabriel de Nevers, capucin indigne, fait prisonnier. — Lettre de M. le prince de Condé à M. de Bordeaux, sur M. le duc de Lavalette, qui, se trouvant gravement compromis à propos de la défaite de Fontarabie, s'est réfugié en Angleterre. — Mgr le cardinal à M. de Bordeaux sur le désarmement des vaisseaux et les projets ultérieurs de la cour pour l'année 1639. — Lettre du roi aux ducs d'Épernon et de Lavalette. — Le roi ordonne à M. de Bordeaux de se rendre à Paris. — La flotte désarmée rentre dans les ports................ Page 1 à 87.

LIVRE QUATRIÈME.

CHAPITRE VII.

Lettre de Mgr le cardinal de Richelieu à M. de Bordeaux, touchant l'armée navale de l'année 1639, et les desseins que l'on peut faire. — Instructions pour M. l'archevêque de Bordeaux, commandant l'armée navale du roi en ponant, lesquelles il

LIVRE CINQUIÈME.

CHAPITRE VIII.

CHAPITRE IX.

CHAPITRE X.

CHAPITRE XI.

CHAPITRE XII.

FIN DE LA TABLE DES CHAPITRES DU DEUXIÈME VOLUME.

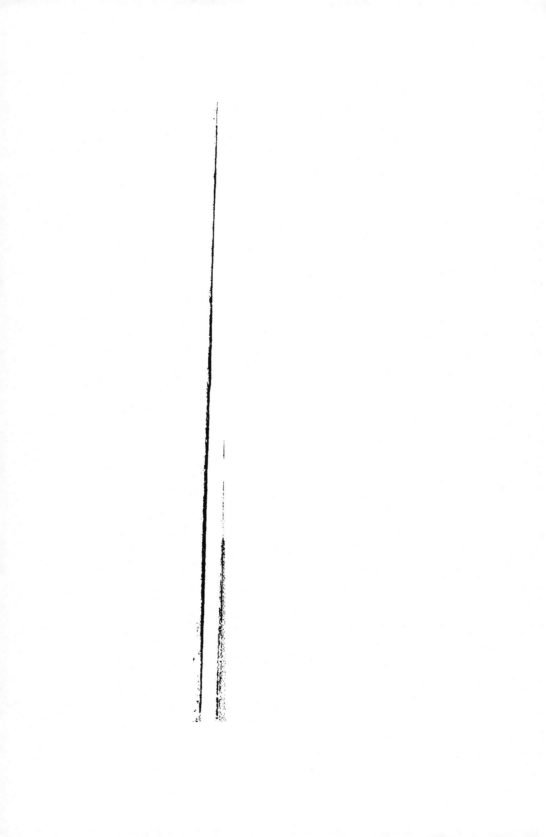

Printed in Great Britain
by Amazon